# 絲路上的帝國

## 歐亞大陸的心臟地帶，引領世界文明發展的中亞史

白桂思 著
苑默文 譯

# Empires of the Silk Road

## A History of Central Eurasia from the Bronze Age to the Present

Christopher I. Beckwith

## 目次

CONTENTS

## 推薦序一

# 翻轉「核心」與「邊緣」

孔令偉（中央研究院歷史語言研究所助研究員）

呈現在讀者面前的這本《絲路上的帝國》，是一部以長時段史觀寫成，而具有高度原創性的中央歐亞史著作。本書以歷史時期的中央歐亞為出發，進而觀照古今的歷史觀點，頗富有挑戰性與思辨性，對於開闊台灣乃至於華文世界讀者的歷史思維以及人文視野而言，具有相當意義。以下分別就作者的學術背景以及本書的寫作主旨進行扼要簡介，以期讓讀者能夠更加貼近中央歐亞史的研究脈絡，進而培養以獨立思考能力評價本書及其徵引文獻的能力。

本書作者白桂思（Christopher I. Beckwith），現任印第安那大學布魯明頓分校中央歐亞研究系教授，是國際知名的古代中央歐亞史以及歷史語言學學者，曾獲得有天才獎之稱的麥克阿瑟獎（MacArthur Fellowship）等學術榮譽。白桂思的研究領域十分廣博，對上古乃至中古的中央歐亞乃至於東亞歷史以及語言，均有相關著述。其中部分著作已透過翻譯引介至華文世界，除本書外尚有《吐蕃在中亞：中古早期吐蕃、突厥、大食、唐朝爭奪史》（英文原題：*The Tibetan Empire in Central Asia: A History of the Struggle for Great Power among Tibetans, Turks, Arabs, and Chinese during the Early Middle Ages*，付建河譯，二〇一二年新疆人民出版社發行），而該本吐蕃史專書也正是白

桂思早年的代表之作。

白桂思多年來雖將治學範疇拓展至吐火羅、高句麗等各種古語文之歷史，然究其學術根基，實淵源自歐美東方學研究脈絡下的古代西藏史研究。一九七七年，白桂思在德裔藏學家霍夫曼（Helmut Hoffmann）的指導下，以「關於前帝國時期西藏之早期中古藏文、拉丁文以及漢文史料研究」（A Study of the Early Medieval Chinese, Latin, and Tibetan Historical Sources on Pre-imperial Tibet）為博士論文題目，取得印第安那大學博士學位，後留校任教。從其學術師承以及博士論文寫作而言，白桂思早期的學術歷程與強調語文學方法的德國東方學以及藏學研究，關係密切。然而與一般鑽研語文學學者不同的是，白桂思並不只是專攻個別中央歐亞語文的歷史文本，而往往更加傾向透過還原、構擬古代語言作為基礎線索，進一步就中央歐亞的整體脈絡開展宏觀的歷史敘事，而本書即為一顯著的實例。

在著述之外，白桂思多年來執教印第安那大學，培養出一批學有所長的中央歐亞研究者，其中不乏出身台灣者，如曾任原蒙藏委員會委員長並任教於政治大學民族系的張駿逸教授，以及原文化大學文學院院長、現任教於該校史學系的林冠群教授等台灣藏學研究專家，皆是白桂思的高足，對於中央歐亞研究在台灣學界以及高等教育界的發展均有卓越貢獻，由此可見白桂思與台灣學界的淵源。此次本書中譯本的出版，可以視為白桂思與台灣讀者們進一步的廣泛交流。

作為一位中央歐亞史的研究者，筆者多年來因研究、教學以及會議等各種學術機緣，閱讀白桂思的著作，深受啟發。因此請允許我以「過來人」的身分，向本書讀者，尤其是尚不熟悉中央歐亞史的朋友們，提供三點思考問題，作為閱讀本書前的思想熱身。

首先，該如何定義並理解作為本書關鍵詞的「絲路」、「帝國」乃至於「中央歐亞」等概念？

在概念意義上，本書所定義的「中央歐亞」大致涵蓋「絲路」的範圍。所謂的中央歐亞，即是被歐洲、中東、南亞、東亞等傳統定居文明所包圍的廣大區域，其具體範圍又隨著不同歷史時期的發展而有所浮動，並非一成不變；而作者所定義的絲路，並非一般華文世界所理解溝通中國與歐洲的中亞交通網，而是用來指涉不同族群在中央歐亞地區所共築的政治、經濟與文化系統。又對於華文世界的讀者而言，「帝國」的意象經常是以「大一統」的秦漢帝國為認知基礎，然而就本書所研究的中央歐亞史而言，「帝國」的本質往往強調多元文化、族群以及語文的交流。

其次，本書主要的寫作目的與史學觀點為何？本書並不是一本為了向讀者娓娓介紹歷史事件、人物、年代等歷史事實的傳統通史或者教科書。作者的主要目的，在於試圖透過重構中央歐亞文明與週邊地區的脈動，來闡發他對世界史以及歷史書寫的整體觀點。白桂思在本書中最為核心的觀點，主要是以中央歐亞的視野出發，重新反思古今的歷史書寫，最終達成翻轉「核心」與「邊緣」的權力敘事。更具體的來說，毗鄰古代中央歐亞的中原王朝乃至希臘羅馬等定居文明所形成的傳統歷史書寫中，中央歐亞的多元族群往往被籠統地歸結為好戰、貪婪、貧困的游牧野蠻人；然而根據白桂思以及其他學者的考察，這些傳統史學對中央歐亞的描述更像是一種帶有文化偏見的歷史建構而非確切可靠的歷史事實。換句話說，中央歐亞並不完全是游牧社會，也有不少定居的商業城市以及聚落；另一方面，中央歐亞的游牧社會所積累的豐富文化與經濟資產，並不亞於周邊定居的農業文明。要言之，東西方傳統史學中強調善惡褒貶的二元框架，無法充分詮釋中央歐亞的多元本質。

最後，讀者應以何種態度看待作者的論點？對此讀者不妨將本書的歷史觀點乃至於古語構擬，以開放心態視為作者的一家之言，而非教條式的準則答案。如白桂思在反思古代歷史書寫的同時，亦強烈批判現代主義以及後現代主義史學對中央歐亞乃至世界文明的衝擊，破壞了古典文明對藝

術、宗教、哲學等超越性追求，作者的傾向在第十一章至第十三章中尤其顯著，以上觀點至今頗具爭議。此外，本書書末豐富的附錄與注釋，展現出白桂思博學的古語構擬學力，在令一般讀者不明就裡的同時，這些充滿爭議的非凡論斷也並非被學界完全接受。因此與其全盤接受作者的結論，不如嘗試以開放心態與獨立思辨審視本書，如此一來，相信定能透過閱讀本書，享受一場精彩跌宕且翻轉思維的中央歐亞歷史之旅。

推薦序二

# 擺脫蠻族刻板印象，重新審視中亞史

陳健文（國立臺灣師範大學歷史學系副教授）

長期執教於美國中央歐亞史研究重鎮印第安那大學的白桂思教授，早在一九八七年曾以《吐蕃在中亞》（*The Tibetan Empire in Central Asia*，已有簡體譯本）一書蜚聲學界，白氏的重要著作另有二〇〇四年出版之《高句麗語》（*Koguryo, the Language of Japan's Continental Relatives*）一書，論證早期韓語與日語之間的親緣性問題；二〇一五年則出版了《希臘佛》（*Greek Buddha: Pyrrho's Encounter with Early Buddhism in Central Asia*）一書，探討早期佛教思想對希臘哲學的影響。在二〇〇九年《絲路上的帝國》此書出版之前，早期類似的著作在中文學界被譯介者，較為重要的有麥高文（W. M. McGvern）的《中亞古國史》（*The Early Empires of Central Asia*）與格魯塞（René Grousset）的《草原帝國》（*The Empire of the Steppes*，法文原名：*L'Empire des Steppes*），曾對中文學界的中亞（內亞）史研究助益甚多。近來台灣也開始正視中亞史在世界歷史中的重要性，像韓森（Valerie Hansen）、高登（Peter B. Golden）、日本學者林俊雄與森安孝夫的著作都相繼在台灣出版譯本，現在再加上這本《絲路上的帝國》正體中文版的問世，相信將大有利於台灣中亞史研究的推動。

本書甫出版後便在學界引起迴響，亦有幾篇書評在西方學術刊物中評介此書。人類歷史脈流

中的「變」與「常」，向來是歷史研究的重心所在，當然在多數時候史家會較聚焦於個別歷史事件的解析，但有時能否揭示諸多個別歷史現象背後的共性，才是品評史家洞察力的關鍵所在。個人認為白桂思教授在本書中最重要的貢獻，即在於指出中亞歷史流變中的幾個重要共性，也即學界現在越來越重視的所謂「中亞性」。白氏提出中亞文化複合體有三個重要特徵：即英雄起源神話、從士團（comitatus，王任光譯為戰友團、岑仲勉譯為親兵隊）與貿易，這是相當有見地的歷史觀察。特別是從士團，在早、中期的中亞史中更是一種明顯的歷史現象，不僅是在中亞草原地區的游牧政權，而且在西方的歐洲日耳曼人、中東地區的阿拉伯世界、一直到東方的中國與日本，都可觀察到此種特殊的「中亞性」在該區歷史所造成的影響。以中國中古史為例，最近張廣達院士的研究也呼應白氏的觀點，即唐代歷史中常見的親兵或牙軍制度，如所謂「柘羯」、「曳落河」、「蕃落健兒」等，其實是來自中亞族群的文化影響，而個人認為此種親兵制度在中國歷史的出現，甚至可以上溯至先秦時期。儘管部分學者對白氏書中的詮釋有稍嫌空泛的批評，但如果我們運用韋伯（Max Weber）所說的理念型（ideal type）概念來理解白桂思的見解，即便是「以假說真」，但這是否正可協助我們去留意一些被忽視的表象背後所隱含的歷史訊息？

白桂思此書的優點在於在通俗中又不失學術，全書讀來淺顯易懂，已能讓一些門外的讀者可順利領略整個中亞史之梗概。個人在此提醒讀者們絕對不能錯過本書的注釋，特別是附於書末的兩個附錄與書末注釋，有不少白氏精彩的學術觀點都在此處展現，如果想一窺中亞史之堂奧，這絕對是不能錯過的部分。白氏此書最大的貢獻在提醒我們應必須避免用刻板印象來看待中亞族群——即所謂的「蠻族」，游牧民族常給人貧窮、落後與野蠻的既定印象，然事實並非如此。以漢代為例，在漢、匈衝突之際，卻有邊地漢人因「聞匈奴中樂」而寧可選擇亡入匈奴；又如歐洲人的海洋貿易

和中亞游牧民族的絲路貿易，就動機與本質而言並無大差異，但後者常被冠上「貪婪」的汙名。有趣的是書中有一些白氏的推測，就考古發現而言可能並非空穴來風，如白氏提出中國在先秦時期可能早與中亞的希臘化王國有過接觸，而近來秦始皇陵的考古發現證實秦朝所鑄造的水禽青銅器，曾使用過西亞特有的銅板鑲嵌補綴工藝，說明秦朝可能受過地中海地區古文明的影響。順帶一提，台灣的高中歷史課綱長期以來都未給予內陸歐亞史應有的地位，台灣高中生可以學到拉丁美洲史、非洲史，卻不知中亞史對世界歷史的巨大影響，這是非常可惜的一件事。閱讀白氏此書，能讓我們明瞭中亞史是如何造就現代世界的形成，正可彌補高中歷史教育所帶來的缺陷。現在「全球史」已成為史學研究的一股新潮流，個人認為其實中亞史應是全球史研究的先驅，有學者已指出其實「全球化」的現象並非始於西方的地理大發現，而應追溯至稍早蒙古帝國時代的東西交通大開。

總之，本書展示了白氏長期研究中亞史的學術功力，西方中亞史與漢學研究原本皆脫胎於所謂的「東方學」（Oriental studies），讀畢此書，可讓我們見識到作為一位西方漢學家與中亞史學者的通博學養，以及其會通東西歷史的強大本領。尤其是書末對現代主義的批評，更展現出白氏人文素養涉獵之深廣，頗有西方貴族學術傳統強調通才的「文藝復興人」（Renaissance man）遺風。近聞白桂思教授尚有一本新著《斯基泰帝國》（*The Scythian Empire: Central Eurasia and the Birth of the Classical Age from Persia to China*）正在計畫出版中，喜好中亞史的讀者們可以拭目以待。

# 序文

這本書將會以一種新的視角來呈現中央歐亞（Central Eurasia）和與之直接有關的歐亞大陸其他地區的歷史。在最開始時，我的計畫是寫一個中央歐亞史最核心的主題性概論，而且不用太多的編年敘述。我腦中的念頭是那種法國的寫作傳統，是為有基本了解的一般讀者撰寫專業訊息詳實的作品，但同時可讀性也很強，並且盡量少用注釋。我本來設想的題目是 Esquisse d'une histoire de l'Eurasie centrale（中央歐亞史綱）。在實際的撰寫過程中，我按照正確的時間次序書寫了人物和事件，我發現自己在整個歐亞史的背景下，對中央歐亞的政治、文化史提供了一個基本綱要，有時還加入大幅的注釋，偶爾才會涉及對原始資料的重新研究。[1]

然而，我一直牢記最初的主要目標：釐清中央歐亞史中的根本問題。據我所知，這些問題從來就沒有被正確地解釋過，或者是像某些事例一樣，甚至從未被提起。如果沒有這樣的解釋，我們就仍然無法理解歐亞史上的起起伏伏，而只能依靠那些充斥許多幻想和想像的記載。神祕的故事引人入勝，而且有時它們必須要維持一種「未解之謎」的狀態，但現在已有足夠的資料來源，足以釐清中央歐亞史中許多曾被認為是「未解之謎」的問題，我們再也不必求助於「慣常的猜想」。

在這種史料和解釋之間的聯繫上，存在著一種流傳甚廣的想法，認為中央歐亞史的存世資料很少，因此幾乎沒有什麼好討論的。這種想法是錯的。關於中央歐亞的存世史料來源十分豐富，關於

中央歐亞和周邊文明之間聯繫的史料尤其如此。[2]因為這是一段跨越了四千年的浩瀚歷史，因此在涵蓋了該地區和時期的議題上，存在著相應十分豐富的二手文獻；若要詳述這些內容，需要由一組學者團隊寫出卷帙浩繁的系列著作才能完成；這不是一個獨自寫作的作者就能完成的，因為一個人的知識、能力和時間畢竟都有限。一個作者能夠完成一本主題如此宏大的著作的唯一途徑，就是稍微後退，採取宏觀的視角——而這剛好是我感興趣的寫作方式。

因此，總而言之，除非是針對我特別感興趣的內容，這本書的內容並不是針對任何一個具體的話題、人物、政治集團、時代或文化（甚至不是針對中央歐亞文化綜合體〔Central Eurasian Culture Complex〕的文化，此話題需要用專書來探討）。這本書也不會耗費時間來記錄事件、人名和日期，但是細心的讀者會注意到，我努力提供了所有重要事件和人物的資訊，我有時甚至會花驚人的長久時間來尋找這些資訊。最後，這也不是一本史料研究或綜合性研究目錄。近年來，有關最重要的人物、地點、時期和其他主題的著作已經大量問世，裡面充滿了各種注釋和參考資料，我會為有興趣的讀者提供推薦讀物。

我已經完成的工作，是要重新審視對於中央歐亞史已經多少達成的統一意見，並試圖予以更新。因此，本書的書末注釋主要會出現在一些我認為值得深入討論和考察的地方。無論是我在論述或在主題段落中插入了哪些細節，幾乎都是因為它們在我看來特別重要，而我不想遺漏它們。這意味著也有另外一些無疑相當重要的內容沒被提到，因為當時我不認為它們特別重要，或者只是因為它們被我忽略了。我本來打算盡量讓注釋能少則少，以保證能集中在我的論點上。但正如讀者會看到的，最後的書末注釋數量還是不少。多年的寫作習慣很難控制，而且我也的確**喜歡**在書末注釋中對有趣的話題進行更深的評論。（有些大段的書末注釋是給專業學者的，要是把它們放在正文中，

可能會妨礙閱讀，因此我把它們放在專門的書末注釋中。）

然而，這本書也沒有走向另一個邏輯極端。它不是歷史的概括理論著作，我也無意在其間暗示任何這類的理論。最近有許多這種著作，但是我的書並不是其中一員。我也不會花很多細節來研究近幾十年來所出版的關於中央歐亞國家形成的許多理論——或該說是當下主要理論的各種變種。但我會在最後一章簡要地討論它們。我的詮釋和術語都不是從這些理論性或後設理論性（metatheoretical）作品衍生的。我的意圖，是讓我的詮釋自然地從我認為最重要資料的直接呈現和分析中出現。我的這一嘗試可能並不成功，但是無論如何，我有意要讓這本書能夠免於或明或隱地和世界史理論和後設理論有所瓜葛，而且我對它們大多所知甚少。

就一般的資料和歷史作品來說，也許我有必要對自己使用的研究方法做些評論，尤其是考量到最近的「後現代主義」（Postmodernism）方法在歷史、藝術和其他領域裡的使用。根據現代主義（Modernism）的規則，舊的東西總是且不停地被新的東西取代，從而產生了永久的革命。[3]後現代主義是現代主義在邏輯上的發展，它反對所謂的實證主義（positivism），這種實證主義是根據一個特定的廣被接受標準來評估、判斷問題或事物，這種作法在本質上是非現代的。與之相反，後現代主義者主張所有的判斷都是相對的。「在我們的後現代時代裡，我們無法再求助於所謂『客觀』的迷思了。」[4]「由於這個領域的最高權威在意見上的巨大差異，因此提出懷疑是十分正當的。」[5]歷史只是看法而已。因此，無法做出實際有效的判斷。我們無從得知發生了什麼、為什麼發生，而是只能依據現代動機來猜測，也許是為了一個國家的現代「認同感的建構」、反智性和非學術的民族國家辯術等等。所有的手稿都同等珍貴，所以花時間校勘它們只是在浪費時間——或者更糟，那些手稿之所以被認為是重要的，只是因為其內容揭示出它們的抄錄者及其文化背景，所以，勘定手稿

的校勘本（critical edition）反而會剝離這項珍貴的訊息。此外，我們無論如何也無從得知任何作者真正想說的是什麼，所以試圖找出作者真正寫了什麼的努力毫無意義。[6]藝術是任何人主張它是藝術的東西。藝術沒有高下之分。沒有好的藝術或是壞的藝術，一切都只是看法而已。因此，從形式上而言，改善藝術是不可能的，人們只能改變它。不幸的是，必須的不斷變化，以及所有標準的消除，必然會等於停滯或生產出停滯：沒有真正的變化。政治也是如此，現代「民主」制度只允許表面的變化，因此生產出停滯。因為人類拿不出實質判斷——所有的人類判斷都只不過是看法——所有的資料都必須是平等的。（因此，後現代主義者關於無實質判斷的判斷，也必然是無實質的，但後現代主義者似乎不太想批評後現代主義的教條。）按照後現代主義的觀點，要麼是宗教性地相信任何被告知的東西（即懸擱不信），要麼就是完全的懷疑論（即同時懸擱相信與不信）。不管是哪一種，若將邏輯推演至極端，那麼結果就是停止思考，或至少是連批判思考的可能性都要剔除。[7]如果絕大多數人只能選擇前一種（完全相信），而知識分子和藝術家也加入其中，都同意放棄理性的話，結果就會是一個輕信盲從的時代、壓迫的時代，而且是羞辱所有前人的恐怖時代。我不認為這是件「好」事。我認為這是件「壞」事。我反對現代主義和它的超現代變種——後現代主義。它們是反智的運動，幾乎在人類投注心力的所有領域中都造成了巨大破壞。我希望未來一代的年輕人能夠受到啟發，去攻擊和拒斥這種運動，以便有一天，（至少會）有一個藝術的新時代將會降臨。

古生物學是一種歷史，而且是非常硬的學科，這門學科大抵上對後現代主義學者的反智主義是免疫的。[8]雖然我對恐龍很感興趣，但是這本書並非關於恐龍的歷史，而是關於人類的歷史；不過，在我看來，同樣的規則也可以用在這裡，而且後現代主義的觀點是完完全全的一派胡言（就一部分而言，這種觀點的支持者的目標，就是說出文謅謅的一派胡言）。我不覺得只是因為我自己的世界

經驗是我自己的經歷，因而是主觀的，所以就表示我自己的世界經驗是無意義的知覺錯誤。當然，任何事物在某種程度上都是不確定的（包括科學，科學家都很清楚這一點），這句話並沒有錯，所有的學者當然都必須把不確定性和主觀性納入考量。我不認為歷史是一門現代英美語意上的科學，但是我認為必須要像對待科學一樣對待歷史，就像所有其他學術領域一樣。因為後現代主義的議程不僅要求放棄科學，而且也要求放棄理性，所以我無法接受它是種學者或知識分子可以採用的有效方法。

我也相信，認識人類動機背後的驅力相當重要，尤其是涉及社會政治組織、戰爭以及其他人類活動領域（例如藝術）時。雖然這本書並不是本民俗學或人類學的研究，但無論是關於靈長類動物還是人類，在書寫這種大規模的歷史時，我注意到人類的行為似乎非常一致。這並不是說歷史本身會重演，而是說，人類確實傾向於做同樣的事情，而且反覆如此；另一方面，真正的巧合極其罕見。人們也傾向於模仿他人。比如，馬車以及車輪，看起來只是被發明了一次；它是從車輪出現以前的「車」中逐漸、持續發展出來的，它花了很長的時間才最終成為真正的馬車；但是當它成為馬車時，它卻很快被鄰居模仿了。在如此廣闊的時空裡，人類行為的一致性，顯然只能歸因於我們共同的基因傳承。從過去四千年歐亞史的角度而言，我認為，這段時期——也就是直到今天的這段時期裡——人類的基本社會政治結構和一般靈長類動物並沒有什麼顯著的區別。無論如何妝點隱藏，雄性領袖階層制（Alpha Male Hierarchy）就是我們的制度。換個方式來說，在我看來，現代政治體制事實上只不過是一種偽裝的靈長類動物類型的階層制，而且它在本質上不會和人類夢想過的其他政治體制有什麼不同。如果說找出問題是治療的第一步的話，那麼，讓我們找出特定問題和治癒之道的時間已經夠久了，或者我們至少應該發展出了一種解方，以便在對人類和地球都為時已晚之前

控制問題。

從前面的論斷中，讀者可以對我在本書中使用的方法自行下結論，但是我在這裡要明白且盡可能簡要、清楚地指出：我的目標是書寫一種現實、客觀的中央歐亞史和中央歐亞人史，而不是要重複和評注已被接受的成見或是任何後現代的後設歷史觀點或反歷史觀點。[9]

這本書的緣起幾乎可以追溯到二十年前，當時我寫了一篇關於**蠻族**觀念的論文（見本書〈尾聲〉），並考慮寫一部關於中央歐亞的概觀歷史。我重新回到這個題目，部分原因是幾年前我和金（Anya King）的一次談話，她提及中亞游牧民族廣泛在個人生活中使用絲織品的情況。根據這項觀察，我做了些計算，得出的結論是，奢侈品貿易在中央歐亞的內部經濟中一定是個非常重要的部分。後來，在講授中央歐亞史課程時，我注意到絲路商業的出現、衰落和消亡和本土中央歐亞帝國的時序是平行的。我開始嚴肅地重新思考我對於絲路歷史和游牧帝國的看法，也反思了我對作為一個整體的中央歐亞史的看法。我是在二〇〇四年六月三日在柏林國家博物館（Staatliche Museen zu Berlin）舉辦的絲路研討會（Silk Road Symposium）上，以論文〈絲路與游牧帝國〉（The Silk Road and the Nomad Empires）為題，首次公開發表我對中央歐亞史的新詮釋。

在撰寫本書的過程中，我對這個主題的理解不斷發生重大變化。事實上，在完成的文本中，和最初的計畫有緊密關係的內容並不多。我在寫作時，不僅僅是細節，連整體願景也發生了變化，這反過來又讓我修改了細節的表述。如果願意的話，我也許可以無休止地這樣修改和重寫下去，但我還有其他的興趣追求，所以諸位手中的這本書基本上代表了我在二〇〇七年初接近完成定稿時的想法。

我試圖特別關注構成中央歐亞文化綜合體的深層文化元素；我認為對於理解中央歐亞史上發生

了什麼、為什麼發生、產生了什麼影響以及在一定程度上對歐亞其他地區的歷史產生了什麼影響的敘述，它們十分重要。在書中涵蓋現代時期的內容中，我特別關注現代主義的現象，這種現象要為二十世紀中央歐亞的文化破壞負責；無論是在政治生活還是藝術上，中央歐亞尚未掙脫現代主義的枷鎖。我希望，我注意到的一些重點和我所提出的主張，能夠讓人有更好的理解，甚至能夠指出改善人類今日境況的道路。

正如前述，這本書是關於整個歷史時期裡的中央歐亞總體情況。由於涉及的規模很大，很多主題幾乎沒有涉及。但是，儘管我能夠涵蓋所有的歐亞研究領域，我也無法找到和它們相關的許多研究，包括歷史、語言、人類學、藝術、文學、音樂和幾乎所有其他領域的重要課題，但是近期的年輕中央歐亞研究者取得了毫無疑問的進展。當世界上的其他地區——尤其是西歐和北美——受到太多關注時，大部分中央歐亞研究的主要題目卻遭到了忽視，有些幾乎是被完全忽略。一些重要的史料，例如玄奘的《大唐西域記》，至今沒有學術性的校勘本和現代注譯。其他一些文獻甚至沒人觸及。

確實，關於許多這樣的主題，我們甚至找不到任何一本專書或重要的研究文章，無論品質好壞都找不到。就以詩歌研究來說，每年有多少關於《江格爾》（*Janghar*，卡爾梅克民族〔Kalmyk〕史詩）、魯達基（Rudaki，以新波斯文寫作的首位偉大詩人）或李白（用漢語寫作的兩或三位最偉大的詩人之一）的新書呢？在過去幾十年的英文書裡，這個數量一直徘徊在零（《江格爾》和魯達基）和小於一（李白）之間。自從本書第一版在二〇〇九年出版以來，問世了一本篇幅不長但品質上乘的關於魯達基的著作（Tabatabai 2016），裡面包括對魯達基現存作品的翻譯。那麼有關於阿瓦爾人（Avar）、突厥或準噶爾汗國史的著作呢？關於卡爾梅克語、巴克特里亞語（Bactrian）或

柯爾克孜語（Kirghiz/kyrgyz，吉爾吉斯）的語言學研究呢？上述的題目無一不是中央歐亞研究的重要議題，但是在中央歐亞研究領域中，甚至很少有關於它們的文章發表。令人高興的是，自從最近發現了許多用巴克特里亞語書寫的文件後，伊朗語學者尼古拉・西姆斯—威廉斯（Nicholas Sims-Williams）二〇〇〇至二〇一二年推出了一系列專門研究這些文本及其至關重要的語言的巨著，但不幸的是，太多的重要主題、整個帝國、民族、語言、文化等基本上仍未觸及。二〇〇八年南奧塞梯（Ossetia）的俄羅斯喬治亞戰爭（Russo-Georgian War）本應會導致對奧塞梯人迷人的語言和文學研究的復興，但結果卻大多是更加沉默。成立不久的中央歐亞研究會（Central Eurasian Studies Society）在最近的一次會議上，顯然有來自世界各地的約三百名與會者，但他們幾乎都致力於研究當代。我仍然在等待關於蘇聯解體後中央歐亞重新崛起的好書，只要一本就好。可以肯定的是，在過去十年，關於重要歷史主題（甚至是關於語言學）的出色作品已經出版了，我在參考書目中列出了它們，其中一個典範就是克拉克（Clark）一九九八年關於土庫曼人的作品。然而，我在此舉例的未被善待的題目，或根本沒有被討論的題目，只是中央歐亞研究的重要題目中的一小部分——包括藝術和建築、歷史、語言和語言學、文學、音樂、哲學和許多其他題目——大多數的重要題目仍然缺乏研究，或是幾乎被完全忽略。

相較之下，每年都會有幾百部關於喬叟（Chaucer）、莎士比亞（Shakespeare）等早期英語作家的新書問世，也會有成千上萬的學術會議論文發表，有關現代英語作者的文章和出版物更是不計其數，關於英美史、英語語言學和英美的任何東西的情形也是一樣。對於我們所處的時代而言，這些書已經夠多了。

簡而言之，與其在那些已被充分研究過的題目上再拿出另一本過度概念化或過度特定的著作，

還不如在中央歐亞研究裡那些被忽略的主題上貢獻出僅僅一篇文章，或甚至是一本薄書。本書的內容簡略地提及了這些題目的一部分。

總之，前路漫漫，用任何可以想像得到的研究方法，研究中央歐亞史的任何一個主題都還有許多努力要做。對所有做出努力來填補這門學問的許多空白的諸君，我要獻上最衷心的祝福。

1 關於前現代時期歷史的原始資料的含義，請見書末注釋❶。

2 對於中央歐亞和印度次大陸互動的歷史記載（以及在更小程度上的前伊斯蘭時期波斯和中亞南部的互動）直至晚近為止都十分不詳。基於這樣的現實，也出自部分的個人原因（包括對於南亞史的興趣不足），我對這個主題的關注十分有限。但是，從蒙兀兒時代（Mughal）至十九世紀歷史的十分重要且有趣的著作目前正陸續完成，而且關於更早時期的探究也有望陸續出現。

3 請參考第十一章和十二章中對現代主義和相關主題的討論。

4 Bryant 2001。同樣的主張也出現在包括考古學在內的其他領域裡：「在後考據主義（post-processualism）的規則下，後現代主義已經影響了考古學，這種觀點認為對文本（包括對一份考古文本）的每次閱讀或解碼，都是另一次編碼，因此所有的真理都是主觀的。」（Bryant 2001: 236）在權衡一些聲譽卓著的專業學者和一些民族主義政客提出的各種不同主張後，Bryant 2001: 298-310最後的結論是：人們無法在紮實的學術研究和替代選項之間做出清晰的決定。關於他的書所談論的主題，請參考附錄一。

5 Bryant 1999: 79；見附錄一。

6 當然，任何人都可以自由檢查原件。製作校勘本的意義在於建立原型，並盡可能接近原文，以消除不屬於原文的瑕疵，然後盡可能地揭示作者或作者們想要表達的意思。校勘本被批判為「實證主義」，是因為它在某種程度上是種科學方法，而後現代主義者拒絕科學是種「實證主義」。

7 古代哲學家中的懷疑論者完全明白這個結果，他們公然地主張終結思考。他們的目標是透過剔除從太多的批判思考中出

現的不滿而實現幸福。

8 原教旨主義（fundamentalism，現代主義的一種極端類型）的追隨者甚至反對古生物學的研究成果。

9 關於對中央歐亞史的百科全書式學術著作的需求，見書末注釋❷。

# 平裝版序文

我十分高興這本書可以有新版，而且可以藉此更正文本中的各種錯誤。我要感謝 Nicola Di Cosmo、清瀨義三郎則府、Andrew Shimunek 和 Endymion Wilkinson 的不吝賜教和修正。如果書中仍有任何新或舊錯誤的話，我無疑要為此負全部的責任。

白桂思

二〇一〇年，東京

# 感言

為了支持本書的研究和寫作，我獲得了印第安那大學暑期教員獎學金（二〇〇四）、傅爾布萊特—海斯教員海外研究獎學金（二〇〇四—二〇〇五）、在日本東京的終身教職，以及古根漢基金會獎學金（二〇〇四—二〇〇五），讓我能在布盧明頓（Bloomington）和西班牙代尼亞（Dénia）擁有終身教職。在代尼亞，我完成了全書的第一稿，然後我又完全重寫了一稿，寫出了定稿的核心內容，拋開了許多細節的檢查和修正、編輯和書目的補充工作。我要衷心感謝各資助機構給予的慷慨支持。

我還要感謝所有對我的申請提供了建議、為我寫推薦信或以其他方式幫助我的人。尤其要感謝馬薩諸塞大學阿默斯特分校戰國工作組的 E. Bruce Brooks、普林斯頓高級研究院的 Nicola Di Cosmo、印第安那大學的 Denis Sinor、東京外國語大學亞非語言文化研究所的中見立夫、印第安那大學的 Roxana Ma Newman、Toivo Raun 和 Rose Vondrasek。沒有他們的支持，我就不會有時間寫這本書。我還要感謝普林斯頓大學出版社的工作人員，包括主編 Rob Tempio、製作編輯 Sara Lerner、製圖師 Chris Brest、插圖專家 Dimitri Karetnikov、封面設計師 Tracy Baldwin、文字編輯 Brian MacDonald，以及其他所有為本書工作的人，他們的努力使本書得以順利完成。

如果沒有老師、同事、學生和朋友的幫助，我還會犯更多的錯誤。我特別感謝 Peter Golden

和 Cynthia King，他們不僅認真閱讀了整部書稿，提供了許多意見和修改，還提出了許多重大改進建議，並花了大量時間與我討論細節問題。我也要深深地感謝 Ernest Krysty，他爽快地用書法書寫了第四章章名頁的古英語文字和第六章章名頁的吐火羅（Tokharian）文字。此外，我還要感謝 Christopher Atwood、Brian Baumann、Wolfgang Behr、Gardner Bovingdon、Devin DeWeese、Jennifer Dubeansky、Christian Faggionato、Ron Feldstein、Victoria Tin-bor Hui、György Kara、Anya King、Gisaburo N. Kiyose、John R. Krueger、Ernest Krysty、Edward Lazzerini、Wen-Ling Liu、Bruce MacLaren、Victor Mair、Jan Nattier、David Nivison、Kurban Niyaz、David Pankenier、Yuri Pines、Edward Shaughnessy、Eric Schluessel、Mihály Szegedy-Maszák、Kevin Ban Bladel 和 Michael Walter 的慷慨幫助，他們或者閱讀了全部或部分的手稿，或者討論了我在書中涉及的各種主題，或者提供了建議，或者解答了特定問題，他們做出的貢獻不一而足。儘管他們提供給我的建議，我有時可能不夠明智地沒能聽從，但我確信，我還犯了一些事實、詮釋或遺漏的錯誤。我希望其他學者能指出這些錯誤，以便在今後的任何修訂版中修正。無論如何，我對遺留的任何錯誤或曲解負有最終責任。我特別想說的是，由於本書旨在修正人們關於中央歐亞和中央歐亞人的公認觀點，我不得不經常指出我認為許多學者在其著作中犯下的錯誤——也包括我自己的錯誤，因為當時曾遵循某種舊觀點，而我現在認為這些觀點是錯誤的——但這並不意味著我不尊重他們的學識。中央歐亞史的專家已經創作了許多優秀的學術作品。如果沒有之前在此領域耕耘的所有學者的幫助，我不可能寫出任何東西，我要感謝他們的貢獻。[1]

最重要的是，我感謝我的妻子茵娜，感謝她的支持和鼓勵。這本書獻給她。

二〇一〇年，東京

1 這本書的最終稿是在二〇〇七年完成和被出版社接受的。在本書完成後，我又接觸到無數的出版物，有些是新出版的，有些是舊的，這些出版物有一些是被我先前忽略的，或是我在當時已經得知但無法取得的。在書中的少數一些地方，我認為有必要基於新資訊進行更正。在二〇〇八年修訂版完成前，我做出了一些細小的添加或改訂。但概括而言，我無法把大多數的新出版物納入考量，因此我在參考書目裡也沒有納入它們。我所列出的參考書目都是我引用過的。相應地，有些非常相關的新作品，例如安東尼（David W. Anthony）的《馬匹、車輪和語言：青銅時代歐亞草原的騎馬民族如何塑造現代世界》（*The Horse, the Wheel, and Language: How Bronze-Age Riders from the Eurasian Steppes Shaped the Modern World* [Princeton, 2007]）就沒有得到討論或引用。有如此多的優秀學者在本書完成後引起了我的注意，但他們的重要作品卻沒有在本書中納入考量或引用，對此我深感遺憾。

# 縮寫和簡寫

*Bax.* William H. Baxter. *A Handbook of Old Chinese Phonology*. Berlin: Mouton de Gruyter, 1992.

*CAH* I.E.S. Edwards, C. J. Gadd, and N.G.L. Hammond, eds. *The Cambridge Ancient History*. Vol. I, part 2: *Early History of the Middle East*. 3rd ed. Cambridge: Cambridge University Press, 1971.

*CS* Ling-hu Te-fen. 周書（*Chou shu*）。Peking: Chung-hua shu-chü, 1971.

*CTS* Liu Hsü et. al. 舊唐書（*Chiu T'ang shu*）。Peking: Chung-hua shu-chü, 1975.

*CUP* Henricus Denifle. *Chartularium Universitatis Parisiensis*. Paris, 1899. Reprint, Brussels: Culture et Civilisation, 1964.

*E. I.* $_2$ H.A.R. Gibb et al., eds. *The Encyclopaedia of Islam*. New ed. Leiden: Brill, 1960–2002.

*EIEC* J. P. Mallory and D. Q. Adams, eds. *Encyclopedia of Indo-European Culture*. London: Fitzroy Dearborn, 1997.

*GSE* *Great Soviet Encyclopedia: A Translation of the Third Edition*. New York: Macmillan, 1973–1983.

*HS* Pan Ku et al. 漢書（*Han shu*）。Peking: Chung-hua shu-chü, 1962.

*HHS* Fan Yeh. 後漢書（*Hou Han shu*）。Peking: Chung-hua shu-chü, 1965.

*HTS* Ou-yang Hsiu and Sung Ch'i. 新唐書（*Hsin T'ang shu*）。Peking: Chung-hua shu-chü, 1975.

*HYC* Hsüan Tsang. 大唐西域記（*Ta T'ang Hsi yü chi*）。

*JDB* Omodaka Hisataka, et al. (1967) 時代別国語大辞典，上代編（*Jidaibetsu kokugo daijiten, jōdaihen*）。Tokyo: Sanseido, 1967.

Pok. Julius Pokorny. *Indogermanisches etymologisches Wörterbuch*. I. Band. Bern: Francke Verlag, 1959.

Pul. Edwin G. Pulleyblank. *Lexicon of Reconstructed Pronunciation in Early Middle Chinese, Late Middle Chinese, and Early Mandarin*. Vancouver: UBC Press, 1991.

*SKC* Ch'en Shou. 三國志（*San kuo chih*）。Peking: Chung-hua shu-chü, 1959.

Sta. Sergei A. Starostin. Реконструкция древнекитайской фонопогической системы. Moscow: Nauka, 1989.

Tak. Tokio Takata. 敦煌資料による中國語史の研究：九・十世紀の河西方言（*A Historical Study of the Chinese Language Based on Dunhuang Materials*）。Tokyo: Sôbunsha, 1988.

*TCTC* Ssu-ma Kuang. 資治通鑑（*Tzu chih t'ung chien*）。Hong Kong: Chung-hua shu-chü, 1956.

*TFYK* Wang Ch'in-jo et al., eds. 冊府元龜（*Ts'e fu yüan kuei*）。Hong Kong: Chung-hua shu-chü, 1960.

*TSFC* Hui Li. 大慈恩寺三藏法師傳（*Ta tz'u en ssu San Tsang fa shih chuan*）。Ed. Sun Yü-t'ang and Hsieh Fang. Peking: Chung-hua shu-chü, 2000.

Wat. Calvert Watkins. *The American Heritage Dictionary of Indo-European Roots*. 2nd ed. Boston: Houghton Mifflin, 2000.

* （出現於詞首）表示此詞位語言學重構形式

☆ （出現於詞首）按照中文反切法和／或押韻的方式重構的詞

# 引言

中央歐亞[1]的範圍十分廣闊，主要是位於歐洲、中東、南亞、東亞之間，[2]再加上亞北極區和寒帶針葉林區的內陸地區。它是歐亞大陸的六個主要構成區域之一。

由於地理邊界會隨著人類文化和政治的變化而變化，中央歐亞所包含的區域也會隨著時間的推移而發生變化。從上古時期（High Antiquity）一直到凱撒（Julius Caesar）及其繼任者展開的羅馬征服，再從羅馬帝國到中世紀早期的結束，中央歐亞在一般情況下包括了地中海以北的大部分歐洲區域。因此，從文化上來看，中央歐亞是個從大西洋到太平洋的橫向長條形地帶，它處在南部較溫暖的周邊地區和北部的北極地區之間。在中世紀早期（事實上，這時的中央歐亞到達了其最高峰，並發展到了其最大範圍）以後，它的大致範圍**並不包括以下區域**：多瑙河以西的歐洲；近東或中東（黎凡特〔Levant〕、美索不達米亞、安納托力亞、伊朗西部和南部、高加索地區）；南亞和東南亞；東亞（日本、朝鮮半島和中國中原）；北極和亞北極區的歐亞北部。當然，這些地區之間並沒有固定的邊界——所有的地區都會逐漸變化，而這些變化不易察覺——但每個中央歐亞以外地區的中心點都是差別明顯，而且十分清楚地不屬於中央歐亞的。隨著中世紀時西部草原上的斯拉夫人的歐洲化，[3]以及中國人在十九和二十世紀定居滿洲和內蒙古，傳統的中央歐亞區域進一步地萎縮了。

因此，在中世紀早期以後，可被稱為「傳統的中央歐亞」的地方大致包括了以下邊界之間的溫

帶地區：多瑙河下游地區以東、鴨綠江地區以西、北極圈針葉林地區以南[4]、喜馬拉雅山脈以北。它包括西部草原（Western Steppe，東歐草原）和北高加索草原（North Caucasus Steppe，今日烏克蘭和俄羅斯南方）；中部草原（Central Steppe）和中亞西部，該地區也稱為西突厥斯坦（今日哈薩克、土庫曼、烏茲別克、塔吉克和吉爾吉斯）；中亞南部（今日阿富汗和伊朗東北部）；準噶爾和中亞東部或塔里木盆地，該地區也稱為東突厥斯坦（今日新疆）；西藏；東部草原（Eastern Steppe，今日蒙古和內蒙）；滿洲。在這些地區中，西部草原大部、內蒙古和滿洲大部分地區在文化上已經不屬於中央歐亞了。

對於世界文明的形成，中央歐亞民族做出了根本、關鍵的貢獻，以致於若不把中央歐亞各民族和周邊民族的關係包括在內的話，就無法理解歐亞史。因此，一部中央歐亞史必然在一定程度上也會涉及歐亞的大型周邊文明——歐洲、中東、南亞和東亞——它們都曾深深捲入中央歐亞的歷史。

傳統上的中央歐亞和古代大陸的內部經濟和國際貿易體系是同源的，它被誤導地概念化並貼上「絲路」的標籤。人們常常把它和沿海地區的海上貿易網絡區分開來，後者自從史前時代就在某種意義上存在，並在整個古代和中世紀裡穩步地變得益發重要，但是在貿易體系的起源上，兩者之間並沒有這樣的區分。陸路和海路貿易的路線都必須視為一體的國際貿易體系的組成部分。這個體系的中心，毫無疑問且壓倒性地是以歐亞大陸經濟（及其地方經濟）為基礎的歐亞大型政治實體，所有這些實體的重心都不在海上，而是在中央歐亞上。作為一種具有重大意義的單獨存在之經濟，沿海體系（Littoral System）是在西歐人於公海建立了歐洲與南亞、東南亞、東亞之間的定期貿易後才發展出來的，這部分的內容將會在本書第十章討論；只有在絲路不復存在之後，沿海體系才完全獨立出來。

中央歐亞的文化地理區域必須和中央歐亞**民族**和**語言**區分開來，這些概念都有其不同的定義。雖然本書的主題是中央歐亞的歷史，但它實際上是關於中央歐亞的民族。因此，本書的內容也包括那些離開故土，帶著他們的中央歐亞語言和中央歐亞文化綜合體（請見〈序曲〉），前往其他地方的中央歐亞人的歷史。從某種程度上說，作為一個整體的歐亞史從最開始時直到今天，都可以看作是一個中央歐亞人和中央歐亞文化不斷進入周邊地區，以及周邊地區的民族和文化進入中央歐亞的歷史。

在糾正早期對中央歐亞和中央歐亞人的一些錯誤理解上，現代學者做出了很多工作，他們貢獻了許多針對這個地區和各民族的資料。遺憾的是，所做的糾正並未被大多數史學家採納，有很多基本觀點沒有被看到，更別提糾正了。尤其是，對於中央歐亞人和他們在歐亞史中上扮演的角色的一般觀點上，甚至是在中央歐亞學家的研究中，都存在著大量沒有被認知到的文化曲解和偏見。有些曲解和偏見是近來的，但其他的則是源自文藝復興時期，還有一些——尤其是關於**蠻族**的觀念——可以追溯到古代。以下只是對於一些主要觀點的簡要總結，我會在〈尾聲〉中詳談。

對於中央歐亞人，大多數現代史學家都默認大抵上負面的觀點，它們表述在周邊民族的歷史和其他書面史料中，但他們卻沒有認真考慮出現在同一個周邊文化史料中的正面觀點，更遑論中央歐亞人對於周邊民族的看法。雖然周邊民族的作品多少提供了我們關於許多中央歐亞人的現存唯一紀錄，而且直到中世紀開始許久以後，才出現用中央歐亞語言書寫的當地書面史料，但是完全不同於史學家的普遍認定，大多數周邊民族的作品並未對中央歐亞人抱持一面倒的態度。中央歐亞人對周邊民族的厭惡，既出現在來自周邊地方的史學家和旅行者的記載中，也出現在他們自己的記載中（以他們的語言留存的史料）——比方說，斯基泰人（Scythians）對希臘人和波斯人的厭惡、匈奴

對中國人的厭惡，以及突厥人對中國人和希臘人的厭惡。透過希臘人、中國人和其他與中央歐亞人共同生活的民族提供的正面評價，以及來自同樣早期的旅行者的大量中立的、純粹描述性的訊息，希羅多德（Herodotus）和其他早期史學家那種譁眾取寵的描述本應早就該要修正了。

對於前現代中央歐亞的成見，幾乎完全基於對中央歐亞社會某個部分的誤解而形成的陳舊觀念：草原地區的人被普遍認為是「純粹」的游牧民，他們和定居的中央歐亞人截然不同，並且和定居民族孤絕隔立。姑且不論一個非常嚴重的問題，單是從民族語言上而言，游牧民族在歷史上和考古上都不能和城市化、農業化的中央歐亞人明確區分開來；[5] 十分重要的是，我們需要認知和了解現代人對歐亞游牧民族的刻板印象和誤解，包括：[6]

- 由於嚴酷的環境和艱苦的生活方式，中央歐亞的游牧民十分喜歡打仗——他們是天生的戰士，而且無情殘忍。這種天生的能力，很大程度上得益於他們的騎馬技術和弓箭狩獵的技能，它們很容易轉化為軍事技能。
- 中央歐亞游牧民的生活方式讓他們很窮困，因為他們的生產不能滿足需求。因此，他們搶劫富裕的周邊農業民族，以獲得他們需要或想要的東西。這種「需索無度的游牧民」理論，和中央歐亞人與周邊國家關係的「勒索和戰利品」模式以及「貪婪成性的野蠻人」模式有關。
- 因為中央歐亞人是天生的戰士，而且作為游牧民，總是不斷移動，所以他們很難打敗。他們對周邊民族是個永久的軍事威脅，他們經常攻擊和擊敗周邊民族。因此，直到近現代早期，中央歐亞人向來在軍事上主導著歐亞。

雖然在史料中，我們能發現一些評論似乎支持這些看法，但若仔細閱讀同樣的史料，卻會發現它們與這種觀點相反。這些觀點的虛假，也可以透過簡單地考察毫無爭議的史實來證明。歸根結底，它們都是古希臘－羅馬人關於**蠻族**的觀念或幻想的構成要素的直接延續，幾乎沒什麼變化。游牧的中央歐亞人並不是「天生的戰士」，就像是城市裡的中央歐亞人不是「天生的商人」，務農的中央歐亞人不是「天生的農民」一樣。游牧民族建立的國家和定居民族建立的國家，都是複雜的社會。雖然前一類國家的游牧產業中的大多數人通常很擅長騎馬和狩獵——這門技術向來讓非游牧民族印象深刻，他們反覆強調這一點——但是在人口更多、財富更多的周邊定居社會中，有很多人是專門為戰爭而受訓的職業軍人。這就使他們在大多數的衝突中比中央歐亞人更有優勢。

游牧民族也並不貧窮。準確地說，有些游牧民族十分富有，有些很貧窮，而大多數的游牧民族則介於富有和貧窮之間，就如同其他文化地區一樣，但是普通的游牧民在各方面都過得比周邊農業地區的平民要更好，因為農業區的平民就像是奴隸一樣，或者說，他們受到的對待並不比奴隸好多少。游牧民族的確非常希望和鄰居進行貿易，而不管對方是什麼人，當他們遭遇暴力或蔑視時，他們通常會做出激烈的反應，這一點都不意外，因為任何地方的大多數人都會有同樣的反應。最大的迷思——中央歐亞人對周邊國家是個異常嚴重的軍事威脅——純屬虛構。簡短來說，無論是中央歐亞，還是中央歐亞史，它們都和**蠻族**的幻想或這種幻想的現代隱密版（〈尾聲〉會詳加討論）沒有瓜葛。

中央歐亞的歷史涉及許多不同的民族，他們有著不同的生活方式。每種中央歐亞文化都是由數不清的個體構成的，每個人都有與眾不同的個性，就如同世界其他地方的人一樣。中央歐亞人有的強勢、有的疲弱，有的開明、有的墮落，而且還有介於兩者之間的各種樣貌，就如同任何其他地區

和文化中的人們一樣。實際上，任何可以用來形容中央歐亞民族的，也可以拿來形容歐亞的任何一個其他民族。書寫歷史時的必要態度，就是至少要**試著**保持中立、客觀。

但**蠻族**的說法到底是怎麼一回事？如果歷史紀錄真的告訴我們，中央歐亞人不是**蠻族**，那他們是什麼人？他們是有活力、有創造力的民族。中央歐亞是印歐人的故鄉，他們從一片大海到另一片大海之間的整個歐亞擴張，建立了世界文明的基礎。中世紀的中央歐亞是世界經濟、文化和思想的中心，現代科學、科技和藝術的基本要素都是由中央歐亞人創造的。歷史紀錄毫無疑義地表明，在面對勢不可擋或該說是毫無希望可言的境況時，中央歐亞人是奮勇的捍衛者，在周邊民族殘酷的侵蝕、無情的入侵面前保護自己的家園、家人，並捍衛自己的生活方式。終究，中央歐亞人幾乎失去了一切，但他們打了一場漂亮的仗。因此，歸根結底，這本書講述的是歐亞大陸範圍內的中央歐亞人和周邊民族的糾葛，[7]直到後者的勝利，中央歐亞國家的毀滅，以及中央歐亞民族在最後關頭，在二十世紀末，奇蹟般地重生之前，所陷入的極端貧困和瀕臨滅絕的境地。

讀者可能還會想要問，這種歷史趨勢和結果是否獨屬中央歐亞，因為主導它的，是由游牧民族或部分游牧民族所建立的國家？答案是否定的。在人數上占極大劣勢的中央歐亞民族在面對周邊鄰居無可逆轉的擴張時的鬥爭，和美洲印第安民族反抗歐洲人以及在當地建立的各國的鬥爭是平行的。歐美人在美洲大多數的國家推行了公開或祕密的種族滅絕政策。在北美洲，印第安人曾經為拯救他們的土地、民族和家庭而戰，但是他們輸了。他們的玉米田被焚燒，他們的家人被屠戮，所剩無幾的倖存者被強制送往荒涼的地方自生自滅。直到幾十年前，印第安人仍被不義的種族滅絕勝利者譴責為「野蠻人」。最終，當他們幾乎要消失殆盡的時候，勝利民族的部分人士終於有了一絲良知，了解歷史上對印第安人的對待和真相完全相反。對於中央歐亞各個民族在過去兩千年裡對周邊

民族所做出的抗爭，我們也早就該加以肯認。這些中央歐亞戰士並非**蠻族**。他們是英雄，而且各民族的史詩將會源遠流長，生生不息。

---

1 關於中央歐亞的其他名詞術語，以及今日對「中亞」一詞的使用和意涵，請參考書末注釋❸。

2 本書對東南亞的著墨很少，該地區通常被視為南亞或東亞的延伸，但就像阿拉伯半島一樣，東南亞本身實際上也是一個次區域。就像西歐和東北亞（通常包括日本和朝鮮半島，再加上前現代的南滿洲）一樣，東南亞在地理上被山脈、河流和海洋分隔。雖然我絕不是毫無保留地擁護地理決定論的人，但是在這些地區的歷史發展中，很難忽視其大量的共通之處。

3 請參考 Rolle 1989: 16-17。

4 準確地說，這個地區應該稱為北方歐亞（Northern Eurasia），但這個術語很不幸地被拿來當作中央歐亞的近義詞了。

5 我們還必須拋棄城市粟特人（Sogdians）是「天生的商人」的觀念，雖然史料喜歡如此形容，但近年的學術研究指出，粟特人能征善戰的本事就和中央歐亞的其他人一樣（Grenet 2005；參見 Moribe 2005、De la Vaissière 2005a）。

6 這些觀點在各個面向都受到當代學者的精闢批評，但它們仍舊存在，而且大多仍需進行更深的批評。

7 此種二分法並不適用於所有情況。Di Cosmo 2002a 等學者討論了一些重要的例外。重點在於，在歐亞歷史長河中，無可逆轉的趨勢，就是中央歐亞人的領土減少，中央歐亞民族失去權力、財富，以及在不勝枚舉的案例中，失去生命。

# 序曲

## PROLOGUE

# 英雄及其朋友

出生在很久很久以前，
祖拉·汗（Zûla Khan），野馬的後裔，唐蘇克·本巴（Bûmba）的嫡孫，
聲名遠揚的烏仲（Üzeng）的兒子，他就是一代無雙的江格爾（Janghar）。
在他兩歲時，有隻惡龍侵入了他的家園，他成了孤兒。
在三歲那年，他便跨上了他的戰馬奧蘭詹（Aranjagaan），攻破三關，打敗了那凶殘的惡龍。
——摘自《江格爾史詩》（*Janghar*）[1]

Эртиин экн цагт һаргсн, Тәк Зула хаани үлдл,
Таңсг Бумб хаани ач, Үзң алдр хаани көвүн
Үйин өнчи Җаңһр билә.
Эркн хө мөстәдән
Догшн маңһст нутган дээлүлж, Өнчн бийәр үлдгсн;
һун оргч насндан, Арнзл Зеердинь үрә цагт
Көл өргж мордгсн, һурвн ик бәәрин ам эвдгсн,
һульжң ик маңһс хааг номдан орулсн. —— *Җаңһр*

## 最初故事

天上花園之神和地上河流之神的女兒交合，一個男嬰奇蹟般地降生了。

但是，一個邪惡的國王奴役了這個王子的母親，這位孤兒王子自從降生時便被置於荒野。

在那裡，野獸不但沒有傷害男嬰，反而精心照料他。男嬰活了下來，長成了一個智勇雙全的男子。

奇蹟般的男孩被帶去了宮廷，他在那裡被國王收養，國王待他如同親生兒子一樣。

他茁壯成長，武藝高強，弓馬嫻熟。

儘管他天資聰穎，卻被送去了馬房當馬僮。在大敵入侵的絕境，這位馬僮用他的強弓擊潰了來敵。他的美名從此威震遠方。

國王和他的兒子忌憚這個英雄，兒子說服了國王，設下計謀，聯手試圖暗殺他。但這位王子得到及時警示，奇蹟般地脫離險境。

他一路上結識了勇敢的年輕夥伴。他們戰勝了邪惡的國王，將他置於死地，解救了他們的女人，建立了正義又繁榮的王國。

吟遊詩人向這位王子和他的同伴傳唱他們的故事，也把它講述給其他宮廷裡的英雄、好漢和王子，世世代代，薪火相傳。他們的美名已經不朽，將會長存於世。

## 中央歐亞的民族起源神話

如果不是在事實中，那麼在傳奇和神話中，自從原史時代（protohistorical time）和遠古時代起，中央歐亞許多偉大國家的創立者，都遵循了這種英雄式的出身模式，包括青銅時代的西臺人（Hittites）[2]和周代的中國人；古典時代的斯基泰人（Scythians）、羅馬人、烏孫人（Wu-sun）、高句麗人；中世紀的突厥人和蒙古人；以及文藝復興末期和啟蒙運動時期的準噶爾人（Junghar）和滿洲人。[3]

在商代，[4]出身姜氏的姜嫄[5]獻祭求後。後來，她把腳踏在天帝的腳印上而懷孕，生下了后稷。后稷被遺棄在一條窄巷中，但是牛羊都呵護他。後來，他又被丟棄在遼闊的森林裡，但是伐木人救了他。他被棄置在刺骨的寒冰之上，但是飛鳥用翅膀保護了他。當鳥飛走後，后稷開始啼哭。他的母親知道他的神奇能力，隨後將他帶回家撫養。

在他長大後，他便服侍於堯。堯任命他為司馬之官。他也種植豆子、穀物、瓜類，皆獲豐收。[6]他建立了周朝，推翻了商代最後的暴君紂王。[7]

有一天，天園之神的兒子[8]在聶伯河（Dnieper）之神的女兒的地上放牧。他放馬吃草，自己在旁邊睡著了。河神的女兒偷走了他的馬群，要求他與之共寢才會歸還他的馬群。後來，她生下了三個兒子。

當這三個兒子長大後，他們的母親遵照其父的意願，把他的巨弓拿給兒子看。凡能拉開此弓者，便可稱王。每個兒子都試了，只有么子能夠拉開此弓。

三件黃金神器從天上掉落人間：一副金犁軛、一把金劍，以及一個金杯。三個兒子都想去撿，當長子靠近時，它們射出火焰，讓他難以下手。同樣的事情也發生在二子身上。當么子伸手去取時，毫不費力便拿到了這三樣東西。

這個最年輕的兒子名叫斯基泰（Scythês），[9]他成為其人民的國王，人民也因其名之故而自稱斯基泰人。

後來，斯基泰人受到馬薩格泰人（Massagetae）的攻擊，他們越過阿拉茲河（Araxes）進入辛梅里亞（Cimmeria，克里米亞古稱），他們將這裡作為家園。依靠高強的騎射本領，斯基泰人變成了一個強大的民族。

努米托（Numitor）和阿姆留斯（Amulius）兄弟倆是帶領特洛伊人逃到義大利避難的埃涅阿斯（Aeneas）的後代。努米托是位公正的國王，但是被阿姆留斯推翻了，他又強迫努米托的女兒雷亞・西爾維亞（Rhea Silvia）成為獨身禁欲的護火貞女（Vestal Virgin），因此她不能生育，努米托就不會有後代。但是在一天晚上，戰神瑪爾斯（Mars）強姦了雷亞・西爾維亞。後來，她生下一對漂亮的雙胞胎男嬰，他們是羅慕路斯（Romulus）和雷穆斯（Remus）。阿姆留斯聞訊後便囚禁雷亞・西爾維亞，並下令除掉羅慕路斯和雷穆斯。

奉命殺害這對雙胞胎的僕人不忍心下手，於是把兩個嬰兒放在一個籃子裡，留在台伯河岸邊。當河水漲潮，這個籃子便順著河水流到一個安全的地方。這兩個男嬰被一隻母狼撫養，一隻鳥[10]會來餵食他們。後來，一個牧羊人發現他們，把他們帶回家。牧羊人夫婦視他們如己出，把他們養大成人。

他們長大後變得身強力壯，舉止高貴，精於狩獵和放牧。後來他們被帶去阿姆留斯的宮廷，阿姆留斯要殺他們，但他們成功逃脫了。最終，他們帶領受壓迫的牧民和其他人一起殺死暴君。正義的君王努米托，也就是他們倆的外公，被重新推上王位。

兄弟兩人隨後帶著追隨者離開，去建立一座新城市。但他們因為選擇城市的位置而吵了起來，爭吵演變成爭鬥，羅慕路斯和他的手下三百親兵（Celeres）殺死了雷穆斯。後來，羅慕路斯建立了環形的羅馬城。[11]

頭曼（*Tumen）[12]是匈奴[13]的第一代偉大統治者，[14]他在東部草原建立了一個強國。他有個兒子，名叫冒頓（Mo-tun）。[15]後來，頭曼和他最喜歡的小妾生了一個兒子，於是他們想要除掉冒頓，讓這個小妾的兒子成為太子。他和月氏（*Tokʷar/Yüeh-chih）[16]訂立條約，並且按照慣例，把冒頓作為人質送到月氏那裡，當作履行條約的保證。冒頓到達月氏後，頭曼攻擊月氏人。月氏人想依條約規定處死冒頓，但他偷走了他們最好的一匹馬並逃回了家。[17]頭曼稱頌其英勇，讓他作為頭領，成為麾下號令一萬騎兵的統帥。[18]

冒頓隨後發明出一種帶哨子的箭，用它來訓練士兵的騎射技能。他命令他們服從他，告訴他們：「哨箭（鳴鏑）射中的地方，就是你們射箭的目標，誰要是射不中的話，斬首就是你們的下場。」當他們外出打獵時，正如冒頓所言，誰要是不隨著哨箭攻擊，他就會把誰的頭砍下來。後來，冒頓用哨箭射向了他最好的一匹馬。有些手下猶豫，冒頓立即殺了他們。隨後，冒頓用哨箭射向了他最喜歡的妻子。一些手下嚇壞了，不敢對她射箭。冒頓也把他們的頭砍了。後來他們又去打獵時，冒頓用箭射向國王最好的一匹馬，他的手下也都隨即射向那匹馬。冒頓這時知道他們已經準備好了。他和他的父王一同去打獵，隨後便用哨箭射殺了他的父親。他的手下也隨著哨箭，一同射向了頭曼。冒頓隨後處死了所有不服從他的官員和家人，自己成了國王。[19]

烏孫（*Asvin）和月氏人都居住在祁連山（位於今日甘肅中部）和敦煌之間。[20]烏孫人是一個小民族。月氏人攻打了他們，還殺死他們的國王，奪去他們的土地。烏孫人逃去匈奴。有人看到剛出生的烏孫王子昆莫（K’un-mu）被帶到草原上並被留在那裡；[21]有匹狼給他餵奶，一隻嘴裡銜著肉的烏鴉在他身邊盤旋。[22]人們認為這個孩子具有神力，於是他就被帶去交給匈奴的國王，國王很喜歡他並將他養育成人。

當昆莫長大後，國王讓他掌管烏孫人，並讓他當了將軍。昆莫在戰場上為匈奴獲得許多勝利。當時，被匈奴打敗的月氏人已經西遷，他們攻打了塞迦人（塞人，Sakas）。塞迦人則南下遠徙，於是月氏人占據了他們的地方。已然強大的昆莫向匈奴王請求允許，讓他為父親報仇。於是他在西元

前一三三至一三二年時大破月氏人，[23]後者往更西邊和南邊的地方逃逸，進入大夏（巴克特里亞，Bacteria）境內。昆莫將人馬安頓在月氏人出逃後留下的先前塞迦人地盤上。他的軍隊也更加強大。在匈奴國王去世後，昆莫拒絕向他的繼承者效勞。於是匈奴派了一隊精兵強將來征討昆莫，但他們還是無法戰勝他。從此，匈奴人比原先更加相信昆莫具有神力，於是對他避之唯恐不及。[24]

在北方的索離國（*Saklai），[25]有個王子奇蹟般地降生了。雖然他父親是太陽神，他母親是河神之女，該國國王[26]仍然帶走他，將他棄置野獸之中。但曠野中的豬、馬和鳥都來為他保暖，讓他活了下來。

因為國王沒能殺死這個男孩，他便允許王子的媽媽將他扶養長大。長大後，王子被派去為國王牧馬。他是一個優秀的弓箭手，名叫朱蒙（*Tümen）。[27]

國王的兒子進言，表示朱蒙太過危險，可能會占有整個王國。於是他們謀畫要殺死他，但是朱蒙的母親及時警告了他，於是他逃向南方。

一條難以越過的大河擋住他的去路。於是他用他的弓抽打河水，大喊道：「我是太陽之子，河神的外孫。我的敵人正在追殺我。我該如何渡河？」水中的所有鱷魚[28]和鱉都浮出水面，組成一道浮橋。朱蒙剛一過河，牠們便四散而去，追兵乃無力渡河。

他建立了牙帳為都城，創立了新的王國。他的疆域分成四塊，各有一個王（*ka）統領一地。[29]

波斯處在帕提亞（安息，Parthian）的末代昏君阿爾達萬（阿爾塔班五世，Ardawân/Artabanus V）的統治下。法爾斯（Pars）總督巴巴克（Pâbag）找來一位名叫薩珊（Sâsân）的牧人，為他照看馬和牛。巴巴克並不知道這個牧羊人是偉大的萬王之王大流士（Darius）的後裔，但是有天晚上，他做了一個夢，夢中看到太陽在薩珊的頭上熠熠發光，照亮了全世界。於是他把自己的女兒嫁給薩珊。她生了一個兒子，名叫阿爾達希爾（Ardaxšêr/Ardashîr），巴巴克將這個孩子待如己出。

年少的阿爾達希爾聰明伶俐，騎術也很高超，國王阿爾達萬聽說後，就把他送到宮廷裡和他的兒子、王侯一起撫養，但是，阿爾達希爾比他的兒子更善騎馬和狩獵，只憑一記強箭便射死了一隻野驢。當國王問是誰做了這件了不得的事情時，阿爾達希爾說：「是我做的。」但是王儲卻對他父親撒謊說：「不是，是我做的」。於是阿爾達希爾憤怒地和王子爭執。國王因此對阿爾達希爾感到不悅，把他送到馬廄去照看馬和牛。他不再同等對待阿爾達希爾和自己的兒子。

後來，阿爾達希爾遇到了國王最喜歡的寵妃，和她暗通款曲。他們一起計畫要騎馬逃出阿爾達萬的王宮。國王親自領兵在後面追趕，但是阿爾達希爾趕在國王之前就來到海邊，從而成功逃走。[30] 國王只好打道回府，讓阿爾達希爾有了喘息之機。後來，阿爾達希爾召集自己的軍隊，在戰場上殺死了阿爾達萬，娶了死去國王的女兒，成為統治者，建立偉大的薩珊王朝（Sasanid Dynasty）。[31]

在突厥人的先祖還是小孩時，他曾被棄諸荒野，待其自生自滅，但他得到一匹母狼的救助和

撫養。後來，母狼與之交合受孕，並為躲避敵人追殺而逃到西海（Western Sea），來到吐火羅人（Tokharians）的城市高昌（Qocho）以北的一個山洞裡。[32]第一批的突厥人後來搬到阿勒泰（Altai，阿爾泰），在那裡，他們以精於打鐵聞名，就像人們所知道的斯基泰人一樣。[33]

六世紀中葉時，突厥人在領袖土門（*Tu-mïn）[34]的領導下臣服於阿瓦爾人（Avar，柔然），[35]後者的祖源不明，而在當時，他們的游牧王國稱雄於東部草原。土門本身是個偉大的領袖，和中原的拓拔魏（Toba，北魏）建立了外交和商貿關係。

當鐵勒（T'ieh-le）的軍隊威脅到阿瓦爾帝國時，土門率領部下攻擊他們。土門擊潰並收服了鐵勒諸部。[36]這場勝利給了土門自信，為表彰其戰功，他要求阿瓦爾人與他結盟，向阿瓦爾可汗提親，要娶其公主。

但阿瓦爾可汗阿那瓌（Anagai）不准。他派了使者對土門說：「你是我的鍛奴，怎敢提出如此要求？」土門十分生氣，怒斬來使。他於是切斷和阿瓦爾人的關係，成功地和中原人結了親。第二年，土門攻打阿瓦爾人，在大戰中擊潰了他們，阿那瓌在五五二年春天自殺身亡，他的兒子逃往中國。[37]土門隨即得到可汗的頭銜。

雖然土門在此後不久就亡故，但他的繼任者在整個歐亞四處追擊任何尚未臣服的阿瓦爾人餘部，從東邊的中國一直追到西邊的君士坦丁堡，[38]最終成為整個草原的霸主。

蒙古人是一匹天上蒼狼和一匹白色母鹿的後代。蒼狼和白鹿跨越一片大水域，來到一個安全的

地方。這裡是群山環繞的封閉山谷，牠們在那裡產下後來蒙古人的祖先。

十二世紀時的東部草原，一個男孩呱呱墜地在蒙古部落首領也速該（Yesügei）家裡。這個男嬰是合不勒汗（Khabul）的曾孫。合不勒汗被中國北方金人的盟友塔塔兒部虜走並殺死了。也速該以自己曾虜獲的塔塔兒部首領的名字鐵木真（Temüjin，鐵匠之意）為兒子命名。在鐵木真仍是孩子時，也速該就被塔塔兒謀殺了。也速該的部眾被同族的泰赤烏（Taičighut）兼併，他的遺孀和孩子被棄置在草原上，由其自生自滅。

他們十分貧困，苦不堪言。鐵木真和他的兄弟在鄂嫩河抓魚，他的媽媽在草原上尋找野洋蔥、野果和一切能填飽肚子的東西。他們就這樣頑強地活了下來，孩子也一天天地長大。

慢慢地，人們看出鐵木真的領導能力，他也獲得四個願意追隨他的勇士。他統一東部草原的所有部落，被尊為成吉思汗（普世統治者之意）。[39]他征服塔塔兒部，打敗金，然後平定四方。

誰也不能說為自己民族完成這些壯舉的領袖的事蹟是虛構的。中國周朝、羅馬帝國、烏孫王國和匈奴帝國都是史實，高句麗人、突厥人、蒙古人等民族也是如此。至於這些民族究竟是怎麼建立的，這件事被時間的迷霧遮蓋了，但幾乎可以肯定的是，其中融合了傳說故事和歷史事實。即便是相對較晚、多少有歷史記載的蒙古帝國的建立，也包含了神話和傳說的成分，它們和純粹的歷史事件一同作為事實呈現。但這並不重要。真正重要的是，鎮壓義人、竊取財富的不義之君最終被推翻了，立國之人是民族的英雄。

上述的每個故事中都有相同的情節：被壓迫的民族都曾在異族的不義統治下生活，作為屬部，他們得為統治者的民族征戰。在和統治民族並肩出戰的生活中，他們漸漸習得草原戰士的生活方式。與此同時，他們還從統治民族學習了「最初故事」（First Story，起源故事）中的英雄理想。最初故事和其他英雄史詩一起，以不同的版本在國境內各處燃起的篝火邊反覆傳唱，這些史詩講述的故事幾乎就像最初故事一樣古老，而且寓意相似。

當屬部民族完全被宗主的草原生活方式、軍事技能、政治文化和神話同化後，他們最終會起身反抗。如果成功了的話，他們就會按照那些故事裡的理想模式，獲得自由，取代宗主，成為草原的統治者。

在他們成功地在這片土地上建立自己權力的努力中，以前的屬部現在成了自己王國的統治者，他們也不可避免地會去征服異族，其中某族會以完全相同的方式向他們效力、向他們學習，並最終推翻他們。這個循環至少在西元前十七世紀的西臺帝國建立之初就已經開始了，而且可以在中央歐亞本身的歷史中找到，它可以追溯至西元前七世紀草原地區的第一個大型且組織化的國家，亦即斯基泰帝國，並一直延續到近現代早期的準噶爾人和滿洲人，這中間跨越了兩千年的歲月。

這些神話記載——幾乎總是呈現為保存者的民族史——證明了這樣的事實：中央歐亞一個又一個的民族，都企望遵循最初故事所規範的國家形成模式（state-formation model），藉以實體化它們對最初故事的信念。

在最初故事中，雖然具體細節可能稍有缺失或略有不同，但核心要素可以總結如下：

一名處女和神靈或神祇交合受孕。

正義的國王被暴虐的國王推翻。
那名女子生下一個神奇的男嬰。
暴虐的國王命令將男嬰棄諸荒野。
男嬰受到野獸的呵護和哺育，得以在野外倖存。
男嬰在荒野中被發現，得救。
男孩長大後騎術和射術精湛。
他被帶到宮廷當僕從。
他死裡逃生。
他有一群宣誓效忠的戰士。
他推翻暴君，重新建立正義的王國。
他建立一個新城市或王朝。

這看起來很像是民間故事的圖解，而不像歷史，至少是在把它用清單的方式加以呈現的時候。今天的史學家和學者可能很難接受，西元前兩千年早期的人們會相信這些故事是真實歷史，或者可能是理想化的歷史；但是，人類社會有時會把深遠的行動建立在意識形態或宗教信仰的基礎上，對於中世紀的學者而言，實際上也對於生活在二十世紀末、二十一世紀初的我們而言，這一點都不令人驚訝。最初故事中的神話信仰，是種前現代中央歐亞各民族共享的文化元素的集合，它們可以追隨到原始印歐人（Proto-Indo-Europeans）身上。在本書裡，這稱為「中央歐亞文化綜合體」。

## 從士團

在中央歐亞文化綜合體的早期型態中，最重要的元素是英雄首領及其從士團（comitatus）的社會政治—宗教理想，從士團是由英雄的朋友組成的戰團，他們誓死保衛他。早在斯基泰人的時代，從士團及其誓言的核心特徵便已存在，它似乎很難和血緣兄弟的盟約有明確的分別，從古代關於斯基泰人的資料，到中世紀的《蒙古祕史》，一系列的史料都體現這樣的特點。在琉善（Lucian，西元前二世紀）的筆下，斯基泰人托哈利斯（Toxaris）說：

> 我們的友誼和你們的友誼不同。我們從來不在酒杯上交朋友，也不會在乎對方的年齡，或是居所的遠近。我們會耐心等待，直到一個勇敢的人出現，他會做出英雄之舉，這樣的人會吸引我們的注意。我們的友誼，就如同你們求愛一樣：如果一次沒有成功，我們不會因為被拒絕而感到羞恥。相反地，我們會平心靜氣，繼續鍥而不捨地追求。最後，我們終於結成了朋友，我們會發出最莊嚴的誓約：「同生共死，不惜犧牲。」我們忠誠信守這樣的誓言：一旦朋友手指上的血滴進了同一支杯子，然後大家以劍點水，再一飲而盡。從此刻起，大家兄弟同心，永不分離。[40]

從士團的核心是一小群戰士，他們被稱為朋友。[41] 成吉思汗就有這樣的四個人：忽必烈、者勒蔑（Jelme）、哲別（Jebe）、速不台（Sübedei），札木合（Jamukha）被稱為成吉思汗「四獒」。將從士戰士的特徵和狼或其他兇猛動物相提並論的傳統，可以一路追溯至原始印歐人的時期。[42] 如果

首領先於從士團死去，那麼其中的核心成員——通常是少數男性——會儀式性地自盡（或是被處決），他們在埋葬的時候是「全副武裝」的，從而能夠在來世繼續戰鬥。[43]從士戰士可以自由選擇他們的誓約對象，在誓約之後，他們就和原先的宗族和國家切斷了原本的連結。[44]他們和首領的關係和家人的關係一樣緊密，或甚至更緊密；他們和首領住在同個居所，會從首領得到慷慨的賞賜，作為他們誓言的回報。在墓葬中出土的遺物提供了從士團的考古學證據，關於中央歐亞各地文化的歷史記載也提供了大量的歷史學證據。在早期的文學作品中，也可以見到對從士團的描寫。其中最著名的可能是《梨俱吠陀》（*Rig Veda*）對因陀羅（Indra）神祇化的從士團的讚詞，祂們是雙輪戰車的武士，稱為摩錄多（Maruts）。一個生動的例子，可見於因陀羅和祂的從士朋友的對話，此時祂們要與敵手蛇怪阿悉（Ahi）對陣，後者是很多中央歐亞英雄史詩裡的龍：[45]

因陀羅：啊，摩錄多！你們讓我單槍匹馬去殺阿悉，難道這就是你們的作風嗎？當然，我的確威風凜凜，戰力高強，從沒有敵人能傷害我。

摩錄多：在我們的追從下，你曾經建立斐然的成就。啊，英雄！讓我們也同樣神勇，讓我們也建功立業吧！蓋世英雄因陀羅！

（因陀羅又誇耀和抱怨數番。摩錄多隨後再讚美祂。）

因陀羅：摩錄多，你們的讚揚讓我心愉悅，你們為我譜寫的光榮讚歌，你們這些人——為了我，為了因陀羅，為了歡樂的英雄，如同朋友一般做了朋友應該做的。

首領和從士是每個新興的中央歐亞部族（nation）的核心結構。[46]在中亞，一位典型統治者的全部從士戰士常常數以萬計，就連一名省長總督也是如此，而且維持這樣一支從士團的花費十分高昂。在中世紀，由於世界性宗教不准許自殺或是儀式性殺戮，因此隨著世界性宗教的接受和採納，從士團與統治者的概念逐漸發生了變化，但它仍然延續下去，直到周邊文明征服中央歐亞為止。吟遊詩人傳唱史詩以讚頌首領及其從士團的傳統英雄理想。在這類史詩中，《表沃夫》（*Beowulf*）、《江格爾》、《瑪納斯》（*Manas*）、《格薩爾王》（*Gesar*）等作品以口傳或書寫文學的形式一直流傳至今。即便是早已遷徙離開中央歐亞故地的民族，也長期保存著這項傳統。匈人阿提拉（Attila the Hun）、查理曼（Charlemagne）都被各自的吟遊詩人讚美，他們也會贊助英雄史詩的定期表演。

在關於西臺人、阿契美尼德王朝（Achaemenid）的波斯人、[47]斯基泰人、花剌子模人、[48]匈奴人、古代和中世紀早期的日耳曼各族、薩珊王朝的波斯人、[49]匈人、[50]嚈噠人（Hephthalite）、[51]高句麗人、古墳時代的日本人、[52]使用突厥語的各部（至少包括突厥人、可薩人〔Khazar〕、[53]回鶻人）、粟特人（Sogdians）、吐蕃人、斯拉夫人、[54]契丹人、[55]蒙古人[56]以及其他人[57]的史料記載中，都有關於從士團的直接或間接記載。這種從士團還被拜占庭人和中國人短暫採用；[58]阿拉伯人尤其將之發揚光大，他們伊斯蘭化從士團，讓它成為伊斯蘭文化的長久特徵，一直延續到近現代早期。[59]

在中央歐亞文化綜合體的早期形式中，首領這些受過精銳訓練的從士戰士——一個不是忠於政府，而是忠於首領個人的衛隊——會誓死保衛他。如果首領先於從士團死亡，那麼從士團的核心成員，也就是他的結拜朋友，會採取自盡或儀式性處決的方式以求和他埋葬在一起。各個周邊文化的史料都反覆地明確記載了這件事，例如伊本·法德蘭（Ibn Faḍlân）關於伏爾加河上游維京人的記載，這些人曾被稱為羅斯人（Rus）：[60]

羅斯人的國王有個習俗，就是在他的宮殿裡，有四百名最為英勇和最受信賴的人。國王死後，他們也會死，而且是為了他而死。

為什麼會有人願意這樣做？有個很好的理由。首領也會反過來獎賞他的從士團，尤其是核心成員，他會把他們當成自己的家人，和他們分享自己的住所和世俗生活中的各種物品，並送給他們許多財富。這些從士團中的勇士能在社會裡得到幾乎難以想像的榮華富貴，這種情況並不是只發生一次，而是貫穿他們的一生，只要他們為首領效忠，無論是今生還是死後都是如此。[61]他們身穿用黃金刺繡妝點的絲綢衣物，上面還有寶石、珍珠和黃金飾物；他們和首領生活在同一個宮殿區域，和他吃一樣的食物，喝一樣的飲料。[62]他們在活著和死後都是他的夥伴。伊本·法德蘭如此描述可薩人的統治者：

他在下葬以後，那些埋葬他的人的頭也會被砍下來……他的墳墓叫做「天園」，而且他們會說，他已經進天堂了。所有的墓室都鋪有用金子交織的絲綢錦緞。[63]

對那些身屬從士團的誓死效忠者的獎賞十分清楚明白；至於那些對首領不忠的人，懲罰也毫不含糊：

從此以後，

在你心愛的家園，你將不再有歡樂
你的農莊荒廢，族人孤苦零丁，
無處可去，當外國的王公聽說你們臨陣脫逃，不守信約。
堂堂男兒，偷生不如一死了之。[64]

根據《蒙古祕史》的記載，一個克烈部的首領被成吉思汗擊敗，不能再給他的從士團提供錦衣玉食和榮華富貴後，有個從士戰士就拋棄首領，投向勝利者成吉思汗。成吉思汗大義凜然地宣布，這個拋棄主公的人已經沒有資格得到信任，已經不配做那可兒（nöker，夥伴）；於是他下令處決這個人。[65]

從北海到日本海，從亞寒帶到喜馬拉雅山，在中央歐亞的各地，在所有見諸史冊的中央歐亞民族中，至少是從西臺人，一直到中世紀的世界性宗教開始流行，都可以看到關於早期從士團制度或成員的記載。相較之下，非中央歐亞民族並不知道純正的從士團的存在，他們的相關描述常常流露出驚訝之情。

關於從士團的明確描述（也是comitatus這個詞的首次使用）是在《日耳曼尼亞志》（*Germania*，成書於九八年）中。塔西佗（Tacitus）在書中描述了西部的早期日耳曼各族的從士團。對於首領，他寫道：「其威望和權力，都取決於是否擁有一大群精銳的年輕戰士扈從左右。在平時，這是種身分區別；在戰時，這是種保護。」對於從士團的結構，他指出它的內部存在著「等級之分」。對於從士團成員，他說：「在他們的首領倒下以後，如果有人活著離開了戰場，就意味著他會帶著終生的惡名和恥辱。」他還說：「他們總是對他們的慷慨首領索求封賞。」[66]這樣的描述

也同樣適用於成吉思汗的蒙古從士團，它包括一個小型的核心從士群體，這些人是他的「那可兒」或「朋友」，此外則是常規的從士團「怯薛」（kesig 或 kesigten）。在成吉思汗晚年，他的怯薛人數有一萬人。馬可・波羅（Marco Polo）對此的描述十分準確，而且還提供一個額外資訊，即忽必烈的騎兵總共有一萬兩千人，共分四隊，各有一將統領。[67]

從士團在歐洲一直延續到中世紀。在英格蘭，最晚在《表沃夫》[68]中還提及了從士團的誓言和首領向同住的夥伴賦予財富。在斯堪地那維亞半島和草原地區，這種制度持續的時間更為長久。[69]

從士團的關鍵要素之一，就是它是首領的私人衛隊。戰士會日夜守護在他身旁，不會踏出華麗金帳的大門，[70]金帳是斡耳朵（ordo）的中心，也是統治者從士團的營地和他領土的都城。[71]

匈人、突厥人和其他中央歐亞民族從士團的日常職責都在史料中有所記載，因此在一定程度上為人熟知，至於蒙古人，人們對他們的了解要比任何其他草原民族還更多，而這些民族的從士團制度幾乎都是相同的。成吉思汗的從士團制度，是由大汗親自頒布的法令精心組織和管理的：

> 成吉思汗以十進位制為單位組織軍隊，並設立了貼身衛隊（怯薛）。按照最初的安排，衛隊是由七十人的日班（turgha'ud）、八十人的夜班（kebte'üd）和一千人的勇士（ba'aturs）組成。怯薛……是從他的那可兒[72]裡面招募而來的……他們既是大汗的貼身護衛，同時也是他的僕人，照顧他的日常生活，看守他的財產。作為僕人，他們擁有不同的官職，比如內侍（cherbi）、管家（ba'urchi）、箭筒士（khorchi）、門衛（e'ütenchi）、馬伕（aghtachi）。此外，他們還監督女侍和小官（例如放駱駝的人和放牛的人）的活動；照顧可汗的帳篷、馬車、武器、樂器和服飾；為他準備食物和飲料……因為這種護衛／管家制度既為成吉思汗提供了個人服務，也為他

提供了文官系統，可管理他快速擴張的子民、領土和經濟利益，因此他走到哪裡，他的怯薛就跟到哪裡，不管是征戰還是出獵。[73]

蒙古人從士團的詳細資料，使我們可以推斷這個制度在比較鮮為人知的中央歐亞民族中的情況。[74]在中國和希臘古代文獻中零星出現的評論，以及在中央歐亞各地從士團的分布，都表明它是中央歐亞文化綜合體的一個基本特徵。普羅科匹厄斯（Procopius）在描述位於薩珊波斯帝國東北部的嚈噠人時曾經這樣寫道：[75]

此外，富裕的公民還有把自己和朋友結成一夥的習俗，人數可能有二十人，也可能更多。他們會成為宴飲活動上的恆久夥伴，並且分享所有的財富，在財產上享有某種共同的權利。然後，當一個聚集了這樣一群人的人去世後，按照習俗，他們都會一起活埋陪葬。[76]

關於早期的吐蕃帝國，漢文史料有這樣的記載：

其君臣自為友，五六人曰共命。君死，皆自殺以殉，所服玩乘馬皆瘞……[77]

這樣的文獻讓人很自然地聯想到《蒙古祕史》中關於鐵木真和他的一位那可兒誓求「同命」的記載。從士團的核心是友誼，這可從各種從士團制度的稱呼中反映出來。比如說，斯拉夫語的從士團叫做 družina（俄語的「朋友」是 drug，「友誼」是 družba）；[78]又比方說，蒙古語「那可兒」的原

本意義是「朋友」，後來指稱從士團的核心成員。[79]相似地，馬爾瓦吉（Marwazī）如此描述東部草原回鶻帝國可汗的從士團：

> 他們的國王名為托古茲可汗（Toghuz），他擁有許多士兵。以前他們的國王有一千個柘羯（châkars），還有四百個少女。柘羯每天在他那裡吃三次飯，飯後還要喝三回酒。[80]

中國人——就像古典時期和後來的希臘人一樣[81]——本來並沒有自己的從士團傳統，但那些在中原王朝效力的中央歐亞人卻繼續實踐這項傳統。在唐朝的第二位皇帝太宗死後，他生前擊敗過的一些突厥將領請求自盡殉葬。雖然他們的請求遭到拒絕，但仍有一個人這麼做。七五五年，突厥和粟特混血將軍安祿山[82]起兵，幾乎滅亡了唐朝。他本人有一支由八百人組成的私兵隊伍，由出自同羅（Tongra，突厥系）、庫莫奚（Tatabï）、契丹（蒙古系）等部的勇士組成。他視手下的從士團如自己的養子。[83]

中央歐亞國家的首領，無論是游牧的突厥可汗，還是定居的粟特王公，他們都擁有數以千計的柘羯或從士戰士，[84]但似乎如同早期的日耳曼歐洲和吐蕃帝國一樣，只有相對較少的人受到同命誓約的約束。他們的忠誠和承諾是否持續，[85]取決於主公是否堅持自己的約定，持續地尊重他們，並經常給予他們大量的財富，尤其是透過珍貴的絲綢服飾和金器的形式，這些物品既能穿戴，也方便運輸。在關於早期中央歐亞宮廷的記載中，作者常常會評論從士戰士所穿的華麗絲綢。[86]

在七世紀初從中國行經中亞至印度的僧人玄奘，曾經寫下詳細的旅行紀錄，描述西突厥人名義上的統治者統葉護可汗（Tung Yabghu）身上穿了綠綾袍，頭上有帛練。他有兩百多人之眾的「官

人」，所有人都身穿刺繡絲袍。早期的拜占庭希臘訪客來到西突厥宮廷時，也用驚訝的口吻描述過突厥人在黃金和絲綢上的富裕。[87]

馬可・波羅描述了忽必烈汗給手下一萬兩千名侍衛封賞錦袍的場景：[88]「他賜給每個人十三件長袍，每一件的顏色都不同。它們都華麗地飾有珍珠、寶石和其他飾品，價值連城……所賜予的錦袍總共有十五萬六千件，其數量之巨，難以盡數。」[89]事實上，製作這些長袍一定需要大約一百萬碼的上等絲線，外加大量的黃金和珠寶。幾乎每個到過蒙古宮廷的外國旅行者，都注意到絲織錦袍的驚人數目，其中有許多都有黃金刺繡。[90]

這些絲綢是從哪裡來的？一種普遍的誤解，是認為中央歐亞人常常劫掠可憐無辜的中國人、波斯人或希臘人。（關於這種觀念的概述討論，請參考〈尾聲〉。）然而，如果不是更早的話，那至少也是從漢代開始，中國人就不得不依賴進口來獲得馬匹了，他們的馬在量和質上都無法滿足需求。在中世紀初的唐代，中國人再次迫切渴求和需要大量的馬匹，以建立和維持一個龐大的帝國。中國史籍中關於突厥人和中國人之間的馬匹和絲綢貿易的文獻，足以顯示出有記載的、官方的交易規模很大，一方提供了兩萬多匹馬，另一方則提供了一百多萬疋生絲。雖然中國史學家很少提供這麼明確的數字，但還是有少數例子（大多不見於官方史料）留有交易價格的紀錄，所以我們知道，中國進口一匹馬需要花費二十五至三十八疋的生絲。[91]在中世紀早期，馬匹貿易是中國經濟的重要組成部分，[92]這種情況一直延續到滿洲人征服為止，當時清帝國控制了整個東部草原和其他產馬地區（例如青海湖一帶）。簡要而言，從早期的匈奴時期一直到滿洲人征服的兩千年時間裡，[93]中央歐亞人所獲得的大量絲綢都是透過貿易和稅收獲得的，而不是透過戰爭和勒索。[94]

我們通常認為，游牧民族國家要在一個地區建立穩定的統治以後，才能為商旅提供保護和交通

設施，從而促進遠距貿易的發展。但事實上，游牧政權建立的過程本身，就促進了貿易活動。游牧政權建立的過程，需要大量的貴金屬和寶石，尤其是精緻的衣物，因為缺少了這些商品，政治（尤其是帝國政治）是不可能成立的。[95]

中央歐亞民族在中世紀接受了世界性宗教後，從士團核心成員的自盡和儀式性處決的行為逐漸消逝，但是在其他方面，從士團的傳統繼續在中央歐亞存在，[96]首領仍然需要贈與從士團絲綢和其他財物。

## 伊斯蘭化的從士團

從阿拉伯帝國開始向近東擴張之初，從士團就和其他一些中亞文化元素一起進入近東。第一位率軍遠征中亞的阿拉伯將軍阿卜杜拉・伊本・齊雅德（'Ubayd Allâh ibn Ziyâd），曾帶著一支由兩千名布哈拉（Bukhara）射手組成的從士團回到巴斯拉（Basra）。[97]在他之後出征中亞的賽義德・伊本・奧斯曼（Sa'îd ibn 'Uthmân）從撒馬爾罕（Samarkand）帶回了五十名武士，他們都是當地貴族的兒子。在將他們安置在麥地納（Medina）之後，他沒收了他們的華麗錦袍，待他們如奴隸。武士謀殺了賽義德，然後以自盡踐行了他們的盟約。[98]最為著名的中亞阿拉伯總督屈底波・伊本・穆斯林・巴希里（Qutayba ibn Muslim al-Bâhilî）擁有一支中亞射手組成的龐大從士團。成員多為粟特各個小王國的王公之子，他們誓死追隨屈底波。七一五年，屈底波叛亂時，他們也是死戰到底。[99]

阿拉伯人的從士團制度來自中亞，在那裡，阿拉伯人和中國人都很清楚從士團制度的重要性。中國人在談及中亞人時說：「募勇健者為柘羯。柘羯，猶中國言戰士也。」[100]對於撒馬爾罕的從士

團，玄奘寫道：「其王豪勇，鄰國承命，兵馬強盛，多諸赭羯。赭羯之人，其性勇烈，視死如歸，戰前無敵。」[101]

八世紀初，中亞當地最著名的領導人之一，是在阿拉伯入侵中失去王位的史國（Kišš，今日沙赫里薩布茲〔Shahr-i Sabz〕）及那薩夫（Nasaf）的國王斯謹提（al-Iskand）。他和他的從士團在整個中亞和阿拉伯人作戰，持續了至少十年，並被中國人稱為「柘（拓）羯王」。[102]七四一年，阿拉伯總督納斯爾・伊本・賽亞爾（Naṣr ibn Sayyâr）赦免了他和他的從士團，允許他們回歸故土。隔年，納斯爾得到一千名柘羯，將他們武裝並配備戰馬。[103]

隨著中亞人組成的龐大阿拔斯王朝（Abbasid）軍隊的駐紮和安頓，這些也稱為「呼羅珊人」（Khurasan）的中亞人對阿拉伯伊斯蘭世界的影響變得益發直接，他們駐紮在七六二年開始動工新建的都城巴格達（和平之城）周圍。在哈立德・伊本・巴爾馬克（Khālid ibn Barmak）的影響下，新都城採用中亞式的環形宮殿—城市設計，這種設計模仿自安息人和薩珊人。先前也有兩個城市採用這種設計：一個是前薩珊都城泰西封（Ctesiphon），它位於巴格達東南方約三十公里處；另一個則是瑙巴哈爾（Nawbahâr，譯注：玄奘在《大唐西域記》中稱為納縛僧伽藍），這是棟佛教寺院（哈立德家族舊宅），它原本的興建目的，是要作為薩珊王朝在中亞城市巴爾赫（縛喝，Balkh）的皇城。[104]半個世紀後，當哈倫・拉施德（Hârûn al-Rashîd）的兒子之間爆發內戰，馬蒙（al-Ma'mûn）成為內戰的勝者時，這種影響力進一步加強，中亞城市梅爾夫（Marw，中文古籍稱木鹿）是他的都城，這裡曾作為哈里發國家（caliphate）的都城長達十年之久。當他最終回到巴格達時，他也帶回一個龐大的、中亞化的宮廷，以及他的從士團。儘管一些阿拉伯的中亞總督先前曾經擁有這樣的衛隊，但馬蒙是第一個深諳此道的哈里發。在阿拉伯語裡，中亞的柘羯稱為 shâkiriyya（沙基里亞），

後來則稱為ghulâms（胡拉姆，奴隸）或mamlûks（馬穆魯克，字意為「被擁有的奴隸」）。這些人構成新的帝國衛隊，只對統治者個人效忠。由於哈里發認為沙基里亞之前的阿拉伯士兵不可信賴或不夠專業，於是解散了他們。一點都不令人驚訝地，馬蒙的繼任者哈里發穆塔西姆（al-Muʿtaṣim，八三三—八四二年在位）延續了這項政策；他是哈倫·拉施德和一個粟特人妻子瑪麗達（Mârida）所生的兒子，他早在成為哈里發的很久以前，就已獲得由中亞戰士組成的從士團。[105]

和馬蒙同時代的阿米爾·哈基姆·伊本·希沙姆（Amîr al-Ḥakam ibn Hishâm，七九二—八二二年在位），是退守到西班牙的伍麥亞王朝（Umayyad）殘部的統治者，他在西班牙也有由外國人組成的從士團，名叫哈拉斯（al-Ḥaras），意思是「衛士」。這支從士團由哥多華（Cordoba）當地西哥德人（Visigothic）基督徒的首領伯爵拉比（Comes Rabî’，西奧杜爾夫〔Theodulf〕之子）統領。西哥德人仍然保留早期日耳曼族的從士團傳統：成員宣誓誓死保衛首領。[106]

在伊斯蘭化後，中央歐亞的從士團制度變成馬穆魯克或胡拉姆制度，這是傳統伊斯蘭政權的一個基本特徵，在一些地方甚至延續到現代。[107]

## 從士團和貿易

從士團成員可以得到的報酬相當可觀。它們包括黃金、白銀、寶石、絲綢、鍍金盔甲和武器、馬匹以及其他貴重物品，這在許多史料中都有生動的描述。從士團成員在下葬時，會有大量的武器和馬匹陪葬（最早的時候，還有作為武器使用的兩輪戰車）。他們的很多財富都會和首領一同下葬。墓葬的上方一般都會覆蓋一個巨大的土堆，儘管這項特點會因為次區域和民族不同而異。在傳

統中央歐亞地區之內，這種墓葬形式在斯基泰人及其直接前身、伊朗人和阿爾泰—天山地區的前突厥人、匈人、墨洛溫時期（Merovingian）的法蘭克人、突厥人、吐蕃人、高句麗人和蒙古人之地都有發現。在傳統中央歐亞地區之外，這種墓葬形式在中國商朝和中世紀前的日本，以及歐洲西北部的盎格魯—薩克遜人和其他日耳曼族之地都有發現。這種墓葬形式表明，中央歐亞文化綜合體曾在這些地方活躍並運作過。

儘管這些財富中有部分是透過戰爭[108]或貢品[109]取得的，就和整個歐亞的所有強國一樣，但大部分的財富積累是透過貿易活動而來，就像從古代直到中世紀的外國評論者的描述，貿易是中央歐亞內部經濟最強大的推動力。這種貿易的範圍是從農產品和畜牧業產品的地方貿易，到絲綢、香料和其他商品的遠距貿易。

在中央歐亞，所謂的「農村居民」（rural people），既包括生活在城市附近肥沃灌溉地區的農耕者，也包括生活在草原上的游牧民。農耕者的主要生產和消費，是穀物和其他蔬果產品；游牧民的主要生產和消費，則是肉品、乳品、羊毛和其他動物產品。[110]這種關係在經濟上等同於中國農業—城鎮社會的關係，在這種社會中，人民大多擁有基本相同的民族語言，不管他們是身處城市及其周邊農業地區，還是身處較偏遠的純農業地區。不同的是，在中央歐亞，**偏遠**的農村居民——游牧民——通常在民族語言上和城邦的城市居民及其**近郊**的農村居民截然不同，游牧民族和後者這兩種人進行貿易，並通常經過徵稅來對他們施加鬆散的統治。

因此，對於游牧民族而言，他們領土內或附近的中國城市，就像中亞城市一樣，對他們的貿易是開放的，或者說是應該要開放的。縱觀有記載的漢文史料，邊疆地區的當地中國人非常樂意和游牧民族進行貿易，但是當邊疆被中國中央政府積極加以控制時，貿易活動往往受到限制、會被課以

重稅，或者直接禁止。可以預見的結果，就是游牧民族一次又一次地發動突襲或直接開戰，其主要目的（正如史料一次又一次地記載的），不過是要重新打開通往邊境貿易城市（其實它們所在之地本來也是游牧民放牧的草原）的大門，使貿易再次可行。[111] 遍覽中央歐亞各個地區的歷史，凡是游牧政權和周邊政權達成和議，必定包括某種貿易權利。

簡而言之，絲路並不是中央歐亞文化中一個獨立的、外入（intrusive）的因素，它是經濟上一個基本的、構成性的因素。此外，似乎也無法分離國際貿易和地方貿易，或是地方文化交流和遠距文化交流。所有的這些活動——游牧經濟、農業「綠洲」經濟和中亞城邦經濟——共同構成了絲路。它的起源和中央歐亞文化綜合體的形成，可以追溯至四千年以前的印歐人遷徙。

---

1 這段內容摘自卡爾梅克人（Kalmyk）的民族史詩（Anonymous1990: 10），我省略了異常冗長、風格怪異的第二行，因為這一行似乎是編輯後的外入性補充，或許目的是為了安撫虔誠的佛教讀者。

2 關於西臺神話和其他民族的創始神話之間的相似性，請參考書末注釋❹。西臺人也有一支體制化的武力，似乎是某種從士團（comitatus），請參閱後文。

3 雖然據說衛拉特（瓦剌，Oriat）各部都有起源神話，但史料中似乎的確沒有保存任何準噶爾人的起源神話。但是，《江格爾史詩》的開篇就有一個最初故事的版本；見本章開首的史詩摘錄。準噶爾人及其衛拉特親族（其中在今日最知名的是卡爾梅克人）的民族英雄名叫江格爾。

4 周取代商的切確年分仍然存有爭議；目前學術界的主流觀點為西元前一〇四六年或一〇四五年。

5 通常認為「姜」和「羌」有關，後者是商朝的主要敵人。羌人十分善於使用戰車。請參考附錄二。

6 關於視創立者為農業豐收之神，請參考書末注釋❺。

7 本書兼敘了《史記》（Ode 245, "Sheng Min", [Legge 1935: 465-472]）和《論衡》（Yamada 1976: 146）所記載的兩個故事

版本。

8 關於希羅多德（Herodotus）筆下記載的斯基泰人眾神，請參考書末注釋❻。

9 關於斯基泰人、塞人（Sakas）和其他北伊朗人的名稱，請參考附錄二。

10 這隻鳥據說是啄木鳥；詳見後文。

11 這裡的敘述主要依據的是普魯塔克（Plutarch）的較長版本（Perrin 1998: 94 et seq.）。這個版本的基本要素實際上和另外一個版本以及李維（Livy）的版本（Foster 1988: 16 et seq.）並無本質上的區別。李維（Foster 1988: 56-57）提及的羅慕路斯手下的親兵至少在最開始時一定是一支從士團。在普魯塔克的第一個較短的版本裡，有個耐人尋味的細節是暴君的名字 Ταρχέτιος/Tarchetius，它和希羅多德在斯基泰人起源神話裡提及的第一個斯基泰統治者之父的名字 Ταργιτάος/Targitaus 驚人地相似，這似乎不可能是巧合。

12 關於 T'ou-man 頭曼/tóumàn < *təu (Tak. 346-347; Pul. 311 *dəw) - *man (Pul. 207)，詳見書末注釋❿。

13 關於他的匈奴頭銜，請參考書末注釋❼。

14 關於「匈奴」的古代漢語發音，請參考書末注釋51和52。

15 關於「冒頓」的名字，請參考書末注釋❽。儘管這個故事中的建國英雄是冒頓而非頭曼（實際的建國者），但作為民族起源的故事，除了「感應神靈所生」和「嬰兒遺棄」以外的所有關鍵元素都含括在內了。

16 這個民族在在中文裡有「月氏」與「月支」兩種寫法，它的古漢語讀音可以還原為*Tokʷar-(*Togʷar-)kē。見附錄二。這個故事版本源自《漢書》（*HS* 94a: 3749）。（譯注：相關《漢書》原文為「單于有太子，名曰冒頓。後有愛閼氏，生少子，頭曼欲廢冒頓而立少子，乃使冒頓質於月氏。冒頓既質，而頭曼急擊月氏。月氏欲殺冒頓，冒頓盜其善馬，騎亡歸。頭曼以為壯，令將萬騎。冒頓乃作鳴鏑，習勒其騎射，令曰：『鳴鏑所射而不悉射者斬。』行獵獸，有不射鳴鏑所射輒斬之。已而，冒頓以鳴鏑自射善馬，左右或莫敢射，冒頓立斬之。居頃之，復以鳴鏑自射其愛妻，左右或頗恐，不敢射，復斬之。頃之，冒頓出獵，以鳴鏑射單于善馬，左右皆射之。於是冒頓知其左右可用，從其父單于頭曼獵，以鳴鏑射頭曼，其左右皆隨鳴鏑而射殺頭曼，盡誅其後母與弟及大臣不聽從者。於是冒頓自立為單于」。）見書末注釋❾。

17 關於《史記》版的故事，請參考書末注釋❾。

18 關於頭曼這個名字和可能的字源，請參考書末注釋❿。

19 *HS* 94a: 3749。關於冒頓的從士團和匈奴的喪葬習俗，請參考書末注釋⓫。

20 關於*Asvin 這個名稱和對烏孫國王頭銜的解讀，請參考附錄二。關於祁連山的非中文名稱，可以參考《史記》（Watson 1961, II: 268）。關於烏孫的起源神話，可參考 Golden 2006。

21 此處記載取自《漢書》（*HS* 61: 2691-2692），這應該才是正確的版本。（譯注：相關原文為「莫父難兜靡本與大月氏俱在祁連、焞煌間，小國也。大月氏攻殺難兜靡，奪其地，人民亡走匈奴。子昆莫新生，傅父布就翎侯抱亡置草中，為求食，還，見狼乳之，又烏銜肉翔其旁，以為神，遂持歸匈奴，單于愛養之」。）《史記》和《論衡》記載的是匈奴滅烏孫。匈奴單于認為昆莫具有神力，於是收養了他。從整個故事的脈絡來看，《史記》的敘述其實說不通。參見 Benjamin 2003。

22 這個故事的情節與羅慕路斯和雷穆斯的故事十分相近。至於故事中的那隻鳥，請參考書末注釋⓬。

23 Benjamin 2003.

24 此敘述來自張騫對漢武帝的報告，見《史記・張騫李廣利傳》（*HS* 61: 2691-2692）。（譯注：相關原文為「及壯，以其父民眾與昆莫，使將兵，數有功。時，月氏已為匈奴所破，西擊塞王。塞王南走遠徙，月氏居其地。昆莫既健，自請單于報父怨，遂西攻破大月氏。大月氏復西走，徙大夏地。昆莫略其眾，因留居，兵稍彊，會單于死，不肯復朝事匈奴。匈奴遣兵擊之，不勝，益以為神而遠之」。）關於烏孫的起源神話，可參考 Golden 2006。

25 關於把「索離」還原為*Saklai，以及漢文文獻缺少校勘本的情況，請參考書末注釋⓭。

26 關於這個故事的較晚版本，可參考書末注釋⓮。

27 關於這個詞的高麗語詞源（或許是民間詞源），請參考書末注釋⓯。

28 現存的各種版本裡都沒有提到鱷魚。但是《古事記》裡的〈因幡之白兔〉也有渡河情節，裡頭幫忙的動物 wani 在古代日本文獻中的記載為鱷魚和烏龜（Beckwith 2007a: 30-31）。雖然鱷魚並不是朝鮮半島和日本的動物，但是揚子鱷（*Alligator sinensis*）為中國北方的原生種，而且也曾廣泛分布於此（參考書末注釋⓰）。在這個故事的扶餘—高句麗版中，不為人知的「鱷魚」已經被改成人們熟悉的「魚」。有鱷魚的版本似乎可以追溯到更早的日本—高句麗共同語言時期，至少當時的統一祖先民族是生活在最南可達黃河盆地的地區，那裡的人們知道鱷魚這種生物。

29 Beckwith 2007a: 29-30。這個故事的最早傳世版本可見王充《論衡》（一世紀）。此版本後來收錄於《魏略》，此書現已亡佚，但《三國志》（三世紀）在注釋中提到此書。高句麗民族自己所記載的最早版本見四一四年的《好太王碑》（King Kwanggaet'o memorial inscription）。

30 文本中並沒有解釋為什麼只要阿爾達希爾能在阿爾達萬之前到達海邊，他就能夠逃脫。這個細節似乎反映出幾乎所有

起源故事中都包含的「水」元素——通常是水神，或是渡水的情節。關於突厥人和蒙古人版本的渡水情節，請參考 Rachewiltz 2004: 231-233。

31 Horne 1917, VII: 225-253; Arkenberg 1998; Grenet 2003; Cunakovskij 1987.

32 對於突厥人起源神話的詳細討論，請參考 Golden 2006。參見 Sinor 1982。突厥人的起源傳說有數個不同版本。一說是第一個突厥人是狼餵養大的。這和羅馬起源神話中雙胞胎（狼是兩人父親戰神瑪爾斯的聖物）的內容相同。另一說是母狼遁走，越過西海，逃入山中洞穴，產下了第一代的「原始突厥人」，因此突厥人是母狼的後代（CS 50: 909）。關於突厥人和蒙古人這兩個版本的狼生傳說，請參考 De Rachewiltz 2004: 231-233。突厥人的旗幟上有一個金狼的頭，而且突厥人從士團的戰士稱為 böri，意思是「狼」。在希臘文和漢文史料中，突厥人被看作是塞人的後代，相關內容詳見書末注釋[52]。我按照一般用法，以 Türk 來特指早期多少統一的突厥人，尤其是前兩個突厥帝國「王朝」之下的突厥人。Turk 則是突厥民族、語言的總稱，包括突厥帝國之後的所有突厥人。

33 參考 Rolle 1989: 119-121 關於一座斯基泰人城市的發掘報告。當時已存在大規模的冶鐵、鍛造、武器製造以及對鐵、金和其他金屬的一般加工。當時的鐵礦石就是開採自今日著名的鋼鐵中心克里沃羅格（Krivoi Rog）的鐵礦。

34 關於土門在古代突厥碑文上的名字 Bumïn，見書末注釋[17]。

35 關於阿瓦爾（柔然）中文名稱的問題，見書末注釋[18]。

36 CS 50: 908.

37 CS 50: 909.

38 阿瓦爾（柔然）人餘部恰好在同一時期出現在拜占庭帝國的東部疆界，他們在此被接受為難民。雖然突厥人不久後抵達君士坦丁堡並和拜占庭建立了相互聯繫，但這些阿瓦爾人並沒有被移交給突厥人。他們最後在潘諾尼亞（Pannonia，今日匈牙利一帶）建立了一個新汗國，並一直延續到七九一年至八〇二年間，至此才被查理曼（Charlemagne）的法蘭克（Frank）軍隊摧毀（Szádeczky-Kardoss 1990: 217-219）。

39 關於此頭銜，見書末注釋[83]。

40 琉善的內容摘自 Fowler and Fowler 1905。Rolle 1989: 61-63 還用了一張出土的肖像畫，裡面有兩個斯基泰人義結金蘭，結拜兄弟。根據文獻紀載，早期的日耳曼各族也有類似作法。

41 蒙古語稱為 nökör，複數形式是 nököd。俄語中的同義詞請參考本章注釋[44]。

42 但是，整個從士團是有體系和級別的，其中的實踐會隨地域而不同。尤其是在中亞，隨葬的人數可能非常多。

43 考古發現已經證明了這件事（Rolle 1989: 64 et seq.）。

44 對比之下，常規軍則是根據「部族」（nation）或氏族建立的。關於此事，可以參考 Vladimirtsov 1948: 110 et seq.; 2002: 382 et seq.。關於蒙古制度的討論。他在作品中用 дружинники 表示「單個的從士戰士」，дружина 表示「從士團」，這個概念在法語中被分別翻譯為 les antrustions 和 la truste。關於印歐語的「狼」，可參考 *EIEC* 631-636 和 Bruce Lincoln 1991: 131-137 的詳盡分析。關於成吉思汗的四獒，請參考 Vladimirtsov 1948: 115-116; 2002: 386-387。該書將其視為蒙古封建制度的一個部分加以分析；雖然有些理論背景上的不相關，但是歐洲中世紀封建制度和蒙古封建制度不但在形式上類似，而且在歷史上是相關的，本書將會對此予以討論。關於蒙古人的從士團，見 Allsen 1997: 52-55, 79, 103-104。

45 摘自 Müller 1891: 180-181。

46 雖然很多學者把組成更大的國家（state）和帝國（empire）的社會次單元（subunit）稱為部落（tribe），但近年越來越多人意識到傳統的「部落」觀念並不適合前現代的中央歐亞。古代中文裡稱這些次單元為「部」，它的字面意思是「部分、細分」，古代藏語也有 sde 這樣的詞。請參考 Lindner 1982: 701。這些用語十分接近拉丁語對 natio 的用法，該詞的複數形為 nationes（近年來已經被許多中央歐亞學家使用）。我在英語裡找不到一個相近的詞。在無可避免地需要用一個詞來指稱這個概念的大多數情況下，我會視情況使用 people（民族）或 nation（部族）。

47 阿契美尼德王朝的統治者有一支由一萬米底（Median）和波斯勇士組成的菁英衛隊，名為「長生軍」（corps of immortals），他們身穿「金線裝飾的衣物」（Allsen 1997: 79）。同樣的制度在薩珊時期也存在，但通常名字不同（Zakeri 1995: 77）。另見下文。

48 在西元前三二八年，花剌子模國王法拉斯曼尼斯（Pharasmanes）「在他一千五百騎兵的隨扈下，造訪了在大夏的亞歷山大大帝」（Bosworth 1997: 1061）。這些人一定是他的從士團。關於中世紀花剌子模從士團的例子很多，說明這種制度持續了至少一千年。

49 關於薩珊時期是否有從士團的問題，請參考書末注釋⓳。

50 在希臘文獻中，阿提拉的從士團稱為λογάδες（logades），意思是「被挑選的人」，有時也稱為ἐπιτήδειοι（close associates），意思是「夥伴」（Thompson 1996: 108, 179）。λογάδες 的工作是「保護阿提拉。每個人在每日的特定時間會持武器陪伴主公，這讓他們可以隨時接觸到他和他的談話。雖然他們認為這項任務是種『奴隸制』，但他們在執行

時仍然抱持最高的忠誠……我們還知道他們有階序之分，這可從他們坐下來和主公共進晚餐時分配到的座位看出。歐內蓋修（Onegesius）坐在阿提拉右邊，貝里古（Berichus）坐在他的左邊……這些『被挑選的人』只對阿提拉一個人效忠，但他們之所以只對他效忠，是因為他能夠提供沒有任何人比得上的厚禮」（Thompson 1996: 181-182, 192）。雖然Thompson 1996 有反匈人的偏見，而且他完全不知道從士團的存在——他完全沒提及這件事，至少是在他用許多篇幅談論 *λογάδες* 時沒有提及，但從他的描述中可以看到，匈人的從士團和中世紀史料中的從士團描述極為接近。

51 根據普羅科匹厄斯（Procopius）的說法；見下文。

52 見第四章。

53 Golden 2001; 2002: 141; 2002-2003; 2004; 2006.

54 Christian 1998: 342, 358, 363-364, 390.

55 關於契丹和克烈部（Kereit）的從士團，見書末注釋⓴。

56 kešig（怯薛）常譯為皇家侍衛，私人保鏢等等，詳見下文。

57 例如上文提及的羅馬人就有從士團。

58 關於拜占庭和中國的例子，請參考書末注釋㉒。

59 關於從士團的概要討論，可參考 Beckwith 1984a；關於粟特人、突厥人的從士團如何傳入阿拉伯，請參考 La Vaissière 2005a, 2007。

60 Frye 2005: 70-71在此翻譯中使用了阿拉伯語的Rusiya。

61 首領把財富獎賞給從士團的例子很多，尤其是絲綢、黃金和其他奢侈品，見 Allsen 1997。根據塔巴里（al-Ṭabarī）的記載，在七三八年，突騎施可汗（Türgiš）每個月都會賞賜他的一萬五千人「一份絲綢，當時的價格是二十五迪拉姆」（Allsen 1997: 55），因此，他一年的賞賜高達四百五十萬迪拉姆。

62 塔西佗（Tacitus）說：「他們的餐食，就算只是家常菜其實也相當豐盛，算是他們薪水的一部分。」他也評論了從士團成員不斷向首領索求厚禮的作法（Mattingly 1970: 113）。

63 Dunlop 1954: 112，另見書末注釋㉑。

64 *Beowulf*, lines 2886-2891 (Dobbie 1953: 89).

65 Allsen 1997: 53.

66 Mattingly 1970: 112-113; cf. Hutton 1970: 151-152.

67 Latham 1958: 135。Allsen 1997 引用了大量資料來佐證馬可．波羅的說法。Di Cosmo 1999b: 18 指出：「組建於一二〇三年至一二〇四年的怯薛最初僅有八十名日間侍衛和七十名夜間侍衛。」從最早的西臺人開始，各個民族都把從士團分為日間和夜間侍衛（此外還有其他區分），這是一個十分值得深入研究的有趣現象。

68 在古英語裡，從士團稱為 weored（還有其他的拼寫）或更常見的 gedryht，可參考書末注釋㉔。

69 關於斯堪地那維亞從士團的名稱和組織結構，見 Lindow 1976。

70 關於中世紀統治者的著名金帳，可參考第六章注釋㉙。

71 關於蒙語用語的討論，見書末注釋㉓。

72 我修改了艾爾森的文本，他的文本中有 ba'atud 和 nököd，它們分別是蒙語 ba'atur（英雄）和 nöker 或 nökör（朋友）的複數形。

73 Allsen 1994: 343-344.

74 專攻西臺史的學者如果能從這個思路出發，重新討論所謂的「西臺人的皇家侍衛體系」（Güterbock and van den Hout 1991），一定會收穫匪淺。

75 他稱他們為「嚈噠匈人（Ephthalite Hun），又稱白匈人（White Hun）」。但是嚈噠人應該並非匈人的後裔；他們的民族語言學關係仍然不明。他們城市的波斯語名字為 Gorgân，他拼寫為 Γοργὼ，即 Gorgô，意思是「狼」。可參考前文關於從士團稱為狼的討論。

76 Procopius I, iii (Dewing 1914, I: 12-15).

77 *HTS* 216a: 6063; *CTS* 196a: 5220; *TFYK* 961: 15r-15v; cf. Pelliot 1961: 3, 81-82。更多內容可參考 Beckwith 1984a: 34。

78 關於斯拉夫語和日耳曼語中「從士團」這個詞的詞源，請參考書末注釋㉔。

79 關於《蒙古祕史》，見De Rachewiltz 2004；關於日耳曼和斯拉夫人的從士團，見 Lindow 1976。

80 Minorsky 1942: 18.

81 但早期的羅馬人的確有從士團，稱為 Celeres，他們是三百名日夜陪伴在羅馬首位國王羅慕路斯身邊的騎兵。可參考前文。

82 見第六章。據說他是孤兒，因此他的族屬是根據他的養父母推斷而來的，他真實的族屬尚難以確定。

83 關於安祿山從士團的外語名稱以及在中國的中央歐亞人柘羯，請參考書末注釋㉕。

84 粟特人民風尚武，貴族尤甚。請參考 Grenet 2005。

85 《蒙古祕史》雖然不是一部嚴格意義上的史學著作，但是卻為中央歐亞人如何透過這種誓約而建立相互聯繫的習俗提供了豐富的資料來源，他們的誓約似乎有些不同的類型。

86 史料也有中央歐亞策士對此舉的警告（例如古突厥碑文中敦欲谷〔Toñukuk〕的勸戒），他們反對穿著絲綢衣物——這顯示突厥人已經有了這樣的風尚。見 Allsen 1997 中的例子和參考書目。

87 Blockley 1985: 115.

88 他們是大汗怯薛「保鏢」的成員，這種衛隊完全由從士戰十組成。其人數早在成吉思汗時期就已越來越多，而且在此後繼續增加。

89 Latham 1958: 138, 140-141; cf. Allsen 1997: 19-20.

90 Allsen 1997: 16-26 提供了許多生動而詳盡的例子。

91 關於突厥人賣給中國人的馬匹品質和價格的歷史書寫問題，見書末注釋㉖。

92 見 Beckwith 1991；亦可參見 Jagchid and Symons 1989，但他們關於絹馬貿易的討論不幸夾雜著許多事實和詮釋錯誤。

93 Hayashi 1984.

94 關於蒙古人如何獲得、生產和使用絲綢，尤其是關於織錦和其他貴重紡織品的細節，請參考 Allsen 1997，他的討論提供了充足的證據，可說明蒙古人和其他中央歐亞人並不是用人們臆測的搶劫方式來取得絲綢的，他們都聘任某種程度的專人來進行稅收和貿易，而且大力提倡貿易。請參考書末注釋㉗和〈尾聲〉的進一步討論。

95 Allsen 1997: 104; cf. 103.

96 在西歐，隨著各個日耳曼部族的羅馬化（或「歐洲化」），從士團也漸漸消亡了。關於在斯堪地那維亞的發展，可參考 Lindow 1976。關於早期西班牙穆斯林對西哥德（Visigothic）從士團的採行，請參考 Beckwith 1984a: 40-41 n. 52 。

97 Ṭabarî ii: 170; Beckwith 1984a: 36.

98 Beckwith 1984a: 36.

99 Shaban 1970: 75.

100 *HTS* 221b: 6244.

101 *HYC* 1: 871c.

102 *TFYK* 964: 20r; Chavannes 1903: 147; cf. Beckwith 1984a: 37 and nn. 34 and 39.

103 更多的例子可參考 Ṭabarî ii: 1765，參見 Beckwith 1984a: 38。

104 Nawbahâr 是梵文 Nava Vihâra 的波斯語形式，意思是「新寺」。關於其形制，請參考書末注釋㉘。

105 De la Vaissière 2005a: 141.

106 關於細節和參考書目，見 Beckwith 1984a: 40-41 n. 52。

107 請參考 De la Vaissière 2005b 和 Beckwith 1984a。西方學者幾乎無一例外地誤解了伊斯蘭化的從士團，他們把它稱為「奴隸兵」制度，並聲稱它是一種「阿拉伯」體制。關於對此錯誤觀點的批評，可參考 Beckwith 1984a 和 De la Vaissière 2005b, 2005c, 2007。

108 為了謹防讀者的經常誤解，即透過戰爭來獲得戰利品是中央歐亞人獨有的行為，這裡我要舉例加以澄清。比方說，中國人和阿拉伯人在戰勝中央歐亞人時總會提及斬首敵人的數目（通常只有敵方領袖才會被擄，無論是之後再赦免或處決），也會提及獲得的眾多財富寶物，例如成套的盔甲，尤其是牛、馬、羊等等，在一些事例中，據說其數目超過百萬。關於如何用學術的方式來處理這類資訊，請參考書末注釋㉙。

109 如果是中國人或羅馬人向其他民族索求物資，大多數史學家稱之為「朝貢」或「稅收」，但是當中央歐亞人索求時，他們就說這是「勒索」。

110 關於可薩人的經濟，請參考 Noonan 1997。

111 在東部，中國人的入侵已經占領了許多最好的牧場。在戰國時代，這些領土是靠中國在草原上修建的堡壘和城牆控制的，包括長城。長城的建立，主要是為了連接早期的城牆並將其強化。這些城牆不是為了保護中國人不受中央歐亞人的入侵，而是為了守住被中國人征服的中央歐亞人領土（Di Cosmo 2002a: 149-158）。也就是說，長城是進攻性工程，而不是防禦性工程。游牧民對中國人發動突襲或戰爭的主要目的，無疑是為了把中國人從被奪去的牧場上趕走，恢復游牧控制，這一點從游牧民族在突襲中幾乎只帶走動物和人民作為戰利品就可以看出（cf. Hayashi 1984）。在根本上立基於「中國人是中央歐亞人進犯的受害者，游牧民族是貪圖中國絲綢和其他產品的貧困野蠻人」的觀念的那些理論，不僅沒有得到漢文史料的支持，而且直接和史料和考古學證據矛盾。此處的說法可以應用在中央歐亞與其周邊的所有邊境上，從東到西都是如此。詳盡內容可參考〈尾聲〉。

# 第一章

## CHAPTER 1

# 戰車武士

把那紅色的馬兒駕於戰車之上！把那淡紅色的馬兒駕於戰車之上！
把那兩匹黃色的快馬駕於戰車之上，把那最善拉車的馬兒駕於戰車之上。
這是疾如閃電的紅色戰馬，在這裡難道只是為了供人讚嘆嗎？
不要讓它耽誤了你的行程，
喔！摩錄多！上車！催蹄狂奔吧！
——摘自《梨俱吠陀》[1]

युङ्ग्ध्वं ह्यरुषी रथे युङ्ग्ध्वं रथेषु रोहितः ।
युङ्ग्ध्वं हरी अजिरा धुरि वोळ्हवे वहिष्ठा धुरि वोळ्हवे ॥
उत सय वाज्य अरुषस तुविष्वणिर इह सम धायि दर्शतः ।
मा वो यामेषु मरुतश चिरं करत पर तं रथेषु चोदत ॥

## 最初的中央歐亞人

在過去近四千年的歷史中，中央歐亞文化綜合體一直主導著歐亞的大部分地區。這一切是從一個只有歷史語言學家才會知道的民族手中開始的，他們就是原始印歐人。由於他們故鄉的確切位置並不確定，從事文化史各領域的學者試圖根據歷史語言學的資料，建立一個印歐人故鄉和印歐人文化的模型。在歐亞，散布在各個相隔萬里的地區的印歐民族在語言和文化上仍有一些共同詞彙，這證明他們對於這些事物的認知是繼承自他們共同的祖先——原始印歐人。根據這些指涉動物、植物和其他事物的詞彙，以及考古學和歷史文獻，人們得出結論：原始印歐人的故鄉在中央歐亞，尤其是位於烏拉爾山以南、北高加索和黑海之間的草原—森林混合地帶。[2]

在大約四千年前，印歐語使用者開始從這個家園向外遷徙。在西元前兩千紀時，他們陸續遷移到了歐亞大陸的大部分地區，並在他們遷入的地方占據了主導地位，和當地的原住民族混血，發展成歷史上有據可查的各印歐語系民族（Indo-European people）。

他們從中央歐亞向外遷移的過程，似乎可分為三個不同階段。最初的運動，或第一波遷移，發生在西元前三千紀尾聲，第三波則發生在西元前兩千紀末尾或西元前一千紀開端，但最為重要的，是他們的第二波前夕，大約發生在西元前十七世紀，在這一波遷徙中，印歐語使用者在歐洲、近東、印度和中國部分地區以及中央歐亞本身都建立了政權。遷徙並不是有組織的，也不是大規模的，而是以個別氏族為單位的遷徙，或者更可能地，是以武裝團體為單位進行的。他們似乎是先以傭兵的身分為周邊的國家打仗，後來才接管了這些鄰國。印歐人多少說著相同的語言，但是在新的家園定居時，他們娶了使用非印歐語言的當地女子；在一兩代的時間裡，他們發展出的混合語

（creole）成為新的印歐語系子語言。

到西元前一千紀初時，歐亞的大部分地區已經印歐語系化了，其餘大部分地區則是受到非常強烈的印歐語系文化和語言的影響。這場長達千年的運動構成中央歐亞人對歐亞的第一次征服。

## 印歐人的離散

在原始印歐語[3]仍未分化，尚是一種統一語言時，它必定是在一個小區域裡使用的，很少有或沒有明顯的方言差異。[4]似乎沒有一個在語言學上可以接受的理由，能讓我們假設這種語言的分裂，是在第一批印歐語的各種子語言及其使用者在四千年前出現在史書記載的很久之前發生的。很多人仍然相信的傳統觀點，認為印歐語言是在距今六千年或七千年前，從一種統一的語言十分緩慢地在內部逐漸分化而成：[5]「基於我們最早的一批印歐語史料，當時各種印歐語言之間的分化已經十分明顯。因此，我們可以勉強地把原始印歐語言使用者社群的時間定在西元前四千紀早期。」[6]這將會讓印歐語在類型上和世界上數以千計的其他語言截然不同。這樣的觀點必須予以駁斥。相較之下，早期印歐學家的觀點，即認為印歐語的分化時間是在大約四千年前，[7]這種說法得到了包括類型學在內的現有資料的支持，而且也符合印歐學學者提出的幾個較晚的年代範圍。[8]

在印歐人離開最初的家園時，不同部落群體之間的方言差別似乎十分微小。[9]他們的離散，或者說是離開中央歐亞故鄉附近的遷徙，在某種程度上可以根據他們在遷徙過程中獲得的語言和文化特徵進行重構，同時也要考量包含在傳說中的資料，比如古印度語言和古伊朗語言中關於征服異族和相互征服的文字內容，還有古代近東的早期歷史資料，以及已知歷史中的歐亞和附近地區民族語言

變化的類型學。以下的重構是將語言事實和其他資料加以協調之後的嘗試。[10]

首先，印歐語使用者從更北的某個地方[11]南下，遷徙到高加索和黑海地區。在這時，當地已有非印歐語言的民族居住。那些繼續前進的印歐人比其他人走得更遠，他們是吐火羅人和安納托利亞人（Anatolians）的祖先，他們的語言屬於印歐語的A組成員，[12]是可被稱為中央歐亞的第一波移民中唯一的已知成員。他們分別在西元前三千紀末，或是前兩千紀初[13]和西元前十九世紀，出現在塔里木盆地東部和安納托利亞高原。我們知道原始印歐人擁有馬車，但第一波移民似乎是在兩輪戰車發展出來之前，或是在印歐人尚未學會使用戰車之前，就已經離開了。[14]

在一些地區（比如希臘），印歐人明顯是用武力征服的方式進入新的定居地。但在另一些地區，他們最初並非是以征服者的身分遷入，相反地，他們先是為當地民族充當傭兵，或是在大體上接受他們的統治。無論是哪種情況，這些印歐移民——大多是男性——會與當地女子通婚，然後透過混血，發展出各自的混合語方言特徵。在這些新的方言中，影響力最大的是原始印度—伊朗語言（Proto-Indo-Iranian），該語言使用者在語言上應該是受到一支非印歐民族的影響，並從那裡借來一套獨特的宗教信仰和實踐體系。現在有越來越多的人認為，這種融合發生的地方以今天的阿富汗西北部和土庫曼南部為中心，這裡是先進的、非印歐語的巴克特里亞—馬爾吉亞納文化（Bactria-Margiana Culture）[15]所在地。其他的印歐人也在其他非印歐語系的語言和文化影響下，發展出了不同的方言和信仰。

在原始印度—伊朗方言和文化形成以後，希臘、義大利、日耳曼和亞美尼亞方言的使用者和部分的印度—伊朗人受到一種具有明顯不同語音系統的非印歐語系語言的影響，[16]這種語言帶來非常明顯的B組特徵，[17]也帶來區別原始印度語（Proto-Indic）和原始伊朗語的特徵。[18]在經過夠長的時間

之後，B組語言的特徵已經形成，印度人和伊朗人似乎已經成了敵人。B組印歐人也獲得了戰車，或是學會了使用他們已有的類似戰車的載體，將其用於作戰，就像是A組中的西臺人一樣，他們的家鄉城市卡內什（Kanesh）擁有古代近東最早的類似戰車的考古學（圖畫）證據。這種武器讓印歐人在面對鄰居時，擁有科技上的優勢。[19]

伊朗人最終戰勝了印度人，並將他們趕到中央歐亞的最邊緣。[20] 第二波中央歐亞人向草原地區及其鄰近地區以外的遷徙自此開始。第二波向外遷徙的印歐人包括使用B組印歐語方言的幾支人——古印度人、古希臘人、古義大利人、日耳曼人和亞美尼亞人。這組印歐人都已經使用雙輪戰車。當他們在西元前兩千年中期遷入周邊文明的地區時，他們在文化和民族語言上為當地帶來革命性的影響。他們在新征服的土地上定居，迎娶當地的妻子，當地人的非印歐語言和文化也為印歐人帶來同等的革命性影響，這又再一次產生新的印歐混合語。[21] 隨著第二波遷徙，又有兩支印歐民族——米坦尼（Mitanni）的古印度語使用者，以及邁錫尼希臘人（Mycenaean Greek）——進入歷史記載。對於歐亞世界的影響，第二波的遷徙遠比第一波更為深刻。

古印度語和邁錫尼希臘語都是在西元前兩千紀中期，在類似的歷史環境下，在最早的地點——分別是美索不達米亞平原北部和希臘愛琴海沿岸——首次得到證實。古印度語的語料（linguistic material）顯示明顯的印度語特徵，而不是印度—伊朗語；希臘的豎穴式墓葬文化（Shaft Grave culture）也正是此時的文化，它已被認定為邁錫尼希臘人的肇始。和其他B組印歐語相比，希臘語和印度語在某些方面特別相近，這表明在其他B組語言已經分化的時候，它們可能仍作為一個亞群而尚未分化，直到他們在各自的目的地定居不久前才分化。[22]

在第二波遷徙的時期結束時，伊朗人主導了整個中央歐亞的草原地區，日耳曼人則主導了溫帶

的中歐地區。由於日耳曼族在進入中歐後仍基本上保留著中央歐亞文化綜合體，因此他們的遷徙等於是擴大了中央歐亞的文化範圍。[23]

最後是第三波遷徙，也就是C組印歐語。這波遷徙包括凱爾特人（Celtic）、波羅的人、斯拉夫人、阿爾巴尼亞人，[24]以及伊朗人，後者留在中央歐亞故地中B組族群居住區域之外的地區。凱爾特人、阿爾巴尼亞人、斯拉夫人和波羅的人向西方、西北方和北方移動，遠離了伊朗人，而伊朗人則繼續擴張和控制他們（對凱爾特人和斯拉夫人尤其深入）。在同一時間，伊朗人也明顯在追逐印度人，使得後者有一支跨過整個近東進入黎凡特（東地中海濱海地區），一支穿過伊朗進入印度，[25]可能還有一支越過中亞東部進入中國。

傳統的理論認為，印歐語在印歐語的原鄉歷經幾千年的時間，發展出史料證實的眾多子語言。但是，從類型學的角度而言，這是不可能的。近年來，人們對這個理論提出質疑，提出一種更有可能的「大爆炸式分化」理論，就像稍晚的史料證實所顯示的突厥語和蒙古語傳播過程。[26]此外，傳統理論也抵觸一些基本事實：如果說印歐語子語言早在遷移前就已完全發展了，那麼我們就應該能在伊朗或俄羅斯找到早期希臘語的證據，在印度或義大利找到日耳曼語的證據，或是在希臘或伊朗找到吐火羅語的證據等等。先不說史料證實的較晚遷徙，只要看看以下的事實：只有安納托利亞才有安納托利亞語，只有希臘才有希臘語，只有在東突厥斯坦才有吐火羅語，只有在西北歐洲才有日耳曼語，只有在亞美尼亞才有亞美尼亞語，如此等等。唯一的可能例外是古印度語，史料首先證明它出現在美索不達米亞北部和黎凡特，然後又出現在印度。雖然一般認為伊朗人向波斯的擴張，是把古印度語使用者分成兩個有史料證據的分支的原因，但即便如此，也沒有證據表明印度語曾經出現在歐洲，例如歐亞北部。原始印歐語的使用，出現在中央歐亞的故地，而已被史料證實的子語言的

使用，則出現在原鄉以外的地方，在後者這些地方，它們幾乎都是在傳入後立即發展出混合語，從此發展成印歐語的子語言。因此，這裡提出的重構，和類型學、歷史記載的語言發展傳播過程，以及各種子語言實際發現地區的證據相符。

## 樓蘭的早期民族

迄今為止，已發現的最早印歐人只能透過考古學和古人類學加以直接了解。雖然我們無法知道被發掘的遺體使用的是什麼語言（更遑論方言），但是他們身上帶有具體的體質人類學（physical anthropology）和文化特徵，史上也沒有當時有過任何其他長距離遷徙的記載，而且他們在當地的存在具有十分清晰的延續性，一直延續到有歷史記載的時代。這種歷史和語言學上的證據，允許我們認定他們為原始吐火羅人（Proto-Tokharian）。

他們的木乃伊化高加索人種（Caucasoid）遺體的最早定年，是西元前二〇〇〇年，發現於塔里木盆地東部的古代樓蘭地區，這個地點在羅布泊附近，也就是前期中國文化區的西邊不遠處。迄今為止，敘述最詳盡的考古地點是古墓溝（Qäwrigul/qävrigul，「墓谷」之意）

這些人身穿羊毛服裝，有的是氈製的，有的是織成的；在下葬時，他們的頭邊放有盛著麥粒的籃子，還有麻黃（ephedra）枝條，《吠陀》（*Vedas*）中的致醉飲料蘇摩（soma，伊朗語中稱為haoma）似乎就是用這種植物製成。屍體的臉上通常塗有赭石（ochre）。發掘出的馴化牛、綿羊、山羊、馬和駱駝[27]的遺跡表明樓蘭人飼養牲畜，他們也獵殺野羊、鹿和鳥類，而且也捕魚。[28]這種文化集合（cultural assemblage）是早期印歐人的特徵。[29]

長期以來便已知道，在上古早期的樓蘭地區和與之相鄰的地區，有種吐火羅語言或方言被人們使用。它在這裡存在的時間很長，足以讓來自它的借詞出現在三世紀的中古印度俗語（Prakrit）文本中，中國史書記載這個地區為月氏人故地，這樣而言，月氏人也就是吐火羅人。吐火羅語和安納托利亞語有些共同特徵，而安納托利亞語是原始印歐語言中唯一已知的A組子語，也是最早被史料證實的語言，出現在西元前十九世紀。因此可以確信地說，樓蘭地區的早期居民——也就是漢文史料中的月氏人，和希臘文文獻中的吐火羅人、庫車人（Kucha，龜茲，使用西吐火羅語）和吐魯番人（Turfan〔Qocho〕，使用東吐火羅語）屬於同一民族——是使用原始吐火羅語的印歐人。[30]

## 安納托利亞人

因為考古學上的證據尚不明確，所以後來成為安納托利亞人的使用印歐語的前安納托利亞人的來源存在著很多爭論。他們最早的語言和歷史證據，是西元前十九世紀的亞述語（Assyrian）商業文書裡提到的一些人名，這批文書出土於卡內什。[31]最早的印歐語系民族西臺人就是源自於這批人。西元前一六五〇年前後，[32]他們在哈梯人（Hatti）的領土上建立了一個強國，哈梯人不是印歐語民族，他們被西臺人取代了，而這個強國的名稱「西臺」也來自「哈梯」這個名字。[33]現存的西臺語文獻大多都成文於西元前十四至前十三世紀，但也有些複製抄本來自最早屬於西元前十七世紀的文書。[34]

我們並不了解西臺人的遷徙史，所以必須根據已知的一些線索來進行間接的推斷或重構。很顯然地，西臺人並未以侵略軍的身分奪取政權——他們並非外來入侵者。他們已經在哈梯地區生活了夠長的時間，在征服此地時，他們已是一個成熟的本地民族了。目前並不清楚西臺人最初定居在安

納托利亞時是否已有雙輪戰車，但事實上，最早的「近東」戰車圖樣是出現在西臺故城卡內什出土的印章上，[35]這說明他們的確擁有雙輪戰車。不管怎樣，在後來征服哈梯並建立帝國的過程中，他們肯定擁有和使用了雙輪戰車。根據從古代一直到中世紀的許多類似事例，以及最初故事的模式來看，事情很有可能是這樣：哈梯王國雇用了一群來自安納托利亞的典型中央歐亞人戰士—商人，藉以和其他入侵的印歐人作戰，後來他們定居於此並逐漸壯大。

由於第一批西臺統治者在文化上被哈梯人同化，那麼他們一定是在學習哈梯人的習俗和語言過程中成長的。但是作為印歐人，他們屬於一種戰士—商人的父權文化，而且主要是認同自己的父輩民族。他們保留了自己的語言，也至少保留了一些自己的信仰和習俗。西臺君王擁有一支精銳的個人衛隊——MEŠEDI——由十二個武士組成，日夜陪伴和保護他。[36]有鑑於他們的人數很少，而且地位極高（類似於鄰近米坦尼王國使用古印度語的「戰車戰士」〔maryannu〕），這實際上很可能就是他的從士團。[37]以西臺人崇尚英雄的印歐人氣質而言，在寄人籬下，飽受壓迫，自己的牛群和女子又被外族統治者不公地掠奪的情形下，他們絕不會甘心永遠過這種當臣民的日子，起身反抗只是時間問題，只要能掌握知識和手段，他們一定會推翻哈梯統治者，讓自己的領袖稱王。這就是發生在西元前一六五〇年前後的事情，他們有了第一個史上有記載的國王哈圖西里一世（Hattusili I），借助的是那時最先進的武器——雙輪戰車[38]——當時這種武器正在近東普及。[39]

只有當西臺國家建立，西臺人才真正成了一個民族——這個民族的母系和表親都是哈梯人。他們對敘利亞和美索不達米亞展開突襲，與當時的其他大國（包括埃及）作戰，並被《聖經》提及。

西臺人的文化因為和哈梯人及其他民族融合，所以發生了根本性的變化。其中尤其重要的是米坦尼人，影響西臺人的，不僅包括該國的統治者，即使用古印度語的馬里顏努人（Maryannu），還

有該國的本地臣民，即使用非印歐語的胡里安人（Hurrian）。米坦尼是美索不達米亞北部的王國，位於哈圖薩（Hattusa）東南，他們常常和西臺人衝突。西臺人設法維持自己的語言長達五個世紀之久，但在西元前十二世紀初的青銅時代末期時，一般認為一些少為人知的海上民族（Sea Peoples）顛覆了他們的帝國，這些海上民族在黎凡特肆虐，尤其是敘利亞和巴勒斯坦，而且也在埃及和希臘造成破壞。[40]西臺王朝的一支成功地倖存下來，在卡赫美士（Carchemish）又存活了幾代人，但是作為一個民族的西臺人在茫茫歷史中煙滅。[41]西臺都城那不朽的石製獅門（Lion Gate）至今仍矗立在安納托利亞中部的哈圖薩遺址[42]入口處。

## 馬里顏努人

在第二波（B組）印歐民族遷徙中，最早留下清晰活動紀錄的，是馬里顏努人，他們是使用古印度語的雙輪戰車戰士。他們構成了米坦尼的胡里安王國（Hurrian kingdom of Mitanni）的統治階層，這個王國的中心位於美索不達米亞北部和敘利亞北部。這個王國的統治者擁有古印度語的名字；[43]他們崇拜的神祇名字也屬於古印度語；他們的族名 Maryannu（意為「戰車戰士」）中的詞根 marya- 也來自古印度語；[44]而且他們稱呼戰車、馬、馴馬和其他與其文化相關的詞彙也全是古印度語。雖然米坦尼文字是用當地非印歐語系的胡里安語寫成，而且，儘管入侵者帶著古印度語而來，但胡里安語依舊存活，不過，至少是在最開始時，馬里顏努人顯然使用的是印度語，而不是胡里安語，因此米坦尼王國的起源必定是個古印度人的政權。[45]至於他們究竟是怎麼建立自己的王國，並且如何長保自己的印度語，以至於在印度語已經不再使用後，還能以名詞和借詞的形式保存下來，

目前仍不得而知，但他們民族語言的起源是沒有疑問的。早期的米坦尼統治者一定是古印度語使用者，而且他們是戰車戰士——或者更有可能的是，使用古印度語的統治者，有一個由戰車戰士組成的龐大從士團。[46]

此外，他們一定把戰車、駕車作戰的技術和關於馬匹的知識帶入米坦尼地區。如果說馬里顏努人沒有戰車，而當地的非印歐人——胡里安人——擁有並通曉戰車的話，那麼首先，胡里安人很可能就會戰勝這些古印度人入侵者。其次，米坦尼文字中也不會有古印度語的語詞，他們的統治者也不會有古印度語的名字，[47]而是會有胡里安語的名字，或是其他當地古近東人的名字。如果馬里顏努人關於戰車、馬匹和駕車作戰的知識來自胡里安人，他們就不會這樣影響胡里安人的語言和文化了。

反之亦然。如果說馬里顏努人在進入美索不達米亞北部前不知道戰車、馬匹、駕車作戰、馴馬等知識，而是在他們到達之後，從胡里安人或其他古代近東民族習得這些知識的話，那麼，在著名的基庫里（Kikkuli）馭馬手冊中，這些內容就應該會使用非印歐語系的語言——要麼是胡里安語，要麼就是諸如亞述語的其他古代近東語言。但是基庫里文本中出現的是古印度語詞彙，其中大部分都繼承自印歐語言，而不是胡里安或其他近東語言詞彙。[48]「本地論」的米坦尼理論根本說不通。[49]

同樣地，在米坦尼文獻中，也沒有來自達羅毗荼語（Dravidian）、捫達語（Munda）或其他印度次大陸原住民語言的詞彙。如果馬里顏努人來自印度次大陸，他們的語言中就會有非印歐語系的詞彙用來描述馬和戰車，以及已知印度早期存在的文化特徵，比方牛、穀物等等。但是古印度語，無論是在米坦尼還是在印度，都有相同的一套文化詞彙，這套詞彙屬於印歐語系統，這說明它們共同的起源都是來自中央歐亞的印歐語。

因為無法自次大陸的印度語亞群推導出美索不達米亞的印度語亞群，也同樣無法自美索不達米亞的印度語亞群推導出次大陸的印度語亞群，所以兩者應當是來自同一個祖先的古印度語群，是從同一種語言分化的姊妹語言。他們位居伊朗的故地應該是受到伊朗人的入侵，使得這兩個亞群彼此分開。這樣的結論，是在對印度和伊朗神話進行比較研究的基礎上長期討論得出的。[50]

米坦尼王國建立於西元前十六世紀晚期，作為一個獨立王國，它持續到西元前一三四〇年至前一三二五年之間，被西臺國王蘇庇路里烏瑪（Suppiluluma）擊敗。雖然此後不久，米坦尼人擺脫了西臺人的控制，但很快又受到亞述人的控制。在西元前一二六五年前後，國王沙圖瓦拉二世（Šattuara II）試圖重建米坦尼，但他被亞述國王薩爾瑪那薩爾一世（Salmanasar I，西元前一二七三—前一二四四年在位）擊敗，並在西元前一二六〇年被趕出米坦尼。[51]

## 北印度

迄今為止，古印度語使用者遷入印度西北部的考古證據仍然不明。但毫無疑問的是，古印度語在印度是外入的，它是從西北方進入印度次大陸。另外，我們可以從印度最早的傳說故事中清楚看到，最初的古印度語使用者是移民的後代，他們是一支征服者民族，征服了當地的非印歐種族、語言和文化。[52]這一點在最古老的文本[53]《梨俱吠陀》中表現得十分清晰，在後來的作品中也是這樣，例如印度民族史詩《摩訶婆羅多》（*Mahâbhârata*）中最古老的一些章節。這些尚武的外來者養牛，駕駛雙輪戰車作戰，並且擁有高度父權制的社會。簡而言之，他們就是印歐人。[54]

印歐人對印度的征服並沒有在《吠陀》的時期結束，而是持續了幾百年，因為古印度語使用者

把他們的語言和文化傳播到印度北部和其他地方。與此同時，印度的當地民族對新來者產生了重大影響，他們以各種可以想像到的方式和他們混合，最終產生了一種獨特的新混和文化。[55]

## 邁錫尼希臘

希臘原史時代（protohistorical period）唯一的大型考古事件，就是充滿各種寶貴物品的西元前一六〇〇年豎穴式墓葬。在邁錫尼墓葬中發現的武器、黃金隨葬品和其他器物在先前的希臘都是未曾發現過的，只能解釋為外入的文化元素。換句話說，這些考古材料，現在已被確實地認定為是由邁錫尼希臘人引進希臘的。[56]他們是已知最早到達希臘愛琴海地區的印歐人，在此之前，一直有使用非印歐語的民族在這裡生活。語言學提供了進一步的證據，即邁錫尼希臘語比後來已知的所有古希臘方言都更早。[57]最早的文本可以追溯至西元前十四世紀，包括克里特島上的克諾索斯（Knossos）宮廷檔案，裡面提及雙輪戰車及其部件和編目。此外，還有西元前十六世紀至前十五世紀的邁錫尼人對戰車的藝術描繪，[58]他們在征服希臘的過程中擁有並使用戰車，這一點毋庸置疑。

## 黃河流域

戰車和其他一些中央歐亞文化綜合體元素，是在西元前十二世紀之前的某個時間出現在中國的。[59]商代晚期的殷墟遺址位於黃河北岸的安陽，這裡出土了大量戰車、馬匹，通常會一同出土的還有戰車戰士和他們隨葬的武器鎧甲。[60]古代近東的雙輪戰車通常在輪子上有四至六條的車輻，但殷墟

出土的雙輪戰車車輪上有更多條的車輻，因此和高加索一帶出土的同期雙輪戰車十分相似，[61]它們還常常和草原地區典型的「北方式」戰刀一同出土。[62]今天的學界已經普遍接受，雙輪戰車是外入的物質文化，它從北方或西北方傳入商代中國，而當時的中國並沒有更早的輪式載具。[63]把戰車和拉車的馬匹、手持武器的年輕戰士一同埋在御車者和弓箭手旁邊的作法，[64]是中央歐亞文化綜合體的一個明顯特徵，這種作法在當時無疑仍是印歐人獨有的。這樣的墓葬常常發現在商代遺址中，通常是出現在高級貴族的墓葬中。[65]正如我們已經知道的，自從古代一直到中世紀早期，關於中央歐亞的歷史文獻常常會記載在貴族死後，其從士團會連人帶馬，外加武器、財富一同為主公殉葬。無獨有偶的，最早的漢字——甲骨文——也是在這個時期出現。雖然現在還沒發現這種文字系統和任何已知文字系統有任何的關聯，[66]但當時把雙輪戰車傳入中國的這些仍待認定的印歐人，可能也把書寫的**觀念**[67]一起帶入中國。

戰車和從士團墓葬的引入中國，只能解釋為中央歐亞民族曾出現於此。「因此，安陽雙輪戰車墓葬，顯示大約從西元前一二〇〇年起，商人和鄰近的北方人之間具有實質互動：不是入侵，但也不僅僅只發生在邊界上。光是奪取敵人的戰車和馬匹，並不會帶來將之使用、維護和延續所需的技能……。這些雙輪戰車的出現，是文化接觸的明顯線索，它應該受到更多的關注。」[68]由於當時所有已知其他戰車戰士的例子都屬於印歐人（大多屬於B組），因此新來的這些人應該是印歐人。由於這些外來者對黃河流域文化的重大影響，他們在語言上一定也產生強大的影響，這種影響不僅限於傳入和器物與習俗有關的借詞。迄今為止，他們的語言還沒有得到更具體的認定，但是它很可能代表了一個未知的印歐語分支。[69]

## 周滅商

神奇的周朝創立者后稷的故事，是個典型的中央歐亞人建國神話，它和羅馬、烏孫、高句麗的建國神話情節如出一徹。中國深受後世推崇的周代，怎會有這樣一個充滿異域色彩的建國神話？

也許令人驚訝的是，周朝，這個在中國歷史中常被視為理想典範的朝代，在傳統上，被中國學者認為它的起源並非中國王朝。如果考察其所依據的資料的話，這也許並不那麼令人驚訝。周人來自當時中國文化區域的西部邊陲。從名字上看，后稷的母親姜嫄出身自姜姓氏族。一般來說，姜姓氏族和非中國人的羌人有關，「姜」就是「羌」，羌人是商朝的主要外敵。[70]在商代，羌人明顯是善於使用戰車作戰的人，因此也一定很熟悉馬匹和車輪。但是證據表明，藏緬語族（Tibeto-Burman）語言中的「馬」，雖然其最終源頭是印歐語，但它是從古漢語中傳入，而不是從印歐語直接傳入，[71]藏語中表示「車輪」的詞也是一樣。[72]由於這個原因和其他原因，早期的羌人或許並非如一般觀點所認為的那樣，是屬於藏緬語族，而有可能是印歐人，同時，姜嫄所出的氏族或許本來是印歐人。若是如此，關於周人起源的中央歐亞風格神話，就不那麼令人難以置信了。

然而，周人的書面語主要保存在鐘鼎文（金文）上，它很明顯是商人甲骨文的延續，兩者都必定是現代漢語的直系祖先。傳統觀點，也就是在漢學語言學家間仍占主導地位的觀點，認為漢語在發展過程中，並沒有受到明顯的外來語言影響。[73]但這種看法可能是錯的。反對孤立發展說的證據越來越多，尤其是來自考古學的證據，它們指出，帶來戰車的外入印歐人為商文化帶來了強大影響，甚至可能和商朝建立（約西元前一五七〇—前一〇四五年）本身也有很大關係。商的領土只是黃河谷地的一小片區域，也就是今日的河南東部和北部、山西東南部和山東東部；[74]這麼小的國家，很容

易就會被擁有戰車的入侵印歐人擊敗。雖然現在沒有直接證據能夠證明或駁斥這樣一個政治事件，但是外入戰車戰士的存在，以及他們對中國物質文化的影響，卻是不能抵賴的。

戰爭戰士在東亞的出現，和他們在希臘（歐洲）、美索不達米亞（近東、西南亞）和印度西北部（南亞）的出現時間大致一致。[75]在所有的非東亞案例中，戰車戰士民族都使用印歐語，擁有中亞歐亞文化。在東亞的事例中，戰車戰士似乎擁有和其他歐亞地區戰士相同的文化——也就是中央歐亞文化。因此，他們也應該是某種印歐語的使用者。

在語言學上，印歐人的進入，只有兩種可能的結果。要麼是在外來印歐語的影響下，本地的非印歐語有了印歐語元素；要麼是在本地非印歐語的影響下，外來印歐語有了非印歐語元素。[76]無論是哪種情況，鐘鼎上的銘文、古代漢語、現代漢語和方言，都明顯是早期古漢語（甲骨文語言）的延續，因為它們早已是「漢語」。近年對於早期古漢語的語言學研究，支持了商代甲骨文中已經存在許多與原始印歐語明顯相關的印歐語元素的說法。它們來自於哪個印歐語**分支**尚無定論。然而，這種語言可能非常接近原始印歐語。

根據目前的一種理論，[77]最有可能的情形，是有一小群使用印歐語的戰車戰士以傭兵的身分進入黃河中游流域的前中國文化區。他們留在那裡，和當地人通婚，結果是他們的語言被當地語言混合化了，就像其他印歐語系中的子語言一樣，或者是當地語言被印歐語混合化或受到印歐語的顯著影響（就像米坦尼的印歐語馬里顏努人一樣）。無論如何，印歐語語料導致一種語言的出現，也就是早期古漢語，但它究竟是源自一種已知印歐子語言的晚期原始印歐語，還是來自一種已經獨立的印歐子語言，就尚不為人知了。

最近有人提出，普遍認定的漢語和藏緬語之間的親緣理論——所謂的漢藏理論——看起來是建

立在一個共享的印歐語詞彙繼承基礎。[78]其中一些語料明顯是作為借詞，透過漢語進入藏緬語。比方說，「馬」、「車輪」、「鐵」和其他已知在西元前兩千紀後傳入東亞的事物的詞，都被當作漢藏語詞；但是，這些事物本身以及指稱它們的語詞，不可能出現在原始漢藏語中（因為在假設上，原始漢藏語的出現還要更早幾千年），而且藏緬語中出現的這些詞在音系形態上都受到古漢語的明顯影響。然而，雖然一些藏緬語中的印歐語元素似乎明顯是透過漢語進入藏緬語中的，但在許多其他例子中，從年代學的角度考量的話，這種途徑相當困難，甚至是不可能的。最有可能的方式，是印歐語系的傳入，不僅和黃河流域的前中國人產生了混合語，而且還至少和某些前藏緬人產生了混合語，這發生在更加西南方的地方，那裡被認為是原始藏緬人的原鄉。[79]

只有進一步的語言學研究，才能確定早期古漢語究竟是一種最低限度維持的印歐語系語言，還是一種最低限度維持的東亞地方語言。無論結果如何，可以肯定的是，印歐語系的人和他們的語言對後來的中國產生了強烈的影響，也直接或間接影響了藏緬人。[80]

## 伊朗人對中央歐亞的征服

伊朗人主導中央歐亞草原地區和中亞南部（今日阿富汗）、伊朗、美索不達米亞的早期歷史，相當晦澀不明。考古學認定原始印度－伊朗人的文化為安德羅諾沃文化（Andronovo culture），它在不晚於B組方言和其他印歐語系方言的實際分化的時候，分化為原始印度語和原始伊朗語。古印度語是種B組語言，在西元前一六〇〇年時，B組印歐語和其他印歐語分化，印度語使用者向南遷徙，在這個時間點之前，古印度語便與原始伊朗語的主體變得不同了。[81]如果伊朗人對印度人的勝利

是發生在這個時候，那麼就不清楚為何伊朗人用了這麼長的時間才把他們的敵人驅趕向南方。

在伊朗，伊朗語使用者的確最終替代了印度語使用者。沒有更進一步的直接證據，能表明在西元前十二世紀左右青銅時代結束後，伊朗和近東地區還有印度語存在。最早的歷史學和語言學證據，也毫不含糊地支持了中央歐亞草原區和中亞沿河農業區的早期民族是伊朗語使用者的考古證據。

現在考古學家普遍認可，位於西元前兩千紀中部草原的安德羅諾沃文化，可以等同於印度—伊朗人。然而，無論這些人的文化可能有多麼地游牧化，他們都不是游牧民族。他們住在固定的房屋中，而不是像最早已知的游牧民族生活在馬車上或氈房裡。最遲在西元前十六世紀，印度人已經和伊朗人分化。在此後很久，從安德羅諾沃文化中發展出的住在草原上的伊朗人，才發展出了騎馬的游牧生活方式。[82] 然而，在歷史文獻中第一次提及伊朗人之前，整個中央歐亞草原已經成為了一個伊朗文化區；而伊朗人首次出現在史料中是西元前八三五年的波斯人，和西元前八世紀的米底人（Mede）。[83] 至於史料第一次提及中央歐亞的伊朗人。是在西元前七世紀，當時的希臘和近東文獻記載了伊朗語使用者米底人在西元前七世紀被斯基泰人征服，以及斯基泰人從東邊遷徙到西部草原，這件事已經得到了考古學的確定。[84]

## 馬匹、戰車和印歐人

考古發現的最早的雙輪戰車在中央歐亞出土，位於烏拉爾—伏爾加河流域草原地帶南部的辛塔什塔（Sintashta）遺址，其歷史可以追溯至西元前約二〇〇〇年。[85] 歷史上最早已知在戰爭中使用戰

車的例子，可以追溯至西元前十七世紀中葉，當時的西臺人在哈圖西里一世（約西元前一六五〇—前一六二〇年在位）建立位於安納托利亞的王國的過程中使用了這種武器。[86]馬里顏努人，也就是米坦尼使用古印度語的戰車戰士，是西臺人在東邊和南邊的鄰居，他們深諳如何訓練駕馭戰車的馬。同時代的邁錫尼希臘人也在征服中使用了戰車。他們是西臺人在西邊的鄰居，也是第二個發展出文字語言的印歐人。很顯然，入侵印度西北部的古印度語使用者，也是在這個時期使用了戰車作戰。這些歷史事件並不是巧合。

戰車是種複雜、精密的機器，要成功地使用戰車，需要四個密不可分的要素：戰車本身、訓練有素的馴化馬匹、御車者和弓箭手。由於已知最早的戰車戰士都是印歐人，那麼，御車者和戰士似乎也很有可能源於中央歐亞。那麼，馬和戰車是從哪裡來的？

馬是中央歐亞的原生動物。雖然在更新世（Pleistocene epoch）時期，野馬確實已經進入巴勒斯坦南部，但後來就消失了，這很顯然是狩獵活動造成的。普氏野馬（Przewalski's horse），即前中國文化區以北的東部草原上的野馬，在基因上和馴化馬並不同，馴化的馬是在西元前二〇〇〇年左右就被馴化的，或者說，比牠們第一次被套在戰車上的時間更早。所以，牠們不太可能是在古代近東被馴化的，因為在近東，馬匹是和戰車一起出現或重新出現的。[87]而且，當地統治者使用馬的時間，要比西臺人、米坦尼人和邁錫尼人晚得多——比如，在新王國時期的埃及，戰車就進口自米坦尼。[88]對保存下來的埃及戰車材料進行的研究，確認它們是埃及人從外高加索地區進口的。

從考古學上看，完全成型的戰車，是在不晚於西元前十二世紀從西北地區傳入尚沒有車輛的商代中國，確切的時間也許還更早一些，因為迄今發現的最早戰車例子都可追溯到西元前十三世紀，而且上面已經有了大量的商代當地紋樣裝飾，這表示它在中國已經有一段時間的涵化了。戰車也曾

被外族用來和商代中國人作戰。戰馬一定是隨同戰車一起出現的。[89] 在商代王室的陵墓裡，有馴化馬、人和戰車一起埋葬。戰車和馬、御車者合葬，是典型的中央歐亞文化綜合體元素；直到西元前兩千紀末期，中央歐亞文化綜合體似乎一直完全是印歐人的文化。

馴化馬可能在安納托利亞出現過，也可能在西元前二〇〇〇年時出現在近東的核心地帶——在這種情況下，出口者一定是中央歐亞人——但一直到西元前十七世紀，牠們的數量仍非常稀有，當時印歐人的戰車戰士駕駛著完善的戰車，征服了安納托利亞中部（西臺人）、美索不達米亞北部（米坦尼的馬里顏努人）和希臘愛琴海（邁錫尼希臘人）在先前已經存在的文化。大多數古代近東語詞中的「馬」借自印度—伊朗語言；因為其歷史久遠，要遠遠早於伊朗人在中央歐亞以外出現的證據，所以那種語言只會是古印度語。來自古代近東非印歐王國的文字證據也明確指出，在那裡，馬匹長期以來一直是種稀有而昂貴的進口品，除了競技用途的勇士表演外，當地人不會用馬來做其他任何用途。[90]

最早對戰車的明確描述和繪畫，是將它描述為一種射箭的機器，而不是用於皇家展示的車輛。所有的確鑿證據都表明，無論戰車出現在哪裡，它首先都是一種軍用武器，只是後來才被用在遊行等聲勢浩大的活動中。[91]即使後來有作品（例如《伊利亞德》〔*Iliad*〕）提到戰車被用來運送戰士上戰場，但這也仍是作戰用途。[92]在一開始，戰車也毫無疑問具有狩獵用途，也許是因為需要訓練戰車手和他們的馬匹來戰鬥，保持他們的狀態。在中央歐亞的環境中，以戰車狩獵，尤其是大型圍獵，儘管其重要目的是獲取食物，但在執行時，完全視同作戰。[93]不過，古代中央歐亞人似乎沒有對攻擊敵人和攻擊動物做出清晰的區分。

作為軍事武器的主要用途，讓戰車展示出御車戰士身上散發的英雄氣概，反之亦然。而在遊行

隊列裡駕車，則幾乎不會有什麼特別的英雄氣概。而且也很難想像的是，統治者會允許純粹的統治象徵被非王室成員使用，更不用說是普通士兵。戰車競賽一定是為訓練戰車戰士在戰場上御車的技能而自然發展出來的，這也是對馬匹的訓練，能讓牠們保持良好的狀態，為應對戰場上瞬息萬變的狀況做好準備。

## 戰車

戰車是一種很輕的雙輪馬車，通常以兩匹馬拉動，車上有一名御車者和一名弓箭手，這種戰車是世界上第一種複雜機器，[94]同時也是第一種科技先進的武器。真正的戰車十分輕巧，一台空戰車可以用一隻手抬起來，它的輪子也十分細緻，所以不能長時間地放著不管。不用的時候，它必須要放在高高的軸托上，以免車圈變形。如果不用軸托的話，就要拆解車輪和車，分別存放。戰車不能用來拉任何笨重的東西；[95]承載量最多就是搭乘兩人，[96]還是勉強才能承載——而且不管怎樣，必須有一人是駕車者，同時，在幾乎所有的歷史事例中，另一人是弓箭手。因此，除了戰爭、狩獵以及日後的隊列遊行用途外，戰車沒有其他實際用途。

戰車的設計目的是為了快速行駛，載著戰士以高速進入戰場，所以戰車要用馬拉，而且馬是唯一能夠快速拉動戰車的已馴養動物。因為當時尚未發展出騎兵，所以，對於敵人來說，沒有什麼比在戰場上面對以這種超乎所有人想像的速度飛馳的戰士，還得在他們呼嘯而過時閃躲他們射出的箭更可怕的事。這讓雙輪戰車成為當時的超級武器。

相較之下，已知的最早車輛是在雙輪戰車出現的幾千年前發明的，那種車輛非常沉重，行駛極

其緩慢。它的四個輪子由實木樹幹做成（顯然是用樹幹的實心剖面直接當作輪軸）。這些車只能用牛來拉，所以速度要比牛還慢，亦即比人正常行走的速度還慢。在實際用途上，這種車輛的唯一好處，就是運輸重物，而這正是牛車在歷史長河中的用途，直到現代。[97]

不管怎樣，一個人站在或坐在車上駕馭車輛行進，這件事本身就是一種權力的體現。牛車變成了皇室威嚴的象徵，國王會乘坐花俏的牛車，緩慢而威嚴地從臣民面前列隊經過。古代近東和周邊地區的其他民族，很快就模仿了牛車及其用途。擁有大量牛群的原始印歐人也不例外。直到中世紀時，皇家牛車仍是整個印歐世界裡的王權象徵。儘管在戰爭中，統治者必須成為戰士，站在戰車上捍衛自己的王位，和同樣使用戰車的外國國王拚殺，從而具有戰車戰士身上的那種英雄氣概，但是戰車並沒有取代牛車作為皇家權力體現的功能。

實物證據和語言學證據，以及大部分的間接證據，都指出晚期印歐人是雙輪戰車的發明者或完善者。已知最早的真正、實用的雙輪戰車出土於外高加索地區，這裡恰好位於西臺和米坦尼故地的正東方，而西臺人和米坦尼人正是最早在戰爭中使用戰車的人。[98] 甚至在青銅時代晚期，埃及人仍然從外高加索進口戰車。雙輪戰車起源於非印歐人肥沃月彎（Fertile Crescent）古文明的說法幾乎不太可能成立；不管怎樣，究竟是什麼人在什麼地方馴化了馬，並發明了戰車，這其實並不重要。重要的是印歐人是最早結合馴化馬和戰車，並有效地用於戰爭的人。印歐人和戰車一同出現在希臘、古代近東、印度和中國。在印歐人已知出現在古代近東前，沒有證據能夠表明真正的馬拉戰車，是在近東或其他任何地方被應用於戰爭。

## 戰車戰士

我們沒有理由相信在西元前二〇〇〇年以前，任何印歐語使用者已經離開了在中央歐亞的家園，而且當遷徙展開時，他們並不是孤立進行的。考古學表明，在歐亞每個使用印歐語系子語言的地方，都有現代人類早已在那裡定居的證據，唯一的例外是塔里木盆地，那裡是被我們稱為吐火羅人的最終目的地。然而，吐火羅人是先遷徙到已經有其他民族定居的中間地帶，最後才遷徙到塔里木地區。至今尚未發現有任何早期印歐民族曾經擴張至一個歐亞的語言和文化真空地帶；每一支印歐民族都要和先前已經定居的在地人打交道。

目前沒有發現印歐人正面入侵歐亞任何地區的證據。原因很簡單——他們完全沒有透過這種方式遷入和征服其他地區。但是，就如同所有的人類一樣，無論持有怎樣的文化，人類總是會和鄰國作戰，他們也不例外。在和周邊民族的衝突中，中央歐亞人使用了戰車這種新武器，在此之前，雙輪馬車並沒有用於戰爭用途。[99]

戰車是種結構複雜、精密加工的機械。製造或購買戰車、訓練馬匹、培訓御車者、養護戰車的成本極其高昂。能夠駕馭戰車的人，必定是此事的行家裡手。第二波遷徙的印歐民族，是史上第一批養護和使用戰車的專家，他們也是第一批成功地將其運用到實戰中的人。古代近東的非印歐民族甚至不熟悉馴化馬，[100]更別提戰車；各種型態的文本證據顯示，直到第二波印歐民族已經把戰車用於古代近東各地的很久以後，近東民族仍對馴養馬匹不甚了解。[101]

但是，古代的各個近東王國是高度組織化的，而且很多王國都已經使用文字；他們當然不會束手就擒地眼看印歐人移民到自己的領土上。由於他們沒有戰車和經過專門訓練的馭馬，沒有經過專

門訓練的御車者，也沒有懂得車戰殺敵之技的戰士，所以在這種對陣開始時，他們對抗印歐戰車戰士的唯一辦法，就是雇用一些同樣的人來為他們對抗其他印歐人。這種作法的結果，導致印歐人對馬匹和戰車的相關專業知識的長期壟斷。雖然對戰車傳入中國的主要證據是考古發現，[102]但無庸置疑的是，它也是以同樣的方式進入中國。

最後，古代近東的非印歐人終究掌握了養馬、馴馬和使用戰車的技能，儘管沒有製造出戰車（保存最完好的青銅時代戰車，出土自埃及墓葬，它是用外高加索材料製造的，因此它也可能是在外高加索地區製造的）。關於戰車在戰爭中的使用，最詳細且保存最完好的藝術描繪很晚才出現，它來自一幅埃及浮雕，上面描繪的是拉美西斯二世（Rameses II）自稱在西元前一二七四年於敘利亞的卡德什戰役（Battle of Kadesh）中擊敗西臺人。[103]不過，埃及人明顯是向非埃及人購買戰車並學習操作技巧。同樣地，美索不達米亞人後來也克服了對馬和戰車的恐懼，將之用於實戰；這在歷史記載和日後的亞述牆面浮雕及其他藝術品中都有明確的證據。[104]

作為戰爭機器，戰車後來在近東被淘汰了；當時的海上民族和其他於此地構成破壞的人們，學會如何用投擲標槍的方式來攻擊奔馳中的戰車，讓馬、戰車和車上的人都失去了威力，也導致青銅時代的結束。[105]儘管如此，在此後的很長時間裡，戰車都繼續用於競技活動，甚至仍會出現在戰場上，但通常不是作為射箭平台，而是一種體現將領、名將和其他領袖威望的座駕。雖然戰車後來多少被騎兵替代，但是中央歐亞各地仍然持續使用戰車，並一直延續到中世紀末期，它們會在皇家儀禮場合上出現，甚至在已有上百年不再實際使用戰車的地方也是如此。[106]

1 http://www.sacred-texts.com/hin/rvsan/rv05056.htm, book 5, hymn 56.

2 見附錄一。

3 見附錄一。

4 關於近年來對此必然性不斷增長的誤解，以及從而得出的謬誤，請參考書末注釋㉚。

5 例如 Lehmann 1993。Mallory and Adams 2006: 106 提出「西元前四〇〇〇年」的說法，但 Mallory and Adams 2006: 449 也提出「約西元前四五〇〇年—前二五〇〇年」的說法。兩本著作都談到了各地非印歐語對印歐語的影響。Lehmann 1993: 281-283 的論說其實支持了混合語化理論，但他在本文中沒有提及，而且在其他地方批駁了這種說法（見下文）。Mallory and Adams 2006: 463 援引了 Johanna Nichols 的研究，但未加評論。兩部作品都未提及混合語化是印歐語子語言的成因。Lehmann 1993: 263 明確反對此理論，他說：「之前，語言學家和考古學家將方言和語言的改變歸結為外來民族入侵……但是現在已經明確了，西元前五千紀時的部族尚未有足夠的手段和人口促成這種變化。」關於混合語化的理論，請參考 Garrett 1999, 2006、Beckwith 2006a, 2007c 以及附錄一。

6 Lehmann 1993: 266.

7 他們認為是在西元前三千紀末葉（Lehmann 1993: 266）。

8 Mallory and Adams 1997: 297-299.

9 參考 Garrett 2006與Beckwith 2006a。關於語言中出現方言、社會方言（sociolects）以及其他面向的語言變種的重大歷史意涵的，可以參考 Lehmann 1973、Labov 1982 以及它們之後的研究。

10 關於其他觀點，可參考 Mallory 1989 以及 Mallory and Adams 1997, 2006。關於印度—伊朗語言的問題，請參考書末注釋㉛和附錄一。

11 在一八九〇年，Schrader 已經指出伏爾加河中游是他們的故地（Lehmann 1993: 279）。見書末注釋㉜。

12 Hock 1999a: 13；另見附錄一。

13 請參考附錄一和 Beckwith 2006a, 2007c 以及 Mair 1998 的研究；此外可參考 Barber 1999 和 Mallory and Mair 2000 的研究。關於塔里木盆地的考古發現，還需進行更深入的學術研究，這些發現對於原始印歐人和原始中國人的考古和歷史會有革命性的重要意義。

14 Hock 1999a: 12-13.

15 關於印度—伊朗人在形成階段所受到的影響，請參考書末注釋㉝。

16 請參考附錄一。如果可以進一步分離出B組語言獨有的形態音系學（morphophonology）特徵（尤其是借詞），或許可以確定這種外來語言是哪種非印歐語。Witzel 2003 討論了印度—伊朗語的借詞。

17 見附錄一。

18 關於阿維斯陀語（Avestan）和印度—伊朗語的問題，請參考附錄一，以及書末注釋㉛和㉝。

19 請參考 Hock 1999a: 12-13 的評論。

20 我們目前只知道伊朗人使得古印度語使用者分成兩支：一支是西組，他們移入（或已移入）近東；一支是南組，他們移入（或已移入）印度。見 Bryant 2001: 134。阿維斯陀語（Avestan）文本大概是這個時期伊朗語使用者和古印度語使用者複雜互動的產物；請參考附錄一。古代準噶爾和鄰近地區的烏孫人或許是一支東古印度語使用者的餘部；見附錄二。

21 見附錄一。

22 根據傳統觀點，亦即在B組分化後，古印度語（吠陀梵語〔Vedic Sanskrit〕）和阿維斯陀語之間仍然存在的相近性，說明這兩組的形成與分化一定是在相當短的時間內發生的。這種觀點的問題，可能是基於對阿維斯陀語的誤解產生的；請參考附錄一。印度語和伊朗語在語言上最古老文本的史料證實都出現在非常晚期，這是印度—伊朗研究面臨的一個重要問題，在這個領域裡，許多的現實都和理論不符。

23 其他的第二波語言，也就是史料證實出現較晚的語言，則是義大利語（Italic，西元前一千紀初期）、日耳曼語（西元前一千紀晚期）和亞美尼亞語（西元一千紀初期）。

24 史料證實凱爾特語和伊朗語的分支出現在西元前一千紀，斯拉夫語是西元一千紀中葉，但波羅的語和阿爾巴尼亞語卻是在西元二千紀後半段。阿爾巴尼亞語的發展過程尤其晦澀難解。

25 有關「印度—亞利安人（Indo-Aryan）遷徙論爭」，請參考 Bryant 2001: 134。此論爭的多數內容都建立在語言學的誤解以及（和語言學或歷史完全無關的）政治動機上。關於在印度日趨盛行的「本土印度—亞利安人」觀點為何在科學語言學上站不住腳，請參考 Hock 1999a。

26 Nichols 1997a, 1997b; Garrett 1999, 2006; Beckwith 2006a.

27 在青銅時代晚期生活在西部草原的民族，包括比斯基泰人更早的辛梅里安人（Cimmerians），他們飼養牛、綿羊、山羊、豬和馬。他們最重要的馴化動物是牛，這樣的傳統在原始印歐人中一直保持著。但這在鐵器時代初發生了劇烈變

化，那時候草原民族飼養的主要動物變成了綿羊和馬，儘管豬繼續被豢養在森林和森林草原地帶，而家貓和驢也加入這種文化集合（Rolle 1989: 100-101）。

28 Mallory and Mair 2000: 138-139.

29 古生物學的研究表明，和中國地區相關的小麥、馴化綿羊和馴化馬都是在西元前二〇〇〇年的不久後從西邊引入的。關於馴化馬的引進，見書末注釋㉞。

30 見附錄二。

31 *CAH* 1.2: 833; cf. *EIEC* 13。「在卡內什（今日土耳其境內的灰山〔Kültepe〕）出土的亞述語文本中出現了一些西臺語字詞（例如意指「義務」、「契約」的 išhyuli），該文本來自西元前十九世紀」（Bryce 2005: 13, 21 et seq.），據信這顯示「印歐語在西元前兩千紀初就已經出現在安納托利亞了」（Melchert 1995: 2152）。Bryce 2005: 23 列出了卡內什文本中出現的「帶有安納托利亞語人名的屋主，包括 Peruwa、Galulu、Saktanuwa 和 Suppiahsu。然而，在事實上，這些例子並未指出印歐語使用者在西元前十九世紀之前就已經在那裡了。關於印歐人的最早史料證據，請參考書末注釋㉟。

32 Bryce 2005: 68.

33 *EIEC* 15。西臺人的原名不詳。關於他們的名字和語言，見書末注釋㊱。

34 *CAH* 1.2: 831。安納托利亞語族已知的其他語言（主要是盧維語〔Luwian〕、帕萊克語〔Palaic〕、呂底亞語〔Lydian〕和呂西亞語〔Lycian〕等）的出現均晚於西臺語。雖然有人主張早期亞述文本中提及的那些名字一定屬於盧維語，但這樣的說法似乎並不正確。

35 Drews 1988: 94.

36 Bryce 2002: 21-23; cf. 2005: 109。關於西臺人和斯基泰人墓葬習俗的相似之處，可參考 Rolle 1989: 34。

37 西臺學家的進一步研究也許能讓這件事更為明朗。

38 西臺語中似乎並沒有保持原始印歐語中表示「車」的詞。這或許可以說明這批印歐人是在向安納托利亞遷徙的過程中，或是在到達那裡以後，才有了雙輪戰車。見 Hock 1999a: 12。真正的問題在於我們現在仍然對西臺人和西臺語所知甚少。

39 Drews 1993: 106; 2004: 49。特洛伊六號遺址的居民應該也是安納托利亞語使用者，而且也使用雙輪馬車。「建立六號遺址的人，把馬帶入了安納托利亞西北部。至少在特洛伊城仍然存在的時候（約西元前一七〇〇—前一二二五年），他們

不但用馬拉車，而且還吃馬肉。」（Drews 2004: 55）因為在中央歐亞以外，幾乎沒有別的民族會食用馬肉——在古代近東多數地區尤其如此——這或許可以說明這群人是從中央歐亞遷徙而來的；見 Drews 2004: 44。

40 Bryce 2005: 333-340; Drews 1993: 8-11; cf. Oren 2000.

41 Bryce 2005: 347-355。其他的安納托利亞各族一直存在至古典希臘—羅馬時期，但他們不像西臺人那樣為人所知。

42 也拼作Hattuša；今日土耳其境內的波亞茲卡來村（Boğazköy/Boğazkale），位於安卡拉以東一百五十公里處。見 Bryce 2005: 43, 45, 84 中的地圖和照片。Bryce 2002 也對這個城鎮做了細緻的描述。

43 Burney 2004: 204 指出：「米坦尼的非胡里安人元素吸引眾多注意，語言學上的證據表明他們顯然是印度—亞利安語言使用者。儘管這群人的影響力很大，但在他們的胡里安人臣民之間，他們無疑只是個小群體。不過，皇室成員出自他們，而且他們的名字都屬於印度—亞利安語。」如果將他奇怪的貶義拿掉，再重述一遍他的評論，那麼就是：「根據語言學上的證據，米坦尼的一支重要的非胡里安人元素，顯然屬於印度—亞利安。他們被叫做馬里顏努人，這些人的影響力巨大，而且包括皇室成員，他們的名字都屬於印度—亞利安語。」

44 關於 marya（年輕〔戰車—〕戰士）、marut（戰車戰士）和相關詞彙的詞源，見書末注釋37。

45 Freu 2003.

46 不光是統治者，中央歐亞的政權中，許多位高權重者也都有從士團。戰車戰士弓箭手的米坦尼從士團，明顯是西元前一千紀以來的騎士弓箭手從士團的前身。

47 Freu 2003: 19 指出：「所有的統治者都擁有吠陀語名字，只能用梵語來分析。」

48 請參考 Witzel 2001 的類似觀點。文本中也有大量來自胡里安和其他古代近東語言中的借詞。

49 請參考 Freu 2003 中關於米坦尼歷史的討論，他的著作也提供了大量參考書目，介紹了米坦尼國王和戰車戰士及其親屬所使用的印度語言，他們在西元前兩千紀在黎凡特各地留下了他們的名字和零散語詞。見 *EIEC* 306。如同有些研究古代東亞的學者會漠視或者淡化早期印歐人入侵的證據，有些研究古代近東的學者也會相似地試圖掩蓋這類材料（例如 Van de Mieroop 2004: 112-117）。

50 如上所述，古代準噶爾和伊犁河地區的烏孫人的名字，似乎表示他們可能是中央歐亞古印度語使用者的殘部。他們的名字和稱謂，應該在以考量印度語言聯繫的可能性的方式下重新研究。見附錄二。

51 Freu 2003: 221-223; Van de Mieroop 2004: 121.

52 一般認為，古印度人入侵印度，是發生在西元前二千紀前半葉印度西北部的哈拉帕（Harappan）或印度河流域（Indus Valley）文明突然崩潰之後，而且現在認為《吠陀》是在旁遮普地區編撰的。然而，關於有關事件的爭論已經多少政治化了，大部分的相關著作充其量也是不可靠的。簡要討論和參考資料，請見書末注釋㊳。

53 根據傳統，《梨俱吠陀》是最古老的古印度語文本（或者說是各種文本的集合）。它實際上是在大約一千年前才被證實存在的。見附錄一。

54 關於古印度字詞 marya 和 marut，請參考書末注釋㊲和 Witzel 2001。

55 並沒有「純粹」的印度—亞利安文化或「純粹」的當地非印度—亞利安文化被保留下來。它們從一開始就是混合文化，而且是相互混合的。這種混合化混合（creole hybrid），以及持續的再混合，創造出印度文明。

56 Drews 1988: 21-24。James Muhly（摘自 Drews 1988: 23, n. 16）說：「史前希臘的一次戲劇性轉變是在……西元前十七世紀後半葉發生的，它的代表就是豎穴式墓葬。我們尚未發現窮困的中古希臘時代的人們擁有比豎穴式墓葬更富麗堂皇的陵墓。」

57 Garrett 1999、Mallory 1989: 66-71 提出類似的結論，即「以我們目前對希臘方言的知識而言，我們可以想見印歐人在西元前二二〇〇年至前一六〇〇年之間進入希臘，然後他們作為希臘語的使用者出現。」文特里斯（Ventris）在一九五四年破解了邁錫尼希臘語的書寫系統線形文字B。有了這項突破，文特里斯和查德威克（Chadwick）能夠開始閱讀邁錫尼文字。見 Chadwick 1958。其中包括戰車和戰車部件、箭頭和其他軍事裝備的物品清單。

58 關於戰車的發明、最早的證明和使用的考古學爭論焦點，是在邁錫尼豎穴式墓葬和西臺城市卡內什發現的證據，詳見書末注釋㊴。

59 關於最早的「中國人」國家的起源、位置、範圍，以及漢語的語言起源，見書末注釋㊵。

60 Bagley 1999: 202 et seq.

61 Bagley 1999: 207。它們在高加索山脈西南部的拉查申（Lchashen）出土，該地位於亞美尼亞的思凡湖（Sevan）附近，其歷史可以追溯至大約西元前兩千紀中葉。Barbieri-Low 2000: 38 將它們和極度相似的商代戰車進行比較。史上已知最早的古代近東戰車和戰車戰士是在拉查申西邊的西臺和米坦尼王國。Barbieri-Low 2000: 37-39 認為，近東戰車是直接衍生自較小的草原戰車的近親，這種戰車的代表，出土於今日哈薩克西北部和俄羅斯南部的烏拉爾地區辛塔什塔—彼得羅夫卡（Sintashta-Petrovka）文化的墓葬，而較大的中國戰車則衍生自拉查申戰車的近親。

62 Bagley 1999: 208; Barbieri-Low 2000: 42-43.

63 Piggott 1992: 63; Shaughnessy 1988。關於「本土發展」說，見書末注釋㊶。

64 Barbieri-Low 2000: 19 et seq. 對和戰車一同埋葬的「年輕男性」做出評論。一般觀點認為，這些人是官員，但這與他們的年紀和常有武器出現的情形不符。

65 Barbieri-Low 2000: 22 指出：「在出土的大部分例子中，也會有一至三人被獻祭，並被置於戰車埋葬坑內……據說他們無一例外都是（二十歲至三十五歲的）男性。」Barbieri-Low 2000: 32-33 還補充說：「這些經常和武器、青銅韁繩和玉或青銅鞭子把手一同出土的（二十歲至三十五歲的）年輕男子，可能是實際的戰士和戰車駕馭者。」關於中央歐亞式的武器，見書末注釋㊷。

66 雖然普遍認為青銅科技的重要元素是在西元前兩千紀從西北方傳入的，但一些漢學家認為，西元前十五、十四世紀中國青銅冶金業的革命性變化，主要體現在青銅鑄造的產業規模和工藝技術的極大擴展上（Bagley 1999: 136-142 et seq.）。

67 關於中國文字書寫系統的結構和起源，見書末注釋㊸。

68 Bagley 1999: 207-208.

69 Beckwith 2002a, 2006c.

70 關於「姜」和「羌」的名稱及其詞源，請參考書末注釋㊹和附錄二。

71 關於古代中文方言形式的「馬」的重構，請參考書末注釋㊺。

72 關於古漢語詞和古藏語詞「車輪、戰車」的重構，請參考書末注釋㊻。

73 關於對當前主流觀點的批評，見書末注釋㊼。

74 Keightley 1999: 277.

75 任何反對商代中國的外入者具有印歐親緣的論點，都一定忽視了這項證據以及其他許多證據。那些反對該理論的人，確實是罔顧證據的。很不幸，目前尚未有人能夠足夠準確地重構古漢語，以確定這種影響的程度。

76 融合語理論（theory of the mixed language，見書末注釋㊽）已經被否定了，還剩下兩種可能性。

77 Beckwith 2006a: 23-36; cf. Nichols 1997a, 1997b; Garrett 1999。

78 也有人指出規律的形態音系或句法對應的缺乏（Beckwith 1996, 2006a）。

79 這種情形也恰當地解釋了外來名稱「羌」從「印歐人」到後來的「原始藏緬人」意義的轉換。然而，此刻最嚴重的問

題，是缺少任何實際的原始藏緬語的重構。儘管缺陷很多，但 Benedict 1972 仍是第一本，而且是迄今為止唯一一本以嚴格的語言學來源和方法重構原始藏緬語的嘗試。

80 關於此處涉及的類型學問題，請參考 Beckwith 2006a: 1 et seq.; 2007b: 189。

81 也就是說不包含阿維斯陀語，請參考附錄一。

82 Di Cosmo 1999a, 2002a; Mallory 1989; *EIEC* 308-311.

83 *EIEC* 311.

84 *EIEC* 311.

85 *EIEC* 309, 520-521.

86 Burney 2004: 64-65。西臺戰車的組員，最初是由一個御車者和一名弓箭射手組成，就如同其他早期文化對戰車的使用一樣，這種情況似乎在西元前一二七四年的卡德什戰役（Battle of Kadesh）中有所改變（姑且認為埃及浮雕對這場戰役的描繪在歷史上是準確的），在這場戰役中，成員是由一名駕駛員、一名弓箭手、一名任務是保護其他人的盾牌手（Bryce 2002: 111）組成。西臺戰車戰士也位列於西元前十七世紀以降的軍事人員名單上（Burney 2004: 64）。

87 Jansen et al. 2002: 10910 的粒線體ＤＮＡ研究結論，是「雖然有人聲稱伊比利和歐亞草原早在西元前四五〇〇年就有馴化馬，但是最早的無可爭議證據，是西元前二〇〇〇年在烏拉爾草原克利伏耶湖（Krivoe Ozero，辛塔什塔—彼得羅夫卡文化）的戰車墓葬」，而且有鑑於戰車在西元前兩千紀中期的整個歐亞的迅速傳播，「最初的馴化馬本身和相關知識應該也已經傳播了，且在傳播途中融入當地的馬，形成了我們的區域粒線體ＤＮＡ集群」。關於和辛塔什塔—彼得羅夫卡戰車有關的學術爭論，以及最早發現的戰車，請參考書末注釋㊾。

88 Burney 2004: 65.

89 原始吐火羅人在更早幾個世紀之前就引入馴化馬，正如前文所述，可能是作為食用動物引進的。

90 Drews 2004.

91 與 Littauer and Crouwel 2002 的主張相反。戰車最初不太可能是用於皇家展示的另一個原因，是軍事科技上的進步總是先於其他目的的應用。

92 《伊利亞德》對於戰車用途的描述，在歷史資訊上是不正確的，在青銅時代結束之前，戰車仍然是非常重要的軍事武器。見 Drews 1988: 161 et seq.。

93 Cf. Allsen 2006.

94 光是建造一輛戰車就需要許多專門的手藝，其中最為重要的，就是要知道它的設計和運作原理。戰車的車輪有輻條，等於和牛車完全相反。它甚至和早期的兩輪牛車沒有什麼密切的聯繫，儘管在設計上，兩輪牛車和四輪牛車驚人地截然不同，但缺點相同。

95 參照 Littauer and Crouwel 2002。戰車強調**速度**（Bryce 2002），它在承平時期不可能用來運輸一般的家庭貨物。

96 後來出現更大型、更堅固的戰車，可以容納三人或四人（Littauer and Crouwel 2002）。這些車輛肯定比兩人戰車慢，機動性差，更像是作戰馬車。

97 Pegolotti 1936 討論了蒙古時代晚期的絲路商人，他經常把牛車列為運輸選項。他還記載了每種交通形式可以運載多少貨物，以及每種運輸方式在同樣的路程上需時多久。

98 豎穴式墓葬的邁錫尼希臘文化和北高加索草原文化的考古學聯繫，解釋了希臘人也很早就擁有戰車；見上文。

99 Van de Mieroop 2004: 117.

100 請參考 Drews 1988: 74 et seq. 收集的引文。

101 中國戰車也顯然是如此。Barbieri-Low 2000: 47 和其他專家指出，馬拉戰車遠不是一種簡單機械，對於外行來說，它是一種操作十分複雜的機械，何談複製。

102 語言學的一些證據可參考書末注釋㊻。

103 這場戰役明顯是場平局，但是在姆瓦塔利國王（Muwatalli）的帶領下，西臺人才是最終的勝利者。關於這場戰役及其後續發展，可參考 Bryce 2005: 234-241。

104 戰車似乎是種太好的發明，以致於難以完全拋棄。在失去武器功能的很久以後，它仍然是高階戰士的軍事運輸工具，或是當作指揮哨、將軍和國王的遊行禮車，以及競賽車輛。

105 Drews 2004.

106 在西藏，車輛直到現代以前基本上還是不為人知的，已故的皇帝在入土前是被馬車拉著巡遊的（Walter forthcoing），就和已故的斯基泰統治者一樣。見 Rolle 1989: 24-25 的討論和一張出土的斯基泰葬禮馬車的照片。波蘭人本尼迪克特（Benedict the Pole）曾在一二四五年造訪蒙古可汗拔都的大營，他說他看到了「一輛上面有皇帝的黃金雕像的戰車，崇拜皇帝是他們的習俗」。柏朗嘉賓（Carpini）在造訪蒙古的貴由宮廷時，也看到了類似的物品（Allsen 1997: 62）。

# 第二章

CHAPTER 2

# 貴胄斯基泰人

在河流密布的馬優提斯兩岸，對陣亞馬遜的騎兵，
他從希臘人的各處，呼朋引伴，
乘風破浪，穿過洶湧的水域，去奪繡金的長袍，女將的長衫：
一場為戰鬥的腰帶展開的爭奪即將到來。[2]
——尤里比底斯，《赫拉克勒斯》

τὸν ἱππευτάν τ' ᾿Αμαζόνων στρατὸν Μαιῶτιν ἀμφὶ πολυπόταμον
ἔβα δι' ἄξεινον οἶδμα λίμνας, τίν' οὐκ ἀφ' ῾Ελλανίας
ἄγορον ἁλίσας φίλων, κόρας ᾿Αρείας πέπλων χρυσεόστολον φάρος, ζωστῆρος ὀλεθρίους ἄγρας.
—— ᾿Ευριπίδης, *῾Ηρακλῆς*[1]

## 第一個草原帝國和絲路的形成

在大約西元前一千紀初，隨著騎馬技能的完善和騎馬游牧技術與生活方式的發展，[3]北伊朗人（Northern Iranians）是中央歐亞草原核心地帶的主人。在這一千年的中葉，第一個聞名歷史的游牧民族遷徙至西部草原，並成為一個強權。其他的草原伊朗人向東遷徙，最遠到達中國。[4]

雖然斯基泰人最為人所知的是驍勇善戰的戰士，但是，他們最大的成就是發展出一套貿易體系，希羅多德和其他早期希臘作者描述了這個體系，它連接了希臘、波斯和往東邊的土地，這讓斯基泰人極其富有。他們的動機，並不是出於從古典時期到今日的史學家經常歸咎於中央歐亞人的貪得無厭。從後來的歷史發展來看，他們對貿易的興趣背後一股很清晰的驅力，是需要支持他們的社會政治基礎結構，而這種基礎結構是圍繞著統治者個人和他的從士團所建立的，後者是向統治者宣誓的衛隊，人數達數千人。斯基泰人、粟特人、匈奴人和其他早期中央歐亞人的貿易利益和興趣的直接結果，是中央歐亞發展出繁榮的陸路國際商業。早期的希臘和中文史料都明確記載他們對貿易的興趣。雖然一些遠距離貿易已經存在了上千年，但是在斯基泰人和其他草原伊朗人及其繼承者手中，遠距離貿易才成為一種重大的經濟力量。不管對方是誰，中央歐亞人在邊界上和歐洲、近東、南亞和東亞的文明進行貿易，因此也間接讓這些周邊文化經由中央歐亞而建立聯繫。

在斯基泰的鼎盛時期，周邊上古時期（High Antiquity）的各個城邦文化（city-state cultures）也達到其頂峰。古代希臘、印度、中國的經典哲學作品，幾乎在同一個時代裡創作完成，學者一直對這樣的發展十分感興趣，它或許暗示著，這些文明之間在當時已經有了文化交流。不過，當時的中央歐亞也有哲學家存在的事實，卻常常遭到忽視。

位於西部草原的斯基泰帝國和貿易網絡，為後來於中央歐亞建立的那些益發強大的國家建立了一個模型。中央歐亞人財富和力量的增長，以及他們和周邊文化接觸的增多，導致了周邊國家的入侵——通常是以中央歐亞人侵略他們在先為由。已知最早的這種入侵，由周朝的中國人發起，他們在西元前九七九年的兩場戰役裡擊敗了鬼方人，並且俘虜了超過一萬三千人，其中包括（遭到處決的）四位首領以及無數的戰利品。[5]從那時直到現代，中國人只要有機會，就會不斷侵略東部草原。[6]在大流士的統治下，阿契美尼德王朝的波斯人征服了巴克特里亞（大夏）和索格底亞納（粟特，Sogdiana），然後在大約西元前五一四年至前五一二年入侵斯基泰。亞歷山大（Alexander）帶領的馬其頓人和希臘人在西元前四世紀末入侵中亞。亞歷山大的兩次征服，對中亞文化產生深遠的影響。

## 位於中央歐亞和伊朗的伊朗人國家形成

伊朗人對中央歐亞的統治一定是在約西元前一六〇〇年開始的，當時的B組印歐人出現在美索不達米亞北部和希臘愛琴海，同一組的成員也進入印度和中國。雖然證據顯示，最早在西元前三千年時，就有人類因當地氣候不宜農耕而採取簡單的游牧生活，但根據考古學、歷史學和語言學的證據，今天學界已經認定，**騎馬**的游牧生活方式最早是由草原地區的伊朗人發展出來的，其歷史可以追溯至西元前一千紀。[7]雖然這並不早於任何民族在任何地方騎馬的最早明顯證據，但草原上的伊朗人似乎是第一個將騎馬作為常態活動的民族，而不是僅僅把它當作冒險和雜耍活動。[8]儘管以下這點在研究古代近東的專家間存在爭論，但一般人很難相信，印歐人竟會是最後學會騎馬的民族，因為

他們是最早馴養馬匹的民族，也是近東文獻記載中最早使用馬匹的專家。已知最早在戰爭中幾乎完全依賴騎兵弓箭手的民族，就是中央歐亞伊朗人，他們數個世紀以來便知曉如何在這種戰爭中保持自己的優勢。[9]

西元前九世紀的亞述文獻中曾提及波斯人，[10] 但是關於使用伊朗語各民族的第一次確實、清晰的記載，是在一個世紀後和米底人、斯基泰人有關的文獻。

西元前八世紀末，一個使用伊朗語的民族米底人，在伊朗西北部的艾布士山脈（Elburz）東邊建立了一個王國。他們在西元前七世紀初時是亞述人的主要對手，但是在這時候，辛梅里安人和斯基泰人入侵了米底亞（Media），主導或實際控制了這個王國。[11]

斯基泰人是北（或「東」）伊朗民族。根據實際去過奧比亞城（Olbia，位於布格河〔Bug〕河口地帶）和斯基泰其他地方的希羅多德（生於西元前四八四年）的說法，[12] 他們自稱 Scoloti。波斯人稱他們 Saka，亞述語裡稱他們是 Iškuzai 或 Aškuzai。所有這些名稱都等同於它的希臘語名 Scytha-，可以還原成北伊朗語的 *Skuδa，意思是「弓箭手」。[13] 這是生活在希臘人以西和中國人以東之間的所有北伊朗民族的名字。

辛梅里安人是一支少為人知的草原民族，一般認為他們也是伊朗人，在西元前八世紀晚期進入古代近東，他們在西元前七一四年於此擊敗烏拉爾圖（Urartu）。後來他們攻擊西邊的弗里吉亞人（Phrygians），並在西元前六九六年前後滅了他們的王國，但後來辛梅里安人被亞述國王艾薩爾哈頓（Esarhaddon，西元前六八一—前六六九年在位）擊敗。儘管辛梅里安人接下來在西元前六五二年擊敗並殺死呂底亞國王居吉斯（Gyges），他們自己又在西元前六三〇年代被斯基泰國王馬杜厄斯（Madúês）擊敗。[14] 根據希羅多德的說法，斯基泰人「在追擊辛梅里安人時入侵亞洲，結束米底人

的勢力，後者是斯基泰人到來之前亞洲的統治者」。[15]這樣的記敘聽起來和後來許多中央歐亞民族的立國衝突如出一轍，包括匈奴對月氏、匈人對哥德人，以及突厥人對阿瓦爾（柔然）人。

斯基泰人參與了從安納托利亞到埃及的整個古代近東的戰爭，通常（或都是）和亞述人或其他人結盟。「在美索不達米亞、敘利亞和埃及，在西元前七世紀至前六世紀初的遺址中，尤其是在城鎮的防禦城牆上，都發現了斯基泰式青銅箭頭——這是入侵和圍城直接造成的。」斯基泰人還在烏拉爾圖的北方要塞卡米爾─布魯爾（Karmir-Blur，今日葉里溫〔Yerevan〕附近）的泥牆中留下了箭頭，他們摧毀了這座要塞。[16]最終，米底人在西元前五八五年左右擊潰了斯基泰人；[17]剩下的斯基泰殘部向北方撤退。

隨後，米底人和巴比倫人一同成功地攻打了亞述，導致亞述帝國的滅亡。在西元前五八五年之前，米底人摧毀了他們西北方的烏拉爾圖王國餘部，把版圖擴張到安納托利亞西部和敘利亞北部，[18]但他們又在西元前五五三年或前五五〇年被居魯士（Cyrus，西元前五五九─前五三〇年在位）率領的波斯人征服，他吸收了整個米底王國，將他的國家與之結合，建立了波斯帝國。[19]在居魯士的統治下，波斯人控制了伊朗和安納托利亞；西元前五三九年，他攻擊了巴比倫人，把除了埃及和阿拉伯半島以外的整個近東納入波斯帝國。居魯士隨後入侵中亞，在西元前五三〇年或前五二九年和馬薩格泰人對陣；後者這支北伊朗民族的女王遵循草原傳統，把戰敗的居魯士的頭顱做成一個酒杯（奬盃）。[20]

## 西部草原：斯基泰人和薩爾馬提亞人

根據希臘人的說法，在斯基泰人到來以前，辛梅里安人是黑海草原（Pontic Steppe）的主人。關於他們的記載，主要是在斯基泰時期之前和期間的近東史料，他們在其他地方很少有人知道。斯基泰人在被米底人打敗後，撤退到北高加索草原。他們從米底人、烏拉爾圖人、亞述人和古代近東的其他民族得到了大量的財富、關於君主專制的知識以及戰爭經驗，他們利用自身本領讓北高加索草原的人們（可能包括自己的伊朗人親屬）臣服並建立帝國，不久後，斯基泰人的勢力就橫跨了黑海以北、高加索以西直到多瑙河的整個西部草原。在這塊領土的西部，包括大片色雷斯人（Thracians）的農耕地區。

依據希羅多德，斯基泰人以他們的草原基地為中心，進一步發展他們已經建立的遠距貿易網絡。斯基泰人發現居住在黑海沿岸希臘殖民城鎮（以及遠至希臘本身）的希臘人會用黃金來換糧食，於是他們開始了一項利潤極高的生意。[21]他們對奢侈品的胃口迅速增長，尤其是黃金。在斯基泰王室的墓葬裡，充滿了製作精美的斯基泰動物風格黃金製品，其中有些倖免於盜墓賊的劫掠，成為俄羅斯和烏克蘭博物館的重要藏品。由於黃金不是斯基泰地區的本地產品，所以所有的黃金都來自進口，主要都是透過遠距貿易，根據考古發現，最遠的產地甚至包括阿爾泰山。[22]因此，這條特殊的黃金路線就構成了早期東西方跨大陸貿易的重要組成部分。

如前所述，斯基泰人的社會政治實踐也包括從士團，希羅多德生動地描述了一次明顯的儀式獻祭，這也在一定程度上得到考古學的證實。[23]

希羅多德表示，斯基泰帝國由幾個不同的民族組成，[24]他對這些民族有不同的描述。他講述的民

族起源神話，是為了解釋斯基泰人如何分化為三個分支：[25]

在這個國家還是一片沙漠時，出現了一個人，名叫塔吉塔歐斯（Targitaus）。他們說他的父母……是宙斯和波里斯尼斯河（Borysthenes，即聶伯河）的女兒。這就是（據說）塔吉塔歐斯的世系：他有三個兒子，名叫利波塞斯（Lipoxaïs）、阿爾伯塞斯（Arpoxaïs）和思科洛塞斯（*Skoloxaïs），[26]後者是三個兒子中最年輕的一個。（根據故事所言）在他們統治的時候，一些黃金器物從天而降，落在斯基泰，有一把犁、一把軛、一把劍和一個酒杯。[27]老大見狀，就走過去想要拿起它們，但當他一靠近，黃金就燃燒起來，他只好停下來；接著第二個走過去，黃金又著起火來；他們只能後退。最後，最小的兒子去拿取時，黃金的火就熄了，他得到了金器，帶回家中。就這樣，他的哥哥看到了事情的發展，就把整個王國的權力交給了最年輕的弟弟。[28]故事中說：利波塞斯是叫做奧卡泰伊（Auchatae）的斯基泰部族先祖；阿爾伯塞斯是卡提亞里（Katiari）和特拉斯皮（Traspians）的先祖；幼子，也就是國王，則是帕拉拉泰（Paralatae）的先祖。所有這些部族有「Skoloti」的名稱，該名來自他們國王的名字「思科洛塞斯」；「斯基泰」則是希臘人對他們的稱呼。[29]

從希羅多德自己的文字來看，他對四件黃金器物的解釋無疑是錯的。儘管最小的兒子擁有金器，但是這四個器物明顯對應了三個兒子分化成的四個民族。它們也對應下文四個斯基泰民族的職業：犁是犁地的斯基泰人（Plowing Scythians），軛是務農的斯基泰人（Husbandmen），劍是貴冑斯基泰人（Royal Scythians），杯子是游牧的斯基泰人（Nomad Scythians）。[30]

希羅多德和所有其他的資料都認為，貴冑斯基泰人統治了整個國家，他們是控制絕大多數財富的戰士。他們是「斯基泰人中最大、最善戰的部落，視其他部落為奴隸」。在他們下面則分別是游牧的斯基泰人，後者也許只是不屬於貴冑部族的游牧斯基泰人；農人，希臘人稱為Borysthenites（波里斯尼斯）；犁地的斯基泰人是種植糧食的人，「他們的種植不是為了自己食用，而是為了販賣」。希羅多德雖然提到了各民族在斯基泰領土上的地盤，但不是十分完整。不管怎樣，在克里米亞及其西邊地區（烏克蘭南部），肥沃的土地直到今天仍然十分高產，這裡主要由農人占據；而至今仍大體上是開闊草地的東部地區，則由游牧民占據。

此外，希羅多德描述了生活在斯基泰領土上的大量其他民族，包括斯基泰人、部分斯基泰人和非斯基泰人，例如「卡里佩達人（Callippedae），他們是斯基泰希臘人，此外還有一個部落叫阿拉宗尼（Alazones）；儘管在其他方面，他們的生活就和斯基泰人一樣，但他們種植和食用穀物，以及洋蔥、大蒜、扁豆和小米。在阿拉宗尼人的上方住著斯基泰的刨地人，他們種穀物不是為了食用，而是為了販賣；在他們的北邊是尼烏里（Neuri）；再往北的話，據我們所知，則是無人居住」。[31] 考古學研究表明，上述的一些民族，也許還有斯基泰領土上的其他民族，在文化上並不是北伊朗人，而是色雷斯人，他們可能使用色雷斯語或其他非伊朗語言。

雖然在事實上很複雜，但是從理論上而言，斯基泰社會是由四個民族加上統治者組成的：這是中央歐亞國家典型的理想組織，最晚直到蒙古帝國時期都是如此。另外還值得注意的是，統治民族認為其他民族都是他們的「奴僕」。[32] 這種觀點後來也為其他中央歐亞民族所共享。

希羅多德[33] 把斯基泰人描述為「純粹的游牧民」：

我不會稱讚斯基泰人什麼都行，但在最為重要的這一點上，他們實在是設計得太好：攻擊他們的人沒有能夠全身而退的，如果他們不想被發現，那麼誰也抓不住他們。因為他們沒有固定的城市或要塞，每個人都隨身帶著生活用品，每個人都是弓箭騎兵，他們不事農耕，而是以牧牛為生，用馬車運載住處，[34]這樣的人怎麼能不無敵於天下？他們在完全符合其目的的領土做出相應的設計，還有河流作為他們的盟友；因為他們的國家地勢平坦，草木豐美，水源充沛，流經這裡的河流數目並不比埃及的運河少多少。

希羅多德的記載，是現存對任何中央歐亞游牧民族的資料來源中最早的描述，但裡面已經有了誤導性的刻板印象，這種刻板印象主導了時至今日的中央歐亞史。就像當時和後來的周邊文化作者一樣，希羅多德也深深著迷於游牧生活方式。對於斯基泰境內同樣存在的廣泛農業活動，他並沒有什麼描述。他也沒有解釋斯基泰人為什麼保有許多的城市，儘管他對它們做出評論，特別是蓋洛努斯（Gelonus）。這個城市位於草原北緣的布迪尼（Budini）領土，他們是希羅多德描述的許多「斯基泰人國家（民族）」中的一個：

布迪尼是個強大、人口眾多的國家；他們是紅髮，所有人的眼睛都非常明亮。他們有一座木頭建造的城市叫蓋洛努斯。兩邊的城牆各長三十弗隆（furlongs〔stadia〕）；城牆很高，全是木頭做的；他們的房子和神殿也是木頭的。其中有些是希臘神殿，採希臘式建築，裡頭有神像、祭壇和神龕；他們每兩年用節日和狂歡來紀念酒神（Dionysus）。蓋洛努斯人的起源是希臘人，他們離開希臘港口，定居在布迪尼；他們說的語言是一半希臘語、一半斯基泰語。但是布迪尼人

的語言和風俗和蓋洛努斯人不同，他們是原住的游牧民族，也是這一帶唯一吃杉果（fir cones）的人；蓋洛努斯人是耕地的農民，他們吃糧食，有田園。他們的體型和面孔都和布迪尼人完全不一樣。希臘人把布迪尼人也叫做蓋洛努斯人，這是錯的。他們的國土上布滿茂密的森林，有各種樹木；森林深處有個又大又寬闊的湖泊和被蘆葦圍繞的沼澤地；人們可以在這裡抓到水獺和河狸。[35]

考古學家已經在草原北緣的比爾斯克（Belsk/Bilsk）發現蓋洛努斯城或是和它差不多的城市。這是個四十平方公里的居住地，「高大的防禦城牆（長二十・五英里）[36]和這個遺址的巨大面積，都表明這裡曾經位居要津。它正好處在草原帶和森林—草原帶交界的戰略要地，蓋洛努斯人可以在此控制南北貿易。考古現場出土了手工工坊和大量的進口希臘陶器，時間從西元前五世紀跨越至前四世紀，這個事實可以充分證明上述看法」。[37]

吸引波斯人和希臘人的，必定是斯基泰人的富庶，而不是他們的武力，因為若是如此，顯然最好不要入侵他們。希羅多德聲稱，大流士之所以想要征服斯基泰人，是因為想要復仇，但事實並非如此，他應該是因為斯基泰人的富庶才會認為值得動手。

在居魯士繼任者岡比西斯（Cambyses）和兄弟的內戰中，大流士（前五二八—前四八六年在位）奪得了王位。他大大擴展了波斯帝國的疆土，包括波斯西南的埃及、東南的印度西北部和東北的中亞。他在北方遭遇草原伊朗人的抵抗，這些人是塞迦人（Sakas）和斯基泰人（Scythians）；[38]在西邊，他遭遇希臘人的抵抗。西元前五二〇年至前五一九年，在擊敗塞迦人或「亞洲斯基泰人」並俘獲他們的國王斯庫卡（Skuka）後，[39]大流士不顧顧問的反對，入侵歐洲斯基泰人的老家斯基

泰，企圖讓他們臣服。大流士準備在博斯普魯斯海峽上架設一座浮橋到色雷斯，並命令他的愛奧尼亞希臘人臣民去多瑙河，順河而上，到河口以上的地方為他架橋。

西元前五一三年至前五一二年，大流士率領一支龐大的軍隊（希羅多德聲稱有七十萬人之巨），越過博斯普魯斯海峽，穿越了色雷斯並將其征服，抵達了多瑙河畔。[40]大流士於是渡河並帥師東進，直抵斯基泰，他命令愛奧尼亞部隊守護渡橋，直到他率軍歸來。波斯人在空曠的草原追逐斯基泰人，希望能和他們正面交戰，但斯基泰人使用的是經典的中央歐亞游擊戰術，避實就虛，且戰且走，[41]逼得波斯人只好益發深入斯基泰人的草原地盤，他們在此找不到可征服的城市，也沒有物資補給可掠奪。大流士惱羞成怒地送信給斯基泰統治者伊丹塞蘇斯（Idanthyrsus），要求他或與之當面迎戰，或即刻繳械投降。依據希羅多德，斯基泰人如此回覆他：

我來親口告訴你吧，波斯人：我從來沒有因為懼怕誰而逃跑，我也不是因為害怕你而逃跑；這麼做並不是什麼新鮮事，我們在和平時期也別無二致。但是既然你問我為什麼不和你當面對陣，我也可以告訴你。因為我們斯基泰人沒有城鎮，也沒有農田，在和你們打仗時，我們不會擔心這個被毀，或是那個被奪。但如果你是為了想得到什麼而要來和我們打仗的話，那麼我們有祖先的墳塋；你們來吧，找到那些墳塋，然後毀了它們；然後你就會知道我們會不會為了它們而和你們作戰。否則的話，我們才不出來應戰。[42]

大流士最終還是撤退了，在橫跨斯基泰領土的過程中，他建立了一些要塞。除了更加鞏固斯基泰人作為偉大戰士民族的聲譽外，他什麼也沒得到。

大流士及其繼承人對希臘人的戰爭，一直持續到馬其頓王子亞歷山大大帝時期。亞歷山大在征服黎凡特和埃及後，在西元前三三四年轉戰波斯帝國。他最終擊敗了大流士三世（西元前三三六—前三三一年在位），後者在西元前三三〇年死於中亞，亞歷山大自封為波斯皇帝。他征服了波斯帝國全境，也包括巴克特里亞和粟特。為了鞏固在中亞的統治，他在西元前三二七年迎娶巴克特里亞公主祿山娜（Roxana）。

也許是忌憚軍事上的困難，亞歷山大似乎沒有計畫要入侵斯基泰。亞歷山大的軍隊主要是由訓練有素的馬其頓和希臘步兵組成，他們的方陣戰法所向披靡，但是他騎兵的數量很少。要想征服一個全然機動的游牧民族，唯一的辦法就是派出全面運用游牧戰法的龐大騎兵軍團。他有限的騎兵無法對付在主場作戰的游牧民。雖然當亞歷山大在和定居的近東人作戰時，他的側翼騎兵為他帶來毫無疑問的優勢，但是面對斯基泰人，他得面臨和大流士一樣的問題。斯基泰人的繼承者是薩爾馬提亞人（希臘語中的 Σαυρομάται），他們說的是一種近似斯基泰語的北伊朗語言。薩爾馬提亞人的著名之處，在於女性的地位通常極為重大，尤其是他們還有女戰士。按照希羅多德的說法，她們在斯基泰語言中稱為 Oiorpata，意即「屠男者」。[43]女性非同尋常的地位，這種和斯基泰、希臘文化中極為強調雄性陽剛的不同文化，引起希羅多德的注意，也得到考古學的有力證實。希羅多德記載了薩爾馬提亞人的起源傳說，說他們是斯基泰男人和亞馬遜女人的混血後代。這個傳說可能只是個娛樂性的故事，但是希臘人關於亞馬遜人種族的傳說，很可能是基於現實中的薩爾馬提亞女戰士。在西元前的最後幾世紀裡，薩爾馬提亞人和羅馬人發生了接觸和衝突。

## 東部草原：匈奴人

在西元前八至前七世紀，屬於中央歐亞文化綜合體的游牧生活方式主導著草原地區的東部，即今日的蒙古、原先的內蒙古和塔里木盆地東部，[44]這和游牧生活方式在西部草原確立的時間是平行的。對於這種鐵器時代早期文化在中亞草原地區傳播的過程，從黑海北邊的西部草原直到蒙古高原的阿勒泰地區，考古學家已經建立了確實的年表，而年表也獲得年輪學（dendrochronology）的確認。[45]而且，語文學家（philologists）和歷史學家對東部草原地區早期民族的語言民族學認定，也同樣獲得考古研究的印證。東部草原的西部地區（從蒙古西部的阿勒泰地區向南，[46]經過羅布泊周圍的吐火羅地區和祁連山脈，再到青藏高原北沿）主要屬於高加索人種；在北邊的人似乎使用北伊朗的「薩迦」諸語言或方言，而吐火羅地區則使用吐火羅諸語言或方言。東部草原的東部地區（蒙古高原中部和東部、內蒙古、滿洲西南）主要屬於蒙古人種，他們的語言尚無法確定。[47]中國史料曾提及，中國文化區北方邊境附近的城市會和外國人貿易。

在西元前七世紀末和前六世紀初，中國人入侵「狄人」之地，但此後並無更多的提及，直到戰國時代末期，北方趙國的趙武靈王（西元前三二五－前二九九年在位）命令該國施行「胡服騎射」。[48]他率領軍隊擊敗屬於中央歐亞民族的林胡[49]和樓煩，在陰山（黃河大曲處以北）下修建了起於代、止於高闕的長城，並在那裡設置雲中、雁門和代郡的司令部。[50]在西元前二九五年滅了中山國後，趙國沿著黃河曲處圍成一條防線圈，控制了河套地區。這個王國因此大幅擴張了領土，確立對東部草原南方地區的控制，包括鄂爾多斯，該地為這個地區最好的牧地。

西元前二二一年，在秦國滅了最後一個東周王朝的獨立王國，從而統一各個戰國之前的不久，

匈奴人已經統一包括鄂爾多斯在內的東部草原各地。西元前二一五年，秦國大將蒙恬出兵擊潰匈奴，將他們逐出漠南。秦始皇於是下令修建長城。他強徵數十萬的中國人，把過去由趙國、其他中國人和非中國人修建的舊有城牆連接起來，這些舊城牆不僅用來抵禦彼此，也抵禦鄰族。長城及其沿線一系列的關隘西起甘肅臨洮、東至遼東，控制了整個黃河流域，包括匈奴人先前的家園。在首位已知領袖和建立者頭曼單于的率領下，匈奴人向北撤退到蒙古高原。[51]可能就是因為這次的大潰敗，他的兒子冒頓單于才在西元前二〇九年掌權。[52]

雖然興盛的時期之間隔了幾世紀，而且也沒有任何已知的直接聯繫，但匈奴人常被和歐洲的匈人畫上等號。[53]雖然有人提出一些精明論點，但主要也是基於名稱的明顯相似；[54]一個基本問題是，他們的名字 Hsiung-nu 在現代漢語中稱為「匈奴」，來自中古漢語的 *χognʊ 或 *χʲognʊ，[55]但在北方邊疆的中國人第一次知道他們並轉寫其名時的發音一定很不一樣。撇開其他可能性不談，這個名字可以呼應北伊朗人之名的形式，[56]這種名字的東部形式——Saka、Sakla 等等——曾在中文史料中有各種不太相同的記載，[57]這要比匈奴的名字第一次被史書提及還早一百年左右。[58]不論在匈奴帝國滅亡時他們變成了什麼，他們或者可能是在作為伊朗草原地帶民族的臣屬時，學習了伊朗人的游牧模式，這是最初故事中提供的模式（也是最可能出現的發展），抑或是在他們興起之初，有些伊朗人加入他們，然後就像中央歐亞許多其他民族那樣，被外國人用那些伊朗人的名字稱呼，比如吐蕃人。[59]

秦朝的征服是短命的。在始皇帝死後不久，秦朝便滅亡了，在隨後爆發的中國內戰裡，被徵召派到邊疆的士兵拋棄了駐地並回了老家。隨後，匈奴人便回到了位於鄂爾多斯的故土。

在隨後的漢朝，尤其是在漢武帝（西元前一四〇—前八七年在位）時，中國人對於東部草原的

認識大幅增加，他對中國帝國向中央歐亞的擴張有著深遠的影響。

## 古典時期的智識發展

在西元前五世紀和前四世紀，在絲路和中央歐亞早期游牧國家出現的同時，上古時期周邊城邦的文化發展達到巔峰，它們創造了古典哲學和其他使用古希臘、印度、中國的語言完成的經典哲學和其他文學著作。蘇格拉底（西元前四六九—前三九九年）、柏拉圖（西元前四二七—前三四七年）和亞里斯多德（西元前三八四—前三二二年），幾乎是和釋迦摩尼（活躍於西元前五〇〇年前後）、波你尼（Pāṇini，活躍於西元前五世紀前後）、[60]考底利耶（Kauṭilya，活躍於西元前三二一—前二九六年前後），[61]以及中國的孔子（約西元前五五〇—前四八〇年）、[62]老子（約西元前五世紀末）、莊子（約西元前四世紀）是同時代的人。[63]任何關於這三種文化之間存在著相互影響的說法，史學家通常都會斷然否定，主要是因為要證明它們之間有著許多的**具體**往返借用非常困難。儘管如此，還是有些往返借用存在，而且如果考慮到東亞和愛琴海之間的遙遠距離，若是它們之間完全沒有相互影響，那麼要如何解釋以下的事實：在這兩個地方，人們突然同時開始爭論概論性的**政府治理**，而不僅是關心自己實際的政府；他們提出存在意義的問題，談論關於邏輯的問題，並思考人類的思維如何運行。在這兩個地方，當時的他們對彼此的了解只比他們在一千年前剛發展出文字的前輩多一點點，但是他們思考的問題卻和前輩有著驚人的差別。在他們前輩的年代，人們提出的問題是那些不確定的問題，比如國王的妻子是否會受孕、神是否會喜歡他們供奉的祭品，或是攻打下個王國是否會成功。他們提出的問題是**關於問題本身**，這是一種全新的提問，不管在哪裡，都很難找到

這種發展的先例或動機。

這三個地區存在著一些共同的政治特徵——值得注意的是，這每一種文化都是由眾多小國共享的，沒有一個國家能夠完全支配其他國家。它們還間接分享了游牧帝國的發展所帶來的世界貿易增長。事實上，商業的增長，總是會帶來一個商業階級的增長和外國思想的傳播。如上所述，目前還沒有證據證明早期中國和早期希臘（或印度）之間有任何重要的直接智識聯繫。這並不奇怪，因為這些文化之間似乎沒有任何形式的直接聯繫，而且很可能也永遠找不到聯繫的證據。然而，我們必須提出這樣的問題：古典時期的哲學時代如何發生？這三種相距甚遙的文化，幾乎在同時發展出相似的智識興趣，並在某些情況下得出相似的答案，這似乎是極不可能的。如果我們認為這個問題的積極解方是有可能得出的，那麼這個答案必然涉及中央歐亞。

在那個歷史時期，這三種文化唯一的接觸方式是陸路。然而，正如本書所顯示的，中央歐亞並不只是一個進出東亞和西歐的貨物通道。它是一個自成一體的經濟和世界，有著許多次區域、民族、國家和文化。孔子曾說過，如果一個統治者失去了對善政的知識，他便該向四方的異族人學習（「吾聞之，天子失官，學在四夷」）。[64]西元前四世紀，亞歷山大大帝對巴克特里亞的征服和殖民，將包括希臘哲學在內的希臘文化引入中亞腹地。近期一項細膩的研究表明，在亞歷山大征服後不久，來自希臘哲學傳統的一些特定元素便首次出現在中國文學中。[65]

在當時，早期的古典希臘、印度和中國，只不過是中央歐亞文化的廣袤疆土之外的微小邊陲，三個文化都和中央歐亞相鄰。在西元前六世紀和前五世紀初，整個北部草原區和南方、中亞的大部分地區，都多少是伊朗語族的地方。至少有兩位重要的哲學家或宗教思想家，來自早期的中央歐亞。一位是斯基泰人安納卡西斯（Anacharsis），其母為希臘人，他以希臘語讀寫。根據第歐根尼·

拉爾修（Diogenes Laertius）所言，在第四十七屆奧林匹亞運動會（西元前五九一—前五八八年）期間，他前往希臘，在那裡以澹泊寡欲和精闢言論聞名。[66]他被希臘人列為古代七賢，並被認為是早期的犬儒主義者。[67]著名的德摩斯梯尼（Demosthenes）是一位富有的斯基泰女人的孫子，她常被批評為**野蠻人**。[68]瑣羅亞斯德（Zoroaster）是祆教創立者，普遍認為他來自花剌子模（Khwarizmia）地區，儘管其他一些游牧伊朗人居住的中央歐亞地區也有可能。他的生卒年代尚無法確定，但他很有可能和孔子與釋迦摩尼是同時代的人。[69]是否還有其他中央歐亞出身的哲學家？周邊文化古典哲學家提出的思想，是否不僅僅是他們自己的，而是也反映了中央歐亞印歐人哲學家的思想？按照一份古代中國的記載，孔子認為中央歐亞人是可以提供答案的對象，而一些希臘思想家也似乎持有相同的觀點。這樣的觀點是否有任何基礎？中央歐亞人的社會和宗教思想，包括友誼的重要，以及從士團背後的信念，是否意味著某些哲學觀點或興趣，例如對於幸福或完美國家的追求？

## 中央歐亞文化綜合體的游牧形式

著名的貫穿歐亞大陸商業體系「絲路」的興起、繁榮和衰亡，在時間上完全對應於斯基泰人的興起、各個獨立中央歐亞帝國的繁榮和準噶爾汗國的滅亡。在這長達兩千年的時間裡，中央歐亞的大部分地方都是由游牧—戰士統治的國家，它們主要依靠貿易來積累財富，中央歐亞周邊語言的古典和中世紀史料都證明了這一點。

對於游牧文化和非游牧文化，貿易都十分重要，但對游牧國家而言尤其如此。不過，貿易之所以重要，並不是因為所謂的游牧民貧困。[70]概括而言，游牧民族的飲食比大型農業國家的居民更好，

生活也更輕鬆，壽命也更長。從中國逃向東部草原是一股沒有斷過的潮流，這些人毫不猶豫地宣稱游牧生活方式的優越。同樣地，許多希臘人和羅馬人也加入匈人和其他中央歐亞民族的行列，他們在那裡生活得更好，而且比在家鄉得到更好的對待。中央歐亞民族知道，貿易和徵稅遠比搶奪和破壞更加有利可圖。歷史上出現的掠奪和破壞事例是種例外情形，而不是常態，它通常是公開戰爭的後果。

貿易對游牧民族如此重要的原因，似乎是為了支持統治者和他的從士團，考古發掘和從古代開始關於中央歐亞各地賜予從士團財富的文獻記載，都證明了這一點。直到中世紀，無論生活方式為何，統治者—從士團關係是整個中央歐亞所有國家的社會政治基石。如果沒有這種關係，統治者會無法在今世維持自己的王位，也無法在死後世界受到保護。從斯基泰人到蒙古人，中央歐亞統治者的奢華墓葬，都展現他們對死後世界的信仰，並渴望能得到和今世一樣的享受。

對於中央歐亞城市，希臘人和中國人都做出相當精準的描述，前者的代表作為希羅多德的《歷史》和關於亞歷山大遠征的記敘，後者的記載始於漢武帝時張騫出使西域的匯報。希羅多德告訴我們，斯基泰主城蓋洛努斯的面積是三十平方公里，為斯基泰人貿易網絡的商業中心。西元前三二九年至前三二七年，[71]亞歷山大攻破巴克特拉（Bactra），這是巴克特里亞（大夏）最大的城市，曾是阿契美尼德王朝總督的駐地，[72]亦即今日的巴赫（Balkh）。兩個世紀後，吐火羅人征服該城。亞歷山大還在西元前三二九年攻占馬拉坎達（Maracanda，即日後的撒馬爾罕，粟特的主要城市），並將勢力範圍擴張到遠至費爾干納（Ferghana）。西元前一三九年至前一二二年，張騫的足跡遍至中亞東部並造訪許多城市，他和他的後繼者對這些城市做了一些詳盡的描述。所有中亞城市的主要依靠，都是中亞河谷和沖積扇的灌溉農業，這些河流大多源自高山、止於沙漠。然而，儘管他們是城市化

的，但他們和那裡的游牧民族一樣尚武或一樣熱愛和平——游牧民和城市人都一樣熱衷貿易，而且每個城市或游牧王公都有一支龐大的從士團。古代中國的旅人來到索格底亞納（粟特），發現這是一個有密集耕種農業的地方，有許多的城市和大量的戰士。如同周邊的游牧民，粟特人也一樣需要透過貿易來獲取財富，以供給從士團成員；和游牧民一樣，他們也需要自己的戰士來實現其內部的政治目的。中世紀早期，在粟特人和其他定居的中亞人中，從士團顯然比在任何其他中央歐亞民族中更加普遍；和游牧民一樣，粟特人也參與中央歐亞內部和周邊國家的戰爭。[73]我們沒有理由認為，古代時期的情形會有任何不同。

---

1 Euripides, *Heracles*, Greek edition by Gilbert Murray (http://www.perseus.tuft s.edu/cgi-bin/ptext?lookup-Eur.+Her. +408) 中文翻譯譯自作者的英語翻譯。

2 薩爾馬提亞的女戰士（Sarmatian women warriors，應該是神話中亞馬遜人的原型），就像斯基泰人和薩爾馬提亞男戰士一樣，也和早期的希臘人一樣，都配戴沉重的盔甲腰帶。見 Rolle 1989。這種「繡金的長袍」也是中央歐亞人的服飾。

3 Di Cosmo 2002a: 21-24.

4 在西伯利亞的大片地區，並且一直深入至蒙古，在上古時期時還分布著人類學上的歐羅巴人種（Europoid），他們只是在西元前一千紀時才逐漸成為蒙古利亞人種。西元前五世紀至前四世紀是人種變化的關鍵期（Rolle 1989: 56）；在中亞東部（東突厥斯坦），直到一千紀末期，生活在這裡的仍然是使用印歐語的歐羅巴人種。至於東部草原上的早期民族，絕大多數都尚未得到民族語言上的認定，見 Di Cosmo 2002a。

5 Di Cosmo 1999a: 919.

6 Di Cosmo 1999a: 947-951 詳細介紹了中國對狄人（分為西邊的白狄和東邊的赤狄）的戰爭，並評論說：「對狄人而言，最凶殘的戰爭是晉國發動的，晉國想要發動一場全面殲滅的攻勢，最終在西元前五九四年與前五九三年如願以償，消滅

了數支狄人。晉國的攻勢和狄人的內部動盪應該是同時發生，因為證據指出，狄人出現饑荒和政治分歧。」Di Cosmo 2002a: 97 et seq. 還指出，《春秋》記載了白狄在西元前五三〇年曾經發動入侵；其他的文獻稱白狄在西元前五四一年被晉國征服。然而，他們仍然活躍，並曾數次恢復獨立，狄人和中國人的對峙持續到西元前三世紀中葉（Di Cosmo 1999a: 948, 951）。

7 Di Cosmo 2002a: 21-24.

8 見 Drews 2004 的精彩論述。

9 相反的論點非常不可信。但若要釐清中央歐亞騎馬作戰的具體發展過程的話，仍需有更多的考古發現。

10 歷史上最早明確提及伊朗人的史料是「西元前八三五年，亞述國王薩爾瑪那薩爾（Shalmaneser）接受了二十七個 Paršuwaš 部落的朝貢，通常認為這裡提到的 Paršuwaš 是指波斯人」（*EIEC* 311）。最早**可能**提及印度—伊朗人的史料，是商代中國人對他們和羌人的戰爭所做的記載，以及周代中國人對其羌人盟友的記載。「羌」應該是漢文對一個吐火羅語詞的音譯（詳見附錄二），但它也可能是對熟稔戰車的外國人的一個籠統標籤。史料日期和與戰車的關係都說明這些人是印歐人，而且應該是B組印歐人，所以也就排除了他們是伊朗人的可能性。

11 關於希羅多德筆下的辛梅里安人，請參考書末注釋㊿。

12 Rolle 1989: 12-13.

13 這個詞的詞源是原始印歐語的 *skud-o，意為「射手、弓箭手」（Szemerényi 1980: 17, 21）。詳見附錄二。

14 據希羅多德所言，馬杜厄斯（Μαδύης，約西元前六四五—前六一五年在位）為巴塔圖亞（Bartatua/Πωτοθύης，約西元前六七五—前六四五年在位）之子。

15 Godley 1972: 198-199; cf. Rawlinson 1992: 58-59, 295.

16 Melyukova 1990: 100。關於斯基泰人和亞述人結盟的詳細記載，可參考 Rolle 1989: 71-72。

17 Szemerényi 1980: 6.

18 Van de Mieroop 2004: 254-257.

19 米底人顯然沒有為自己的語言發展一套書寫系統，也沒有用任何其他語言保留自己的資料。和米底人不同，波斯人使用帝國阿拉姆語（Imperial Aramaic，一種閃族〔Semitic〕書寫語）和埃蘭語（Elamite，一種在地近東語言）作為書寫語。在大流士統治時，他們還為自己的語言古波斯語發展出一種楔形字母系統，將其用於紀念性的銘文。這種西部的伊朗

語，與推測中最早的伊朗語言阿維斯陀語有很大的不同。阿維斯陀語流行的具體時間和地點尚無法確定，但它和吠陀梵語有著驚人的相似性。請參考附錄一。

20 Rolle 1989: 96.

21 斯特拉波（Strabo）討論了斯基泰農民（Georgi）的糧食生產力，以及在大饑荒時期（約西元前三六〇年）運往希臘的大量穀物數額。他還提到希臘人從麥奧提斯（Maeotis，今日亞速海〔Azov〕）進口鹹魚（Jones 1924: 242-243）。

22 Rolle 1989: 52-53.

23 Taylor 2003 在談到斯基泰境內的一個大墓地時寫道：「最近的重新挖掘和分析表明，墓地邊緣曾舉行複雜的儀式。另一個墳墓（1/84）有集中的馬骨，也許應該看作是和希羅多德明確描述的填土封閉儀式有關。」

24 作者在英文版正文處用的詞是「peoples」，並在注釋中標註也可用「nation」一詞。譯者在此將其翻譯為部族。關於術語的使用，請參考〈序曲〉注釋46。

25 Godley 1972: 202-205; cf. Rawlinson 1992: 296-297.

26 被廣泛使用的文本中為 Coloxaïs；請參考附錄二。

27 高德利（Godley）在這裡用的詞是 flask（壺）；我使用較常見的翻譯 cup（杯）。

28 請參考〈序曲〉對此傳說的討論。

29 這段話讓斯基泰人的族名和族屬更加困惑難解；請參考附錄二。

30 Legrand 1949: 50 引用彭方尼斯特（Benveniste）的觀點，說「這些物品是伊朗社會三個階層的象徵，酒杯象徵祭祀、斧頭……象徵戰士、犁軛象徵農民」。Rolle 1989: 123 根據「書面資料」指出，斯基泰人由三個國王同時統治，其中一個驍勇善戰。但是，歷史上關於斯基泰統治者的記載非常明確地指出，他們只有一個君主，這就無法支持上述的說法。

31 Godley 1972: 216-219; cf. Rawlinson 1992: 302.

32 這是個複雜的階層制度——之中的大多數成員並不會被英語使用者看作「slave」（奴隸）。所以在這裡使用「slave」一詞，要留意它在現代早期的內涵（譯注：因此此處中譯為「奴僕」）。見 Beckwith 1984a。

33 Godley 1972: 241-242; cf. Rawlinson 1992: 314-315.

34 斯特拉波稍後評論說，「他們一生所仰賴的篷車上」的帳篷是毛氈做的（Jones 1924: 222-223, 242-243）。他們擁有大量的帳篷，一個只有一輛篷車的斯基泰人會被看作窮人，而一個富人可能擁有八十輛篷車。它們大多是用牛拉，以這些放

牧動物的緩慢速度移動著。有關進一步的討論，以及篷車泥土模型（顯然是作為玩具）的考古發掘圖片，請參考 Rolle 1989: 114-115。斯特拉波還強調說，游牧民族用蓄養牲畜的奶、肉、起士為食，「不時逐水草而居」。他明確指出，游牧民族雖是戰士，但基本上是和平的人，只有在絕對必要時才會打仗。請參考〈尾聲〉。

35 Godley 1972: 308-309; cf. Rawlinson 1992: 339.

36 Rolle 1989: 119.

37 Taylor 2003；關於該城和其他斯基泰城市遺址的討論，可參考 Rolle 1989: 117-122。

38 波斯人把包括斯基泰人在內的所有北伊朗民族稱為 Saka（請參考附錄二）。現代學者大多使用 Saka 指稱東部草原和塔里木盆地的伊朗人。我通常也遵循這種作法。

39 Rolle 1989: 7.

40 戰役的日期和地點仍然存在爭論。根據 Melyukova 1990: 101 的說法，波斯人越過了頓河，進入了薩爾馬提亞人的領土，但若根據希羅多德的描述，這似乎不太可能。

41 斯基泰人和其他中央歐亞草原民族在戰鬥中穿著鎧甲，這在現在已是眾所周知的事實。這在文學、考古發現中都得到證實。相關討論和大量的斯基泰盔甲照片，請見 Rolle 1989。

42 Godley 1972: 326-328; cf. Rawlinson 1992: 346-347.

43 Godley 1972: 310-311；希羅多德解釋：「在斯基泰語裡，『男人』是 oior，『殺』是 pata。」斯基泰語的 oior（這個希臘語轉寫或許是斯基泰語的 wior）明顯和以下字詞同源：阿維斯陀語的 vîra（男人；人類）；梵語的 vîrá-（英雄、男人；丈夫）；拉丁語的 vir（男人）；古英語的 wer（男人；丈夫）；哥德語的 waír（男人）（*EIEC* 366）。

44 Di Cosmo 2002a: 57, 65, 71.

45 Di Cosmo 2002a: 36.

46 Di Cosmo 2002a: 39.

47 Di Cosmo 2002a: 39, 163-166.

48 見 Di Cosmo 2002a: 134-138 的廣泛討論。除了採納長褲以外，中國人在馬匹和騎兵上的長期弱點表明，以長遠來看，趙王似乎並沒有從根本上革新中國軍事。

49 這是漢文中對「胡」的最早用法之一，「胡」最初應該是特定的族名，但是很早就變成了指涉北方和西方外族的泛稱。

50 Di Cosmo 1999a: 961.

51 Di Cosmo 2002a: 174-176, 186-187.

52 Yü 1990: 120。頭曼單于在被蒙恬擊敗的六年後，即遭到兒子冒頓的殺害和奪權。正如 Di Cosmo 2002a: 186 所指出的，冒頓之所以成功奪權，一定是依靠訓練有素、只對他本人效忠的從士團，但奪取權力的真實過程可能不會像〈序曲〉中記載的那樣傳奇。

53 雖然有人根據考古文物提出了很具吸引力的觀點，但它並不能解決嚴重的年代問題和其他問題。

54 有關於匈人起源的爭論，以及他們和匈奴之間的假定歷史聯繫，請參考書末注釋51。

55 蒲立本（Pulleyblank 1991: 346, 227）將「匈奴」的中古漢語重構為${}^{☆}\chi^{i}$owŋnu，但蒲立本的重構比較符合切韻。Baxter 1992: 798, 779 根據他所引述的同音詞將其重構為${}^{☆}\chi$uawŋnɔ。

56 匈奴這個名字的轉寫時間很早，它必定是透過某種古漢語邊疆方言轉寫而成的，所以原本的開頭音 *s- 也許是在古漢語 *s- 變成 *χ- 發生之前轉寫的。詳見書末注釋52。

57 見附錄二。關於歐亞東部 Saka 這個名字的各種形式，請參考書末注釋53。

58 顯然可以追溯到使節和探險者張騫的報告，他在西元前一三九年至前一三八年被派往尋找月氏，但在途中被捉住和扣留。在西元前一二六年，張騫才和匈奴妻子和及之前的奴隸一起逃回中國。關於他在《史記》中的行程記載的英文翻譯，可參考 Watson 1961, II: 264 et seq.。

59 關於匈奴人的民族語言屬性謎團還遠未解開。

60 Coward and Kunjunni Raja 1990: 4.

61 Bilimoria 1998: 220-222.

62 這是我根據 E. Bruce Brooks (http://www.umass.edu/wsp/results/dates/confucius.html) 對其年表的分析做出的估計。

63 這些年代大多有爭議。我從 Audi 1999 中摘取了未被注明的年代。所涉及的多數文本都是後人增添的，所以只有一些文本不是別人假借作者之名所著。

64 《左傳．昭公十七年》（Yang 1990: 1389）。雖然這裡使用的是楊柏峻的標準版《左傳》，但該版在此處有個多的「官」字（吾聞之，天子失官，官學在四夷），他用早期文獻和評述來支持此作法，但這看起來相當古怪，也不符合對仗。楊柏峻版並沒有指明哪些版本沒有第二個「官」（「學在四夷」），也沒有提供不同版本的世系。我要再次指出，

缺乏真正的**校勘本**讓我們莫衷一是。關於一份漢文史料校勘本的例子（它是我見過的唯一一個有校勘本的漢文史料），請參考 Thompson 1979 的模式，並請尤其注意他在前言中的評論。

65 Brooks 1999.

66 Hicks 1980, I: 104-111.

67 Cancik and Schneider 1996: 639.

68 Rolle 1989: 13.

69 關於他生卒年代的問題，請參考附錄一中關於阿維斯陀語的內容。

70 比方說，Hildinger 2001 聲稱：「從歷史上看，游牧民族生活在駭人的貧困中，幾乎難以為生，只能透過和定居民族的接觸，才能減輕這種貧困。」但正如古代和中世紀旅行者的記載指出的，事實恰恰相反。許多這類記載已有英譯本。

71 Hornblower and Spawforth 2003: 58.

72 最近發現了一些以帝國阿拉姆語書寫的巴克特里亞文書，它們的歷史可以追溯至四世紀。這些文書將會大幅增加對巴克特里亞在這段時期的地方行政和其他文化細節的了解（Shaked 2004）。

73 Grenet 2005; Moribe 2005; De la Vaissière 2005a.

# 第三章

CHAPTER 3

# 羅馬人和中國人軍團之間

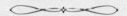

吾家嫁我兮天一方，遠託異國兮烏孫王。
穹廬為室兮旃為牆，以肉為食兮酪為漿。
居常土思兮心內傷，願為黃鵠兮歸故鄉。
——漢細君公主

## 歐亞的第一個區域性帝國時代

從西元前三世紀至三世紀的古典時期，最顯著的標誌是羅馬帝國和中國漢朝的發展。它們屬於農業文化，有部分城市文化，它們的規模不斷擴張，直到各自支配了歐亞大陸的西端和東端。兩者都向中央歐亞縱深擴張。

在西部草原，承繼斯基泰人的薩爾馬提亞人被同屬伊朗語族的阿蘭人（Alans）所替。在中亞西部，遷徙的吐火羅人邦聯征服了位於巴克特里亞的希臘人國家。後來，貴霜帝國（Kushan）在邦聯國家中崛起，並一路從中亞延伸至印度北部。與此同時，安息（帕提亞）人的新波斯帝國向西擴張到希臘城邦國家，並在近東和羅馬人展開爭奪。匈奴人是吐火羅人舊敵，他們繼續統治東部草原，直到分裂為南匈奴和北匈奴。在中國人的幫助下，南匈奴滅了北匈奴，這讓東部草原門戶大開，蒙古語族的鮮卑邦聯於是從滿洲西部的群山中遷入東部草原，替代了匈奴。

透過中央歐亞——絲路——進行的貿易總量不斷攀升，這讓通常不屑提及商業的羅馬和中國作者竟然也在著作中討論起貿易。不過，儘管羅馬人和中國人之間有著貿易和一些遠距外交接觸，但兩者在地理和文化上相距甚遠；他們對於彼此或近鄰以外的世界了解極少，甚至對近鄰也不感興趣。在這段時期的後段，沿著貿易路線傳播的思想運動，尤其是佛教和基督教，對中央歐亞及其周邊都產生了深遠的影響。

## 羅馬帝國和中央歐亞

雖然一般認為是在凱撒（西元前四四年卒）的繼任者時，羅馬帝國才正式出現，但是在此前的一百年裡，羅馬人的領土實際上已經擴張到帝國的規模。到西元前一〇〇年時，羅馬人已經統治了義大利、高盧南部、希臘、安納托利亞和北非的大部分地區，並正在向西班牙擴張。隨著羅馬人征服了阿爾卑斯山南高盧（Cisalpine Gaul）和山外高盧（Transalpine Gaul）這兩個使用凱爾特語的地方，羅馬人便已開始對中央歐亞順利進軍，這要比凱撒征服高盧其他地區（西元前五六年前）還要早。凱撒甚至在西元前五五年和前五四年就突襲過不列顛，並攻擊日耳曼尼亞的日耳曼人。[1] 他的征服是無端的、純粹的帝國主義擴張，其過程中遇到的抵抗——例如高盧西北部的威尼第人（Veneti）——「被猛烈鎮壓，他們的領袖被處死，人口賣為奴隸」。[2]

在凱撒以後，羅馬人繼續征討位於北方和東方邊境的日耳曼人諸部。日耳曼人中那些鄰近羅馬的諸部常被羅馬人征服，然後又屢屢伺機反抗，這在西羅馬帝國後來的幾世紀歲月中一直反覆發生。不過，一些生活在邊境的日耳曼部落則陸續被收納為「聯盟」（foederati），並在羅馬人征討其他日耳曼部族時出兵輔助。在這個過程中，他們部分地被羅馬文化同化，最終變得比日益腐化墮落的羅馬人本身還更致力於維繫羅馬帝國。

對日耳曼諸族，羅馬史學家塔西佗在一世紀的著作《日耳曼尼亞志》中做出了最早的詳細描述。他在描述他們的文化時，尤其注意到從士團的存在，並指出其所有的基本要素：一大群永久隸屬於一個領主的戰士；從士團與領主同歸於盡，因此，在領主倒下後，如果有人在戰鬥中活著離開，便會永遠失去榮譽，等於成為社會棄兒。塔西佗還注意到，從士團中存在著「等級」，而且維

持一支從士團極其昂貴：成員「總是向領主提出要求，例如一匹受人垂涎的戰馬，或是一支沾有敵人血漬的長矛」。[3]

從士團對日耳曼諸族的長存重要性十分顯著。除了早期的法蘭西亞（Francia）外，它也存在於西哥德人的西班牙，並最晚延續到八世紀，此後又繼續在斯堪地那維亞持續了數世紀。一些早期的中世紀編年史作者認為，法蘭克人和突厥人有聯繫，而且為此提供了歷史和詞源學上的解釋，[4]很有可能的是，法蘭克人曾經遇過突厥人，而且兩個民族明白他們的文化在一些方面是相似的。[5]

墨洛維（Merovech，四五六／四五七年卒）過世後被尊為墨洛溫王朝的創始人，他是法蘭克國王希爾德里克一世（Childeric I，四八一－四八二年卒）的父親，克洛維一世（Clovis I /Hludovicus）的祖父。墨洛維曾和羅馬將軍埃提烏斯（Aetius）一同在沙隆戰役（Battle of the Catalaunian Fields）中與匈人阿提拉作戰。他的陵墓和多瑙河地區的東日耳曼國王陵墓相似。奢華的黃金隨葬品和他一同下葬，它們被埋在一個二十公尺乘四十公尺的墓穴下方土坑裡；[6]墓穴四周有七個馬匹和人的墓葬。可以相當確定的是，法蘭克人曾長期生活在羅馬帝國的北部邊境，曾作為聯盟很長時間，希爾德里克一世本人也是和羅馬比利時總督的標誌一起下葬。因此，包括從士團的中央歐亞文化綜合體基本特徵一直存在於早期法蘭克人之間，但它顯然不是來自羅馬人。那麼，它是從什麼地方來的？

塔西佗的記載和其他的早期紀錄都非常清楚地揭示，早期日耳曼諸族（包括法蘭克人的祖先）都屬於中央歐亞文化綜合體，他們從原始印歐人的時候，就保持著這種文化綜合體，如同當時的阿蘭人和其他中亞伊朗人一樣。這反過來也指出，古日耳曼尼亞在文化上是中央歐亞的一部分，而且從他們一千年前遷徙到那裡時就一直如此。[7]

## 西部草原

到一世紀初時，阿蘭人[8]——一支伊朗語民族，和薩爾馬提亞人、斯基泰人有關——已經占領了從頓河沿岸直到亞速海東北的關鍵草原地帶，依據約瑟夫斯（Josephus，三七—一〇〇年）的說法，他們從那裡向米底發動攻擊和劫掠。到二世紀時，阿蘭人已經統治了黑海草原和北高加索地區，成為西部草原直到羅馬東南邊境的主要民族。[9]

羅馬皇帝圖拉真（Trajan，九八—一一七年在位）從達契亞（Dacia，約略是今日羅馬尼亞）向薩爾馬提亞人殘部和阿蘭人發動攻擊，並在一〇七年以極為殘酷的方式征服他們，他隨後在此建立戍衛要塞，並遷入羅馬殖民者。對達契亞人而言，「許多人被迫為奴，有些人自殺。羅馬人在這裡殺了許多人，藉此殺雞儆猴，警告其他行省。光是在圖拉真的劍鬥士競賽中，他就殺了一萬人」。[10]

被俘的阿蘭人被發放到遙遠的羅馬高盧帝國領土，最遠甚至到了不列塔尼，他們在那裡為羅馬軍隊效勞。在語言同化許久以後，他們仍然維持自己的族群特性長達數世紀，他們的後代仍保持一些草原—伊朗人傳統，而且一般認為，他們對中世紀的歐洲民間故事造成了重大影響。[11]甚至到了中世紀相當後期的時候，人們仍不斷提及，阿蘭人的弓騎兵部隊在戰場上對敵人的剽悍戰功。

在二世紀和三世紀，東日耳曼民族的哥德人（Goths/Gothones）向南和向東擴張到黑海，他們先前曾在塔西佗的時代占領了維斯杜拉河（Vistula）周邊的波羅的海地區。此後，他們至少統治了黑海草原的西部地區，但不是作為組織化的國家，而是作為獨立的團體；這種情況一直延續到厄爾曼納里克（Ermanaric）崛起為止，他創立了哥德人的格魯通吉邦聯（Greutungi confederacy），後來稱作 Ostrogoths，意即「日出地方的哥德人」或「東哥德人」。他以經久不衰的建國方式完成這一切，

他征服了周邊民族，讓他們臣服麾下。三七〇年，他的疆域已然成為強大的王國——直到匈人攻擊為止。

首次提及匈人，是二世紀時托勒密（Ptolemy）的記載。他們生活在薩爾馬提亞的黑海草原東部，也就是亞速海東邊、頓河之外。至於下一次重要記載，就是匈人和阿蘭人的戰爭，前者在巴蘭比爾（Balamber 或 Balimber）的率領下獲得勝利。隨後，匈人和阿蘭人攻擊占據頓河以西草原地區的東哥德人，並獲得勝利。[12] 有鑑於該地哥德人的早期歷史，匈人對哥德人的攻擊，以及他們對羅馬帝國的入侵——顯然是為了追擊哥德人和其他沒有臣服於匈人的人——似乎很可能是厄爾曼納里克率領哥德人攻擊匈人的直接後果。至三七五年，匈人已攻破西部草原上的薩爾馬提亞人、阿蘭人、哥德人勢力。大群的中央歐亞人，以哥德人為主，來到東羅馬帝國的邊疆地區尋求庇護。許多被擊敗的民族和其他許多民族都臣服匈人，加入他們的征討。[13]

## 安息（帕提亞）帝國

亞歷山大大帝（西元前三五六—前三二三年）沒有留下子嗣，[14] 將他征服的廣袤領土留給他的軍隊。他的將軍瓜分帝國並建立各自的王朝。在波斯，塞琉古一世（Seleucus I，西元前三一一—前二八一年在位）在西元前三二四年時受亞歷山大之託迎娶粟特總督女兒阿帕瑪（Apame），建立塞琉古王朝（Seleucid Dynasty），等於是重建西起敘利亞、東至錫爾河（Jaxartes）的波斯帝國。西元前二三八年，帕提亞（今日的伊朗東北部和土庫曼南部）遭到帕爾尼人（Parni）的入侵，他們是使用北伊朗方言的民族，領導者是阿爾塞斯（安息，Arsaces，約西元前二四七—約前二一七／二一四

年在位），他在帕提亞建立獨立的安息王朝。[15] 西元前一二九年，帕提亞人擊敗塞琉古人，在戰場上殺死安條克七世（Antiochus VII），結束了塞琉古王朝在波斯的統治。就在這個時候，帕提亞人也遭受薩迦人的入侵，而薩迦人則可能是為了逃離吐火羅人（Τόχαροι，月氏）的攻擊。[16] 吐火羅人在戰場上殺死了帕提亞國王阿爾達萬（即阿爾塔班二世或一世，約西元前一二八—前一二四／一二三年），並征服巴克特里亞。後來帕提亞人逐漸恢復元氣，在米特里達悌二世（Mithridates II，約西元前一二四／一二三—前八七年在位）的統治下，安息帝國（帕提亞帝國）確立其版圖。

安息人建立了一個雖未中央集權、但活力十足的王朝。他們維持許多中央歐亞伊朗人的習俗，包括對弓騎兵的依賴——他們以「回馬箭」（Parthian shot）聞名；[17] 但很可惜的是，他們的口傳史詩沒有留存下來。雖然在長年和羅馬人爭奪近東控制權的戰事中互有攻守，但安息王朝的存在達四個世紀之久。他們基本上穩定地控制著伊朗人的傳統領地，即大部分的伊拉克和伊朗，直到末代統治者阿爾塔班五世（或六世，約二一三—二二四年在位）被阿爾達希爾殺死為止，而阿爾達希爾建立了薩珊王朝。

## 吐火羅人和貴霜帝國

在中亞，西方和東方史料都有記載的一連串重大事件導致了貴霜帝國的建立。它最根本的起源是約西元前二〇〇〇年的印歐人第一波遷徙，當時A組方言的印歐人成為原始吐火羅人，他們抵達甘肅一帶，居住在敦煌西部的地方，包括羅布泊和後來的樓蘭王國。一千八百年後，在西元前三世紀，中國史書稱為「月氏」（上古讀音可還原為 *Tok$^{w}$ar）[18] 的吐火羅人仍然生活在這個地區。

西元前二世紀初，當匈奴處在早期的擴張階段時，月氏人是匈奴西南方的強大鄰居。西元前一七六年或前一七五年時，匈奴大破月氏，將他們逐出故地，並收服烏孫[19]等周邊部族。[20]有些稱為小月氏的吐火羅人向南逃亡，在位於南山的羌人處避難，但月氏倖存者中的主要部分——大月氏——則是一路向西，進入準噶爾。

後來在高昌的東吐火羅人和在龜茲、焉耆的西吐火羅人是否就是在這次大月氏遷徙過程中進入了這些地方，還是他們此前就已經生活於此，這些問題至今尚無定論。吐火羅人（月氏）把長住於此的塞人逐出準噶爾，[21]但僅僅幾年後，他們又被烏孫人擊敗，只好向西、向南遷徙，從而進入索格底亞納（粟特）。他們就是從這裡對安息人發動攻擊，並在西元前一二四年或前一二三年征服巴克特里亞。他們後來渡過阿姆河，在巴克特里亞本土定居，建立了一個強大的王國。巴克特里亞也因此在後來稱為吐火羅斯坦（Tokhâristân），[22]也就是「吐火羅人的地方」。

大約西元前五〇年，貴霜首領丘就卻（Kujula Kadphises）收服其他四個吐火羅斯坦部族，建立貴霜帝國。他把這個王國向南拓展到印度，直到印度河口，掌控了一條海路貿易路線，直接連結印度和羅馬埃及的港口，繞過安息人及其徵稅。貴霜人從這條貿易路線獲得巨大利潤。他們的勢力也向東擴張到塔里木盆地。使用吐火羅語的龜茲（庫車）人把他們的首都稱為 Küsän，就是貴霜人留下的印記。[23]遠至樓蘭的地方，也可發現記載貴霜人在塔里木盆地統治的佉盧文（Kharoṣṭhî）文書。貴霜人是把佛教傳播到安息、中亞和中國的最重要民族。這個帝國在第五代統治者迦膩色伽（Kaniṣka，活躍於約一五〇年）時期到達巔峰，他提倡各種宗教，但獨鍾佛教。

遺憾的是，除了錢幣和其他一些物質遺跡外，並沒有更多關於貴霜帝國的資料。因此，他們歷史的許多細節，在今日已經不為人知。二二五年，波斯薩珊王朝的建立者阿爾達希爾一世攻打貴

霜，他們此後臣服於波斯。

## 漢帝國和中央歐亞

秦朝在西元前二一〇年至前二〇六年間崩潰，此後形成了一個新的、國祚長久的西漢王朝（西元前二一〇—六／九年）。在漢武帝治下（西元前一四一—前八七年），中國人再次把注意力放在開疆拓土上。在幾次失敗的遠征後，在西元前一二七年至前一一九年間，他們贏得了對匈奴的幾次關鍵勝利，奪取北方的鄂爾多斯地區，從而再次迫使匈奴人逃離故土，向北移動，遠離了黃河大曲處。漢朝也同時向西擴張，攻破了位於隴西（今日甘肅）的戰略要地祁連山脈。秦朝曾連接戰國時代晚期北方秦、趙、燕三國為了守住從匈奴手中征服的領土而修建的城牆，成為東起遼東、西至敦煌的長城；西漢重新修復長城並派人駐守。漢武帝還出兵西域，企圖從匈奴手中奪取絲路城市的控制。中國外交使節和將軍的報告，為中國地理學家和歷史學家提供了許多關於從東部草原、塔里木盆地以西直到伊朗的中央歐亞第一手資料，還有一些關於更遠地區的較不準確二手資料，包括安息帝國和羅馬帝國。

張騫（西元前一一三年卒）的報告是最重要、最生動的，他在西元前一三九年啟程出訪月氏，邀請他們回歸先前在敦煌和祁連山之間的故土。在出使過程中，他被匈奴抓獲，被迫在匈奴人領土生活了十年之久，然後才逃脫，繼續一路向西，在西元前一二八年左右到了巴克特里亞，在短暫地再次羈留於匈奴後，他於西元前一二二年回到故鄉。[24] 張騫在西元前一一五年再次奉命出使，在兩年後回國並去世。[25]

的相似性。

漢朝史書將匈奴描述為「純粹」的游牧民，他們放牧，逐水草而居，自幼就學習突襲和狩獵的本領，所以他們是「天生的戰士」。[26]這樣的描述，驚人地相似於希羅多德對斯基泰游牧民的描述。這兩個民族的生活方式完全相同，甚至連在細節上都十分相似，考古發現和許多研究都已證實這樣的相似性。

居於北邊，隨草畜牧而轉移。其畜之所多則馬、牛、羊……。毋城郭常處耕田之業，然亦各有分地……。兒能騎羊，引弓射鳥鼠；少長則射狐兔：用為食。士力能毋弓，盡為甲騎。[27]

不過，就像希羅多德的記載一樣，關於匈奴的最重大資訊要從其他史書取得。有個在匈奴的中國太監獲得匈奴單于的盛情招待，他曾對中央歐亞民族喜好中國絲綢和飲食一事頗有微詞。

匈奴國家的所有人口加起來還不及漢帝國一個郡（的人口）。匈奴人之所以能如此強大，全仰賴於其飲食和衣著和中國人不同，因此不用對漢有任何的仰賴。（匈奴人眾，不能當漢之一郡，然所以疆者，以衣食異，無仰於漢也。）[28]

漢朝的軍隊和使節最終成功地大幅削弱匈奴，把漢文化傳入草原地區。

在黃河之外的領土上……漢人建立灌溉系統並在四處屯墾，派放五或六萬官員和士兵。漸漸地，農田蠶食越來越多的土地，一直接壤到匈奴北方的土地。（漢渡河自朔方以西至令居，往

往通渠置田，官吏卒五六萬人，稍蠶食，地接匈奴以北。）[29]

但匈奴人和中國人的接觸讓他們變得更為堅定，並展開反擊，他們一再試圖收復在南邊的故土，並保留對中亞城市的控制。事實上，儘管漢人在這兩個地區都獲得重大成功，但匈奴仍然繼續有效地控制塔里木盆地的城市。中國的政策也可以是和平和公平的：

當漢武帝登基時，他重申了和親結盟的方式，以慷慨的態度對待匈奴人，允許他們在邊疆各站的市場上進行貿易。自從單于[30]之後，所有的匈奴人都和漢人日漸友好，沿著長城來往。（今帝即位，明和親約束，厚遇，通關市，饒給之。匈奴自單于以下皆親漢，往來長城下。）

如果中國人自認能夠誘騙匈奴人中計，然後屠殺他們的話，中國人也會做奸詐、暴戾之事。西元前一二四年，中國人在黃河東北河曲處的馬邑抓捕匈奴單于失敗後，爆發了公開戰爭：

在這之後，匈奴……開始攻擊各地邊防，進行無數次的越境突襲。他們也像一直以來那樣貪婪，喜歡邊境市場，而且渴望得到漢人商品，而漢人則是繼續允許他們貿易，以求搾乾他們的資源。（自是之後，匈奴……攻當路塞，往往入盜於邊，不可勝數。然匈奴貪，尚樂關市，耆漢財物，漢亦通關市不絕以中之。）

馬邑之戰五年後的秋天（西元前一二九年），漢朝派遣四個將軍，各領十萬騎兵，突襲在邊境市場上的胡人。[31]（自馬邑軍後五年之秋，漢使四將軍各萬騎擊胡關市下。）

儘管匈奴最終在四九年分裂成兩個王國，但之中較強大的北匈奴，繼續統治著中亞大部分地區。他們的影響力一路延伸至索格底亞納，他們在那裡仍然被認為是該地名義上的宗主。中國的歷代史指出，對這個地區建立和維持軍事控制的主因，是中國和中亞之間的距離。但是，中國頂多只對中亞東部城市握有名義上的控制的主因，毫無疑問在於經濟。中亞各個城市的經濟，是建立在數百年來形成的城鄉民族貿易關係上的。匈奴的牧業經濟和中央歐亞的農業、城市經濟並沒有什麼不同，活躍的游牧民，對於匈奴和塔里木地區城市民族的經濟和政治活力都至關重要。

匈奴人在漢朝邊疆城鎮自由貿易的堅持要求，遭到一些中國朝廷官員的反對，但漢朝通常認為這樣的貿易相對有利。當他們允許匈奴貿易時，就意味著和平，匈奴就不太會「突襲」邊境。在此不該忘記，中國人的前線邊疆一直深入到中央歐亞的領土，所以那些「中國」市場城鎮所在的地區，實際上有很多人，也許是大多數人，都是非中國族裔。即使是在漢朝勢力最盛時，匈奴進行的突襲（相較於和中國的全面戰爭而言）[32]也只是突破原匈奴領土的外圍，包括原先的內蒙古（譯注：作者此處的 former Inner Mongolia，是指中華人民共和國內蒙古自治區之前的「內蒙古」，其範圍包括部分併入河北等省的原熱河、察哈爾等蒙古人生活的地方）、滿洲、山西北部、陝西、甘肅等等。[33]

## 東部草原的鮮卑人

由於自然的內部變化和中國人的進攻與政治陰謀，以及其他一些因素的綜合作用，[34]匈奴人的勢

力在草原上衰落了，那些曾經臣服於匈奴的草原民族日漸把握自己稱王的機遇。到此時為止，這些革命中最為重要的，就是鮮卑人的革命，他們是一支使用原始蒙古語的民族，曾經生活在匈奴國土東部，也就是今日的滿洲西部；匈奴的第二個偉大統治者冒頓（西元前二〇九—前一七四年在位）曾經收服鮮卑人。

北匈奴帝國在八三至八七年間崩潰。八七年，鮮卑人打敗匈奴人並殺死其統治者。九一年時，北匈奴餘部西遷到伊犁河谷地區，鮮卑人則進入匈奴故地，取代匈奴人，成為東部草原統治者，並向西最遠擴張至柔然。[35]

## 日本—高句麗人征服

在西元前二世紀初的某個時候，原始日本—高句麗人從更南的地方移入遼西地區（今日遼寧西部和內蒙古），他們原來似乎是米農和漁民。倭人是二世紀時仍然居住在遼西地區的日本—高句麗語言使用者的原始日本人分支殘部，他們是漁民，無疑也是農民，而不是放牧的草原戰士。相較之下，他們的高句麗親屬在一二年時已成為熟悉草原戰爭的騎兵戰士民族，這是史料首次提及他們這些生活在遼西地區的人。[36]高句麗、扶餘和其他扶餘—高句麗民族已經採納中央歐亞文化綜合體的所有主要屬性，包括起源神話（見〈序曲〉）、從士團、將統治者埋葬在巨大墳塚中，以及在理論上將王國按照四個地理方向分為四個組成部分。[37]

部分因為鮮卑人的擴張，部分因為王莽（六／九—二三年在位）統治下的中國的壓力，有部分扶餘—高句麗人開始遷徙進入遼東；他們的濊貊（Yemaek）親屬已在西元前一〇〇年左右就遷入此

地，當時《史記》提到他們居住在遼東和朝鮮（當時的滿洲東南部）。[38]他們形成三個王國，分別是位於滿洲南部、從遼河至鴨綠江的高句麗王國，位於高句麗以北的滿洲中南部的扶餘王國，[39]以及朝鮮半島東岸的濊貊王國，[40]後者一直延伸到半島東南角使用高麗語言的辰韓。雖然扶餘—高句麗王朝一再被中斷，尤其是被中國人和鮮卑人中斷，但他們的人民牢牢地在這些地方站住了腳。

## 古典時期中央歐亞

早在羅馬帝國征服了地中海的大部分地區並開始向內陸發展之前，以及早在中國同樣征服了從首都朝向各方的遙遠地區之前，西方和東方的古典時期黃金時代已經結束了。在這兩個帝國中，古典傳統持續強勁，這對兩個國家都意味著需要盡量擴張領土。然而，雖然它們的確成功達成這個主要目標——它們的領土顯著擴大，但是羅馬和中國的基礎結構在實際上只能讓它們的擴張達到某個程度，之後便難以為繼。

一開始時，古典帝國對中央歐亞政體毫不留情的單軌思維手段——分化、入侵和摧毀——是成功的。羅馬人沿著從北海到黑海貫穿西歐中部的路線，深入征服了以日耳曼人為主的中央歐亞西部。他們在自己無法直接控制的民族中播下分裂的種子，並非常有效地弱化他們。中國人則更加成功，雖然他們沒能完全消除匈奴在中亞的宗主地位（這對中央歐亞經濟是件幸事），但他們不僅獲得並保持了相當安全的中亞通道，而且還成功地把匈奴分裂成兩個敵對國家：一個是幾乎完全聽從中國的南匈奴，另一個是分裂後只持續了幾十年的北匈奴。隨著時間推移，持續較長的南匈奴雖然越來越受到中國人的控制，但它有效地保護了中國北方，讓使用蒙古語言的鮮卑無法接近，而此時

的鮮卑已經取代北匈奴，成為東部草原的統治者。

中國帝國和羅馬帝國侵略性外交政策的成功，最終導致災難性的後果。兩大帝國對邊境貿易的部分關閉，以及對中央歐亞的不斷攻擊，破壞了中央歐亞的穩定，導致該地的內部戰爭。絲路商業隨之嚴重衰退——這從中亞城市範圍的縮小就可看出；絲路貿易的衰退，可能是導致長期衰退的原因之一，而長期衰退最終也導致西羅馬和東漢（以及後來的晉朝）的滅亡，古典文明也隨之終結。[41]

1 James 2001: 18-22。在此後的西元四三年，凱撒名義上的曾孫克勞狄（Claudius）征服了大部分的不列顛。

2 James 2001: 18.

3 Mattingly 1970: 113; cf. Hutton 1970: 152-153。請參考〈序曲〉的討論。

4 Beckwith forthcoming-a.

5 Scherman 1987: 102-103 指出，當多數法蘭克人都已採用羅馬式的短髮時，墨洛溫王室成員仍然保留傳統的披肩長髮，並精心加以呵護。突厥人等東方中央歐亞民族也留長髮，但（如果日後傳統正確反映之前風俗的話）會編成髮辮。希臘語文獻中最早對突厥人的記載，是阿加提亞斯（Agathias）對突厥人髮型的抨擊（Keydell 1967: 13），他說他們的頭髮「蓬亂、乾燥、骯髒，並打成一種難看的結」（Frendo 1975: 11），這位希臘作者還將其和十分受到他推崇的法蘭克國王漂亮髮型相較。從此處看來，法國人的優雅時尚可謂淵遠流長。

6 墓中的掐絲琺瑯器物據信屬於拜占庭風格。該墓在一九六三年於比利時圖爾奈（Tournai）發現，最近又進行了再次發掘（Kazanski 2000）。其中一個馬葬的照片可以參看：http://www.ru.nl/ahc/vg/html/vg 000153.htm。請參考 Brulet 1997。

7 迄今為止，儘管經常有人提出主張，但是關於前日耳曼遷徙入歐確切年代的問題一直無法解決。見第一章，並參考 *EIEC* 218-223 謹慎而公允的討論。

8 關於他們的名字和早期歷史，請參考 Golden 2006。

9 Melyukova 1990: 113.

10 Lehmann 2006。關於達契亞和羅馬征服，請參考書末注釋54。

11 Bachrach 1973。一般認為，蘭斯洛特（Lancelot）這個名字和石中劍的故事，以及故事中的其他元素，都源自阿蘭人，並反應在今日的奧塞梯人（Ossetians）語言和民間故事。生活在高加索地區的奧塞梯人，是阿蘭人的現代後裔（Anderson 2004: 13 et seq.; Colarusso 2002; cf. Littleton and Malcor 1994）。

12 阿米阿努斯（Ammianus）提及，東哥德國王厄爾曼納里克「不肯率眾投降匈人」，在三七五年前後自殺（Burns 1980: 35）。

13 Sinor 1990c.

14 他的中亞妻子祿山娜雖然在西元前三二三年八月生下一子，但亞歷山大已在同年六月十日去世，對繼位爭奪已於事無補。

15 Bivar 1983a: 28-29, 98.

16 根據漢文史料，大月氏（*Tokʷar）在西元前一六〇年攻打位於伊息庫爾湖（Issyk Kul）一帶的塞人。西元前一二八年，當張騫到達該處時，吐火羅人（大月氏人）已經遷居到撒馬爾罕（康國）和阿姆河（Oxus）之間，並已經征服巴克特里亞（大夏）。帕提亞人在漢文史料中作「安息」，中古漢語的讀音是 ✩ansik（Pul. 24, 330）。它的古漢語讀音通常被重構為 *ansək 或 *arsək（Sta. 577, 552），但它的來源或許是 *arśək，即 *arśăk，這個形式完美地轉寫了帕提亞人稱呼安息王朝的名稱 Aršak（書面為 'ršk）。

17 中央歐亞民族在遭受敵人追擊時，會騎馬逃跑並突然回身射箭。

18 關於這個讀音的重構，請參考附錄二。

19 請參考附錄二。

20 所有記載都表示，烏孫入侵準噶爾，攻打生活在先前塞人領土上的月氏人（參照 Bivar 1983b: 192）。在獲勝後，烏孫定居該地。這意味著烏孫人是在月氏人遷入準噶爾後才到來的。至於 Christian 1998: 210 及其他學者，我無意冒犯你們。

21 此後，塞人或 Śaka 開始了漫長的遷徙，最終征服了印度北部，他們在那裡也稱為印度－斯基泰人（Indo-Scythians）。

22 這個名字在早期的阿拉伯語文獻中記為 Ṭukhâristân，這表明這個詞的第二個音節已經從早期的 [kʷar] ~ [χʷar] 變成 [χa:r]。

23 這是這個名字的回鶻文形式；在古藏語中是 Guzan，發音為 [küsan] 或 [küsän]。在今日的庫車和喀什噶爾間還有一個地

方叫做 Küsen（大概是指「溫宿」）。

24 Yü 1986: 458 n. 260.

25 Loewe 1986: 164; Yü 1967: 135-136.

26 關於《史記》英譯本，見 Watson 1961, II: 155 et seq.。《史記》成書比《漢書》更早，但兩本著作都是根據相同的原始檔案資料，所以《漢書》並不總是僅僅抄錄《史記》的內容而已。中國人之所以推崇《史記》，並不只是因為它是第一部用標準古漢語寫成的史書，更是因為它的文學價值。

27 *HS* 94a: 3743; cf. Watson 1961, II: 155。注意文中明確提及盔甲。

28 Watson 1961, II: 170。這位太監（中行說）勸說匈奴人拒絕進口外國產品，而是選擇國內結實耐用的產品，從而獨立於中國人。這段對話似乎流露出中國人對貿易的偏見，也顯示中國人並不了解貿易對中央歐亞民族的核心重要性。有鑑於相似論述也出現在古突厥文的敦欲谷碑文上，它們可能表現出中央歐亞國家內部的保守派觀點。

29 Watson 1961, II: 183.

30 對於匈奴領導者稱號「單于」的重構尚無定論。請參考書末注釋❼。

31 Watson 1961, II: 177-178。關於把指稱外國人的漢字「胡」錯譯成英文的 barbarian，請參考〈尾聲〉的相關內容。

32 而且，當中國發生內戰時，生活在中國北方邊境的中央歐亞人會作為僱傭兵參戰，或是和某股中國勢力結盟。

33 Yü 1986: 389.

34 Yü 1986: 404-405.

35 Yü 1990: 148-149。關於鮮卑或 *Serbi 的語言，以及整體上中央歐亞東部和中國北部古代各民族的語言，見 Shimunek 2017。

36 依據漢文史料（*HS* 99: 4130）記載，中國人本想強迫高句麗人攻打匈奴，但他們回絕。當遼西將軍謀殺了高句麗統治者，人們發起「叛亂」來反擊中國人，逃離遼西將軍，進入草原地區。從那時候開始，他們進入遼東和滿洲南部。這是關於高句麗的最早文獻記載。至於人們推定的高句麗人早先生活在朝鮮附近的地理證據，是後來在一世紀時增添的文字內容（Beckwith 2007a: 33-34 n. 12），這麼做的動機有可能是為了吹噓漢武帝的功績。

37 史料中記載的高句麗菁英戰士應當是高句麗王的從士團，但是很遺憾，史料中並沒有說明這一點。不過，在朝鮮半島三國時代，日本武士參與了三國之間的戰爭；在戰爭期間，他們習得了包括從士團的中央歐亞文化綜合體；回到日本後，

他們也把這套文化傳入日本。因此可以推定，他們學習的對象扶餘—高句麗人本身也有從士團制度。

38 《史記》的〈匈奴列傳〉，以及對商業持「中立」態度的〈貨殖列傳〉，都提及他們（Watson 1961, II: 163, 185, 487）。

39 見 Byington 2003。

40 見 Beckwith 2007a, 2006e, 2005a。「濊貊」在朝鮮語音中為 Yemaek。

41 隨後的中央歐亞民族遷徙不但遍布中央歐亞地區，還波及周邊國家的腹地。在羅馬帝國，這不僅涉及高盧、日耳曼尼亞大部分地區和達契亞，還涉及斯堪地那維亞半島以南的幾乎全部西歐，甚至跨越地中海直到北非。在中國，遷徙範圍包括鄂爾多斯、山西、陝西北部和滿洲南部等原本就屬於中央歐亞的殖民領土，還有傳統上屬於中國的河套南部和周、秦、漢朝位於渭河流域的關中地區腹地。

# 第四章

CHAPTER 4

# 匈人阿提拉的時代

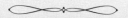

又高又寬的山牆下，大廳高高聳立：戰火在等待，那是邪惡的火焰。

命運的鬥爭未遠，在那血腥的屠戮後，那口頭的盟誓該被叫醒了。

力大無比的惡魔，難以按捺這時間的流逝，住在黑暗中，

日復一日地聽聞大廳樂曲宣天：豎琴之音，和詩人嘹亮的歌聲。[1]

——《貝沃夫》

Sele hlifade
heah ond horngeap. heaðowylma bad
laðan liges, ne wæs hit lenge þa gen
þæt se ecghete aþum swerian
æfter wælniðe wæcnan scolde.
Ða se ellengæst earfoðlice
þrage geþolode. se þe in þystrum bad
þæt he dogora gehwam dream gehyrde
hludne in healle. þær wæs hearpan sweg
swutol sang scopes.

## 民族大遷徙

二世紀後，古典時期的大帝國開始土崩瓦解，歐亞北方的民族陸續向南遷徙。這項影響深遠的歷史事件稱為「民族大遷徙」（Völkerwanderung）。它指的是大體上屬於日耳曼諸族的人們進入前羅馬帝國的西半部；鮮為人知的匈尼特人（Chionites）、嚈噠人等部族進入波斯帝國治下的中亞地區；主要使用蒙古語的諸部族向前中國北半部遷徙。雖然這場遷徙的起因尚不為人知，也難以考掘，但它的結果對西歐產生革命性的影響，最終也衝擊整個歐亞乃至全世界文明。

其中最引人矚目的一次遷徙來自一個以前不為人知的民族——匈人——他們以傳統的草原方式從阿蘭人和哥德人手中奪取西部草原的控制權。在追擊不臣服者的過程中，匈人逐漸深入歐洲。突然湧入的阿蘭人、哥德人和匈人等等，讓歐洲觀察者比以往任何時候都更能接近草原文化。雖然匈人對西部草原和西歐部分地區的統治並沒有持續多久，但他們的統治卻在歐洲人的意識中留下了長久的印象，既有正面的，也有負面的。

民族大遷徙幾乎將西歐全境都整合到中央歐亞文化綜合體中，當時這種文化綜合體也傳到日本，從而含括了不列顛至日本的歐亞北溫帶。在政治和語言上，日耳曼語族和蒙古語族分別在歐亞西端和東端的大部分地區成為主導民族。在人口學上，它們進入羅馬帝國和中國帝國的意義，在於重拾中央歐亞人眼中的正常事態：中央歐亞和周邊地區之間沒有了邊界，民族可以在農村和城市之間自由往返，不用考慮民族語言和政治上的分歧。但是，民族大遷徙在東西方產生的影響不盡相同，這或許和兩地不同的人口基數有關：在中國北方的中國人口，要比西羅馬帝國的羅馬人口更多。

## 匈人和西羅馬帝國的滅亡

在二〇〇年前後，匈人已經生活在亞速海東北方（西部草原的東部）。他們在此前是不為人知的，也沒有已知的歷史、政治、語言或其他類型的聯繫。[2]三七〇年左右，在領袖巴蘭比爾（活躍於約三七〇—三七六年）的率領下，匈人進入黑海草原中心地帶。[3]他們的遷徙，很有可能是要反制厄爾曼納里克對他們的攻擊，當時後者正試圖在這裡建立東哥德人的帝國。[4]匈人一路向西推進，在三七五年擊潰阿蘭人和東哥德人，厄爾曼納里克在該年兵敗自盡。三七六年，西哥德人（Tervingi）為了躲避匈人，在軍事領袖菲力悌根（Fritigern，活躍於三七六—三七八年）[5]的帶領下向羅馬人請求庇護。隨後他們被允許渡過多瑙河進入東羅馬帝國，安置在色雷斯中部；但是他們甚至還沒抵達色雷斯，就已經受到東道主的惡待，部分是因為刻意如此，部分則是因為將大批外國民族帶入帝國所衍生的諸多問題。

大量難民湧入的問題本身就很棘手，同時，利用難民發財的機會唾手可得，哥德人隨身攜帶的財富早就令羅馬人垂涎三尺了。這些問題和誘惑都考驗羅馬人的道德和行政能力。此外，儘管船運絡繹不絕，但現有的交通工具不足以讓這一大群人全都渡過多瑙河。羅馬人關於上船順序的觀念，破壞或威脅了哥德人的家庭和氏族結構。食品供應不足——這種短缺未必是故意的——也無助於安撫飢腸轆轆的人們。當時的羅馬人記錄了西哥德人的慘狀，痛斥腐敗的羅馬官員、將領對他們的盤剝。許多西哥德人被迫為奴，妻離子散，甚至連貴族也被迫出售自己的子女骨肉。[6]

毫不出人意料地，菲力悌根在三七八年揭竿而起。西哥德人在戰場上殺死了率軍前來阿德里安堡（Adrianople）附近平亂的羅馬皇帝瓦倫斯（Valens，三六四—三七八年在位）。兩年後，羅馬人向哥德人、阿蘭人，顯然還有一些匈人出讓潘諾尼亞（今日匈牙利）的領土，讓它們成為聯盟。三八二年十月三日，羅馬人和哥德人簽訂盟約。哥德人最早自三八八年始就在羅馬軍隊中服役，並在協助皇帝狄奧多西一世（Theodosius I，三七九—三九五年在位）鎮壓馬克西姆（Maximus）叛亂時展現實力。[7]

從那時開始，匈人被羅馬人雇用出戰的次數，就多於他們攻擊羅馬人的次數了。很明顯地，他們還在三九五年至三九六年從黑海草原出發，途經高加索山脈進入亞美尼亞、敘利亞、巴勒斯坦和美索不達米亞北部，對波斯帝國發動攻擊。雖然普遍認為匈人對波斯的遠征只是為了掠奪戰利品，但記載此事的敘利亞編年史家則是將他們出兵的原因，歸結於一個羅馬將軍的暴虐。[8] 在這次遠征中，匈人甚至攻擊了波斯薩珊帝國的首都泰西封（Ctesiphon），但是沒能成功。他們被波斯軍隊擊退，撤回歐洲，注意力也回到歐洲身上。編年史家指出的入侵原因很可能並不準確——很顯然，匈人不攻打羅馬，而是攻打波斯這件事本身就令人起疑——因此匈人入侵波斯的原因實際上無從得知。但無論如何，不管戰爭的真正原因，究竟是一位暴虐的羅馬將軍，還是其他某個單一的人或事，其實都無關宏旨。編年史家評述的重要意義在於，即便是深受匈人入侵之害的周邊民族，也會認為匈人的入侵有其緣由，而且是個具有正當性的緣由。匈人發動攻擊，並非單純是因為他們是殘暴的野蠻人而無法自控。[9]

在神祕晦澀的巴蘭比爾之後，第一批名姓可考的匈人領袖未能成功統合匈人各部。因此，匈人和羅馬人簽訂的條約，其實是和地方領導人簽訂的。當匈人發動攻擊時，羅馬人將其歸咎於匈人言

而無信，但這似乎幾無例外地是某個並未簽署條約的部族或集團的行為，而且他們大概有其不為人知的動兵理由。直到盧阿（Ruga或Rua，四三四年卒）時，中央集權才出現，統一的匈人國家也逐漸成形。

在盧阿去世後，其侄子布列達（Bleda）和阿提拉（Attila）繼承了他的地位。哥哥布列達統治領土東部，阿提拉統治領土西部。東羅馬帝國皇帝狄奧多西二世隨後和匈人談訂新的和平協議，許諾「羅馬人和匈人都應有安全的市場，並享有同等的權利」，[10]同意給匈人統治者每年七百羅馬磅的黃金。這個條約對雙方都有利。「當他們和羅馬人達成和平，阿提拉和布列達及其勢力穿越斯基泰（西部草原），並收服那裡的諸部落。」[11]

當狄奧多西二世停止向匈人提供歲貢後，阿提拉和布列達在四四〇年和四四一年向羅馬人發起攻勢。他們越過多瑙河，摧毀羅馬軍隊，攻陷城市，並在狄奧多西二世首都君士坦丁堡的城牆下擊敗一支羅馬軍隊。[12]皇帝最終再次求和，並同意阿提拉的要求，包括割讓更多土地，支付拖欠未繳的貢金，還將歲貢金額提高三倍，達到兩千一百羅馬磅的黃金——以羅馬人的標準來看，這筆錢仍然是微不足道的一筆小錢。[13]

五年後，羅馬人再次給了阿提拉進攻的理由。這次是在四四七年，他騎馬南下，擊敗前來阻擊他的羅馬軍隊，然後抵達溫泉關（Thermopylae）。羅馬人只好一邊再次商談和平協議，一邊盤算政治陰謀並企圖暗殺；對於此事，四四八年被派往阿提拉宮廷的羅馬使團成員普利斯庫斯（Priscus）有詳細的描述。四五〇年，當和談仍在磋商時，狄奧多西二世離世。繼任者是馬爾西安（Marcian，四五〇—四五七年在位），他停止支付歲貢。

但不同於預期，阿提拉（在兄長於四四五年左右去世後，他成為帝國的單獨統治者）並沒有入

侵東羅馬帝國進行報復。當時他有了入侵西羅馬帝國的正當理由或藉口：他收到一封來自瓦倫提尼安三世（Valentinian III，四二五—四五五年在位）姊姊霍諾利亞（Honoria）的信，隨信還附上她的私人戒指。霍諾利亞當時被弟弟囚禁，他殺了她的情夫，而她在信中要求阿提拉前來搭救。阿提拉把這個請求視作求婚，於是率領大軍西進，這支軍隊主要由匈人、哥德人和阿蘭人組成，他要去搭救霍諾利亞，索取他宣稱的嫁妝——西羅馬帝國半壁江山。史料估算軍隊人數在三十萬至七十萬人之間，但真實狀況大概遠低於此。

四五一年，匈人攻占並洗劫西羅馬帝國在高盧和日耳曼尼亞萊茵河沿岸的北方城市。隨後揮師挺進高盧中部，直向高盧西北部的戰略要地奧爾良（Orleans）前進。但在匈人進攻途中，羅馬將軍埃提烏斯也率領羅馬人、法蘭克人、西哥德人組成的聯軍趕來。阿提拉見勢撤退，準備再戰。

一般認為匈人騎馬突入歐洲，輕易地戰勝了不擅於和游牧軍隊對壘的羅馬人。然而，雖然匈人仍然控制黑海草原——阿提拉的一個兒子領有黑海諸部[14]——但在西歐境內幾乎沒有草場可以牧馬。潘諾尼亞平原相對有限的草原，無法支撐中央歐亞牧民擁有的龐大牧群。匈人能夠保留的馬匹，僅足以作為輔助用的騎兵部隊，因此，他們在高盧和義大利幾乎完全依靠步兵和羅馬人作戰。[15]

四五一年六月二十日前後，兩軍在沙隆戰役上狹路相逢。[16]這是場激烈交戰，雙方損失都很慘重——根據史料估計，二十至三十萬人陣亡。埃提烏斯有著高超的領兵之法和對匈人戰術的第一手了解（他曾在四〇八年斯提里科〔Stilicho〕死後作為匈人人質），[17]因此獲得勝利，但他也失去主要盟友，陣亡於戰場的西哥德國王狄奧多里克（Theodoric）。儘管羅馬人勝利，但損傷慘重，西哥德人也跟著撤退，因此埃提烏斯並未對匈人窮追不捨。同樣地，儘管阿提拉的軍隊仍然有力再戰，他們還是退回潘諾尼亞。

四五二年，匈人沒有再次進攻高盧，而是翻越阿爾卑斯山南下義大利。他們洗劫義大利北部的波河河谷城市和其他地方，然後將矛頭指向南邊的拉芬納（Ravenna），當時的西羅馬帝國首都所在地。皇帝瓦倫提尼安三世逃離拉芬納，前往更南邊的羅馬。包括教宗利奧一世（Leo I）在內的羅馬代表團北上波河，教宗遇到了阿提拉，勸他不要進攻拉芬納。

當時的阿提拉其實不需要勸說。他的軍隊正因該地的饑荒和瘟疫而受苦，馬爾西安皇帝派出的軍隊攻擊了匈人在潘諾尼亞的家園。阿提拉抽身而退，動身歸國。次年初，他在迎娶美麗的伊爾迪可（Ildico）的新婚之夜中離奇死亡，死因不明，[18]隨後以傳統的草原方式下葬。[19]

阿提拉的三個兒子為了爭奪繼承權而爭鬥，但沒有一個能夠自立為唯一統治者。臣服於匈人的日耳曼諸部相繼起事。四五五年，格皮德人（Gepids）的國王阿爾達里克（Ardaric）在潘諾尼亞擊敗匈人，並造成巨大傷亡，阿提拉長子艾拉克（Ellac）也死於此役。匈人殘部向東南逃回黑海地區，厄爾納克（Ernac 或 Irnikh）成為領袖。雖然匈人帝國不復存在，但厄爾納克的兄長鄧吉西克（Dengizikh）統領的匈人仍然是東南歐的重要勢力，直到他在四六九年過世為止，至於厄爾納克領導的匈人在西部草原仍是主導族群，幾代人後才作為一個民族煙滅在歷史長河中。[20]

埃提烏斯力排朝中各種政治阻力，幾乎以一己之力拯救了西羅馬帝國，卻在四五四年被瓦倫提尼安三世親手謀殺；而皇帝本人在次年又被埃提烏斯支持者暗殺。如今為時已晚，損害業已構成，已經無人有能力帶領羅馬人了。

到了四七三年，當東哥德人入侵義大利時，西羅馬帝國只是名存實亡而已。曾經是阿提拉得力助手的潘諾尼亞羅馬人俄瑞斯忒斯（Orestes）在四七五年罷黜了皇帝尼波斯（Nepos），將自己的小兒子羅慕魯斯・奧古斯都路斯（Romulus Augustulus）立為皇帝。這個孩子只在位一年有餘，斯基

里部（Sciri）的首領鄂多亞克（Odoacer）就將他罷黜，自立為義大利國王。羅慕魯斯．奧古斯都路斯因此成為西羅馬帝國的末代皇帝。鄂多亞克的統治持續到四九三年，他在該年被拜占庭派來廢黜他的東哥德人狄奧多里克（Theodoric the Ostrogoth）所殺。[21] 狄奧多里克自立為王，建立了一個東哥德王國，其領土最終囊括義大利、西西里、達爾馬提亞和北方的一些地方。不過，他在名義上仍然尊東羅馬帝國為宗主，而且他和鄂多亞克不同的是，他是一個相對更有涵養的人。他的統治帶來和平，羅馬和哥德文化同時得到促進。

## 西歐的早期日耳曼人諸國

西羅馬帝國滅亡前後，許多日耳曼族遷徙至西羅馬帝國的領土。

在遙遠的西北方，前羅馬殖民地不列顛在四一〇年時已在軍事上被遺棄了，當時的皇帝霍諾留（Honorius）告訴在那裡被圍攻的公民要自衛。[22] 從四世紀至六世紀，在民族大遷徙期間，愛爾蘭人渡海來到不列顛西岸，尤其是在蘇格蘭落腳；而日耳曼人，主要是盎格魯人、薩克遜人和朱特人（Jutes），也越過英吉利海峽，來到不列顛定居，他們帶來最新歐陸版的中央歐亞文化綜合體。[23] 很快地，日耳曼諸族便成為不列顛的主要勢力。[24]

汪達爾人（Vandals）及其他民族都經由高盧和西班牙向南進發，所經之處，一片狼藉，直到他們進入北非，以迦太基（Carthage）為中心建立王國，這個王國一直延續到七世紀中葉阿拉伯人征服的時期。

跟隨汪達爾人，西哥德人遷入高盧的阿基坦（Aquitaine）並控制伊比利半島。漸漸地，西哥德

人被法蘭克人擠出了高盧西南部，在西班牙建立一個強大的王國，一直持續到八世紀初才被阿拉伯人征服。

其他一些部族，例如勃艮第人（Burgundians）和倫巴底人（Langobards），則建立一些王國，這些王國在當地存續了夠長的時間，足以留下自己的印記，但最終還是被更強大的勢力吞併。

在西歐所有的日耳曼民族中，最終最為重要的是法蘭克人，一般認為他們來自緊靠萊茵河東邊的地方，但根據記載，過去認為他們來自潘諾尼亞或更東的地方。[25]在充滿活力的墨洛溫王朝早期，即希爾德里克一世（四八一—四八二年卒）及其子克洛維一世（四八一—五一一年在位）統治期間，法蘭克人逐漸控制整個高盧。在中世紀早期，他們建立了第一個以地中海以北的歐洲為基地的農耕—城市帝國。[26]他們的征服，以及哥德人、盎格魯—薩克遜人和其他日耳曼諸族的征服，穩定地在前羅馬帝國的地中海以北歐洲領土上重新確立中央歐亞文化綜合體。但羅馬人和其他羅馬化的民族仍然存在，並且有很大的影響力。屬於中央歐亞文化綜合體的日耳曼諸族和當地原有的羅馬化臣民融合出新的文化，為最終出現的獨特新歐洲文明奠定了基礎。

## 東羅馬帝國和薩珊波斯帝國的擴張

雖然西羅馬帝國在三世紀後迅速衰落並在五世紀滅亡，一個有趣的事實就是東羅馬帝國的核心部分在經濟、政治上都沒有弱化，反而還成功地延續下來。東羅馬帝國（或拜占庭帝國）日趨在語言上希臘化，在文化取向上近東化，在外交政策上的重心則轉向波斯。

二二四年，阿爾達希爾一世（二二四—約二四〇年在位）推翻安息（帕提亞）統治者阿爾達

萬的統治，建立薩珊王朝。他迅速地控制傳統上的波斯人領土，也就是伊朗高原和美索不達米亞東部。但是波斯和東羅馬帝國之間有著衝突，後者長期以來就在和安息帝國爭奪美索不達米亞的統治權。薩珊王朝決心重建數世紀前阿契美尼德王朝曾經統治的領域，包含美索不達米亞西部、安納托利亞和近東大部。他們和羅馬人發生多場戰爭。兩個帝國之間的邊界，通常是美索不達米亞的某個地方，在連年戰爭中數次變動。

薩珊王朝也向東攻打貴霜人，占領了巴克特里亞（大夏）和索格底亞納（粟特），還讓貴霜帝國的殘餘勢力俯首稱臣。

五世紀時，嚈噠人或「白匈人」攻擊薩珊帝國的中亞領土，並在四八三年擊敗波斯人，迫使他們納貢。嚈噠人定居在巴克特里亞和河中地區，作為獨立國家持續了大約一世紀。他們的勢力向東最遠到達塔里木盆地的吐魯番，並向中國北方的北魏王朝派遣外交使節。[27]

在薩珊王朝的統治下，波斯帝國在胡斯洛一世（Khosraw I/Anushirvan the Just，五三一—五七九年在位）時到達巔峰，他在五六一年成功結束了和東羅馬曠日持久的戰爭，帶來基本上承平的時期。[28]

## 中國帝國的衰亡和鮮卑人遷徙進入中國北方

常見的王朝內部動盪，終結了繼承西漢王朝（或前漢，西元前二〇二—九年）的東漢（或後漢，二五—二二〇年）。在這以後，漢帝國的領土就分成幾個短命的王國，之間的內戰延續了半世紀，以晉朝（二六五—四一九年）的形成告終。無論從哪個角度來看，晉朝都是東漢的繼承者，但

在軍事上更為羸弱。

隨著晉朝的衰弱，中國帝國在北方的進犯和擴張政策，終於引發北方民族積累已久的反應。在經過連年和中國斷斷續續的戰爭後，一支位於滿洲南部的蒙古語族鮮卑人南下進入晉地。他們號稱「拓拔」（*Taghbač），意即「大地之主」，[29]建立了一個中國式的王朝——北魏（三八六—五三四／五三五年；後繼國家東魏和西魏在五五〇年至五五七年間滅亡），他們主宰中國北方將近兩百年。

在北朝興盛的時期，原本的漢帝國南部，也就是長江以南的地區，分化為幾個漢族王朝（南朝）。在兩百年的時間裡，東亞的中國文化區一直分屬數個王國：北方大體上由外族王朝統治幾乎多為漢族的人民，南方則大體上由漢族王朝統治漢族和非漢族。

## 阿瓦爾人和突厥人的到來

在拓拔人征服中國北方時，阿瓦爾（柔然）人[30]征服了東部草原，建立西起塔里木盆地西北焉耆、東至高句麗王國邊界的帝國。[31]阿瓦爾人在漢文史書裡稱作「柔然」，[32]他們的民族語言關聯尚未確定。[33]中國史書表示，柔然人最初是拓拔人的奴隸。[34]如果阿瓦爾人的確曾經從屬於拓拔人的話，那麼在從屬期間，他們就應該已經習得中央歐亞文化綜合體的草原戰士變體，並按照最初故事的模式，逐漸發展壯大，推翻他們的主人。在北魏建立者拓跋珪（三八六—四〇九年在位）的統治時期，阿瓦爾人在統治者社侖的率領下，在東部草原和塔里木盆地北邊建立他們的帝國。[35]儘管遭遇許多嚴重的危機，包括拓拔和其他民族的進犯，但他們的勢力延續了大約兩百年。因此在一定程度

上，阿瓦爾人恢復先前匈奴的版圖，並收服許多其他民族，包括突厥。在度過漫長的動盪和分裂之後，在五二四年或前後，阿那瓌成為阿瓦爾人的可汗「皇帝」，[36]開始把國家重建為強國。

## 扶餘―高句麗人向朝鮮半島的遷徙

在西元最初幾世紀中，扶餘―高句麗人建立的政權都位於滿洲南部，統治被他們當作奴隸的原住民族。高句麗人曾多次進攻中國帝國最東邊的樂浪郡前哨，該地位於朝鮮半島北部。然而，雖然高句麗國力時強時弱，但中國人一直維持對該地的控制，甚至在漢朝滅亡許久後也仍舊如此。部分原因是高句麗和位於西邊的鮮卑慕容氏之間的幾次戰爭，後者曾兩次大破高句麗。

四世紀時，高句麗終於占據樂浪郡，將其更名為☆Piarna，在他們語言中的意思是「平坦之地」，漢字寫為「平壤」。高句麗將都城遷至該地。此後，扶餘―高句麗人各部開始漸漸占據整個朝鮮半島。在朝鮮半島西南部原先馬韓的地盤上，扶餘部族建立了百濟王國；在半島東南端原先辰韓的地盤上，另一個扶餘部族建立了新羅王國，但這個王國仍舊使用高麗語言。似乎只剩一個地區沒有被扶餘―高句麗民族控制，當地的語言也沒有受到他們的影響。這個地方稱為「加羅」（Kara）或「任那」（Mimana），[37]位於半島南岸中央地區原先弁韓的地盤，它在政治上從來沒有和其他王國平起平坐。[38]現存關於加羅的記載很少，但可以確定的是，它曾經受到日本的強烈影響，有時是日本的納貢國，甚至可說是完全的殖民地。三國時期的朝鮮經歷人口增長和文化發展，伴隨著幾乎連年不斷的戰爭。

## 日本的中央歐亞文化綜合體

在歐亞最東一隅，曾在彌生時代（約西元前四—四世紀）[39]初期從遼西地區[40]遷徙至日本和朝鮮半島南端的倭人[41]——原始日語的使用者——顯然不屬於中央歐亞文化綜合體。在日本，他們吸收朝鮮半島的影響，逐漸形成自己獨特的文化。

倭人和朝鮮半島上的政權有著活躍的貿易和政治聯繫。他們的貿易核心是獲得鐵器，這是朝鮮半島南部十分重要的生產。隨著使用扶餘—高句麗語言的民族南遷至朝鮮半島各地並建立政權，日本人深深地捲入那裡的混戰。

在參與高麗戰事的過程中，屬於中央歐亞文化綜合體的服餘—高句麗戰士多次擊敗日本士兵。[42]按照最初故事的發展，日本戰士是為扶餘—高句麗主人服役的，他們一定是從扶餘—高句麗人習得其版本的中央歐亞文化綜合體，尤其是從士團，在古日語裡稱作「舍人」（toneri）。[43]早期的日本弓騎兵叫做「武士」（bushi），就像它後來的制度化延續「侍」一樣，「都是在中東和草原地區居於主導地位的亞洲式弓騎兵戰士的變體，在日本歷史早期，所有武將的相似性，都遠勝他們的差異性」。[44]在早期日本，親信武士夥伴也要在主公死後自盡並與之合葬，稱為「殉死」，這是一種常常出現的狀況。當一些倭人武士從朝鮮半島回到日本，以及一些朝鮮半島的居民到來，結果就是中央歐亞文化綜合體傳入日本，[45]開啟日本文化和政治的革命性變化，亦即古墳時代。日本皇朝從此開始，並展開對日本的征服和統一。[46]這個島國從那時開始就將目光投向大陸，尋求文化輸入。

## 民族大遷徙和中央歐亞

中央歐亞人遷徙至古典帝國曾經統治地區的原因目前仍不得而知，[47]我們只知道遷徙的這個事實。然而，這件事本身就十分重要。中央歐亞內部存在經常性的遷徙，這是一種常態。大多數草原地區的中央歐亞人，都是游牧或半游牧的畜牧者——其實，他們就是農民，只是他們的「田地」一年四季都在變化，而他們的「莊稼」，亦即牲畜，也是在不斷移動。雖然人們知道在一年中的某段特定時間裡，誰是某塊特定土地的「主人」，擁有牧權和水權，但一般而言，每個人的牧場之間並沒有標記。因此，非定居的中央歐亞的特徵就是巨大的流動性。國家由其民族自己定義，他們之所以凝聚，是因為他們的盟誓，而不是靠他們居住的土地。

自從有歷史紀錄以來，整個歐亞，包括整個中央歐亞，都已經有某個民族在某地生活。雖然歷史記載了一些和平的政治和人口調整，但大多顯然沒有；在歷史記載中，通常是由戰爭來決定由誰統治有爭議的領土。就失敗一方的統治氏族而言，那些沒有被殺或向勝者屈服的人們會選擇逃亡；在某些情形下，他們會逃到周邊帝國（比如羅馬或中國），請求或要求得到庇護。但大多數的普通人，也就是戰敗勢力的普通倖存者，主要是畜牧者和農耕者，通常會和新國家的成員合併。在地方層次上，這未必會帶來任何改變；儘管統治者更迭，但許多民族仍然維持其語言和傳統達數世紀之久。從有歷史紀錄到現代，這樣的模式在中央歐亞反覆出現；這和周邊歐洲和中國農耕－城市文化在歷史上的朝代更迭、領土擴張收縮的過程完全相同。

所有的帝國建立者，無論是游牧王朝還是農耕王朝，都試圖盡可能地向四周擴張。就像前文指出的，草原地區上並沒有任何實體障礙可以阻擋這種運動，就中央歐亞人看來，邊界並沒有意義。

因此，當某個勝利氏族取得極大的成功時，新的國家可以迅速在整個歐亞草原擴張，一直到達周邊帝國的城牆和要塞。這種情況在中央歐亞史上至少出現了三次：斯基泰人（或北伊朗人）、突厥人以及蒙古人。

相較之下，在農耕的歐亞周邊，國家邊界是農田邊界的宏觀反映，農田是構成帝國的穩定微觀世界。國家如果沒有對起義做出回應，地方、內部的政治秩序調整就不會發生。跨越邊境的調整，意味著帝國之間的戰爭。邊界吸引來自兩個文化世界的商人和其他人來到貿易城市；在歐亞周邊國家統治貿易城市的時期，這些城市受到嚴格控制和稅收規範。許多中央歐亞群體在邊境地區發展出半羅馬、半波斯或半中國的文化。

有個特定的因素無疑會推動遷徙（至少在最開始時是如此），就是羅馬和中國雙雙遭遇經濟衰退。比起有更多財富積蓄的帝國中心地區，邊境地區受到的經濟衝擊要更加強烈。當富裕帝國本身的邊境城市和莊園開始遭遇資金不足和規模萎縮，甚至直接遭到遺棄，那麼外國客商或移民工人的日子必定也會越來越難過。

經濟上的麻煩，也會給中央歐亞統治者帶來麻煩，他們需要不斷購置奢侈品和其他形式的財富，以便賞賜從士團和盟友。隨著總體形勢惡化，戰爭的破壞性也越來越大，那麼，當邊境市場崩潰，或是在戰爭中被毀，對於需要進行貿易的人們來說，就必定得要搬到離做生意的地方更近的地方。以下的事實似乎在更宏觀的視角上證實了民族大遷徙的原則：比起西羅馬帝國，東羅馬帝國更加位於歐亞「內部」，所以雖然疆域大幅縮小，但它仍然存活了下來；民族大遷徙對波斯帝國的影響相對較小，它主要只是失去中亞殖民領土而已。

當羅馬和中國的古典時期帝國崩潰後，官方長期以來封鎖的邊界變得漏洞百出，當地的半羅馬

化或半中國化中亞人朝著他們目前變得賴以維生的帝國內部更加深入，希望能夠更加安全地繼續自己的生活方式。這些最初的移民，大多傾心於帝國文化並且想要加以保存。

比方說，在歐洲，他們和羅馬人並肩作戰，對壘諸如哥德人和匈人等等來自中央歐亞更遠地方的人。但實際上，後者也想得到同樣的東西：匈人十分明確、持續一貫且極為強調地要求允許他們在羅馬的邊境市場進行貿易。

當這些長期以來被阻擋的地方政治和人口秩序調整發生後，其他更深入中央歐亞內部的各種調整就像連鎖反應一般跟著發生。它們共同構成了民族大遷徙。這場運動的革命性意義，在於它對西歐的影響。

## 歐洲的再次中央歐亞化和中世紀革命

隨著西羅馬帝國的長期衰落，來自北歐和東歐的半羅馬化民族逐漸開始移民。雖然東羅馬帝國也有相當多的移民，但那裡人口較多，經濟活力較盛，這意味著大多數的新移民會被占主導地位的希臘語人口吸收融合。在西方，羅馬人建造的許多新城市，都位於他們征服的北方邊界附近，那裡曾是日耳曼人或凱爾特人的地盤，那些人屬於中央歐亞文化綜合體，而不是羅馬帝國在幾百年間發展壯大的地中海—古近東「希臘化」文化。當西羅馬的內部開始衰弱時，政府被迫將帝國軍隊撤退到更靠近中心地區的地方——義大利北部和羅馬本身。雖然邊疆民族的文化出現半羅馬化，但他們的基本文化依然屬於中央歐亞：貿易是絕對必要的，如果沒有途徑進入市場，他們願意為此而戰。西羅馬城市的衰落，迫使中央歐亞人向帝國內部移動，尋找可以做生意的市場。不可避免的結果，

就是和羅馬人發生衝突，而羅馬人進一步向南撤退。

出於不為人知的內部原因，西羅馬帝國有些地方被認為已經少有人居，邊疆民族於是遷入，而這又促使更遠的中央歐亞人也向西和向南展開移動。在整個運動過程中，各個民族都努力在中央歐亞或羅馬帝國邊疆建立自己的王國或帝國。遷徙的高峰，是哥德人、匈人和法蘭克人在四世紀、五世紀展開的大規模遷徙，它們幾乎占領了整個羅馬化的西歐。到五世紀末時，中央歐亞文化綜合體不僅出現在未曾羅馬化的北歐、中歐和東歐，還出現在已經羅馬化的北非、伊比利半島、英格蘭、法國、比利時、瑞士、義大利北部、日耳曼尼亞和大多數巴爾幹地區。

皮雷納（Henri Pirenne）有個非常著名、具有吸引力的論題，認為中世紀和西歐中世紀文明並不是始於「蠻族征服」，而是始於伊斯蘭對地中海的征服，以及前西羅馬帝國領土的孤立和貧困。[48]他的說法建立在幾個嚴重的錯誤上，而且在整體上和細節上都已經被完全否定。[49]即便如此，絕大多數的中世紀史學者仍因許多理由接受皮雷納論題，但這些理由全都站不住腳。於是，中世紀歐洲文化的起源和發展如今變成一個巨大的歷史謎團，人們提出許多主張試圖加以化解。

之前的史學家認為「蠻族征服」是古典古代和中世紀的交界點——正如生活在民族大遷徙時期的作家自己所指出的——現在這個問題值得在中央歐亞文化綜合體的視角下重新審視。毫無疑問的是，日耳曼形式的中央歐亞文化綜合體重新引入西歐，並成為主流的社會政治制度，逐漸發展成所謂的「中世紀」文化，包括「封建」體系或諸體系、貿易城市的特殊地位，以及戰士階級的特殊地位。儘管希臘—羅馬元素持續存在——最重要的是拉丁語作為西歐共同書寫語言的主導地位——以及古代文化仍在南歐的一些鄉村長存，但是希臘—羅馬文化在任何前西羅馬帝國領土都沒有恢復古代地中海的文化高峰。然而，這種文化也沒有消失。羅馬人和羅馬化民族生活在新的日耳曼諸王國

裡，而且幾乎從一開始，羅馬文化和日耳曼文化就開始融合。羅馬化西歐再次中央歐亞化的最初結果，就是泛稱為「中世紀」的文化革命。[50]

---

1 這段文字描述的是後來被表沃夫擊敗的怪物格倫德爾（Grendel）的出場。關於文本的問題，見書末注釋[55]。

2 仍然常有人將匈人和匈奴畫上等號被討論（例如De la Vaissière 2005d），但這種觀點有很多問題。見第二章關於匈奴的部分，以及書末注釋[51]和[52]。

3 很遺憾，我們不知道任何其他關於巴蘭比爾的資訊。

4 在任何關於匈人遷徙的討論中，都不能忽視厄爾曼納里克曾經率軍征討和擴張的已知歷史，但現代史卻仍然表述匈人「攻擊」阿蘭人，而且匈人此舉是出乎意料、無端的。史料雖然沒有告訴我們匈人的動機，但是從東哥德人的歷史來看，入侵不可能是無緣無故的。關於厄爾曼納里克和早期哥德人的概況，請參考 Wolfram 1988。

5 Wolfram 1988: 133.

6 Wolfram 1988: 119.

7 Wolfram 1988: 135-136.

8 請參考 Sinor 1990c: 182-183 對這種說法的懷疑。但是，每當關於匈人攻擊的資訊足夠充足時，我們總是可以看到他們這樣做似乎是基於正當理由的。見書末注釋[56]和[57]，以及〈尾聲〉。

9 Sinor 1990c: 184。關於匈人常被和嚈噠人及其他部族混淆的問題，請參考書末注釋[56]。

10 羅馬邊境官員的不端行徑，是匈人怨恨羅馬人的原因。關於這一點，請參考書末注釋[57]。

11 Blockley 1983, II: 227.

12 「狄奧多西二世是首位長久定都於君士坦丁堡的羅馬皇帝……之前的皇帝都是在各個都城間遷移的。」（Howarth 1994: 61）

13 雖然當時和今天的幾乎所有資料，都將這些以黃金支付匈人的歲貢描述成沉重的負擔，但實際上，它在帝國財政中的比例其實很低。有人指出，「四千羅馬磅黃金相當於富裕（且不是最富裕）階層一個長老的年收入」（Wolfram 1988：

154）。根據 Treadgold 1997: 40, 145 的說法，查士丁尼（Justinian）將羅馬金幣的純度改為每羅馬磅百分之七十二。他估計羅馬帝國在四五〇年至四五七年間的年度預算是七百七十八萬四千枚金幣。由於兩千一百羅馬磅黃金等於十五萬一千兩百枚金幣，所以羅馬人支付匈人的歲幣——羅馬人完全應得的懲罰——僅占帝國預算的百分之一・九。君士坦丁堡的富人因為支付匈人歲幣而陷入貧困的故事，完全是編造的。

14 Blockley 1983, II: 275.

15 對於此事的詳情深究，請參考 Lindner 1981。

16 戰事的確切地點不明。普遍認為它發生在香檳區（Champagne），靠近今日的沙隆（Châlons），但這也並非確定。

17 在此之前的幾年，阿提烏斯也曾作為哥德人人質，所以他對這兩個民族戰法的了解應是無人能及。

18 幾種可能的解釋如下；根據普利斯庫斯的說法（來自約達尼斯〔Jordanes〕，由西奧凡尼斯〔Theophanes〕整理），他在夜裡因鼻出血而窒息死亡（Blockley 1983, II: 316-319）。這種不尋常的鼻出血說法似乎有某種程度的真實性，但是也有人認為阿提拉是被暗殺的。暗殺的可能性存在，但 Babcock 2005 認為阿提拉是被親信侍衛埃德科（Edeco）和奧萊斯特（Orestes）暗殺，這似乎完全不可能。

19 根據約達尼斯的說法（Blockley 1983, II: 319），和阿提拉一起被殺和埋葬的人顯然是以祭祀形式死亡的（見 Sinor 1990c: 197），他們很可能是阿提拉的從士團。有鑑於親眼見證並記錄葬禮過程的人並未被殺，可以知道上述行為並不是為了隱藏墳墓的位置。

20 西部草原的匈人，似乎構成日後多瑙河保加爾人（Bulgars）的一部分；保加爾人是突厥人，在阿斯帕魯克（Asparukh）的率領下，於六八〇年進入巴爾幹半島，並建立強大的王國，最終變成保加利亞（Sinor 1990c: 198-199）。如同中世紀早期的斯基泰人一樣，匈人這個名字後來成為任何草原戰士民族的泛稱（通常具有貶義），甚至用來稱呼任何敵族，不管對方的實際身分如何。

21 Wolfram 1988.

22 Blair 2003: 3.

23 在他們之前，凱爾特人已在移入不列顛島嶼時引進一種更早型的中央歐亞文化綜合體，包括戰車。

24 Blair 2003: 1-6.

25 Beckwith forthcoming-a; Wood 1994: 33-35; Ewig 1997.

26 Wood 1994: 38-42.

27 Millward 2007: 30-31。請參考書末注釋56。

28 Frye 1983: 153-160.

29 這個讀音可以重構為 *Taγβač，在古突厥語裡，這個詞發生音位轉化，成為 Taβγač。這個名稱的語言，或是被認為所屬的語言，是部分蒙古語、部分印度語（Beckwith 2005b; cf. Beckwith forthcoming-a）。

30 關於將「柔然」和阿瓦爾等同，以及和這個名字相關的問題，請參考書末注釋18。

31 Sinor 1990c: 293.

32 柔然的拼音形式 Rou ran 也寫成 Juan-juan 或 Ju-ju 等。

33 關於阿瓦爾人的民族語言認定（可能並非蒙古語民族），請參考書末注釋58。

34 Sinor 1990c: 293.

35 Sinor 1990c: 293 曾說關於阿瓦爾（柔然）人的資料很少。但是，漢文史料有大量關於柔然的記載，足夠寫出一本專書。

36 在古突厥語裡，qaγan 這個詞有一個陰性的對應詞 qatun，它具有不同尋常的形態學特徵，既非蒙古語，也非突厥語。qaγan這個稱謂最早見於三世紀中期的鮮卑人（Liu 1989）。他們在語言上屬於蒙古語族，但從結構上看，這個詞並非蒙古語。這個詞的來源和形態至今不明。對這兩個詞進行簡單分割後，有一個詞根 *qa-，即歐亞東部普遍用來表示「統治者」的詞，最早出現在上古時代晚期的朝鮮半島，晚期的例子則見早期的蒙古語語料（契丹語和中古蒙古語）；可參考 Beckwith 2007a: 43-44, 46-47 n. 46。在拓拔統治中國北方時，阿瓦爾人無疑受到同屬蒙古語族的拓拔的強烈影響。

37 Kara 可能是外族對它的稱呼，這表示 Mimana 是該族的自稱。Kaya 的拼法為現代韓語書寫該名時所用；但 /kara/（轉寫為 ☆kala）的發音是確定的（Beckwith 2007a: 40 n. 27）。

38 見 Beckwith 2006c。

39 關於彌生時代的斷代爭議，請參考書末注釋60。

40 遼西是他們在亞洲大陸上的已知最後地點（Beckwith 2007a）。

41 關於早期朝鮮半島地區民族語言史的現代爭議，請參考書末注釋59。

42 即使是在確實存在的零碎歷史紀錄中，也留存了幾次災難性的失敗。顯然還有更多的失敗和勝利，但是沒有留下任何紀錄。

43 Farris 1995: 27-28 將 toneri 譯為家臣。至少在一例早期史料中，舍人被稱為他主公的「奴僕」。在中央歐亞文化綜合體裡，從士團通常被視為主人的「奴僕」。

44 Farris 1995: 7.

45 中央歐亞式墓葬的引入，以及這段時期墓地規模和華麗程度的大幅提高，都是這種特定新影響的明顯跡象（日本史上這個考古—歷史時期之所以稱為「古墳時代」，正是因為這些獨特、巨大的墳墓）；另一個跡象是武士的儀式性自盡或「殉死」，雖然這項傳統後來不受鼓勵，但仍在武士階層中沿襲至近代。有關的詳細研究請參考 Turnbull 2003。

46 一般認為日本皇室屬於朝鮮族裔，有人甚至具體指出來自百濟。但在日語或其他語言的史料中，這種說法並沒有充分的證據。江上波夫曾在一九六四年以英文發表「騎馬民族理論」；有些人將之簡化，提出有支來自亞洲大陸的阿爾泰語族草原游牧民族征服了日本，建立日本皇朝（例如 Ledyard 1975）。雖然考古證據已經否定了這個獨到的觀點（Hudson 1999），但毫無疑問的是，日本皇朝必定是由從朝鮮半島習得中央歐亞文化體的返國戰士建立的。現存的大量證據都可以證明，是中央歐亞化的日本人「征服」了日本，其中一些證據早在江上波夫的著作裡就已經提出了（Egami 1964）；這與朝鮮征服日本說嚴重缺乏證據支持的狀況，形成鮮明的對比。見 Beckwith 2007a。

47 本書呈現的情況只是諸多可能性中的一種。關於民族大遷徙的刻板、不可能或無法成立的解釋，請參考書末注釋❻❶。

48 Pirenne 1939.

49 這種理論已經受到廣泛討論。Lyon 1972 仔細調查了所有的關鍵文獻，表明該理論的任何重要內容都經不起科學的檢視。然而，他出人意料地得出結論說，皮雷納論題的主要觀點以及它對自中世紀始的紀年至今仍被廣泛接受的事實，表明它是有效的。關於詳細的批評，請參考 Beckwith 1987a/1993: 173 et seq.。

50 在中世紀盛期，阿拉伯伊斯蘭知識和技術傳入新的歐洲文化，使之大為增色，它也顯然是啟動現代科學開端的一個因素，但它並沒有消除歐洲文化中的中央歐亞元素。這一點從大航海時期的歷史就可以充分看到，見第九章。

# 第五章

CHAPTER 5

# 突厥帝國

天馬來出月支窟，背為虎文龍翼骨。
嘶青雲，振綠髮，蘭筋權奇走滅沒。
騰崑崙，歷西極，四足無一蹶。
——李白，〈天馬歌〉

## 歐亞的第二個區域帝國時期

六世紀中葉，波斯帝國和東羅馬帝國正在交戰，東亞和西歐都被封建王國分割。在東部草原，遵循中央歐亞文化綜合體神話的模式，突厥人推翻了統治他們的阿瓦爾人，並將他們的殘餘勢力趕到歐亞盡頭。在這個過程中，他們透過城市化的核心——中亞——聯繫了歐亞的所有周邊文明，中亞迅速成為中央歐亞乃至整個歐亞世界的商業文化中心。突厥人熱衷貿易，他們的軍事力量有助於鼓勵其他民族和他們貿易，而且他們統治了中亞大部分地區，因此中央歐亞經濟——絲路——也出現前所未有的繁榮。

六世紀末，國祚不長的隋朝重新統一中國，並試圖再次擴張至中央歐亞。隨著隋朝滅亡，波斯帝國和東羅馬帝國也在此後不久崩潰，新帝國於是在本地或其他先前的邊緣地區建立：西歐的法蘭克人；近東的阿拉伯人，他們最終將印度西北部、中亞西部、伊朗、北非、西班牙和阿拉伯半島也納入疆域；中央歐亞東南的吐蕃帝國；中國的唐朝，它快速擴張至中央歐亞東部和其他相鄰地區；可薩王國（Khazar）和一些突厥人在中央歐亞建立的其他國家，再加上仍在東部草原延續的突厥帝國；古老的東羅馬帝國，它在此時將自己再造為一個嶄新的、更加精實的帝國，以希臘語作為官方語言。中央歐亞及其繁榮的經濟，成為所有主要歐亞國家的關注對象，此時是歐亞的第二個區域帝國時期，通常稱為「中世紀早期」（Early Middle Ages）。

所有這些國家都以中央歐亞為中心，都試圖至少征服離自己邊界最近的部分。因此，中世紀早期（約六二〇—八四〇年）的文化繁榮，伴隨著該地幾乎永不間斷的戰爭。戰爭的一些新特點，直接反映了歐亞主要帝國最終相互接壤的事實：帝國之間相互聯盟，藉以對抗其他的帝國聯盟。八世

紀中葉，持續不斷的戰事在中亞的突騎施（Türgiš）和帕米爾（Pamir）戰爭中升級，並以阿拉伯—中國聯盟對中央歐亞人的勝利告終。歐亞各地隨之而來的經濟衰退顯示，世界已在經濟上相互聯繫，並且仰賴中央歐亞經濟——絲路——的繁榮。

## 東部草原的阿瓦爾（柔然）帝國

四世紀末至五世紀初，阿瓦爾（或柔然）[1]帝國統治了從塔里木盆地東北至朝鮮的北部草原。阿瓦爾人曾是鮮卑臣民，但族源尚不為人知。與此同時，蒙古語族的拓拔鮮卑[2]統治了一個包括中國北方大部分地區和草原南緣的大帝國。這兩個民族經常相互攻伐，直到六世紀初時，已經基本上漢化的拓拔人和阿瓦爾可汗阿那瓌講和。在拓跋魏於五四五年分裂為東西兩半後，東魏仍然和阿瓦爾結盟，但西魏和阿瓦爾人的臣屬民族突厥首領土門[3]結盟，他的頭銜是葉護（yabghu），意思是「屬王、小王」。

大約五四六年時，土門聽說鐵勒（一個生活在蒙古北部的邦聯）計畫要攻打阿瓦爾（柔然）的領土。他先發制人地攻打了鐵勒，並且戰勝。於是土門向阿瓦爾王室的大汗阿那瓌求婚，但阿那瓌羞辱突厥人，稱他們為「鍛奴」。土門憤恨地轉向了中國。該年，他向西魏求親，並得到西魏王室的同意。土門向阿瓦爾人用兵，擊敗了他們。阿那瓌自盡。[4]突厥人追擊阿瓦爾人殘部，從而深入歐亞各地，所向披靡，直到他們統一整個中央歐亞草原地區，並和中國、波斯和東羅馬帝國展開直接接觸。[5]

阿瓦爾人受到東羅馬帝國的庇護。部分因為和其他民族的巧妙結盟，他們進入了潘諾尼亞平

原，定居該地，繼續稱統治者為「可汗」，這讓突厥人非常惱火。

## 突厥人征服

至少在理論上，突厥勢力的中心是位於阿爾泰山脈某處的「於都斤山」（Ötükän Yish）。[6]它是突厥人祖先洞窟的所在地，他們每年都會在山洞舉行儀式或祭典。[7]誰能控制這裡，誰就能對所有突厥人享有至高權威的尊崇。在實踐上，這意味著只有東部草原的統治者，才能享有可汗的頭銜，並在理論上高於其他突厥民族。突厥人真正的大本營，是鄂爾渾河地區（位於今日蒙古中北部），這裡是此前和之後的眾多東部草原帝國中心。

首次提及突厥民族的古典拉丁文文獻表示，他們生活在亞速海以北的森林。[8]下一次提及突厥民族的史料則指出，他們被認為是匈人邦聯的成員，原因在於匈人的名字聽來像突厥語。最遲在六世紀中葉，也就是突厥人出現在中國史料記載的時候，他們已經成為游牧民，學會草原戰爭的戰法。他們還成為純熟練的鐵匠，並持續精進。他們的阿瓦爾統治者頭銜顯示，他們必定是向阿瓦爾人學習如何建立和維持一個草原帝國。

突厥人的宗教信仰核心是天神祇騰格里（Tängri）和地神祇烏馬伊（Umay）。[9]有些突厥民族，尤其是吐火羅斯坦的西突厥人，很早就信仰佛教，佛教對他們具有重要地位。其他宗教也具有影響力，尤其是基督宗教和摩尼教，兩者都是粟特人非常盛行的宗教，他們是突厥的親密盟友，而且精於國際貿易。儘管粟特人是定居的城市民族，但和突厥人一樣，他們也擁有中央歐亞的尚武精神、無處不在的從士團傳統，而且兩個民族都對貿易抱持強烈的興趣。

土門使用可汗的頭銜並統治帝國東部，但他在同年去世。他的兒子科羅（K'uo-lo）繼位，統治了幾個月後也接著去世。土門的另一個兒子木杆（Bukhan，五五三—五七六年在位）[10]繼位。土門之弟室點密（Istemi，五五二—五七六年在位）則作為小可汗統治帝國西部，頭銜是「葉護可汗」，冬季大營設在焉耆附近。[11]這裡逐漸成為實際上獨立的西突厥王國，而土門的繼承人統治了突厥民族，[12]或者說是東突厥人，並享有完整的帝國尊崇。

在追擊阿瓦爾人時，室點密在五五五年抵達鹹海地區，很快就挺進伏爾加河下游。五五八年，第一支突厥使團抵達君士坦丁堡，追索尚未臣服的阿瓦爾人，並要求和東羅馬帝國結立貿易聯盟。

在擴張過程中，突厥人遇到嚈噠人，後者在六世紀初征服索格底亞納，向東進入塔里木盆地，直到抵達阿瓦爾人和中國北方拓拔（魏）的邊界。嚈噠人是早期突厥人在中亞的主要對手。

室點密可汗領導的突厥人在抵達波斯帝國北方邊境後不久，胡斯洛一世（五三一—五七九年在位）和他們簽訂盟約，一同對付嚈噠人。五五七年至五六一年間，波斯人和突厥人攻打嚈噠人，摧毀他們的王國，並以阿姆河為界，瓜分了他們的土地。[13]

在五六八年前某時，突厥人派出一支由粟特人馬尼赫（Maniakh）率領的粟特商貿團前往波斯帝國，要求得到在波斯販售他們的絲綢的許可。波斯人買下絲綢，然後當著商人面前公開燒毀絲綢。波斯人的冒犯回覆，促使突厥人再次派出由突厥人組成的使團，但是波斯人這次殺了他們，[14]此舉違反了歷史悠久的國際外交豁免原則。從這時開始，突厥人和波斯人就進入了交戰狀態。

在粟特人的建議下，突厥人試圖繞過波斯人，和東羅馬帝國建立聯盟。五六九年，羅馬人向突厥人派出使團；他們在次年載著一個商隊的絲綢班師回朝。儘管藉由外交運作，突厥人確保他們羅馬側翼的安全，但他們還是無法攻下波斯人的要塞。突厥和波斯在五七一年議和，但波斯人繼續拒

絕突厥人和他們進行自由貿易的要求，兩個帝國一直處於緊張關係之中。

在五六七和五七一年間，西突厥人控制了北高加索草原；五七六年，他們也控制了西部草原。這兩個區域顯然之前已有突厥民族在部分地方居住，但現在突厥人統治了整個中央歐亞的草原地區。雖然這是史上第二次由一個單一的民族語言群體控制該地，但這次的統一，是由一個家族或王朝實現。[15]他們是阿瓦爾人的政治繼承者，而在阿瓦爾人之前則是匈奴人，但這次的突厥人，遠遠地超越這些前輩。

隨著時間推移，帝國的東西兩半變得益發獨立。在本部位於東部草原和滿洲西部的東突厥疆域裡，木杆可汗的繼承者是弟弟佗鉢可汗（Tatpar，五七二—五八一年在位）。[16]在西突厥疆域裡，室點密則是由兒子達頭（Tardu，約五七六—六〇三年在位）繼承。到五八三年時，達頭已被稱作西突厥葉護可汗。他的帝國包括了塔里木盆地北部、準噶爾、[17]河中地區和吐火羅斯坦。[18]

西突厥的疆域本身也進一步分裂：東邊是西突厥十箭（On Oq）部落，他們以準噶爾地區、塔里木盆地北部和河中地區東部為基地；統領中亞南部的是吐火羅葉護；可薩汗國在六三〇年前後形成，中心位於伏爾加河下游和北高加索草原到頓河；在可薩西邊的是阿斯帕魯克（Asparukh）於六八〇年創立的多瑙河保加爾汗國（Danubian Bulgar）；伏爾加保加爾王國（Volga Bulgars），在七世紀末從可薩人北方移入伏爾加—卡馬河（Kama）一帶。

在從東部草原帝國基礎發展而出的不同突厥群體之間，只存在很小的一些方言差異；一般認為，在早期的古突厥語時期，並沒有出現重大的語言學分化。但是，保加爾和可薩突厥人很快就開始使用一種和其他突厥方言完全不同的方言或語言，以至於其他突厥人很難、甚至無法聽懂他們的話。

## 羅馬波斯戰爭和阿拉伯人征服

到六世紀末，已經和東羅馬帝國斷斷續續交戰大約三百年的薩珊王朝波斯人，已將勢力逐漸擴張到阿拉伯半島南方。約五九八年，他們擊敗當地的希木葉爾王國（Himyarite），讓這片被征服的領土成為薩珊帝國一省。[19]波斯人因此控制所有從海路來往印度和更東方的國際貿易，而且也主導陸路的貿易路線。

東羅馬帝國皇帝莫里斯（Maurice，五八二—六〇二年）在六〇二年被推翻，他和家人都被殺死。叛亂的領袖福卡斯（Phocas，六〇二—六一〇年在位）被宣布為新皇帝。然而，不僅是一些羅馬人不服，連波斯皇帝胡斯洛二世也認為他是一個謀權篡位的人。胡斯洛二世先前是依靠莫里斯的協助才恢復自己的王位，他以一些薩珊領土為代價和羅馬人媾和。波斯人把握時機，對羅馬人發動攻擊，起初只稍獲成功，但在六〇七年，他們入侵羅馬美索不達米亞和亞美尼亞，並且拿回先前被羅馬人奪取的幾乎全部亞美尼亞領土。六〇八年，瘟疫在君士坦丁堡肆虐，波斯人更深入羅馬美索不達米亞和亞美尼亞。六〇九年，他們在安納托利亞各地發動突襲，一路打到迦克墩（Chalcedon），只要越過博斯普魯斯海峽便是君士坦丁堡。[20]與此同時，羅馬北非行省總督在迦太基起兵反對福卡斯，叛軍攻占埃及。埃及和北非是東羅馬首都的糧倉。總督之子希拉克略（Heraclius，六一〇—六四一年在位）率領艦隊從阿非利加和埃及行省向君士坦丁堡進攻，他處決福卡斯，在六一〇年稱帝。

但波斯人的推進仍在繼續，在希拉克略尚不能恢復中央權威之時，他們已經占領首都以外的大部分地區，包括美索不達米亞、敘利亞、巴勒斯坦、部分安納托利亞；六一四年，波斯人占領耶路

撤冷，將「真架」（True Cross）運回泰西封。與此同時，阿瓦爾人和斯拉夫人從北邊向東羅馬帝國進軍，占領色雷斯的大部分地區和該地許多帝國領土。到了六一五年，東羅馬帝國只剩下首都區域、安納托利亞、埃及和阿非利加。六一七年，明顯已和波斯人結盟的阿瓦爾人進攻君士坦丁堡，進行圍城。波斯軍隊在六一八年進攻埃及，在六一九年攻下亞歷山卓，切斷君士坦丁堡的主要糧食供應通道。羅馬帝國正處在歷史上的最低點，似乎已經注定滅亡。[21]

然而希拉克略並沒有放棄。六二二年，他和阿瓦爾人休戰，重新整頓尚能戰鬥的軍隊，將早期的地方支援和駐軍制度加以發展，變成了「封建」軍區（"feudal" theme）制度。[22]他親自率兵東進亞美尼亞，向波斯人發動攻擊並一舉獲勝。這時傳來消息，表示阿瓦爾人撕毀停戰協議，入侵色雷斯南部，希拉克略急忙回朝，和阿瓦爾人再次簽訂和議，並在六二四年再次揮師東進。他攻占了亞美尼亞，將波斯人的勢力壓向更東邊，並在六二五年戰勝前來阻止他的波斯主力部隊。但他並沒有得勝回朝，而是帶著軍隊在凡湖（Van）附近過冬。

為了反制羅馬人的進攻，胡斯洛二世和阿瓦爾人結盟，攻打君士坦丁堡。不過，在高階情報人員的協助下，希拉克略挫敗波斯人的進攻並擊敗他們；雖然阿瓦爾人的確圍攻了君士坦丁堡，但是他們也被打退了。[23]戰局的轉折點發生在六二八年，希拉克略和可薩人結盟，後者是一支在北高加索草原和伏爾加河下游建立強大國家的突厥人；[24]日後證明，這個聯盟對整個中世紀早期的東羅馬帝國極為重要。在秋天時，聯盟軍隊成功推進亞塞拜然各地。雖然可薩人為過冬而撤退，但希拉克略一反傳統，在冬天繼續攻勢。他在十二月入侵美索不達米亞，在尼尼微（Nineveh）附近擊敗一支波斯軍隊。然後，他又進攻位於泰西封以東的達斯卡拉（Dastagird，今日稱為 Daskara）波斯王宮，在六二八年攻克並將其洗劫。此後不久，胡斯洛二世就被其子卡瓦德二世（Kavad II，六二八年在位）

推翻了，雙方簽署和議。六二九年，希拉克略在談判桌上從波斯將軍手中拿回位於美索不達米亞、敘利亞和巴勒斯坦的前羅馬領土；六三〇年，他帶著真架凱旋回歸君士坦丁堡。[25]

希拉克略注定無法享受他對抗波斯人的勝利。在漫長的波斯羅馬戰爭期間，生活在阿拉伯半島上的阿拉伯人的情勢已經益發危急。許多曾經繁榮的城鎮已經荒蕪，或是變成游牧民的帳篷據點。阿拉伯半島西部的商人，包括麥加的古萊什家族（Quraysh），已經主導受到精心維護的一套部落聯盟體系，它涉及朝聖和貿易活動的安全，相關的地域至少是從阿拉伯半島西南角向北直到東羅馬帝國位於敘利亞的邊境，而且還可能再從那裡向東北方延伸至幼發拉底河下游附近的波斯邊境。由於羅馬人和波斯人的戰爭破壞了北方阿拉伯邊疆的穩定，再加上波斯人和阿比西尼亞人（Abyssinians）的戰爭蹂躪了阿拉伯南部，無論是內部貿易和對外貿易都大幅縮水，[26] 而且部落聯盟體系也陷入困境。外國勢力對半島的入侵，成為阿拉伯人內部劇變的最終催化劑。[27] 當危機變得嚴重時，古萊什家族的年輕後裔穆罕默德（Muhammad）提出一個基進的解決方案：統一阿拉伯半島的人民和他們的神祇，形成一個共同體（烏瑪〔umma〕），尊奉唯一的神——安拉（Allāh）。人們認為穆罕默德的想法是場革命，他被迫在六二二年逃離麥加，前往麥地那。他和追隨者——穆斯林，順從真主的人——很快就控制了麥地那這座城市，並推進統一阿拉伯半島的計畫。[28]

新波斯皇帝卡瓦德二世過世，顯然是得了瘟疫，他在位的時間還不到一年。繼任者有眾多他的親戚和將軍，但都在位不滿一年。最終，在六三二年，胡斯洛二世的一個孫子，亞茲德格德三世（伊嗣俟，Yazdgerd III，六三二—六五一年在位）登基繼位。但薩珊王朝的疆域已因連年戰爭和內亂而分崩離析，力量嚴重削弱。[29]

同年，穆罕默德過世。年輕的穆斯林社群還沒有準備好繼承人。先知沒有留下子嗣，而且也

沒有其他傳統可以遵照，因此人們決定選擇先知最喜愛、最受人尊敬的追隨者阿布・巴克爾（Abû Bakr，六三二—六三四年在位）作為他的「哈里發」（khalîfa/caliph），亦即繼任者。由他主持大局後，在先知過世後發生的叛亂很快就被撲滅。但在這時，由於之前穆罕默德帶領的統一戰爭和後續的平叛戰爭，阿拉伯半島的貿易實際上已經陷入停滯。六三三年，最傑出的穆斯林將領、在平叛戰爭中戰無不勝的哈立德・伊本・瓦利德（Khâlid ibn al-Walîd）率領軍隊來到薩珊王朝的東北邊境。當地的穆斯林已經開始對薩珊帝國發動突襲，哈立德的大軍隨之跟進，這為經濟危機提供了解決之道，也給軍中忠心耿耿的阿拉伯人提供了獎勵方式。[30]

次年，阿布・巴克爾向巴勒斯坦南部的拜占庭人發動遠征。但拜占庭人的組織相對較好，只是些許受挫。隨後，哈里發徵調了哈立德，令他加入遠征。哈立德花了五天的時間橫跨敘利亞沙漠，然後立即執掌令箭，在位於敘利亞艾季納代因（Ajnâdayn）的一場重大戰役中擊敗拜占庭人。

在第二任哈里發歐瑪爾・伊本・哈塔布（'Umar ibn al-Khaṭṭâb，六三四—六四四年在位）統治期間，他允許先前阿拉伯半島叛亂者加入北方戰爭。但是在六三四年的橋樑之戰（Battle of the Bridge）中，薩珊人用大象擊敗了阿拉伯人，而拜占庭人也加固其邊境。阿拉伯人使出渾身解數，派出全部兵力強攻。在位於幼發拉底河庫法（Kufa）附近的卡迪西亞戰役（Battle of Qâdisiya）中，他們獲得對波斯人的關鍵勝利，阿拉伯人占領了泰西封，奪取薩珊帝國國璽和其他波斯人財寶。胡斯洛二世的王冠被送去天房。[31]

同年，阿拉伯人還在敘利亞南部的雅爾穆克戰役（Battle of Yarmûk）裡擊敗拜占庭人的一次重要反擊，迫使他們退出敘利亞。在出人意料的初步成功後，阿拉伯人在近東一路攻無不克。他們在六四〇年攻克埃及，並一路征服了北非。[32]在先知穆罕默德過世後的十年內，除了東南歐、安納托利

亞和亞美尼亞以外，東羅馬帝國的所有行省都已落入阿拉伯人手中。

希拉克略曾在幾年前重整東羅馬帝國，以免帝國落入波斯及其盟國之手，他的努力增加了人民對政府的支持。如今，他再次面臨帝國最富饒行省被奪走的窘境。但是，在波斯帝國已經完全落入阿拉伯人手中之際，[33]希拉克略把他的帝國重新整頓成各個軍區，並和可薩王國結盟，這構成了拜占庭帝國長久生存下去的基礎——這是個嶄新的民族國家，由希拉克略及其孫君士坦斯二世（Constans II，六四一—六六八年在位）從東羅馬帝國的餘燼中創造而出。[34]

在六三七年波斯帝國遭遇決定性挫敗並滅亡之後，亞茲德格德三世率領殘兵往東北方向逃到呼羅珊。六四二年，阿拉伯軍隊在尼哈萬德戰役（Battle of Nihâvand）中摧毀了最後一支薩珊帝國軍隊。在中亞，亞茲德格德三世試圖從他在梅爾夫（Marw）的基地聚集當地貴族的支持，但是當阿拉伯人接近時，梅爾夫的「馬爾茲班」（marzbân）和巴德吉斯（Bâdghîs）的嚈噠王公反而對他發起攻擊，並在六五一年擊敗他的勢力。雖然皇帝本人得以逃脫，但在不久後還是在梅爾夫附近被殺。[35]阿拉伯人在同年攻克梅爾夫，隨後又攻取尼沙布爾（Nishapur）。

六五二年，阿拉伯人奪取北吐火羅斯坦的許多城市，包括重要的商業大城和地處最西北方向的佛教中心城市巴爾赫（Balkh，《大唐西域記》中作「縛喝」），這裡有著名的環形設計寺院瑙巴哈爾（Nawbahâr，納縛僧伽藍，意為「新寺」）；[36]在六二八年或六三〇年時，來自中國的僧侶玄奘（約六〇〇—六六四年）曾在這裡和大師般若羯羅（Prajñâkara）學習了一個月。[37]前薩珊王朝的呼羅珊和前嚈噠公國的城市居民都被迫要納貢，接受阿拉伯人的駐軍，並在家中安置他們。與此同時，其他阿拉伯軍隊繼續從克爾曼（Kirman）進入錫斯坦（Sîstân/Sijistân，今日阿富汗東南），占領了最西邊的部分。[38]巴爾赫是重要的商業都會，它成為阿拉伯人在中亞展開軍事行動的主要基地。不

久後，第四任哈里發阿里（'Alī，六五六—六六一年在位）和敘利亞總督穆阿維亞（Mu'āwiya）之間爆發內戰，這場內戰以阿里之死和穆阿維亞在六六一年建立伍麥亞王朝（Umayyad）告終。[39]阿拉伯人雖然在這段期間遭遇暫時挫敗，但他們很快就站穩腳步，繼續向中亞深處擴張。

## 中國的重新統一和帝國擴張

五八九年，稱為十六國或南北朝的時期結束了，隋朝（五八一—六一七年）重新統一中國。和七百年前的秦朝差不多，隋朝的統一是場血腥事件，伴隨著奢侈的公共工程，透過大運河的修建，中國南方和北方之間首次出現可靠的交通運輸手段，而且也將東岸各郡掌控得更緊密。中國此後再也沒有長期分裂。

就像秦一樣，隋也是短命王朝。垮台的因素很多，最重要的是第二代統治者隋煬帝（六〇四—六一七年在位）[40]對從遼河以東直到日本海，然後南至朝鮮半島中段的高句麗王國的毀滅性征討。但是就像秦朝一樣，隋朝也為接下來的一個穩定、強大、持久的王朝打下了基礎。

唐朝（六一八—九〇七年）由唐高祖李淵（六一八—六二六年在位）在六一八年建立。他本是隋朝的唐國公，是鎮守太原的戍衛軍指揮官，在率領反隋叛軍六個月後，他在六一七年進入隋朝都城。[41]李淵的家族來自北方，和北周（五五七—五八一年）、隋朝的皇室家族都有親屬關係，他們和北魏的拓跋貴族成員聯姻。因此，他們對中央歐亞文化十分熟悉，也非常感興趣。唐朝的建立還有部分原因要歸功於李淵成功地和東突厥統治者始畢可汗（Shih-pi，六〇九—六一九年在位）結盟，後者提供馬匹和五百名突厥戰士幫助唐軍擊潰隋軍。[42]

普遍流行的迷思認為，這時的突厥人是中國的一大威脅，這種觀點立基於突厥人為了支持其盟友，總是參與地方割據勢力起兵反隋的叛亂中，而且突厥軍隊曾幾次進入隋朝前線。以下的看法是錯誤的：「東突厥汗國及其盟友企圖對中國發起攻擊」[43]和「其統治者頡利可汗（*Ellig，六二〇—六三〇年在位）始終是心腹大患」，[44]因此為了中國的安全，必須要消滅東突厥汗國。的確，在唐朝建立的最初幾年裡，突厥人仍然支持著不同的叛亂者，但他們同樣是受邀而來——他們並沒有入侵中國。在唐高祖在位的大部分時間，他都在平定各地的叛亂，包括離北方邊境甚遠之處。那些精心捏造的突厥入侵可能性，是徹頭徹尾的假訊息，只是為了正當化唐朝對突厥和既有邊境任何地方的大規模侵略。除了在某時某地「犯邊」以外，史料裡幾乎沒有關於突厥人的資訊；除了突厥人貪婪、暴力的標準刻板印象以外，史料沒有提供實際的歷史原因。隨著更多的歷史資料出現，明顯的事實是突厥人的行動並非劫掠，而且每次行動背後都有其理由。[45]

就像之前的中國王朝一樣，唐朝也企圖建立史上最大的帝國。突厥人也同樣希望擴張自己的帝國，但他們試圖要擴張的「中國」地區，是被中國人占領、駐紮和用城牆圍住的中央歐亞草原地區；而唐朝的公然目標是繼續開疆拓土，征服「四方之民」，直到將整個中央歐亞和中國納入統治之下。簡而言之，認為早期唐朝和突厥人的交手經驗，讓中國人認識到近鄰中有如此強大國家是種莫大威脅，這樣的觀點幾乎和事實相反。唐朝非常清楚漢朝在古典時期的征服，並公開表示要效法其武功。根據官方正史記載，漢朝曾經擊敗匈奴，征服塔里木盆地諸城，還占領了朝鮮。雖然這些並不完全屬實，但唐朝統治者自認為漢朝繼承者，他們不僅要恢復漢朝霸業，而且希望更上一層樓，超越漢朝。

唐高祖之子唐太宗（李世民，六二六—六四九年在位）在激烈宮廷政變中奪權。他殺了兩個兄

弟——太子的頭被他親手砍了下來——李淵被迫交出權力。[46]唐太宗立即把目光轉向了突厥人。

中國傳統的對外民族政策，就是「分化、統治、消滅」。為此，唐朝積極地在東突厥和西突厥之間製造動亂和內部分裂。大本營位於鄂爾多斯北部的梁師都，是隋末以來所剩下的最後一支割據勢力，他的進攻讓唐太宗有藉口開戰。梁師都召集一大支突厥軍隊為他攻打初生的唐朝。突厥人在六二六年抵達渭水，離唐都長安城只有十英里遠。除了向頡利可汗奉上錢財求其撤兵外，唐太宗別無選擇。

不過，頡利可汗此後的命運變得風光不再。六二七年，一些原本臣屬於東突厥汗國的回鶻、拔野古（Bayarku）和薛延陀等部族同時發起叛亂。同年稍晚，天氣也變得糟糕——異常大雪造成無數牲畜死亡，草原發生饑荒。在沒有突厥人的援助下，梁師都變得十分脆弱。唐太宗抓住機遇，在六二八年初進攻他的大營，梁師都被自己人所殺。唐朝也強力支持叛亂的突厥部落所立的新可汗。六二九年，頡利可汗向中國請求臣服。唐太宗拒絕了請求，派出大軍加以攻打。唐軍攻打他在戈壁沙漠南邊的大營，殺死大量突厥人。頡利可汗在六三〇年被抓並送去長安，在六三四年死於囚禁中。

中國帝國在初唐時期勢如破竹般地向四面八方擴張，很少遇到挫敗，在唐玄宗（六八五—七六二年〔七一二—七五六年在位〕）時，帝國疆土到達極限。[47]在八世紀上半葉，中國——尤其是西邊的首都長安城——享受著其至二十世紀晚期之前最為國際性的時代。長安這座城市是當時世界最大、最多人口、最富庶的城市，人口可能高達一百萬，包括大量的外國人口，其中既有長住於此的人，也有出於不同目的的造訪的客人。對於從西域傳來的音樂、受胡樂影響的詩歌，以及自初唐以來就引入中國的于闐風格繪畫，唐玄宗大力加以支持。這個時代是中國詩歌最偉大的時代，許多重

要的詩人生活在這個時期，包括中國有史以來最傑出的兩位詩人，[48]李白和杜甫，他們一生都享有盛名。李白出生在中亞，可能只有一部分漢人血統。他並不融入俗世，「保持特立獨行的作風」，這可能是出於他為人處事表現出的「胡人」舉止，也可能是在某種程度上出於他在詩作裡呈現的非漢人自我形象，[49]而且他作品的一大特徵，就是對於所有異域事物的熱愛。

然而，唐朝對於領土擴張的渴望是不惜一切代價的，在唐玄宗時尤其如此，以致於中國後代的偉大史學家司馬光曾說唐皇室「有吞四夷之志」。[50]無休止的徵兵和沉重的賦稅，讓當時的中國北方內部日益凋敝，這種慘象一再出現在詩歌作品和歷史記載中。

## 吐蕃帝國

在一個偉大新勢力崛起的背後，會存在著經濟、文化、外交和其他方面的動機，但是吐蕃帝國崛起的這些動機尚未得到充分指認。唯一可以確定的是，中央歐亞文化綜合體的社會政治特色，是吐蕃帝國唯一已知的崛起動機。[51]

七世紀初，藏南的一些部族首領向他們的領導者宣誓效忠，稱他為贊普（btsanpo），意即「皇帝」。他們一同密謀推翻暴虐的外族統治者森波傑（Zingporje），後者很顯然臣服當時統治青藏高原大部分地區的象雄（Zhangzhung）諸侯國。密謀者成功實施了計畫，得到皇帝的獎賞，他們也稱贊普為「悉勃野」（Spurgyal）。[52]贊普獎賞他們封地，每個氏族的年輕貴族都加入他的從士團，以鞏固氏族和贊普的關係。在他們鞏固自己在藏南的地盤後，他們擊敗緊鄰他們北方的藏（Rtsang）和蕃（Bod）的統治者，即今日的西藏中部。他們使用古名 Bod 作為國名，但外界稱他們為 Tibet（吐

蕃、西藏）。[53]

吐蕃人首次和中國人發生衝突的情況有著歷史記載。[54]六三四年，唐朝派出一支大軍遠征青海的吐谷渾王國（T'u-yü-hun），他們是蒙古語族鮮卑人的一支，自三世紀起就占據青海湖附近的草原牧場。[55]他們後來經由甘肅，進入東突厥斯坦東部，從而控制中國和中亞之間的南線貿易。唐朝的軍事行動成功了，但是這造成中國人和吐蕃人的衝突，因為後者將吐谷渾視為臣屬。在政治上受到中國人的拒絕後，史上第一個著名的吐蕃皇帝松贊干布（Khri Srong Rtsan/'Srong Btsan Sgampo'，約六一八—六四九年在位）在六三八年擊敗前來攻打他的唐朝軍隊。當唐軍反過來又給他帶來一場小敗仗後，吐蕃提出與唐朝和親的要求。唐太宗同意了和親的要求，將一個公主嫁給松贊干布的兒子或弟弟。[56]唐朝最終未能征服吐谷渾，他們實質承認了除河西走廊外的吐蕃主張領土。河西走廊是唐朝攻擊塔里木盆地城市所必需的戰略要地。

在鞏固左翼以後，唐太宗向西進入塔里木盆地，一個接一個地征服了這裡的城邦國家：位於吐魯番綠洲的東吐火羅人主要城市高昌（六四〇年）；[57]西吐火羅人城市焉耆（六四八年）和龜茲（庫車，六四八年），龜茲也是商業和佛教說一切有部（Sarvâstivâdin Buddhism）的中心。在六三二至六三五年間，位於塔里木盆地西部的塞人或東伊朗人主要城市疏勒（喀什噶爾）、莎車（Yarkand）和于闐（和闐，Khotan）[58]主動臣服中國。唐太宗不顧大臣的建議，在這個區域建立殖民政府，名為安西都護府（簡稱「安西」或「安西四鎮」）。[59]六四九年，都護府從高昌遷往龜茲。唐朝至此控制中央歐亞東部的大部分地區。

松贊干布和唐太宗都在六四九年去世，此後兩者帝國之間的關係開始逐步冷淡。

六五七年，唐太宗之子唐高宗（六四九—六八三年在位）繼位，他的軍隊擊破西突厥。西突厥

可汗賀魯被活捉，送到中國首都。隨著中國人在塔里木盆地和準噶爾地區擊敗了西突厥人，這片地區——其他中央歐亞民族早已稱為突厥斯坦的地方——在理論上受唐朝統治。但整體而言，西突厥人並沒有受到中國人的實際控制。[60] 事實上，隨著統治氏族的消亡，突厥人之間出現權力鬥爭。

與此同時，吐蕃人的勢力擴張至至青藏高原西部前象雄王國的領土，進入帕米爾地區（蔥嶺），該地橫跨從中亞東部塔里木盆地到中亞西部吐火羅斯坦的貿易路線。從六六一年至六六三年，吐蕃帝國已經攻占勃律王國（Balûr 或 Bruźa）、瓦罕王國（Wakhân）以及疏勒周邊。同樣在六六三年，征服者祿東贊（Mgar Stong Rtsan the Conqueror）大破吐谷渾，將其人民和土地併入吐蕃帝國；吐谷渾可汗和他的中國公主以及幾千戶人逃到中國。早在六六五年，吐蕃就征服了和闐；兩年後，在打退不斷進攻的中國人之後，西突厥在名義上接受吐蕃的統治。儘管兩邊的政權都有一些變化，但這樣的關係發展為延續幾乎一世紀的吐蕃—西突厥聯盟。

六六八年，預見中國人會發動攻擊，吐蕃在吐谷渾故地大非川（Jima Khol）河畔建立防禦工事。六七〇年初春，吐蕃和于闐軍隊攻陷撥換（阿克蘇，Aksu）；這讓安西四鎮中的兩鎮脫離中國之手（龜茲、焉耆尚存）。唐軍不但沒有反擊，反而後退，似乎要把東突厥斯坦讓給吐蕃。但在同年春，他們做出回應。唐朝派出一支大軍攻打先前吐谷渾領土上的吐蕃人。此時率領吐蕃軍隊的是祿東贊之子論欽陵（Mgar Khri ’Bring），他大破唐軍。唐朝把安西都護府遷回龜茲。在接下來的二十二年中，東突厥斯坦在理論上受到吐蕃統治。在實際上，雖然在于闐和于闐以西的地方確實是由吐蕃直接控制，但這段時期的大部分塔里木盆地國家都至少是半獨立的。

六八〇年代，阿拉伯（大食）、吐蕃和中國帝國本土都經歷內部的動盪。就像之前一樣，中亞地區在名義上處在上述三大帝國的勢力範圍之內。在這十年的後半段，情勢開始發生變化，吐蕃人

進攻龜茲和北邊的其他地方。儘管唐朝有所抵抗，但吐蕃的控制不斷加強，直到年輕的吐蕃皇帝赤都松贊／器弩悉弄（Khri 'Dus Srong）把所有的注意力都集中在內部問題：他得為了自己的控制權和噶爾氏族（Mgar）的領導人展開權力鬥爭，後者自他年幼時就把持朝政。與此同時，唐朝（自六九〇年起其實稱為周朝，由篡權的武則天〔六九〇—七〇五年在位〕治理）[61]計畫重奪安西四鎮。六九二年，重奪龜茲的中國都護派出中國人和突厥人組成的軍隊攻打吐蕃人，並且取勝，重新建立安西四鎮。雖然吐蕃人試圖在臣屬他們的西突厥盟友的協助下維持這個地區，但他們在六九四年被唐軍決定性地擊敗，吐蕃人進入中亞的兩處戰略要地均告失守。

在吐蕃境內，皇帝赤都松贊毫不留情地屠殺了噶爾氏族的所有人。[62]然後他率軍前往吐蕃帝國的東部邊境討伐南詔王國（位於今日四川和雲南），他在七〇四年於戰場上被殺。實際的統治權傳到其母赤瑪類（Khrimalod）手中，她統治吐蕃帝國的時期，與武則天統治中國的時期約略相同。吐蕃帝國在接下來的幾十年中才慢慢恢復，並對唐朝益發處於防守態勢。

## 第二突厥帝國的建立

在東部草原，突厥人對中國人的統治十分不滿。他們發起一些不成功的起義，直到頡利可汗的遠裔頡跌利施可汗（Elteriš，六八二—六九一年在位）時，才依靠他在草原上的不懈努力將四分五裂、羸弱不堪的諸部落團結到他的大旗之下。六八二年，頡跌利施可汗再次起事，這次獲得了成功。他在草原上重新復辟突厥帝國。他的弟弟遷善可汗（Kapghan，六九一—七一六年在位）繼承汗位，進一步強化國力並擴展疆土。八世紀初始，西突厥的土地主要是在準噶爾和河中地區東部，

控制這裡的是一個新的部落聯邦，稱為突騎施。七一二年，東突厥人在頡跌利施之子闕特勤（Köl Tigin）擊敗了突騎施的娑葛可汗（*Saqal）。他們重新確立長久未見的東突厥人對西突厥人的主導，並頂替突騎施部落聯盟，成為費爾干納、塔什干和大部分索格底亞納的統治者。

## 阿拉伯人征服中亞西部

在六七一至六七三年間，阿拉伯人平復呼羅珊的叛亂。穆阿維亞在六七三年把呼羅珊設置為一個單獨的行政區位，指派烏拜德·安拉·伊本·齊亞德（‘Ubayd Allâh ibn Ziyâd）作為第一任總督。後者在六七四年越過阿姆河，突襲布哈拉王國的商業城市拜坎德（Baykand），並迫使布哈拉王國納貢。當穆阿維亞在六八一年過世時，繼承人間的爭鬥引發了內戰（六八四—六九二年），在內戰期間，呼羅珊的大部分地方再次獲得事實上的獨立。在經歷叛亂和其他內部紛爭後，阿布杜·馬利克（‘Abd al-Malik，六八五—七〇五年在位）成為哈里發，他終於恢復對呼羅珊中較近地區的控制。六九五年，他任命哈查吉·伊本·優素福（al-Ḥajjâj ibn Yûsuf）擔任伊拉克和東方省分的總督，至於呼羅珊還有錫斯坦，則繼續作為單獨的總督省分。由於災難性的叛亂和總督的羸弱，阿布杜·馬利克在六九七年把呼羅珊和錫斯坦也交給哈查吉·伊本·優素福，此舉讓他控制了阿拉伯帝國的半壁江山，這種態勢一直延續到阿布杜·馬利克餘下的統治和其子瓦利德一世（al-Walîd I，七〇五—七一五年在位）的統治時期。

到七世紀末，阿拉伯人不僅生活在呼羅珊地區的城市裡，還有一些人已經得到土地並被當地人同化。有些人的同化程度之深，甚至讓他們喪失免稅的阿拉伯人身分。在梅爾夫，阿拉伯人和

當地人的關係比在其他地方更加緊密。阿拉伯政府甚至向梅爾夫的粟特人借款，用於在六九六年遠征索格底亞納本身。[63]在世紀之交時，梅爾夫商人社群中有兩位領導人是塔比特（Thâbit）和胡萊特・伊本・庫圖巴（Ḥurayth ibn Quṭba）兄弟，各自都擁有自己的柘羯從士團。最終他們在鐵爾米茲（Tirmidh）加入阿拉伯叛軍穆薩・伊本・阿卜杜拉・伊本・哈齊姆（Mûsâ ibn ʽAbd Allâh ibn Khâzim）的行列，並聚集河中、吐火羅斯坦和巴德吉斯的嚈噠王公一同反抗伍麥亞王朝。聯盟後來崩解，兄弟兩都被殺；哈查吉・伊本・優素福任命了另一個總督，名叫穆法達爾・伊本・穆哈拉布（al-Mufaḍḍal ibn al-Muhallab），他最終於七〇四年在鐵爾米茲鎮壓了穆薩的叛亂。哈查吉隨後任命庫泰巴・伊本・穆斯林・巴希里（Qutayba ibn Muslim al-Bâhilî，中文史書《冊府元龜》中稱為屈底波）為呼羅珊總督（七〇五—七一五年）。

庫泰巴是哈查吉・伊本・優素福親自培養的，當他來到梅爾夫時，他重整了該省的阿拉伯行政組織。他還再度確立阿拉伯人對吐火羅斯坦的控制，在幾年後奪取拜坎德（畢國），該城是中國貿易的中心，最終也在七〇九年攻陷安國（布哈拉）。[64]在七〇九年至七一〇年，他奪取史國（沙赫里薩布茲）和小史國（Nasaf，今日卡爾希），粉碎吐火羅斯坦和嚈噠的叛亂，抓到吐火羅斯坦的葉護，將他送到當時阿拉伯人的首都大馬士革。[65]七一二年，庫泰巴設局包圍花剌子模，留下一支阿拉伯殖民駐軍。同年，他又圍城康國（撒馬爾罕）。撒馬爾罕國王向石國（塔什干）求援。作為石國的統治者，東突厥汗國於是派出闕特勤率領的軍隊馳援索格底亞納。但是庫泰巴獲得勝利，突厥人被迫退兵，而阿拉伯人在撒馬爾罕設立駐軍。[66]

七一四年，庫泰巴率兵深入河中地區，最遠抵達費爾干納。在此時，他已獲得一支從士團，稱為「弓射手」（Archers）。庫泰巴在從攻打塔什干（赭石，Shâsh）的戰役歸來途中，聽聞其贊助

人哈查吉的離世（七一四年），但哈里發瓦利德一世已確認他為新任總督。七一五年，庫泰巴再次入侵錫爾河流域省分。這次，他和吐蕃人與費爾干納王室家族中的一系結盟。他們一同推翻費爾干納統治者巴沙克（Bâšak），用另一個王室家族成員阿魯塔爾（Alutâr）取而代之。同年，當庫泰巴仍在費爾干納時，哈里發瓦利德一世去世，蘇萊曼（Sulaymân，七一五—七一七年在位）繼位。庫泰巴知道他將會被召回，於是發動反叛，但他的軍隊卻轉而反抗他。只有他的從士團，也就是弓射手，一直與他並肩作戰至最後一刻。他們全都戰死。

與此同時，巴沙克逃往龜茲，向中國人求助。當地的唐朝將領組織了一支軍隊，和巴沙克一同發起遠征，在同年十二月突入費爾干納，推翻阿魯塔爾，將巴沙克重新推上王位——他如今已是中國附庸。[67]

七一六年，從突騎施領土上撤出後不久，遷善可汗（Kapghan）在戰役中被殺，其侄毗伽可汗（Bilgä）繼位，繼位過程中得到其弟闕特勤的大力相助。突騎施黑骨氏族（Black Bone）[68]的領袖蘇祿（*Suluk）在西突厥領土上稱可汗。他立即恢復突騎施的勢力，迅速擴張其領土，範圍已超過先前的統治者。突騎施主張自己是前西突厥人在河中地區和吐火羅斯坦的霸權的繼承者。突騎施因此成為反抗阿拉伯人和伊斯蘭的當地部族的支持者，也是吐蕃人的緊密盟友。

中國人把突騎施和吐蕃的聯盟看作南北連結的實現，這件事自漢朝開始就是中國人的心頭大患，因為這會切斷中國和西域的聯繫。[69]作為漢朝的有意模仿者，唐朝將會企圖破壞這個聯盟。他們和阿拉伯人祕密結盟，謀畫突騎施和吐蕃的滅亡。

## 唐、新羅征服高句麗

在隋和唐初，重建漢朝對滿洲南部和朝鮮北部的統治的重大嘗試都以失敗告終，被高句麗王國令人懼怕的軍隊擊敗。但在六四二年，內亂削弱了高句麗，發動起義的淵蓋蘇文[70]掌權。他殺死國王和一百多名貴族，[71]讓死去國王的一個兒子上台當傀儡。然而，在他的攝政下，高句麗再次擊退了一次大規模的中國入侵——這次的入侵是由唐太宗於六四五年親自率領。[72]

在唐高宗（六四九—六八三年在位）時期，唐朝和新羅結盟，這個王國位於朝鮮半島的東南，透過征討周邊王國，其勢力已經不斷在朝鮮半島南部擴張。唐朝和新羅用海路和陸路同時出兵，夾攻了當時朝鮮半島上最文明、第二強大的百濟王國。雖然高句麗、日本分別以陸路和海路派兵支援百濟，但唐朝和新羅仍在六六〇年擊敗百濟，並在六六三年徹底占領百濟全境。

隨後，在六六六年，淵蓋蘇文去世，其子泉男生繼位執掌高句麗。但他和兩個兄弟出現了王位爭奪，泉男生向唐朝求助。唐朝的謀略家看到了機會，他們和新羅發動了一場強攻，從兩條戰線攻打高句麗。雖然高句麗激烈抵抗，但還是在六六八年兵敗，二十萬高句麗人連同國王，都被送到中國。留下來的高句麗人在六七〇年起義反唐，但中國人在四年後殘酷地鎮壓了起義，處決起義領袖，將倖存者發配到深入中國中原的地方。六七六年，唐朝的殖民政府被迫要從平壤遷往遼東。其後不到數年時間，新羅蠶食了唐朝占領百濟和高句麗的大部分領土，只有高句麗的北部除外，此地被納入新的百濟王國。[73]高句麗語在八世紀中葉仍有一些人使用，但此後不久，他們的人和語言——這種唯一被證實和日本—琉球語具有親緣關係的大陸語言——就完全消失了。[74]

## 法蘭克人

在民族大遷徙終於在西歐結束後，住在高盧北部和日耳曼尼亞西部的人是法蘭克人。他們的成功要歸功於幾位偉大領袖的才能，最著名的是克洛維一世（四八一—五一一年在位），他是希爾德里克一世（四八一／四八二年卒）之子、墨洛維（四五六或四五七年卒）之孫。克洛維一世在五〇八年設立巴黎為法蘭西（Francia）首都。他統一了法蘭克人（主要是靠殺死其他法蘭克部族首領），使之成為北高盧及其周遭無可置疑的領導者。他的兒子完成了對高盧、比利時、日耳曼尼亞西部和部分今日瑞士的絕大地區的征服。由於長年困擾墨洛溫王朝的內部繼承鬥爭，他們的控制權常常鬆弛，但是達戈貝爾特一世（Dagobert I，六二九—六三九年在位）從其父克洛泰爾二世（Chlothar II/Lothair，五八四—六二九年在位）繼承了一個統一的王國。他及其繼任者受到擔任宮相（Mayor of the Palace）的丕平家族（Pippin）的強烈影響，這個家族的成員逐漸掌控了墨洛溫王國的實際運作。[75]在達戈貝爾特一世死後，墨洛溫王朝統治者成為丕平家族的「前—加洛林」（pre-Carolingian）宮相王朝的傀儡。到七世紀初時，政府已經完全被丕平家族掌控。宮相卡爾／鐵鎚查理（Carl/Charles Martel，七一四—七四一年在位）撲滅了王國各地的叛亂，包括七二五年平定的阿基坦的奧多（Eudo of Aquitaine）叛亂。但阿拉伯人在七一一年從北非入侵並征服西班牙，奧多（出身自加斯科涅〔Gascon〕或巴斯克）和相鄰的柏柏人（Berber）領袖蒙努扎（Munnuza）結盟，後者的據點在庇里牛斯山。新任西班牙總督阿布杜·拉赫曼（'Abd al-Raḥman，七三一—七三二／四年在位）率領阿拉伯人攻打庇里牛斯山的蒙努扎並取得勝利，隨即繼續挺進高盧南部，在加龍河（Garonne）以北戰勝奧多。阿拉伯人洗劫波爾多和普瓦捷（Poitiers），然後進攻土赫（Tours），

但在七三三年或七三四年於此被卡爾／鐵鎚查理擊敗。[76]卡爾及其弟希爾德布蘭（Hildebrand，尼伯龍〔Nibelung〕之父）打敗了和阿拉伯人結盟的納博納（Narbonne）和普羅旺斯。[77]卡爾死後，其子矮子丕平（Pippin the Short/Pippin III，七四一／〔國王七五一〕—七六八年在位）和平繼承了宮相之位。他繼續其父的政策，將法蘭克人的領土擴張到南至西班牙、地中海和義大利，北至薩克森（Saxony），東至潘諾尼亞阿瓦爾人的範圍。

## 絲路和中世紀早期的政治意識形態

就整個歐亞中世紀早期的史料記載而言，最為顯著但也最不為人知的事實之一，就是它們都強調中央歐亞的角色，特別是中亞。中文、古藏文和阿拉伯文的史料文獻尤其如此，它們充滿了關於中亞的各種細節，甚至連比較偏狹的希臘文和拉丁文史料，也強調中央歐亞對其治下領域的重要性。注意力之所以集中在中央歐亞，明顯不是由於現代史學家想像的那種游牧戰士入侵威脅，因為史料文獻幾乎沒有提及這一點。事實上，史料關注中央歐亞的原因，似乎是繁榮的絲路經濟和整個歐亞存在著一種共同的政治意識形態，而後者導致了幾乎毫無間斷的戰事。

這種共同的意識形態，是中世紀早期所有歐亞國家展開擴張背後的政治意識形態驅力之一，它最早體現在突厥帝國的征服中。[78]對於自己的統治者，每個帝國都有其獨特的稱謂，在官方文件中，這個稱謂幾乎從來不會用來稱呼任何外國統治者。[79]每個國家都相信自己的皇帝是「普天之下」唯一正當的統治者，其他的所有人都應該是他的臣民，不管是臣服的、還是效命的，或是尚未被征服的、反叛的「奴僕」。若出現反叛或拒絕臣服，其懲罰就是戰爭；然而，不論如何，戰爭在整個中

世紀早期的歐亞都是不可避免的，這既是因為當時共同的帝國主義政治意識形態，也是因為自從史前時代以來，經常性的戰爭已經成了生活的正常組成部分。

因此，每個君主都宣布並試圖要稱霸四海，向四方開疆拓土；在理論上，他會把四個方向的土地分別封給四個部屬。扶餘王國和高句麗王國[80]清晰地體現了這種理想的中央歐亞政治結構，有時也恰如其分地稱為「可汗和四伯克制」（Khan and four bey system）；[81]根據拜占庭使者摩尼亞克（Maniakh）呈給羅馬皇帝的報告，突厥帝國有四個「總督職位」[82]和一個出自阿史那氏族（Aršilaš）[83]的統治者；[84]這種理想的中央歐亞政治結構，似乎也最能解釋吐蕃帝國高度理論化的「四茹」（four-horn）制；[85]唐帝國不僅設立安西都護府，也在其他三個方位設置安東、安南、安北都護府；[86]契丹帝國和後來的蒙古帝國及其後續汗國也都是如此。[87]

部分出於上述這種意識形態的影響，所有的中世紀早期帝國都試圖向各方擴張領土。這和其他時期和地方的帝國並無二致，但是在中世紀早期，各個偉大帝國在史上第一次有了相互的直接接觸，知道自己並不是唯一的帝國。每個帝國都被迫要面對這樣的事實：自己得和其他君主平起平坐。起初，沒人能接受這個事實，所以為了處理和其他帝國打交道的實際需求，帝國之間制定出外交協議：一個帝國派往另一個帝國的使節在那裡向外國統治者行禮以示服從；使節的服從舉止在當地被當作是臣服而記載下來；接著，使節回國，此時通常會有對方國家使節的陪同，而對方使節會對本國君主行使表示臣服的禮節。[88]

當歐亞各個文化和民族國家在八世紀初彼此碰撞時，每個國家都知道其他國家也像自己一樣，覬覦中央歐亞的控制權。每個國家都渴望從其他帝國獲得產品、知識和人民。它們全都結成政治聯盟，鉅細靡遺地協調彼此的軍事行動，甚至修改自己的作法和信仰，以和其他帝國相應或相別。雖

然在這段時期裡，整個歐亞戰火不絕，但絲路經濟卻持續繁榮，而且變得益發重要，這種榮景至少延續到八世紀中葉。歐亞世界在政治上、文化上相互聯繫，在經濟上尤其如此，而且益發緊密，這主要是源於中央歐亞人的經營。[89]

1 請參考書末注釋⓲關於將阿瓦爾人和柔然人等同的討論。

2 關於該名，見 Beckwith 2005b。

3 關於 *Tumïn、土門這個名字，以及古突厥語碑文上的 Bumïn，請參考書末注釋❿和⓱。

4 *CS* 50: 909.

5 關於明顯帶有神話元素卻呈現為史實的討論，見〈序曲〉中突厥人的起源故事和相關注釋。

6 Sinor 1990c: 295.

7 有人認為，這項傳統以及突厥人確實精於煉鐵的事實（中國和希臘史料均加以證實），表明這個洞穴其實是個鐵礦；參考 Sinor 1990c: 296。考慮到突厥與高句麗神話之間的密切平行，洞穴是鐵礦的說法可能有待商榷，因為高句麗（同樣位於帝國東部山中）的洞穴是穀神的住所。

8 一世紀中葉，梅拉（Pomponius Mela）曾提及 Turcae（突厥人）。老普林尼（Pliny the Elder）也在《自然史》（*Natural History*）中提到他們（Sinor 1990c: 285），拼寫為 Tyrcae。不管如何，自六世紀以來，突厥人已經不斷從東向西遷徙。見 Czeglédy 1983；參見 Golden 1992。

9 他們的信仰和斯基泰人與其他早期草原民族以及其他後來的民族是相似的。這種信仰似乎是中央歐亞文化綜合體的重要組成部分，值得宗教史家關注。

10 這顯然和米南德（Menander）著作中提及的突厥領袖名字 Βώχαν-Bôkhan 是同一個，即古突厥語 Buqan（Blockley 1985: 178-179, 277 n. 235）。在標準中古漢語裡，母音前的 *m-* 通常發音為 *ᵐb-*（Beckwith 2002a, 2006b; cf. Pulleyblank 1984）；在轉寫古突厥文時，有許多這種以 *b* 音節開頭的例子。

11 葉護，yabghu（即 yaβγu）的稱謂，可以追溯到巴克特里亞吐火羅王國五個組成部分的總督的稱謂，其中一個總督最終掌權，建立貴霜帝國（Enoki et al. 1994: 171）。

12 Türk 這個民族名稱實際上與英語化的 Turk 相同；發音是 [tyrk]，即 Türk，在現代土耳其語和大多數其他突厥語中仍然如此。這裡遵循傳統的學術慣例，只使用 Türk 的拼法來指稱以東部草原為基地的第一、第二突厥帝國的民族。關於這個族名的中文和其他外文轉寫，見 Beckwith 2005, forthcoming-a。

13 Frye 1983: 156; Sinor 1990c: 299-301.

14 Sinor 1990c: 301-302.

15 之前控制整個草原地區的斯基泰人，或說是北伊朗人，於擴張之初在文化和民族語言上也是一個單一群體。和後來的突厥人一樣，隨著時間推移，他們逐漸分化。

16 他的名字「佗鉢」之前寫成 Taspar，見 Yoshida and Moriyasu 1999、Beckwith 2005b。

17 Jungharia（準噶爾）這個地名並不是當時的稱呼，但這個地區並沒有其他的明確地理名稱。Jungharia 也可根據喀爾喀（Khalkha）方言的發音拼成 Dzungaria。見 Beckwith forthcoming-b 中關於準噶爾這個名字及其變體的討論。

18 當時的吐火羅斯坦大致相當於今日阿富汗和一些鄰近地區。

19 Frye 1983: 158.

20 Treadgold 1997: 231-241.

21 Treadgold 1997: 239-241, 287-293.

22 根據 Treadgold 1997: 315 et seq.，希拉克略之孫君士坦斯二世（Constans II，六四一—六六八年在位）完成了把帝國畫分成軍區並設置軍事總督的重組，讓士兵守衛自己駐紮的軍區，但改革的基礎早在希拉克略的時候就已奠定，見 Ostrogorsky 1968: 96 et seq.。這種「封建」制度在歐亞已廣為散播，在拜占庭帝國周圍的日耳曼人、阿拉伯人、突厥人，甚至是在北非定居的日耳曼汪達爾人，都可發現這種制度。

23 關於阿瓦爾人及其涉入此戰的更多資訊，見 Pohl 1988。

24 許多關於可薩人的出色研究已經發表，包括 Dunlop 1956、Golden 1980 以及許多 Golden 和Thomas Noonan 的論文；見 http://www.getcit mbrz/11063130 和 http://www.getcited.org/mbrz/10075924。

25 Treadgold 1997: 293-299; Frye 1983: 168-170.

26 Crone 1987 仔細重新評估先前關於這種貿易和伊斯蘭教興起的理論。她關於阿拉伯人並未參與高價奢侈品貿易的論點，與她自己便已提及的麝香貿易相互矛盾；不管怎樣，阿拉伯人似乎在前伊斯蘭時代就已主導麝香貿易。關於麝香貿易以及麝香本身的概論，請參考 King 2007。

27 Crone 1987: 246, 250.

28 關於貿易在早期伊斯蘭擴張中的角色的爭議，見書末注釋[62]。

29 Frye 1983: 170-171.

30 關於伊斯蘭和早期穆斯林與阿拉伯人征服的關聯的可疑觀點，請參考書末注釋[63]。

31 關於阿拉伯人摧毀波斯人和希臘人圖書館的常見說法的謬誤，請參考書末注釋[64]。

32 Shaban 1971: 24-34.

33 伊朗中心觀的觀點認為，使用伊朗語言的中亞，包括馬爾吉亞納（Margiana）、巴克特里亞和河中地區都是波斯人的領土，他們的人也都是波斯人，這種觀點是錯誤的。見書末注釋[65]。

34 拉丁文不再作為帝國的行政語言，取而代之的是希臘語（Ostrogorsky 1968: 106），儘管拜占庭人在他們的「羅馬帝國」於一四五三年結束之前，一直自稱羅馬人。有鑑於在阿拉伯人征服後，近東和北非幾乎所有的非伊朗語言區域都阿拉伯化，希拉克略因此可說是拯救了希臘民族和希臘語，使其沒有消亡。

35 Shaban 1970: 18-19。其子卑路斯（Pêrôz）最終逃去中國。馬爾茲班意為「大都督」，是薩珊帝國晚期和阿拉伯哈里發帝國早期常用的地區長官或軍事長官官階（Kramers and Morony 1991）。據說，亞茲德格德三世是被馬爾茲班馬胡伊．蘇里（Mâhûî Sûrî）在伊曆三一年／西元六三四年殺死的（Yakubovskii and Bosworth 1991）。

36 在當時這個建築群是作為薩珊王朝省會而建造。巴格達阿巴斯王朝首都「和平之城」的設計和規畫，是根據瑙巴哈爾和泰西封的基本規畫，相關資料可參考 Beckwith 1984b，但該著作錯誤地排除泰西封的可能性。

37 一般認為是六三〇年，但 Ch'en 1992: 42-53 認為是六二八年。請參考書末注釋[66]。

38 六五三年，這裡爆發了一場起義；儘管派來的軍隊成功加以鎮壓，但該區域隨即再次脫離帝國。在穆阿維亞（Mu'âwiya）繼任哈里發後，他對錫斯坦進行大規模的遠征，阿拉伯人奪回札蘭季（Zaranj）並占領喀布爾。然而，遠征占領的地區大多都長久維持著事實獨立的狀態。

39 Shaban 1971: 70-78。關於內戰，見書末注釋[67]。

40 他是隋代建國者隋文帝與非漢族貴族獨孤伽羅之子。

41 Wechsler 1979a: 150-153.

42 Wechsler 1979a: 159。這很難算得上是所謂的「**針對**東突厥的外交攻擊」（Wechsler 1979a: 187，黑體字非原文所有）。

43 Wechsler 1979a: 157.

44 Sinor 1990c: 308.

45 請參考〈尾聲〉的進一步討論。

46 Wechsler 1979a: 185-186.

47 Dillon 1998: 360.

48 但他們並沒有受到唐玄宗的青睞。有鑑於唐玄宗對待叛亂前的安祿山的方式，以及許多類似的例子，我們只能做出這樣的結論：唐玄宗基本上是個不會識人的皇帝。

49 Owen 1981: 143。李白（七〇一—約七六三年）出生在中亞，成長在碎葉城（Suyab，今日吉爾吉斯托克瑪克〔Tokmak〕附近）。在少年時代，他的家庭搬到四川，他在那裡長大成人。他的家庭可能是商人之家，據測有部分胡人血統。見 Eide 1973: 388-389；參考 Owen 1981: 112。雖然李白的作品影響當時的其他重要詩人——其中最著名的是杜甫——但他的一生基本上是被其他詩人忽視的。

50 *TCTC* 216: 6889.

51 就吐蕃而言，這些元素包括以下：統治者及其勇敢的夥伴，後者屬於位居社會頂層的從士團；統治者和從士團、馬匹和大量的私人財富一同下葬；對貿易的強烈興趣。

52 關於頭銜「悉勃野」和一些學者對這個稱號的誤用，請見書末注釋68。

53 「吐蕃」（Tibet）是外族人對該國的稱謂。這個詞和蒙古語言中的拓拔或 *Taghbač 有關，但卻和吐蕃人本民族的自稱「蕃」（Bod）沒有任何關係。詳細的討論請參考 Beckwith 2005b。

54 事實上，吐蕃人在之前就曾和隋朝發生過同樣的齟齬；他們的國家在當時被漢文記作「附國」（Beckwith 1993: 17-19）。正如許多學者所指出的，「附」可能是 Spu 或 Bod 的音譯，但無論是對哪一個音譯，它都是極為不符規範的音譯。

55 Molè 1970: xii.

56 Beckwith 1993: 23。人們對於這次和親一直存在著誤解，請參考書末注釋69。

57 然而，大約在這個時期，他們似乎已經開始使用西吐火羅語。東突厥斯坦吐火羅語的確切流行時期（和地點）仍然有待確定。

58 和塔里木盆地北緣的各城市不同的是，于闐是大乘佛教的重要中心。

59 或「安西大都護府」。

60 在幾乎所有關於這個主題的著作中，都一再重複著中國人實際控制了西突厥的說法，但這種說法是建立在把中國朝代史的誇大說法信以為真的基礎上。

61 雖然武曌實際上取代唐朝，並登基成為中國首位也是末位女皇帝，但她並沒有消滅唐皇室的統治者唐中宗（六八四年在位，七〇五—七一〇年復位）、唐睿宗（六八四—六九〇年名義在位，七一〇—七一二年復位）。和王莽一樣，武曌也因此被歸類為篡位者。兩者都是有效的統治者，但都沒有獲得正統地位。他們所取代的朝代後來都復辟，他們在史料上的定位也就注定了。

62 有些人逃到中國，在唐軍中效力。

63 Shaban 1970: 48 認為，這樣做是為了減少他們家鄉公國的稅額。它們被阿拉伯帝國征服後，即是「和平之地」（dâr al-salâm）而不是「敵人之地」（dâr al-ḥarb）了。

64 Shaban 1970: 66.

65 Shaban 1970: 67.

66 Shaban 1970: 67-75.

67 Beckwith 1993.

68 先前的統治者來自黃骨氏族（Yellow Bone）。

69 漢、唐的朝代史都用一定的篇幅明確討論了這種恐懼。雖然（當時的中國人和此後的史家）經常出現這種說法，表示中國人並不需要國際貿易，而且也沒興趣，但很顯然，他們確實需要國際貿易，而且有著強烈的興趣。

70 他的古高句麗語全名 *Ür Ghap Somun 的前兩個音節是 *Ür 和 *Ghap（☆ɦaɨp ʃ ☆ɣap）；見 Beckwith 2007a: 46, 62-63。第二個音節不是後來讀作「蓋」的中古漢語 ☆kaj$^3$（Pul. 102）；這個讀法似乎是中世紀的錯誤。他鮮為人知的名一般轉寫為韓文的 Somun，古高句麗語的 *ɦaɨp，意思是「大山」，它源自上古高句麗語的 *ɦapma，這和古代日語 *yama（山）同源（Beckwith 2007a: 46, 121）。

71 這些人有可能是國王的從士團，但相關資料極為有限，沒有提供足夠的資訊，所以無法做出更多討論。

72 Wechsler 1979b: 232-233.

73 Twitchett and Wechsler 1979: 282-284; Beckwith 2007a: 46-49.

74 關於高句麗語（或扶餘—高句麗語）以及日本—琉球語的關係，請參考 Beckwith 2005a, 2006e, 2007a。

75 Wood 1994: 146-147; Scherman 1987: 232-233.

76 即傳統上說的普瓦捷戰役，參見 Wood 1994: 283 各處。

77 關於具體細節和相關問題，見 Wood 1994: 273-274, 281-284。

78 這種觀念一直延續到蒙古人的時期，而且在蒙古統治者寫給其他統治者要求臣服的信件中表現得非常明顯。

79 Beckwith 1993: 14-15, 19-20。關於法蘭克和阿瓦爾皇帝稱謂的問題，請參考書末注釋 (70)。

80 記載早期扶餘王國時，漢文史料列出一位君主再加上四個分部；記載高句麗時，則記載了「五方」，居中的是王族（黃部），見 *SKC* 30: 843; *HHS* 85: 2813; Beckwith 2007a: 41-42。這類似於後來對契丹（遼）的記載。

81 見Schamiloglu 1984a。該著作主要描述蒙古帝國時期和後蒙古時期的政治結構。這種政治結構是中央歐亞大多數政權的「理想」政治組織制度，而它在更久以前便已存在。至於這種理想「在領土上」的真正實踐，還有待學者更仔細的研究。

82 這似乎是米南德使用的 ἡγεμονία/hêgemonia 一詞的意涵，Blockley 1985: 114-115 將其譯為「公國」。

83 關於 Arsïlaš（阿史那）可能的音寫、詞源和意思的討論，請參考書末注釋 (72)。

84 Blockley 1985: 115。關於突厥王族的名稱，*Arsïlas，見書末注釋 (71)。

85 見 Uray 1960。

86 安南都護府的「安南」一名一直沿用到很晚近的時代，是越南的舊稱。在概念上，四個方位對應的中心是唐朝都城長安。但長安的名字古已有之，和四個地理方位沒有關係。中國人對自己國家的常用稱呼是「中國」，原初意思是「位於中央的國家」，而不是「中間的王國」這種後來的詮釋。

87 Manz 1989: 4 指出：「成吉思汗將草原帝國領土分成四部，即四個兀魯思，分封給四個兒子，並給他們四支軍隊。」將國家分為四個政府的作法，是黃金家族政權眾所週知的特點（Schamiloglu 1984a）。

88 這種自欺欺人的外交方式在各種官方層面上一直維持到九世紀初，當時唐帝國和吐蕃帝國簽訂了歐亞東部第一份真正的

雙邊條約（Beckwith 1993）。然而，帝國的意識形態並沒有從歐亞完全消失。十三世紀時，成吉思汗領導的蒙古人仍然遵循此觀念，而中國人則把這種觀念一直沿襲到現代。

89 Cf. De la Vaissière 2005a: 186.

# 第六章

CHAPTER 6

# 絲路、革命和崩壞

他將你帶走，你我分離，
他讓我飽嘗各種苦澀，將我的歡樂帶走。
——佚名吐火羅詩歌[1]

## 商業勢力、寺院制度、藝術和科學

在八世紀中葉的十三年時間裡，歐亞各個帝國都遭遇嚴重的叛亂、革命或王朝更迭。動盪始於七四二年，東部草原的突厥王朝被推翻，建立了一股受粟特文化影響的回鶻人勢力，與此同時，拜占庭帝國也發生一場大叛亂。接踵而來的是阿拉伯帝國的阿拔斯（Abbasid）革命，由中亞貿易城市梅爾夫商人策動；法蘭克王國的加洛林革命；發生在七五五年的吐蕃帝國嚴重叛亂；同年晚些時候，發生在中國的大叛亂，由突厥－粟特將軍安祿山率領。

在重新建立和平後，更為年輕的帝國強權開始建造精心計畫、充滿象徵的文化中心：阿拉伯人位於巴格達的和平之城宮殿－清真寺宇宙式圓形布局建築群，是按照中亞伊朗人的觀念設計的，裡面也有中亞人生活著；圓形布局的桑耶寺也在西藏落成；新興的法蘭克王國則是在首都亞琛（Aachen）興建十六條邊的主教堂。[2]這些更年輕的政府，以及其他年輕帝國，都宣布某種世界性宗教或教派為國教。

在接下來的一百年裡，最重要的發展是民族文字的使用在歐亞的普及；世界的商業、文化、科學的中心進一步向中亞西部轉移；貿易路線向北轉移——在西方，哈里發國家和歐洲之間的路線轉移到一條北方路線，透過伏爾加河流域，它連結了中亞與舊拉多加湖（Old Ladoga）和波羅的海，這條路線大幅刺激北歐的經濟發展；在東方，中國和中亞之間的貿易路線北移，經過回鶻人的領土。哈里發馬蒙曾將中亞的梅爾夫設為首都長達十年，當哈里發最終又把首都遷回巴格達時，他從中亞帶回了許多中亞人和中亞的文化。這為阿拉伯帝國帶來璀璨奪目的智識、科學融合，產生了一系列偉大的成就，其中有些透過穆斯林統治的西班牙傳入歐洲，打下科學革命的基礎。

## 八世紀中葉的革命和叛亂

歐亞在八世紀中葉出現浩大動盪的各種原因還有待確定。但有鑑於當時歐亞世界的相互聯繫，或許可以考慮，中亞和東部草原在七三七年至七四二年發生的變化，引發蔓延整個歐亞大陸的骨牌效應。然而，這似乎無法解釋七五一年的加洛林革命和七五五年發生在吐蕃帝國的叛亂。現在已知某些共同因素；截至目前為止，其中最重要的因素就是以下這個事實：所有已被深入了解的叛亂或革命，都是由商人或是和商人、國際商業緊密聯繫的人們發動的，而最早發生的叛亂，就出現在東部草原。

### 中亞和東部草原的突厥人

生活在西突厥領土的突騎施人是中亞貿易城市的統治者，而這些城市是絲路商業系統的核心。許多阿拉伯文和漢文史料都明確提到，突騎施人是準噶爾和中亞其餘大部分地區商業活動的保護人和贊助人。[3]然而，中國人和阿拉伯人在七三〇年代對他們發動的無情攻勢最終獲得了成功，並在七三七年至七四〇年間摧毀突騎施汗國。[4]此事導致權力真空，於是各路氏族開始彼此征伐，讓中國人和阿拉伯人得以自由地加強他們對於中亞城市的控制。

在東部草原，於闕特勤和毗伽可汗（七一六—七三四年在位）分別在七三一年和七三四年去世後，突厥帝國迅速衰落。雖然這對兄弟英勇作戰二十年，曾經獲得許多勝利，但他們終究無法將突厥人的勢力維持到東部草原以外的地方。七四二年，回鶻、拔悉密（Basmïl）和葛邏祿（Karluks）等突厥部族結盟，一起推翻突厥汗國。接著三個部族彼此征伐，先是拔悉密落敗，接著是葛邏祿，

最終的勝利者是人口最多、勢力最大的回鶻，並於七四四年建立回鶻汗國。在準噶爾和中部草原東部，突騎施人的地位很快就被原為突騎施西鄰的葛邏祿取代。葛邏祿吸收突騎施的殘部，但沒有達到其先前的政治軍事力量。在東部草原，就像其突厥前輩，回鶻人也深受粟特文化影響。

## 拜占庭帝國

七四一年或七四二年，熱忱的聖像破壞者（iconoclast）、新近加冕的拜占庭皇帝君士坦丁五世（Constantine V，七四一—七五五年在位，他娶了可薩可汗之女齊扎克公主〔Tzitzak〕[5]）遭到妹夫亞美尼亞將軍阿爾塔瓦茲德（Artavasdos）的攻擊並被擊敗。阿爾塔瓦茲德在君士坦丁堡加冕並於此執政，直到七四三年，君士坦丁五世才將其作為篡位者擊敗並廢黜。

因為阿爾塔瓦茲德是亞美尼亞人，也是聖像崇拜的支持者，所以他相應地得到聖像崇拜者的支持，史料和現代歷史都沒有關注太多此外的事件。他可能是對君士坦丁五世的繼位感到不滿，但這並不能解釋他為何叛亂，此事背後的原因似乎仍然不明。七三七年阿拉伯人對可薩汗國的毀滅性攻擊和亞美尼亞周邊地區的其他紛爭，也許和此叛亂有關。[6]

## 阿拉伯帝國

七四七年，在當時歐亞最大商業城市之一的梅爾夫，爆發了阿拔斯人的叛亂。[7]他們在七五〇年推翻伍麥亞王朝，宣布新的阿拔斯王朝建立，其首任哈里發是阿布・阿拔斯（Abû al-ʿAbbâs/al-Saffâḥ，七四九／七五〇—七五四年在位）。

阿拔斯人的叛亂所具有的商業、中亞特徵，強烈到令人難以忽視。雖然有人將焦點放在中亞化

的阿拉伯人、[8]而不是阿拉伯化的中亞人[9]身上，但是這樣的分歧也不會改變一個無可爭辯的事實：這場叛亂主要是由中亞人在中亞城市組織的，其目的也是為了中亞人，他們中既有人具有阿拉伯血緣，也有人具有非阿拉伯血緣；叛亂是在中亞城市梅爾夫公開爆發的，而在這座城市裡有個粟特人市場，還有布哈拉人的居住區，裡面還有布哈拉王公（Bukhâr Khudâ）的宮殿；[10]擊敗伍麥亞人的任務，是由一支中亞軍隊完成的，稱作 Khurâsâniyya，即「呼羅珊軍」。[11]

## 法蘭克帝國

七五一年，法蘭克宮相丕平三世（Pippin III，七四一／七五一—七六八年在位）推翻名存實亡了幾十年的墨洛溫王朝，建立加洛林王朝，並利用密集宣傳和公共工程來主張其正當性。法蘭克帝國[12]在加洛林王朝找到穩定的統治者。加洛林王朝推翻墨洛溫王朝的背景相當清楚，似乎完全是出於政治和內部因素。

然而，其中也可能摻雜其他因素。猶太商人對加洛林人具有極大影響力，而加洛林人保護和贊助他們。[13]為了促進法蘭克帝國和伊斯蘭世界之間的國際貿易，加洛林人還以阿拉伯銀幣為藍本鑄造自己的錢幣。他們和阿拔斯王朝建立良好的關係，並透過征服東北方的薩克森和東南方的潘諾尼亞阿瓦爾人，從而將貿易路線擴展到中央歐亞。[14]

## 吐蕃帝國

七五五年，一場嚴重的叛亂撼動吐蕃帝國。當時的皇帝赤德祖贊／莫阿聰（Khri Lde Gtsug Brtsan，七一二—七五五年在位）遭到暗殺，太子榮德贊（Srong Lde Brtsan）長達一年無法繼位。[15]

當他終於以赤榮德贊的頭銜繼位後，他的政治地位仍在此後的二十年裡一直處於弱勢。

說這場叛亂的原因不明，是種含蓄的說法。不管怎樣，有兩件事是清楚的。它和正當性的問題有關。而且，它確定和唐朝對吐蕃的軍事勝利有關，在戰爭中，吐蕃連失疆土，以致連帝國本身的存活都危在旦夕。一個位於吐蕃東北方的屬國（譯注：即吐谷渾）在七五五年投唐。吐蕃大臣領導的這場叛亂，也許只是為了拯救吐蕃帝國免於四分五裂，被中國人征服。[16]

## 唐帝國

七五〇年，出身高句麗的唐朝將軍高仙芝率軍攻打帕米爾高原的吐蕃人並取得勝利。他趁著這場勝仗之勢，介入拔汗那國（費爾干納）和石國（Shâsh/Čač，塔什干）國王之間的戰爭。他和費爾干納國王在七五〇年攻入塔什干。然而，雖然塔什干和平投降，但高仙芝卻破壞協議，派軍隊在此犯下強姦、殺人、擄掠的暴行，把國王抓到長安被唐玄宗下令處決。塔什干的王子逃往撒馬爾罕的大食人（阿拉伯人）尋求協助；阿拔斯王朝隨即派出軍隊，在七五一年七月於怛羅斯附近和高仙芝相遇，兩軍在阿特拉赫（Atlakh）交戰。在戰鬥中，隨高仙芝作戰的葛邏祿突厥人改換陣營，加入中亞人和阿拉伯人一方。唐軍大敗，阿拉伯人獲勝。[17]

雖然遭遇挫敗，而且唐朝的窮兵黷武在國內也造成越來越嚴重的問題，但唐玄宗繼續推行擴張政策。到七五三年，唐軍已經占領吐蕃在中亞的所有領土，而且不斷深入青藏高原。一場大叛亂在七五五年席捲吐蕃；吐蕃帝國看似已注定要被唐帝國擊敗了。

接著，在七五五年年末，粟特—突厥商人出身[18]的唐朝將軍安祿山[19]公開舉起反叛的大旗，攻打長期寵愛他的唐玄宗，幾乎造成唐朝的滅亡。安祿山得到許多其他粟特人和突厥—粟特人的協助，

他們也都是戰士—商人。[20] 如同偉大的粟特或突厥領導人一樣，安祿山也擁有一支龐大的個人從士團，由契丹人和其他中央歐亞人組成。[21]

令人驚訝的是，安祿山及其共謀者利用中國北方和鄰近中央歐亞的商業網絡，在八年或九年的時間內，為他們的叛亂做準備——換句話說，在中國帝國裡的粟特人祕密參與一場反唐叛亂的同時，阿拉伯帝國裡的粟特人也在計畫反伍麥亞王朝的叛亂。有關安祿山和其他戰士—商人[22] 行動的描述，讀起來就像是以梅爾夫為基地的中亞密謀者謀畫推翻伍麥亞王朝的阿拔斯叛亂一樣。至少是在這兩個事例中，謀畫者之所以能相互認識並維持聯繫，很可能是透過由粟特人主導的絲路國際貿易體系。粟特人對回鶻人具有壓倒性的影響力，而回鶻人推翻了東部草原的突厥帝國，因此不禁令人好奇，七五五年的吐蕃叛亂是否也和涵蓋歐亞大多地區的粟特人叛亂有關。另一個問題是，在這些叛亂或革命中，是否存在著任何進行協調的中樞組織。

直到七五七年，在回鶻人的軍事援助下，唐朝才重新收復兩都，即長安城和洛陽城，從而再度掌控中國北方的核心地區。但是中國北方的多數地區，尤其是安史之亂的中心河北，已處於半獨立的狀態，唐朝失去了許多最重要的對外征服領土，包括吐蕃帝國的東部邊境和東北鄰近高麗的遼西和遼東地區。隨著中國的軍事和經濟力量在安史之亂後嚴重弱化，唐朝也很快就把東突厥斯坦大部分地區和戈壁沙漠以南的地區敗給了吐蕃和回鶻。

## 革命後的宗教和國家

在阿拉伯人助推商業的興致下，阿拔斯王朝治下的阿拉伯帝國日益繁榮昌盛。該王朝的第二任

哈里發阿布・賈法爾・曼蘇爾在和底格里斯河與幼發拉底河均相距不遠的古老城鎮巴格達興建了一個全新帝都，就在前薩珊王朝首都泰西封的上游方向。宮殿—城市建築群名叫「和平之城」，它有一個明顯的圓形設計，仿效自幾個薩珊皇城的樣式，包括薩珊都城泰西封和原本要作為巴爾赫省城的佛教寺院瑙巴哈爾（意為「新寺」）。薩珊人的圓形設計採納自帕提亞人（安息人，即在薩珊王朝前統治波斯的中亞伊朗人）。和平之城的規畫出自哈立德・伊本・巴爾馬克之手，他曾任維齊爾（vizir〔宰相〕），其父為瑙巴哈爾最後一任寺院主持。[23]和平之城的中心是哈里發的宮殿，宮殿頂上有個巨大「如蒼穹般」的藍綠色圓頂。[24]在首都建築的四周，阿布・賈法爾安置阿拔斯王朝的中亞軍隊——呼羅珊軍。

在吐蕃帝國，叛亂很快便被鎮壓，帝國很快又擴張到許多以前曾經征服的地方。吐蕃帝國經歷了二十多年的軍事成功，包括在七六三年時曾短暫占領唐朝首都長安，[25]奪取鄂爾多斯南部和長城沿線的城市。[26]此後，新皇帝利榮德贊（七五六—七九七年在位）才有足夠的政治實力可宣布佛教為國教。他在西藏中南部的一塊皇家地產札馬（Brag-mar）修建桑耶寺，一個巨大的圓形佛教寺院建築群。[27]它象徵佛教的宇宙，象徵皇帝作為正當佛教統治者的身分，而且確立佛教作為吐蕃帝國國教的地位。最終在此扎根的佛教，是印度大乘佛教，帶著說一切有部的制度基礎。在西藏中部，學者和譯者幾乎確實來自帝國統治下的各方，包括現在的尼泊爾、印度、喀什米爾、阿富汗、中亞和中國的部分地區，[28]甚至還有更遠的國家，包括朝鮮和錫蘭。

信奉摩尼教的回鶻人，在七六三年將之奉為國教，將首都汗八里（Khanbalïk/Karabalgasun）發展成大城市。回鶻人領土的政治中心，是個美輪美奐的黃金氈房，而可汗「安坐在黃金寶座之上」。[29]回鶻人的主要敵人是黠戛斯（吉爾吉斯），後者誓言要奪取黃金寶座。部分回鶻人定居在首

都，但他們仍然是個傳統的中央歐亞草原地區民族，對國際貿易興趣濃厚，[30]直到他們的帝國被推翻為止。對於他們的政治，摩尼教比較和平主義的本質並沒有產生太大的影響。

在歐亞的另一端，查理曼（七六八—八一四年）率領的法蘭克人征服了西歐大陸的大多地方，包括阿瓦爾王國。在阿瓦爾人偉大的要塞都城——阿瓦爾人之環（Ring of the Avars）——被征服後，潘諾尼亞也接著被征服了。查理曼的傳記作者稱這為他最偉大的功績之一，另一件則是他對薩克森的征服。這兩個地區都是通往中央歐亞的陸路貿易路線上最具戰略重要性的位置。不同於墨洛溫王朝，加洛林王朝自稱是真正正統的「羅馬」天主教徒。查理曼在新都亞琛修建了一座十六邊——基本上是圓形——的教堂，獻給聖母瑪利亞，這座教堂有個巨大的穹頂，[31]中央放置了皇座。加洛林王朝也和天主教教宗有著密切的聯盟關係，教宗賜福身為法蘭克帝國正當統治者的矮子丕平和查理曼，作為回報，法蘭克人會鎮壓教宗的敵人。對於加洛林王朝試圖控制法蘭克教會的嘗試，教宗也加以支持。

可薩汗國是拜占庭的親密盟友，它顯然在七四〇年尊奉猶太教作為國教，[32]也就是在馬爾萬・伊本・穆罕默德（Marwân ibn Muhammad）率領阿拉伯人入侵的三年後。馬爾萬矇騙可薩人的使節，從而和平進入可薩人的領土。接著他才公開自己的意圖，深深侵入可薩汗國的領土，然後才釋放可薩使節。阿拉伯人摧毀馬群，抓走許多可薩人和其他人作為俘虜，迫使多數人口逃入烏拉爾山。馬爾萬提出的撤兵條件，是可汗和他的可薩人要皈依伊斯蘭。在別無選擇的情況下，可汗同意了，於是阿拉伯人凱旋而歸。[33]但阿拉伯人才剛一離開，可薩人就棄絕伊斯蘭——可以想見，可汗的態度十分激烈。這個特殊的歷史背景，再加上八世紀中葉是歐亞主要國家各自宣布其所信奉的特定世界性宗教的時期，可以完全解釋可薩王朝皈依猶太教的原因。在政治上，接受猶太教的決定也是明智之

舉：這意味著可薩汗國能夠（在理論上）免於受到阿拉伯哈里發或是拜占庭皇帝的管轄。[34]

唐帝國和拜占庭帝國平息各自國內的叛亂，恢復統治秩序。但自此以後，唐朝已經元氣大傷。不同於革命後歐亞帝國的新領袖，中國和拜占庭的統治者為賦予自己的統治正當性而做出的唯一行為，就是試圖重拾前輩的榮光，延續一貫的宗教政策，然而兩者早晚都採取了極度血腥的宗教政策轉折。

在這方面，值得注意的是，唐朝和拜占庭這兩個古老帝國在整個中世紀早期都保持著一種特殊的官方宗教政策，而它們在各自歷史上的大部分時期都是奉行當地的正統宗教。

唐朝的官方宗教是道教，但中國史上的其他統治者並不熱衷道教，而且主導帝國運作的儒家士大夫通常也不齒道教。在這段時期裡，對於道教以外的其他宗教，唐朝的態度都益發嚴厲，甚至包括佛教，儘管很多唐朝皇帝都篤信佛教。

相似地，拜占庭帝國在其大部分歷史中都尊奉嚴格的正統教義，但在這段時期，官方卻會支持某種非正統教義，其中最重要的，就是歷時最久的破壞聖像時期，它幾乎貫穿了整個中世紀早期。拜占庭政府用殘暴和血腥的手段強推其觀點，在八世紀君士坦丁五世長期在位時尤其如此。

## 晚期中央歐亞文化綜合體

從士團的儀式性自盡或處決，和他們相信的後世觀念密不可分。他們認為，在為主公而戰的廝殺中死去「就如同回家一般」，[35]而且很顯然地，在死後，一切都會像今世一樣，至少是在從士團為主公盡責作戰和主公用財富獎賞部下上。主公必須要用大量財富來陪葬，這是為了要在來世也擁有

這些財富，而戰士也需要自己的馬匹和武器陪葬。

八世紀初，在都實行從士團制度的主要中央歐亞各民族接受世界性宗教時，他們對後世的觀念開始發生改變。在主要的世界性宗教裡，自殺和謀殺都是罪行。對於所有人來說，從士團的存在都具有顯而易見的用處，因此為了維持從士團制度，最終必定得消除成員的自盡和儀式性處決。[36]

從士團制度的主要實用性目的，在於對主公提供私人的武裝護衛——他們只對他個人忠誠，而不是忠於國家。這種制度太有價值，不能放棄，就算代價極為高昂也是一樣，因此它以某種形式被保留下來，直到現代早期中央歐亞人喪失獨立性後才宣告終結。不過，從士團制度經歷的改變極為重要。

粟特人和其他中亞西部民族擁有最高度發展的從士團，成員往往很多，所以改變的幅度不大。在接受伊斯蘭後，中亞的從士團制度轉變成奴隸兵制度（胡拉姆制度），它其實就只是排除成員的儀式性自盡或處決的傳統從士團制度。[37]

在吐蕃帝國，因為史料的匱乏，很難明白從士團制度在藏人接受佛教後還維持多久，但似乎很清晰的是，從士團制度至少在一定程度上轉變成一種僧侶形式。藏人（吐蕃人）選擇的佛教形式，強調對一位精神導師的虔誠。[38]當吐蕃皇帝被宣布為佛教徒統治者——法王（dharmarâja）或轉輪王（cakravartin）——的時候，僧侶便會全力供他調遣和服務。因此，在吐蕃帝國末期會有僧侶從軍作戰也就不足為奇。[39]到中世紀早期末尾時，吐蕃帝國已經建立了龐大的寺院制度。

至於接受摩尼教的回鶻人和接受猶太教的可薩人，從士團制度後來的發展並不清楚，但可以確定的是，從士團制度在採納世界性宗教後曾以某種形式長期存在。[40]它在可薩以北的民族中沒有發生變化，他們主要是日後摧毀可薩的古代斯堪地那維亞人（Norse）和斯拉夫人；在回鶻人的北邊和東

邊，尤其是繼承回鶻人成為東部草原統治者的契丹人和蒙古人之間，從士團制度也持續存在。在幾個世紀以後，這些民族全都仍有某種形式的從士團制度。因為當斯拉夫人在史料和其他文獻中提及他們的 družina（從士團）時，他們在理論上已經是基督徒了，所以從士團正在成為或已經成為沒有儀式性殉葬的衛隊制度。

## 中亞的佛教徒和早期的伊斯蘭文化

在整個伊斯蘭史的第一個百年中，阿拉伯人的首都一直在頻繁地移動。八世紀中葉，阿拔斯革命把一大批中亞化的阿拉伯人和阿拉伯化的中亞人，也就是「呼羅珊人」或「東方人」，帶入阿拉伯帝國的核心，哈里發曼蘇爾最終定都於此，建立新的都城和平之城。除了哈倫・拉施德之子馬蒙在位期間（八〇八／八一三—八三三年），首都一直都在巴格達。而馬蒙時期的首都先是位於中亞本身的梅爾夫長達十年，此後才慢慢移回巴格達。[41]阿拉伯人征服了吐火羅斯坦和鄰近的中亞地區，在當時，這些地方仍是非常堅實的佛教地區，佛教因而對伊斯蘭文化產生強大、塑形的影響。當時很多的中亞思想家都不是穆斯林出身，他們發現自己開始生活在一個日趨文化多元的阿拉伯帝國裡，而這個帝國高度珍視知識和實用技能。

在最初幾任阿拔斯王朝哈里發的時期，維齊爾一職通常是由始自哈立德・伊本・巴爾馬克（七八一／七八二年卒）的某位巴爾馬克家族（Barmakid/Barmecide）成員所任。巴爾馬克家族在阿拉伯帝國中培育印度的科學知識，並且對印度發動幾次遠征，將書籍和學者帶回巴格達。一些如此獲得的知識被譯為阿拉伯語。[42]伊斯蘭神學和形上學將原子論（theory of atomism）加以發展，

「到九世紀中葉時，這種思想已在神學界中穩穩立足」，但它的基本觀點並非來自希臘原子論，而是「印度的影響」，儘管這種影響尚未得到確切的認定，但它無疑是透過中亞人的佛教直接傳遞到阿拉伯人的，因為原子論是中亞佛教的鮮明特徵。[43]七世紀的印度作者婆羅摩笈多（Brahmagupta）的偉大天文學專著《婆羅摩歷算書》（*Brāhmasphuṭa-Siddhānta*）被穆罕默德．伊本．伊卜拉欣．法扎里（Muḥamad ibn Ibrâhîm al-Fâzârî，八〇六年卒）等人譯為阿拉伯語，書名叫做《印度天文表》（*Sindhind*），該作品成為伊斯蘭天文學和數學的基石。[44]這個時期最重要的天才科學家是穆罕默德．伊本．穆薩．花剌子米（Muḥammad ibn Mûsâ al-Khwârizmî/Algorithmus，活躍於八〇七—八四七年），他的著作大多完成於哈里發馬蒙統治期間。他的兩部著作奠定了現代數學的基礎。在一本被中世紀歐洲譯為《花剌子米之書》（《運算之書》〔*The Book of Algorithmus*〕）的作品，他介紹了印度的數字進位制和運算法。在一本被西方稱為《代數之書》（*The Algebra*）的作品中，他重新驗算和系統整理在印度天文學著作中使用的代數算法。[45]世界上最早的語言學著作之一也誕生於這段時期，這部作品細述了古典阿拉伯語，作者名叫希巴威亞（Sîbawayh/Sîbawayhi/*Sêbôe，活躍於八世紀晚期），他是一名非阿拉伯出身的學者，也許是波斯人，曾經在巴斯拉研習。他在著作中使用的音韻學方法，似乎是來自印度的語言學傳統。[46]最重要的，有史可據的《書》（*al-Kitâb*，*The Book*）的文本，出自希巴威亞的主要門徒穆加什伊（al-Mujâshi'î/al-Akhfash al-Ausaṭ）之手。他來自中亞的巴爾赫，在當時，他因為在很多重要方面都改變了他老師的觀點而受到指責。[47]

中亞學者還以中亞佛教寺院（精舍，vihâra）制度為藍本，發展出一種伊斯蘭高等教育制度。寺院由一個免稅的虔誠基金會（義產）支持，它支付學生和教師的開銷，老師和學生一起生活在寺院。主要的教學方法是口頭的講演和辯論，主要的學科則是法律和神學。阿拉伯人全盤複製了這樣

一套系統，甚至採用中亞形制的獨特寺院建築設計：一個有寬敞庭院的方形結構，每邊都有老師和學生的房間，再加上四個「伊宛」（iwan），即入口形式的半開放廳室。在八世紀和九世紀時，這種寺院在中亞被伊斯蘭化成為「馬德拉沙」（madrasa），即伊斯蘭學院，儘管只有更後來的史料才提及它。[48]

在哈里發馬蒙治下，希臘科學和哲學作品開始被大量翻譯，先是從敘利亞語譯成阿拉伯語，然後是直接從希臘語翻譯。希臘傳統迅速淹沒了印度傳統，但古典伊斯蘭文化中的許多知識領域，包括天文學、語言學、數學、形上學、冥思神祕主義，以及某種程度上的醫學，仍然保留大體來自印度的基本啟發，教育系統和教學方法也是如此。在七五一年的怛羅斯之役後，阿拉伯人向被俘的中國士兵學習造紙的祕密，因此書籍的製作變得越來越簡單和便宜，圖書館的數量也成倍增加。

## 讀寫能力和知識在歐亞的擴散

官方對組織力十分突出的世界性宗教給予的支持擴大了識字率，並發展出以文學為基礎的特色文化，從而進一步重新定義了帝國國家，導致前現代時期舊世界大部分民族語言地區的確立。在中世紀早期以前，歐亞的大部分地區，包括幾乎整個中央歐亞，傳世的文字紀錄基本上是一片空白。大多數地區使用的語言並沒有文字，而且很多地區甚至也不使用其他語言和文字來記事，因此也沒有當地的歷史、文學或其他文化紀錄。即使在一些大型的識字地區也是如此，包括伊朗世界和印度，大多數的歷史資訊必須從錢幣、外國旅人的紀錄或相鄰國家的歷史書寫中取得。到了中世紀早期末尾時，除了最偏遠的地區——寒帶、亞寒帶和東南亞的高山叢林——以外，歐亞幾乎所有地

方都有了地方文獻。這並不是說每個人都受過教育和識字，只是在整個歐亞的絕大多數王國和帝國中，需要讀寫的人是可以使用某種語言文字進行讀寫的。

識字的地區和文化包括如下：愛爾蘭，當地文獻使用古愛爾蘭語或拉丁語；英格蘭，使用古英語或拉丁語；威爾斯，使用古威爾斯語或拉丁語；斯堪地那維亞諸國，使用盧恩字母（Runic）的古斯堪地那維亞語；西班牙，使用阿拉伯語和拉丁語；法蘭克帝國領土，使用拉丁語、古法語和古高地日耳曼語（Old High German）；基輔羅斯（Kievan Rus），使用古俄語；拜占庭帝國，使用希臘語；阿拉伯帝國，使用阿拉伯語；可薩汗國，使用阿拉伯語和希伯來語；[49]中亞西部，使用阿拉伯語、巴克特里亞語、粟特語和新波斯語；中亞東部，使用粟特語、西吐火羅語、東吐火羅語、古于闐語、古藏語、古突厥語和漢語；吐蕃（西藏），使用古藏語和其他語言；[50]印度，使用梵語、巴利語、中古印度俗語諸語言（Prakrits）和達羅毗荼語；東南亞，使用巴利語、驃語、古孟語、高棉語、占語和古爪哇語；中國，使用漢語；東部草原，使用古突厥語和粟特語；朝鮮半島，使用漢語；日本，使用古日語和漢語。

在大多數情況下，這種新的讀寫能力，是這些民族皈依一種或多種偉大世界性宗教的結果，因為這些宗教全都建立在文字文本的基礎上。人們必須要能閱讀聖典的原文，並加以抄寫，從而在該民族的領土上傳播聖典，而如果語言之間的差異甚大，就還需要把聖典譯成當地語言。在西歐加洛林王朝治下，進行了大規模的抄寫，抄寫內容為古典拉丁語文本和希臘語文本的拉丁語譯本；在伊斯蘭世界中，梵語、敘利亞語、希臘語和中古波斯語的文本，被譯為阿拉伯語；在吐蕃帝國，梵語和漢語文本被譯為藏語；在中亞的突厥人中，吐火羅語和中古印度俗語的文獻被譯為古突厥語；在日本，漢語文本被抄寫複製。這一波的文化傳遞具有長久的重要性。這些被複製或翻譯的文字，從

一個文化和時代傳遞到另一個文化和時代，不僅為中世紀盛期的智識繁盛奠定基礎，也為作為一個整體的前現代歐亞文明奠定基礎。

由於這些民族具備了讀寫能力，又有古典時期和其他鄰近文化的文學模式可供學習，它們的作者開始發展文藝，而在先前，只有古代文明才會有這樣的作品。這些作品達到空前絕後的完美水準，尤其是日本詩歌、中國詩歌、阿拉伯語詩歌和英語詩歌。隨著詩歌的發展，音樂也隨之而來，因為詩歌總是被吟唱或歌唱的，而不是用來簡單閱讀的。[51]中亞音樂傳入中國，整個樂團被送到或帶到長安，中亞音樂很快就完全取代早先的中國音樂傳統，而且也傳入日本。[52]因為文學必須書寫，書寫本身又是一門高度發展的藝術——書法——因此文學的傳播，也包含藝術風格和主題的傳播。因此，就詩歌、音樂和圖像藝術而言，中世紀早期是歷史上最具創造力的時代之一。

## 政治衰弱和經濟衰落

因為西班牙仍然由伍麥亞王朝殘部控制，所以在其建立初期，阿拔斯王朝的領土比當初的伍麥亞王朝領土略小。但是很快地，哈里發國家的疆土就變得前所未有地廣袤。阿拔斯王朝的勢力拓展到中亞腹地和東南方的印度，而在這兩個方向上，阿拉伯人都遭遇了吐蕃人。

八世紀末，吐蕃人從中國人奪回所有失地，並進一步擴張，將勢力擴張到西至喀布爾、北至準噶爾地區、東北一路穿越鄂爾多斯的地方。到七九〇年時，中國人已經棄守他們在塔里木盆地所剩的領土，東突厥斯坦已經成為吐蕃和回鶻爭奪的地方，而且爭奪越來越激烈，幾個城市不只一次易手。到了八二〇年代時，吐蕃已經穩定控制了塔里木盆地的南緣，而回鶻則是控制著準噶爾和塔里

木北部的城市。[53]

一般認為，中亞持續不斷的戰爭嚴重阻礙了國際商業的發展，但事情並非如此。在整個七世紀和八世紀初，雖然綿延不絕的戰事造成更多的破壞，但中央歐亞的經濟是蓬勃發展的。雖然不斷傷害中國、吐蕃和回鶻帝國以及更遠地方的經濟蕭條的原因尚不為人知，但是在安史之亂之後，中國人對粟特男女和孩童以及貌非中國人的人進行了大屠殺，這顯然無助於涉及中國的國際商業。屠殺倖存者試圖隱匿自己的出身背景，成為中國人。[54]這對於維持國際貿易體系更是沒有好處。

雖然唐朝至少在名義上恢復了統治，並分別在北方透過回鶻汗國、[55]在更遠的東南方透過廣州的海路參與國際貿易，但中國的統治階級和政府本身都向長安的回鶻放貸人欠下巨額債務。九世紀初，經濟狀況更進一步惡化。中國的經濟——從來沒有全面貨幣化——變得越來越依賴以物易物，而不是貨幣支付。中國的經濟問題，不論其原因是什麼，都對整個歐亞東部產生嚴重的影響，因為中國擁有龐大的人口和隨之而來的經濟總量。

到了八三〇年代，吐蕃對壘回鶻和唐聯盟的戰爭已經無以為繼，原因似乎並不是突然出現對和平的渴望，而是所有參與國都已無力再支付戰爭的開銷。三個國家在八二一年至八二二年議和。吐蕃和中國豎立一個雙語書寫的條約碑銘；回鶻一方面透過可汗迎娶唐朝公主的王朝聯姻來再度確認和中國的盟友關係，另一方面和吐蕃人單獨簽署了條約。[56]和平終於降臨中央歐亞的大部分地方，但為時已晚。

## 中世紀早期世界秩序的崩潰

漢文史料記載的八三〇年代末氣候變遷，導致歐亞大部分地區的經濟日趨衰敗，或說是更加惡化。[57]西方也是如此，連阿拉伯哈里發國家內部的商業都出現顯著衰退。在哈里發哈倫・拉施德和馬蒙於中亞統治的時期，哈里發國家的經濟曾十分繁榮，當時還新鑄了大量的迪拉姆銀幣。但是從八二〇年開始，新錢幣的數量銳減，在幾十年的時間裡，都沒有鑄造很多新的銀幣。[58]

八三〇年代末，回鶻統治氏族內部出現紛爭——無疑是經濟狀況惡化造成的——導致一位汗位爭奪者（譯按：句錄莫賀）逃亡，投靠回鶻人的死敵黠戛斯。八四〇年，他帶領黠戛斯軍隊繞過回鶻的防線，突襲首都，把措手不及的回鶻人打得四散奔逃。但是，黠戛斯人無力或無意掌控東部草原，而且也沒有建立一個新的突厥王朝來取代回鶻人。[59]於是，從東邊遷來的使用蒙古語的民族逐漸主導了草原地區。

有些倖存的回鶻人逃向領土西部，以高昌和別失八里為中心建立了小王國。[60]但是，多達數萬的大部分人在八四〇年末逃往鄂爾多斯以北河套地區的邊疆，尋求中國盟友的幫助。依據一位中國邊防官員的記載，他們的氈房籠罩了地平線：「回鶻潰兵侵逼西域，亙六十里，不見其後。」[61]

唐武宗（八四〇—八四六年在位）的宰相李德裕試圖把他們送回北方，但這些回鶻人已經無路可退。他很快就發現，這些飢腸轆轆、垂頭喪氣而且危險的回鶻殘部打算留在原地。更甚者，他們拒絕臣服中國，而表示臣服是接收難民的正常程序。難民的可汗益發捍衛回鶻殘部的獨立性，而且十分強硬，或許是希望藉此贏得唐朝更多的幫助和讓步。唐人的確送來了食品和衣物，然而，拒絕臣服一舉反讓唐人有所警覺，因此為了提防任何回鶻人的攻擊，他們加強了北方的防禦。最終，中

國人決定採用極端措施：八四三年初，他們出兵進攻回鶻營地，屠戮了大多數人。[62] 對中國人而言，回鶻人既是盟友，也是對手，而且他們親眼見識過回鶻人的實力，如今回鶻人已被摧毀，排外情緒開始在中國蔓延。在屠殺回鶻難民的一個月後，唐武宗開始在中國鎮壓摩尼教。中國（應回鶻人要求而修建）的摩尼教寺廟全數關閉，財產充公，神職人員遭到處決。[63] 在發現這麼做有利可圖之後，唐朝也開始越來越積極地對佛教徒下手。早在唐武宗初年，皇帝及其朝臣便已打壓過佛教徒。滅佛運動在八四五年達到高峰。唐朝政府沒收佛寺的財富，大多數寺院遭到關閉。這場迫害運動極為殘酷，包括對比丘和比丘尼的屠殺。[64] 這場運動不僅終結了佛教在中國的勢力，而且也為作為中國史上一個獨特、輝煌的文化時期的唐朝畫上句點。雖然唐朝本身在此後還延續了半個多世紀，但其力量不斷萎靡，再也無法恢復往日的榮光、力量、財富和文化。

雖然和偉大的查理曼相比，其子和繼任人虔誠者路易（Louis the Pious，八一四—八四〇年在位）幾乎一無是處，但他還是成功地守住完整的法蘭克帝國。在他於八四〇年過世後，三個兒子為繼承權展開爭奪。他們的內戰直到八四三年才停止，三方簽訂了一個稱做「斯特拉斯堡誓約」（Oaths of Strasbourg）的協定，其文本內容以三種語言——古法語、古高地德語和拉丁語——保存下來。禿頭查理（Charles the Bald）獲得日後成為法國的核心領地，日耳曼人路易（Louis the German）則是得到日後發展為德國的領地。儘管誓約沒有提及洛泰爾（Lothair），但是他作為繼承人得到的領地是中法蘭克，後來稱為洛泰林吉亞（Lotharingia），也就是今日的洛林（Lorraine）。當時的洛泰林吉亞從義大利北部和法國東南部一直延伸到北海，內有都城亞琛。

在吐蕃帝國，由於經濟疲軟，政府被迫停止對建造佛教寺院的支持，因為佛教寺院的規模已經變得非常龐大，而且所費不貲。八四二年，統治統一的吐蕃帝國的最後一位統治者赤烏東贊（朗

達瑪，Khri U'i Dum Brtsan/Glang Darma，八三八—八四二年在位）被一名密宗僧侶拉隆貝吉多傑（Lhalung Dpalgyi Rdorje）刺殺。[65]他的兩個兒子爭奪王位，讓吐蕃帝國陷入分裂。有些吐蕃帝國的中亞領土，尤其是東北部，比起西藏本地還延續了更久。八六六年，吐蕃帝國最後的領地失守，帝國滅亡了。

在拜占庭帝國，精力充沛的狄奧斐盧斯（Theophilos，八二九—八四二年在位）勵精圖治，在他去世後，皇位傳給年僅三歲的兒子米哈伊爾三世（Michael III/Michael the Drunkard，八四二—八六七年在位），大權落入狄奧斐盧斯之妻攝政者希奧多拉（Theodora）手中。她是堅定的聖像崇拜者，她在掌權後立即在帝國全境發動宗教革命，恢復聖像崇拜，殘酷、徹底地打擊聖像破壞運動。隨著周邊民族的日益衰弱，拜占庭人在經濟和政治上恢復元氣，慢慢將其影響力擴大到前東羅馬帝國的部分地區。

馬蒙領導下的阿拉伯帝國放棄了對於中亞西部大部分領土的直接控制，此處是帝國最富有、人口最多的部分之一，哈里發任命「第二次阿拔斯革命」的領導者之一塔希爾・伊本・胡塞因（Tâhir ibn al-Ḥusayn）擔任呼羅珊總督。於是，塔希爾及其繼任者成為代表哈里發的呼羅珊——後來甚至還包括伊朗和部分的伊拉克——正當統治者。在塔希爾的統治下，阿拉伯帝國的中亞地區很快就成為半獨立地區；他以自己的名義鑄造貨幣，他的職位演變為世襲，發展成一個自治的塔希爾「王朝」。不過，中亞西部仍然信奉伊斯蘭教，而且經濟在八二〇年代開始的衰退後復甦，部分原因是中亞變成廣闊的伊斯蘭世界的一部分，但主要原因在於中亞地方經濟的強大——堅實地建立在當地的農業和內部貿易上[66]——而跨越歐亞大陸的商業活動也仍然持續。

伊斯蘭化中亞從士團（柘羯，shâkiriyya 或 châkars）對位於巴格達的中央政府的影響日趨加

深。[67]作為一個團體，從士團會被下一任統治者繼承，於是，他們的人數更多、勢力更大、花費更高，而且更不值得信賴，直到最後，哈里發落入自己衛隊和日趨世襲的政府官員的裹挾。[68]八三六年，最後一位稍有實權的哈里發穆阿塔綏姆（al-Muʿtaṣim，八三三—八四二年在位）把首都遷往了距巴格達以北七十五英里處的薩瑪拉（Samarra/Sâmarrâʾ），[69]據說是為了消弭從士團和巴格達人民間的衝突，但主要目的也可能是為了從嗜血的宮廷政治和陰謀中脫身。在他過世後，其子瓦西克（al-Wâthiq，八四二—八四七年在位）繼位，他對朝政沒有興趣，而且也無力影響朝政。儘管政府能夠繼續對之前阿拉伯帝國的大多領土行使正式主權，而且阿拔斯哈里發國家也的確在名義上又延續了好幾個世紀，但是哈里發穆阿塔綏姆在八四二年的過世，等於對作為一個實際國家的阿拉伯帝國畫上句號。

1 譯者的中文翻譯是根據作者白桂思對原詩最後幾行較為寬鬆的英譯而成，關於原詩，請參考 Nr. 496=T III. MQ 17.39, q.v. Sieg et al. 1953: 307-308。全詩的英語翻譯請參考 Mallory and Mair 2000: 273。

2 實際上，亞琛主教堂的外側有十六條邊，但內部透過樑墩將邊數減少為八條，因而形成從外面看是圓形、從內部看是八角形的視覺效果。

3 見 Beckwith 1993。另請參考前文對東突厥人出兵攻打撒馬爾罕阿拉伯人的討論。

4 Beckwith 1993: 111-124.

5 Tzitzak 是希臘文拼寫的古突厥文 Čičäk [ʧiʧæk]，意思是「花朵」。她受洗為基督徒，教名為 Eirênê，即 Irene。

6 Speck 1981 對叛亂進行詳細研究，但它完全專注在宗教因素。叛亂的原因應該由熟悉阿拉伯文史料的拜占庭學家進行調查。關於阿拉伯人和可薩人的戰爭，請參考 Golden 2006。

7 商人和假裝成商人的一些人，組織和率領了阿拔斯革命。

8 Shaban 1970.

9 Daniel 1979.

10 見 De la Vaissière 2005a: 282。

11 這些眾所周知、沒有爭議的重點表明，革命所攸關的，遠超過政治宣傳的原因，然而在原始史料中，政治宣傳的原因占據了主要內容，因此現代史學家的關注也集中在此。

12 歐洲史以羅馬和拜占庭習慣為基礎的「王國」與「帝國」術語區分，並不適用於法蘭克王國，若按照現代術語來看，法蘭克王國是帝國（參見 Scherman 1987: 258）。

13 Bachrach 1977.

14 從八世紀中葉在歐亞各地政治動盪的廣泛性來考慮的話，上述事件值得更進一步的研究。或許有些因素影響、甚至促成不平三世做出推翻墨洛溫王朝的決定。

15 遺憾的是，主要的古代藏文歷史文獻《吐蕃大事紀年》在這一段正好是零散的，我們無法從中確定叛亂的確切原因和直接結果；見 Beckwith 1983, 1993: 142。

16 關於史料暗示的一些問題，見書末注釋73。

17 Beckwith 1993: 139。這場戰爭稱為「怛羅斯之戰」。這場戰役的間接結果之一，是被俘的中國士兵把（中國發明的）造紙術傳給撒馬爾罕的阿拉伯人。（儘管近年來人們已經注意到，在中亞東部出土了很多更早的紙文書，而且中國紙，無論是新的或是重複使用的，都曾在該地廣泛使用；儘管如此，尚無證據可以表明阿拉伯人在七五一年前便已知道如何造紙。）其中一個俘虜杜環之後前往阿拉伯首都。在最終回到中國後，他寫下《經行記》，可惜這部作品的大部分內容已經亡佚，但仍有部分片段收錄在唐代杜佑編寫的百科全書式著作《通典》中，而杜佑和杜環有親屬關係。

18 他的準確出身背景不明；可以確定的是，他是粟特人父親和突厥人母親收養和養育的（Beckwith 1993: 342 n. 212; Des Rotours 1962: 1-2; cf. De la Vaissière 2005a: 215-216; cf. Pulleyblank 1955）。

19 「祿山」是他粟特語名字 Roχšan 的漢字轉寫，意思是「明亮的」。這個名字和嫁給亞歷山大大帝的那個著名中亞女子的名字 Roxana 同源。

20 關於安史之亂和中國的粟特戰士—商人，見 De la Vaissière 2005a: 217-220 和 Moribe 2005；關於粟特文化的戰士和商人，請特別參見 Grenet 2005。

21 見書末注釋㉕。參見 De la Vaissière 2005a: 219, 2005b: 142-143。

22 De la Vaissière 2005a: 217-220.

23 見 Beckwith 1984b，我在該處討論了這個城市的形制，但現在應該採納我在本書的觀點（當時我還不知道早期、帕提亞時期的泰西封城規畫本來是圓形的）。請參考書末注釋㉘。據說，哈立德曾經是伍麥亞王朝一位哈里發的柘羯：「五百名柘羯將巴爾馬克帶到希沙姆・賓・阿布杜・馬利克面前。希沙姆以禮待之，為他加官晉爵，對他印象很好。隨後巴爾馬克成為穆斯林。」（De la Vaissière 2005b: 146-147，摘自 Bosworth 1994: 274；後者將阿拉伯語 shâkirî 錯譯為 slaves，原詞借自中亞語言的 châkar（柘羯），此處予以更正。）

24 關於哈里發對儀式性城市規畫的記載，請參考 Beckwith 1984b。

25 Beckwith 1993: 146.

26 Beckwith 1987b.

27 就像巴格達的阿布・賈法爾・曼蘇爾一樣，利榮德贊也特意規畫一個充滿象徵的建築群，並加以詳盡描述（見 Beckwith 1984b），這幾乎和羅穆路斯對羅馬最初的圓形城市的儀式性奠基相同。

28 關於佛教傳入中亞的歷史地理學問題，請參考 Walter forthcoming 和書末注釋(74)。

29 Allsen 1997: 65。可薩人的可汗也有類似的金色穹頂（Dunlop 1954: 98），顯然就和回鶻可汗的金帳一樣。吐蕃皇帝也有令人歎為觀止的金帳，能夠容納數百人（Demiéville 1952: 202-203; cf. Beckwith 1993: 168 n. 160）。阿拔斯王朝哈里發也有相應的建築「黃金宮殿（Palace of Gold）的穹頂」，他的王位在下方，正處於圓形城市的核心（Beckwith 1984b）；法蘭克皇帝查里曼也是如此，他的皇座在亞琛主教堂大穹頂的下方。對於這些穹頂以及它們為何在這段時期的歐亞各地都如此重要，似乎還沒有學者進行深入研究。克烈部的「黃金大帳裡有金器和特別的權杖」，成吉思汗在擊敗克烈部後奪得這個金帳（Atwood 2004: 296; cf. Dunlop 1954: n. 38）。Allsen 1997: 13-15 詳細描述中世紀晚期蒙古大汗的金帳，它們都織有金線刺繡（nasīj）。

30 見 Beckwith 1991。

31 在當時和之後的很長一段時間裡，它是西歐最高的穹頂建築。

32 關於可薩人皈依猶太教的年分爭議，見書末注釋(75)。

33 Dunlop 1954: 80-86.

34 見書末注釋75。許多猶太人很早就生活在黑海附近的可薩領土上。後來，為了逃避拜占庭人的迫害，還有更多的猶太人遷居到此。

35 請參考〈序曲〉的討論和引用。

36 這種自盡和儀式性處決當然不可能在一夜間就全面消失，因為「十世紀時已經猶太教化的可薩人仍然保留人殉的葬禮──就像伊斯蘭化之初的鄂圖曼統治者一樣」（Peter Golden 2007，作者個人聯絡）。

37 在過去幾十年裡，關於阿拉伯帝國的衛隊已經有了很多研究。但遺憾的是，有些學者並沒有注意到史料異常清晰地告訴我們的資訊，而是根據現代民族主義或其他議題進行論證。Beckwith 1984a 已用大量細節表明，中亞的阿拉伯人本身原本就已「如其所是地」採行當地的從士團制度，時間還比阿拔斯王朝的哈里發早了一個多世紀。關於從士團到奴隸兵體制的變化，De la Vaissière 2005b, 2007 認為，從直接採用自中亞的柘羯形式（shâkiriya 或 châkar）體制轉換成發達的奴隸兵（ghulâm）體制之間的過渡，可能需要一定的時間。亦見 Golden 2001, 2004。

38 在吐蕃帝國覆滅後不久，西藏的精神領袖即獲得政治權力，並透過轉世制度（sprulsku）獲得某種意義上的永生。在使用英語的佛教徒中，tulku（祖古）就是源於 sprulsku 的借詞。

39 見 Beckwith 1993: 169-170 n. 174, 1983: 11 et seq. 與 Uray 1961。

40 請參考 Golden 2002: 141-144; 2006 對可薩從士團的討論。

41 Daniel 1979: 174-182; Shaban 1976: 47。馬蒙在八一九年抵達巴格達。

42 關於現代學術研究對於印度對伊斯蘭文明的影響的討論，請參考書末注釋76。

43 Fakhry 1983: 33-34, 213 et seq.。關於中亞佛教徒的思想傳入早期伊斯蘭文明，見書末注釋77。

44 Fakhry 1983: 7-8; Sezgin 1978: 116 et seq.

45 Vernet 1997: 1070。英語中的代數一詞 algebra 便是來自本書書名的一部分，al-jabr 在阿拉伯語的意思是「恢復、歸位」。

46 關於早期阿拉伯語言學的外來源頭的學術論爭，請參考書末注釋78。

47 Sezgin 1984: 43-54, 68.

48 Barthold，由 R. Hillenbrand 引述（Pedersen 1986: 1136；參見 Litvinsky and Zeimal 1971）。十世紀後，馬德拉沙在伊斯蘭世界迅速傳播。參見 Makdisi 1981 關於伊斯蘭學院傳播至西歐並被稱為學院（college）的內容。雖然許多細節還須多加處理，但上述著作的論點似乎是正確的。

49 這段時期的可薩人、保加爾人和其他中央歐亞西部民族也使用盧恩文，這種文字至今尚未完全破譯。見 Kyzlasov 1994 和 Shcherbak 2001。

50 有幾種藏緬語系的語言是用古藏語字母書寫的，當中有些文獻的篇幅很長，例如 Thomas 1948 發表的那篇文字。雖然這些文字很容易辨認，近年來也有一些學者對此進行研究（例如 Takeuchi 2002），但是到目前為止，還沒有一種語言被破譯或得到確切認定。

51 關於傳統藝術在現代的崩解或破壞，見第十一章。

52 這種以口頭傳播而幾乎沒有手抄樂譜的「新」傳統，至今仍以日本古典管弦宮廷音樂「雅樂」（gagaku）的形式留傳，但在很多方面發生了變化（尤其是在節奏上）。請參考 Picken 1981, 1985-2000 的重要研究。

53 Beckwith 1993, 1987b.

54 De la Vaissière 2005a: 220 et seq.

55 Beckwith 1991.

56 Szerb 1983.

57 Mackerras 1990: 342.

58 Noonan 1981/1998: 55-56 指出：「在八二〇年至八四九年，只有相對較少的迪拉姆出現在俄羅斯歐洲部分所出土的窖藏中，或許是因為當時伊斯蘭世界鑄造的迪拉姆數量本身就很少。」八六九年，鑄造新銀幣的速度再次回升。

59 Drompp 2005: 200-201.

60 別失八里位於今日東突厥斯坦北部的吉木薩爾縣（Jimsar）。還有部分回鶻人逃向吐蕃帝國東北，並定居該地。他們的後代在該地繁衍至今，為今日的裕固族（黃頭回鶻，Yugurs），他們是回鶻人的唯一直系後代。

61 Drompp 2005: 42.

62 Dalby 1979: 664-665。見 Drompp 2005 的詳細研究，其中包括對李德裕所寫的原始史料的翻譯；李德裕處理了此次危機，而且也負責鎮壓中國境內的外國宗教。

63 Weinstein 1987: 121.

64 Weinstein 1987: 121-128。因為發生在會昌年間，所以這次滅佛運動也稱做「會昌法難」。在唐武宗過世後，繼位的宣宗（八四一—八四六年在位）立即停止滅佛運動，並懲治尚在世的主謀。儘管宣宗試圖復興佛教，但佛教在體制層面上再

也沒有在中國恢復。儘管如此，在智識和信仰上，佛教此後的發展要比以往更加興盛。

65 雖然此事的核心內容應該是真實的，而且從刺客的姓名來看，史上也確有其人，但是刺殺朗達瑪的故事中含有大量的象徵性和非歷史性的內容。目前對於吐蕃帝國末期的政治史所知甚少，其後來更是不得而知。這段歷史十分值得深入研究。關於吐蕃帝國佛教史和後帝國時代早期史，請參考 Walter forthcoming。

66 Shaban 1976 指出，塔希爾王朝「是傳統的統治者，他們的主要關切是家族在當地的長期統治。換句話說，對他們而言，只要能夠維持（阿拉伯人）征服時代當地迪坎（dihqāns，意為「地主」）的投降協議，便已足夠。在定義上，這些迪坎就是大地主，由此可以總結，當地的經濟主要是以農業為基礎」。

67 大多數的現代研究，稱他們是突厥人，但事實上，其中也有很多粟特人和其他中央歐亞人。見〈序曲〉、Beckwith 1984a 和 De la Vaissière 2007。

68 因此，從現實政治（Realpolitik）的角度來看，從士團的早期形式比較有利。

69 直到八九二年，薩瑪拉都是正式的首都（Northedge 1995: 1039）。

第七章

CHAPTER 7

# 維京人和契丹人

兄弟們，夥伴們！與其被捉作階下之囚，不如戰死疆場！
兄弟們，讓我們跨上我們飛馳的戰馬吧！看一看那藍色的頓河！
——摘自《伊戈爾遠征記》

Братие и дружино
Луче же бы потяту быти
неже полонену быти а въсядѣмъ братие
на своѣ бързыъ комонѣ да позьримъ синего Дону
—— Слово о пълку Игоревѣ[1]

## 列國王公的時代

在中世紀早期的世界秩序崩潰後，新的國家出現了，但比起前身的國家，它們在規模上要小很多。唯一的例外是拜占庭帝國，該國的疆土完好地保存了下來，甚至還些許擴張，但它從來沒有收復被阿拉伯人奪取的大部分疆土。也許是因為國家的數量較多，無論是在中央歐亞之內，還是在它的外圍周邊，世界經濟都有所恢復，並且再次開始增長，最終帶來整個歐亞的文化復興。

不同於中世紀早期，這段時期的高級文化從一開始就以宗教為導向，這也決定了高級文化的進一步發展方向。歐亞各個主要地區的寺院和修道院機構蓬勃發展，也推動了識字率的進一步擴展。與此同時，強大的修道教團在歐亞的大部分地區不斷增長，這意味著固化的正統教條的影響力和控制力也大幅增強。

在阿拉伯帝國崩潰後，伊斯蘭世界的文化光輝更加登峰造極，中亞尤其大放異彩。在古典伊斯蘭文明中，幾乎所有最偉大的哲學家和科學家要麼是來自中亞，要麼就是出身於中亞背景。然而，仍然十分年輕的伊斯蘭智識傳統遭到原教旨主義者的撻伐，後者拒斥傾向神祕主義的哲學，最終成功地用教義取代了伊斯蘭世界各地的論理。

雖然中央草原繼續由各游牧民族主導，但是西部草原和東部草原出現的國家跨越了游牧民族和非游牧民族的地理界線，為草原地區帶來越來越大的農業影響。羅斯人的維京－斯拉夫汗國（Viking-Slavic kaghanate of Rus）把歐洲的農業－城市文化拓展到西部草原，而中國人則是在中央歐亞人建立的各王朝庇護下，將農業－城市的傳統擴展到東部草原。

## 小型霸權的形成

在中世紀早期的大帝國解體後，伴隨著當時明顯的氣溫下降，中央歐亞北緣的諸民族開始向南遷徙，以較小的規模重複了民族大遷徙。

### 西部草原

可薩人在八三〇年代受到可能來自匈牙利人（溫古爾人〔Onogurs〕）[2]的威脅，後者本是他們的盟友或臣民。於是可薩人向拜占庭人請求援助。八四〇年至八四一年，希臘人工兵幫助可薩人在頓河下游建造了堅固的要塞薩克爾（Sarkel）。[3]已知的是，匈牙利人在八三九年時已經來到西部草原，他們把這裡當成基地，在八六二年沿著多瑙河突襲進入潘諾尼亞，並在八七〇年至八八〇年間攻打斯拉夫人。[4]

八八九年，[5]可薩人和烏古茲人（Ghuzz）攻打了佩切涅格人（Pechenegs）位於伏爾加河和烏拉爾流域之間的家園，該地位於中央草原西部。佩切涅格人逃向西部草原，打敗溫古爾人並占領他們的土地。匈牙利人再次從多瑙河盆地向北移入潘諾尼亞。八九二年，在阿爾帕德（Árpád，活躍於八九五年）的領導下，他們和東法蘭克國王阿爾努夫（Arnulf）結盟，對抗摩拉維亞國王斯瓦托普魯克（Svatopluk），並在八九四年再次突襲潘諾尼亞和摩拉維亞。隨著他們在八九五年被保加利亞人擊敗，同時在草原領土上面臨佩切涅格人的壓力，阿爾帕德率領的匈牙利人在潘諾尼亞定居，追隨早先匈人和阿瓦爾（柔然）人的腳步。以潘諾尼亞為基地，他們在中歐和西歐到處突襲，通常是作為僱傭兵或某個歐洲君主的盟友，八九九年春，他們抵達義大利。[6]這樣的作法持續了幾十年，最

後終於在九四二年抵達遠至西班牙之處，[7]他們一路上締結聯盟，向被打敗的統治者收取貢品——換句話說，他們建立帝國的方式相當傳統。他們最終在奧格斯堡（Augsburg）附近的萊赫菲爾德戰役（Battle of Lechfeld）中折戟，這時是九五五年八月十日，[8]擊敗他們的對手是日耳曼人奧托一世（奧托大帝，Otto I/Otto the Great，九七三年卒），他正在用和匈牙利人一樣的的方式建造自己的帝國。這場勝利確保了他的成功。匈牙利人於是落腳在潘諾尼亞，建立了匈牙利王國。在一〇〇〇年聖誕節，匈牙利統治者史蒂芬（Stephen）加冕為匈牙利國王，開始讓他的人民皈依基督教。[9]

可薩人受到的威脅還來自另一個方向。雖然繼承法蘭克人的國家在文化上越來越地中海化，但斯堪地那維亞人在很大程度上仍然屬於中央歐亞文化綜合體，並構成中央歐亞的最西北外圍。和其他屬於該文化綜合體的民族一樣，當時的維京人主要已以從商為生（儘管他們的戰士聲名卓著），他們遷入更南方、更文明國家的主要原因是為了從事貿易。雖然他們以穿越北海征戰不列顛群島和法蘭西亞而聞名遐邇，或者說是聲名狼藉，並且在這些國家的部分地區長久定居，但最終更加重要的，是他們向東的遷移。他們在波羅的海航行，進入芬蘭人的區域，然後順著河流南下，進入可薩汗國西邊的斯拉夫人土地上。

九世紀初，維京人已經透過俄羅斯的河流和近東的伊斯蘭世界展開密集的商貿活動。這條貿易路線最早是由可薩人、猶太人和穆斯林開發，直到後來才被維京人主導。[10]八六二年前後，以留里克（Rurik）為首的三個維京人首領在諾夫哥羅德（Novgorod）地區建立羅斯汗國；[11]八八二年左右，留里克的繼任者奧列格（Oleg）征服基輔，讓羅斯汗國成為一個從波羅的海直到黑海的君主國家。[12]羅斯人在黑海上向西航行，到達東正教諸國的拜占庭聯邦，包括斯拉夫化的保加利亞王國，以及帝國都城君士坦丁堡。拜占庭皇帝早先已經獲得費爾干納人和可薩人組成的從士團，[13]也立刻注

意到維京人的長處，開始僱用他們作為傭兵，因此組成了著名的瓦良格衛隊（維京衛隊〔Varangian Guard〕）。

經由伏爾加河，維京人到達裏海和對岸的伊斯蘭土地，但他們和控制伏爾加河下游盆地的可薩人發生了衝突。不久之後，可薩人和羅斯人之間爆發了戰爭。在九六五年至九六八／九六九年之間，基輔羅斯國王斯維亞托斯拉夫（Sviatoslav）對可薩人造成毀滅性的挫敗，占領了薩克爾要塞，摧毀了他們位於伏爾加河下游的首都阿的爾（Atil/Itil）和其他城市。雖然羅斯人在獲勝後回到基輔，可薩人作為一個民族仍然在這場敗仗之後延續了很長時間，[14]但是可薩人的國家再也沒有恢復到原來的勢力。它慢慢萎縮，淪為各路敵人的目標，可薩民族最終也消亡了。

## 中亞西部和南部

隨著阿拉伯哈里發國家的衰弱和瓦解，中亞西部成為半獨立的地區，世襲總督王朝以阿拔斯王朝的名義施行統治，它們分別是塔希爾王朝（八二一—八七三年）、薩法里王朝（Saffarids，八七三—九〇〇年）和薩曼王朝（Samanids）。這幾個王朝全都是伊朗中亞人的王朝。薩曼王朝由伊斯瑪儀（Ismâ'îl，八九三—九〇七年在位）建立，[15]其日趨受到喀喇汗王朝（Karakhanids）的壓力，後者是葛邏祿突厥的王朝，他們的疆域從錫爾河到天山，在十世紀時已經皈依伊斯蘭。[16]九九九年，薩曼王朝遭到推翻，最後一位統治者和王朝開創者同名，也叫伊斯瑪儀，他在一〇〇五年死於卡拉庫姆沙漠。喀喇汗人隨即控制河中的大部分地區，但不包括花剌子模，該地向來維持著很大程度的獨立，甚至在哈里發國家全盛時期也是如此。

當喀喇汗王朝向中亞西部擴張時，中亞南部的東邊領土已經被薩曼王朝的一個總督控制了，

即胡拉姆（奴隸兵）出身的阿勒普特勤（Alp Tegin，意為「阿勒普王子」），他在九六二年或前後於加茲尼（Ghazne，位於今日阿富汗東南部）建立了自己的勢力，但仍然承認薩曼王朝的宗主權。九九四年，阿勒普特勤的前胡拉姆蘇布克特勤（Sebük Tegin，約九七七—九九七年在位，大概出身於葛邏祿突厥部落）鎮壓了阿姆河以南的薩曼王朝省分叛亂，他隨後將這裡的領土併入已經事實成立的加茲尼帝國（Ghaznavid Empire）。其子馬赫穆德（Maḥmûd of Ghazne，九九七—一〇三〇年在位）宣布從薩曼王朝獨立。他在九九八年吞併薩曼人的前領土，並在一〇一七年入侵花剌子模，把整個地區併入他的帝國，從而遏制喀喇汗王朝向西和向南的進一步擴張。馬赫穆德還擴張至印度西北，並在臨死前奪取伊朗北部。[17]在馬赫穆德過世後，加茲尼王朝迅速失去了很多的支持，尤其是遠離其勢力核心的地方。

十世紀末，以塞爾柱（Seljuk/Saljuq）為首的土庫曼人（Türkmen）[18]遷徙至錫爾河三角洲周圍的花剌子模地區。塞爾柱之父早年曾經侍奉可薩國王，在父親去世後，塞爾柱在可薩的宮廷中被撫養長大。塞爾柱之子的名字穆薩（摩西〔Mûsâ/Moses〕）、米哈伊勒（米迦勒〔Mikâ’îl/Michael〕）、以色列（Isrâ’îl/Israel）聽起來都是《舊約》中的名字，這證明了他們的可薩背景。[19]他們到達花剌子模地區後不久後皈依了伊斯蘭，並突襲這裡的非穆斯林土庫曼人和其他人，他們常常作為河中地區某個王公的雇傭兵彼此征討。在十一世紀的前三十年裡，他們在該地被對手擊敗，於是開始逐漸南下進入索格底亞納。雖然塞爾柱人在中亞核心地區是個新興、名不見經傳的新群體，但是加茲尼王朝的腐敗、貪婪和軍事—政治的快速衰落，導致呼羅珊地區的城市一個又一個地主動倒向塞爾柱人。當蘇丹馬蘇德（Mas’ûd）最後決定以武力攻打塞爾柱人時，他在一〇四〇年於梅爾夫西邊的沙漠遭遇決定性的挫敗。兩年後，塞爾柱人回到花剌子模。他們擊敗當地的對手，任命一個塞爾

杜總督來統轄整個地區。加茲尼王朝仍然掌握加茲尼周圍和印度西北部的故地，甚至恢復了足夠的氣力來打退塞爾柱人進一步的擴張，並暫時將塞爾柱人推向西北方向。但是在阿勒普・阿爾斯蘭（Alp Arslan，一〇六三—一〇七二年在位）其及子馬利克・沙（Malik Shâh，一〇七二—一〇九二年在位）統治時，塞爾柱人和西喀喇汗王朝結盟，確保了自己東部邊疆的安全。喀喇汗王朝在一〇四一／一〇四二年時已經分裂成東西兩部分。[20]在西邊，塞爾柱人的大軍橫掃了伊朗、伊拉克、亞美尼亞，並一路突入安納托利亞。一〇七一年，阿勒普・阿爾斯蘭領軍在曼齊克爾特（Mantzikert/Malâzgird）大破拜占庭皇帝羅馬努斯（Romanus）的軍隊。此後，隨著土庫曼人和不隸屬於塞爾柱人的其他烏古斯（Oghuz）突厥部族的遷入，安納托利亞開始日趨突厥化。雖然突厥人在更早的時候曾經反覆突入安納托利亞，但是拜占庭對於該地的掌控曾經十分穩固，這裡一直是主要使用希臘語和亞美尼亞語的地方。現在，突厥語開始在安納托利亞扎根。

## 西藏

在經過一個細節幾乎無人知悉的世紀後，從十世紀中葉開始，吐蕃帝國的故地開始了以恢復體制性佛教為形式的文化復興。由於後來關於西藏的史料幾乎完全是宗教性質的，而且是出自僧侶之手，[21]所以對於支持佛教復興的政治實體所知甚少。眾所周知的是，寺院制度的佛教只有在國家的支持下才會廣泛傳播，而且事實也是如此，最早的佛教再體制化，是在西藏西部古格王朝（Gyge）國王意希沃（智光王〔Yeses 'Od〕）的推動下進行的。意希沃後來是在和葛邏祿突厥作戰被俘後死去。從中可以清楚地看到，正如歐亞的其他地方一樣，宗教復甦會隨著政治擴張而來。[22]古格王朝宣稱自己是吐蕃王室的後裔，無論實情是否如此，這都有力地支持了其首要目標是要恢復家族失去已

久的皇權的主張。

佛教運動始於西藏中部的三個地區：東部（今日康省）、東北部（今日安多省）和西北部的古格王國（今日阿里省〔Mngáris〕）。再次在西藏傳播的佛教門派，或許是在吐蕃帝國時期於西藏發展的佛教形式的延續，它一直由生活在西藏邊緣地區的僧侶勉強延續著。但是，在曾於印度學習的古格大師仁欽桑波（Rin-chen Bzangpo，九八五?－一〇五五年）的影響下，而且尤其是在來自印度摩揭陀（Magadha）超戒寺（Vikramaśîlâ）的大師阿底峽（Âtisa，一〇五四年卒）應新國王沃德（'Od-lde）之弟強久奧（Byang-chub 'Od）的邀請來到西藏後，一種較新的佛教形式開始取代舊教義。這種形式的深奧佛教以仁欽桑波和阿底峽等人翻譯的怛特羅密續佛經（新譯佛經，New Tantras）為基礎。[23]阿底峽隨後前往西藏中部，並在該地傳教直到去世；很可能在他遷往西藏中部的同時，他的古格贊助人也在那裡進行了政治活動。

然而，西藏這個時期最重要的一次政治—宗教發展其實是和另一個人有關，他是與阿底峽同時期的卓彌（'Brog-mi），他在返回西藏前曾在超戒寺研習了八年時間。他在一〇四三年於西藏中部藏省（後藏〔tsang〕）建立了一座寺廟，從印度請來一位教師招收學生，學生包括勢力強大的昆氏家族（'Khon）成員。卓彌在一〇七三年創建薩迦寺（Saskya），它由昆氏家族的某分支控制；終身不婚的住持人選繼承，通常是由某個叔父傳給某個侄子。昆氏家族的勢力隨著薩迦派（Saskyapa）的勢力一同增長，到十三世紀初，他們已經成為藏傳佛教的主要教派，也可能是主導的政治勢力。

藏傳佛教的主要宗派分化，就是在這個時期發展的。大多數的修行者依靠從梵文翻譯的佛經來獲取正當性，他們把佛教稱為Chos，[24]而其他修行者則是稱佛教為Bon。[25]在前者的傳統中發展出許多支派。[26]新形式的佛教迅速在西藏各地傳播，取代了早期的佛教形式。

## 中國北方和東部草原

土匪出身的黃巢（八八四年卒）發動了塗炭唐朝大部分剩餘領土的叛亂，甚至連遠至東南方的廣州港都難逃摧殘，據估計，叛軍在該地屠殺了十二萬人，主要是阿拉伯人、波斯人和其他外國商人。黃巢之亂後，唐朝的國力徹底衰竭，中國沿海更往南的商業港口以及中國之外的港口都超越了廣州。[27]在曾經被中國控制的北方和西方地區，包括東部草原的南部和中亞的東緣，現在由中國式的中央歐亞民族半獨立國家統治，許多國家慢慢獲得完全獨立。[28]他們統治的領土既包括中央歐亞的部分，也包括中國北方的部分，它們之間相互競爭，也和南方中國人統治的國家競爭。

當唐朝崩潰時，以前的藩鎮節度使和將軍在前唐朝領土上建立了大量的地方小王朝。最早形成的漢—中央歐亞人的國家之一，也是其中第一個大國，其核心位於河東，即黃河河套以東的省分。它最初是個半獨立（割據）的省分，由沙陀突厥將軍李克用（八八三—九〇七年在位）統治，他在八八三年擊敗黃巢，逼他退出華北。九一三年，李克用之子李存勗（九〇八—九二六年在位）消滅了盧龍（幽州）的政權，這裡曾是安祿山的政權基地，向來都是獨立省分。九二三年，李存勗擊敗朱溫建立的後梁（九〇七—九二三年），朱溫是黃巢的盟友，他最終終結了唐朝，並握有唐朝的兩京。[29]李存勗於是宣布建立後唐王朝（九二三—九三七年）。沙陀統一了中國北方核心地區以及滿洲西部的大部分中國—中央歐亞前線（除了位於黃河以西長城沿線的鄂爾多斯東部，該地由党項〔Tangut/Miñak〕控制）。沙陀以及取而代之的後晉（九三七—九四六年）和後漢（九四七—九五〇年），都不得不面對昔日的盟友——北方和東北方的蒙古系契丹人建立的遼朝——日益強勁的勢力，契丹人曾在九四〇年代多次進攻它們。[30]

以鄂爾多斯為基地的西夏王朝，由使用藏緬語言的党項人後裔建立。他們多數人是在吐蕃帝國的壓力下從西藏東北部的故土遷徙而來。他們在唐初就已經在鄂爾多斯東部地區定居。在安祿山叛亂時，党項人是該地的主要地方勢力。在唐末，党項傳統上的領導氏族首領拓拔思恭（八八一—八九五年在位）把黃巢的叛軍從首都長安趕出，作為獎賞，他被任命為夏州節度使，握有夏、綏、銀三州的軍事大權。在其繼任者的統治下，党項人慢慢地向西南方向（他們位於西藏東北部的故地）和西邊的中亞擴張。一〇〇二年，他們攻下夏州西邊的靈州，將此地作為第一個首都。次年，他們把靈州改名為西平府。一〇三八年，西夏正式成立。隨著党項人的興盛，西夏也繼續成長，他們直接越過黃河建立新都城。[31]他們逐步攻占甘肅西半部，以及西寧以南、遠至青唐羌之間的前吐蕃帝國領土，建立了繁榮、穩固的帝國，國祚一直延續到蒙古時代。在這段期間，西夏常常和鄰族爆發戰爭，包括西南面比鄰的西藏人及其他民族，還有東南面的中國宋朝（九六〇—一一二七年的北宋和一一二七—一二七九年的南宋）。[32]党項人開始掌握從中國至中亞的東西向貿易，在某種程度上，這類似於當年吐谷渾王國的角色；不過，党項人也控制中國和東部草原之間的一些南北向貿易，因為他們的帝國也擴張到鄂爾多斯以東的地方，在東面和北面和契丹接壤。

許多由中國人、回鶻人和西藏人建立的小王國在甘肅和青海地區出現，其中青海還包括吐蕃帝國朵思麻省（Mdosmad）的中心。這些政權中最為重要的是青海地區的青唐羌，它因作為中亞東部和中國宋朝之間的另一條商業通道而繁榮，偶爾也會在軍事上協助宋朝對付党項人，後者的勢力擴張到青唐羌邊境，給該王國施加了巨大的壓力。[33]

契丹人是使用蒙古語的民族，其祖先源自古典時期晚期的鮮卑人邦聯，[34]他們在唐初就已成為中國東北方向地區的主導勢力。[35]唐朝滅亡後，遼朝（九一六—一一二五年）的建立者耶律阿保機（廟

號遼太祖，九〇七／九一六－九二六年在位）將勢力向中國東北、東部草原（九二四年）[36]和滿洲南部[37]擴張。因此，契丹人統治的東部邊疆，與前中國北方和中央歐亞重疊，而党項人則是統治邊疆地區的西部。兩個國家都包含了主要由中國人居住的領土和主要由中央歐亞人居住的領土。和東北地區的其他中央歐亞民族一樣，契丹人至少在國家形成過程中，仍然實行著傳統的從士團制度，他們的國家明顯是圍繞著「可汗和四伯克制」而組織，一個特別有趣的變化是契丹人有五個首都或「斡耳朵」，分別是東西南北各一個，再加上一個位於中心。[38]契丹人在東部草原保持著強大的勢力，部分原因是國內的契丹保守派反對漢化，他們希望保持自己的游牧生活方式。對於蒙古人日後在中國北方的成功，草原和定居契丹人都具有至關重要的作用。在遼代，契丹人和回鶻人建立了非常密切的關係。[39]在一一二〇年至一一二三年間，通古斯系的女真人（Tungusic Jurchen）推翻遼朝，他們長久以來一直是契丹人的敵人。

女真人本來是來自滿洲遠東（今日俄羅斯濱海邊疆地區）森林使用南通古斯語言（Southern Tungusic）的民族。不同於蒙古系契丹人和後來的蒙古人，他們並不是草原游牧民。儘管如此，在女真臣服於契丹人的漫長時間裡，他們習得了草原戰爭方式並形成了一個國家。在他們於滿洲徹底擊退進犯的契丹軍隊後，女真在一一一五年宣布立國，國號為金。他們以優勢來進迫國力已經衰退的遼國，奪取了遼國位於滿洲南部的剩餘領土。一一一七年，宋朝試圖和金議和，從而合力擊敗契丹人並瓜分遼國領土。宋人希望藉此來恢復中國對曾由唐朝統治的北方領土的控制。但是已經足夠強大的金人（女真）並不需要宋人，而且宋朝出兵攻打遼國的戰役也以失敗告終。金和宋隨後於一一二三年簽訂和約，允許宋朝重新索回一小部分遼國的領土，每年支付二十萬兩白銀和三十萬疋絲綢作為對爭議領土的補償。隨著遼國最後一位皇帝在一一二五年被俘虜和罷黜，金頂替了遼，成

為中國北方和滿洲的統治者。但是宋朝和女真的關係已經惡化，一一二五年女真人入侵宋朝，攻占山西和河北，並越過黃河圍困宋朝首都開封（位於洛陽東邊）。

宋人接受了金人的和平條款，宋朝放棄失去的省分，同意向金國支付每年三十萬兩白銀、三十萬疋絲、一百萬貫銅錢的賠款。高麗國王和党項人的西夏都接受了成為金國藩屬國的地位。在宋朝違反條約後，金國再次發動進攻，一一二六年，這一次占領並洗劫了開封。當時的皇帝宋欽宗和太上皇宋徽宗（中國史上最傑出的藝術家和書法家之一）以及許多皇室成員都遭到俘虜。由於徽宗被俘退位，宋朝只好立趙構（宋高宗）為帝，但宋朝已經被徹底擊敗了。金國在一一二七年班師回朝，留下一個羸弱不堪的宋朝，後者只能在一一三八年將首都搬去更南方的杭州。但是，宋朝比女真人預料中的更為頑強，而且還收復了一些失去的領土。兩國又在一一四二年簽訂和約，約定以淮河為界，宋每年向金支付二十五萬兩白銀和二十五萬疋絲綢。[40]

當遼朝被女真人擊潰時，契丹領袖耶律大石於一一二四年拋棄無能的契丹統治者，自立為王。[41]他向北逃往草原，在遼朝位於鄂爾渾河的軍事要塞可敦城重整當地的留守部隊。一一三〇年，耶律大石帶領著包括契丹人、蒙古人和中國人在內的追隨者，離開了可敦，向西北方向進發。在一一三一年或一一三二年，[42]耶律大石在審時度勢後向西進發，採用新的頭銜「古兒汗」（Gür Khan），意思是「普世統治者」，[43]使用中國式年號「延慶」，並且重新確立契丹人對塔里木盆地北部回鶻王國（西州回鶻）的傳統宗主權。[44]一一三四年，都城位於巴剌沙衮（Balâsâghûn，位於伊塞克湖附近的楚河河谷）的東喀喇汗王朝統治者向耶律大石求援，以抗擊他領土上的葛邏祿和康里（Kangli）部落。耶律大石接受他的求援請求，在沒有遭遇抵抗的情形下揮師進入巴剌沙衮，並立即讓東喀喇汗國成為屬國且在此定都。耶律大石在該地新建一座契丹式的牙帳營地，名為虎思斡耳朵

（Quz Ordo），並開始向前東喀喇汗國全境派出官吏和總督。[45]一一三四年，他企圖推翻女真人，但遭遇失敗，從此便放棄在前契丹東方領土重建契丹國家的願望。雖然遭遇如此的挫敗，他繼續擴張新帝國，直到東邊的喀什噶爾、于闐、黠戛斯和別失八里都納入轄下。在西邊，他在一一三七年五月於苦盞（Khujand）擊敗西喀喇汗王朝統治者，隨後又在一一四一年九月九日爆發於撒馬爾罕附近的卡特萬戰役（Battle of Qatwân）中擊敗塞爾柱統治者蘇丹・桑賈爾（Sultan Sanjar），從而鞏固了他在這個地區的勝利。於是，耶律大石把河中地區納入領土，並將勢力擴張到遠至花剌子模之處，迫使花剌子模統治者向他進貢（始於一一四二年）。[46]耶律大石創建的新帝國稱為喀喇契丹或「黑契丹」，它也是一個中國式的王朝，又稱西遼。在古兒汗耶律大石於一一四三年過世後，喀喇契丹將注意力完全集中在自己的新帝國上，其東邊的疆土包括東突厥斯坦和準噶爾，一直延伸至蒙古西部，其西邊的疆土包括河中地區，一直不斷延伸至花剌子模。

在東部草原，女真推翻契丹人的統治，政治形勢發生了變化。由於他們征服了比契丹人或党項人更多的中國領土，因此女真的國家重心主要集中在中國。雖然女真人也延續了一些北方傳統，例如契丹人的五京制，但是他們變得日趨漢化。他們在一開始就沒有統治很多的草原領土，而且也很快就放棄了任何控制東部草原的認真企圖，寧願間接地施加他們的影響力。這也導致草原地區的權力真空，屬於各種民族語言群體的民族都試圖一統草原，但主要以蒙古和突厥的草原各部為主。這裡最為強大的單一民族是韃靼（塔塔兒部），他們得到女真的支持，打擊正在崛起的蒙古。雖然金國確實曾向草原出兵攻打蒙古，但沒有成功，並且不得不在一一四六／一一四七年承認蒙古的國家地位。蒙古人的領導者是合不勒汗（Khabul Khan），後來被追諡為功哲皇帝。金國給了合不勒汗一個象徵屬國地位的頭銜，但是也慷慨地「歲給衣食」。[47]雖然蒙古人已經在東部草原壯大，但在女真

人的支持下，韃靼人仍然在總體上主導著草原的政治局勢。

## 中世紀中期的智識繁榮

從中世紀早期結束至蒙古人征服之前，這段時期的歐亞國家規模都相對有限，因此政府和政治人物對個人的控制也同樣有限。尤其是在西歐、伊斯蘭世界、西藏和東亞，哲學家、科學家和其他富有創造力的人們能夠在受到人身威脅時從家鄉逃往別處，這造成國際間的人才流動，推動了智識的繁榮。

此時的伊斯蘭正處在科學、數學、哲學和形上學的鼎盛時期。這些學科中最偉大的人物都來自中亞，包括費爾干尼（al-Farghânî/Alfraganus，活躍於八三三—八六一年，來自費爾干納）、法拉比（al-Fârâbî/Alfarabius/Avennasar，來自法拉卜〔Farâb/Utrâr〕，九五〇年卒）、伊本·西納（Ibn Sînâ/Avicenna，九八〇—一〇三七年，來自布哈拉附近的阿夫珊納〔Afšana〕）、比魯尼（al-Birûnî，九七三—約一〇五〇年，來自花剌子模的卡特〔Kâth〕）、加扎里（al-Ghazâlî/al-Ghazzâlî/Algazel，一〇五八—一一一一年，來自呼羅珊的圖斯）等人。史上第一位蘇菲派神祕主義者阿布·亞濟德·比斯塔米（Abû Yazîd al-Biṣṭâmî，八七五年卒）也來自呼羅珊西部的巴斯塔姆（Biṣṭâm），他引入他的非穆斯林導師阿布·阿里·信迪（Abû ʿAlî al-Sindî）的印度瑜伽實踐和教導。[48]中亞最終成為蘇菲派的重要據點，也是許多蘇菲教團的發源地。

位於中亞的大城市是文化、圖書館和教育的中心。薩曼王朝曾因其對魯達基（Rûdakî）和達齊（Daqîqî）的贊助而聞名，他們是最先使用新波斯語創作偉大詩篇的詩人，而加茲尼王朝也贊助了

新波斯語文學，其中最著名的便是菲爾多西（Firdausî，一〇二〇年卒）的長篇史詩《王書》（《列王記》，*Shâhnâmeh*），這部作品的部分來源是伊朗人的口傳史詩。[49]偉大的詩人內札米（Niẓâmî，一一四一－一二〇九／一二一三年）也生活在這個時期。值得注意的是，他的文學創作發生在中亞，並由中亞統治者贊助，而不是伊朗（波斯）。

在阿勒普．阿爾斯蘭和馬利克．沙的統治時期，塞爾柱人正處在權力的巔峰，其國政的背後指導者是尼扎姆．穆勒克（Niẓâm al-Mulk，一〇一七／一〇一九－一〇九二年）。他是精明睿智的政治家，有時也是無情的戰略家。他最著名的作品是《君王寶鑑》（*Siyâsat-nâmeh*），其內容就是教導統治者如何成為一個更有效的專制君主。他也是偉大的學術贊助者，他建造和捐獻許多大型、標準化的馬德拉沙（學院），這些學校稱為尼扎米亞（Niẓâmiyya），它們把高等教育的宗教學院系統傳播到近東的大部分地區。雖然在一定程度上，他這麼做的動機是出於政治目的，但是這些學院做出了重要的貢獻，不管是所在地隨後兩百年的文化繁榮，還是從這些學術中心到伊斯蘭世界其他地方的文化繁榮。辨證辯論（dialectical disputation）的學術方法在中亞發展，並傳播到整個伊斯蘭世界。這種學術研究方法被哥多華（Cordoba）的阿布．阿卜杜拉．阿茲迪（Abû ʻAbd Allâh al-Azdî，九六九年卒）帶到西班牙，[50]並在該地蓬勃發展，最終滋養出偉大的哲學家伊本．魯世德（Ibn Rushd/Averroës，一一九八年卒）。

雖然中亞的伊斯蘭城市共同構成了這段時期歐亞的輝煌商業中心和智識中心，但是宗教保守主義者也做出反智的回應。這種回應受到中亞哲學家和神學家加扎里大力支持，他曾在巴格達的尼札米亞任教一段時間。但是他最終否決了哲學，推崇一種保守形式的蘇菲派，他為自己和學生在內沙布爾（Nishapur）建立了一個蘇菲修道堂（khânqâh），直到去世前一直在那裡任教。他和其他保守

主義者利用偉大古希臘和伊斯蘭思想家的思想和方法來反對他們，其明確目標就是壓制教義以外的思想自由。他的名著成書於一〇九五年，題為《哲學家的不一致》（*Tahâfut al-falâsifa*），[51]這是一本致力於壓制哲學的著作，有些地方甚至指出那些頑固支持某些哲學觀點的人應該要被殺死。加扎里的觀點在隨後不久又被伊本．魯世德的《不一致的不一致》（*Tahâfut al-tahâfut*）駁斥，但是後者是在西班牙完成的，而且時間也已經太晚。雖然伊本．魯世德強烈影響了歐洲思想，但是他卻完全沒有影響到伊斯蘭世界，直到現代以前，他的著作一直在伊斯蘭世界默默無聞。[52]在他有生之年，他親眼看到了伊斯蘭的智識生活被狂烈的宗教保守派破壞。保守派的目標是壓制獨立思想，而獨立思想的核心就是學術辨證辯論，在這種辯論中，各種思想（包括廣被接受的宗教文本）都可以公開加以邏輯分析和辯論，因此保守主義者也必須加以壓制。加扎里和保守派獲得了勝利。對於日益僵化的教義提出質疑的思想家受到迫害或噤若寒蟬，因此不僅在哲學範疇裡，還在包含科學在內的幾乎所有領域中，自由思考的可能性在伊斯蘭世界的絕大多數地方都逐漸消弭。[53]

中世紀西歐文化在智識上的成長，是和穆斯林西班牙與巴勒斯坦進行接觸的直接結果。阿拉伯語書籍被譯為拉丁語，翻譯帶來了新穎、激動人心、時常引發爭議的思想。譯為《運算之書》的花剌子米[54]著作，介紹了阿拉伯數字，包括數字「0」的概念和「運算」，而《代數之書》則介紹高等的代數數學。對於西歐以科學為導向的思想，這兩部作品帶來革命性的影響。之前不為人知的亞里斯多德哲學和邏輯學著作，以及伊斯蘭哲學家的著作都因為翻譯而引進西歐，同樣引發西歐思想的根本性重構。這些思想至少伴隨著一個重要機構的成立。也就是歐洲的第一所「學院」（college），[55]即「十八學者學院」（Collège des Dix-huit），由倫敦的喬休（Jocius of London/Jocius de Londiniis）於一一八〇年從聖地（巴勒斯坦）歸來後在巴黎建立。[56]它是原初的巴黎大學

（University of Paris）中最古老的學院。這所學院的直接前身機構馬德拉沙和精舍的大多數核心特徵，都被加以保留，比如供養住宿學生和教授的宗教基金，[57]也許還沿襲了建築的形式。[58]伊斯蘭的知識、科技和機構向西方的傳播，推動了中世紀中期的智識革命。

在吐蕃帝國崩潰後，許多小王國在一個世紀間出現在西藏。這些王國大多不是建立在城市上，而是建立在堡壘和新建的設防大寺院上，中世紀的藏傳佛教文明就是在這些堡壘發展的。許多新教團之間的教義差異，推動了對佛教法規、教義和其他主題的積極口頭和書面辯論。書寫的習慣已經扎根，這使得人口相對較少的藏人產出大量的文字作品，主要是關於形上學、神祕主義和儀軌的主題，但也有關於歷史、醫學和其他門類的著作。這段時期的政治史仍然鮮為人知。國家似乎已經和寺院勢力牢牢聯繫，但無從確定兩者關係的細節。[59]

西夏王朝的党項人與西藏佛教徒發展出緊密的關係，有些藏人住在党項宮廷裡。雖然一般認為党項人嫻熟藏語（兩者的語言有親緣關係）和簡單且清晰的藏文字母，但他們根據漢字的模型發展了一套複雜的本族書寫系統。他們翻譯中國經典，撰寫關於許多主題的新著作。由於他們把著名的中國佛教法規典籍《大藏經》譯成西夏文（党項文），因此現存的許多党項文本可以被解讀。[60]契丹人也發展了一種以漢字為模型的書寫系統（契丹大字），但很少使用。最後，雖然漢語是金國最重要的書面語言，但是女真人也遵循党項人和契丹人的模式，發展了屬於自己的漢字式文字來書寫他們的語言，[61]這個書寫系統是滿文的直接祖先。

儘管在宋朝的統治下，中國的大部分地區統一了，但是和東部草原或中亞重疊或是延伸至此的北方領土是獨立的，並且處在非中國的王朝統治下。在這些國家中，沒有一個國家能夠支配另一個國家，這樣的事實迫使中國人發展出在多少平等的基礎上處理國際關係的手段。令中國人忿忿不平

的古老排外情結和優越感，仍舊主導著士大夫階層，無論漢人統治什麼王國都是如此，但是中國在當時有好幾個政權，相比之下，這樣的狀況降低了統治者能在大一統的情況下製造出的排外程度。

宋朝和中亞或草原地區並沒有直接接觸，因此也和歐亞的其餘大部分地方沒有聯繫。可能是由於這種相對孤立的結果，中國的作家和其他菁英階層知識分子日趨轉為內向。畫家創作了中國藝術中最偉大的傑作。在最著名的畫作中，英雄和帝國的主題是缺席的，它們強調的是自然和避世。

正是在這個時期，中國人的雕版印刷術臻於完美，也發展出活字印刷。[62] 書籍和紙幣大行其道。在軍事方面，五代和宋代的中國人發明了炸彈、火箭和槍的前身——火銃。[63]

最後，也許部分是因為宋朝和中央歐亞遙遠的政治距離，中國的海上商業反倒十分興盛，但官方並沒有加以支持。事實上，南方地區和南方人繼續在文化上被鄙視，而且大多數的商業發展都發生在政治上的中國以外。因此，海上商業的興盛不是中國菁英促成的，而是出自思想獨立的商人，他們在從中國南方到東南亞和南海的沿海地區建立貿易殖民地時，也將中國文化傳播至當地。

---

1 第十和第十一段，見線上版本（http://titus.uni-frankfurt .de/taruss/slovigor/slovi.htm）。

2 他們是突厥語族和芬—烏戈爾語族（Finno-Ugric）混血的民族，在史料中常被稱為「突厥人」。後來，在匈牙利人遷徙到潘諾尼亞時，屬於芬—烏戈爾語族的馬札爾人（Magyars）逐漸同化了突厥人，馬札爾語最終成為匈牙利人的共同語言。普遍認為，「匈牙利人」（Hungarian）這個名字源自突厥族名「溫古爾人」（Onogur）。

3 Zuckerman 1997。Dunlop 1954: 186-187 認為薩克爾要塞也許是為了防禦羅斯人而建。羅斯人對可薩人的攻擊，並沒有出現在這麼早期的史料裡（但這不代表當時沒有發生過），但是如果來者的確是羅斯人，那麼頓河下游正是一個絕佳的防禦地點，因為羅斯人位於可薩西北，而且可薩人有部分的維京血統，善於行船，並且常常走水路經商、作戰。

4 Sinor 1959: 17.

5 Sinor 1959: 17.

6 Sinor 1959: 21-22 指出，赫里巴爾都斯修士（Heribaldus）曾在康斯坦士湖（Constance）南方的聖加侖修道院（St. Gall，今日瑞士境內）編年史中記載：「匈牙利人占領修道院的那段時間，是他人生中最美好的時光」。

7 Schamiloglu 1984b: 216.

8 Sinor 1959: 27-28.

9 Sinor 1959: 28-36.

10 Noonan 1981/1998: 53.

11 見 Golden 1982。關於羅斯國王使用的頭銜「可汗」，見 Dunlop 1954: 237。

12 Christian 1998: 334.

13 見〈序曲〉。

14 Dunlop 1954: 254 et seq.

15 Christian 1998: 313-319.

16 他們的祖先明顯是葛邏祿。根據葉耳孤比（al-Ya'qûbî）的記載，葛邏祿可汗在八世紀末或九世紀初皈依伊斯蘭教（Beckwith 1993: 127 n. 114）。關於喀喇汗王朝起源的另一種觀點，見 Kochnev 1996。

17 Bosworth 1968: 6-8, 12; Christian 1998: 370.

18 他們屬於烏古斯突厥（Oghuz）的分支。他們有些人在北高加索草原一帶游牧，當時的阿拉伯使節伊本・法德蘭（Ibn Fadlân）在前往伏爾加保加爾的路途中曾經過此處（Bosworth 1968: 16）。伊本・法德蘭的精彩遊記描述有幾個譯本，最新的是 Frye 2005。

19 Dunlop 1954: 260。Bosworth 1968: 18 認為，一些史料提及的突厥人國王可能是花剌子模當地烏古斯部落統治者葉護，這應該是史料把花剌子模葉護和可薩可汗弄混的結果。塞爾柱人從可薩遷徙到錫爾河下游，而當地的烏古斯統治者擁有葉護的頭銜。有些史料明確指出，塞爾柱之父曾效力可薩可汗，而其三個兒子的名字更是他們成長在可薩王宮的證據，似乎沒有任何理由懷疑史料中的有關記載（cf. Dunlop 1954: 260-261）。

20 東喀喇汗王朝先是以巴剌沙袞（Balâsâghûn）為中心，然後是以喀什噶爾為中心，而西喀喇汗王朝則是先以烏茲根

（Uzkand，位於東費爾干納）為中心，隨後是以撒馬爾罕為中心。

21 而且，現代少數研究這些主題的學者也幾乎只對宗教問題感興趣。

22 關於他出征和死亡的故事充滿了宗教色彩，一般都直接把它當成事實接受；不管怎樣，史料的確記載他在一次出征中被俘。

23 Hoffmann 1961: 112-122.

24 因此他們窄化了 Chos 的意義，Chos 原本在古藏文中是種泛稱，意思類似於「傳統信仰」，在那時候它也開始對應梵文的 dharma（法）。Chos 在藏語中的原始意義尚存有爭議，它或許源自一個表示「創造」的動詞。

25 關於藏語語詞 Bon 的問題，以及 Bon、Bonpo 等名稱，請參考書末注釋79。

26 在 Chos 傳統中，主要的分裂是信仰舊譯佛經（伏藏〔Old Tantras〕）的一派（舊派，後來發展成寧瑪派〔Rñingmapa〕）和信仰新譯佛經的其他各宗派之間的差異。

27 唐朝滅亡的正式時間是九〇七年，但是在黃巢起義之後不久，它的實際統治範圍就只包括京畿地區。

28 關於唐朝末年的東部草原和中國北方的最新概述，請參考 Drompp 2005: 197 et seq.。

29 Somers 1979: 760-765.

30 Franke and Twitchett 1994: 6.

31 新都城的漢文名叫興州，後來改稱興慶府（一〇〇三年），接著又改稱中興府，而在蒙古語中則稱 Erighaya（De Rachewiltz 2004: 552, 968; cf. Dunnell 1994: 178）。對於党項人的敘述主要來自 Dunnell 1994；參見 Dunnell 1996。

32 Dillon 1998: 294.

33 關於青唐羌的貿易，最好的研究是 Shiba 1983。在這篇開山之作中還包括當時歐亞東部總體貿易活動的許多重要資訊。關於青唐羌王國的政治史，請參考 Petech 1983。

34 關於契丹語的親緣關係，請參考書末注釋80。

35 安祿山曾屢次征討契丹，但鮮少獲勝。他蓄養由八千多名契丹等民族組成的從士團，待其如子（*TCTC* 216: 6905），見書末注釋25。

36 Biran 2005: 15.

37 Twitchett and Tietze 1994: 60-62、Drompp 2005: 200-201, 202-205 指出，黠嘎斯沒有建立取代回鶻人的草原帝國。

38 關於這個主題以及其他和契丹相關的主題，請參考經典著作 Wittfogel and Fêng 1949。契丹人把燕京城——今天的北京——作為五個首都之一，並作為帝國農業地區的行政中心。這是這座城市崛起的開始（Franke and Twitchett 1994: 16）。Johannes Reckel（轉引自 Di Cosmo1999: 10 n. 29）認為，契丹人採納的多都制來自被征服的渤海國（位於滿州東南部和朝鮮北部），渤海國是高句麗的部分繼承者。

39 即使是遼國滅亡後，直到蒙古人征服前夕，西遼也仍然維持著這樣的關係。

40 這裡關於金國的敘述以及金和遼、宋之間的戰爭是基於 Franke 1994。

41 Biran 2005: 25-26.

42 Biran 2005: 36.

43 關於這個頭銜的討論，請參考書末注釋83；參考 Biran 2005: 39 n. 146。

44 Biran 2005: 32-38.

45 Biran 2005: 39.

46 Biran 2005.

47 Franke 1994: 238.

48 對於早期的**神祕主義**蘇菲派（必須要和其他的早期蘇菲派形式予以嚴格區分，但通常並未如此）立場最公允的概論是 Fakhry 1983: 241，但西方學界長期以來將其中的印度元素認定屬於為印度教的傳統是值得懷疑的。這主要是因為早期的歐洲學者對南傳和東南亞佛教（上座部佛教）之外的其他佛教派別缺少了解。在穆罕默德的時代，南傳佛教已經和其他派別的佛教明顯不同。學界長期以來一直需要一位兼通伊斯蘭學和佛學的客觀學者來研究這個問題。在伊斯蘭化前，比斯塔米的故鄉呼羅珊周邊的中亞地區曾經流行佛教數世紀之久，而且伊斯蘭化過程相當緩慢。這表示比斯塔米會受到「印度」思想的影響並不足為奇。請參考書末注釋77。

49 馬赫穆德怠慢了菲爾多西，付給他的錢比約定支付的金額少，因此被他用一首言詞尖刻的詩出言報復。

50 Makdisi 1981: 131.

51 書名也可譯為《哲學家的毀滅》或《哲學家的崩潰》。請參考 Fakhry 1983 的深入討論（尤其是二二二頁後的篇幅）。

52 Bergh 1954.

53 請參考 Makdisi 1981: 136-139，雖然他將打壓辨證辯論的原因歸結為當時的辯論已經失控，甚至有參與者受傷。在蒙古

人到來之前，伊斯蘭世界的智識衰落便已開始，更何況是在歐洲人到來時。關於近來對這個問題的反歷史主張，可參考書末注釋[81]。

54 請參考第六章。

55 **學院**和**大學**（university）是兩個截然不同的概念。學院是由宗教基金供養的機構，會負擔學生和教師的開銷；大學是自我營運的機構，是歐洲本地的發展。

56 Makdisi 1981: 226, 228 指出：「儘管在耶路撒冷中心地區並沒有已知存在過的伊斯蘭學院（馬德拉沙），但是在一一八〇年時，它的鄰近地區已有大量的伊斯蘭學院。」最初的特許狀（*CUP* I: 49）明確記載倫敦的喬休是從耶路撒冷回來的，但他當然需要經過「鄰近地區」才能到達耶路撒冷。在近東伊斯蘭世界，馬德拉沙無處不在。倫敦的喬休在前往耶路撒冷的路上不可能連一所伊斯蘭學院都沒遇到。他一定知道伊斯蘭學院是什麼，或許也曾在某個伊斯蘭學院借宿。

57 雖然在十八學者學院簡短的特許狀裡並沒有提及教師，但是在後來的十三世紀初，巴黎各個學院的組織架構都是「由一名導師管理一群學生」（Rashdall，摘自 Makdisi 1981: 236）。可以推想，作為範本的第一所學院也是以同樣的架構建立的。

58 這種可能性是基於我自己對於牛津大學一些古老迴廊（cloisters）的日常觀察。也許還有更多的相似設計存在。這個問題需要仔細研究並加以證實或駁斥。

59 迄今為止最深入的研究也許仍是 Wylie 1964。

60 關於西夏（党項）文字系統，請參考書末注釋[82]。

61 不同於党項文字、契丹大字，女真文字在語音上更具體系，而且也不同於和女真文字有親緣關係的前兩者，女真文字的後代語言滿語在前現代和現代都存有大量的資料，因此，女真語可以準確地重構復原。請參考 Kiyose 1977。

62 Gernet 1996: 335。由於漢字為數太多，因此雕版印刷在印刷漢文文本時更為便宜、高效。直到現代，活字印刷才取代了雕版印刷。

63 Gernet 1996: 311。早在唐朝，中國的煉丹術士便已發展出火藥。

# 第八章

CHAPTER 8

# 成吉思汗和蒙古人征服

在上都，忽必烈汗下令建造一座恢宏的大殿：
神聖的河流阿爾菲流淌經過，川流在深不可測的洞中，伸向那陽光照射不到的大海。
——柯立芝，《忽必烈汗》

*In Xanadu did Kubla Khan*
*A stately pleasure dome decree: Where Alph, the sacred river, ran*
*Through caverns measureless to man*
*Down to a sunless sea.*
—— S. T. Coleridge, *Kubla Khan*

## 蒙古和平

在女真人認定為東部草原最高統治者的合不勒汗過世後，新生的蒙古疆域就分裂了。蒙古土地上一直內戰不斷，直到合不勒汗的曾孫鐵木真把蒙古人鍛造成一個新民族為止。以「成吉思汗」的頭銜，他率領蒙古人發動了一系列的閃電攻擊，一統中央歐亞的大部分地區和一些周邊地區。其子繼續征戰，直到最鼎盛時期，帝國的版圖從東歐一直延伸至東海，從西伯利亞延伸至波斯灣。透過征服包含草原地區、俄羅斯、波斯、中亞、西藏和中國在內的整個中央歐亞和沿海部分地區，蒙古人重新統一和擴大了中央歐亞。蒙古帝國是世界上第一個陸地超級強權。

雖然成吉思汗的繼任者很快就開始了彼此之間的爭鬥，但他們仍然成功地把歐亞的大部分地區納入同一個商業區域，為參與商業的蒙古人和其他人創造了驚人的財富。但十四世紀黑死病在歐亞大陸的蔓延，蹂躪了許多地方，尤其是西歐，而蒙古的幾個繼承國家之間的衝突也削弱了它們的實力，讓蒙古和平畫上了句號。

十四世紀末，一個出色的蒙古出身將軍利用了蒙古中亞繼承者的羸弱，他就是帖木兒，透過征服，他創造的帝國從近東延伸至印度，從俄羅斯延伸至波斯灣。雖然在他過世後，帝國的組成部分很快就開始分裂，但它的核心地區，也就是中亞西部，在帖木兒及其繼任者治下經歷了最後的文化輝煌。他們的統治稱作帖木兒王朝（Timurids）。

## 蒙古人征服

蒙古帝國的發跡基礎，是女真推翻契丹後東部草原各個部落之間的政治和戰爭。使用通古斯語的女真人並不是像契丹人那樣的草原民族，也沒有在草原上維持軍事勢力。相反地，他們對草原上最大的單一部族塔塔兒（韃靼）給予支持。東部草原的各個民族（部族）處於分裂，在面對強大的塔塔兒部時，沒有哪個部族能夠主導其他部族，占據統治地位。當孛爾只斤系（Borjigin）首領合不勒汗把所有蒙古部落組成一個邦聯時，女真人無法用武力逼使他迫位，於是就承認合不勒汗為蒙古人的最高統治者（一一四六／一一四七年），但是也正式將他認定為女真的臣屬。在合不勒汗過世後，他的從弟和繼任者俺巴孩（Anbaghai）遭到塔塔兒的俘虜，被送去金國宮廷並殺害。蒙古人隨後選擇合不勒汗的四子忽圖剌（Khutula）繼位，這引起俺巴孩後代的不滿。忽圖剌曾對塔塔兒發兵，但基本上沒有成功，他本人後來的結局也沒有出現在史料記載中。在他之後，一統蒙古人疆域的早期運動便分崩離析了，東部草原的局勢演變成彼此攻伐的戰爭狀態，合不勒汗之孫也速該（一一七五／一一七六年卒）在此時開始重新集結孛爾只斤氏族的邦聯，但卻被塔塔兒部殺死，他的人馬家畜都被一個覬覦繼位的人（譯按：塔里忽台）帶走，把也速該的妻兒都拋棄在草原上。

蒙古人在東部草原的崛起，恰好和他們同樣使用蒙古系語言的鄰居喀喇契丹（西遼）的衰落同時發生。喀喇契丹的最後一位古兒汗耶律直魯古（馬尼〔Mânî〕，一一七七—一二一一年在位）軟弱無力，[1]無力阻止花剌子模帝國的發展，尤其是後者在其咄咄逼人的統治者穆罕默德・花剌子模沙（摩訶末，Muhammad Khwârizmshâh，一二〇〇—一二二〇年在位）治下的時期，雖然穆罕默德・花剌子模沙身為喀喇契丹人的臣屬，卻在一二一〇年至一二一二年間從他們手中奪取了河中地區。

隨著喀喇契丹的財富和權力大量喪失，其他的臣屬諸侯也紛紛脫離控制。

在東部草原，也速該的長子鐵木真（約一一六七—一二二七年）和他的母親及弟弟在荒野中相依為命。[2]鐵木真長成一個聰慧、勇敢又強壯的人。慢慢地，他把四散的氏族殘部重新集結到他的旗下。最終其他氏族也加入，而他也得到強大的盟友。一一九六年，他和克烈部的首領一同和與塔塔兒已經決裂的金國（女真人）結盟，一同進攻並擊敗塔塔兒部。作為獎勵，金國賜克烈部的首領「王汗」（Ong Khan）的頭銜，[3]也賜給鐵木真一個低一級的稱號。一二〇二年時，鐵木真再次率軍攻打塔塔兒部，一舉將他們擊潰，為了報復謀害父親和祖先之命，他處決了塔塔兒部所有的成年男性。[4]

最後，鐵木真也擊敗了最後一個主要對手，也就是斷斷續續的盟友札木合（Jamukha）。札木合曾在一二〇一年被宣告為古兒汗（普世統治者）。鐵木真在統一東部草原的各部族後，被一二〇六年的蒙古部落領導者大會宣布為「成吉思汗」，意思也是「普世統治者」。[5]他和其子都相信，長生天賦予他征服全天下的權力和使命，於是他對四方尚未歸順的人展開征服。

成吉思汗並沒有立即發兵攻打當時仍然強大的金國，而金的大部分領土都位於異族中國人的土地；一二〇九年，成吉思汗率兵攻打在南邊和西南與金國相鄰的党項。党項人的西夏王朝不僅控制東部草原西部通往中亞和中國的南北向貿易路線，而且還扼守中國和中亞之間的主要東西向貿易路線。雖然蒙古人對党項人首都的圍城並沒有成功，但是在一二一〇年，西夏統治者同意承認成吉思汗是他的領主，並答應提供軍隊加入蒙古人未來的軍事行動。蒙古和西夏之間的條約以党項公主嫁給成吉思汗作為確認，蒙古人因而撤兵。

在成吉思汗逐步掌握權力時，喀喇契丹帝國已是党項人以西的主要勢力。雖然它早被花剌

子模沙的攻擊嚴重削弱，但在它位於河中地區以東的核心地區，它仍是一支強權。一個乃蠻部（Naiman）[6]領袖屈出律（Küčlüg/Güčülük）曾在鐵木真崛起過程中一直反對他，他向西逃到喀喇契丹國境內，於一二〇八年被接納。他後來成為統治者馬尼的顧問，並利用職位發動一場政變，在一二一一年控制了喀喇契丹。[7]

也是在一二一一年，塔里木北部地區的回鶻人還有葛邏祿人都主動臣服成吉思汗。[8]這兩個部族都曾是喀喇契丹的臣屬，[9]面對著正在摧毀喀喇契丹的內部動盪和外地進攻，他們都尋求蒙古人的保護。蒙古人由此獲得進入中亞東部的順暢通道，並間接控制了部分地方。

同年，成吉思汗終於出兵攻打女真人。但是他遇到一個沒有預料到的問題。儘管蒙古人在戰場上不費力氣地擊敗了金軍，但他們在對付有堅固城牆保護的中國城市時卻是一籌莫展。不過，蒙古人很快就發現他們在金國內部有個十分有價值的盟友，就是在遼國時就已經定居於此的契丹人，他們在女真人的統治下仍然生活在此地。[10]在契丹人和他們收編的中國人和回鶻人的幫助下，蒙古人學會了如何使用攻城機械來占領城市。當成吉思汗發現女真人已經將他們的行政首都遷到開封時，他便進攻了之前已在攻勢中相當接近的中都（北京）。一二一五年五月三十一日，中都向蒙古人投降。[11]

在十二世紀和十三世紀初，花剌子模的統治者透過在中亞、伊朗和伊拉克的東征西討，擴張成一個帝國。他們在廣闊領土上的各個地方駐軍，以守住新疆土。到一二一五年時，花剌子模沙[12]統治的疆土包含伊朗和中亞西部、南部的幾乎所有地區，只有中亞西部的一小塊土地仍在名義上的領主西遼手中。在擴張過程中，花剌子模沙將首都從花剌子模遷往更靠近中央的撒馬爾罕。他的軍隊兵多將廣，戰力強悍。他已成為當時伊斯蘭世界裡最強大的統治者，而且疆土還在不斷擴大中。他的

對手主要是已在政治上復興的巴格達哈里發國家，其統治者是早時阿拔斯王朝的直接繼承者，因此可以對伊斯蘭世界的統治者授予正當性。當然，花剌子模沙也對日漸衰落的喀喇契丹（西遼）虎視眈眈。一二一五年，當他得知蒙古人最近已統一東部草原的消息後，他便向蒙古派出使團。

一二一六年，成吉思汗派出大將哲別向西追擊屈出律。哲別打敗了前來迎擊的喀喇契丹軍隊，還占領了幾座城市。由於屈出律改信佛教，對穆斯林進行迫害，而當地人大多數是穆斯林，因此人們都很憎惡他。當哲別宣布要扭轉屈出律的宗教政策後，興高采烈的穆斯林紛紛加入他的行列，屈出律只好逃之夭夭。[13]哲別的軍隊將屈出律追趕進巴達赫尚（Badakhshan，阿富汗東北部），並在一二一八年將他殺死。[14]蒙古人因此確保對這個中亞西部戰略要地前哨站的控制。

該年，成吉思汗向花剌子模派出使節團，提議簽訂和平協議。他們在到達後的幾天內就達成協議。不久以後，由大約四百五十名穆斯林商人組成的一支龐大蒙古貿易商團抵達訛答剌（Utrâr）。花剌子模總督攔住他們，指控他們是蒙古間諜，沒收他們的財產並加以處決。但是，有個人逃回了蒙古。成吉思汗於是派出使團會見花剌子模沙，要求支付殺人的贖金，並懲罰犯下暴行的總督。花剌子模沙不但沒有照辦，也沒有派出另一支使團協調此事，而是對蒙古人出言不遜，還殺了兩個使者。

於是，成吉思汗擱置和女真人的戰爭，專心對付花剌子模。一二一九年，蒙古人出動三路大軍入侵花剌子模帝國。花剌子模沙將軍隊駐紮在新征服的領土周圍。他沒有集結兵力一同面對蒙古軍隊，而是讓軍隊各自防守自己所在的地區。蒙古人輕而易舉地逐個攻陷那些衛戍城市，從而擊敗龐大而久經戰陣的花剌子模軍隊，在一二二三年時已經控制了中亞西部和南部的大部分地方。雖然蒙古人沒能抓住花剌子模沙，只是把他逐出地盤，[15]他們仍征服了他的帝國，他們讓那些臣服的地方統

治者繼續留任，並派出蒙古徵稅官。後來有些城市發生叛亂，蒙古代表遭到殺害，於是蒙古人重新占領它們，並按照傳統的亞洲戰爭作法，處決大多數的居民。[16]

一二二三年，成吉思汗回到蒙古。他現在將注意力轉向党項人，他們沒有派兵加入一二一八年出兵花剌子模的戰爭，這違反了他們之前和蒙古人簽訂的臣屬約定。党項人也在一二二二年蒙古攻打金國時撤軍，[17]當成吉思汗向他們派出特使，警告他們必須守約時，他們還辱罵了蒙古特使。雖然成吉思汗在征討党項人未盡之際便已過世，但党項人還是在一二二七年被征服，並被完全吞併到蒙古帝國，成為最重要的附屬國或封地之一。它的地位之所以重要，是因為党項發展出和中國一樣精緻、但迥異於中國人的文化（而且也不同於女真人的金國文化）。雖然蒙古人在統治其控制下的中國領土時不得不依靠中國人的幫助，但一般而言，他們既不信任中國人，也不喜歡中國人，而是偏愛中央歐亞同胞，特別是在和宗教與國家組織有關的事務上。

成吉思汗有四個兒子，其中三個比他活得更久。窩闊台（一二二九—一二四一年在位）繼承大汗之位。蒙古人繼續攻打女真，在一二三四年推翻金朝。同時，窩闊台強勢西征。更早以前，在攻打花剌子模時，蒙古人就已經經過了俄羅斯南方。蒙古人現在開始全力征討此處，作為成吉思汗長子朮赤（卒於成吉思汗過世前）之子拔都的封地。[18]這次以名義指揮官身分和拔都一同出征的，還有窩闊台之子貴由、拖雷之子蒙哥，以及蒙古最出色的猛將速不台。一二三六年，蒙古大軍攻打伏爾加—卡馬河流域的芬—烏戈爾語言（Finno-Ugric）和突厥語各部族，然後又擊敗西北的羅斯人，分別在一二三八年和一二四〇年拿下弗拉基米爾（Vladimir，位於莫斯科以東）和基輔，並在一二四一年征服整個南俄。速不台繼續出兵向西突進，進入波蘭和東日耳曼，他在利格尼茨（Liegnitz）戰勝西里西亞大公亨利（Duke Henry of Silesia）的波蘭和日耳曼軍隊，隨即揮師南下，攻打匈牙利人和

奧地利人，隨後撤回匈牙利過冬。[19]但正在此時，大汗窩闊台在十二月過世，蒙古人得知消息後便立即撤軍。

拔都在西方仍握有大軍。他在伏爾加河下游薩萊（Saray）建都，控制了整個中央歐亞西部，從黑海和北高加索至莫斯科大公國，再向東經過伏爾加－卡馬河流域。他的許多部隊都駐紮在喀山（Kazan），離保加爾人的舊城不遠，保加爾人很快就轉而使用部隊的主要語言欽察突厥語（Kipchak Turkic），他們後來稱為韃靼人。日後稱為金帳汗國的疆土很快就變成事實獨立的領土，但拔都仍然保持其祖父的蒙古世界帝國願景，而且全面參與帝國的統治事務和軍事行動。[20]

在窩闊台之子貴由（一二四六－一二四八年在位）的短暫統治後，蒙古帝國發生汗位鬥爭，最後由拖雷之子蒙哥（一二五一－一二五九年在位）繼位。[21]

他發動一場猛烈的攻勢，在中亞和近東的土地上建立牢固的蒙古統治，幾乎把蒙古帝國的邊界推向日落之地。蒙哥之弟旭烈兀指揮一支大軍於一二三五年出征，他們在一二五六年攻打並摧毀伊斯瑪儀教團（Ismâ'îlî）的阿薩辛派（Assassins），該勢力曾盤據伊朗北部的艾布士山，讓伊斯蘭世界承受長期的恐懼。到一二五七年時，蒙古人已經攻破阿薩辛派的主要據點阿拉穆特堡壘（Alamut），其領袖也被蒙哥親自下令處決。蒙古人隨即進入伊拉克，在一二五八年攻打巴格達。儘管蒙古人提出合理的條件，但巴格達哈里發仍然拒絕投降，於是巴格達遭到圍城，最終還是被攻破了。在蒙古人對這座城市的燒殺搶掠中，據估計有二十萬人被殺，哈里發本人也遭到處決。[22]

蒙古人繼續向西進入馬穆魯克人（Mamluk）的敘利亞，起初戰事順利，但是蒙哥的死訊傳來後，旭烈兀撤出了大部分的主力軍隊。馬穆魯克軍隊趁勢攻打留守的蒙古軍隊，並在一二六〇年九月六日於加里利海（Galilee）的艾因扎魯特戰役（Battle of 'Ayn Jalût）中大勝蒙古軍隊。[23]此役是蒙

古在亞洲西南部遭遇的首次挫敗。

然而，旭烈兀很快又回來，在近東大部分地區建立了他們的勢力。他們最終在位於伊朗西北的大布里士（Tabriz）附近安營紮寨，因為這裡擁有良好的牧場。旭烈兀建立伊兒汗國，統治了伊拉克、伊朗和周邊一些地方；他每隔一段時期就會和北方的金帳汗國、中亞的察合台汗國（成吉思汗之次子察合台後人的封地）交戰；他的影響力最遠可達西藏。

## 忽必烈汗、西藏和元朝

拖雷的封地包括先前党項人的土地。在窩闊台統治時，其次子闊端（Köden，一二五四／一二六〇年卒）被分到這塊領土，他幾乎不流血地收服了西藏。一二四〇年，闊端派道達（Dorda Darkhan）率領一支小部隊進入西藏。藏人的各寺院顯然都起而抵抗；兩座寺院遭到進攻被毀，有些僧人據說遭到殺害。[24]後來，蒙古人得知要聯絡西藏的最高宗教領袖薩迦班智達（Saskya Paṇdita，一二五一年卒），在和他取得聯繫後，蒙古人就撤退了。闊端在一二四四年給薩迦班智達送去一封信，招他來到蒙古大營。一二四六年，這位年邁的僧人抵達了涼州，他的兩個侄子八思巴（'Phagspa/Blogros Rgyal-mtshan，一二三五－一二八〇年）[25]和恰那多吉（Phyag-na-rdorje，一二六七年卒）已經先他抵達。藏人在一二四七年向蒙古投降。蒙古人任命薩迦班智達為西藏總督，並將闊端之女嫁給他以確定條約。在一二五一年薩迦班智達過世後，蒙古人再次以闊里台（Khoridai）領兵進入西藏，在一二五二年至一二五三年間恢復對西藏中部的控制。[26]此時，闊端已死於慢性病（薩迦班智達曾治療過他的病），他的王位傳給了他的哥哥貴由。[27]

忽必烈（一二一五年九月二十三日生，一二六〇／一二七一—一二九四年二月十八日在位）是拖雷之子。他的妻子察必（Chabi）是狂熱的佛教徒。當他們的第一個兒子在一二四〇年降生時，他們給他取了一個藏傳佛教的名字朵兒只（Dorji，藏語是 rdorje，意思是「金剛；霹靂」）。最遲在一二四二年時，忽必烈就已經在位於河北邢州的封地上召集漢傳和藏傳佛教老師。[28]隨著其兄蒙哥在一二五一年繼位為大汗，忽必烈也成為汗位的直接繼承人。蒙哥汗還把中國北方的其他封地交給他，這大幅壯大忽必烈的勢力，讓他成為這塊富裕豐饒、人口眾多的地區實際上的總督。一二五三年，忽必烈要求召見八思巴兄弟。他們兩人受到這位蒙古王子的熱情款待。此後不久，忽必烈奉命率兵征服大理王國（今日雲南省），這項行動也是從側翼進攻強大宋朝的準備，此時的宋朝已經不斷地對位於它北方的蒙古領土發起攻勢。

在一年的準備後，忽必烈的軍隊在速不台之子兀良合台（Uriyangkhadai）的統帥下，於一二五三年年底動身。在攻打大理軍隊前，他派出使者送出最後通牒，並保證大理在投降後的安全。但大理的回應卻是斬殺來使，蒙古軍隊隨即出擊並戰勝大理軍隊，迫使他們撤到都城。蒙古人告訴城裡的人們，投降就可以性命無虞，於是大理投降，忽必烈得到了這座城市，以最小的流血代價在大理建立了蒙古人的統治。兀良合台繼續在西南方向用兵，戰果豐碩，在一二五七年時已經抵達安南（現代的越南北部），蒙古人在這裡飽受酷暑和蚊蟲之苦。當安南統治者向蒙古納貢後，兀良合台便撤軍了。

在大理的勝利後，忽必烈在一二五六年回到封地，開始建設夏都開平（一二六三年改稱上都），此地位於從中都（北京）往北十天的路程，既有農田，也有牧場。[29]一二五八年，在忽必烈解決了宮廷中對他的密謀指控後，蒙哥命令他統帥攻打宋朝的四路部隊中的一路。入侵在一二五八年

開始，蒙哥親自率軍攻打四川，而忽必烈則是在他的封地從東往南出擊。

一二五九年八月十一日，蒙哥因高燒死於四川重慶郊外，[30]攻打宋朝的戰爭暫停下來。蒙哥的幼弟阿里不哥（Arik Böke）此時正留守在哈拉和林，他聞訊後便開始集結力量準備爭奪汗位。旭烈兀也停止在敘利亞的攻勢，匆忙趕回蒙古本土，藉以在忽里台大會（khuriltai）支持忽必烈。但是阿里不哥也擁有龐大的支持，並派兵攻打忽必烈的封地。當忽必烈終於回到他在開平府的都城後，忽里台大會在一二六〇年五月召開，忽必烈被選為大汗。擁有強大擁躉勢力的阿里不哥強烈拒認這項決定，他的支持者包括拔都的繼任者別兒哥（Berke）和中亞察合台汗國的統治者阿魯忽（Alghu）。他們這一派在一二六〇年六月宣布阿里不哥為大汗，內戰就此爆發。儘管阿里不哥的支持者甚眾，但是忽必烈始終技高一籌，占盡優勢。一二六〇年，阿魯忽和阿里不哥分裂，次年，阿里不哥向忽必烈投降，[31]內戰隨即落幕。忽必烈在一二六六年開始興建他的新冬都，名為大都，位於金中都舊址的東北方不遠處，[32]自此將大汗國的勢力基礎更深入地推進中國，並在此處鞏固他的控制。

在接下來的幾年裡，忽必烈解決了大汗國的內部事務，他的注意力又轉回宋朝的問題。首先，他派出使者前往宋朝（一二六〇年五月），提出和平解決方案。但宋朝宰相扣押來使，並出兵進攻蒙古（一二六〇年八月）。忽必烈在一二六一年初發動報復；一二六二年，宋朝又三次攻打蒙古。中國人拒絕釋放忽必烈的使者。最終，蒙古人發兵大舉攻宋，在一二六五年初於四川大破宋軍，接著又在一二六八年發起全面入侵。和宋朝的戰爭並非易事，直到一二七六年，蒙古人才獲勝，宋朝的太皇太后投降，交出國璽。一二七九年，宋人的最後抵抗也以失敗告終。

元朝是一個新的中國式的王朝，它肇始於一二七六年一月十八日中國農曆新年這一天。[33]儘管王朝建立的程序和行政管理的大部分結構都遵循中國的正統程序，但新政府明顯是個蒙古人的政府。

和先前在中國北方的女真人不同，蒙古人通常不信任中國人。忽必烈本人的確有許多重要的中國人顧問謀臣，但是他之後的蒙古統治者則是在所有的關鍵行政職務上都安排蒙古人、中亞穆斯林、藏人、党項人或其他的非漢人來執掌。在大汗國的存續期間，蒙古和西藏是重要的組成部分，但它們被看作是非中國人的地方。雖然在很多方面而言，元朝中國被整合到蒙古帝國，但大汗國仍然是個更大的單位。在大汗國和元朝之間，並不能畫上等號。

蒙古史上最重要的事件之一，就發生在這個時期。早期的蒙古人已經受到各種世界性宗教的影響，蒙古人國家的某些組成民族也已經（至少在理論上）皈依某種世界性宗教了。例如，乃蠻和克烈部族至少在名義上皈依聶斯脫里派基督教（景教，Nestorian Christianity）；在回鶻人以及尤其是西藏人的引導下，忽必烈世代的蒙古人已經成為佛教徒。但概括而論，蒙古人仍是多神信徒，對於所有的組織性宗教，長期以來都抱持懷疑的態度。早期的歐洲旅行者記載指出，蒙古人在所有事情上都非常依賴占卜師。不過，到了馬可．波羅的時代時，大汗國的蒙古人已經非官方但十分熱忱地接受了佛教，大部分是藏傳佛教。[34]隨著「法王」的概念，佛教為忽必烈的統治提供了正當性，而且為蒙古人提供了非中國的偉大思想文化體系。

當忽必烈決定要為蒙古帝國的所有語言都指定一個統一的「蒙古」文字時，他指派了他的國師、藏傳佛教領袖、西藏總督八思巴來完成這項任務。[35]這種新的文字系統以藏文字母為基礎（但像漢文和回鶻—蒙古文一樣從上往下書寫），在一二六九年被發布為官方的書寫系統。今天這種字母稱為「八思巴字母」（'Phagspa Script），基本上就是世界上第一種多語言轉寫系統。在蒙古帝國周圍的幾種語言中都保有它的例子，也包括漢語，[36]而且據信這種字母也影響了後來朝鮮的諺文書寫系統。八思巴也負責了其他的智識計畫，包括編撰漢文和藏文佛教典籍的對比目錄，以及梵文經書翻

譯為這兩種文字各自的彙編。

## 黑死病

一三三一年，一場瘟疫爆發於中國北方，當地九成的人口染疫死亡。[37]這似乎是黑死病的最初爆發，是有史以來最嚴重的一場瘟疫。在波斯，最後一位伊兒汗阿布·賽義德（不賽因，Abû Sa’îd）在一三三五年染疫死亡。[38]至一三三九年，一個中亞伊塞克湖附近的景教商人社區被鼠疫摧毀。[39]一三四六年，圍攻黑海克里米亞港口城市卡法（Caffa）的蒙古軍隊遭到瘟疫的襲擊，瘟疫迅速傳入城裡，港口的船隻讓瘟疫像野火一樣傳遍整個地中海地區並進入歐洲。這場前所未見的疾病，讓歐洲人口至少死亡三分之一，後來才知道這種病是腹股溝淋巴結鼠疫。[40]

現在普遍認為，瘟疫是因為蒙古人的征服而傳播，其論點是蒙古人在無意間將病毒從最早發源地滿洲中部平原和戈壁沙漠帶入西邊和南邊。然而，蒙古人征服時代的結束和瘟疫在中國的爆發之間存在著巨大的時間差——將近一個世紀——因此很明顯，蒙古人征服本身和瘟疫傳播並無關聯。[41]但是有可能的是，在蒙古和平之下，東方、西方和南亞經由中央歐亞的頻繁直接交流，為病媒鼠和跳蚤提供了現成的途徑，讓牠們把病毒從家鄉帶到歐亞各地及其他地方。無論實際情形如何，對於蒙古後繼者的國家和其他各國而言，黑死病都是場大災難。

## 蒙古人的政治遺產

十四世紀出現了史無前例的瘟疫、饑荒、洪水和其他災難。世界上的大部分地區都受災嚴重，因此叛亂四起、王朝崩潰的情形不勝枚舉。儘管在伊朗的伊兒汗王朝和中國的元朝，蒙古人努力應對自然災害，不過它們還是都崩潰了。如果在更好的年歲裡，它們也許能持續得久一點。

中國爆發了反對蒙元統治的叛亂，蒙古人被譴責為邪惡的異族統治者。一三六八年，明朝（一三六八－一六四四年）建立者朱元璋的軍隊攻破大都。末代大汗、元朝的末代皇帝妥懽貼睦爾（Toghon Temür，一三三三－一三七〇年統治中國和蒙古）攜帶其宮廷騎馬逃向蒙古，在東部草原繼續統治縮小了的大汗國，直到在一三七〇年過世。[42]

在中部草原和西部草原，金帳汗國十分成功地又延續了兩百年。相較之下，在最後一位伊兒汗阿布．賽義德於一三三五年過世後，部落和宗派暴力撕裂了伊兒汗國。

在中亞，察合台汗國很早就分裂為幾個相互交戰的派別，長年動蕩不安。在塔馬什林汗（答兒麻失里，Tarmashirin Khan，一三三一－一三三四年在位）過世後，察合台汗國分裂成東西兩半：西部以河中地區為中心，保持察合台之名；東半邊主要是游牧人口，稱作蒙兀兒斯坦（Moghulistan），即蒙古之地。在這個時期，西邊的察合台汗國還掌握了當時從阿姆河以南的幾座重要城市，包括巴爾赫和赫拉特（Herat）。

成吉思汗家族的世系已經成為統治者在中亞建立統治正當性的因素，但是由於察合台人沒有在那裡建立穩固的統治，哈剌兀納人（Kara'unas）的埃米爾加茲汗（Kazaghan，於一三四六／一三四七－一三五七／一三五八年在位）在一三四六／一三四七年殺死了最後一位察合台系的合贊

汗（Kazan），這導致成吉思汗直系後代統治的結束。雖然加茲汗及其繼任者仍然假借察合台之名統治，並擁立傀儡可汗來加以正當化，但他們已是實質的統治者。

## 帖木兒和帖木兒王朝

帖木兒（Temür/Timur the Lame/Tamerlane）在一三二〇或一三三〇年代出生於渴石（Kiš，今日沙赫里薩布茲），該地為中亞西部的農業定居區，靠近大城撒馬爾罕。[43]他出身於巴魯剌思部族（Barlas），該部族源自蒙古的巴魯剌思氏，然而，帖木兒和其他的巴魯剌思人都使用中亞的突厥語和波斯語，而不是蒙古語，其他在中亞定居的蒙古系民族也都如此。他也不是游牧民，從未試圖征服草原地區；就像當時中亞的大多數其他領導者和戰士一樣，他相當適應城牆環繞的城市生活。[44]

在埃米爾加茲汗於一三五七／一三五八年被刺殺時，帖木兒擁有一支從士團，[45]大概還有屬於自己的小型額外軍隊。[46]當蒙兀兒斯坦的蒙兀兒人（也就是蒙古人）在一三六〇年入侵察合台人的領土時，帖木兒臣服了他們，並且得到統領巴魯剌思部族的獎勵，還得到渴石的領地。兩年後，蒙兀兒斯坦汗指派其子伊利亞斯．霍加（也里牙思火者，Ilyâs Khwâja/Khoja）統治重新統一的察合台領土的河中部分，並再次確認了該任命。但是帖木兒和許多其他的地方領導者都視蒙兀兒是暴君，並撤到他們的領土之外。

被刺殺而亡的埃米爾加茲汗的孫子名叫胡塞因（忽辛異密，Ḥusayn），他手下的軍隊比帖木兒的更多，因此帖木兒和胡塞因結盟。一三六四年，兩人一同攻打蒙兀兒人並獲得勝利。雖然遭遇挫折，他們最終還是成功地把蒙兀兒人逐出察合台中亞。隨後，透過英明的領導和精明的政治手腕，

帖木兒團結察合台領土的多數領導人，並戰勝胡塞因。到一三七〇年四月九日時，帖木兒已經成為唯一的統治者。在接下來的十幾年裡，他鞏固了對察合台領土的實質控制。

根據當時的親眼描述，帖木兒是個聰穎、慷慨的統治者，在戰鬥中勇猛無比，對於反叛者和任何他認為不值得統治的人，無論是什麼原因，都絕對手下無情。他也是歷史上最偉大的將軍之一，多次擊敗比自己龐大的軍隊。在鞏固自己於中亞西部和南部的統治，大體上不受反對勢力的挑戰之後，[47]帖木兒率軍從河中地區的家鄉向外開始遠征。第一站是在一三八四／一三八五年奪取伊朗北部和馬贊德蘭（Mazandaran）。

一三八五／一三八六年，金帳汗脫脫迷失（Tokhtamïsh）攻打了帖木兒的亞塞拜然城市大不里士。他之前曾依靠帖木兒的關鍵幫助才贏得自己的汗位。帖木兒在一三八六年攻打伊朗和高加索地區，在伊朗中部、亞塞拜然、喬治亞建立統治。這個地區的其他統治者也自願臣服。

一三八七年，脫脫迷失再度興兵攻打高加索地區，帖木兒出擊並擊敗了他。接著，脫脫迷失又趁帖木兒向南遠征伊朗時攻擊河中地區，入侵遠至阿姆河之處。帖木兒不知自己的家鄉腹地已經受到威脅，仍在凡湖一帶攻打土庫曼黑羊王朝（Turkmen Kara-Koyunlu），又經由庫德斯坦南下法爾斯（Fars），征服了伊斯法罕（Isfahan）和設拉子（Shiraz）。當伊斯法罕人發起叛亂後，帖木兒重新攻占該城並下令屠城。隨後他才得知脫脫迷失入侵了河中地區。

作為反擊，帖木兒揮師北上，完全擊敗並征服曾和脫脫迷失合流的花剌子模。一三八八／一三八九年，帖木兒擊退脫脫迷失的進攻，並在一三九一年深秋準備對他發動遠征。一三九一年六月，兩軍狹路相逢，帖木兒攻陷並洗劫金帳汗國首都，隨後一路追殺脫脫迷失，直到伏爾加河。

一三九二年秋，帖木兒再次對伊朗用兵。他及其子在一三九二和一三九三年讓伊朗投降，並在

一三九三年夏攻占巴格達。他還要求伊朗西部和安納托利亞的土庫曼人臣服於他。

一三九四年末，他得知脫脫迷失再度突襲他在高加索的領土，於是再度出兵征討金帳汗國，擊敗脫脫迷失並一路推進莫斯科。隨後他撤兵返回，沿路洗劫了金帳汗國的城市。金帳汗國的人民不勝其擾，推翻了脫脫迷失的統治。金帳汗國自此開始嚴重衰弱，已經無法再對帖木兒構成威脅。

一三九八年，帖木兒侵入印度西北，在一三九八年十二月攻陷並洗劫德里。他的軍隊明顯已經失控，對德里造成了巨大破壞並殺害了數千人。他在一三九九年班師回朝。該年秋天，他前往伊朗西部鎮壓反叛，重新奪回喬治亞和巴格達。

同年，帖木兒也出兵攻打敘利亞的馬穆魯克人，馬穆魯克人謀害了帖木兒的外交官、庇護謀反帖木兒的叛亂者，而且拒絕將他們交給帖木兒。[48] 一四〇〇／一四〇一年，帖木兒攻占阿勒頗（Aleppo）、荷姆斯（Homs）和大馬士革，但並沒有在敘利亞建立任何長期的行政系統。一四〇二年七月二十日，他的軍隊在安卡拉戰役（Battle of Angora，舊稱安哥拉，今安卡拉）中遭逢規模龐大得多的鄂圖曼王朝（Ottoman）軍隊，帖木兒大勝敵軍，還俘虜了蘇丹巴耶濟德（Bâyazîd）。[49]

帖木兒攻入鄂圖曼人的領土，在各個大城搜刮貢資，然後班師回朝。就像在敘利亞一樣，他也沒有在安納托利亞建立任何長期的行政系統。[50]

在一四〇四年回到撒馬爾罕後，帖木兒和外國使節會面，包括來自卡斯提爾和萊昂王國（Castile and León）國王亨利三世（恩里克三世，Enrique III/Henry III）的使者克拉維霍（Ruy Gonzáles de Clavijo）。隨後，帖木兒開始準備他戎馬生涯中最重要的一次遠征——征服中國。他集結了一支大軍，在一四〇四年深秋出發。在抵達訛答剌（Utrâr）後，已經患病的帖木兒停下來在此過冬，並在一四〇五年二月十七日或十八日病故。[51] 他的遺體被帶回撒馬爾罕，放置在烏木匣中，安葬在美麗的

陵墓裡。這個陵墓今日稱做王陵（Gur-e Emir）。

整體而言，帖木兒的征戰和歐洲、波斯和中國各王朝的開國之君相同。他既沒有使用騎兵長途奔襲展開閃電戰，當然也沒有使用任何海戰。他的軍隊中有騎兵，而且發揮了奇效，但大多數的部隊是步兵，而且他的攻擊目標完全都是城市，攻城戰是他的長項。

只要敵人歸降，他就感到滿足，尤其是對手的主動臣服；只要願意繳納稅款，不反叛他，他幾乎總是讓本來的統治者留在王位上。[52]他的興趣在於控制最大的城市，在城市駐軍，透過官員徵收征服地的稅金，並利用征服地的兵源進行更進一步的征服。[53]

帖木兒的統治，是中亞城市第一次，也是唯一一次同時成為歐亞的文化和政治中心。他試圖重新征服前蒙古帝國的領土，獲得了部分成功，但沒有在帝國中建立穩定的帝國政府結構，而且他的後代對他的繼承規畫感到不滿，這就注定了他的努力必定會失敗。簡而言之，雖然帖木兒是位傑出的將軍，但他更是分裂的中亞故地和城市—農業成長環境的真正產物。

對於帖木兒分配的帝國封地，繼承者感到不滿。他們互相攻伐了大約十五年，直到只剩下帖木兒最小的兒子沙魯克（沙哈魯，Shāh Rukh，一三七七／一四〇五—一四四七年在位）。在那時，帖木兒帝國在河中地區以外的幾乎所有地方和相鄰區域的構成部分都已經分裂。帖木兒和帖木兒王朝留給後代的遺產，是他們對於各種藝術的支持和贊助。

## 中亞和絲路的巔峰

人類已知最早的大規模國際貿易和稅收制度「斡脫」（ortaq），是由蒙古人建立，或至少是由

他們贊助的。[54]基本上，這個制度是一個主要由穆斯林經營的商會或卡特爾（cartel），它會為商隊和其他企業提供貸款，並為統治者提供包稅服務（tax-farming services）。部分原因是出於政府補貼，這個協會制度的獲利極高。[55]根據不同統治者的態度，政府對待斡脫的政策也有不同，比如在窩闊台汗時期的積極參與和過度放任，或是像蒙哥汗時期的嚴格控制。[56]蒙古帝國對商業活動的開放，以及商人和手工業者未曾料想到的空前安全，吸引了歐亞四面八方的商人。義大利商人，例如馬可・波羅的家族，就曾往來蒙古的各都城之間，從事著利潤豐厚的生意。[57]他們對歐亞東部的高度文化和富裕印象深刻。馬可・波羅（一二五四—一三二四年）曾在一二七一年動身前往大汗國，在那裡度過二十年，直到一二九五年才回到家鄉威尼斯。他後來把自己的見聞告訴一個小說作家比薩的魯斯蒂謙（Rustichello of Pisa），後者筆錄並出版馬可・波羅的見聞。[58]魯斯蒂謙添油加醋的《馬可・波羅遊記》（*Il Milione*）[59]深深打動了當時的歐洲人，最後激發歐洲航海者試圖找到一條通往東方的直接線路。

作為多神教的「異教徒」，蒙古人也成為他們接觸到的所有組織性宗教的目標。各宗教都派出傳教者去改變他們的信仰，但最後除了藏傳佛教外，蒙古人對所有的宗教和教派都興致索然，儘管如此，傳教者仍然不斷努力嘗試；最顯著的成果，是傳教者在與蒙古人和其他民族互動後留下的第一手文獻記載。[60]

蒙古人征服是世界史的重大事件。然而，普遍的觀點認為，這是一個根本性的、塑造性的事件，是歐亞歷史走向的分水嶺，[61]但是這種觀點和歷史證據並不完全相符。最重要的是，在蒙古帝國之前和蒙古帝國之後，歐亞的主要民族語言學分界仍然存在，而且一直延續到二十世紀，幾乎毫無變化。蒙古征服有個毫無疑問的連帶作用，就是把中國文化和科技中的一些實用元素傳到西歐，其

中最重要的是火藥和火藥武器。[62]另一個作用，是激發西歐人想要更了解馬可・波羅描述的那個神話般的土地。

伊兒汗王朝是文藝和科學的偉大贊助者。他們建造了許多華麗的清真寺和其他建築，但大多數在之後就傾頹了。他們最顯著的成就，是創造「波斯」的細密畫。細密畫之所以發展，是由於蒙古人帶來許多中國士大夫協助他們治理伊兒汗國。中國人用毛筆寫字和繪畫，他們開始用毛筆對蒙古人和彼此作畫。穆斯林從中學習如何用中國風格繪畫，並且模仿中國風格，從而發展出一種新的混合畫風，將拜占庭藝術、阿拉伯書法、近東傳統風格和中國風格混合為一，產生世界藝術的偉大傳統之一——伊斯蘭細密畫（Islamic miniature painting）。而元朝宮廷則是從伊斯蘭世界帶來天文學家、醫生、藥學、藥材和各種人才及物品。[63]

帖木兒把撒馬爾罕作為首都。他重建了被蒙古人破壞的城牆，用宮殿、花園和宗教建築美化這座城市。他不斷用從征服中掠奪來的戰利品來妝點它，並且贊助當時最傑出的藝術家和建築師，使它成為一個典範的、極為美麗的城市。帖木兒建築風格中的許多創新特點——波斯—蒙兀兒風格的中亞先祖——都可見於他治下時期的建築，最著名的是撒馬爾罕日後成為帖木兒本人的陵墓。在他及其直接繼承者治下，不僅有著一些世上最偉大的建築和城市規畫，而且還有最偉大的波斯語詩人哈菲茲（Ḥâfiẓ，約一三二〇—一三八九／一三九〇年），他曾見過帖木兒，並且受到他的尊敬。

---

1 Biran 2005: 58.

2 關於這個情節和其他中央歐亞立國者的「歷史」紀錄，請參考〈序曲〉。然而，塔塔兒部或其宗主女真（塔塔兒部會將

敵人送至女真手中殘忍處決，見 Atwood 2004: 529）殺害鐵木真的父親和其他祖先的記載，看起來是符合史實的。

3 Ong 是蒙古語轉寫漢語「王」的發音。在一一九〇年代早期，王汗先是逃到西遼，但當時的西遼已無力協助他。他後來返回蒙古高原，和鐵木真結盟。根據《蒙古祕史》的記載，王汗也曾有古兒汗的名號（Biran 2005: 64-65）。

4 雖然他像其他地方（不只是草原）的帝國建立者一樣，摧毀了大多數勁敵，但他通常也接受敗者的臣服，讓他們作為帝國臣民，並將之中的戰士納入自己的軍隊。

5 Allsen 1994: 331-343。這個時間點和頭銜絕對不是巧合。在擊敗塔塔兒部後，尤其是在俘虜並處決鐵木真的主要敵人札木合之後，權力的宣示便完成了。札木合的頭銜「古兒汗」（Gür Khan 或 Gür Qa）的意思是「普世統治者」，Juwayni and Juzjani（Bosworth 2007）將之定義為「萬王之王」（khân-i khânân）；這個頭銜和西遼（喀喇契丹）統治者的頭銜相同。關於鐵木真的新頭銜「成吉思汗」，請參考書末注釋83。

6 雖然他們的蒙古名稱為 Naiman，意思是「八（氏、系）」，但是他們的民族出身應該是突厥人，而不是蒙古人；見 Atwood 2004: 397。

7 Biran 2005: 75-78.

8 在察合台汗國的壓力下，他們的統治家族被迫向東撤退到元朝在甘肅的領土，這發生在一二八三年前後（Allsen 1997:41）。

9 Allsen 1994: 350.

10 契丹人也了解中國的行政系統，並幫助蒙古人管理中國北方的征服領土和迅速擴張中的蒙古帝國。成吉思汗和其子窩闊台手下最重要的謀臣是耶律楚材（一一八九—一二四三年），他出身自契丹皇族（Biran 2005: 6）。

11 Franke 1994: 254.

12 他的統治直到一二二〇年十二月或一二二一年一月（Boyle 1968: 310）。

13 Boyle 1968: 305。他的名字 Küčlüg 或 Güčülüg 是突厥語，意思是「強壯」，這個名字或頭銜「為乃蠻皇族成員所用」（De Rachewiltz 2004: 699）。見前注。哲別戰勝屈出律的敘述有些太過簡化，因此不該只照字面意思理解。

14 Biran 2005: 74 et seq.。大多數的喀喇契丹（西遼）勢力，在無力守住他們在河中地區先前領土的情況下，加入了蒙古勢力（Biran 2005: 87）。

15 他於一二三一年被庫德土匪所殺（Allsen 1994: 357, 370）。

16 請參考〈尾聲〉中關於歐亞大部分地區從古代到中世紀的叛變城市之命運的內容。

17 Allsen 1994: 359.

18 朮赤的生父不是鐵木真。這或許是他和其他弟弟關係緊張的主要原因。

19 國王貝拉四世（Béla IV，一二三五—一二七〇年在位）逃出匈牙利。在蒙古人撤離後，他又回到匈牙利，並繼續統治到過世為止。

20 Allsen 1994.

21 本章所記載的蒙古人事蹟主要是依據 Allsen 1994；另外請參考他對蒙哥汗時代的精彩論述（Allsen 1987）。

22 Allsen 1994: 404。關於哈里發的死亡有好幾種記載，每種說法都十分有趣。最戲劇性的是馬可・波羅的記載，他說蒙古人把哈里發鎖在他的寶庫裡，然後告訴他，他可以吃自己的財富活命。然而，最可能的記載，是蒙古人遵循他們的傳統，將哈里發用地毯裹起來，讓他窒息而亡。因為蒙古人忌諱讓統治者的血灑在地上。

23 Rossabi 1988: 54-55.

24 Atwood 2004: 320。請參考 Petech 1983: 181，他說在加拉康（Rgyal Lhakhang）的葛當寺（Bkágdamspa）有「五百名喇嘛被殺」。然而，「五百」這個數目常常在藏傳佛教的故事裡出現，相關的故事多為與宗教有關的虛構。這裡的「五百」顯然也非實際數字。因此，整個故事都值得懷疑。

25 他更為人知的藏語稱號是八思巴喇嘛（Phagspa blama），意思是「聖者喇嘛」。

26 Atwood 2004: 539.

27 Atwood 2004: 321, 539.

28 Rossabi 1988: 14-17.

29 該地位於今日內蒙古多倫淖爾以西三十六英里處（Rossabi 1994: 418-419）。

30 Atwood 2004: 364.

31 幾年之後，阿里不哥死於囚禁之中（Rossabi 1994: 424）。

32 在突厥語中，這個城市叫做 Khanbalik（汗八里），意思是「王都」。馬可・波羅記作 Cambaluc。忽必烈將夏都定在長城以北的上都，也就是柯立芝名作中的 Xanadu。

33 關於元朝《建國號詔》的完整英譯，請參考 Mote 1994: 616、Langlois 1981: 3-4。

34 見 Beckwith 1987b。

35 八思巴後來又被封為「帝師」，成為整個帝國的佛教領袖。他學習了蒙古語和蒙古習俗，並在闊端的宮廷裡學到一些西夏（党項）思想。因此，不同於藏人的期待，他逐漸變成一個「不太純」的西藏人。

36 見 Coblin 2006 的八思巴字母漢語字典。

37 Atwood 2004: 41, 610 稱疫情從河南開始，然後擴散到沿海各省（一三四五—一三四六年）。「最後，在一三五一年，疫情在中國全面爆發並每年復發，一直延續到一三六二年，導致人口銳減」（Atwood 2004: 41）。請參考 McNeill 1977: 143, 263。

38 Boyle 1968: 412)

39 基於實際的現代考古學和流行病學研究（McNeill 1977: 145-146）。

40 McNeill 1977: 147 et seq.

41 McNeill 1977.

42 Atwood 2004: 609.

43 Manz 1989: 13 指出：「在帖木兒時代的歐亞政治中，察合台兀魯思（Ulus Chaghatay）處於一個不算強大、但處於中心的位置。定居人口和游牧人口都深深根植於此，而此地既比鄰草原的游牧勢力，也比鄰定居的農業國家。在歐亞，幾乎沒有任何一個重要地區不和察合台兀魯思有某種聯繫；其東方連接東察合台汗國和絲路各城，北方比鄰朮赤系（Jochid）汗國，南方則是伊朗諸公國。」

44 包括 Manz 1989 在內的許多人，都不斷主張帖木兒及其崛起期間的盟友或敵手都是游牧民族的說法，但這是錯誤的。他們不會隨著牧群游牧，而是定居在中亞的農業—城市地區和周圍。Manz 1989: 55 自己也提到「察合台游牧民經常在有戍衛的城市裡避難。此外，還應該注意，當帖木兒在此後一兩年內取得了對兀魯思的控制權時，他立即在撒馬爾罕興建城防工事」。

45 他們就是 Manz 1989 常常提到的「非部落」（nontribal）的人，她用以指稱帖木兒的「私人隨從」或「夥伴」；她並沒有表示這是伊斯蘭化的從士團或奴隸兵制度。

46 在提及帖木兒時，大部分的伊斯蘭史書都對他惡言相向，認為他不過是個土匪。據說，他的崛起之路始於作為一群好戰之徒的首領，在當時的中亞有很多這樣的團體，其事蹟大多不為人所知。因此，普遍聲稱帖木兒之所以瘸腿是因為在偷

羊時中箭，因而有了「跛腳帖木兒」（Timur the Lame）的綽號。克拉維霍（Clavijo）也提及這個故事。但是，這個故事純屬虛構。帖木兒是在一三六四年於錫斯坦作戰時受傷（Manz 1989: 48）。也許這個故事最終反映的是一個失傳的最初故事（如〈序曲〉的那些故事），這個故事在帖木兒的時代已經流傳開了。事實上，對於他的年輕時代，人們所知甚少。

47 Manz 1989: 58-62, 67.

48 Manz 2000: 511.

49 Manz 2000: 511。實際上，巴耶濟德受到了帖木兒的禮遇，但他在被俘的幾個月後過世。

50 毫無疑問，這並不是因為帖木兒不想吞併這兩個地方（Manz 1989），而是因為當地政權的力量仍然強大，而且它們離中亞的大本營甚遠。

51 Manz 1989: 13。以上對帖木兒征討戰爭的大要基於 Manz 1989: 70-73。

52 Manz 1989: 16.

53 Manz 1989:12-13.

54 蒙古語為 ortoγ。突厥語語詞 ortaq 的意思是「夥伴」；蒙古人借用了這套制度連同這個詞（Allsen 1989: 112, 117; cf. Endicott-West 1989: 129 et seq.）。

55 Rossabi 1981: 275, 282-283; 1988: 122-123；參見 Endicott-West 1989。這種重要、強大的制度值得更深入的研究。

56 Allsen 1989 概觀了各個蒙古統治者對於當時的斡脫商人的不同政策，並討論了對商人的稅收。

57 另外請參考 *La pratica della mercatura* (Pegolotti 1936) 這部寫給西方商人的絲路指南。

58 此書有幾種優質英譯本，最精確的是 Moule and Pelliot 1938，最平易近人的是 Latham 1958。Pelliot 1959-1963 對全書著有精彩的注疏。

59 關於馬可．波羅旅程的歷史準確性，請參考書末注釋84。

60 關於歐洲主要記載的英譯，見 Dawson 1995。

61 這是主流觀點（參見 Di Cosmo 1999: 5）。關於此觀點的簡要批評，請參考書末注釋85。

62 現存最早的火炮是在中國黑龍江省發現的，該地為前蒙古領土，火炮的紀年為一二八二年（Atwood 2004: 354）。

63 關於對此的概述和更多的參考文獻，請參考 Allson 1997: 9。

# 第九章

CHAPTER 9

# 中央歐亞人<br>騎向歐洲人的海洋

如果設拉子的那位突厥姑娘。
願意將我的心交到她的手上，
為了她眉心的美麗印度紅點，[1]
我願用布哈拉和撒馬爾罕交換。
——哈菲茲

اگر آن ترک شیرازی بدست آرد دل ما را
بخال هندویش بخشم سمرقند و بخارا را
— حافظ

## 第三個區域帝國時代

從十五世紀中葉開始，中央歐亞人建立了新的大帝國。它們囊括了歐亞的大部分地區，包括中央歐亞和除西歐、東南亞和日本以外的將近所有周邊地區。與此同時，葡萄牙人發現了環繞非洲直通亞洲的海路，其他西歐人很快就跟進，將原有的沿海貿易路線發展成一個獨特的經濟區域——沿海體系。至此，前現代世界由起源於中央歐亞的「大陸型」歐亞帝國以及「沿海型」歐洲帝國組成，後者在本質上是全球性的，建立在對世界各地海路的知識和控制上。

中央歐亞人對歐亞的第二次征服，[2]始於大陸型的鄂圖曼突厥人（土耳其人）征服拜占庭帝國，鄂圖曼人也恢復了拜占庭的傳統海上勢力範圍。以薩法維人（Safavids）為首的土庫曼人，在伊朗高原建立了新的波斯帝國，其領土包括從高加索到波斯灣的傳統波斯本土地區；蒙兀兒人征服了印度北部，把帖木兒—波斯文化帶入南亞和印度洋。從十六世紀中葉至十七世紀中葉，大陸型的俄羅斯人擊敗了金帳汗國的後繼國家，向東擴張到西伯利亞至太平洋；滿洲人征服中國；準噶爾人則在中央歐亞建立草原帝國。隨著在波羅的海旁建立聖彼得堡並遷都至此，俄羅斯也成為海洋強國，其野心極其宏大，包括對中央歐亞的擴張。[3]

一四九八年，達伽馬（Vasco da Gama）橫渡印度洋並抵達印度。在隨後的半世紀裡，葡萄牙人建立了從波斯灣途經孟加拉灣、麻六甲、中國南方至日本的貿易站。在大多數方面，葡萄牙人以及西班牙人仍然保持中世紀的心態，因此，他們也遵循中央歐亞人模式的商業動機，基本上和斯基泰人和其他早期伊朗人建立絲路經濟的商業動機完全相同。唯一顯著的區別，是歐洲人在談判失敗後，會用船和大砲迫使對方開放貿易，而不是用馬和複合弓。中央歐亞人模式，推動了葡萄牙人為

了到達東方而進行的發現之旅；他們有時會強行建立貿易權；[4]他們建立的「貿易站」（factories）成為堡壘和政治前哨；最終，他們會和大陸型亞洲強權與其他歐洲競爭對手進行終極競爭。和歐亞的游牧民族一樣，葡萄牙人在整個擴張的過程中也非常仰賴當地的專家——亞洲的船員、製圖師、商人等等。[5]西班牙人從另一個方向展開航行，他們透過美洲和菲律賓建立了直接的東西貿易系統。歐洲人對通往東方和美洲的開闊海路的發現和征服，開啟了西歐人在政治、軍事和文化上對世界的主導地位。到十九世紀時，英國人主導了歐洲創造的新沿海體系和通往印度和中國的公海貿易的大部分，但沒有一個歐洲強權能夠完全消滅其他國家或傳統的地方沿岸航運。

## 中央歐亞人對歐亞的第二次征服

發生在文藝復興晚期、建立了前現代的跨歐亞大帝國的征服活動，與帖木兒的征服並不是相連的。在大多數的地方，帖木兒的征服只是打斷或延緩了它們的正常發展。在帖木兒於一四〇五年過世後，鄂圖曼人幾乎立即恢復了他們的帝國，也恢復了長期擴張，[6]並在一四五三年消滅拜占庭帝國的最後殘餘。相較於其他帝國，鄂圖曼帝國重新恢復的年代較早，這和拜占庭帝國常常在歐亞西部的其他地方處於衰弱時期時一枝獨秀的狀況有異曲同工之妙。很明顯地，這個現象有很大一部分原因是該地區沿海特性的結果——鄂圖曼帝國的地中海東部沿海疆土，幾乎和一千年前的東羅馬帝國完全重合。而其他的早期帝國則是在帖木兒征服的一個世紀後才開始成形。一五〇一年，土庫曼人於波斯建立薩法維王朝（他們是烏古斯系的突厥人，因此在民族語言上和鄂圖曼人有親緣關係）；在同個時期，巴布爾（Bābur/Babur）及其中亞突厥人於阿富汗和印度建立了蒙兀兒帝國。

當這些國家正在建立之際，歐亞的權力中心開始向海洋轉移，與此同時，一場偉大的世界性革命也開始，其肇始正好發生在這一千年的中間點：歐洲人在沿海地區主導了海洋，並以此擴展至整個歐亞大陸。正如一位歷史學家指出的，在鄂圖曼帝國和蒙兀兒帝國，「核心的消融和周邊的崛起同時發生」。[7]

這樣的轉變甚至也發生在歐洲本身。一四九二年，隨著穆斯林的首都格拉納達（Granada）被攻占，西班牙的再征服運動（reconquista）也攻破阿拉伯人在西班牙的最後勢力，這也可以看作是更廣泛的中央歐亞的縮影。格拉納達不僅地處內陸，而且群山環繞。阿爾罕布拉宮（Alhambra）[8]是統治者的宮殿和住所，也是一座位於高丘上的堡壘，俯瞰著周邊底下的山谷。西班牙人的勝利，是沿海對大陸的勝利：基督徒不僅在陸地上是成功的戰士，而且也是出色的水手。在隨後的歐洲殖民探索和帝國建設史上，主要的大西洋沿海國家——葡萄牙、西班牙、荷蘭、英格蘭和法國——都獲得成功，而幾乎所有的其他競爭者都被排除在外。當時的世界並不存在重要的瑞典殖民地、日耳曼殖民地、奧匈帝國殖民地、義大利殖民地等等；[9]儘管這些國家也是航海國家，[10]但它們的航海傳統在本質上幾乎完全是地方性的。它們基本上是大陸勢力，而且持續如此，但沿海國家則是先跨出內海，然後再和大陸鄰國展開競爭。

## 鄂圖曼人的復甦

一四〇二年，帖木兒擊敗鄂圖曼人，之後鄂圖曼人隨即內戰，但到一四一三年時，內戰已經結束了。勝利者穆罕默德一世（Mehmed I，一四〇三—一四二一年在位）奪回曾被其曾祖父穆拉德一世（Murad I）征服的領土，還讓部分的巴爾幹半島俯首稱臣。

在其孫穆罕默德二世（征服者穆罕默德，Mehmet II/Mehmed the Conqueror，一四五一—一四八一年在位）的率領下，突厥人圍攻拜占庭帝國僅存的領土，即首都君士坦丁堡。當時，這座曾經偉大的都市只容納了大約兩萬人，城牆內的大部分土地已經變成農田。它唯一的防線就是偉大的城牆，這道防線曾多次擊敗拜占庭的故敵。但是，拜占庭的工兵占有對敵優勢、海軍統治愛琴海和黑海的日子，早已是往事。這次的進攻方擁有先進的武器。突厥人從義大利和其他歐洲國家聘請軍事工程師，用大砲轟炸城牆。沒有花上多久，防線就被攻破。一四五三年五月二十九日，穆罕默德二世進入君士坦丁堡。他宣布該城為鄂圖曼帝國首都，立即開始重建工作，並重新充盈城市人口。

雖然羅馬帝國都城君士坦丁堡的陷落，是具有象徵意義的里程碑事件，但是在實際層面，它的陷落並不特別重要。鄂圖曼人當時已經征服了拜占庭帝國的幾乎所有領土，只剩下已經縮水的拜占庭外緣地區尚未征服，[11] 而且鄂圖曼人也已開始向外擴張，進入君士坦丁堡數百年來從未統治過的土地。在穆罕默德二世的帶領下，鄂圖曼人占領了希臘和巴爾幹半島的大多地區，並透過一四六一年對特拉布宗王國（Trabizond）的勝利，完全征服了安納托利亞，將其納入鄂圖曼帝國中。穆罕默德二世也在一四七三年擊敗盤據在伊朗西北的強大白羊王朝（Ak-Koyunlu），並向南征服，直抵馬穆魯克王朝的敘利亞邊界。賽利姆一世（冷酷者塞利姆，Selim I/Selim the Grim，一五一二—一五二〇年在位）在一五一六年至一五一七年戰勝馬穆魯克人，奪取了庫德斯坦、美索不達米亞北部、敘利亞和埃及，將鄂圖曼帝國的勢力向南擴張到遠至麥地那和麥加的阿拉伯半島沿岸。其繼任者蘇萊曼大帝（Suleyman the Magnificent，一五二〇—一五六六年在位）征服了匈牙利大部分地區，圍攻維也納（未成功），將鄂圖曼帝國的政治勢力（如果不是直接統治的話）拓展到北非大部分地區和紅

海。鄂圖曼人進入地中海西部的節節勝利，最終在一五七一年的勒潘托海戰（Battle of Lepanto）中被基督宗教歐洲聯軍終結。然而，在很大程度上，鄂圖曼人仍然像阿拉伯人征服之前的希拉克略一樣，復興了東羅馬帝國曾經達到的版圖。[12]

## 薩法維帝國

在伊朗北部，帖木兒王朝繼任者的崩潰，讓土庫曼白羊王朝重新掌握此地。白羊王朝對一個極端什葉派分支[13]的薩法維蘇菲教團（也稱做「紅頭」，Kïzïlbaš）的打壓，刺激了這個主要由土庫曼人組成的教團發起一場革命運動。鄂圖曼人在一四七三年戰勝並削弱了白羊王朝，這讓薩法維教團有機可乘，他們對於領導人的忠誠類似於從士團，[14]儘管其間遭遇許多挫折，但最終他們獲得成功。一五〇一年，伊斯瑪儀一世（Ismâ'îl I，一四八七年生，一五〇一－一五二四年在位）擊敗白羊王朝，攻占大不里士。薩法維人宣布他們的什葉派分支為波斯的國教。[15]在伊斯瑪儀沙統治的最初十年間，他征服了伊朗北部和東南部、法爾斯（伊朗中南）和伊拉克東部（一五〇八年）。波斯人還在一五一〇年於梅爾夫擊敗烏茲別克人，並在戰場上殺死他們的領導人昔班尼汗（Shaybânî），但是烏茲別克人在河中地區仍占上風，薩法維人從來未能將他們逐出河中。一五一四年，鄂圖曼軍隊利用火槍和火炮擊敗薩法維軍隊，恢復鄂圖曼帝國對安納托利亞東部和伊拉克北部的控制。這些地區將會一直在鄂圖曼人的統治下。

伊斯瑪儀一世之子塔赫瑪斯普沙（Tahmasp，一五二四－一五七六年在位）是對鄂圖曼人和蒙兀兒人都發動進攻的強勢統治者；但在他之後，則是兩位軟弱、有爭議的統治者，他們把大量領土輸給鄂圖曼人，而且無法阻止烏茲別克人對伊朗東北方的襲擊。當阿拔斯沙（阿拔斯大帝，Abbâs the

Great，一五八八—一六二九年在位）繼位後，他立即著手收復前任沙輸給鄂圖曼人、烏茲別克人和葡萄牙人的失地。

一五一五年，葡萄牙人在波斯灣的荷莫茲島（Hormuz/Hormoz）建立了一個殖民貿易站和海軍基地，波斯人一直無法將他們趕走。在一個世紀之後，藉著英國和荷蘭在波斯灣和印度洋的主導地位與日俱增，阿拔斯沙採取行動。他努力鞏固波斯的經濟，以及國家對經濟的控制，尤其是絲綢貿易。[16]他允許準政府組織英國東印度公司（English East India Company）在伊斯法罕和設拉子設立貿易站。一六二一年，他給予荷蘭東印度公司（Dutch East India Company）在波斯灣的阿巴斯港（Bandar ʿAbbâs）建立貿易站的許可。次年，在英國艦船的幫助下，阿拔斯沙將部隊載運到荷莫茲島，擊敗該地的葡萄牙人，並將葡萄牙勢力從島上連根拔起。英國人也獲得在阿巴斯港城鎮設立貿易站的許可，儘管規模不大，但此地成長快速，變成重要的商港。英國人在此後不久就被荷蘭人擊敗並取而代之；在十七世紀下半葉，荷蘭人控制波斯灣的貿易，但他們最終仍被英國人打敗。

在伊朗中南部的伊斯法罕，阿拔斯沙也建立了美麗的帝都，把文人墨客、藝術家、地毯製造工人和其他各種工匠帶到此處，商人也不斷為城市帶來養分和財富。阿拔斯沙統治的缺憾，在於未能妥善處理繼位事務。出於疑心諸子謀反，他殺死或刺瞎自己的所有兒子。因此繼位者是他一個非常羸弱的孫子薩菲沙（Ṣafî，一六二九—一六四二年在位），隨後則是比較能幹的阿拔斯二世（ʿAbbâs II，一六四二—一六六六年在位）。薩法維王朝從此變得益發偏狹，國力也迅速下滑。最終，在一七二二年，阿富汗人圍攻並攻破伊斯法罕，終結了薩法維王朝。[17]

## 蒙兀兒帝國

雖然帖木兒的小兒子沙魯克在帖木兒王朝的王位競爭中倖存下來，但當繼位戰爭結束時，其父在河中和呼羅珊地區之外的大量征服領土已經所剩無幾。即便是在中亞本身，分裂戰爭也不斷爆發，帖木兒王國正在日漸萎縮。

費爾干納的王公巴布爾（一四八三／一四八四—一五三〇年）既是帖木兒王朝繼承血脈的後代，也是成吉思汗黃金家族（Chinggisid）蒙兀兒繼承血脈的後代。一五〇四年，他率領一支軍隊向南突入今日阿富汗所在的地方，他攻占喀布爾，從而獲得對加茲尼的間接控制，然後在一五二二年攻占坎達哈（Kandahar）。在參與德里的洛迪蘇丹國（Lodi）的王位競爭後，巴布爾在一五二六年帶領一小支由大約一萬兩千人組成的軍隊突入印度。他遭逢一支人數更多且得到阿富汗騎兵援助的印度軍隊，但是依靠他的中亞騎兵及對手所沒有的大炮和火槍的巨大幫助，他在德里附近的帕尼帕特戰役（Battle of Pânipât）擊敗德里蘇丹國並占領該地。他也奪取了阿格拉（Agra），並建都於此。到一五二八年時，他已經摧毀拉吉普特人（Rajputs）的勢力，並奪取了拉加斯坦（Rajasthan）。當他於一五三〇年在阿格拉過世時，他已經創立了一個幅員包括阿富汗大部和印度北部的蒙兀兒帝國。

巴布爾之子胡馬雍（Hûmayûn，一五三〇—一五四〇年、一五五五—一五五六年在位）面臨來自四面八方對蒙兀兒統治的反對，包括繼承阿富汗的弟弟卡姆蘭（Kamran）。胡馬雍未能確保自己對新王國領土的統治，並在一五四〇年面對比哈爾（Bihar）和孟加拉的阿富汗人統治者希爾・汗・蘇爾（Sher Khan Sur，一五四〇—一五四五年在位）時遭遇大潰敗，後者占領了印度北部全境，自己加冕為沙赫（Shâh〔國王〕）。胡馬雍經由拉加斯坦和信德（Sind）逃往薩法維波斯，獲得塔赫

瑪斯普沙的庇護。[18]

## 歐洲人經海洋圍繞歐亞的擴張

一四九八年五月二十日，葡萄牙探險家達伽馬完成了歐洲人首次成功繞過非洲、抵達亞洲的海上航行，他在印度西南部馬拉巴爾（Malabar）海岸的卡利卡特（Calicut，今印度喀拉拉邦科日可德〔Kozhikode〕，漢文史籍作「古里」）附近成功登陸。歐洲人發現通往東方的直接海路，開通了波斯、印度、東南亞和歐洲之間的直接貿易，這不僅對西歐而言具有革命性意義，而且最終也對歐亞各地的沿海體系之發展具有重要意義，尤其是南亞、東南亞和東亞。

儘管達伽馬在貿易中獲得的大部分貨物都被搶走，而且差點喪命，但他還是從卡利卡特帶回價值超過投資人成本三千倍的印度貿易貨物回到葡萄牙。[19]下一支抵達印度的葡萄牙遠征探險船隊，由佩德羅．阿爾瓦雷斯．卡布拉爾（Pedro Alvarez Cabral）帶領，他們在半途中發現巴西，在抵達印度後受到卡利卡特當地印度王公扎莫林（Zamorin）的猛攻，後者和穆斯林結盟，而穆斯林是卡利卡特印度洋貿易的控制者。很多葡萄牙人在猛攻中被殺，佩德羅．阿爾瓦雷斯．卡布拉爾於是展開報復，他摧毀卡利卡特的穆斯林船隻並砲轟城市，造成嚴重破壞，但他認為自己的任務尚未圓滿達成，悻悻地回到葡萄牙，當初的十二艘船中有六艘葬身海底。[20]

一五〇二年達伽馬帶著軍隊返回，攻打了卡利卡特的穆斯林，他用大炮轟城，幾乎將城市夷為平地。一五一〇年，阿方索．德．阿爾布克爾克（Afonso de Albuquerque）從穆斯林統治者手中占領了果亞（Goa），並且繼續在亞洲沿海各地進行閃電戰，於一五一一年占領馬來半島的馬六甲港。

一五一五年，他奪取波斯人的荷莫茲島，將該地變成貿易中心和海軍基地。葡萄牙人於一五一八年在錫蘭的可倫坡建立堡壘，並在一五三五年透過政治結盟獲得印度西北部海岸的第烏港（Diu）。一五三五年，中國人允許他們在澳門登陸和貿易，到一五七七年時，他們已在澳門建立由總長管理的殖民地和貿易中心。[21]到一五四三年時，葡萄牙人抵達日本，在一五五〇年抵達長崎，而到一五七一年時，他們已經開始每年定期來到長崎，他們的貨物大多來自中國澳門，但也有些貨物來自更遠的印度果亞，甚至是歐洲。[22]在開拓航線並用槍炮掃平障礙後，葡萄牙貿易商很快就發現他們受到的威脅，與其說是來自亞洲的統治者，還不如說是來自本國的傳教士（傳教士在日本的激進政策，最終讓日本統治者與葡萄牙人反目）和其他尾隨而來的歐洲人。

甚至在首次來到印度的航行中，葡萄牙人有時也必須使用武力來強迫貿易，並確保自己能安全返鄉。以中央歐亞的歷史視角來看，這一點並不稀奇。已知最早的絲路貿易商人——斯基泰人，以及其文化親屬匈奴人——也同時是令人膽寒的戰士。有鑑於其鄰居——希臘人、羅馬人、波斯人、阿拉伯人和中國人等等——常被低估的凶狠，中央歐亞人也必須凶狠。雖然中央歐亞各民族以戰爭而非貿易聞名，而且他們的帝國確實主要是用征服創立的，但任何帝國都是如此：史料毫不含糊地顯示，史上最著名的中央歐亞帝國擴張（比如突厥人、羅斯人和蒙古人的擴張）和探索時代的歐洲海上擴張，其背後的基本動機都是商業和稅收，而不是搶劫和破壞。

雖然早期的葡萄牙人在阿拉伯海上建立自己的貨運掌控時，的確是從頭到尾都使用了武力，但總體而言，他們實際上非常克制。[23]在亞洲，歐洲人一般都是在當地統治者的許可下建立他們的貿易港口和堡壘，而當地的統治者會出於某種原因——通常是該國和鄰國的衝突——允許、甚至鼓勵歐洲人這麼做。[24]這也和中央歐亞人的擴張方式驚人相似。

那麼，在阿拉伯海，為何需要例外地使用如此多的武力？從有足夠史料（無論是敘述性的歷史記載，或是第一人稱的記載，例如達伽馬的日記）的事例來看，針對貿易商人的反對，來自那些已在目標區域裡進行國際貿易的區域商人，以及來自葡萄牙人想要進行貿易的港口的地方統治者。每個地方統治者都習於控制自己在舊有的點對點沿海貿易線上所占據的特定地區，但他們也必須仰賴商人的善意。雖然在歐洲人出現前，這些地方港口政權通常都會支持自由貿易，但地方商人及其政治盟友其實完全支持使用武力，藉以驅逐可能會打破自己的事實壟斷局面的新來者，達伽馬在第一次來到卡利卡特的航行中就認識到此事。此外，在阿拉伯海上，貿易多少完全掌控在穆斯林手中；非穆斯林不受歡迎，而葡萄牙人則是直言不諱地宣揚他們的基督宗教。[25]

然而，因為達伽馬是**第一個**從海上抵達印度的歐洲人，當地的穆斯林和印度教徒很難有理由擔心歐洲的基督徒會吞噬他們的貿易或占領他們的港口。他們只是不想要有競爭對手，而且也樂意使用欺騙、偷竊和謀殺的手段把新來的競爭者排擠出去。「在（穆斯林）商人間的競爭本來就十分激烈，甚至可謂割喉戰；一個單槍匹馬闖進來的門外漢，幾乎完全不可能打入任何一個已經建立的類壟斷航線。證據表明，海關中存在著一些敲詐行徑，地方官員的行為更是專斷。更大的問題是在（十六）世紀初，印度洋上到處都有海盜，陸地上的勢力只採取了少許措施試圖加以控制，而且大多都無效。」[26]因此，若情況需要，新來的歐洲人已經隨時準備好要使用武力來對付。

然而，武力通常是不必要的。歐洲人之所以湧入亞洲，幾乎完全是因為商業之故，這種特徵清楚地表現在以下的事實：在葡萄牙人之後，帶領歐洲人進入亞洲的，幾乎清一色是私人的貿易公司。[27]的確，它們各自有其政府的背後支持，而且擁有權利和手段在必要時動武，但它們畢竟還是商業企業。因此無須驚訝，在歐洲人主導海上貿易的最初兩世紀裡，歐洲人對亞洲的政治或文化影響

微乎其微。[28]

葡萄牙和其他歐洲國家的統治者、商人和軍事領袖之間的競爭，以及亞洲國家之間的相同競爭，最終確實導致阿拉伯海事務必須由武力決定。對葡萄牙人的主要抵抗，最初並非來自周邊帝國的統治者——波斯薩法維帝國、德里蘇丹國、蒙兀兒帝國——而是來自穆斯林商人和地方性統治者，他們控制卡利卡特、第烏和印度西岸的其他港口，以及直到西邊、西北邊的波斯、阿拉伯和埃及港口，還有從印度東南岸穿過孟加拉灣至馬來亞馬六甲的海上貿易。這些都是舊有沿海地區貿易路線的獲利環節，這條路線從日本經由近東陸橋和地中海直到歐洲南岸。然而，葡萄牙人發現了一條繞過近東直接通往東方的航線。對此，穆斯林商人——尤其是往返於歐洲和印度之間做生意的穆斯林商人——很快就明白這是對其繁榮的巨大威脅。在葡萄牙人和這些競爭者以及他們的政治贊助者的競逐中，葡萄牙人刻意利用其對海洋的控制來切斷從印度到紅海的航線。馬穆魯克人和其他穆斯林，包括卡利卡特的統治者，在威尼斯人的支持下，試圖阻止葡萄牙人。在一五〇七年和一五〇九年，馬穆魯克人出動龐大的艦隊來對壘葡萄牙人，但在一五〇九年的第烏海戰（Battle of Diu）中，葡萄牙人決定性地擊敗了他們。當葡萄牙人在一五三五年真正掌有第烏港後，西印度洋的貿易控制權爭奪進入了高峰。此時的鄂圖曼人已對這裡的局勢產生濃厚的興趣；一五三八年，蘇萊曼大帝派出一支龐大的艦隊圍困第烏。但葡萄牙人擊敗了穆斯林的軍隊，並進一步鞏固他們在印度西岸的勢力。雖然鄂圖曼人在一五四六年占領伊拉克和連帶的巴斯拉，並在一五五一年至一五五二年從巴斯拉出兵圍城附近的荷莫茲，但他們無法將葡萄牙人連根拔起，葡萄牙人始終在海上占有優勢並不斷擴張。當時的西歐人擁有更精良的船隻、航海技術和武器，因此葡萄牙人的勝利不可避免。[29]

到了十六世紀中葉，也就是葡萄牙人第一次現身印度洋的僅僅五十年後，他們已經控制了從西

歐直到日本的海路，並在沿途的主要停泊點上建立堡壘或貿易站，但他們沒有控制內陸或是嚴重威脅到主要勢力，即便他們想要，也無法做到。[30]

穆斯林商人及其義大利商業盟友當然不會善罷甘休。然而，葡萄牙人遭遇了挫折，而且沒有像本來應該的那樣獲利頗豐，因為他們並沒有更妥善地經營自己的全新海上帝國，而且經濟循環在葡萄牙人稱霸的十六世紀後期開始嚴重縮水。[31]即便如此，自從葡萄牙人征服了歐洲和東亞之間的海路後，歐洲人的勢力在亞洲沿海地區便與日俱增。儘管透過近東和威尼斯的舊有海上貿易經歷了暫時的復甦，[32]但是歐洲人主導大洋航線的最終結果，就是連結近東、地中海和南歐的古老香料絲綢貿易系統的衰落。

歐洲人發現通往東方海路的動力，完全來自他們和絲綢、香料及其他貴重品生產者進行貿易的渴望，和這些物品在亞洲的成本相比，它們在歐洲的價格簡直是天文數字，這些商品是所有商人夢寐以求的東西。[33]因此那些被經濟史學家不屑一顧為「奢侈品」[34]的商品在新近發展起來的沿海體系中所具有的根本重要性，就和它們在陸上絲路中的作用一樣重大。

亞洲人對歐洲人參與沿海地區貿易的反對，導致歐洲海軍毫不猶豫地在海上和沿海地區部署——起初只有在沿海地區。許多現代史學家對這種行徑進行道德譴責，[35]但是直到十九世紀末時，歐洲人在亞洲陸地進行軍事活動的動機，大多不是純然的帝國主義。[36]甚至在十九世紀時，也很難同情歐洲商人得要打交道的那些從阿拉伯半島至日本的各國政府。[37]

起初，因為帝國政府對海上貿易缺乏興趣，[38]歐洲人面臨的主要問題，是地方性的商人群體和豪強反對新來者的競爭。在總體上，各大帝國對海上貿易或其他貿易幾乎完全不感興趣和忽視。比方說，「和薩法維伊朗貿易有關的大部分現存文獻，都來自西方公司代理人的紀錄……無論是本土

的還是國際的，大部分波斯語史料幾乎沒有關於貿易的紀錄」。[39]就蒙兀兒帝國而言，這種興趣缺缺的情形可以用這樣的事實來解釋：海上貿易在帝國總收入裡微乎其微——（最高）大抵不過百分之五——蒙兀兒帝國幾乎所有的收入，都來自對陸地的控制。[40]「蒙兀兒人來自亞洲內陸。王朝的創立者巴布爾（一五二六—一五三〇年在位）從沒見過大海。」相似地，在同時代印度南部的政治鬥爭中，「海洋事務從來沒有扮演過任何角色」。[41]

在歐洲人樹立了對海洋的控制以及在沿海地區及周圍建立基地後，他們不得不越來越頻繁地和大帝國本身的直接代表打交道，這些大國包括波斯的薩法維王朝、卡札爾王朝（Qajar），印度的蒙兀兒王朝，中國的滿清王朝和日本的德川幕府。早期的商人探險家留下的詳細記載表明，他們有時覺得必須強迫亞洲統治者遵守和平外交和商業關係的準則。比方說，許多遍布各地、打擊歐洲人海上利益核心的海盜行為，都得到港城當地統治者的允許或甚至支持，而這些統治者常常在陸地巧取豪奪，其實就跟海盜一樣。如同中央歐亞人，歐洲貿易商受到其政府的支持，一般不需對極端的貪腐和橫行的暴力忍氣吞聲，但貪腐和暴力卻是亞洲港口地方政府官員和軍隊的常態。

簡而言之，為了能夠參與國際貿易，歐洲人需要建立對貿易路線和港口城市的政治統治，藉以穩定貿易路線和港城；這和在中央歐亞經濟繁榮的兩千年裡，也就是絲路存在的時期裡，中央歐亞人被迫要一次又一次所做的完全一樣。結果就是歐洲人用軍事手段打敗了亞洲當地的統治者，或是對他們施壓，而歐洲人在亞洲的政治勢力也隨之增長。只要亞洲的主要國家足夠強大，而且歐洲人的科技優勢不算太多，那麼歐洲人在沿海地區的立足之處就只會是一個據點。[42]他們在這個地區樹立自己的海路貿易權利，用設有軍事要塞的貿易站來加以保護，並控制開闊的海洋。[43]只是到周邊的偉大亞洲帝國在十九世紀時開始衰落時，歐洲人才涉足填補權力真空。但是，歐洲人起初的首要目

標仍然不是要建立新的帝國，而僅僅是要穩定政治局勢，以確保繼續進行和平、有利可圖的貿易。同樣地，這也正是中央歐亞人和周邊國家互動時的恆定作法。中央歐亞人幾乎從來沒有攻擊過強大的、統一的城市—農業帝國——而且通常也沒有機會這麼做，因為後者會在擴張時期先進攻中央歐亞人；甚至在城市—農業帝國衰落時，它們的勢力仍然太過強大，更小、更弱的中央歐亞民族還是沒有力量攻打它們。只有在周邊帝國變得軟弱無力，或是已經實際崩潰時，中央歐亞人才會試圖建立新的政府，或是以其他方式介入，試圖穩定局勢。這正是十九和二十世紀初的歐洲人在印度和中國所做的事情。就絲路和沿海體系兩者而言，中央歐亞人和歐洲人各自只是漸漸地才試圖要直接加以統治。

歐洲探索時代的另一個意外結果，是開闢了從西班牙美洲到東亞的直接貿易航線。西班牙帝國的財富，幾乎完全來自新大陸的殖民地，在該地的各種資源物產中，尤其重要的是白銀。就像其他歐洲人一樣，西班牙人渴望東方的絲綢、香料、瓷器、寶石和貴重物品。他們派出大帆船橫渡太平洋，來到馬尼拉，再到中國，把高達五分之一的新世紀白銀花在中國。這種貿易不僅讓西班牙更加富有，而且也支付了西班牙帝國的歐洲戰爭開銷，白銀如洶湧的潮水般湧進中國。[44]

最終，歐洲人也帶來他們的宗教。他們自認基督宗教比當地宗教優越，試圖以此打動他們遇見的亞洲人。在歐洲擴張的初期，耶穌會士給日本和早期的滿漢統治階級留下強大的最初印象。但後來的傳教士不如耶穌會士那樣有學識和紀律，因此不如耶穌會成功。大多數的亞洲人對基督宗教興味索然，因為他們已經接受了某種世界性宗教，而且在整體上而言，他們也像歐洲的基督徒一樣，看不起其他的宗教。尤其是在伊斯蘭文明和佛教文明中，受過教育的統治階級對宗教的了解，遠不只基本的信仰要素，因此傳教士頂多只有在窮人和沒有受過教育的人之間獲得成功，因為那些人對

自己當地的宗教也不甚了解。此外，亞洲的統治者和宗教領袖也準確地看穿，在歐洲宗教機構的傳教和歐洲政治勢力的擴張之間存在著聯繫。

## 新的沿海商業

葡萄牙人及其後繼者帶來的國際貿易極速成長所產生的衝擊，目前尚未得到充分的認識。歐洲經由海洋直接連接了印度、東南亞、東印度群島、中國和日本。[45]

葡萄牙人把布疋、酒杯、水晶、眼鏡、稜鏡、法蘭德斯自鳴鐘（Flemish clock）和其他機械裝置從歐洲帶到東方，也包括槍炮、刀劍及其他武器。有些物品遠銷至日本。[46]

> 葡萄牙貿易船離開位於果亞（印度）的母港，經過馬六甲、澳門等遠東港口駛往長崎，最後在大約三年後回到果亞。葡萄牙商船從日本進口的商品包括生絲、絲織品、棉布、毛布、象牙、珊瑚和糖。出口商品主要是銀器，但也包括鐵器、屏風和其他藝術品以及劍。進口貨物中也有些非比尋常的東西，比如老虎。[47]

葡萄牙人的貿易船會在途中進行亞洲當地的貿易，它們載滿歐洲貨物和印度產品抵達澳門，尤其是胡椒。在該地，他們得到絲綢（紡織品、生絲、絨線）、瓷器、麝香和黃金。隨後他們又駛往長崎（一五七一年後）出售貨品，然後買回白銀、漆器、櫃子和彩繪屏風、和服、刀劍、黃金和其他物品。在回到澳門後，他們用白銀買下更多的黃金、絲綢、麝香、瓷器、象牙、珍珠，然後滿載貨物動身前往果亞。

中國人的排外態度，對葡萄牙人的擴張功不可沒。明朝的鎖國政策禁止中國商人和日本人做生意，這給歐洲人創造了一個事實上的航運壟斷地位，他們載滿像絲綢、黃金、麝香、瓷器之類的中國貨物前往長崎，在該地換取銀和銅。「據估計，在所有從海上離開中國的絲綢裡，有三分之一至一半由葡萄牙人承運。到一六三〇年代時，日本的絲綢進口已經比黃金更重要了。」[48]

除了帶來巨大利潤外，貿易還使來自歐亞遙遠國度的商人和生產者與消費者建立密切的聯繫，增加曾經稀有的商品的供應和熟悉度。曾經如同神話般的東方土地變得真實；對東方著迷的歐洲旅行者寫下大量關於印度、中國、日本以及中間各地的詳盡紀錄。他們觀察了不同的語言，加以研究，並做出描述。歐洲人對世界本來就有強烈的好奇心，如今他們的好奇心更是高漲。很快地，不僅是在物理科學和科技領域，而且在歷史、文學、語言學、人類學和其他與亞洲有關的知識領域，歐洲的學術研究都大幅進展，甚至在很多方面比本地亞洲人研究亞洲人自身傳統的最佳研究更出色。[49]

## 蒙兀兒復興

作為身在波斯、處於薩法維王朝壓力下的求庇護者，胡馬雍同意成為什葉派。只有這樣，薩法維王朝的統治者才同意協助他。在經過八年的戰爭後，波斯—蒙兀兒聯軍最終於一五五三年重新攻占坎達哈，胡馬雍在此推翻並刺瞎其弟。在希爾・汗・蘇爾之子伊斯蘭・沙・蘇爾（Islam Shâh Sur）於一五五三年過世後，北印度被繼任者瓜分，並因乾旱而衰弱。一五五四年底，胡馬雍南下印度，他在旁遮普和蘇爾家族統治者的軍隊狹路相逢，並徹底加以摧毀；一五五五年中，他進入德里，恢復了蒙兀兒王朝。[50]

胡馬雍死於幾個月後的一次意外，將帝國留給小兒子阿克巴（Akbar，一五五六—一六〇五年在位），他成為蒙兀兒帝國最偉大的統治者。他鎮壓了殘餘的反對力量，包括阿富汗人蘇爾家族、自己在喀布爾的兄弟以及烏茲別克人的反叛，並征服餘下的北印度，包括古加拉特、喀什米爾和位於印度南方的德干高原（Deccan）北部。他推動伊斯蘭和印度教的文化以及某種程度的宗教融合，在其治下，蒙兀兒帝國到達繁榮和文化的高峰。

阿克巴的繼任者是其子賈漢吉爾（Jahângîr，一六〇五—一六二七年在位），之後則是沙・賈汗（Shâh Jahân，一六二八—一六五八年在位）。兩位統治者大體上都延續蒙兀兒王朝的政策，進一步促進藝術發展，尤其是在建築上。一六五七年九月，沙・賈汗病重，其子奧朗則布（Aurangzeb，一六五八—一七〇七年在位）在王位繼承戰爭中獲勝。雖然沙・賈汗隨後康復，但那時奧朗則布已經擊敗帝國軍隊和主要王位競爭對手的軍隊，在這個過程中，他攻占了阿格拉，將父親沙・賈汗囚禁在阿格拉城堡，讓他在此度過生命的最後五年。奧朗則布性格偏執，拒絕採納前任者的自由放縱政策，對印度教徒展開迫害，幾乎不斷地和南印度的王國交戰。他將蒙兀兒帝國的疆土擴張至最大程度，但他也疏遠了帝國的許多子民，叛亂變得頻仍，荷蘭和英國東印度公司控制了印度的國際海上貿易。英國人在一六六一年控制孟買島和港口，從而和奧朗則布爆發短暫的衝突，以英國談判者向蒙兀兒人支付賠款告終。然而，英屬孟買興建了堡壘加以強化，並快速成為印度最重要的港口之一，英國人擁有的馬德拉斯也是一樣，後來甚至連奧朗則布也無從驅趕他們。當奧朗則布過世時，整個半壁江山都因為他長久的壓迫而叛亂。蒙兀兒帝國從未再次恢復，英國人成為印度次大陸實際的主要強權之一。[51]

## 俄羅斯帝國

當帖木兒入侵俄羅斯時，莫斯科的王公付錢消災，或者是如他們相信的那樣，奇蹟降臨，讓他們躲過毀滅。朮赤血脈的繼承國家，也就是一般所稱的金帳汗國，就沒有這麼幸運。由於脫脫迷失的不智招惹，帖木兒從南向北一路摧毀金帳汗國。十五世紀中葉，[52]它分裂成幾個較小的汗國，包括位於伏爾加河和卡馬河交匯處的喀山汗國（Kazan）、伏爾加河入裏海河口處的阿斯特拉罕汗國（Astrakhan），以及諾蓋（Noghay）或失必兒（西伯利亞）的藍帳汗國（Blue Horde of Sibir），後者的人民在烏拉爾山脈以南的中部草原游牧，從伏爾加河以東至西伯利亞的額爾濟斯河。

一五四七年，莫斯科大公伊凡四世（恐怖伊凡，Ivan IV/Ivan the Terrible，一五三三—一五八四年在位）自稱為首任俄羅斯沙皇（czar，即 caesar、凱撒），宣布俄羅斯人為拜占庭帝國的東正教後裔，俄羅斯領土如今為俄羅斯帝國，是東羅馬帝國的繼承者。俄羅斯人在當時已經參與喀山的內部政治衝突，雖然他們本打算和平進入城市，但是在最後一刻，喀山城中的權力平衡再次被打破。伊凡隨即命令俄羅斯軍隊包圍喀山，在一五五二年十月攻入喀山。[53]一五五六年，俄羅斯人吞併阿斯特拉罕，並將阿斯特拉罕汗國領土也鯨吞到俄羅斯帝國腹中。

與此同時，在一五六三年，諾蓋汗國庫楚汗（Kuchum）擊敗並殺死烏拉爾山脈以東的金帳汗國繼承者失必兒汗。失必兒汗在名義上是伊凡四世的封臣。庫楚汗立即接過俄羅斯封臣的身分，並派出使節進貢，因此當時正忙於利沃尼亞戰爭（Livonian War）的俄羅斯沙皇並沒有反對這項接管。相反地，他把在烏拉爾山脈以東建立定居點的權利授予一個私人家族——斯特羅加諾夫家族（Stroganovs）——並僱用哥薩克騎兵來保護他們。當斯特羅加諾夫家族在西伯利亞西部發現銀礦和

鐵礦，他們便請求擴大土地並得到沙皇的許可。他們隨後僱用了五、六百名哥薩克騎兵，由葉爾馬克．季莫菲耶維奇（Yermak (Ermak) Timofeyevich）指揮。一五八一年九月一日，一支八百四十人組成的持槍哥薩克軍隊攻打庫楚汗並摧毀他的軍隊。[54]葉爾馬克於一五八三年十月二十五日攻陷了他的首都失必兒。[55]庫楚汗向南撤回他在諾蓋汗國的原先領土，集結了一支軍隊攻打俄羅斯人，而葉爾馬克則寫信給伊凡四世，請求增兵支援。沙皇隨後送來金錢和五百名士兵。庫楚汗向北迎戰俄羅斯人，雖然葉爾馬克在戰鬥中被殺，而且俄羅斯人被迫撤退，但他們保住了原先的失必兒汗國領土。一五八七年，他們在被夷平的失必兒附近修建新城鎮托波爾斯克（Tobolsk）和位於額爾齊斯河畔的塔拉（Tara），然後在一五九八年再次擊敗庫楚汗，後者不久便被自己人殺死。庫楚汗的汗國也遭到俄羅斯吞併。[56]

由於已經沒有主要敵人，俄羅斯向東的擴張幾乎已經沒有障礙。擴張的主要驅力是商業，首要的是皮草貿易。此外，俄羅斯人是森林地區和森林—草原混合地區的民族；他們的向東擴張，便是透過在中央歐亞北部的這塊地區，於是免於和強大的草原民族在他們的領土上對抗。[57]他們利用許多河流和支流作為交通道路，繼續向東進軍。他們沿著勒那河（Lena）進入東北方向，在一六三二年建立雅庫次克（Yakutsk），然後轉而向東，抵達太平洋，在一六四七年於此地建立第一個俄羅斯人的定居點鄂霍次克（Okhotsk）。[58]俄羅斯人還從貝加爾湖以東移動到了黑龍江盆地。一六五一年，他們席捲黑龍江上游轉南處的當地城鎮阿勒巴沁（雅克薩，Albazin），並在此修築防禦工事，作為殖民據點。滿洲人在此時才剛剛在中國建立統治權，認為此處屬於他們的勢力範圍，因為皇太極曾在一六四一年和一六四三年兩次征服此處。[59]他們努力阻止俄羅斯人的行動。當外交手段失敗後，滿洲人在一六八五年進攻並占領此地。俄羅斯人被迫在一六八九年的《尼布楚條約》（《涅爾琴斯克

條約》，Treaty of Nerchinsk）中將這裡的領土讓予滿洲人，[60]但他們從滿洲人手中得到貿易特許權，並繼續維持太平洋沿岸鄂霍次克的據點。

在其他方向，俄羅斯帝國向西北擴張至波羅的海東岸使用芬蘭語的地區。彼得大帝（Peter the Great，一六七二—一七二五年，一六八二／一六九六—一七二五年在位）[61]在一七〇三年擊敗瑞典人，建立聖彼得堡，給俄羅斯人帶來一個西邊的港口，他把該地定為帝國首都。利用波羅的海的立足點，他立即下令建造一支龐大的艦隊。俄羅斯人利用這支艦隊在一七一四年擊敗強大的瑞典海軍，確保和擴張俄羅斯在這個地區的勢力。[62]在俄羅斯帝國於一七六九年至一七七〇年在陸海都戰勝鄂圖曼帝國軍隊後，俄羅斯人最終將克里米亞吞併至俄羅斯帝國（一七八三年）。黑海成為俄羅斯的南部邊境。[63]俄羅斯人打造了一支黑海艦隊，基地位於聶伯河匯入黑海的港城黑爾孫（Kherson）。

至此時，俄羅斯人已經在黑海、波羅的海、北冰洋和鄂霍次克海四個方向獲得出海口，他們的下一步擴張，將是向南轉向高加索地區和草原地區。

## 清朝的滿漢帝國

一六一六年，女真首領努爾哈赤（Nurhachi/Nurhači，一五五九—一六二六年）在遼東以北的滿洲南部建立一個中國式王朝，繼承女真祖先的金朝，名曰後金。一六一八年，他從明朝中國人手中占領遼東，並在一六二五年把首都南遷至盛京（瀋陽，Mukden）。其子和繼任者皇太極（Abahai，一五九二—一六四三年）在一六三五年將民族名稱改為「滿洲」（Manju），該名明顯來自佛教中象徵智慧的文殊菩薩之名 Mañju-śrî，並在一六三六年將王朝名稱改成「清」。[64]

在那年，搖搖欲墜的明朝又面臨一場叛亂，北京被叛軍攻陷。明朝政府請來滿洲攝政王多爾衮（編按：實為吳三桂）來協助平叛。他在一六四四年攻破叛軍，占領北京，但他發現明朝已經在中國北方崩潰了，因此便沒有回滿洲，而是開始對中國展開征服，並在一六六二年完成對中國的征服。[65]

就像他們的祖先女真人一樣，滿洲人和蒙古人不同，他們願意接受中國文化，至少是為了學習如何更完善地統治中國。[66]雖然他們一般不允許漢人擔任最高行政職務，但是漢官可以出任總督或巡撫級別的地方最高職位。就像在他們之前的蒙古人一樣，滿洲人也區分了「中國」和「完整的帝國」，但是和蒙古及元朝不同的是，滿洲人和中國人認為清朝統治的是整個帝國。即便如此，滿洲人也使用王朝聯姻、個人宣誓番屬效忠和宗教聯繫來鞏固他們和中央歐亞人的關係，後者的領土大多沒有被納入中國的省體系；但東突厥斯坦是個明顯而且非常晚近的例外，在清朝滅亡不久前，東突厥斯坦成為新疆省（意思是「新領土」）。滿洲人和漢人之間的融合快速而徹底，形成一個強大的滿漢人[67]國家。

最早的幾位滿洲人是高效率、精力充沛的統治者。在清朝治下，中國的人口迅速增加，而且因為在中央歐亞的征服，清王朝掌握的領土也大幅增長。就像經由陸路抵達蒙古帝國的歐洲人一樣，明末清初經由海路抵達的歐洲人被該國的富裕和文化水準震撼，他們認為這裡要遠比歐洲先進。但是在這時，歐洲人已經擁有一些遠比中國先進的科技。認識到這點的康熙也許是清朝皇帝中最聰慧的一個，他贊助一些歐洲人，尤其是耶穌會士，他們把十七、十八世紀的傳統歐洲數學天文學介紹到中國。[68]當滿漢帝國的勢力最終開始衰落後，歐洲人在亞洲的勢力增長，清朝開始將歐洲人視為軍事和政治威脅。

## 準噶爾帝國

在俄羅斯人擊敗諾蓋汗國後，曾經屬於其聯邦的西蒙古人或衛拉特人（Oirats）獲得自由，並開始擴張至其領土。一五九一年，俄羅斯人授予他們在塔拉和其他俄羅斯西伯利亞城鎮（衛拉特北部邊境）的免稅貿易權；一些衛拉特人在一六〇六年抵達塔拉。在一六〇七年至一六〇八年，一些西衛拉特領袖正式臣服俄羅斯沙皇，期待俄羅斯人能保護他們，對付他們的敵人哈薩克人和東蒙古人。然而，準噶爾人的首領哈刺忽刺汗（Khara Khula，一六三四或一六三五年卒）是曾在上世紀短暫統一衛拉特（瓦剌）人的也先（Esen Taiši，一四四三－一四五四年在位，一四五三－一四五四稱汗）的後人，他逐漸在一六〇八年至一六〇九年興起的衛拉特部落聯盟中建立自己的聲望和實力。[69]由於當時俄羅斯正處於稱為「大混亂時期」（Time of Troubles）的政治動盪，衛拉特領袖和俄羅斯人分道揚鑣。當俄羅斯人在幾年後恢復元氣（米哈伊爾．羅曼諾夫〔Michael Romanov〕被選為新沙皇，創建了羅曼諾夫王朝），他們便派出哥薩克部隊攻打衛拉特，迫使他們在一六一二年至一六一三年向南撤退。在經歷一個災難性的冬天和大敗於東蒙古人後，衛拉特人喪失了大片領土，再次向俄羅斯人臣服，請求得到和平和庇護。但俄羅斯人沒有像預期中那樣幫助他們對付東蒙古人；到一六二三年時，衛拉特人放棄了和俄羅斯的協定。同年，強大的和碩特部（Khoshuts）名義上的汗王拜巴噶斯（Baibaghas）統一了衛拉特勢力，打敗了安波．額爾德尼汗（Ombo Erdeni，一六五九年卒）[70]治下的東蒙古人，儘管這場勝仗並不具有決定性。此時，一些衛拉特人，尤其是土爾扈特部（Torgut），堅決反對建立統一國家；於是向西遷徙，遠至伏爾加河下游，並過河進入北高加索草原，他們在該地和俄羅斯沙皇締結納貢關係。一六二八至一六二九年，統一的衛拉特再次攻

打安波・額爾德尼汗並獲勝，準噶爾和東突厥斯坦的疆土再次回到他們的控制。[71]

一六三〇年，衛拉特汗拜巴噶斯去世，和碩特部領袖固始汗（Gushi，一六五五年卒）繼位。他把女兒嫁給哈剌忽剌汗之子和繼任者巴圖爾琿台吉（Baatur Khungtaiji，一六三四—一六五三年在位），以聯姻結成家族聯盟。哈剌忽剌汗在一六三四年自立為汗，但他並非出自黃金家族血脈，因此許多蒙古人反對此舉，並在一年後殺了他。[72]這件事起初似乎沒有影響到家族聯盟。固始汗[73]和巴圖爾琿台吉在一六三四年至一六三五年共同出兵攻打哈薩克人。[74]然而，固始汗出自黃金家族，只要有他在，巴圖爾琿台吉就難以達成統一準噶爾帝國的目標。當林丹汗（Ligdan，一六三四年卒）的追隨者綽克圖台吉（Coghtu Taiji）在攻打青海地區的格魯派寺院（Dgelugspa）時，他派出其子帶領一支軍隊攻打拉薩，五世達賴喇嘛求援。固始汗帶領約十萬和碩特兵於一六三六年征討綽克圖台吉，並在一六三七年初擊敗他的軍隊。[75]同年，固始汗向中國的滿洲皇帝派出使節，[76]一六四二年，他因援助五世達賴喇嘛而受賞，被後者指定為西藏汗。[77]

雖然南蒙古人在一六三四年時已被併入滿洲帝國，但是在一六三五年，滿洲人設立了蒙古旗，成為日後的內蒙古，[78]此時的滿洲人尚未在中國站穩自己的腳跟。直到滿洲人於一六六二年捉住並處決明朝最後一位具有正當性的王位繼承人之前，[79]他們的注意力一直集中在清除於中國遇到的所有反對勢力。因此，他們當時的中央歐亞政策，幾乎在所有事務上都是和平、不予介入的。

在準噶爾人治下，中央歐亞的經濟再度興盛，包括跨大陸貿易。[80]一六四一年，巴圖爾琿台吉和俄羅斯人進行談判以解決衝突，並在托波爾斯克、塔拉和托木斯克（Tomsk）獲得免稅貿易權。這些城鎮因貿易而興盛，並吸引來自伊斯蘭中亞的「布哈拉」商人以中間人的身分前來。[81]巴圖爾琿台吉還在亞梅什湖（Yamish）和額爾齊斯河之間的布克塞爾（Kubak Zar）修建一個小型堡壘都城和佛寺

及其他幾個城鎮，把農民從中亞遷入這些城鎮周圍來開墾農地。準噶爾首都變成重要的商業中心，馬匹、中國產品、奴隸、金屬、織品、玻璃和其他商品都在此交易。亞梅什湖周圍的定居地「成為西伯利亞最大的貿易中心，直到一六八九年恰克圖（Kiakhta）被指定為中國貿易中心為止」。[82]巴圖爾琿台吉的一生成就斐然，但當他在一六五三年過世時，其子和繼任者僧格（Sengge）和其他諸子之間爭鬥不斷。因為內鬥和僧格與俄羅斯之間的關係惡化，準噶爾人勢力衰微。[83]最終在一六七〇年，僧格被殺，其弟噶爾丹（Galdan，一六四四年生，一六七一—一六九七年四月四日在位）當時是長期生活在西藏寺院的出家僧人，於是他違背誓約還俗，返回家鄉。他處決了殺害僧格的兄長。他還在一六七六年或一六七七年擊敗並殺死領導和碩特部的岳父，鎮壓隨後爆發的叛亂，確保自己的權力，修復和俄羅斯的關係。[84]衛拉特人終於成功建立準噶爾帝國，這是自從成吉思汗時期的蒙古人之後，第一個主要的草原地區政權。

## 中央歐亞文藝復興

文藝復興並不是僅僅發生在西歐，而且也發生在整個歐亞大陸。在很多方面，它都代表了中央歐亞的藝術和智識高峰。歐洲人在藝術、建築和音樂方面的成就眾所周知，然而伊斯蘭世界（尤其是中亞西部、波斯、印度北部）和佛教世界（尤其是西藏）的成就則少為人知。

在伊斯蘭世界，文藝復興始於帖木兒時期，當時的波斯詩歌在哈菲茲的作品中已經臻於完美。在偉大的畫家貝赫扎德（Bihzâd，約一四五〇／一四六〇—約一五三五年）和赫拉特其他帖木兒畫派藝術家筆下，伊斯蘭世界的細密畫也達到巔峰。一五二二年，伊斯瑪儀沙把貝赫扎德從赫拉特帶

到大不里士，前者贊助各項藝術，尤其是細密畫和建築。貝赫扎德把帖木兒畫派的細密畫引入大不里士，培養出新一代的藝術家。他們共同創作了一些伊斯蘭藝術傳統中最偉大的畫作。塔赫瑪斯普沙也是伊斯蘭細密畫、文學和手抄本製作的贊助者。阿拔斯沙傳世最久的成就，是在伊朗中南部的伊斯法罕建立新都。它的規畫是以帖木兒時期的城市規畫為基礎，並加入巨大的公共廣場（maidân），外圍環繞著美麗的清真寺、市場和宮殿。

在伊斯法罕如寶石般的建築中，帖木兒式建築風格的波斯變體趨於完美。同樣地，鄂圖曼人也融合了伊斯蘭和拜占庭的建築形式，建造鄂圖曼帝國恢弘的清真寺和其他地標建築。在伊斯蘭世界各地，各種教團的數目和影響力日趨壯大，它們也修建了修道堂或「罕納卡」（khânqâ）及其他建築。托缽修士教團和造訪聖徒陵墓的活動也四處流傳，促成商旅客棧（caravanserais）的建造和陵墓的美化。

在蒙兀兒帝國，阿克巴在德里和其他城市增加了新建設，但他尤其獨鍾阿格拉；該城已有巴布爾建造的阿拉姆花園（閒宜園，Arambagh）。阿格拉是阿克巴長期在位期間的四座都城之一，日後成為蒙兀兒王朝的主要都城。在他及其直接繼任者的贊助下，文藝作品反映出他在印度融合伊斯蘭和印度教的嘗試。在其子沙．賈汗治下，帖木兒式或「波斯—蒙兀兒」建築風格的蒙兀兒變體達到巔峰，泰姬瑪哈陵即為其登峰造極之就。這是他為他鍾愛的妻子穆塔茲．瑪哈（Mumtaz Mahal）建造的陵墓，許多建築史學家都把它視為世上最完美的紀念建築物。在蒙兀兒人的贊助下，北印度展現了大體上繁榮多彩的文化。許多蒙兀兒建築、繪畫、文學和音樂的偉大作品都流傳後世。

隨著達賴喇嘛世系領導下的格魯派藏傳佛教趨於鞏固，中央歐亞東部使用藏語、蒙語、突厥語、滿語的佛教徒經歷了一場偉大的智識復興。來自西藏、蒙古、圖瓦、中國和相鄰地區的佛教學

者創作大量的文學作品，主要由古典藏語寫成，內容涉及佛教哲學及其他主題。藏文成為「盛期亞洲」的「中世紀拉丁文」。西藏畫師發展出獨特的西藏風格，創作了世上最善美的一些畫作，[85] 藏人建築師也在雪域高原修建高大宏偉的建築物，最著名的就是拉薩的布達拉宮，成為世上最令人驚嘆的建築地標之一。

---

1 這裡的「印度紅點」就是 bindi，是印度女子點在眉心的裝飾。

2 早期的印歐人完成了第一次歐亞征服，請參考第一章。

3 俄羅斯人此時在北方草原修建了集軍事和商業目的為一體的奧倫堡防線（Orenburg Line），伴隨此舉的是針對亞洲貿易的進犯性立場，「尤其針對布哈拉汗國」（Levi 2007b: 105 et seq.）。

4 「在大多數情況下，葡萄牙人會透過和當地政權談判來獲得建立『貿易站』或堡壘的許可。」但也有例外，最著名的例子是印度的古加拉特（Gujarat）。「葡萄牙人和古加拉特人一直處於敵對狀態，直到一五三五年，葡萄牙人才終於透過武力獲得許可，在第烏（Diu）建造堡壘」。見 Russel-Wood 1998: 21。

5 達伽馬是仰仗穆斯林水手阿赫邁德・伊本・馬吉德（Aḥmad ibn Majīd）的引航，才成功橫渡印度洋（Russell-Wood 1998: 18）。

6 鄂圖曼人的起源有很多爭論。主流觀點請參考 Kafadar1995、Lindner 2005 和 Lowry 2003。鄂圖曼人似乎源於一個中央歐亞的主公—從士團組織。

7 Matthee 1999: 10.

8 宮殿之名音譯自阿拉伯語 al-ḥamrâ，意思是「紅色的」。

9 少數例外的存在證明了這件事，例如丹麥於十七世紀初在印度東南沿海建立的殖民地特蘭奎巴（Tranquebar），以及在美洲或非洲建立的短暫殖民地。

10 在一些事例中，例如羅斯維京人的故鄉瑞典，就曾在歷史上透過海路進行成功的征服。瑞典人在波羅的海沿岸的主導權

一直持續了好幾個世紀。

11 鄂圖曼人獲得成功的原因之一，是他們對被征服民族的慷慨。尤其是他們做事公平和政府良善的名聲，讓許多拜占庭治下的人民樂於為突厥人敞開城門，以求擺脫拜占庭政府的暴政。

12 本段內容主要的依據是 Bosworth et al. 1995。

13 據說他們曾公開聲稱其信仰為薩法維教團領袖是安拉，領袖之子則是安拉之子（Savory et al. 1995: 767）。

14 在討論薩法維勢力的三大要素時，Savory et al. 1995: 767 指出：「薩法維教團成員（murīds）無條件地服從教團領袖（murshīd-i kāmil）……教團領袖就是他們的精神導師。」

15 這造成一個長期問題，因為就像在伊斯蘭世界的其他地方一樣，當時在波斯的穆斯林絕大多是遜尼派穆斯林。

16 Matthee 1999: 7 指出：「薩法維王朝的絲綢貿易總是和政府有關……直到該王朝滅亡，國家仍然在絲綢的收集、銷售、國產製造和經銷上扮演著至關重要的角色。」國家的長期控制，可以解釋波斯經濟一路延續至現代的穩定衰退。至於文化衰退，則顯然是因為其他原因。

17 Savory et al. 1995.

18 這段敘述主要依照 Richards 1993。

19 達伽馬日記：http://www.fordham.edu/halsall/mod/1497degama.html。

20 摘自卡斯達聶達（Fernão Lopes de Castanheda）《印度的發現和征服史》（*História do descobrimento e conquista da Índia pelos portugueses*）第二卷第六章第三節，其中大部分篇幅幾乎逐字引用了當時葡萄牙探險家的親身記敘，可參考：http://www.columbia.edu/itc/mealac/pritchett/00generallinks/kerr/vol02chap06sect03.html。《印度的發現和征服史》最初於一五五二—一五五四年在孔布拉（Coimbra）出版，英語譯本於一五八二年首次出版（http://www.columbia.edu/itc/mealac/pritchett/00generallinks/kerr/vol02chap06sect01.html）。

21 Wills 1998: 343.

22 關於貿易商品，請參考下文。

23 Russell-Wood 1998: 21。真正令人驚訝的對比，是葡萄牙人、西班牙人、法國人、荷蘭人、英國人和其他歐洲人對亞洲人相對克制的態度，但他們對彼此卻是習慣性地暴力相向，不僅是在亞洲，尤其更在歐洲本土。

24 Russell-Wood 1998: 21 和 Pearson 1987: 31 et seq.。後者常把葡萄牙人描繪成喜用槍炮解決問題的征服者，例如「另一個

大港城第烏，就是在一五三五年被征服的」，但在下一段中，他又說「第烏、瓦塞（Bassein）、達曼（Daman）是透過條約獲得的」（Pearson 1987: 32）。但請注意，第烏並不是「大」城。

25 讀者可以換位試想，如果有艘印度商船在一四九八年駛入里斯本港要和葡萄牙貿易，上面的船員毫不忌諱地公開明示自己是穆斯林，並且要尋找當地的穆斯林教胞的話，會出現怎樣的混亂。

26 Pearson 1987: 29.

27 儘管葡萄牙人進入亞洲受到其皇室政府的支持，但他們幾乎完全是受到貿易的驅使。

28 Matthee 1999: 9 指出：「在現代早期的亞洲，歐洲人在政治和文化上的影響十分微弱，在薩法維王朝時的伊朗是如此，在中國和日本亦是。」

29 Pearson 1987 認為葡萄牙人的成就在歷史上無足輕重，請參考書末注釋[86]。

30 Matthee 1999: 9-10 在評論前現代早期時指出：「印度的自然地理條件，使得從沿海地區各地可以相對輕易地進入印度腹地，但伊朗的情況則完全不同。伊朗只能從它的南方港口登陸，而這些港口和伊朗的都城與豐饒地區之間還隔著一片長達一千公里的半沙漠和難以通行的高山地帶。在錫蘭以及印尼群島在內的東南亞大部分地區，歐洲人可以利用當地政治勢力的分裂建立立足點，但伊朗是個中央集權的國家，或者說至少是個有中央權力結構的國家。」葡萄牙人和之後到來的歐洲人的確介入當地政治，並且在很多事例中都早晚控制了緊鄰港城的領土。但是，歐洲人對印度腹地的最終滲透，是直到蒙兀兒衰落後才完成的，當時離葡萄牙人首次在印度沿海建立立足點已經過了兩世紀，其他討論到的地區的情況也與此相似。

31 這部分的內容主要是依據 Pearson 1987: 30 et seq.。

32 這也可能和商業週期有關，因此其實是經濟衰退的標誌，而不是像 Pearson 1987 所描述的經濟復甦。

33 Pearson 1987 指出，就算把「商品縮水、腐壞、船損和運費」以及「在馬拉巴爾沿岸堡壘的開銷」算進去，葡萄牙人在里斯本的獲利仍高達九成，其他人推估的獲利率「甚至更高」。

34 為了解釋這種廣泛的誤解（電腦和手機是現代的「奢侈品」），請參考書末注釋[87]。

35 例如 Pearson 1987。

36 在當時，亞洲周邊國家政府的腐敗和羸弱，不可避免地導致了歐洲商人的介入（參考注釋37），隨之而來的就是容忍歐洲人濫用他們獲取的權力。

37 這並不是說當時的歐洲政府就好到哪裡去，但是在亞洲，法律常常朝令夕改，或甚至有法外之地。

38 Pearson 1987: 26-27.

39 Matthee 1999: 6.

40 「在一五〇〇年，位於印度的主要國家無一在海洋事務上扮演重要角色。在北方，衰弱中的洛迪蘇丹國，以及新生的、正在開疆拓土的蒙兀兒帝國，都是完全立基於陸地的勢力，不管是資源還是習性都是如此。蒙兀兒政府的主要收入來自土地……可能只有百分之五的收入來自海關……土地是蒙兀兒政府壓倒性的收入來源。」（Pearson 1987: 26-27）

41 Pearson 1987: 26-27.

42 Pearson 1987: 45 et seq.

43 基本上，俄羅斯的陸地擴張也是如此。俄羅斯經歷了漸進的轉變，從早期絲路體系的一員（如基輔羅斯汗國），經過哥薩克領導的皮草貿易，從西伯利亞到太平洋的要塞推進，直到俄羅斯帝國最終成為一個沿海體系的歐洲強權。

44 Wakeman 1985, I: 2-6 也指出，大量白銀湧入中國的部分原因，是白銀在中國很值錢。

45 與此同時，歐洲船隻顯然也將這些地區彼此串連，但奇怪的是，直到現代以前，這種串連幾乎沒有對亞洲人產生任何影響。

46 Russel-Wood 1998: 133.

47 http://www1.city.nagasaki.nagasaki.jp/dejima/en/history/contents/index001.html。葡萄牙人是從什麼地方買來活老虎？日本人要老虎來做什麼？

48 Russell-Wood 1998:135.

49 亞洲採用西方科學的興衰過程，以及反對西方學者研究亞洲的現代主義反智運動，見書末注釋88。

50 Richards 1993.

51 關於蒙兀兒歷史的部分主要依據 Richards 1993。

52 Golden 1992: 317-330.

53 Perdue 2005: 81.

54 Perdue 2005: 86.

55 這是傳統的、歷史上的名稱。此地在近代以來又有許多不同的名稱。

56 這部分內容主要依據 Hosking 2001，Perdue 2005 和 Bergholz 1993。

57 Bergholz 1993: 27.

58 一六四七年，哥薩克軍隊在當地建立一個冬營；兩年後，他們在營地建起圍欄（*GSE* 19: 116）。鄂霍次克的建立時間說法不一，包括一六四七年（Perdue 2005: 95）、一六四八年（Hosking 2001: 143）、一六四九年（Perdue 2005: 87）或一六五〇年（Bergholz 1993: 27）；我假定《蘇維埃大百科全書》（*Great Soviet Encyclopedia*）在這個問題上可以採信。根據 Spence 2002: 151，涅爾琴斯克（尼布楚，Nerchinsk）在一六五八年建立，阿勒巴沁（雅克薩，Albazin）在一六六五年建立。

59 Bergholz 1993: 123-127.

60 在一八六〇年中俄簽訂的《北京條約》中，俄羅斯獲得黑龍江以北和烏蘇里江以東的清朝領土，其疆域抵達朝鮮半島的東北角（Fletcher 1978: 347）。於是，這項條約等於是奠定了今日中國和俄羅斯兩國從蒙古往東直到太平洋之間的邊界線。滿洲以東的地區在今日稱為「濱海邊疆區」（Primorskiy Kray 或 Primor'e），請參考第十章。

61 Millar 2003: 1168.

62 Hosking 2001: 186-187.

63 Hosking 2001: 231.

64 關於滿洲人皈依佛教和採用其民族新名稱的爭議，請參考書末注釋89。

65 見下文。一群明朝餘黨在一六六二年從荷蘭人手中奪取福爾摩沙島（台灣），並向沿海地區發動幾十年的突襲。這座島嶼最終在一六八三年被奪取（Struve 1984: 256 n. 99）。清政府在島上用滿文和漢文立石碑紀念，至今仍在台南。

66 女真和滿州人對中國文化的接受，和蒙古、突厥和藏人對中國文化的排斥形成對比。這也許可以用以下的事實解釋：女真人不是草原民族，他們生活在中央歐亞文化的東側邊緣，比其他民族更依賴農業。

67 在大多數情況下，我都使用 Manchu-Chinese（滿漢人）這個聯合的民族稱謂來指稱清朝的統治民族，這個稱呼與相近的漢文表達「滿清」和「滿漢」類似。

68 其實早在十六世紀的明朝，耶穌會士就對中國的科學領域產生了極大影響，最著名者為利瑪竇（Matteo Ricci）。

69 在其統治高峰期，領土「東起兀良哈（Uriyanghai）和女真、西至哈密」（Perdue 2005: 59）。

70 俄羅斯哥薩克人稱他為 Altïn Khan，且他源出黃金家族（Atwood 2004: 310）。

71 關於 Junghar（準噶爾）這個名字及其不同拼寫法和族名，以及關於準噶爾人的史料編纂法，見 Beckwith forthcoming-b。

72 他的準噶爾祖先也先同樣並非源出黃金家族，在他稱汗後，也遭遇同樣的命運。

73 Ahmad 1970: 187.

74 這部分的內容主要依據 Perdue 2005: 101-107。

75 Perdue 2005: 105.

76 Bergholz 1993: 48.

77 Atwood 2004: 550, 633.

78 Di Cosmo and Bao 2003: 14。最初一個旗是三百人，分配有土地和官餉。

79 Struve 1988: 710.

80 Gommans 2007: 46-47 指出，出自伏爾加河流域土爾扈特部（卡爾梅克）的馬匹，最遠可以銷售至今日中國北方的呼和浩特。

81 Perdue 2005: 106 指出，準噶爾人用「馬、牛、羊皮和皮草來換取布、皮革、絲綢、白銀、海象牙和金屬製成的手工藝品」。

82 Perdue 2005: 106-107.

83 Bergholz 1993: 60-61.

84 Perdue 2005: 108-109; Bergholz 1993: 66-67.

85 然而，藏學家大多無視這些畫作（請參考 Combs 2006），他們主要感興趣的，並不是美學。對西藏音樂和文學的研究也有同樣的問題。

# 第十章

CHAPTER 10

# 絲路斷絕

在圍繞周遭天空的陽台上，過往的時光還棲寄在那黯然消逝的舊時風尚，
從深深的水中透出惋惜的笑顏；垂死的太陽漸漸從拱門後方落下，
就像東方的長長裹屍布，請聽，吾愛，請聽，那夜的溫柔正在遠去。
——波特萊爾，《沉思》

*Vois se pencher les défuntes Années,Sur les balcons du ciel, en robes surannées;*
*Surgir du fond des eaux le Regret souriant;*
*Le Soleil moribond s'endormir sous une arche,*
*Et, comme un long linceul traînant à l'Orient, Entends, ma chère, entends la douce Nuit qui marche.*
—— Charles Baudelaire, *Recueillement*

## 周邊勢力對中央歐亞的征服和瓜分

準噶爾帝國是最後一個中央歐亞草原大國，它在剛建立時就遭受俄羅斯和滿清簽訂的《尼布楚條約》的釜底抽薪，這兩個國家大幅瓜分了中央歐亞。清朝在一七五六年至一七五七年屠殺了大多數的準噶爾人；作為一個重要國家的存在，準噶爾部也宣告終結。十八世紀，清帝國完成了對中央歐亞東部的征服，包括東部草原、東突厥斯坦和西藏；十九世紀，俄羅斯人征服了高加索和最後的中亞汗國。蒙古和西藏沒有被納入清朝的行省體系，保持半獨立的狀態，但是在整個中央歐亞，只有阿富汗王國——俄羅斯、滿漢和英屬印度之間的緩衝——作為獨立國家存活下來。

英國已經成為海上的超級霸主。其帝國包括全球各地的殖民地、印度大部分地區和非洲、北美的大部分地區，還有澳大利亞和紐西蘭。但由於歐洲內部結盟網絡的不斷變化，即使是英國人，也無法對開闊的大洋建立獨一、不受競爭的主導。

在西歐的經營下，亞洲沿海區商業的貨物量和交易量都大幅增長，吸引人們、文化和科技來到港城。到十九世紀時，歐亞的商業、財富和權力都已經完全轉移到沿海體系；歐洲人主導的港口在規模、政經重要性上與日俱增。甚至在俄羅斯帝國裡，這樣的狀況也不例外；儘管俄羅斯征服了幅員遼闊的中央歐亞領土，但它的首都卻位於波羅的海，而且它在十九世紀末時最具戰略重要性的新城市，是位於日本海的海參崴（Vladivostok），這是一個長期主要依賴海洋補給的城市。不同於俄羅斯，由非歐洲的中央歐亞人建立的舊有周邊帝國，未能快速地做出足夠的改變，以避免解體的命運，它們一個接著一個滅亡。蒙兀兒印度被併入大英帝國；在阿富汗人統治後，波斯的卡扎爾王朝取代了薩法維王朝，但這個國家在很大程度上已經被瓜分成俄國和英國的勢力範圍；清朝中國也

被瓜分成數個歐洲國家的勢力範圍。歐亞經濟從以陸上絲路體系為主、歐亞沿海體系為輔的大陸體系，完全轉型成一個純粹的海路沿海體系。中央歐亞消亡了。

## 滿洲人對中央歐亞的征服

滿洲人知道，如果要實現他們重建金朝女真祖先帝國的夢想，而且不重蹈被蒙古人征服的覆轍的話，就得讓蒙古人失去能力，最好是征服他們。但是滿洲人在征服蒙古時顯然並不了解已經時過境遷，背景已經不同。滿洲人小心翼翼地制定策略，將蒙古人納入他們的國家，讓他們成為參與者，而不是一般的臣民。蒙古人此時才剛皈依佛教，他們是熱情的信徒，對達賴喇嘛有著堅定的信仰。部分受蒙古教師的影響，滿洲人接受了同派的藏傳佛教，分別選擇了和蒙古人同樣的護法菩薩文殊菩薩和守護者大黑天（Mahâkâla）。正如前文提及，他們甚至選擇了「滿洲」作為新族名。[1]蒙古人曾試圖阻擋滿洲人，但蒙古人本身的不斷內戰、滿洲人在中國建立的清朝所擁有的廣大資源，以及清朝和俄羅斯的結盟，讓他們的努力失敗。

一六七九年十月，噶爾丹已經完成了準噶爾對東突厥斯坦的征服，其勢力最東到達仍處於和碩特部手中的青海地區，他隨後告知清朝，揚言「我要奪回青海」。[2]他還通知滿洲皇帝，五世達賴喇嘛已經給予他博碩克圖汗（Boshughtu Khan，意思是天命可汗）的頭銜。對清朝來說，這意味著準噶爾統治者已經宣布自己和清朝統治者平起平坐，[3]儘管清朝這時尚未把準噶爾人視為威脅。

一六八〇年代，清朝和俄羅斯因為黑龍江的爭端幾乎開戰，清軍甚至在一六八四年和一六八六年進攻俄羅斯人的黑龍江要塞阿勒巴沁（雅克薩）。他們還想維持和擴大對東部草原蒙古人的控

制。雖然清朝在黑龍江地區有強大的軍事地位，但他們知道準噶爾人和俄羅斯人有著友好條約。

一六八七年，噶爾丹之弟被喀爾喀領導者土謝圖汗（Tüsiyetü）所殺，這和東部草原蒙古人的長期內戰有關。作為報復，噶爾丹率領準噶爾軍隊深入蒙古，大破喀爾喀軍隊。他們還占領並洗劫位於哈拉和林的光顯寺（Erdeni Zuu），此地是蒙古最偉大的寺院機構，洗劫的原因明顯是因為其住持土謝圖汗之弟哲布曾丹巴呼圖克圖（Jebtsundamba Khutukhtu）宣稱，自己和五世達賴喇嘛平級（五世達賴喇嘛曾是噶爾丹長居西藏當僧人時的師父）。戰敗的喀爾喀人四散逃亡，進入清朝、俄羅斯和準噶爾的領土。[4]準噶爾帝國統治者噶爾丹對東蒙古人的勝利，也由此威脅到清朝在蒙古的勢力。

噶爾丹於一六八七年在蒙古獲得初步的勝利，然後又在一六八八年再次獲得對土謝圖汗的勝利；[5]清朝能夠阻止準噶爾人征服蒙古並建立一個真正強大的草原帝國（等於是恢復成吉思汗的草原帝國）的唯一方式，就是和俄羅斯人達成堅定的和平協議。俄羅斯人也希望維持和平，部分原因是他們在遠東尚處弱勢，部分原因是他們被離其核心地區更近的克里米亞韃靼人打敗。兩國迅速達成協議，並在一六八九年八月二十九日簽署《尼布楚條約》，這對雙方都極為有利，這份條約確定了兩國邊界，並制訂嚴格的國際貿易規則。[6]這份條約構成十九世紀中葉以前清俄關係的基礎。

清朝如今避免了和俄羅斯人兵戎相見的必要，也不必擔心準噶爾人和俄羅斯人結盟的可能性，於是就騰出手解決他們的蒙古問題。土謝圖汗和大部分潰敗的東蒙古人當時已向滿洲人屈服，清朝開始將他們納入八旗制度。[7]康熙皇帝（一六六二—一七二二年在位）正式要求五世達賴喇嘛在準噶爾人和喀爾喀人之間斡旋，達成一份和平協議。此舉當然無效，因為幾乎無人知道，五世達賴喇嘛已在一六八二年過世。當時西藏的實際統治者是攝政王（sdesrid）桑傑嘉措（Sangs-rgyas Rgyamtsho，一七〇五年卒），他祕而不宣五世達賴喇嘛過世的消息，[8]在蒙古支持準噶爾對抗喀爾

喀，在青海地區則是支持和碩特。

在此時，噶爾丹之侄策妄阿拉布坦（Tsewang Rabtan，噶爾丹被刺殺的兄長僧格之子）已經長大成人，逐漸威脅噶爾丹的統治。噶爾丹曾試圖在一六八八年消滅他的勢力，但未能奏效，當這位大汗在蒙古征討喀爾喀人時，策妄阿拉布坦攻打了哈密。這讓噶爾丹不得不掉頭西顧，他在一六八九年至一六九〇年一直留在哈密，試圖重新恢復自己對該地的掌控。最終，一六九〇年六月九日，噶爾丹率領軍隊向東攻打土謝圖汗及其盟友，[9]這讓策妄阿拉布坦自一六九〇年起便成為準噶爾和相鄰地區的實質統治者。儘管噶爾丹明顯仍然強大，但他現在處於弱勢，俄羅斯人仍然遵守和清朝簽訂的條約，拒絕了這位準噶爾統治者希望俄羅斯增兵的要求。

雖然噶爾丹似乎沒有威脅中國的意圖，而且一直是作為一個和平的鄰國行事，但是當他沿著克魯倫河（Kerülen）向東進發，並隨後轉向東南，趨近熱河的時候，他據說已經準備要攻打北京了。[10]然而，此地其實仍離北京十分遙遠，而且中間還隔著大片軍隊駐防的滿漢人聚居地，很難相信他有攻打北京的意圖。事實上，他所處的位置反而有利於清軍攻打他。事實上，當時的清軍情報人員也極力強調這一點，指出噶爾丹的弱勢。滿清之所以決定要攻打準噶爾人，背後的動機顯然是要把握時機，而不是因為擔憂遭到攻擊。康熙皇帝立即宣派三路大軍攻打蒙古的準噶爾人，並親自領銜北路軍。然而，遠征並不成功。在八月，準噶爾部擊敗清軍。九月時雙方再度開戰，仍然沒有得出勝負，康熙皇帝在此時已經患病，返回北京。但是大批的滿漢軍隊仍然在和噶爾丹對陣，更多的增援正在趕來；噶爾丹公開發誓，他會離開清朝邊境。他的誓言被回報給康熙皇帝，康熙皇帝表面上接受了噶爾丹的誓言，但私下仍然想要將他除而後快。但此時噶爾丹確實已經撤出了敵軍的攻擊範圍，康熙只好命令過度擴張、缺少補給的清軍撤退。

隨後十年間的和平似乎只能算是休戰，至少從滿漢人的角度看來是如此：一段休戰能夠讓他們有時間恢復實力，以待再次攻打準噶爾人。[11]一六九六年，清朝政府已經做好戰備，要傾全力征討噶爾丹。康熙皇帝再次御駕親征，率軍前往北方。一六九六年六月十二日，清軍的一翼於烏爾嘎（Urga，今日烏蘭巴托）附近的昭莫多戰役中和敵軍相遇。清軍大破準噶爾人，噶爾丹之妻被殺。噶爾丹率領少量殘部逃脫。[12]清軍繼續向西一路追殺，讓準噶爾人無法停歇。不斷施加的壓力壓垮了噶爾丹，他只剩下寥寥無幾的追隨者，最終在一六九七年四月五日被殺身亡。[13]

儘管滿漢人打敗了噶爾丹，但是在中央歐亞，準噶爾部仍然是股強大的勢力。噶爾丹之侄策妄阿拉布坦（一六九七—一七二七年在位）繼承了他的地位，並繼續控制準噶爾地區的中央地帶，包括準噶爾（Jungharia，北疆）和東突厥斯坦。

然而，西藏的形勢則進一步惡化。由於和噶爾丹對戰，康熙皇帝在一六九三年[14]或一六九六年[15]時得知，五世達賴喇嘛實際上在一六八二年就已經過世，而西藏之後就由其子攝政者桑傑嘉措統治，而他又是噶爾丹的堅定擁護者。康熙皇帝大為震怒，但對此尚無能為力。最終，在各方的壓力下，桑傑嘉措推立了早已祕密發現和受到培育的六世達賴喇嘛倉央嘉措（Tshangs-dbyangs Rgyamtsho，一六八三—一七〇六年）。但這位年輕人是個浪蕩者，或該說是思想自由的密宗修煉者[16]——這兩種形容在外人看來沒什麼不同——也是個天賦異稟的流行情歌作者。[17]宗教保守者對他的作風不滿，一七〇五年，和碩特部的拉藏汗（Lhazang）在清廷的支持下入侵拉薩。年輕的六世達賴喇嘛被抓到青海地區，並在一七〇六年離奇身亡。和碩特人在清朝的支持下推立了他們支持的僭位者，但西藏人拒絕接受。一七〇六年，一個男孩在西藏東部的理塘出生，他被認為是轉世靈童。滿漢人擄走這個男孩，將他囚禁在西寧。

與此同時，藏人抗議和碩特人的行動，向準噶爾人提出援助的請求。策妄阿拉布坦派了其從弟策凌敦多布（Tseren Dondub）帶領一萬名準噶爾戰士翻越崑崙山天險，於一七一七年從西北方入侵西藏。他們在戰場上擊敗和碩特部，殺死拉藏汗。

很明顯，準噶爾人把自己看作達賴喇嘛的護法，[18]但他們是格魯派的過度狂熱信徒，在占領西藏後，策妄阿拉布坦就大肆壓迫其他教派，引發廣泛的反抗。更糟糕的是，一七一七年十一月三十日，曾經在日喀則（Shigatse，該城和拉薩之間有著競爭關係）當僧人的策凌敦多布，下令洗劫拉薩及其寺院。清廷從西寧派來一支救援軍隊，但是他們甚至在還沒接近前，就在一七一八年九月被準噶爾軍隊摧毀了。[19]

一七二〇年春，一支新的清朝軍隊開始向西藏進發，隨後跟隨的是年輕的達賴喇嘛。準噶爾人將西藏交給滿漢人，後者在一七二〇年九月二十四日在沒有遇到抵抗的情況下進入拉薩，並正式冊封第七世達賴喇嘛格桑嘉措（一七〇八－一七五七年）。[20]他們此後不久便在西藏建立一個保護國，[21]這鞏固了滿漢人對於除了準噶爾人勢力（東突厥斯坦和準噶爾）以外的整個中央歐亞東部的掌控。

當策妄阿拉布坦於一七二七年過世時，其子噶爾丹策零（Galdan Tseren，一七二七－一七四五年在位）繼任為準噶爾統治者。他重新組織帝國，並在一七三〇年和一七三一年試圖把滿漢人逐出喀爾喀蒙古人的領土，但是兩次都失敗，最終他在一七三九年和清朝議和。噶爾丹策零後來攻打了哈薩克部，後者位於準噶爾人和他們遠至伏爾加河下游西邊的親戚土爾扈特人（卡爾梅克人）之間。準噶爾人在中亞西部深深地扎根了自己的勢力。

與此同時，滿漢人和準噶爾人的協定中包括對貿易的允許，準噶爾人充分地利用了這個條款，雖然官方的準噶爾貿易團是每隔一年才能成行，但滿漢政府在邊境城鎮的代表受命寬宏執法，因此

準噶爾人其實每年都在邊境進行貿易。在準噶爾商人中，占比非常高的人既非蒙古族裔，也非專職的游牧民，而是來自東突厥斯坦或更西邊城市的突厥系穆斯林。商隊「由經驗老到的中亞商人主導，他們沿著古老的絲路運送大量商品和貨幣。比如，在一七四八年，在總共一百三十六人中，有四十六人是蒙古人，九十人是突厥系穆斯林（纏頭回）。商隊頭人中有四分之三都是突厥人」。[22]若要對這種官方貿易團的貿易額有個大致的印象，可以參照一七五〇年的數據，準噶爾人「帶來了價值十八萬六千兩的白銀，這是史上最多的一次，他們換得了價值十六萬七千三百兩的布疋和茶葉以及餘下的白銀」。[23]準噶爾人顯然從貿易中獲利，參與貿易的其他城市民族和商人也是如此。

如同所有中央歐亞的游牧統治者，準噶爾人對促進貿易有著濃厚的興趣，為此，他們鑄造了自己的錢幣，以統一東突厥斯坦境內不同小國的各種貨幣。[24]至少到十八世紀中葉，[25]準噶爾人治下的中央歐亞繁榮程度顯著提升，甚至是在噶爾丹策零在一七四五年過世及其繼任者在一七五〇年過世後的繼位爭奪和內戰動搖了準噶爾帝國之後，也仍然如此。

然而，準噶爾人不僅受到內戰的摧殘，還受到天災的破壞，包括流行病天花。最終，當準噶爾的一個派系領導人阿睦爾撒納（Amursana）前去聯絡清朝皇帝，提出只要清朝指定他作為準噶爾民族的首領，他就樂意歸附的時候，滿漢人看到了機會。當兩支清軍抵達時，準噶爾人已經四分五裂，失去了盟友和臣民（例如哈薩克）的支持。清軍迅速擊潰準噶爾人，於一七五五年占領準噶爾地區。[26]隨後，阿睦爾撒納帶領下的準噶爾人試圖重新獲得獨立。他帶領剩餘的準噶爾人在一場「叛亂」中對抗滿漢人，但滿漢人花了兩年時間都未能擄獲他。乾隆皇帝震怒無比。在一七五六年至一七五七年的冬天，乾隆下令將準噶爾人徹底根除。他的軍隊幾乎屠殺了半數的準噶爾人，遇難者包括男人、女人和兒童；剩餘的人們則死於天花或飢餓；只有約一成的準噶爾人活了下來，主要是

婦女和小孩。他們和其他先前降清的準噶爾人被遷出準噶爾地區，安置在被認為更忠誠的其他民族之間。準噶爾人此時精疲力竭、奄奄一息，不足以作為阿睦爾撒納的有力後盾，因此他在托博爾斯克尋求俄羅斯人的支持，[27]但在一七五七年九月二十一日罹患天花辭世。準噶爾人遭到的屠殺和土爾扈特人（卡爾梅克人）的臣服——伏爾加河的卡爾梅克人被俄羅斯人征服，而逃離俄羅斯人回歸準噶爾地區的土爾扈特人則被滿漢人征服——摧毀了西蒙古的勢力，他們是最後的自由草原民族。

東突厥斯坦的領導人如今沒有了準噶爾保護人，發覺自己正在直面清朝的壓力。儘管他們英勇地效法準噶爾人反抗滿漢人，但在一七五九年遭到擊敗。清朝勢力因此統治了整個中亞東部，[28]滿清在此處征戰時稱其為中國新疆，意思是「新的疆土」。[29]滿漢人用自己在一七五九年開始在葉爾羌（Yarkand）鑄造的新貨幣，取代準噶爾人的東突厥斯坦貨幣。但是歐亞東部各帝國在將近兩千年的歲月中不斷爭奪的寶石——東突厥斯坦的繁榮經濟——已經開始凋零。在清朝征服後，不只是東突厥斯坦（新疆），甚至是甘肅和其他與中央歐亞相鄰的居民大多為中國人的地區，其實都已經需要靠中國更富裕的中原省分稅收來補貼。[30]中央歐亞的經濟和文化崩壞已經開始。

## 歐洲人從沿海主導歐亞

在滿漢人征服中央歐亞東部的一個世紀後，俄羅斯人征服並殖民了中亞西部，而英國人則取代蒙兀兒人成為印度次大陸大部分地區的統治者。三個強權都在其帝國邊境建立緊密的控制，等於是封閉了中央歐亞。[31]儘管準噶爾草原帝國的崩解已經重創了中央歐亞的絲路經濟，但這本身並非致命的一擊。致命之擊是俄羅斯和滿漢政治人物在一六八九年簽訂的《尼布楚條約》和一七二七年簽訂

的《恰克圖界約》，這兩份條約對跨國貿易建立了嚴密、排他性的絕對控制。

一六八九年後，難民、逃兵和部落民必須要被固定為俄羅斯或中國的臣民。地圖、測量人員、邊防軍人和民族學家開始決定他們的身分和活動。這些條約對兩個帝國的內部和外部都有好處，穩定了跨國界流動，鎮壓了那些不符帝國空間定義的群體。[32]

事實上，關閉邊界、嚴格限制國際貿易，以及消滅所有重要的中央歐亞政權的作法，摧毀了中央歐亞的經濟。絲路經濟的內部肌理和長距肌理都被搾乾，經濟活動萎縮。[33]直接的結果就是中央歐亞——尤其是其中心中亞——陷入嚴重的貧困，並迅速跌入黑暗的深淵，無論是在科技還是在其他文化方面都是如此。

由於周邊帝國也部分地仰賴國際貿易，而截至那時，傳統上最重要的國際貿易都是經由陸路貿易進行，所以上述的作法也傷害到周邊帝國本身。但這時他們已經有了絲路的替代方案：新興、快速發展的沿海體系。儘管滿漢人對認真參與海路貿易興致缺缺，但他們從西班牙的白銀貿易中獲利。雖然俄羅斯人抵達中亞西部，可以從該地直接獲得東方商品，但他們和中國簽訂的條約也一樣可以讓他們直接取得東亞產品，而且他們也擁有周圍海域的港口，這讓俄羅斯人可以進入新興的沿海體系。

毫不令人驚訝的是，亞洲大陸的周邊強權沒有像歐洲人那樣高度發達的海軍和航海科技，因此根本無法在海上和歐洲人抗衡。這可能是他們的中央歐亞起源和傳統的大陸取向造成的。而且，大陸性強權似乎也沒有努力取得科技來幫助它們控制自己的沿海貿易，或至少是沒有聘用歐洲雇傭

軍。很明顯地，它們不僅對沿海航線貿易看不上眼，[34]而且也不了解它，更沒有利用它們在陸地上的政治勢力試圖控制沿海航線或從中獲利。[35]與之相應地，葡萄牙、西班牙、荷蘭、英國和法國等西歐沿海國家，都幾乎隨心所欲地在從波斯到日本的歐亞東部各地，獲得或開拓了貿易港口和海軍基地。這些港口發展成整個亞洲的主要大都會，再加上義大利和鄂圖曼帝國對地中海大部分地區的控制，使得沿海體系成為十九世紀時歐亞唯一具有作用的國際經濟。

## 日本和沿海勢力主導歐亞的完備

在大約兩千年的歷史中，地方性的沿海地區貿易一直在歐亞海岸延伸，從歐洲西北一直到東北亞，其終端就是日本列島。在大約西元前一千紀時，經由海路遷徙到此地的移民建立了日本，在列島上殖民。他們繼續和東北亞的鄰近地區進行貿易，尤其是朝鮮半島，並最終發展出能夠逆流航行到中國和其他地方的技術。

在歐洲人抵達日本時——最早是兩或三個葡萄牙商人於一五四三年乘著中國船隻抵達[36]——日本已是個高度文明、人口眾多的國家，生產絲綢、刀劍和種種其他歐洲人垂涎三尺、夢寐以求的商品。歐洲人為日本帶來前所未見的火藥武器和其他商品，不過日本人大部分的貿易項目是來自附近的中國。日本人是舊有的前歐洲地方性沿海地區貿易路線體系的一員，因此早已習於國際商業並樂於貿易。不過，歐洲人帶來了一種新的、不那麼受歡迎的東西：基督宗教。

葡萄牙耶穌會士滿腹自大和偏執，他們在來到日本後不久就把天主教傳入該地，並吸引了割據的政治勢力，這最終造成日本的極端反應。在十六世紀日本各地蔓延的軍閥混戰，以幕府將軍豐臣

秀吉於一五九〇年代再度統一日本大部分地區而告終。[37]他在一五八七年下令鎮壓基督宗教，命令耶穌會傳教士離開，但是並沒有實際執行他的命令。[38]然而，由於傳教士的堅持，尤其是一些初來乍到的西班牙方濟各會傳教士，他們仍留在都城京都傳教，再加上西班牙政府對日本有所圖謀的計畫敗露，這徹底激怒了豐臣秀吉。二十六個基督徒在一五九七年二月五日被處決，包括方濟各會士、耶穌會士和日本本地信眾。豐臣秀吉在日本頒布法令禁絕基督宗教。[39]在隨後的一五九八年，豐臣秀吉在萬曆朝鮮之役（Japanese-Korean-Chinese War，一五九二—一五九八年）中突然過世，[40]隨後爆發的繼位爭奪以德川家康（一五四二—一六一六年）在一六〇〇年的關原之戰獲勝而告終。由於受到基督宗教強力支持的分離運動仍然持續，德川幕府最終於一六三九年驅逐了葡萄牙人，並和所有的天主教國家斷絕關係。一六三五年後，私自出海的日本人會被判處極刑。日本等於是和世界隔絕。[41]

雖然日本幾乎完全對歐洲人封閉，但是仍然存在著一個由荷蘭人（屬於新教徒）經營的貿易站被允許在長崎的出島上經營，這是個特別為了對外貿易而建造的人工島。透過這個辦事機構，一些先進的歐洲科學和技術，以及歐洲人習得的關於世界其他地方的知識，慢慢地傳入了日本。

美國人的到來，打破了日本人延續超過兩百年的鎖國狀態。當時有美國船隻在日本海域沉沒，美國要求日本送還失事船隻上的美國船員，但日本拒絕交涉，甚至對在美洲海域失事的日本船員也置之不理。被惹惱的美國人於一八五三年派海軍准將佩里（Matthew C. Perry）率領海軍進入江戶灣。日本人被迫在一八五四年簽署一份條約，等於讓日本對美國船隻開放。同年稍晚，英國人也協商了類似的條約，俄羅斯人在一八五五年緊隨其後。[42]這樣的局面促成來自歐美的人群、觀念和科技的突然湧入，引發了一場革命。一場政變在一八六八年一月推翻了幕府將軍的統治，恢復天皇家族的權力，德川幕府的大本營江戶成為天皇的首都，改名為東京。[43]在明治天皇（一八六七—一九一二

年在位）[44]的開明統治下，日本接受了歐美方式。在不到四十年的極短時間裡，日本人完成了工業現代化，建立歐式的陸軍和海軍，在一九〇五年贏得日俄戰爭的勝利，震驚了俄國和全世界。[45]

日本在十九世紀迅速地「現代化」或「西化」，成為在十九世紀末和二十世紀初主導世界局勢的歐美列強之外唯一的亞洲國家，這其中有一些重要的原因：作為島國，日本是個沿海區域文化體，本來就熟諳船隻、海洋和海上貿易。比起中央歐亞民族建立的大陸型亞洲帝國，日本人無論在觀念或實踐上，都沒有太大的阻礙防止他們趕上歐洲的海洋勢力。日本還擁有非比尋常的高識字率，部分要歸功於「寺廟學校」體系。此外，日本其實並沒有完全閉關鎖國，因為他們仍留有位於長崎港口的荷蘭貿易站；透過「蘭學」，日本人翻譯了歐洲書籍，慢慢地學習了歐洲科學中一些最重要的發展。

## 向沿海地區的城市轉型

歐洲人建立的直達南亞、東南亞和東亞的運輸線路，最終完全地繞過了亞洲西南部。波斯和近東的其他部分已經在國際貿易中獲利了近兩千年，這些地方在最初並沒有經受太大的損失，而且在薩法維王朝早期時，波斯仍然十分強盛。在阿拔斯沙授權英國人和荷蘭人在阿巴斯港設立貿易站時，波斯的貿易一度十分繁榮。在一六二二年波斯聯合英國人將葡萄牙人從荷莫茲逐出後，小小的波斯灣城鎮阿巴斯港便替代了荷莫茲，成為波斯的主要港口。[46]

然而，出於許多原因，[47]對於歐洲人而言，波斯貿易相對沒有那麼高的利潤。在荷蘭人的壓力下，英國人將他們的貿易站移到位於波斯灣入海口處的深水港巴斯拉。巴斯拉這座城市由阿拉伯人

在七世紀建立，在歐洲人發現繞過非洲的海路以前，巴斯拉一直是舊有地方性沿海航線最重要的西段終端之一。十七世紀下半葉，荷蘭人進攻並摧毀了英國人在巴斯拉的立足點，並完全主導了波斯灣，但隨著薩法維帝國的衰弱，以及十八世紀初海盜在該地區的猖獗，他們向波斯運送的貨物量也隨之減少。[48]

鄂圖曼帝國和中東整體也已經開始了漫長、緩慢的文化、政治和經濟衰落。中東的南方港口變成門庭冷落的死水潭，成為印度、波斯、阿拉伯、衣索比亞和埃及之間古老的區域點對點貿易的地方性中心。沿海體系新興的大量國際貿易，日益頻繁地繞過了正在萎縮的中東經濟。到十八世紀末時，波斯的經濟狀況十分糟糕：英國東印度公司在報告中表示，「在各個方面，對比今日的波斯和過去的波斯，都會看到如今的狀況是多麼悲慘」。[49]雖然巴斯拉仍然保有區域重要性，但它從來沒有變成偉大的沿海城市。阿巴斯港也再度成為沉睡的小鎮，而且也沒有其他的波斯港口崛起，取代它的地位。儘管有漫長的海岸線，但波斯仍然完全是一個內陸取向的大陸型國家，在幾乎所有方面都是完全反革新的。[50]

中東的歷史和波斯以東亞洲沿岸的歷史形成了鮮明對比。在十六世紀，沒有一個波斯灣以東的亞洲港口，可以和中東的港口城市相提並論，儘管前者日後發展為大城；就算它們當時存在，也不過是漁村或小城鎮。甚至連舊有的沿海貿易路線的主要港口也都很小，它們的統治者對這些地方幾乎不屑一顧，等於是把它們奉送給帝國主義列強；卡利卡特和其他許多港口都是獨立的。在葡萄牙人征服東方海路後的三百年裡，這樣的情形完全改變。幾乎不管是在哪裡，十九世紀末在亞洲沿海發展的大城，都是由歐洲人建立或受到歐洲人的影響，由於海路貿易的迅速發展，這些地方從村莊變成都會。內陸城市則越來越專注於過往，成為保守或反改革運動的中心，而新的沿海城市則是文

化和科技的轉運樞紐，成為亞洲主要的政治和經濟中心。

## 印度

北印度的前蒙兀兒王朝內陸首都德里，逐漸被遺忘了，它變成守舊的城鎮，被孟買超越。孟買是早期英國東印度公司的首都，它後期的首都位於加爾各答。直到英國人在一九一一年將首都遷至德里後，該城才復甦。

孟買是印度次大陸西岸少有的深水港，但該地在葡萄牙人於一五三四年時將它從古加拉特蘇丹手中搶來前，它幾乎不為人知，葡萄牙人還連帶獲得從孟買到第烏的大片海岸。一六六一年，葡萄牙和英國簽訂條約，孟買被當作葡萄牙公主卡特林娜（Caterina）嫁妝的一部分，送給新郎英國國王查理二世（Charles II）。[51]新主人努力勸勵商業，孟買也迅速發展，[52]成為西印度洋無可比擬的大城。

加爾各答位於恆河三角洲，由英國東印度公司在一六九〇年建立。十年後，英國人又在該地修建威廉堡（Fort William）駐守。加爾各答成為英國在印度東部的商業利益中心。在接下來的幾個世紀裡，英國人逐漸在整個印度次大陸建立勢力。英國殖民政府在一七七二年將加爾各答設為首都，隨後發展為印度第一大城。

## 緬甸

在英國人征服緬甸前，緬甸的幾個大都城都位於北部，例如在曼德勒（Mandalay）西南九十英里處伊洛瓦底江（Irrawaddy）畔的蒲甘（Pagán）、阿瓦（Ava，曼德勒以南幾英里外）和曼德勒，

它們和海岸及其港城相距甚遙。仰光位於伊洛瓦底江口，該地原來只是孟人聚落。第一次英緬戰爭（Anglo-Burmese War，一八二四—一八二六年）後，英國人占領了伊洛瓦底江口。[53]一八八五年，英國人在第三次英緬戰爭獲勝，他們把緬甸首都設於仰光。[54]儘管仰光一開始只是個小型的殖民城市，但它很快就變成緬甸的商業和政治中心和重要大都會。

## 泰國

泰國是唯一躲過歐洲殖民或政治統治的東南亞國家，也許是因為泰國人及時意識到危險，並對經濟和政治條件的變化做出反應。在一七六七年緬甸人入侵並摧毀距大海約一百公里（但可乘小船經河流抵達）的阿瑜陀耶（Ayutthaya/Ayodhya）之前，該地曾為泰國人的首都。[55]在後來王國收復失地的過程中，泰國國王達信（Taksin）將首都遷往位於昭披耶河（Chao Phraya）畔的港城「吞武里（Thonburi），距大海只有二十公里，更適於海上貿易」。[56]達信之繼任者為拉瑪一世（Rama I，一七八二—一八〇九年在位），他將首都遷至對岸的曼谷。泰國得以成功避免遭到歐洲人殖民的重要原因，可能是達信和拉瑪一世及早把首都遷至沿海地區。[57]此後曼谷的人口和財富逐漸累積，阿瑜陀耶則是變成一個擁有昔日泰國王室餘輝的偏遠小鎮。

## 馬來亞

英國代理人萊佛士爵士（Thomas Raffles）於一八一九年在一個安靜的當地港口小鎮建立了新加坡，當時的人口只有大約一千人。[58]這是個天然良港，位於馬來半島南端和南海南緣，扼守馬六甲海峽的入口，戰略地位十分重要。馬六甲海峽是進入西邊印度洋的主要運輸通道。[59]由於新加坡位處歐

洲人主導的繁忙中印航道中樞，它的商業重要性很快就超越從印度到中國之間的所有其他城市。

## 中國

到十九世紀末時，作為中國主要的文化和商業城市，清朝首都北京的地位，已經被沿海地區蓬勃發展的歐洲貿易港口取代。慈禧太后將排外的義和團勢力引入北京駐防，他們攻打了東交民巷（使館區），殺死許多外國人和皈依基督宗教的中國人。一九〇〇年八月，主要由俄國、英國、法國、美國、義大利和日本等國組成的聯軍擊潰了義和團和清軍，過程中也摧毀了北京的部分城區和其他城市。[60]聯軍向清朝索取鉅額賠款，並進一步控制中國。在國際港城持續成長之際，北京卻在官僚機構的腐敗、惰性和排外情緒中沉淪。清朝仍然寄望於過往與它在中央歐亞的大陸根基。

到十九世紀末時，整個中國沿海不僅被歐洲人和日本人主導，還等於是被不同的歐洲列強統治。在一八四一年至一八四二年，英國獲得香港，[61]珠江對岸則是葡萄牙人的澳門。在世紀末時，大量的中國沿海城市都已對外國人開放，但最為重要的港口是上海，這裡自一八四三年起就對歐洲殖民者開放，從「小鄉鎮」變成「中國的大都會」，這要歸功於上海位於中國沿海的長江三角洲，在南邊的廣州和北邊的天津和日本之間。[62]上海被切分為各國的「租界」，也就是其本國文化的前哨站。儘管清朝江河日下，上海的規模和影響力卻快速增長，很快就變成中國的商業和金融中心，也是世界上最大的都市之一。現代中國人和漢學家認為權力的天秤向沿海地區傾斜，是因為歐洲人所致，這種觀點是正確的。但是，它的驅動力並非帝國主義殖民，而是國際商業；一些中國官員明白其中的道理，卻無法說服其政府出手力挽狂瀾。清政權對大陸的執著無可動搖。[63]

## 日本

日本的古老都城京都位於關西地區，被群山圍繞。在葡萄牙人和日本進行了半個世紀的貿易之前，日本大多數的首都都位於關西。德川幕府時的首都是在港城江戶，該地位於日本東部的關東地區。在接下來的閉關鎖國時期裡，日本天皇的都城仍然在京都，但事實上的行政首都則是仍在江戶，這裡已發展成大都會。一八六七年，也就是美國強迫日本重新對世界開放後的不久，德川幕府解體，江戶在次年成為正式的首都並更名為東京。德川家的前城堡變成皇宮。[64]京都仍然是一個次一級的都城，而且沒有發生太多的變化。儘管範圍要小得多，但它依然是重要的城市，以其各種紀念物、文化保守主義和政治自由主義而著稱。

## 俄羅斯

一七〇三年，彼得大帝在剛從瑞典人手中奪取的領土建立了聖彼得堡。一七一二年，他將俄羅斯帝國遷都此處。[65]在戰勝瑞典後，俄羅斯也成為歐洲一股不容小覷的海上力量。俄羅斯帝國的東端為鄂霍次克海，這片海域以海港小城鄂霍次克命名。雖然常年冰封，但在十九世紀中葉以前，鄂霍次克一直是俄羅斯在太平洋的主要港口。[66]根據一六八九年的《尼布楚條約》，濱海邊疆區畫歸為清朝領土，但俄羅斯在一八五八年控制了該地。一八六〇年，俄羅斯人在濱海邊疆區南臨日本海、靠近朝鮮半島和中國的地方建立符拉迪沃斯托克（海參崴）。[67]這個港口發展飛速，在一八八〇年時變成城市。在跨西伯利亞鐵路（Trans-Siberian Railway）於一九〇三年竣工後，符拉迪沃斯托克成為生機勃勃的大城，是俄羅斯在太平洋的主要港口。[68]

## 絲路體系和沿海體系

以陸路為基礎的大陸型國際貿易體系的發展，可以追溯到史前時代。雖然海路的國際貿易也開始得很早，但在青銅時代以前，它似乎一直是完全地方性的貿易。在青銅時代，船載貿易擴大至地中海，甚至經由大西洋延伸到不列顛。東方對海路提供的保護較低，或許正因如此，東方的海路貿易長期都是地方性的。但是遲至古代，地方性海路貿易已經遍布亞洲沿海的各個地區，各地之間的中轉貿易也聯繫了東亞和近東。也就是說，船隻會沿著海岸線在一個港口和下一個港口之間來回航行，但同一艘船並不會直航東亞和近東，即使是在東亞和印度之間也不會如此；不過，最遲在中國唐代中期時，確實已經有個別商人開始航行整個航線，當時的廣州（Canton）居住著大量的阿拉伯和波斯商人。然而，這種地方性的「內部」點對點貿易和絲路的「內部」大陸貿易並沒有太大的區別。

縱觀直到現代早期的歷史，在陸路、河流或海路進行的國際貿易之間，並沒有明顯的界限或區別。但是，對中央歐亞的分割統治，等於是抹除了中央歐亞作為一個整體歐亞經濟重要世界區域的連結地位，於是出現了陸路貿易和海路貿易之間的區別。絲路貿易體系雖然在實質上已經不復存在，但正是在這個時候，歐亞的陸路商業和海運商業才成為對照組，後者此時才能恰如其分地稱做「沿海體系」。儘管人們會理想化地認為這個時候之前的陸上絲路貿易和沿海地區貿易路線具有同等的重要性，但這與事實不符。例如，即使是極為粗淺地概覽中世紀時期直到絲路斷絕以前的漢文、阿拉伯文和波斯文的主要史料記載，也都會發現，除了作者所在地的內政外，這些史料主要關注的都是中央歐亞，所有的史料都對該地給予詳細到令人驚訝的關注。相較之下，沿海地區幾乎未

被提及，除了外國人（主要是歐洲人）的資料外，很難找到太多關於沿海地區的資料。[69]這種顯著差異十分值得關注。

從斯基泰人時期到準噶爾帝國末期，歐亞的周邊大國都對中央歐亞——尤其是中亞——持有濃厚興趣，並耗費大量的時間、金錢和精力來制定針對這個地區的政策，但沒有哪個國家會特別投資沿海貿易路線。即使是被看作卓越沿海國家的拜占庭帝國，也不是以國際海路貿易作為基礎，或是賴以生存，儘管它確實從中獲利；它所依靠的，是被羅馬人征服、被拜占庭維持或重新征服的土地上的臣民的稅賦和進貢。類似地，儘管蒙兀兒帝國在印度和近東的穆斯林同伴積極從事國際貿易（主要是陸路），但蒙兀兒人的絕大部分收入也還是來自國內。雖然中國在漢代就已經透過廣州參與了沿海航線的海路貿易，但必須強調的是，即使是在唐代，廣州仍是一個遙遠的、風土陌生的邊境城鎮，在規模上無法和任何一個北方大城相比。它之所以能夠獲得注意（如果真的曾被注意過的話），也僅僅是因為該地有大量的非中國人人口。

在從英格蘭到埃及（經由地中海）、從阿拉伯半島到日本的任何一個舊有沿海路線的知名港口上，也可以看到同樣的情形。偉大的都城和大都會從來就不是港口，雖然它們通常位於主要河流旁，而且通常會靠近港口。在歐洲，君士坦丁堡是個突出的例外，倫敦[70]也可以經由河道抵達，使它成為一個港口，但即使是在今天，大多數的西歐和東歐首都都是大陸型的。巴黎地處內陸，柏林地處內陸，羅馬地處內陸，雅典和馬德里也不例外。[71]

近東的主要都城都位於內陸：開羅、耶路撒冷、大馬士革、麥加和巴格達，以及那些波斯的歷史名城，如蘇薩、波斯波利斯、泰西封、伊斯法罕、德黑蘭等等。再往東也是一樣，像是印度的德里，緬甸的蒲甘、東吁（Taungoo）、阿瓦、曼德勒，泰國的阿瑜陀耶，中國的長安、洛陽、北京，

朝鮮的平壤、漢城（首爾），日本的奈良和京都。如果沿海航線商業是這些國家的命脈的話，那麼這樣的都城地理分布其實說不通，也無從解釋西元二千紀末幾百年所發生的從內陸向沿海的轉移。即便是在雅典這個以商業為導向的城邦裡，修昔底德也指出，雅典位於內陸九英里處的地點，是出於對海盜的忌憚，其他更古老的希臘城市也是如此。[72]在沿海體系開始主導世界之前，對海洋和海外入侵的恐懼，讓大多數國家很少和海洋打交道。

這或許能夠解釋為什麼沿海貿易存在已久，但人們卻一直是對它「淺嘗輒止」：直到很晚近為止，都一直沒有人真正花費太大心力去注意它。雖然對於參與其中的商人而言，沿海貿易絕對有利可圖，這一點可以在歷史和地理記載中得到佐證，也同樣可以在《一千零一夜》（*Thousand and One Nights*）水手辛巴達的故事和其他文學故事中看到；但是，歐亞大陸擁有海岸線的各國，無論大小，都未曾在沿海地區興建大城。這些國家的人，包括統治者在內，大多數都熱衷從事商業活動，即使他們很少公開提及——尤其是中國人和羅馬人，他們看不起商人和商業，也甚少在文獻中提及此事——但事實上，在歐洲的大探索時代開始時，沒有一個具有政治重要性的亞洲城市[73]是真正建立在海岸線上；有些國家（最為著名的是蒙兀兒帝國）甚至不屑於直接控制自己的大多數沿海領土，寧可讓名義上臣服於它們的地方豪強來統治。相較之下，雖然麥加、大馬士革、巴格達、德里、長安和其他國家的都城也都位處內陸，但它們都是商人的城市，也是政治權力中心；所有中央歐亞的城市也是如此。

歐亞各地的傳統國家的焦點，都在於控制土地。為了實現這個目標，必須用豎立城牆的堅固城市來守住土地，它們的名稱常常被英語錯誤地翻譯成 forts（堡壘）或 fortresses（要塞）。在整個歐亞的中世紀早期稱呼中，通常只有一個單一的詞：阿拉伯語的「madîna」、波斯語的

「shahristân」、古藏語的「mkhar」、漢語的「城」、古高句麗語的「kuru」等等。這個詞在英語中有兩個意涵（fort 或 city），但它們實際上指的是一件事：一個有防衛城牆環繞的城市化區域。為了對這些「有要塞防禦的城市」（fortified cities）施加最大化的控制，而且不讓它們被外敵侵占和騷擾，或為了防止它們脫離控制而獨立，那麼最好的選址地點就是在國家領土的內部。因此，每個國家的邊疆城市，在定義上都是國家控制力最遠可及之處。商人向來追求往來貿易的自由、最低限度的干涉和最少的稅務。在邊疆地區進行貿易，可以讓他們不會招來太多的注意力。

西歐、阿拉伯半島、東南亞和東北亞的簡單地理現實，使得大型帝國難以出現和維繫。這種狀況創造了更多的邊境地區，同時也鼓勵了當地的海路國際貿易。雖然自從有文字記載以來，日本人和朝鮮人彼此之間就有緊密的貿易，而且也在一定程度上和中國貿易，但他們並不會向更遠的地方航行。在更南方，從廣州到東南亞、從東南亞再到印度，這又是一個很大的海路貿易區域。這種貿易活動從孟加拉一直延伸至錫蘭和印度南部的港口，接著再延伸到印度西海岸、波斯、阿拉伯半島和埃及的港口，但始終都和陸地保持密切聯繫。對東南亞南方的王國而言，商業十分重要，尤其是其中以蘇門答臘和馬來半島南部為中心的長命三佛齊王國（Srivijaya）。但是該地區的各個王國似乎仍然主要依靠農業，它們的財富大多來自天然資源（尤其是黃金），而且和亞洲其他地方的國家一樣，它們的軍事力量也主要依靠陸軍。在歐洲，波羅的海和北海存在著大量的商業活動，從中世紀早期開始，該地就有許多重要的貿易城鎮，但直到相當晚近時才發展成城市：然而，很少會有船隻向南駛入地中海，那會是太過遙遠而危險的旅程。

而且，除了古希臘人建立的一些國家外，歐亞的沿海地區沒有任何一個大型的「海權帝國」（thalassocracies——一個希臘人發明的語詞），[74] 但即便古希臘人的海權帝國促進商業的發展並從中

獲利，但它們的規模並不大，而且似乎完全不是以商業為基礎。[75] 鐵器時代早期最偉大的商人是腓尼基人。他們的貿易範圍遠至西班牙，但他們似乎沒有建立實際的帝國來支持貿易活動；[76] 在腓尼基人之後，無論是跋山涉水的維京人，還是印度洋的穆斯林商人也是如此。不管在哪裡，當一個政治實體從一個貿易中心發展而出時，這個政治實體都只專注地方事務。比方說，維京人在諾曼第的政權，原本就和不列顛、愛爾蘭、俄羅斯等地的維京人國家無關。

簡而言之，雖然在歐洲人穿越公海到達非洲、亞洲和美洲以前，沿海航線已經存在了大約兩千年，但是它在政治和文化上都不重要，因此幾乎沒有人會關注它。直到歐洲人建立貿易站，並開始從國際貿易中獲得鉅額利潤後，沿海地區才真正變得重要。當港口城市（其中一些是全新建立的）開始壯大並繁榮後，圍繞歐亞的國際航海貿易才重生為新興的沿海體系，最終在經濟上變得無比重要，讓一些較小的亞洲周邊國家把政治首都確實遷至沿海城市。

就像低調的舊有沿海路線貿易一樣，跨大陸的貿易也是在史前時代便已開始。它從一開始就不是直接貿易，而是間接貿易；它一直大抵不受注意，直到草原游牧民建立最初一批的偉大中央歐亞帝國（也就是斯基泰人和匈奴人的帝國）並因貿易而變得明顯富足時。從那時開始，中央歐亞草原民族和中央歐亞城市的興盛，就和它們的內部經濟息息相關，而內部經濟也包含國際商業的成分，它們共同構成絲路經濟體系。

和舊有的沿海路線港口不同，中央歐亞的商業樞紐具有大陸型的位置。絲路的要塞城市通常很大，而且在政治上很重要。然而就像沿海路線貿易一樣，絲路貿易由當地運輸組成，從一個亞洲國家到另一個相近的亞洲國家——即使是在歐洲人征服沿海地區後，基本上也只是歐洲船隻取代了亞洲的當地船隻——中央歐亞的絕大多數商業活動，都是由商人在當地以小規模的方式進行的。[77] 因

此，就像沿海體系中沒有海權帝國一樣，也不會有人聽過中央歐亞的粟特帝國或猶太帝國，因為它們從來就不存在。索格底亞納史的一個顯著特點，就是它的不統一。在它的整個歷史中，它只會因為征服而統一，而且只會維持很短的時間。然而，它幾乎總是處在某個帝國勢力的宗主權之下，例如阿契美尼德王朝的波斯人，或者是匈奴，或者是貴霜，或者是突厥，或者是阿拉伯，這些帝國維繫該地區事實獨立城邦國家之間的貿易流動。儘管帖木兒來自前索格底亞納心臟地帶的撒馬爾罕近郊，但他既不是伊朗人，也不是商人。也許這就是他能夠以撒馬爾罕為都城，征服出一個幅員遼闊的帝國的原因。但同樣地，他的帝國在他過世後就很快解體了。

關於絲路偉大城市（至少是古代和中世紀早期）的顯著政治事實如下：它們基本上全都是城邦。很少有任何小王國會由一個以上的重要城市組成。由於它們只依靠自身的資源和實力，所以這些中央歐亞城邦的政治和經濟也和那些沿海小城一樣分散和不重要。這就是為什麼在前現代歷史中，這些城市在規模和其他方面上都數次萎縮並失去歷史意識的原因。這種連結的喪失及其導致的經濟衰落，明顯是因為缺少草原帝國的宗主。沒有草原民族的基礎設施、小心翼翼的管理和滋養，絲路就會趨於枯竭。[78]

在每個有史料記載的事例中，當周邊的傳統希臘—羅馬帝國、波斯帝國或中國帝國變得過於強大，從而征服中央歐亞游牧國家，或是給它們造成混亂時，至少就會導致中亞的經濟衰退。[79]漢朝給匈奴造成的打擊，導致中央歐亞的大部分地區陷入混亂。雖然鮮卑替代了匈奴在東部草原的位置，卻要等到好幾百年後下一個理解絲路的游牧民族突厥人興起後，絲路體系才真正恢復。無可否認的事實是，唐朝的中國成功地建立了一個龐大、繁榮的帝國，而且還包括大片的中亞殖民領土，但中亞本身的繁榮卻受到了損害。當中國人和阿拉伯人成功聯手對付吐蕃人和突騎施部的西突厥帝國，

而突騎施部最終崩解後，這導致中央歐亞部分地區的混亂，帶來一場嚴重的經濟衰退，粟特人和其他商人民族領導的叛亂和革命接踵而至，影響到歐亞大陸的大部分地方。最後，當滿漢人和俄羅斯人分割了中央歐亞，清朝摧毀了準噶爾帝國——最後一個中央歐亞游牧民族統治的偉大國家——時，歐亞內部受到的經濟破壞是如此全方面，甚至到二〇〇〇年時都仍未恢復。作為一個整體的歐亞沒有隨之在經濟上崩潰的唯一原因，就是沿海貿易路線已經在歐洲人的管理下發展成健全的沿海體系，它在一些方面上已經完全替代了絲路。

貿易對游牧國家的存在至關重要，而游牧國家的存在又對絲路的存在至關重要。在任何一個成功的中央歐亞帝國中，游牧民族和定居城市民族都是**相互不可分離的成分**。[80]每個這樣的帝國都必須包含放牧牲畜的游牧民、耕田的農民和城市。因此，游牧民就像其所屬帝國的農民和城市居民一樣，也參與、鼓勵並滋養貿易。中央歐亞的統治者通常是草原游牧民的事實，並不會改變他們是為了迫使周邊帝國允許貿易活動而發動戰爭的事實。[81]在這個方面上，中央歐亞草原諸民族都和建立和運營沿海體系的西歐海洋民族相同。草原民族的努力所帶來的結果，是絲路的興盛，讓中央歐亞的對內和對外經濟充分發展。儘管周邊帝國的政客、謀士和史家對絲路經濟做出各種裝腔作勢、違反常理的評斷，但絲路經濟的規模，已經發展到讓所有那些從來沒有真正理解過絲路經濟的周邊帝國都將中央歐亞看作搖錢樹的地步。它們反覆地試圖奪取中央歐亞，除掉其主人——游牧民族。只要它們一日沒有得逞，中央歐亞經濟（絲路）就得以繼續繁榮。當它們終於得逞後，絲路也就被扼殺了。[82]

但是當絲路被扼殺之際，西歐國家也發展出通向亞洲的海路，它其實和早先游牧民經營的陸路絲路一模一樣。歐洲人同樣熱衷貿易，因此他們鼓勵、保護並參與貿易。他們的興趣在於獲利，就

和游牧民族一樣。無論如何，他們侵略的目的都絕不是出於利他主義，但也絕不是出於「野蠻人的貪婪」，可是東方和西方的傳統史學家都把中央歐亞游牧民和歐洲航海商人的行為歸因於此。他們的動機更接近於「自私的美德」。照顧商人和他們的供應方，符合歐洲君主本身的利益。當這樣的經濟利益最終變成主導沿海體系的歐洲列強最至關重要的利益時，它們的海軍也覆蓋了大洋，就如同游牧民的馬匹曾經覆蓋中央歐亞的草原一樣。沿海體系後來自成一體，最終包含了絕大部分的歐洲，包括港城和內陸，還有印度沿岸、東南亞大部、中國，甚至遠在日本的貿易站，這些地方都被歐洲人控制或主導了。

長期以來，儘管國際海路貿易的貨物量和貨物值都未必較少，但其影響力始終遠不及國際陸路貿易。一個主要原因是直到歐洲人征服前，沿海地區的貿易，並不是由參與其中的商人連結而成的當地經濟體中的一個獨特、根本性的因素。海路貿易也從來沒有形成一個脫離中央歐亞大陸經濟區的獨特經濟區，而是完全融入在大陸體系中，而位於大陸體系核心的，就是中央歐亞，即絲路經濟。[83]

雖然透過多元路線取得貨物的可能性，會產生削價競爭的影響，但舊有的海上貿易路線和大陸貿易路線是並行不悖的。兩者在歷史上一直存在，但它們純粹是作為歐亞大陸貿易體系的不同運輸和流通子系統存在的，其核心仍然是絲路（中央歐亞經濟）。這個區域是兩條貿易路線相會之處，而且非常緊密地與亞洲西南部進行互動，主要就是伊朗、伊拉克、埃及、敘利亞和安納托利亞。在某種程度上，波斯在歷史上的政治勢力，和它在東方、南方、西方之間的陸路和海路戰略地位是密不可分的。安納托利亞和希臘也是如此，它們支持了東羅馬帝國、拜占庭帝國和鄂圖曼帝國。[84]

在歐洲人經營的新興沿海體系盛期，歐亞的國際貿易主要是透過海路進行。在當時，透過陸

路進行的貿易只剩下短途貿易。除了少量當地低價商品的流通和罕見的商隊以外，絲路商業已經不復存在。原因是周邊勢力對草原地區和大部分中央歐亞原生國家的征服和占領，它們消滅了當地的中央歐亞政府，取而代之的是周邊帝國的殖民總督。中央歐亞失去獨立的地位，中央歐亞具有獨立思想的領袖受到全面鎮壓，這使得領主及其朝廷、衛隊（從士團的晚期形式）連同其他許多事物都被連根拔起。於是，中央歐亞對絲綢等高價值國際商品的內部經濟需求量銳減。俄羅斯人和滿漢人設立了官方的邊貿城市，但目的在於管控嚴屬兩國之間的「官方」貿易，並將中央歐亞民族排除在外，不得參與。在這種情況下，中央歐亞不但失去內部經濟的基礎，連繼續參與已經衰退的商隊貿易的機會都被剝奪。到十九世紀中葉時，絲路已經衰微，中央歐亞陷入貧困的深淵。

這個過程影響了中央歐亞的每個主要地區，按照其現代名稱來說，就是蒙古、西藏、阿富汗、中亞西部（或西突厥斯坦）和東突厥斯坦（或新疆）。近年來開始受到大量學者關注的東突厥斯坦，就可以作為例子來解釋這種情形。

準噶爾帝國的擴張和滿漢人、俄羅斯人和英屬印度帝國的擴張同時發生。但是周邊勢力「有效地切斷了新疆和中央歐亞其他地方的聯繫，這標誌著游牧草原帝國的終結」。雖然準噶爾人自己已將中央歐亞「前所未有地和外部世界連結」，[85]引入周邊國家的商品和科技，但是隨著準噶爾人的滅亡，滿漢人和俄羅斯人對中央歐亞的征服，事情開始向相反的方向發展：當地經濟益發受到打擊，以致到十九世紀中葉時，唯一存在的貿易只有受到嚴格管控的國際貿易，商品只有諸如中國的「茶磚和一些布疋」和俄羅斯的「牲畜、獸皮、皮草和手工製品」。[86]從清朝征服開始，早在十八世紀的乾隆皇帝統治時，「新疆已經無法產出足夠的收入來完全支持受命駐守的軍隊，數百萬盎司的白銀必須要從中國運往新疆以支付軍餉」。[87]到十九世紀中葉時，東突厥斯坦「最後的貿易細流」是由

「轉售中國茶葉、白銀和其他物品」構成。[88]在二十世紀初，「在新疆的市場裡，俄羅斯酒類、金屬器、紡織品、油燈、陶瓷、手錶、香菸等商品的價格遠低於同類中國商品」。[89]這些商品全都是低價值的廉價品。引人注目的高價值奢侈品的消失，和古代至中世紀末的局面形成尖銳的對比，甚至和晚至準噶爾帝國盛期的情形也有極大反差。奢侈品的消失，是中央歐亞經濟遭受災難性衰落的直接證據。

在無可容忍的境況下，東突厥斯坦人最終在一八六四年揭竿而起，聚集在阿古柏（Yaqub Beg，一八六五—一八七七年在位）的統治下，他睿智的外交手腕為這個地區帶來國際關注。不幸的是，清朝並不甘心放手。滿漢人重新展開的征服於一八七八年完成，最終吞併了整個地區，並在一八八四年在此建立新疆省。[90]到十九世紀末時，這裡僅存的重要商業活動還是掌握在俄羅斯和中國商人手中。少數外國旅行者勇敢突破周邊帝國統治者的阻撓和當地的艱險，進入這個地區並描述當地的情況，他們注意到東突厥斯坦的停滯和文化落伍。[91]所有歷經的戰爭和清朝長期的不善管理，已經摧毀了這裡的經濟、基礎建設和幾乎一切。[92]

由於從任何方向進入中央歐亞的通道都受到嚴格的控制，中央歐亞變得在文化上孤立隔絕，而且不再能跟得上當時影響世界大部分地區的科技和其他變化。尤其是工業—商業革命和與之伴隨的文化變革完全繞過了中央歐亞，這裡漸漸變成一個原始、貧困的殖民死水潭，它更像是中非或亞馬遜叢林，而不是曾經的世界文化中心。

中央歐亞的惡劣狀況讓它很難引起大多數俄羅斯人和滿漢人的注意或興趣，他們益發不重視這些殖民領土，但也確實想方設法讓歐洲人或美國人無法涉足。實際上，由於前往中央歐亞的旅程——包括阿富汗、西突厥斯坦、東突厥斯坦、蒙古和西藏——大多都被直接禁止，關於這個地區

的資訊也幾乎不見於外部世界。即使是在中央歐亞內部，各民族的孤立和貧窮造成教育水準的下降，導致他們對自己土地、歷史和文化的普遍無知。

絲路的神祕消失和沿海體系的肇興發生在同一時期，所以史學家自然而然地試圖在這兩個看似不同的商業體系的興衰之間尋找因果關係。實際上，由於失去獨立和具有商業頭腦的地方統治者，中央歐亞遭受了世界史上最嚴重、最持久的經濟蕭條。中央歐亞逐漸被遺忘，而在具有商業頭腦的歐洲海軍扶植下，歐亞的沿海地區獲得了前所未有的繁榮。

---

1 見書末注釋89。他們刻意選擇一個有重大佛教意義的新族名的作法，和拓拔人之前的作法驚人相似（參考 Beckwith 2005b）。

2 Perdue 2005: 140.

3 Perdue 2005: 140-141.

4 Perdue 2005: 148-149; Bergholz 1993: 260-261, 267-269.

5 Perdue 2005: 150.

6 Perdue 2005: 138, 161-171.

7 Perdue 2005: 151。「最初一個旗是三百人，被配給土地和官餉」（Liu and Smith 1980: 202）。

8 他宣稱達賴喇嘛正入定冥想。

9 Perdue 2005: 151.

10 Spence 2002: 154.

11 Perdue 2005: 152-159 表示此時雙方都在積極備戰，試圖壓倒對方，但似乎沒有證據能夠證明準噶爾人採取了什麼具體的行動。

12 Spence 2002: 155。噶爾丹之子被哈密當地的統治者捕獲，並交給滿洲人。

13 Perdue 2005: 202。他應該是被毒死的（Perdue 2005: 202-203）。Ahmad 1970: 322 表示，他是在一六九七年六月三日自殺，但這顯然是把噶爾丹過世的消息傳到清朝大營的日期錯置為他實際過世的日期（Perdue 2005: 202）。

14 Perdue 2005: 178.

15 Perdue 2005: 192.

16 Hoffmann 1961.

17 六世達賴喇嘛的情歌有許多譯本。

18 先前的噶爾丹顯然也如此認為。東蒙古的哲布尊丹巴呼圖克圖對達賴喇嘛的不從和不敬，讓他做出憤怒的回應。

19 Perdue 2005: 234-235.

20 Perdue 2005: 234-235; Hoffmann 1961: 178-181.

21 然而，不同於青海地區，西藏本土從來沒有被納入滿漢帝國或清朝版圖。直到一九一一年清朝滅亡為止，西藏一直是個「保護國」。這是一個獨立的國家，有個行使宗主監督的常駐滿洲保護人（及其由少量滿漢部隊構成的私人衛隊），但保護人對西藏並沒有正式的主權，對西藏的國家行政也沒有實質的控制權。當代的隨意見解和事實不符。

22 Perdue 2005: 263-264.

23 Perdue 2005: 265。一兩比四十克稍輕，略重於一盎司。

24 Perdue 2005: 392-393.

25 Cf. Millward 2007: 92-94.

26 Perdue 2005: 256-265; Millward 2007: 94-95.

27 Perdue 2005: 275-288.

28 Perdue 2005: 291.

29 Perdue 2005: 32; Millward 2007: 97.

30 Perdue 2005: 392-393; Millward 2007: 103, 116。更準確的說，「新疆」的意思就是「新加入（滿漢帝國）的疆土」。

31 儘管印度的英國人仍然希望和中央歐亞進行貿易，但他們沒有和亞洲政治人物打交道的耐性。一九〇四年，英國侵略西藏，擊敗西藏的抵抗勢力，強加英國人的法規。

32 Perdue 2005: 161.

33 當然，經濟活動不會完全消失。幾乎沒有任何事物會完全消失，儘管各種形式的商隊依然往來於此，並一直延續至當代，但這並不意味著絲路經濟仍然保有其之前的重要性，並一直延續到現代。儘管有些學者如此主張，例如 Millward 2007: 76-77，但他實際上在自己的著作中就提出了許多明確的反例：在準噶爾帝國滅亡後，中央歐亞的貿易便急遽萎縮。不難看出包括絲路經濟的心臟中亞在內的中央歐亞，在二十世紀之前的很久以前就變得貧困和科技落後了（在智識和文藝上也是如此）。

34 Pearson 1987: 26-27.

35 Millward 2007 指出，儘管有些滿漢官員支持轉向沿海而不是內陸，但傳統和擔憂讓清政府一直把注意力放在中央歐亞。根據史料可知，所謂的戰略憂慮完全出於傳統之故，並不是因為當時在中央歐亞有什麼確實的威脅。

36 Elisonas 1991: 302.

37 Hall 1991: 4。此時為安土桃山時期，將軍的都城仍在關西地區，也就是豐臣秀吉位於大阪的城堡。

38 Elisonas 1991: 360-363.

39 Elisonas 1991: 363-364.

40 Asao 1991: 70-73.

41 Elisonas 1991: 369.

42 Beasley 1989: 270-271.

43 「東京」的字面意思，即是相對於舊都城所在地京都的東邊。

44 和中國以年號命名的滿漢皇帝一樣，「明治」其實是他統治時期的年號。

45 在日俄戰爭之前，日本還在甲午戰爭中戰勝中國；日本從後者手中獲得的朝鮮和台灣，是最重要的領土擴張成果。

46 Savory 1995: 772; Matthee 1999: 105-106.

47 部分原因是薩法維政府對商業和工業的控制；見上文。

48 Savory 1995: 772-773.

49 Savory 1995: 774，引用 Issawi 1971: 86。

50 值得注意的是，即使是蘇伊士運河的開通——一個徹徹底底的歐洲工程——也沒有成功地恢復中東本身的商業，更不用說是智識和文藝生活。自薩法維王朝衰落以來，波斯唯一重要（但時間很短）的例外時期，是二十世紀中葉的巴勒維王

朝（Pahlavi）。該政權的命運可謂是直至今日的中東問題的總結。

51 Newitt 2005: 245, 258.

52 Conlon 1985.

53 Thant Myint-U 2001: 18-20.

54 Be ka 1995: 217.

55 Wyatt 2003: 122。「當葡萄牙人在一五一一年占領馬六甲，他們立即向阿瑜陀耶派出使節……一五一八年的第三次出使，確認了一五一一年達成的和平協議……暹羅的國際商業顯然隨著後來穩步增長的海路貿易而增長，從一五五〇年至一五六〇年左右成長了**一倍**。」（Wyatt 2003: 74，黑體字非原文所有）

56 Wyatt 2003: 124.

57 關於早期歐洲與阿瑜陀耶的商業和政治關係，見 Wyatt 2003: 95-104。

58 Joo-Jock 1991: 6.

59 Joo-Jock 1991: 12.

60 Hsu 1980: 118-125.

61 Wakeman 1978: 199-201.

62 Fairbank 1978: 224, 237 et seq.

63 Millward 2007: 126-127 很正確地指出，這種執著在很大程度上一直持續到今日。

64 Frédéric 2002: 624; cf. Jansen 1989.

65 *GSE* 14: 380。聖彼得堡在一七一二年至一七二八年和一七三二年至一九一八年為俄羅斯帝國首都。

66 *GSE* 19: 116.

67 俄羅斯人在不久後的一八六七年把阿拉斯加出售給美國，此舉結束了俄羅斯對歐洲人征服美洲的直接參與。

68 *GSE* 5: 539.

69 甚至連古典時期的史料也是如此。

70 然而，在中世紀早期，盎格魯薩克遜人最重要的王國都城是在麥西亞（Mercia），它是一個毫無疑問的內陸都城。

71 奇怪的是，斯堪地那維亞國家都以港口為首都，但這些國家在大探索時代和沿海體系的建立過程中，都沒有突出的地

位。另一方面，葡萄牙的首都和最重要的城市里斯本，雖然在歷史上並不是大都會，但它過去和現在都是港口，並在葡萄牙人的開拓性探索和征服中占有重要地位，而葡萄牙是最早在亞洲沿海建立勢力的歐洲國家。

72 Lattimore 1998: 6 的翻譯說道：「至於城市，那些後來在航海活動越發頻繁、擁有了更多財富的時代建立的城市，它們都在海岸上建立防禦設施，並占據了地峽，用以貿易和提防鄰城。然而，由於海盜活動的長期存在，古老的城市通常設立在遠離海洋的地方，無論是在島嶼上還是在大陸上都是如此（因為海盜既會互相襲擊，也會襲擊沿岸的非航海人口），而且至今都是內陸定居點。」

73 作為和當時盟友豐臣秀吉交易的部分條件，德川家康把他的統治中心遷到位於關東的江戶。一六〇〇年德川家康統一日本以後，江戶成為日本事實上的首都。雖然江戶以養馬而聞名，但在當時它只是個小港口。直到今天，東京都心一些地區的地名仍然和養馬有關。

74 有些規模較大的東南亞國家也被稱為「海權帝國」，比如著名的三佛齊王國，但它的含義和本書闡述的thalassocracies可能不是同一個意思。

75 最接近真正「海權帝國」的，是古代的雅典「帝國」。

76 其後代曾建立帝國，其中最著名的是迦太基人，但是和腓尼基本土的盛期已不可同日而語。

77 有時人們認為，大多數真正的國際貿易，是由粟特人、猶太人和其他「第三方」商人民族進行的，因為他們可以跨越國界，而保持獨特的中立民族身分，是這些商人的最大利益，這樣的身分很容易辨認，而且眾所周知，他們與任何政治實體沒有公開的聯繫。不過，這種想法似乎並不準確，至少就粟特人、突厥人和維京人而言並非如此。見 De la Vaissière 2005a 和 De la Vaissière and Trombert 2005 的論文。

78 這一點曾被許多學者從相反的方向提出，例如 Millward 2007: 93-94：「準噶爾人的例子，充分證明商隊貿易對內亞游牧政權的重要性。」

79 有人會提出反對，表示阿拉伯人征服並沒有導致中亞的經濟衰退。這種說法顯然是正確的，但可以很妥善地解釋其原因。阿拉伯半島是舊有沿海經濟區域的一部分，阿拉伯人在歷史上始終都強烈支持商業，而且當地有重要的游牧元素。阿拉伯帝國時期的征服（直到九世紀初哈里發直接統治的權威崩潰），在許多方面和草原游牧民族的征服都是相似的。

80 這可以視為是對吐蕃帝國崩潰及後來藏人未能再次形成大國的一種解釋。不過，歷史事實是西藏被蒙古人征服（準確地說，是藏人對蒙古人投降），從而被納入更大的蒙古帝國。除了短暫的間歇期外，西藏一直大體在某個蒙古國家統治底

下維持統一，直到準噶爾人被滿漢人所破為止——而作為滿漢人的保護國，西藏大體上也仍然是個統一的國家。因此，西藏也不是例外。一部以國家政府為基礎的西藏民族史仍然有待書寫。

81 見〈尾聲〉。

82 關於近年來的絲路並未真正衰落的論點，請參考書末注釋❾⓪的討論。

83 David Christian 1998 新造的「外歐亞」（Outer Eurasia）和「內歐亞」（Inner Eurasia）術語所指代的，並不是這個意思。尤其是考慮到目前中央歐亞研究中術語混亂的現狀，我無法同意這種新造術語的作法。他後來又提出「非洲－歐亞區域」（Afro-Eurasian region）的說法（Christian 2000: 2）。

84 或許還可以加入特洛伊王國和西臺帝國，儘管西臺帝國的發源地就是在安納托利亞中部。

85 Millward 2007: 79-80.

86 Millward 2007: 156.

87 Millward 2007: 102-103.

88 Millward 2007: 121.

89 Millward 2007: 158.

90 Millward 2007: 130-137。儘管他認為中國（傳統上所謂的「中國本土」或「中原地區」）和清帝國除西藏外的其他地方的政治地位都基本相同，但實際情況並非如此。蒙古與東突厥斯坦的地位就不相同，而兩者與西藏的地位也都不同。新疆正式成為一個完全的省，是個有意為之的政治舉動。雖然這一開始對生活在那裡的普通人來說可能沒有多大意義，但隨著時間的推移，它的影響十分巨大。參見他提到的東突厥斯坦人評論（Millward 2007: 158），並見下注。

91 Millward 2007: 159。他認為西方人的觀察是「帝國主義者自以為是的種族主義」。應該補充的是，與那些西方人同時代的中國帝國主義者那種自鳴得意的種族主義，也同樣被當時的西方人注意到，後者大肆抱怨，但在中國和世界其他大部分地方，中國人的種族主義仍然未被注意。它一直持續到今天，而在它的支持下，東突厥斯坦的無辜人民現在正受到壓迫，卻沒有一個強大的外國政府敢提出抗議。

92 即使在今天，「新疆……仍然需要中央政府的大量補貼」（Millward 2007: 103）。蘇聯的情況也是如此，以至於當中亞的貧困加盟共和國宣布獨立時，破產的俄國人並沒有做出任何努力來保住這些國家，這與保住波羅的海國家的努力形成鮮明的對比。在經濟上，中亞對俄國人來說是個無底洞。

# 第十一章

CHAPTER 11

# 沒有中心的歐亞

四月是最殘酷的月分，丁香在死去的大地上滋芽。
——T. S. 艾略特，《荒原》[1]

*April is the cruelest month, breeding lilacs out of the dead land.*
—— T. S. Eliot, *The Waste Land*

## 現代主義、戰爭和文化衰落

二十世紀是現代主義革命運動的高潮，它在文化的所有領域、層次和方面上都在和傳統、自然法則與自然本身進行抗爭。在歐亞，現代主義的革命運動造成尤其災難性的後果；各種形式的現代主義者革命帶來民粹主義、極權主義、原教旨主義的暴政，並帶來毀滅性的戰爭和前所未有層級的大規模屠殺。災難性的現代經濟政策，催生了近代史上最嚴重的全球經濟衰退，即「經濟大蕭條」（Great Depression），在許多國家，它從一九二九年持續到第二次世界大戰。在文化上，激進「革命」計畫的無情實施，導致中央歐亞的文化毀壞：成千上萬的寺院、聖陵、清真寺、教堂、猶太會堂和隸屬於佛教、伊斯蘭教、基督宗教與猶太教的教育機構被摧毀，它們的書籍遭到銷毀，神職人員遭到酷刑或處決。比起世上任何一個其他地區，中央歐亞都更嚴重地遭到現代主義的蹂躪。

當清朝在一九一一年滅亡後，蒙古和西藏恢復了獨立；幾十年後，東突厥斯坦的部分地區也短暫恢復了獨立。但是在第二次世界大戰後不久，共產黨在中國內戰獲勝，中國人迅速占領了內蒙古、東突厥斯坦，並最終占領了西藏（一九五一年）。這三個國家遭受軍事占領，大量的中國移民湧入。

在第二次世界大戰和中國入侵後，中央歐亞比之前更為孤立。歐亞的東西兩極由一個非歐亞國家——美國——主導，世界被分成共產主義陣營和資本主義陣營。兩大陣營之間的長期糾葛稱為冷戰，因為雙方很少會直接公開使用軍事力量來打擊對方，而雙方的關注焦點也尤其在於控制歐亞。[2]巨大的共產主義帝國蘇維埃社會主義共和國聯邦（蘇聯）和中華人民共和國（共產中國）施行的反商業「社會主義」體制，為作為一個整體的相關各國帶來了貧窮和孤立，尤其是被它們軍事占領的

中央歐亞。

## 沿海體系和絲路

在現代時期，歐亞繼續由沿海體系主導，這個系統是從更早時期的沿海地區商業發展而來。那種更早的商業當然不應被忽視，其重要性也不應受到懷疑；然而，有人說亞洲的海路商業不僅和大陸型的絲路商業一樣重要，而且還更加重要。但即使是根據大多數關於絲路的傳統觀點來看，這種論點也只能算是沒有看到絲路的本質重點，而且也未能了解在絲路上究竟發生了什麼。

事實上，絲路是沿海地區的任何事物都無法比擬的。在葡萄牙人發現從歐洲出發的直達海路，並對其加以主導和開發之前，沿海地區的海路貿易體系在本質上只是個商業運輸網絡，或者更準確地說，是個相互聯繫的區域運輸網絡體系。相較之下，絲路在本質上就根本不是個商業運輸網絡。它其實是整個中央歐亞經濟，或者說是整個中央歐亞的社經政文體系，它的巨大繁榮讓古代和中世紀的人們留下了深刻的印象，相關的記載和遺跡甚至也讓今日的人們留下深刻的印象。

直到現代最後一個草原帝國毀滅，和周邊國家將這個地區瓜分時，作為整體的中央歐亞的社會、經濟、政治制度和文化（包含牧業、農業、城市人口、戰士、藝術家、知識分子等）水準，和當時世界的其他主要地區（東亞、東南亞、南亞、西南亞、歐洲）是持平的。在現代早期，正如第十章所闡釋的，中央歐亞成為一個貧困的死水潭。在現代時期，它也仍然如此，但情況更加嚴重，成為世上最蕭條和貧困的地區之一，遠遠超出僅僅是在政治上遭到征服的程度；僅存的一些地標建築或其他有形遺產，還能提醒人們這裡過去曾有的偉大文化。發生這種情況的原因，是個必須回答

的問題。

在這裡舉出的原因，是現代早期歐洲和亞洲周邊勢力對中央歐亞的征服和瓜分。由於中央歐亞在現代時期不再是個獨立實體或群體，它的諸民族成為殖民勢力的「邊疆問題」。[3]因此在二十世紀裡，整個地區大抵遭到漠視，它在現代史的參與，僅限於成為各種現代恐怖的受害者。於是，在很大程度上，二十世紀中央歐亞史成為從屬於歐亞周邊的歷史，尤其是從屬於西歐、俄羅斯和中國的歷史。[4]本章的內容就是勾勒這段歷史，著眼於它對中央歐亞的影響，以及二十世紀末新帝國秩序的最終開端。

## 激進的現代主義革命

在第一次世界大戰前，君主制和貴族文化傳統理念，在名義上於歐洲人主導的世界絕大部分都屬於主流，儘管民粹主義在幾個採用共和制政府的國家中出現，挑戰了傳統理念。在災難性的第一次世界大戰後，多數尚存的歐洲君主也被推翻或被剝奪僅存的實權。[5]現代主義的「民主制」替代了歐洲的君主制，所有這些國家都至少是在理論上採用共和制。在所有的現代共和制國家裡，強制性的國民教育制度給孩童灌輸了「民主」的意識形態，從而讓他們不會反對那些掌握實際政治權力的人們所推行的計畫，而是不知所以地支持他們。

## 中國的第一次現代主義革命

第一次重大的現代主義革命始於中國。其領導者是在兒時就移居夏威夷（檀香山）的廣東知識

分子孫中山（一八六六—一九二五年）。他隨後回到中國，並最終陸續生活在香港、日本、英國、美國以及夏威夷。[6]革命者聲稱其目標是「驅逐韃虜，恢復中華」——在當時，被視為「異族」的滿洲人其實在文化、語言和民族認同上已經和中國人沒有區別了。革命者的目標還包括創立「民主」的政府。他們的這兩個極端目標，都是源自歐洲和尤其是美國的影響。他們最終在一九一一年成功推翻了清朝。清朝在中央歐亞的保護國蒙古和西藏立即指出，它們的政治關係是和非中國的「異族」滿洲人建立的，而不是和中國人，於是它們再次完全獨立。在東突厥斯坦，清帝國占領軍隊被新的民國政府替代。民國政府保留對這裡的控制，部分原因是這裡的多元民族構成，以及由此造成的民族政治團結的缺乏。[7]

新生的中華民國十分羸弱，各路軍閥在全國各地割據。蔣介石（一八八七—一九七五年，一九二六〔事實〕／一九二八〔法理〕—一九四九年於中國在位，一九四九—一九七五年於台灣在位）的北伐軍奪下當時的首都北京，[8]並確立他在國民黨的領袖地位，[9]中華民國的首都隨後遷至位於長江江畔、距離上海僅有一百四十英里的南京。當時的上海是個由外國勢力主導的港口大都會，是中國最大、最繁榮的城市。

## 第一次世界大戰

在十九世紀，歐洲列強之間的猜忌逐漸加深，還伴隨著各國對戰爭的確切渴望。二十世紀初的歐洲戰雲密布，一場大戰一觸即發。終於，當巴爾幹地區出現了開戰的藉口，各國之間的結盟立即生效，第一次世界大戰（一九一四—一九一八年）爆發。參戰各國分屬協約國和同盟國。協約國包

括英國、法國、塞爾維亞、俄國和日本，義大利（一九一五年）、葡萄牙（一九一六年）、羅馬尼亞（一九一六年）、希臘（一九一七年）和美國（一九一七年）在戰爭期間陸續加入。另一邊的同盟國則包括德國、奧匈帝國和鄂圖曼帝國，保加利亞（一九一五年）在戰爭期間加入行列。[10]這場大戰在西北歐造成尤其巨大的破壞，大多數的戰役和破壞都發生在此地。在幾個星期的戰役裡，就有大約一百萬年輕男子喪生。

雖然戰爭也蔓延至鄂圖曼帝國東南部並造成深遠影響，導致鄂圖曼帝國的滅亡，但公開參戰的國家幾乎都位於歐洲。因此，這並不是一場「世界」大戰，卻被叫成世界大戰，因為主要參與者認為歐洲及其鄰近的近東是世界上最重要的地方。[11]

美國在一九一七年宣布參戰，並在一九一八年春進入戰場。這件事徹底扭轉戰局，英國及其他協約國立即占了優勢。同年，以德國為首的同盟國戰敗，第一次世界大戰結束了。戰勝國將整場戰爭都歸咎於同盟國，並對它們進行毫不留情的懲罰。根據《凡爾塞和約》（Treaty of Versailles，一九一九年）的規定，德意志帝國和奧匈帝國都遭到解體。一個為阻止大戰再次爆發而形成的國際組織——國際聯盟（League of Nation）——宣布成立，但美國拒絕加入。當時的美國國會正由極度無知、自利的民粹主義者控制。美國的缺席，嚴重削弱了國際聯盟的實際效力。

第一次世界大戰後簽訂的條約對歐洲而言是場災難，也是第二次世界大戰爆發的主因。當時沒有充分意識到德國對歐洲經濟整體的重要。第一次世界大戰的具體損害，再加上歐洲主要國家承受的鉅額戰爭債務，尤其是它們不智的經濟政策，是造成經濟大蕭條的部分原因；而對戰敗同盟國德國和奧地利施加的戰爭賠償、條約限制和羞辱，在政治上確定無疑會讓它們只要得到機會，就會重新武裝。在第一次世界大戰結束時，一些主要參戰國的國內爆發了激進的社會主義或共產主義革

命，最重要的是俄羅斯和德國。

## 激進現代主義者在第一次世界大戰後的革命

### 俄國革命

不受歡迎的第一次世界大戰，使得俄羅斯內部長期惡化的社會經濟問題變得更加嚴重。一九一七年三月，民主革命推翻了羅曼諾夫王朝（Romanov），[12]但是新政府沒有立即從第一次世界大戰中抽身。新政權的虛弱和戰爭的持續損失，讓人民開始支持一場更為激進的革命。一九一七年十一月七日（儒略曆一九一七年十月二十五日），信奉馬克思主義（Marxism）的革命者列寧（Lenin，原名 Vladimir Iljič Uljanov，一八七〇—一九二四年，一九一七—一九二四年在位）宣布臨時政府倒台，並在次日宣布新的社會主義「蘇維埃」政權成立。[13]但是，列寧並沒有立即宣布退出戰爭，一九一八年二月德軍恢復攻勢後，俄國又遭受了更大的損失，並把首都從聖彼得堡遷至舊時的內陸首都莫斯科。

新的社會主義政府剛剛宣布成立後，一場內戰（一九一七—一九二〇年）就立即在不同派別的革命者與紅軍（社會主義者）和白軍（反社會主義者）之間爆發。列寧及其支持者利用恐怖和大規模處決來保住政權，同時招募士兵組成新的軍隊，以對抗對手和歐美列強，後者支持白軍打擊紅軍，並在不同時期裡派出大量軍隊進入俄國。但是，社會主義者在他們背後的極端現代主義者的全力支持下，最終獲勝了。

蘇維埃政權在整個巨大的帝國中推行了激進的變革，其中有些是正向的。識字和教育被延伸至所有民族，甚至也推廣到最小的部落民族。儘管他們的基本出發點是為了給所有人灌輸「社會主義」的意識形態，但此舉也把歐洲的先進科學和科技傳播至整個歐亞北方、蘇聯統治的中亞和蘇聯的衛星國蒙古。

在一九二四年列寧過世後，喬治亞人史達林（Josef Stalin，原名 Iosif Vissarionovič Džugašvili，一八七九—一九五三年，約一九二九—一九五三年在位）取而代之，他的派系在一九二七年時已經戰勝了對手。到一九二九年時，史達林本人獨攬大權，成為絕對的獨裁者。他造成上千萬人的死亡，尤其是知識分子和農民，知識分子是被處決，農民則是被餓死（據估計約有一千萬）。史達林在位的時期，是世界史上前所未有的恐怖和大規模屠殺的時代。[14]

## 德國革命

隨著第一次世界大戰在一九一八年底結束，一場具有強烈社會主義傾向的民粹革命運動在德國爆發，德意志皇帝威廉二世（Wilhelm II，一八五九—一九四一年，一八八八—一九一八年在位）宣布退位，結束了霍亨索倫王朝（Hohenzollern）的統治。革命勢力中的溫和派和民族主義者壓倒了社會主義者和共產主義者，在一九一九年建立「威瑪」（Weimar）共和國。但新生的威瑪政府十分羸弱，經濟發展仍是一場糊塗，歐洲其他一些國家的政府繼續把德國當作二等國家對待，鼓勵了極端民族主義的壯大。

當德國遭受經濟大蕭條的嚴重衝擊時，出生於奧地利的激進國家社會黨（National Socialist Party，或稱納粹黨）領導人希特勒（一八八九—一九四五年，一九四五—一九四五年在位）在經過

十年前的政變失敗和短暫監禁後，看到了自己的機會。他承諾要將德國從困境中解救，讓德國重回昔日的偉大。在接連的幾次選舉中，他的政黨贏得越來越多的席次，終於在一九三三年贏得第二多的選票，他也同時正式當選為德意志共和國總理。納粹黨人迅速地全面掌權，開始將他們的革命提案付諸實際行動。

新政府提出來的一些計畫十分令人欽佩。一種全新、平價且技術先進、所有德國家庭都能擁有的汽車被設計出來，名為Volkswagen，即「大眾的汽車」。[15]而且，納粹政府展開貫穿全國的高速公路網的建設，讓德國公民可以開著自家的汽車旅行。此外還有一些其他可以理解的變化。在違反《凡爾塞和約》的情況下，希特勒開始祕密地重建德國軍隊。當他對自己的力量有了足夠信心後，他停止所有戰爭賠款的支付。德國工業和當時世上最先進的德國科技結合，把這個國家變成軍事和經濟上的強國。

但是，希特勒的所作所為遠不止如此。他透過萬人空巷的造勢集會來培養他個人的權力，在集會中利用高超的演講技巧和煽動言辭，發表慷慨激昂的演說，將人民推向瘋狂。和當時歐美的很多人一樣，他及其追隨者都把國家的災難歸咎於少數族裔。希特勒上台後，立即下令政府開始進行有條不紊地消滅猶太人的計畫，從極端的種族主義和經濟壓迫開始，讓很多人已經無力養活自己和家人。如潮水一般的難民開始離開德國，到其他地方尋求安身立命之所。[16]第二次世界大戰期間，隨著納粹黨將其計畫擴展至德國控制的領土，針對猶太人的計畫，開始演變成組織化的種族滅絕行動。據估計，這最終造成六百萬猶太人罹難，包括沒有逃離德國和波蘭的幾乎全部猶太人口。另外也有其他一些人成為滅絕的目標。[17]

## 土耳其革命

第一次世界大戰期間，由於鄂圖曼帝國曾和德國和奧匈帝國結盟，因此英軍在埃及直接和鄂圖曼軍隊在戰場上交手，也間接透過和阿拉伯人及其他鄂圖曼帝國境內的叛亂勢力結盟，幫助英國在整個近東和鄂圖曼帝國作戰。

鄂圖曼帝國的戰敗和大部分殖民帝國領土的喪失，為「青年土耳其」（Young Turk）革命者掃清了道路，其領導人是充滿領袖魅力的民族主義者凱末爾（Mustafa Kemal，一八八一—一九三八年，一九二二〔事實〕／一九二三〔國際承認〕—一九三八年在位）。一九二二年，鄂圖曼王朝遭到廢黜，取而代之的是世俗的、「民主的」、以歐洲為榜樣的土耳其共和國。一九二三年，土耳其國父凱末爾把共和國首都從君士坦丁堡（他將其更名為伊斯坦堡）[18]遷往安納托利亞的內陸城市安哥拉，並更名為安卡拉。

協約國報復和瓜分鄂圖曼帝國的計畫，並沒有像預想中的那樣為英國贏來長期的殖民力量。在第二次世界大戰結束後不久，英國人的確占領了巴勒斯坦、約旦和伊拉克還有埃及，但大英帝國的力量已經大不如前，被迫要放棄大多數的殖民地。當英國在一九四七年撤出巴勒斯坦時，內戰隨即爆發，隨後建立了一個激進的猶太復國主義者（錫安主義者〔Zionist〕）政權。這樣的結果留下了無窮後患。[19]

第一次世界大戰後，英國帶頭瓜分了鄂圖曼帝國，土耳其人在自衛抵抗的過程中建立了民族主義、內向型的土耳其共和國。這給亞洲西南部帶來嚴重的長期後果。[20]波斯也一樣繼續衰頹，因此，自古以來就存在的兩大強權（一個以希臘或君士坦丁堡為中心，另一個以波斯為中心）分割亞洲西

南的局面就不復存在了。中東的碎片化和敵對局勢越演越烈，一直延續至二十世紀下半葉。

## 第二次世界大戰前的現代中央歐亞

在使用突厥語的中央歐亞，一場稱為維新（Jadidism/uṣûl-i jadîd，意即「新方法」）[21]的自由化運動開始傳播，其誕生地是位於韃靼斯坦（Tatarstan）的喀山，[22]在一八八〇年左右傳播至其他重要的穆斯林大城。東突厥斯坦知識分子引進了現代的西式學校和課程、期刊和其他現代媒介，還有現代的民族主義思想。隨著革命傳入中亞，一些維新人士在革命初期參與布爾什維克運動（Bolshevik movement），他們相信這可以解放自己的故土，擺脫保守穆斯林領導層和舊政權地方統治者的壓制。[23]

第一次世界大戰產生的一個間接結果，是一九二一年的蒙古共產革命；在二十世紀，他們開始越來越深地受到俄羅斯人的強烈影響。

在東突厥斯坦，蘇維埃人粉碎了在一九三〇年代爆發的當地內戰，並在烏魯木齊（迪化）扶植了一個中國軍閥來統治。以喀什噶爾為中心的短命第一東突厥斯坦共和國（一九三三年十一月—一九三四年二月）很快就被消滅。[24]但是，蘇聯的影響力也傳播至此地。

在將近半個世紀的時間裡，西藏恢復了完整的獨立，但中國軍閥仍在西藏東部省分不斷造成破壞。

## 蘇聯和經濟大蕭條

列寧自由化的「新經濟政策」（New Economic Policy）在先前俄羅斯帝國境內的結束和史達林

災難性的社會主義經濟政策，更加重了第一次世界大戰後歐洲經濟的疲軟。蘇聯一九二九年制定的第一個中央指導的「五年計畫」，標誌著史達林經濟政策的開始；一九三〇年，蘇聯開始農業的強制「集體化」。[25]外國貿易受到嚴格限制，不僅不能兌換外幣（從一九二六—一九二八年開始），甚至兌換本身就是犯罪。這樣做的結果就是蘇聯的經濟開始急劇萎縮，蘇聯——包括俄羅斯和幾乎中央歐亞全境——與「資本主義」的世界商業幾乎完全隔絕。[26]

有鑑於第一次世界大戰為歐洲經濟造成的破壞、戰後對德國和奧地利的經濟懲罰，以及蘇聯（包括俄羅斯和大部分中央歐亞）和世界商業的斷絕，一九二九年底爆發的經濟大蕭條也就不足為奇。[27]這是一場前所未有的世界性嚴重經濟衰退，數百萬人失去他們的積蓄、工作和住房，淪入飢餓邊緣。和以往的經濟衰退不同，在那些遭到最嚴重打擊的國家裡，經濟大蕭條的影響持續了許多年。作為經濟大蕭條和第一次世界大戰戰後制裁的直接結果，德國經由完全「民主」的方式選出一個新政府。德國新總理國家社會黨黨魁希特勒，將他的國家和整個歐洲再次推向戰爭。然而，當時像希特勒一樣瘋狂的人遠不止一個。

二十世紀初，西方的知識分子和藝術家認為，為追求或反抗諸多政治、智識和藝術問題的解決之道，挺身而戰是值得的。出於不同原因，許多人都拒絕接受當時世界上的社會政治秩序，青睞以一種極權制度取而代之。持這種觀點的人，包括二十世紀初至二十世紀中葉英語世界裡最重要的一些作家。[28]其中，龐德（Ezra Pound）從第二次世界大戰開始直到他受審，一直非常公開地支持法西斯主義和納粹主義。[29]龐德的密友艾略特也受到法國法西斯主義思想非常強烈的影響，他們兩人及勞倫斯（D. H. Lawrence）都是公開的反猶人士。[30]甚至連葉慈（W. B. Yeats）也深受一九二〇年代和一九三〇年代流行的以暴力推翻西歐社會政治秩序的觀點的吸引，就像當時許多最頂尖的知識分子

一樣，葉慈認為，當時西歐的政治秩序已經完全腐敗，只有透過一場全面的戰爭，才有可能獲得救贖。這些作家相信偉大的藝術已經無法在當時世界的條件下誕生，需要使用劇烈的手段，才能產生他們認為適合藝術的土壤。下一場大戰的爆發已經在所難免，而且就和第一次世界大戰前夕一樣，很多人實際上躍躍欲試。

## 歐亞周邊地區的第二次世界大戰

儘管歐亞——尤其是歐洲、東亞和東南亞——再次成為戰爭的中央舞台，但這次的世界大戰更接近於一場全球的衝突。第二次世界大戰不僅肆虐東北亞、東亞、東南亞和大洋洲（一九三七—一九四五年），以及大部分的歐洲和北非（一九三九—一九四五年），還延伸至美洲殖民地領土和澳大利亞；第二次世界大戰中的戰鬥人員來自全世界的各個角落。

在東亞，大戰在一九三一年至一九三二年就已經預演，日本征服了滿洲，這裡是原先中央歐亞的最東端，此時候已經基本被中國移民漢化了。日本在一九三二年扶植滿洲國傀儡政權，讓被推翻的滿漢清朝末代皇帝溥儀在滿洲國登基。朝鮮半島和滿洲東部殖民地的當地日本軍官，是第二次世界大戰在此地開始的原因。他們和其他主戰派逐漸控制日本政府，把該國置於實際上的軍國統治下。一九三七年七月七日在北京盧溝橋發生的一場小規模軍事衝突為全面開戰提供了藉口。到一九三九年時，日本已經占領了中國沿海、東北和滿州其餘地區。

一九三九年八月，蘇聯和德國簽訂互不侵犯條約，名為《莫洛托夫—里賓特洛甫協定》（Molotov-Ribbentrop Pact），條約包含兩國對波蘭的瓜分。當蘇德兩國在九月入侵波蘭時，波蘭盟

友英法兩國對德宣戰。第二次世界大戰自此於歐洲爆發。一九四〇年夏，德國空軍開始對英國展開空襲，為計畫中的登陸入侵做準備。在希特勒和蘇聯的關係發生根本變化後，他在一九四一年六月二十二日發動對蘇聯的攻勢。到一九四一年底，除了中立的瑞典、瑞士和西班牙，以及軸心國義大利和南法維琪政府（Vichy）之外，納粹德國幾乎占領整個西歐，向東擴張到頓河流域、黑海沿岸的西部草原地區。軸心國還控制了北非的大部分地區。

一九四一年六月，日本完成對法屬印度支那的占領。同年夏天，包括美國（當時尚維持官方中立）[31]在內的西方國家凍結日本的海外資產，並宣布對日貿易禁運，表面上是試圖迫使日本離開中國。此刻的日本軍方同時指揮戰爭和日本政府，他們完全仰賴石油進口；他們在此時的唯一選項，就是對把持亞洲石油運輸的美國、英國和荷蘭宣戰。[32]一九四一年十二月七日，日軍轟炸美國殖民地夏威夷的珍珠港海軍基地，[33]殺死超過兩千名美國水兵和其他人員，摧毀部分的美國太平洋艦隊。這項舉動最終促使美國對軸心國宣戰。[34]

必須強調的是，空襲珍珠港絕非像某些觀點所說的那樣，是個單一、無計畫的魯莽行為。恰恰就在空襲珍珠港的同時，日本也攻擊了英屬香港和馬來亞，並入侵當時仍為美國殖民地的菲律賓。[35]到五月時，日軍擊敗美國人，占領菲律賓。[36]在五十五天的時間裡，日軍向南推進到馬來半島，擊潰所有的抵抗，並占領戰略性的海港城市新加坡。[37]此外，在珍珠港事件的僅僅一個月後，也就是一九四二年一月，日軍入侵英國殖民地緬甸。到三月時，日軍已經攻陷仰光，四月時已經控制緬甸中部，切斷滇緬公路，自此，盟軍和中國唯一的陸上交通線被日軍切斷了。到五月，日軍將僅剩的盟軍勢力逐出緬甸。[38]

所有的上述國家在當時都是歐洲和美國人的殖民地。中國也曾經處於部分殖民的狀態。日本

在戰爭中占領的地方，主要是中國沿海及其殖民地滿洲。泰國在當時是南亞和東南亞各國中唯一一個獨立、未被殖民的國家。日本沒有武力入侵泰國，而是與之簽署同盟協定（一九四一年十二月二十一日）。因此，東方的整個戰場，實際上是在東南亞各國和太平洋進行的，它們正是在葡萄牙人於四個世紀前開始的商業擴張時代結束時，被歐洲殖民或主導的地方。

在美國參戰後，盟軍慢慢地扭轉了戰事局面。在西線，美軍和英軍在所有的戰役中都取得對德國的空中優勢。一九四二年十一月，英美聯軍在法屬摩洛哥和法屬阿爾及利亞登陸。法屬突尼西亞的軸心國軍隊在一九四三年五月投降。以北非作為跳板，盟軍在一九四三年七月攻打義大利。儘管盟軍掌握空中優勢，但在地面作戰中卻異常艱苦，推進得十分緩慢。對於盟軍最終對德國的勝利，陸上攻勢並沒有太大的貢獻。

戰局在一九四四年六月六日出現決定性逆轉，盟軍在諾曼第（Normandy）海灘登陸成功，開始了大規模反攻。[39] 盟軍部隊包括美國人、英國人、法國人和其他歐洲被占領國家的士兵，尤其是波蘭人，以及來自盟軍殖民地或前殖民地的美洲、非洲和大洋洲的士兵。他們的推進十分迅速。一九四四年八月十五日，美軍和法軍在尼斯（Nice）和馬賽（Marseilles）之間的法國南部海岸登陸，並沿著隆河（Rhone）河谷繼續向北進攻。從諾曼第前來的盟軍於八月二十五日攻占巴黎，九月四日攻占比利時，九月十一日攻占盧森堡。[40]

西線盟軍從西邊和南邊攻向軸心國，而在東線戰場，蘇軍在七次漫長的血腥包圍戰中阻止了德軍的進攻，最關鍵的戰役發生在一九四二年八月至一九四三年二月的史達林格勒（Stalingrad，先前的察里津〔Tsaritsyn〕，今日的伏爾加格勒〔Volgograd〕）。隨後，蘇軍又獲得更多勝利，[41] 在美國和英國提供軍事、工業和其他物資的協助下，蘇軍一路向西推進，直逼德國本土。

在戰爭中，盟軍得到軸心國不知道的兩項科技發展，為盟軍帶來許多幫助：他們破譯了德國和日本最高機密的通信碼，[42]並在一九四〇年開發了一套有效的雷達防禦系統。它們都是盟軍迅速取得勝利的重要因素。到一九四五年一月底，盟軍已經收復在德軍的強大反攻攻勢突出部戰役（Battle of the Bulge，一九四四年十二月十六日至二十五日）中失去的領土。他們迅速突破殘存的德軍抵抗，並從東西雙方挺進德國本土。一九四五年四月二十八日，義大利法西斯領袖墨索里尼（Benito Mussolini）在科莫湖（Como）附近被義大利反法西斯勢力抓獲並槍斃。兩天後，也就是一九四五年四月三十日，希特勒在柏林自殺身亡。[43]

在東亞，第二次世界大戰結束了日本殖民帝國的統治。美軍占領了上海和其他中國沿海城市，並派兵向北平和天津進發。在美國對日本西南部的城市廣島（一九四五年八月六日）和長崎（一九四五年八月九日）投下原子彈後，日本在一九四五年八月十四日宣布無條件投降（一九四五年九月二日正式簽字），美軍占領了日本。一九四五年九月八日，美軍占領了朝鮮半島南部，朝鮮被畫分成南部的美國管理區和北部的蘇聯管理區。[44]西方和蘇聯勝利者取代了朝鮮的前日本殖民統治者，奠定了該地之後幾十年的苦難。

## 中央歐亞的第二次世界大戰

在中央歐亞東部，當時處於日本統治的內蒙古和有三萬蘇聯駐軍的蘇聯衛星國蒙古人民共和國在雙方未固定的邊界上發生了小規模的衝突，但最後演變成諾門罕戰役（Battle of Nomonhan/Khalkhyn Gol）。敵對行動在一九三九年春天開始，到七月時已經發展成全面戰爭。蘇軍在八月底粉

碎日軍攻勢。雙方在九月十六日簽訂停火協議，在一九四一年五月簽訂互不侵犯條約，[45]兩國一直遵守此條約，直到第二次世界大戰的最後幾個月。

中央歐亞西部也沒有逃過戰火。德軍的入侵深入烏克蘭和南俄草原，最東到達伏爾加河，最東南到達高加索山脈。一九四二年末，德軍進入卡爾梅克共和國，使得一些卡爾梅克人想與德國人合作，藉此來從殘暴的史達林政權中解放。為數不多的一些人成為德軍附屬，在德軍撤退時充當斷後的防禦力量。當蘇聯人回來後，卡爾梅克自治蘇維埃社會主義共和國便遭到廢除（一九四三年十二月二十七日），卡爾梅克民族被指責不忠，整個卡爾梅克蒙古人口都被流放到西伯利亞、中亞和薩哈林島（Sakhalin）的「特別定居點」（spetsposelenie）——基本上就是集中營。[46]類似地，當蘇聯人在一九四四年五月十七日至十八日從德軍手中奪回克里米亞，他們把整個克里米亞韃靼人口用牛車送去中亞。在這個過程中，據信有高達二十萬人死亡。在戰爭期間於蘇聯軍隊服役的韃靼人被送到中亞的「特別定居點」和同胞團聚。蘇聯政府的目的，是抹去克里米亞韃靼人的歷史、文化、語言和認同。[47]

在東突厥斯坦，第二個「社會主義」的東突厥斯坦共和國在一九四五年夏天於該地北部成立。這個政權受到蘇聯的強烈影響和支持。[48]學校被進一步現代化，年輕的東突厥斯坦人把俄語作為他們的第二語言。[49]在被兩個敵人——中國人和英國人（兩國都在和日軍作戰）——夾在中間的西藏，於戰爭期間保持中立。

# 第二次世界大戰後的革命

## 印度革命

第一次世界大戰帶來的震顫深深撼動了英屬印度，印度人看到其統治者已被戰爭削弱，努力尋求獨立。一九一九年，英國賦予印度有限的自治，建立德里殖民政府統治下的英國式議會「民主制」。

在第二次世界大戰中，日本占領了泰國之外的幾乎所有東南亞國家，也包括英國殖民地馬來亞和緬甸，並對印度構成威脅。英國依靠其印度軍隊來阻止日軍和從北非進軍的德軍會師。他們因此給予印度人更大程度的自治。

一九四六年，英國終於同意讓印度完全獨立，一九四七年八月十五日，印度核心領土分成兩個國家；印度和巴基斯坦。緬甸和錫蘭也在一年後獨立。有史以來第一次，印度不再只是一個地理和文化上的區域，也不再只是印度次大陸上的一小部分；它成為一個國家，至少在名義上如此。不幸的是，政客已經創造出一個政治怪獸。印度穆斯林希望能有自己的國家，所以英國把印度次大陸分成兩個分屬不同宗教的國家。這是個極度短視的舉措。最糟糕的是，這個為印度穆斯林創造出來的國家——巴基斯坦——本身還被分成兩部分，彼此相距八百英里之遙，中間還隔著印度領土。英國和印度政客的種種糟糕決定，成為不斷爆發的戰爭、內部流血和自一九四七年起其他不必要苦難的原因。

## 第二次中國革命

民族主義者（國民黨）和共產主義者（共產黨）之間的中國內戰在一九二七年爆發，並在一九四五年日本投降、第二次世界大戰在亞洲結束後立即重新再戰。毛澤東領導的共產中國得到許多在中國北方投降日軍的現代武器，並從投降和收編的國民黨士兵得到許多現代的美製裝備。在國民黨軍隊於內戰初期的優勢被逆轉後，共產黨最終擊敗國民黨的軍隊，在一九四九年十月一日於北京宣布成立中華人民共和國。[50]毛澤東及其追隨者是激進的現代主義者。除了現代「科學」的共產主義外，他們拒絕一切來自歐美的影響。他們把首都從靠海的南京遷回內陸的北京，把中國的注意力從沿海和外部世界轉向內陸和中央歐亞。

蒙古和中國共產黨革命者在一九四九年時已經控制了內蒙古。一九四九年十二月三日，毛澤東宣布內蒙成為中華人民共和國的一部分。

東突厥斯坦共和國一直存在到共產中國軍隊於一九四九年底進入和占領該國為止。此地被重新併入新疆。

對於中國共產黨變得越來越強大的實力，西藏人日益憂心忡忡，共產黨公開威脅要入侵他們的國家。西藏的內部政治問題與十四世達賴喇嘛的年輕和稚嫩，導致西藏未能及時實施任何有效的行動，直到一切都已太遲。

一九五〇年至一九五一年，共產黨以一支龐大的現代軍隊入侵西藏。[51]藏人在兵力和武器不足的情況下被迫投降。但其實無論如何，藏人都無法抵擋共產黨的進攻的，當共產黨在一九四九年戰勝國民黨時，他們已經擁有一支世上規模最大、最現代化、戰鬥力最強的軍隊。

中國人把這些國家作為名義上的「自治區」納入他們新生的共產帝國，從表面上看，這是仿照蘇聯的制度，但實際上，他們很快就在這些國家推行公開的漢化和強制現代化政策——這意味著強行灌輸包括無神論在內的馬克思主義教條，這麼做幾近於完全毀滅中央歐亞民族的文化。

不想變成中國人的內蒙古人悶聲不響地穿越遼闊的草原和沙漠逃到蒙古，蘇軍在那裡把中國人擋在門外。內蒙古在人口、語言和文化上迅速地中國化。

相似地，東突厥斯坦也很快就被數百萬中國移民淹沒。中國移民從維吾爾和其他民族手中接管了這個國家，但維吾爾和其他民族沒有地方可以逃亡，也沒有得到美國等世界大國或聯合國等世界組織的同情。維吾爾人定期試圖做出反抗，但中國人的數量比他們多，並隨心所欲地使用強大的軍事力量對付他們。

當中國人開始在西藏東部和東北部實施同樣的政策時，該地的藏人開始反抗。一九五九年，首都拉薩爆發公開叛亂，年輕的十四世達賴喇嘛是西藏的政治和精神領袖，其生命受到中國人的威脅。在最後時刻，他被祕密地送出拉薩，帶著一小隊人翻越喜馬拉雅山，逃向印度。中國政府殘酷地鎮壓叛亂，在該國建立更加高壓的政權。根據中國西藏自治區政府的數字，在西藏的兩千七百座寺廟中，到了一九六五年時有八成被摧毀。[52]中國人給無辜、和平的西藏人民強加的恐怖，在中央歐亞現代史上是前所未有的。

在中國人成功鎮壓叛亂並再次關閉邊境前，已有大約十萬藏人翻越喜馬拉雅山，逃向印度、尼泊爾和其他鄰國，有些人隨身只帶了書籍，試圖挽救他們的文化，免遭中國人的破壞。達賴喇嘛及其追隨者在印度流亡後，引起全世界的同情關注，他們於是向所在各國的政治人物施加壓力，要求有所作為。一九五九年，一個與聯合國相關的組織國際法學家委員會（International Commission of

Jurists），調查了中國在西藏的所做所為並宣布「在西藏發生了種族滅絕行為」。隨後，聯合國大會分別於一九五九年、一九六一年和一九六五年做出決議，要求中國停止對藏人的侵害人權行為。[53]

面對潮水般湧入家園的大批中國移民，以及大躍進（一九五八—一九六一年）造成的饑荒，約有六萬哈薩克、維吾爾等民族的人越過邊境，從東突厥斯坦逃到蘇聯統治下的哈薩克。[54]但中國政府對維吾爾人的軍事占領和壓迫仍有增無減。

文化大革命（約一九六六—一九七六年）是在中國發生的極端現代主義恐怖，這場浩劫對西藏、東突厥斯坦和內蒙古造成尤其嚴重的破壞。一張一九六七年政治宣傳海報的標語——「打碎舊世界，創立新世界！」——概括了文化大革命所宣揚的內容和所做的事情。在畫面上，一個穿紅衛兵制服的人站在一堆包括十字架、佛像和中國傳統書籍在內的文物前面，他正舉起一個大鎚，準備砸爛它們。[55]上千座藏傳佛教寺院中僅存的兩成中，除了十三座之外，其餘都在文化大革命中遭到摧毀。「破四舊」運動在西藏無情地推行。所有具有認同力的西藏文化習俗、文物和信仰都被官方禁止，不遵守的人會受到懲罰。[56]

為維持世界對中國政府的壓力，迫使其停止對西藏的軍事占領和壓迫，達賴喇嘛在一九八九年獲頒諾貝爾和平獎，但情勢並沒有得到緩解。

## 伊朗革命

由於卡扎爾王朝（約一七七九—一九二一年）[57]已經變得腐敗和虛弱不堪，禮薩·沙（Rezâ Shâh，一九二五—一九四一年在位）在一九二一年推翻卡札爾王朝，建立巴勒維王朝。第二次世界大戰期間，禮薩·沙被迫於一九四一年退位，由其子穆罕默德·禮薩·沙（Mohammed Rezâ Shâh）

繼位。第二次世界大戰結束後，年輕的國王逐漸開始對伊朗進行大範圍的自由化和現代化改造。到一九七〇年代初，伊朗在繁榮、穩定和經濟成長速度上遠遠超過所有周邊國家。國王與美國和西歐列強結成牢固的聯盟，伊朗也很快讓自己成為該區域經濟、政治和軍事的主導力量。

然而，自由化、經濟成長和世俗化，使得過度保守的什葉派穆斯林神職人員失去地位，他們此前幾乎能完全控制大部分不識字的鄉村人民。在流亡於伊拉克的激進原教旨主義者柯梅尼（Ayatollah Khomeini，一九〇二—一九八九年，一九七九—一九八九年在位）的領導下，伊朗人開始要求推翻國王政權，在伊朗建立現代的「民主」。已經患病的國王也失去昔日「民主」西方盟國的支持，他們公開支持「民主」運動，於是他被迫逃離伊朗。一九七九年二月一日，柯梅尼回到伊朗，他及其追隨者立即奪取政權。十一月十五日，他們宣布新的伊朗伊斯蘭共和國憲法。不出所料，這個「共和國」其實是由柯梅尼及其追隨者絕對控制的專制獨裁政權。柯梅尼過世後，「共和國」的總統得到了「最高領袖」（Walî-i Faqîh）的頭銜。宗教原教旨主義者無情地消滅所有反對他們統治的人，鎮壓曾愚蠢支持他們的商人階層，[58] 讓伊朗孤立於文明世界之外。[59]

## 冷戰

在歐洲，獲勝的盟軍將德國分成美、英、法、蘇四個占領區。[60] 位於蘇聯占領區的柏林本身，又被分成四國占領區。但其他盟國幾乎在戰後立即就和蘇聯分道揚鑣，因為蘇聯在其占領的中歐和東歐各國支持社會主義者發動「革命」，然後在整個區域建立傀儡政府（西方國家稱為「衛星國」）。「資本主義」的西歐、美國、日本和許多其他國家與「社會主義」的蘇聯、中國和各衛星國之間的關係，隨著時間推移而每況愈下。第二次世界大戰後，歐亞兩大社會經濟體系之間形成的

大規模鬥爭，並沒有爆發成全面的公開戰爭。一般認為，其原因在於核武器的發展，核武器的破壞力之大可以毀滅整個地球上的生命。因此，籠罩在世界上空的核戰爭威脅，出乎意料地阻止了一場真正戰爭的爆發。這場鬥爭後來稱為冷戰。它最終成為以俄羅斯人為首的「共產主義者」與以美國為首的反共產主義者或「資本主義者」的對立。

冷戰期間，兩大陣營之間最劍拔弩張的邊境在德國，尤其是柏林的蘇聯占領區和非蘇聯占領區，蘇占區的存在分隔了柏林和西德。在西方各國於一九四八年六月一日同意將非蘇聯占領區統一為德意志聯邦共和國（西德）後，蘇聯的回應是關閉西柏林對外的所有水陸交通。然而，此舉只是進一步團結了西方國家，它們對蘇聯集團進行嚴厲制裁。

美國人和其他西歐大國利用向柏林空運物資的方式，克服了蘇聯長達十一個月的封鎖（一九四八年六月二十四日至一九四九年五月十一日）。一九四九年五月八日，於旨在結束封鎖的對蘇談判中，德意志聯邦共和國（西德）成立，其首都是位於前英國占領區科隆附近的小城波昂。三天後，史達林解除封鎖，[19]但蘇聯在同年晚些時候祭出反擊，成立共產主義的德意志民主共和國，即東德，首都位於東柏林。

在其他歐洲國家和美國的支持下，西德從戰爭的破壞中復元，最終成為經濟最為強大的西歐國家。東德和其他東歐國家則是徘徊在戰後的長期衰退中，遠遠落於西歐之後。這些國家曾多次試圖在政治上、甚至只是在經濟上卸下枷鎖，但卻一再被蘇聯軍隊粉碎。一九五五年，當西德加入美國支持的北大西洋公約組織（North Atlantic Treaty Organization）後，立即遭到蘇聯建立華沙公約（Warsaw Pact）的反擊。於是，歐洲仍然被畫分為美國和蘇聯的勢力範圍，美國的軍事基地在西歐，蘇聯的軍事基地在東歐。

在史達林過世後（一九五三年三月五日），被蘇聯流放至中亞或西伯利亞的卡爾梅克人和其他民族終於得到部分的赦免。一九五七年一月七日，卡爾梅克自治州在其原有疆域內基本恢復，卡爾梅克人被允許回歸伏爾加河三角洲以西的故土。[62]次年，自治州再次變成卡爾梅克自治蘇維埃社會主義共和國。克里米亞韃靼人和伏爾加日耳曼人則從未得到完全的赦免，他們的家園沒有得到恢復，對他們的壓力一直持續到蘇聯解體後。[63]

儘管俄羅斯人在戰後時斷時續、動作遲緩地試圖發展他們在中央歐亞的殖民地，但該地區仍然處於孤立狀態，並陷入更深的貧困。與此同時，俄羅斯教育體系的傳播，將現代科學和世界知識引入中央歐亞諸民族，有些民族領導人能夠在多民族的蘇聯中身居高位。

共產主義的中國形式——毛主義（Maoism）——大體上被想要孤立中國的美國人忽視。但毛主義制度不僅對中國人不利，也摧毀生活在中國軍事占領下的諸中央歐亞民族。生活在中華人民共和國附近的其他國家和文化也受到這種新式、劇毒的民粹現代主義的殘害。[64]東南亞陷入恐怖之中。在共產主義的亞洲形式傳入柬埔寨後，它開始以一種更加惡毒的形式出現，波布（Pol Pot/Saloth Sar，一九七五－一九七九年在位）領導的赤柬（Khmer Rouge）屠殺了一百萬至兩百萬柬埔寨人；緬甸由壓迫性的民族主義軍方統治，對非緬族人展開滅絕運動（自一九五八年起）；此外還有其他一直延續到二十一世紀的悲劇。

二十世紀的其他戰爭在歐亞造成更多的死亡和破壞，特別是西班牙內戰（一九三六－一九三九年）、韓戰（一九五〇－一九五三年）、越戰（一九五六－一九七五年）、兩伊戰爭（一九八〇－一九八八年）、前南斯拉夫解體後的巴爾幹戰爭（一九九一－一九九五年），以及在中央歐亞的阿富汗內戰（約一九七八年起）。這些戰爭大多被認為是內戰，但它們都有外國軍事力量的廣泛參

與。

二十世紀肆虐歐洲和歐亞大部分地區的國際戰爭和內戰，使得美國代理人和美國文化的勢力傳播至曾被歐洲列強統治的世界各地。美國人帶來他們自己的現代主義意識形態，認為只有他們所謂的「民主」[65]（共和政體的一種版本）才是好的，而所有其他形式的政府都是壞的。他們積極努力推翻世界各地具有正當性的政府，並以英美式的現代共和國取而代之。到二十世紀末時，共和政體已經主導了整個世界，即使是剩下的幾個君主國，如尼泊爾，[66]以及僅存的一個主要共產國家中國，也深受英美模式的影響。

## 中央歐亞的激進現代主義

從滿漢人和俄羅斯人征服到二十世紀末，中央歐亞並不是作為歐亞一個獨立的政治次區域而存在。中央歐亞被征服者視為私有財產加以統治，中央歐亞民族對征服者的強欲施加所做出的任何反抗，都會遭到鐵腕鎮壓。當激進的社會主義（共產主義）像新的黑死病一樣橫掃歐亞時，它毒害了所有接觸到的文化。中央歐亞民族被迫放棄自己傳統的生活方式、衣著、文化等一切。有些變化是好的——公衛設施的傳播、科學學科的教育、世俗政府等等，這些事情顯然值得稱讚。但是遭到破壞的事物太多。在藏人試圖趕走暴虐侵略者的努力失敗後，共產黨粉碎了他們及其文化。西方的西藏同情者呼籲正義，他們提出一些宣言和譴責，公正地指責中國進行的文化種族滅絕，但沒有什麼能阻止中國對中央歐亞的強暴。

儘管中央歐亞大多沒有直接參與兩次世界大戰，但**中央歐亞文化在二十世紀遭受的現代主義破**

**壞，是世上所有地區中最嚴重的**。這是為什麼？問題的原因在中央歐亞之外，根植於統治中央歐亞者的本土文化，所以，為了回答這個問題，有必要了解整個歐亞在二十世紀裡發生的扭曲而苦痛的變革。

這種變革始於歐洲和歐洲人主導的沿海體系裡接續發生的經濟、人口、政治和智識變革，並伴隨著工業化和城市化的散播。歐亞沿海地區大城出現極度的商業化和高度的工業化（畢竟這些大城存在的根本理由，就是商業和工業），同時伴隨著人口的爆炸性增長。到二十世紀初時，世界上最大、工業化程度最高、最富有、最有影響力的城市，就是位於歐洲、歐亞沿海地區和世界各地歐洲殖民地的大城。在這些動蕩不安的人口聚居地，意識巨變的速度甚至比日新月異的科學和科技還更快，這鼓動人們站在「現代人」的一邊，反對那些在智性和藝術生活中「食古不化的人」。大眾都市文化的領袖也傾向民粹主義，這是啟蒙運動思想家和革命者發展出的一種思想。民粹主義與其他思想和潮流結合，成為政治、社會和文化變革背後的重要推動力——現代主義——深深影響了整個歐亞大陸。[67]

現代主義的核心觀點很簡單，而且它本身似乎並沒什麼害處：現代的東西——新的、時尚的事物——比被它取代的舊事物**更好**。只要現代主義仍只是一種對時尚或技術進步的一般感受，只要古典主義（或者說是舊事物比新事物好的觀念）還能發揮抗衡作用，那麼前現代時期的現代主義，就對世界沒有什麼太大的影響。但是在與現代主義和反貴族主義的對立中，古典主義和貴族主義變成了一組相互的認同；隨著工業化和城市化的蔓延，當非貴族進行著現代的工業與城市事務時，現代主義和反貴族主義便開始主宰歐洲和北美，並最終主宰歐亞的大部分地區。古典和非城市的貴族不再有容身之地。但是，現代主義並不僅僅是個新事物（工業和城市）取代舊事物（貴族和

鄉村）的有限序列（**finite sequence**）。如果說**只有**新的東西才是好的，那麼就定義而言，就必須不斷創造或製造新的東西。全面的現代主義意味著（而且現在仍然意味著）**永久的革命**（**permanent revolution**）：不斷地拒絕傳統或僅僅一天前的政治、社會、藝術和智性秩序。

永久的革命，意味著之前的東西都是壞的、必須被拒絕，包括任何之前的革命（及其產物）。即使是理性——自由探究、獨立思考、邏輯、質疑——也被認定為舊貴族知識分子的舊觀念和舊實踐之一。它受到「保守」的宗教領袖、政治家和記者的無情攻擊。這種「保守派」往往是最狂熱的現代主義者。它的社會政治結果——法西斯主義、共產主義和政治宗教原教旨主義的暴政，都要求大眾毫不懷疑地相信其領袖所宣揚的激進思想——是典型的現代主義。在二十世紀可怕的世界大戰和大規模屠殺中，現代主義取得了最大的成功，這並不出乎意料。[68]

由於現代主義者認為君主制是種古老的政府形式，到一九五一年時，民粹主義者[69]已經成功地在歐亞幾乎所有國家建立了某種現代非君主制的政府——從極權法西斯或共產主義獨裁到「民主」共和國。[70]無論名義上的政治制度如何，一切都以「人民」、「群眾」的名義推行。最死板的是，在「科學共產主義」下，「人民大眾文化」成為唯一可以接受的文化種類。

革命的社會、政治、智性（或者說是反智）、藝術（其實是反藝術）的現代主義，始於歐洲本身的沿海體系。政治現代主義的近源，即近代政治生與死背後的動力，要在啟蒙運動中尋找。啟蒙運動最具影響力的思想家是盧梭（Jean Jacques Rousseau，一七一二—一七七八年），他幾乎為生活的各個層面都提出革命性的思想——其中許多是非常好的。但是，它們在本質上都是具有煽動性的思想。法國大革命（一七八九年至約一七九九年）在煽動者的主持下，上演了一場難以用言語形容的殘酷和大屠殺，他們能言善辯地宣揚「民主」、「自由」和其他啟蒙哲學家的觀念（當然，那些

啟蒙哲學家從未想到別人會以他們的名義製造恐怖），這可以說是現代主義在歐洲實際造成的第一個重大衝擊。它是會有更壞事情發生的不祥預兆。十九世紀的可怕戰爭（新科技使殺戮大量人口變得比以往任何時候都更容易），伴隨著工業革命的全面衝擊和西歐、北美和日本的快速城市化。所有這三種發展：軍事、工業和城市，都將權力轉移到不代表傳統的非城市貴族及其高級文化理想的人手中。到十九世紀末時，現代主義已經大體取得勝利，並在二十世紀全面發展。

沿海國家——英格蘭、法國及其在歐美的盟友，還有亞洲的日本——在第一次世界大戰擊敗並懲罰了大陸型國家。不出所料地，在歐亞大陸上，包括德國、俄國和中國（早期的共產主義革命在一九二七年遭到大幅屠殺鎮壓）在內，都接連爆發了激進革命。在整個二十世紀，早期的科學理論、科技和意識形態，不斷被新的理論、科技和意識形態取代。民粹主義的「民主」政府形式的全面勝利，使得空前的權力集中在亟於利用新可能性的無良統治者手中。其結果就是，歐亞數千萬無辜的人民被有意識地直接集體屠殺，並在中央歐亞傳播最邪惡、最具破壞性的文化現代主義。

## 現代主義和對藝術的破壞

現代主義產生於歐洲的大型工業化城市和歐洲人主導的沿海地區。由於現代主義在一定程度上是城市、商業、工業化的沿海地區人民對於精英、貴族、以土地為基礎的大陸型人民的反作用回應，因此，這種現代主義便不可避免地對受殖民統治者擺布的中央歐亞產生了強大的影響。

在瘋狂的馬克思社會主義統治期間，在蘇聯（尤其是史達林治下的一九三〇年代）以及後來的中華人民共和國（尤其是毛澤東治下的一九六六年至一九七六年），激進的現代主義蹂躪了中央歐

亞。[71]成千上萬的寺院、廟宇、教堂、清真寺、宗教學校、陵墓和猶太會堂等蘊藏中央歐亞諸民族藝術和建築遺產結晶的場所，遭到關閉或摧毀。例如，到一九三〇年代末，在蘇聯，「可以明顯辨認出的宗教生活幾乎被完全摧毀。在俄國革命前夕，俄羅斯帝國有大約五萬座東正教教堂，此時只剩幾百座仍然開放」。[72]俄羅斯帝國本有為數眾多的猶太會堂，但到一九六六年時，整個蘇聯應該「只有六十二座」。[73]而在一九一七年時，全俄羅斯有兩萬六千兩百七十九座清真寺，但在布里茲涅夫（Brezhnev）當政時期（一九六四－一九八二年）結束時，蘇聯只有大約兩百座清真寺。僅在亞塞拜然一地，一九一七年時就擁有大約兩千座清真寺，但在一九九〇年時只剩下五十五座。[74]在西藏自治區（面積約占藏人民族語言地區總面積的一半，其餘部分已在過去的兩個世紀裡被畫入鄰近的中國省分），按照中國政府的數據，到一九六五年時，原本的兩千七百座寺院已有八成被毀；文革後只剩十三座。[75]在史達林時期，蒙古也發生同樣的遭遇。[76]在宗教機構裡任職的人，本是體現日積月累的古老智慧的人，如今卻被強行帶走，強迫還俗，他們經常被關進監獄，或被送進勞動營，甚至被直接殺害，[77]他們擁有的許多書籍和藝術品也遭到銷毀。蘇聯和中國共產黨最終在中央歐亞建立的現代學校和大學，在教育水準上無法（而且至今仍無法）與歐美最不起眼的學院相提並論，就更不用說如何能對學術和科學做出什麼新貢獻了。[78]舊有的菁英階層世俗文化的代表，無論是貴族、小「資產階級」（布爾喬亞），還是知識分子，這些人受到的待遇普遍更糟——他們被關進監獄或直接處決。因此，在文化上，現代主義對中央歐亞的破壞，比世界上任何其他地區都要嚴重得多。

在藝術上，就如同在政治上一樣，早在十八世紀的啟蒙運動就可看出現代主義的端倪。但在二十世紀前，即便是最偉大的藝術家，幾乎也都是透過努力反傳統、有時甚至是打破規則的方式獲得成功的，但是，當時傳統和反傳統的兩種力量是平衡的：追求向上（upward-aiming）的貴族制

度的目標，是透過以自然秩序的傳統規則為基礎，創造出盡可能盡善盡美的藝術作品來獲得成功；追求向下（downward-aiming）的現代傾向，則是透過創造實質改變傳統或以前遵循的規則的藝術作品來獲得成功。因為這兩種力量是平衡的，所以過去的偉大藝術家並沒有破壞既存的規則，而是將既存的規則加以延伸或修改。但是，當二十世紀初整個西方的政治和文化體系轉向現代主義時，被摒棄的，不僅是君主制：宮廷、王公貴胄以及其他所有舊文化的元素，特別是傳統的智性和藝術理想，也一併被拋棄了。民粹主義理想對貴族主義理想的取代，必定會消滅文化典範（cultural paragons）的觀念——這種典範正如葉慈所言，是那些「穿著金燦衣裝行走，展示熱情心靈，讓俗人感到他們的靈魂更加偉大」的大人物。[79]在社會的各領域，已經沒有更崇高的楷模可以嚮往。金錢和權力，只要是夠聰明或夠狠毒的人都能得到，這使得十九世紀末、二十世紀初的暴發戶「強盜男爵」（robber barons）成為舊有貴族階層膚淺的粗略模仿替代物，但他們和新的民粹主義政治領袖受到的激勵，大多由普通的貪婪驅動。他們也沒有貴族要對自己的下屬負責的傳統，這是最後的、已經消逝的文化記憶之一，這種文化記憶來自封建主義的宮廷文化，也來自中央歐亞文化綜合體的從士關係。有品味的贊助人或文化完人的貴族觀念，就像其他屬於舊秩序的東西一樣被拋棄，而同樣被拋棄的，還包括有著或應該有著一套基於自然秩序的公認規則，來決定藝術作品創作的觀念。[80]

菁英階層貴族凌駕於普通「平民」之上的階序地位在社會政治上的剝除，以及民粹主義的制度，也因此反映在智性和藝術生活中，而其方式則是消除追求至美的菁英與追求平凡的普通人之間的二元對立。現代詩人剝奪詩歌相對於散文的菁英地位：自由詩，一種粗淺偽裝的散文形式，門檻很低，無論是誰都可以寫，它取代了詩歌。繪畫幾乎不需要什麼訓練或審美品味（事實上，現代主義明確要求抑制審美品味）；現代繪畫只需要在畫布上潑灑顏料的能力。在繪畫、詩歌和音樂等高

級藝術中，傳統的形式被摒棄，而取代舊形式的新形式也不斷受到被拋棄的無情壓力。[81] 這樣做的後果，就是**藝術**、甚至**美**的意義的喪失，[82] 以及許多菁英階層集體拒斥當代藝術，他們轉而保護和培育前幾個世紀的藝術形式。搖滾樂這種新的流行音樂形式出現，它有著簡單的旋律、簡單的和聲、簡單的節奏，因此幾乎任何人都可以演奏或演唱，於是它取代了菁英階層的音樂。[83] 現代主義在所有的藝術領域中蔓延，除了在博物館和大學象牙塔裡，沒有任何倖存者，它們和已死的菁英文化一同被淹沒。

大多數的畫家和其他平面藝術家，是依靠直接出售作品原件來維生。他們發現了吸引注意力的最簡單方法——為了贏得買家，從而能在藝術市場上取得成功——在某種程度上，他們會表現得比其他藝術家更具攻擊性。起初，這是最容易實現的，而且往往並非刻意，因為藝術家只需放棄某種前現代的藝術實踐或慣例。很快地，藝術家就必須比之前更具攻擊性，直到這種震撼價值（shock value）產生知名度，並最終帶來市場價值。並不是說，具象藝術就是好的，拒絕具象藝術的畫家是壞的。這個問題和具象藝術本身沒有任何關係，問題在於，藝術家明確地拒斥**自然界**視覺秩序認定的完美形式（以某種抽象或不抽象的方式）所呈現的**美**的觀念。[84] 正如現代美學家阿多諾（Theodor Adorno）敏銳指出的：「自然美……現在甚至幾乎不是（美學）理論的主題。」然而，自然美與藝術美是緊密相連的，「對自然美的反思，是藝術理論不可改變的必要條件」，更是藝術實踐的必要條件。[85]

由於作為永久革命的現代主義，是「一種反作用現象」，[86] 因此，藝術家有必要透過拒絕前人的東西來尋求改變。一般認為，畢卡索（Pablo Picasso，一八八一—一九七三年）是二十世紀最偉大的現代畫家，他曾多次改變自己的繪畫風格，其原因與斯特拉溫斯基（Igor Stravinsky）改變音樂風格

的原因相同：他們**必須**改變，**必須**與他人不同，甚至與早年的自己不同，才能**保持**現代，從而銷售他們的作品。這個過程不可預見的效果，是與前現代時期的作品相比，舊的現代藝術作品**作為藝術**的價值被貶低了。畢卡索中期的作品在當時有很大的震撼效果，但到了二十世紀末，也許只有他的早期作品還保留著很大的**藝術**價值（姑且不談商業價值，[87]或主要是歷史上的價值，比如他的名畫〈格爾尼卡〉〔Guernica〕），[88]他的那些早期作品雖然是具象的，在本質上是傳統的，但並沒有做出任何公開的嘗試，以透過震撼價值來取得成功——這種方式在本質上是非藝術或反藝術的。只是因為學術界和博物館對現代藝術生活的主宰，才讓人們記得那些現代作品，這些作品僅因當時的震撼價值而聞名，若不是學術界和博物館，它們早在幾十年前就會被人們遺忘。

因此，藝術中的現代主義在二十世紀發展成一種表層永久革命的建制，和共和政體的表層永久革命（理論上是透過選舉制度實現）平行。在這兩種情況下，其結果都是（而且仍然是）永久的平庸。[89]在藝術領域，現代主義者並沒有真正對前輩的觀念或實踐做出反應；[90]他們只是推翻前輩，並用全新的觀念或實踐取代——他們想要打破一切，重新開始。這樣不斷驅逐「既有事物」的必然結果，就是「完全的貧困：赤貧的、無力的嘶嚎」。[91]一旦一切被打破了，傳統的藝術實踐消失了，剩下唯一可以被認定為藝術的實踐，就是像笨蛋一樣打破一切。因此，藝術家必然得拒絕其他藝術家以前的作品，還有自己之前的創作，並試圖用完全不同的時尚來取代它們。許多藝術家所屈服的邏輯極端，就是打破一切，全都扔掉：他們在任何已知或想像得到的定義下拒絕**藝術**本身。**藝術**意義喪失的結果，就是「藝術家」製造的藝術品的無意義。[92]

詩人放棄將詩歌定義為詩歌的傳統文學元素，投身自由詩，這種詩缺乏世界上大多地區史上的詩歌（有別於散文）決定性特徵：以格律或重音循環模式為基礎的有規律節奏、各種類型的韻

律（在一些語言中主要是子音和諧音）以及其他音樂性的元素。這種轉變在歐洲文化中得到促進和鼓勵，因為在歐洲，詩歌較早失去吟詠或歌唱的傳統，所以，即使在現代主義襲來之前，詩歌也是閱讀的，就像散文一樣，而不是拿來歌詠的。西方大多數現代詩人，從來沒有聽過傳統方式的歌詠或吟唱，他們從小就很少或根本不了解詩歌——包括抒情詩和史詩——曾被**界定**為是要用來配合演唱或吟唱的語言。自由詩與散文的不同之處，只在於現代詩人為了展現自己的作品具備「詩性」，從而使用怪異的標點符號、詞彙和語法。詩人還用一種他們特有的怪異語詞形式大聲朗誦自己的作品。[93]這樣一來，現代詩人會發現自己很難寫出在本質上不屬於（就其所有已知定義而言的）散文的詩歌，也就不足為奇了。普遍視為二十世紀最偉大現代英語詩人的美裔英籍作家艾略特（一八八八—一九六五年），若是沒有另一位現代詩人、他的朋友龐德（一八八五—一九七二年）在編輯上的激進協助的話，他就無法寫出他的代表作《荒原》（一九二二年）；儘管如此，作為藝術作品，《荒原》充其量是一部仍有嚴重缺陷的作品。[94]一般來說，艾略特的作品被用其他語言寫作的二十世紀詩人的作品超越了，甚至也被少數用英語寫作的詩人——如愛爾蘭詩人葉慈（一八六五—一九三九年）和威爾斯詩人托馬斯（Dylan Thomas，一九一四—一九五三年）——所超越，但艾略特得到的關注，卻仍然超過其他任何一位二十世紀的英語詩人。[95]這並不是因為他的作品在藝術上更好，而是因為在一開始，當他聲名鵲起時，他的作品就更具震撼性和攻擊性，因而也更具現代性，[96]並且很早就被現代主義運動中奉為不容置疑的圭臬。

雖然現代作曲家的「無調性」作品，往往具有充滿說服力的音樂之外智性成分——通常在本質上和數學、圖像、紋理或哲學有關，而不是聽覺[97]——但他們創作的「音樂」正好缺乏那些幾乎在全世界所有文化中界定音樂之所以是音樂的元素：節奏、旋律（尤其是完整的曲子）和自然的和諧。[98]

尤其是，音樂家背叛建立在泛音系統上的和聲、旋律線的主導地位（泛音系統本身就是以自然為基礎的聲學規律，包括人類語言的聲學基礎），如此一來，他們也拒絕自然的節奏。這也就難怪現代作曲家在拋棄古典傳統本身的同時，也失去新西方藝術音樂的聽眾：因為人類的聽覺結構決定無論是什麼樣的聲音，只要是和自然泛音系統產生過於極端的衝突，都必然會造成生理上的痛苦。在一個藝術家必須獲得大眾追隨者才能生存的時代，現代音樂家的作品讓包括其他現代作曲家在內的聽眾從音樂廳裡逃了出來。[99]他們的作品代表了非智性或甚至公開反智的「流行音樂」的對立面。「流行音樂」稱為「流行音樂」是個恰如其分的叫法，它與極**不**流行的現代藝術音樂形成鮮明的對比。到第一次世界大戰時，流行音樂已經開始獲得追隨者，甚至在十九世紀時絕對不會承認自己聽過流行音樂的階層中，也有人聽流行音樂。很快地，聽爵士樂就變成一種更現代、更成熟的活動——這當然比忍受著無聊和聽覺折磨，聽大多數現代作曲家有著「玄妙外表」的作品要令人心情愉快。[100]

一般認為是二十世紀最偉大現代作曲家的俄羅斯音樂家斯特拉溫斯基（一八八二—一九七一年），在他漫長的一生中曾多次採用其他現代作曲家的創新風格。他曾多次試圖達到早期的芭蕾舞劇《春之祭》（*The Rite of Spring*）所達到的震撼效果，[101]該劇於一九一三年在巴黎首演時還曾引發騷亂，但最終只是成功地疏遠除了其他現代作曲家外的幾乎所有人，而對大多數現代作曲家來說，斯特拉溫斯基是不會錯的。到了二十世紀末時，在斯特拉溫斯基創作的所有作品中，最為人們普遍接受的作品，仍然是他早期創作的芭蕾舞劇作品，包括《春之祭》，[102]這些作品基本上還是屬於廣義上的有調性音樂。最終，專業作曲家明確拒斥建立在自然泛音系統上的和諧性，轉而長期擁抱的序列音樂，導致許多傳統音樂會聽眾放棄新藝術音樂。

現代藝術的乏味和刻意反美學，是整個時代智性貧瘠的直接結果。因為人必須是自然界的生物，人對自然的反叛，以及相伴隨的對人類創造物（尤其是機器）的崇拜，注定會導致矛盾和毀滅。雖然現代主義始於啟蒙運動（一個以理性理想為特徵的時期），但隨著現代主義與民粹主義的日益融合，智性和理性的規則——一般大眾不具備的特徵——被等同於傳統秩序。而由於傳統秩序又被等同於貴族菁英，於是**理性**的理想就連同秩序和美的傳統藝術理想一起遭到棄絕。也許這就是現代主義在學術上的後現代變異的根源。

儘管事實證明，要創造完全不受自然秩序或以自然秩序為基礎的舊作品影響的新風格是不可能的，但現代主義迫使藝術家公開否認自己的作品與自然秩序和舊作品有任何關係。結果，他們也無法確定自己所做的到底是什麼「藝術」，也無法知道藝術家應該做什麼，以及為什麼這麼做。他們完全沒有能力為**藝術**、**音樂**和**詩歌**這些字詞做出定義。

現階段藝術史的標誌，就是藝術的概念對於什麼是藝術作品已經沒有任何內在的約束，所以人們已經無法判斷某物是否為藝術作品。更糟糕的是，某件東西可以是藝術作品，但和它很像的東西卻不是藝術作品，因為它們之間的區別並無法用視覺來判定。這並不意味著某件東西是否為藝術是隨意認定的，而只是說，傳統的標準已經不再適用。[103]

當流行藝術家開始填補現代反藝術家造成的真空時，他們大多根本不被承認為藝術家。只有當市場價值與藝術價值的等價關係牢固確立後，流行藝術家——主要是音樂人和舞者——才開始被稱為藝術家。[104]然而，無論人們如何評判他們的實際作品，他們至少認為自己是完全初始意義上的藝術

家——致力於創作美好事物的人——不像大多數的現代「藝術家」，後者拒絕接受**藝術**、**美**、甚至**藝術家**這些詞的所有定義。

毫無疑問地，對從事創造性工作的人來說，生活一直是困難的，但是在過去，藝術家和工匠的社會經濟地位相當固定，因為貴族需要他們。貴族雖然有時在現實中或實踐上可能很糟糕，但他們代表一種理想，不僅是人們可以仰望的東西，而且也是貴族對自己的期望。向上看、要求盡善盡美、盡可能地接近完美，所以他們聘請最好的藝術家和工匠來製作藝術品，為他們工作的人也盡力去實現。如果說藝術家不是在仰望和盡力為神服務的話，他們也是在盡力為他們**認為**「更好」的人服務；這與教會或貴族是否真的在某種程度上更好沒有關係。試圖顛覆一切，把最底層的人凌駕於其他人之上，實際上並無法取代舊秩序——沒有人會仰望一個在定義上就低下到不能再低下的人——所以顛覆一切的結果，就是消除秩序本身。在今天，藝術家和工匠的社會經濟地位已經不再真正存在（只要問問年輕的藝術家就知道），沒有別的事物真正取代了它。但無論如何，藝術的整個目的或目標已經基本消失了。現代主義的徹底勝利，意味著對**理性**、藝術秩序、**美**等傳統價值的有意識拒絕。

因為現代主義與其說是種哲學或運動，倒不如說是種整體世界觀，它被應用到生活的各方面。激進的政治現代主義——特別是馬列社會主義——在俄羅斯（自一九一七年）和中國（自一九四九年）的勝利，導致它的極權主義計畫在整個中央歐亞的實施。俄羅斯和中國共產黨專制統治者對傳

統文化幾乎所有方面的破壞，包括對物質文化的破壞，雖然遭到中央歐亞諸民族的抵抗，但最終還是成功。

在中央歐亞的現代主義史與西歐的現代主義史之間，存在著非常明顯的差異。在歐洲，巴黎雖然經歷了第二次世界大戰，偶爾也出現了一些現代建築，但巴黎的特徵仍然是美麗的傳統老建築，以及擁有豐富收藏的圖書館、博物館。在歐洲，現代主義主要是阻礙了新藝術作品的創作；文化傳承遭到的破壞很少。相比之下，在中央歐亞，只有少數名勝古蹟**沒有**被破壞，曾經數量龐大的古籍，也只有極少的一部分被保存下來。到二十世紀末時，以現代主義和「進步」的名義所做的惡事，使得中央歐亞人失去許多自己的歷史和文化。

1 在很多方面，艾略特的作品都最能體現二十世紀現代主義和民粹主義的勝利。Rossa 2006 指出：「這首詩從出版的那一刻起就產生了巨大影響，評論家雷尼（Lawrence Rainey）曾表示，『《荒原》的出版是個關鍵時刻的標誌：**現代主義從一種少數派文化，轉化為一種受到一個重要制度和財政機器支持的文化**』。」引自 http://www.lib.udel.edu/ud/ spec/exhibits/pound/wasteland.htm（黑體字非原文所有）。

2 當蘇共和中共開始彼此敵對，中蘇之間的冷戰也隨之而變熱，並在一九六九年的珍寶島事件中短暫爆發。

3 中央歐亞研究甚至被一些學者稱為「邊疆研究」（border studies），其中一些人對中央歐亞民族的語言一無所知，幾乎完全採取自己精研的周邊國家作者的觀點，尤其是中國和俄羅斯。

4 關於目前處理現代時期所使用的文獻資料，請參考書末注釋91。

5 部分的原因是民粹主義政客需要替罪羊，於是君主和君主制本身就被不公地說成是要為戰爭負責。

6 Dillon 1998: 302.

7 Millward 2004: 4.

8 在北京被蔣介石的軍隊占領後（一九二八年六月八日），這座城市的名字就被改成了北平（「北方的和平」），以顯示它的京城地位被新的首都南京代替。

9 Dillon 1998: 160。中國國民政府在一九二七年四月十八日在南京宣布成立（Eastman 1986: 116）。

10 Teed 1992: 506.

11 關於第一次世界大戰和基本上沒有改變的歐洲中心主義世界史觀，見書末注釋92。

12 最後一位皇帝尼古拉二世（Nicholas II）於一九一七年俄曆（儒略曆）二月（西曆三月）退位。一九一八年七月十七日，他及其在俄國的所有家庭成員，包括遠親，全數遭到布爾什維克黨人（Bolsheviks）的殺害（Millar 2003: 1298）。

13 由於當時俄國仍然使用儒略曆，所以傳統上將該事件稱為「十月革命」。

14 Stearns 2002; Florinsky 1961。史達林造成的恐怖（大清洗〔Purges〕）和大饑荒留有大量文獻資料，例如系列著作Conquest 1968, 1986, 1990。

15 但是，在第二次世界大戰開始前，「大眾的汽車」（福斯汽車）尚未真正量產。

16 在第二次世界大戰中，愛因斯坦（Albert Einstein）和其他一些逃出歐洲的頂尖科學家發揮了他們的知識和才能，幫助盟軍打敗了德國及其軸心國盟友義大利和日本。

17 Weiss 2000。納粹也針對他們特別不喜歡的其他民族語言群體成員，特別是羅姆人（Romani，吉普賽人），以及同性戀者、瘸子或其他殘疾人等等。

18 關於「伊斯坦堡」的詞源，見書末注釋93。

19 英國外相斯特勞（Jack Straw）公開承認，他的政府在巴勒斯坦和印度等西南亞和南亞的許多國家犯下了「相當嚴重的錯誤」（http://news.bbc.co.uk/2/hi/europe/2481371.stm）。

20 「歐洲人（對中東）干預最深遠的後果，是在第一次世界大戰後造成**鄂圖曼帝國的滅亡**。在先前統一的土地上，歐洲人為**全新的國家體系**建立基礎，這個國家體系雖然是人造的，但它一直維持到二十世紀末，幾乎沒有什麼修改。」（Stearns 2002: 751；黑體字為原文所有）。「全新」和「人造」這兩個詞似乎還不足以形容這個國家體系。

21 儘管它的名字也可以翻譯成「現代主義」，也可以用它的「現代化」目標作為名稱，但這場運動與這裡所說的二十世紀西方現代主義運動幾乎毫無關係。Jadidism 實質上是自由主義在伊斯蘭背景下的西化或歐化的另一個名稱。

22 喀山是今日韃靼斯坦的首府，為十九世紀末俄羅斯乃至整個歐洲的主要智識中心之一。當時一些偉大的思想家曾在其大

學任教。

23 Khalid 2007.

24 Millward 2004: 4-5.

25 雖然事件的確切順序尚未釐清，但可以確定的是，在一九三二年至一九三三年的嚴重饑荒中，有數百萬人死亡，而政府的政策即使不是造成饑荒的根本原因，也是加劇饑荒的原因。

26 Florinsky 1961.

27 出於不明原因，經濟大蕭條對北美和澳大利亞的影響也異常嚴重，一般來說，學者仍在爭論經濟大蕭條的原因。

28 Harrison 1966.

29 和龐德不同，劉易斯（Wyndham Lewis）在戰前就不再支持法西斯主義，因為他「目睹法西斯主義激發的群眾瘋狂」，並意識到納粹政權尤其「和他所謂的民主制度有些特定的共同特徵」（Harrison 1966: 93-94, 103）。

30 在這個問題上，他們的言論可以禮貌地描述為「引人作嘔」。

31 美國當時已在協助中國國民政府抗擊日本人，並派遣一支祕密的空軍中隊和飛機到亞洲，在國民政府的旗號下與日本人作戰。雖然這些部隊直到珍珠港事件後才真正進入中國戰場，但日本人對這種活動的許多情況，甚至全部情況，很難說不是心知肚明。

32 Dunnigan and Nofi 1998: 164-165.

33 美國人於一八九三年一月十七日在夏威夷發動政變，推翻麗留卡拉尼女王（Liliuokalani）的統治。一八九四年七月四日，夏威夷的美國領導人宣布成立「共和國」，然後美國在一八九八年「吞併」了夏威夷（Brune 2003）。

34 關於珍珠港事件的陰謀論，或是美國領導層已經預先獲知（**這場**）攻擊的說法，請參考書末注釋94。

35 雖然入侵菲律賓的時間是當地時間十二月八日，但當時是夏威夷時間的十二月七日。菲律賓是在美西戰爭（Spanish-American War）之後，於一八九八年從該群島的前殖民統治者西班牙手中割讓給美國的（Brune 2003）。

36 Whitman 2001.

37 Dunnigan and Nofi 1998: 387-388.

38 Dunnigan and Nofi 1998: 120-121.

39 Dear and Foot 1995.

40 Brune 2003.

41 然而，必須承認的是，蘇聯比任何其他國家遭受的苦難更多。據估算，兩千萬蘇聯公民在戰爭中喪生。

42 Layton 1999: 1193.

43 Brune 2003.

44 Stearns 2002: 781.

45 Atwood 2004: 302.

46 Atwood 2004: 291-292。囚犯禁止離開他們的「特別定居點」之外超過五公里的地方。

47 關於蘇聯對韃靼人的殘酷待遇，見 Lazzerini 1996。至於其他民族，尤其是伏爾加日耳曼人，也遭受野蠻對待（Hyman 1996）。關於美國在第二次世界大戰期間將日裔美國人關進集中營，以及隨後部分直接以此「解決方案」（solution）為模型而施加在美國印第安人身上的類似現代種族主義「解決方案」（譯注：納粹在處理猶太人問題時使用的即是「最終解決方案」〔Final Solution〕一詞），見 Drinnon 1987。其他研究表明，美國企業和政府參與了外國的種族主義計畫，這需要歷史學家進行仔細地研究。

48 Millward 2004: 5.

49 Shih, per. comm., Taipei, 1974.

50 Buck 2002; Buell 2002.

51 據估計，入侵的軍隊人數相當於或超過西藏所有成年男性人口的人數。

52 Shakya 1999: 512 n. 24.

53 Van Walt van Praag 1987: 169, 195-196.

54 Millward 2004: 6.

55 海報作者未知。http:// buddhism.2be.net/Image:Destroy_old_world.jpg

56 Shakya 1999: 320-323。請參考在文化大革命後，一度為西藏最大寺院之一的甘丹寺變成廢墟的各種廣為流傳照片（例如 Shakya 1999: plate 15）。

57 Hambly 1991: 114 et seq.

58 比方 Zamzam，這家公司在革命前為百事可樂裝瓶，在革命後，它很快就由「被剝奪者基金會（Foundation of the

Dispossessed）控制。這是個強大的基金會，是柯梅尼用來準國有化伊朗經濟的許多宗教慈善基金會中的一個……這些基金會變成權貴的金礦。就 Zamzam 而言，它直接由最高領袖哈梅內伊（Ayatollah Ali Khamenei）負責」（Ellis 2007）。

59 Calmard 1993: 300.

60 奧地利也同樣被分割，但它在一九五五年重新獲得完全獨立。

61 Brune 2003.

62 Atwood 2004: 291-292.

63 克里米亞在史達林死後由赫魯雪夫（Khrushchev）掌控，並畫進烏克蘭領土，從而使韃靼人在其故土家園的政治地位變得更加困難。此後，冒著官方和非官方的反對和嚴重剝削，許多克里米亞韃靼人還是回到了克里米亞（Lazzerini 1996）。自蘇聯解體後，伏爾加日耳曼人大多在絕望中放棄了回歸，移居德國（Hyman 1996）。兩個民族的自治共和國都沒有得到恢復。

64 法國和美國曾先後試圖把共產主義擋在越南之外，但共產主義後來在越南取得了勝利。

65 作為一種政府形式，它不管是在過去還是現在，都不是正確意義上的「民主」形式，而是「共和」形式。這兩個名詞也是美國兩大政黨的名稱，但這純屬巧合，它們只不過是名稱而已。美國名義上是共和制，但兩黨的實際政策與真正的民主或共和制政府理念沒有什麼關係。美國人企圖把他們的現代制度強加於世界其他國家（現在仍是如此），這詭異地與共產黨人企圖用自己的制度強加於人的作風十分相同。

66 尼泊爾的君主制之所以在二〇〇六年的權力競爭中失利，是多種因素共同作用的結果，最重要的原因是國際大眾媒體在加德滿都現場公然、毫不掩飾地傳播民粹主義的「民主」宣傳，它們顯然是被現代主義洗腦，它們可能根本不知道自己在做什麼。它們以為君主制是壞的，現代「民主」是好的。

67 關於當代歷史學中的現代主義，可參考書末注釋95。

68 即使在最嚴重的恐怖時期已經結束後，藝術領域的現代主義仍繼續在整個中央歐亞蔓延，特別是透過建築，因為外來的統治者拆毀了傳統的中央歐亞風格建築，以現代建築取而代之。中央歐亞城市的具象面貌發生巨大的變化，該地區的文化遺產也相應變得貧乏。

69 民粹主義一詞有不同的含義。我以它來指涉的含義，應該可以清楚地從這裡的討論看出。宗教政治原教旨主義在中東和其他一些地區的蔓延，是現代民粹主義一種特別惡毒的形式，對未來並不是個好兆頭。

70 到二十世紀末，民粹主義已經完全取代了所有其他形式的政府。除了少數幾個國家（大部分是小國和孤立國家），現在世上每個國家都聲稱自己是現代民主國家。事實上，它們沒有一個是真正的民主國家，大多數甚至不是真正的共和國，而是獨裁政府，或者充其量是寡頭政府。

71 在中國本身也造成巨大破壞。

72 Walters 1993: 16。很多建築被改作其他用途，比如糧倉或庫房。

73 Rothenberg 1978: 190。根據一份政府資料，「在一九一七年到一九二七年之間，百分之二十三（實際上是百分之二十六）的猶太會堂（一千四百座中的三百六十六座）和教堂被關閉，但這些數字過度低估。有些城市的猶太會堂超過百座，其總數以及被沒收的數目應該更多」。「一千四百」這個數字顯然只是指烏克蘭，該地的猶太會堂數量「到一九二七年時減少到一千零三十四座」（Levin 1988: 82）。到一九八〇年時，儘管已經開始去史達林化，但整個蘇聯境內只剩下九十二座猶太會堂（Levin 1988: 774）。

74 Ramet 1993: 40.

75 Shakya 1999: 512。「在中國，內蒙古的寺院在一九五八年至一九六〇年的大躍進期間普遍遭到關閉。我猜測，到一九六〇年時，已經沒有倖存的正常運作寺院」（Christopher Atwood, per. comm., 2007）。在蘇聯，「在布里亞特地區（Buriatia），消滅佛教的行動大約是從一九三二年開始，到一九三七年左右，已經沒有正常運作的寺院。第二次世界大戰後，伊沃金斯基大藏寺（Ivolginsky Datsan）重新開放。在卡爾梅克地區，時間順序與此類似，但直到一九八〇年代末才有寺院重新獲得開放」（Christopher Atwood, per. comm., 2007）。

76 「在蒙古，政府因為武裝起義而不得不在一九三二年有所退讓，但是在一九三六年又開始重新施壓，到一九三九年時，最後一個仍然運作的寺院也被關閉。甘丹寺直到一九四四年才重新開放。」（Christopher Atwood, per. comm., 2007）

77 曾有一些女性寺院，但整體而言，大多數的比丘尼生活在家庭中。見 Childs 2001, 2008, 2015。關於蒙古和鄰近地區的強迫僧人還俗，見書末注釋96。

78 遺憾的是，儘管有外國非政府組織正在努力改善情況，它們仍然無法與歐美水準相提並論。

79 Harrison 1966: 47.

80 藝術家並非不知道規則的必要性。主要由奧地利作曲家荀貝格（Arnold Schoenberg，一八七四—一九五一年）發展的連環、十二音或十二音作曲法，規定了連環作曲中應遵循的形式規則。然而，這些規則並不是源於傳統規則，因為傳統規

則最終是以自然界的泛音系統為基礎，它們是對傳統規則及其所產生的自然和諧的明確逆反。

81 備受吹捧的「後現代主義」，從來沒有取代過現代主義。「在第二次世界大戰後的幾年裡，『後現代』一詞成了一種時尚，但一致的『後現代』美學從未出現過」（Teed 1992: 309）。事實上，儘管在某些領域（尤其是文學），後現代主義已經有了其他的含義，但拒絕一種連貫的美學是它的整體特徵之一。在很大程度上，它只是現代主義病毒變異的另一種扭曲，因為它最終是一些人試圖將自己確立為新的前衛，以區別於「舊的」前衛現代主義者的結果。

82 請參考 Adorno 1997 對這個問題各個面向的廣泛討論。

83 搖滾樂在整個社會的成功，可以和巴洛克音樂在年輕菁英之間的復興相提並論，這些年輕的菁英也會聽搖滾樂和民俗音樂。巴洛克音樂的有力節奏和清楚旋律，經常與搖滾樂相提並論。請參考書末注釋101。

84 Adorno 1997 用了很大篇幅評論圖像藝術焦點的轉換和「醜」的觀念的相對主導地位——這是「美」的觀念不可或缺的前提。

85 Adorno 1997: 61, 62, 65.

86 Botstein 1998: 255.

87 這種事實上的現代觀點，就是市場上價格最高的藝術作品，即為「最偉大」的作品。因此，一些藝術品令人難以置信的拍賣高價，將會繼續誤導人們，以為它們是偉大的作品。

88 我對畢卡索大部分作品的看法無疑不受歡迎，因為很多人確實認為它們保有美學價值；但我相信，無論它們保有什麼樣的價值，都是一種基本歷史上或學術美學上的價值。〈格爾尼卡〉是一幅典範的畫作——它也許**就是**學術藝術典範中的現代藝術作品，因而對藝術史來說當然是重要的——但這並不意味著**作為藝術**，它是（或曾經是）一件偉大的藝術作品。純粹就藝術本身而非藝術家而言，比起畢卡索的作品，美國抽象畫畫家波洛克（Jackson Pollock，一九一二—一九五六年）的作品或許更具有典型的現代性，但畢卡索在形塑人格崇拜上做得更成功，因此他也被認定**為**偉大的現代藝術家。

89 Cf. Adorno 1997: 29-30.

90 反應可以引發對前人的完善和改進。

91 Adorno 1997: 30.

92 關於在現代激進主義中藝術的喪失，請參考書末注釋97。

93 關於在歐洲和其他現代化傳統中，詩歌與音樂之間聯繫的喪失，見書末注釋98。

94 雖然許多敏銳的讀者甚至在龐德對艾略特手稿的激進改寫出版之前，就注意到這些缺陷，但一些評論家已經指出，「甚至《荒原》也被動了手腳」（Dyson 1968: 627）。

95 考慮到有為數眾多的英語詩人，現代主義的限制顯然可以用來解釋，為何這麼多詩人中沒有一個能夠創作出偉大的詩作。同樣的道理也適用在數量多到驚人的作曲家。

96 他的第一部主要作品《J·阿爾弗雷德·普魯弗洛克的戀歌》（*The Lovesong of J. Alfred Prufrock*，一九一五年）也是如此，作為詩歌，它在許多方面都優於《荒原》，但在美學上也許更令人厭惡。

97 即使是在和聲上保守的音樂，如史特勞斯（Richard Strauss，一八六四—一九四九年）的音樂詩，也可說是如此。但史特勞斯卻另有其不同之處。在創作許多前衛的藝術音樂，並在他的歌劇《埃萊克特拉》（*Elektra*）中達到頂峰後，他認為歐洲藝術音樂正在走入一個錯誤的方向；他拒絕了現代主義在音樂結構上的「進步」說，因為這種學說已經導致反音樂的現代學術主義。於是他繼續創作偉大的音樂作品，直到去世；參見書末注釋99。

98 這·點在二十世紀後半葉被前衛作曲家凱奇（John Cage）推向邏輯極端，他最著名的作品是《四分三十三秒》（*4′33″*），它只是由沉默組成的作品（這在繪畫上可與二十世紀中葉馬列維奇〔Kazimir Malevich〕的畫作〈白色上的白色〉〔White on White〕、〈黑方塊〉〔Black Square〕等相提並論）。在其他的現代方法中，最成功的是極簡主義（Minimalism），其典型代表是格拉斯（Philip Glass）等音樂家的作品，他們反叛序列主義（Serialism），創作由少量音高或簡單樂句組成的作品，並以最小的變化反覆出現。請注意，我所說的「自然和聲」並不是指傳統的歐洲、亞洲或其他任何特定的和聲系統，而是指任何基於自然泛音系統的和聲。

99 有些學者認為音樂是一個例外，但這似乎並不準確；見書末注釋100。

100 現代音樂「由於其玄妙外表，暗中引發二十世紀末的知識分子和藝術家對流行音樂和商業音樂重燃熱情，認為它們值得高級的地位和批判性的關注」（Botstein 1998: 259）。此處的「玄妙外表」是種委婉的表達方式，目的是為了轉移注意力，使人們不注意到直白的事實：對世界上任何地方的大多數人來說，違反自然和音系統的「音樂」，聽起來都是刺耳甚至痛苦的，這完全是出於自然的物理原因，而不是出於理論、教育或品味的原因。

101 觀看《春之祭》首演的觀眾對舞蹈中粗鄙的性描繪以及它的音樂感到怒不可遏。這兩個元素都是存心、故意要震撼觀眾的。關於斯特拉溫斯基音樂可能受到的影響，請見書末注釋101。

102 在序列主義先鋒荀貝格過世後不久，斯特拉溫斯基曾採納過序列主義，儘管荀貝格曾公開批評他，並在《三首諷刺曲》（*Drei Satiren für gemischten Chor*, opus 28）」中把他稱為「摩登斯基」（Modernsky）（http://www.schoenberg.at/6_archiv/music/works/op/compositions_op28_texts_e.htm#Seitenanfang）。

103 Danto 2003: 17。參見 Adorno 1997: 1：「關於藝術的任何東西都不再是不言而喻的，它的內在生命、它與世界的關係、甚至藝術存在的權利都不再是一目瞭然的。」

104 一些流行藝術家——尤其是音樂家——作品的市場價格，遠遠超過當代現代派藝術家的任何一種最高價作品，後者的作品已經變得日趨學術化。比起大多數前現代藝術作品，流行藝術家作品的市場價格也更高。一些受歡迎的音樂人、舞者等藝術家，是真正致力於自己藝術的人，他們無愧於「藝術家」這個名號。遺憾的是，由於他們的作品大多缺乏菁英元素（如優雅、美麗、追求盡善盡美），所以仍舊無法上升至「高級」藝術的層次，並最終取代現代藝術。至於那些現代藝術的大部分作品，充其量只有放在怪奇博物館裡的水準。

# 第十二章

CHAPTER 12

# 中央歐亞的重生

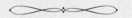

當我們騎著馬，踏上了漫長的旅程時，我們還都年少；如今，我們的孫子輩已經到了縱身上馬的年紀。
在那困苦的征程中，我們當初人數寥寥；現在我們已可稱做龐大的商隊，在荒原上留下我們的足跡。
在那荒原上、峽谷中和山徑上，都留下了我們的足跡，還有，那許多的英雄，在沒有墓碑的荒漠。
不要說他們沒有墓碑：在那紅柳樹染紅的曠野中，在黎明時分，暮春時節，我們的墓碑上，鋪滿著盛開的玫瑰。
我們的足跡仍在，我們的夢想仍在，雖然遙遠，但一切仍在。
即使狂風滿天，即使流沙吹過，但我們的足跡，將永遠不會被掩埋。
這支商隊，雖然人疲馬瘦，但將永不停歇，總有一天，在這裡或那裡，
我們的兒孫，將會發現我們留下的足跡；如果不是我們的兒孫，那就是兒孫的兒孫。

——烏提庫爾（Abdurehim Ötkur），〈足跡〉[1]

ياش ئىدۇق ئۇزۇن سەپەرگە ئاتلىنىپ ماڭغاندا بىز،
ئەمدى ئاتقا مىنگىدەك بوپ قالدى ئەنە نەۋرىمىز.
ئاز ئىدۇق مۇشكۇل سەپەرگە ئاتلىنىپ چىققاندا بىز،
ئەمدى چوڭ كارۋان ئاتالدۇق، قالدۇرۇپ چۆللەردە ئىز.
قالدى ئىز چۆللەر ئارا، گايى داۋانلاردا يەنە،
قالدى نى - نى ئارسلانلار دەشت- چۆلدە قەۋرىسىز.
قەۋرىسىز قالدى دېمەڭ يۇلغۇن قىزارغان دالىدا،
گۈل- چېچەككە پۈركىنۇر تاڭنا باھاردا قەۋرىمىز.
قالدى ئىز، قالدى مەنزىل، قالدى ئۇزاقتا ھەممىسى،
چىقسا بوران، كۆچسە قۇملار ھەم كۆمۈلمەس ئىزىمىز.
توختىماس كارۋان يولىدىن گەرچە ئاتلار بەك ئورۇق،
تاپقۇسى ھېچبولمىسا، بۇ ئىزنى بىر كۈن نەۋرىمىز،
يا ئەۋرىمىز.

-- ئابدۇرېھىم ئۆتكۈر، " ئىز"

## 第四個區域性帝國時代

二十世紀末，資本主義在中國和印度快速發展，這兩個帝國的經濟成長非常迅速，但在政治上都沒有什麼變化。一九九一年蘇聯解體後，冷戰的緊張局勢似乎有所緩解。前俄羅斯蘇維埃社會主義共和國，被重組為一個獨立的俄羅斯民族帝國。其他前蘇聯加盟共和國也恢復獨立，包括位於中亞西部、高加索地區和曾經的黑海草原西部的各國。突如其來，也出乎意料，中央歐亞的大部分地區再次獨立。

這段時期最引人注目的發展之一，是歐盟在規模、統一程度和經濟實力上的增長。到二〇〇七年時，位於俄羅斯、白俄羅斯和烏克蘭以西的幾乎所有歐洲國家都已經進入歐盟。雖然經常受到民粹主義政客自私、短視政策的妨礙，但歐盟和新生或改革後的帝國在政治上與歐亞周邊的經濟一起發展，產生了新的帝國世界秩序。中央歐亞周邊的所有大國——中國、印度、歐盟和俄羅斯——都快速發展。

但是，中央歐亞本身並沒有這麼幸運。雖然半數以上的中央歐亞主要民族都再次獲得獨立，但由於一直缺乏一個團結一致的中央歐亞政體（無論是政府，還是像歐盟這樣的經濟政治集團），弱小、貧窮、落後和外國勢力的宰制依然存在。使用波斯語的中亞南部（阿富汗）和西南亞（伊朗和庫德斯坦），以及近東和巴基斯坦，仍然被宗教和民族主義暴政主導。整個地區的虛弱，大幅導致鄰近中亞西部（前蘇聯中亞）的經濟和政治虛弱。

也很不幸地，俄羅斯人並沒有對他們控制的其餘中央歐亞民族鬆手，包括卡爾梅克人、圖瓦人（Tuvins）、阿爾泰人（Altaians）、薩哈人和鄂溫克人（Evenkis），[2]以及北高加索地區的車臣

人。隨著俄羅斯經濟的復甦，一個新的民粹主義專制政權開始發展，它再次以暴力威脅國內和國外的批評者。與此同時，中國繼續對東突厥斯坦、內蒙古和西藏等地進行軍事占領，並且無差別地使用恐怖和暴力手段。俄羅斯人和中國人，直接導致這段時期的整個中央歐亞在經濟上無法復元。[3]

在文化上，中央歐亞也因周邊國家的長期壓迫統治而遭到破壞，尤其是曾經或繼續處於共產主義帝國統治的區域。激進現代主義的衝擊，摧毀了該區域的大部分傳統藝術和科學，並且未能提供有效的替代物。隨著獨立或資本主義的到來，官方長期以來在藝術領域對完全的歐洲現代主義的壓制，在歐亞的大部分地區結束了。藝術現代主義由此蔓延，但這些地方幾乎已經沒有穩固的傳統文化來加以制衡。另一方面，宗教團體則歡欣鼓舞，許多倖存的古老教堂、清真寺、猶太會堂和其他宗教建築獲得修復和重新開放，同時也興建了新的宗教建築。

## 中央歐亞復元的開始

共產主義和資本主義陣營之間的世界性冷戰，以蘇聯最終崩潰、[4]資本主義陣營勝利而告終。蘇聯崩潰的原因在於內部的結構性失敗，還有部分原因在於，蘇聯在支持不斷貧困化的中央歐亞各國的同時，還要維持龐大的軍隊並發展新的軍事科技，以保持和資本主義陣營的競賽，這給蘇聯帶來沉重的負擔。一九九〇年時，以波羅的海小國為首的共和國開始一個個宣布獨立，蘇聯政府試圖加以鎮壓。但在一九九一年八月的一次政變失敗後，更多的加盟共和國宣布獨立。一九九一年十二月二十一日，戈巴契夫（Mikhail Gorbachev，一九三一年生，一九八五—一九九一年在位）宣布蘇維埃社會主義共和國聯邦解體。[5]

包括高加索和中亞西部在內的各個加盟共和國，就這樣出人意料地突然獨立。[6] 俄羅斯人也從蒙古和自第二次世界大戰後被蘇聯占領的中歐、東歐國家撤軍。但令人遺憾的是，所有的「次級」蘇維埃自治共和國和其他自治區都沒有獲得獨立。儘管蘇聯解體，但對於在沙俄時期和社會主義時期征服的領土，許多俄羅斯人還是決心不惜一切代價要緊緊抓住。有鑑於政府仍然幾乎完全由前共產黨的原班人馬組成，私營企業獲得合法經營的腳步十分遲緩，因此在最開始時，俄羅斯對資本主義的接受多半只是停留在理論上，而不是實踐上。然而，隨著中國對國際貿易和投資的重新開放，到二十世紀末時，歐亞的大部分地區已經轉變為資本主義型態的經濟體系——即使不是真正的資本主義。

現代主義在二十世紀政治裡獲得的成功相當驚人。到一九五一年時，民粹主義者[7] 成功地在歐亞幾乎所有國家建立了某種現代的非君主制政府——從極權法西斯或共產主義獨裁到自由的「民主」共和國。到二十世紀末時，民粹主義已經完全取代了所有其他形式的政府。世界上每個國家（除了少數孤立的小國）都聲稱自己是現代的民主國家。但事實上，它們沒有一個是真正的民主國家，大多數甚至不是共和國，它們充其量只是獨裁或寡頭政治。現代主義的勝利已經完成。

## 中國的經濟復甦

一九七八年（毛澤東過世僅僅兩年後），中國領導人開始慢慢地將他們極度貧窮的國家轉向資本主義。他們先是允許少量的資本主義投資，主要是讓外國公司把中國作為廉價勞動力市場來發展製造業。這個舉措十分成功，因為它對外國投資者及共產黨領導人來說，都極其有利可圖，他們突然變得富有、強大。中國人發展出一種「國家資本主義」形式，這種經濟型態迅速發展成由國家監

督的全面資本主義。中國經濟和科學及科技的極速發展，使它在短短三十年內，從貧窮的未開發國家之列，成為世界領先的經濟體之一，並擁有強大的太空計畫。中國經濟發展的前景看起來是光明的。然而，與俄國人不同的是，中國人並沒有放鬆對任何一個被他們占領的中央歐亞民族的控制。相反地，他們對這些民族的壓迫變得更加嚴重，尤其是東突厥斯坦。[8] 更糟糕的是，雖然許多中國人似乎很強烈地希望加入文明世界的行列，但它的政府領導人卻在同時威脅中國周邊的獨立國家，他們聲稱這些國家「屬於」中國。同樣的語言，也被使用於已經在軍事上被中國占領的國家。在新的千禧年到來時，中國民族仍然未能認識、抵抗和克服其政府的洗腦宣傳，這對世界上的其他國家來說並不是好兆頭。

## 印度的經濟復甦

雖然很少有人注意到，但到二十世紀末時，印度的經濟成長速度幾乎與中國同樣快速，它的人口成長速度比中國更快。印度在世界的經濟和政治實力已經日益成為公認的事實。不幸的是，印度教原教旨主義的蔓延，威脅了政治穩定和文化增長的可能性，而印度的大部分農村仍然徘徊在相對原始的階段。此外，在與西藏接壤、以印度教為主的尼泊爾，毛派共產主義的發展，進一步威脅了該區域的穩定。雖然如此，印度快速的經濟成長和科技進步，保證了該國在新世紀的世界將會扮演重要的角色。

## 俄羅斯的復甦

在蘇聯解體後，俄羅斯人放下周邊的負擔，但保留了俄羅斯帝國時期所征服的最寶貴領土，

其中最重要的地方是已經俄化的領土，包括港城聖彼得堡[9]在內的波羅的海附近領土、索奇港（Sochi）和黑海東北岸以及內陸裏海北岸，還有包括海參崴港在內的太平洋日本海俄羅斯遠東地區，以及北冰洋巴倫支海的莫曼斯克（Murmansk）。

隨著蘇聯解體，俄羅斯人將注意力轉移到他們滿目瘡痍的經濟。這個國家正式採用了非共產主義的「民主」政治制度，在大多數共產黨政客的反對下，舉步維艱地允許了一些合法的資本主義經濟活動。當葉爾欽總統（Boris Yeltsin，一九三一—二〇〇七年，一九九一—一九九九年在位）及其政府成員挪用了意在穩定俄羅斯貨幣和新興銀行體系的數十億美元外援時，復甦的早期希望便遭到粉碎。結果是銀行倒閉、貨幣嚴重通貨膨脹，以及政府無力支付公務員和國有企業數千萬職工的工資。在一些地區，特別是西伯利亞和遠東部分地區，在好幾年的時間裡，許多人在冬天餓死或凍死，使俄羅斯成為全世界人口減少速度最快的國家。

由於在本質上與黑市無異的非官方平行經濟的持續存在，俄羅斯得以挺過解體初期的衰退，這種平行經濟是種自然經濟，在共產主義時期就已經發展出資本主義的特色。二十一世紀初，雖然政府對商人的打壓、組織化犯罪（和政府作為難以明顯區分）無所不在的破壞、極端民族主義的蔓延（包括對俄羅斯猶太人、非俄羅斯人或任何看起來不夠「俄羅斯」的人的種族主義攻擊的增加），以及許多蘇聯時期政治政策和軍事計畫的恢復，但是新的俄羅斯經濟仍然蓬勃發展。

## 中央歐亞大部分地區的重新崛起

當非蘇聯加盟共和國紛紛獨立後，高加索地區的喬治亞、亞美尼亞和亞塞拜然等國也與蘇聯中央歐亞的大部分地區一起獨立。在過去的黑海草原西部，烏克蘭[10]獲得完全獨立，但黑海草原東部直

到黑海的亞速海，以及北高加索草原直到阿斯特拉罕的裏海，仍然屬於俄羅斯的一部分。其中一些地區當時已基本俄化，但許多地區在文化上仍然是非俄羅斯的，特別是北高加索地區，包括伏爾加河下游和高加索之間的北高加索草原使用蒙古系語言的卡爾梅克共和國。

在中亞，有著大量俄羅斯人口的大國哈薩克與土庫曼、烏茲別克、塔吉克、吉爾吉斯[11]均已獨立。這些國家在經濟上只是勉強維持，而且大多被貪婪的政客把持，使得它們窮困、羸弱並仰賴外界的援助。不過，獨立給了它們希望，也給了它們通往更廣闊世界的機會。

許多非俄羅斯人的「自治共和國」和「自治區」民族也要求獨立。最成功的是前韃靼蘇維埃社會主義自治共和國的韃靼人和前雅庫特蘇維埃社會主義自治共和國的薩哈人，他們獲得的地位已經接近聯邦共和國，這些地方幅員遼闊，自然資源豐富，這使他們在與俄羅斯人的談判中擁有強大優勢。這些地區獲得半獨立的地位，對他們來說，這比獲得完全獨立更好，因為不必承擔發展軍事的沉重負擔，也不必承擔完全獨立國家的一些其他昂貴開支，從而可以把精力集中在發展上。然而，隨著俄羅斯經濟的復甦，俄羅斯民族主義和政治軍事帝國主義的恢復，韃靼人和薩哈人對自己資源的控制受到威脅，也危及他們作為獨特民族和文化的存在。

其他民族，比如車臣尼亞（Chechnya）的車臣人，就沒有那麼成功。一九四四年，前車臣－印古什蘇維埃社會主義自治共和國就遭到廢除，全體居民都被流放；他們直到一九五六年至一九五七年才被允許「回歸故土」。當他們在高加索地區的鄰國獲得獨立後，車臣人也尋求完全的獨立。在最初與俄羅斯發生衝突後，車臣人和俄羅斯人簽署一份條約，承諾五年後獨立。但俄羅斯人卻入侵這個小國，發動一場曠日持久、血腥、極具破壞性的戰爭，殺死許多車臣人，摧毀車臣的大部分地區，而車臣人也殺死許多的俄羅斯士兵和平民。[12]

雖然蒙古在蘇聯解體前就是個官方獨立的國家，但作為蘇聯的盟友和衛星國，這個國家長期被蘇聯軍隊占領。蒙古持續的貧困和落後，以及持續對蒙古國構成威脅的中國之虞，使蒙古與俄羅斯保持非常密切的關係。

## 歐盟

這段時期最顯著的發展之一，是歐盟的形成和迅速成長。[13] 在蘇聯勢力土崩瓦解後，曾經遭到蘇聯軍隊占領的國家又獲得完全獨立。一九九〇年十月三日，東德加入歐盟創始成員國之一的西德。[14] 波蘭、捷克、斯洛伐克、斯洛維尼亞、匈牙利、愛沙尼亞、拉脫維亞、立陶宛、塞普勒斯和馬爾他在二〇〇四年被歐盟接納，[15] 隨後在二〇〇七年，羅馬尼亞和保加利亞也加入歐盟。由此一來，歐盟幾乎包括了位於俄羅斯、白俄羅斯和烏克蘭以西的所有歐洲國家。即使沒有真正的中央政府，歐盟仍然成為世界一支重要的政治力量。儘管主要由於民粹主義政客的煽動或貪婪造成了一些挫折，但歐盟的影響力和繁榮程度仍在不斷提高。

## 中央歐亞的持續羸弱

當許多中央歐亞國家重新獲得政治獨立，並開始恢復文化獨立的時候，整個區域仍然極端貧困，再加上蘇聯的長期遺產，使得各地紛紛建立壓迫性的獨裁政權——儘管它們都自稱是民主共和國。其中一些國家用了很長時間才慢慢克服這種政治遺產，變得不再那麼壓迫性，慢慢走向開放。

受害最深的是東突厥斯坦和西藏，它們一直處於中國的軍事占領下。這兩個國家的民族主義者無論在何時何地被中國人發現，都會遭到鎮壓。在中國大部分地區看到的快速成長和繁榮並沒有出

現在這兩個地方，只有當地具有侵略性的民族主義中國殖民者才享有繁榮。

儘管世界各地出現以世俗為導向的商貿集團，但中央歐亞並沒有發展出這樣的聯盟。在筆者寫作的二〇〇七年，狂熱的原教旨主義者（主要是塔利班〔Taliban〕及其盟友）造成了阿富汗局勢的持續不穩；俄羅斯和其他前蘇聯國家建立了壓迫性的偽資本主義或換湯不換藥的共產政權；中國持續對東突厥斯坦和西藏進行軍事占領。因此，中央歐亞似乎仍然不可能很快發展出商貿聯盟。因此，整個中央歐亞的特點仍然是虛弱、貧困、經濟和文化乏於發展，以及政治壓迫。

二〇〇一年九月十一日，以阿富汗為基地、得到該國塔利班政府公開支持的蓋達組織（al-Qâʻida）在美國發動針對平民和軍隊的恐怖襲擊，造成數千人死亡。作為回應，美國政府宣布發動「反恐戰爭」，向阿富汗東北部巴達珊省（Badakhshan）的塔吉克人和其他人提供全面的軍事支持，巴達珊省是該國唯一不受塔利班控制的剩餘飛地。在經過短暫的內戰後，塔利班政權於二〇〇一年十一月被推翻，建立了由卡爾扎伊（Hamid Qarzai，二〇〇二年當選總統）領導的民主體制。蓋達組織的恐怖分子大體上遭到鎮壓或出逃國外。令人遺憾的是，阿富汗仍然被暴力的分離主義者蹂躪，塔利班原教旨主義者也很快就恢復元氣。塔利班日趨採用蓋達組織的恐怖主義戰術，企圖再次摧毀他們的國家。[16]

## 沿海體系和中央歐亞

在歐亞大陸的新區域性帝國時期開始時，舊的沿海國家和周邊國家之間的區別仍然存在。朝鮮半島仍然分裂，而且與日本和歐亞大陸相隔；東南亞繼續被分割成少數幾個相對精實的國家；阿拉伯半島沿岸的大部分地區被分割成幾個以商業為導向的公國；黎凡特地區仍然被分割成少數幾個

國家；英國不願與歐盟繼續合作，整體上在許多方面與其他歐洲國家不同。總的來說，在新時期初期，雖然以其國土面積而言，沿海體系國家算是小國，但仍然較為繁榮和較有政治影響力。

中央歐亞的主要周邊勢力印度、中國、俄國和歐盟，也都十分強大而且發展迅速。只有西南亞由於受到當地和外國的原教旨主義的破壞和壓制，缺少一個或多個大國。

中央歐亞大部分地區的復元，部分重建了歐亞在準噶爾帝國被摧毀和其他中央歐亞民族被征服前的世界秩序。新獨立的中央歐亞國家——主要包括中亞西部和中亞草原（前蘇聯中亞）、中亞南部（阿富汗）和東部草原（蒙古）——在政治上相互矛盾、貧窮、易受外部壓力影響。它們可以拿來和沿海體系作為對比，但鑑於中央歐亞已經缺乏過去的商業繁榮和由商業力量產生的政治力量，因此這種比較其實不太恰當。

## 經濟和政治前景

許多新獨立的中央歐亞國家政府都採用現代的「民主制」：由貪婪的暴君或煽動者統治的偽共和國。宗教—政治原教旨主義，是現代民粹主義中最有害和最具破壞性的形式，它在中央歐亞蔓延的危險仍然嚴峻。該區域的國家普遍認為，防止原教旨主義全面接管的唯一辦法，是使用蘇聯式的政治和宗教壓迫。因此，中央歐亞地區復甦的前景顯得十分暗淡。

中央歐亞文化綜合體顯然不會為了要恢復舊絲路的內部經濟而復興。中亞西部新獨立的國家，幾乎都依賴石油和天然氣、棉花以及非法毒品（阿富汗）等商品的生產。以經濟理論而言，毒品絕對屬於奢侈品，但反對毒品貿易的政治壓力，顯然會使其無法成為舊絲路內部和外部貿易的奢侈

品。中央歐亞東部唯一重新完全獨立的國家是蒙古，該國也是一貧如洗，由自私自利的舊時期政客把持，他們根本不知道如何現代化國家經濟。東突厥斯坦和西藏繼續被中國軍隊占領，中國也繼續壓迫這些國家。[17]他們能否成功恢復獨立，拯救自己的文化和語言？

簡而言之，中央歐亞能否恢復成一個世界性的地區，還是會繼續貧困，成為原教旨主義的犧牲品，成為可能影響歐亞其他地區的恐怖分子的巢穴？

對這些問題的正面回答，在很大程度上取決於中國是否會對大部分的西藏和東突厥斯坦鬆手，從而使這些民族能夠和平地與已經獲得獨立的國家聯合，組成一個新的中央歐亞邦聯。由於中央歐亞地區的三邊是快速成長的經濟體俄羅斯、中國和印度，所以一定會因此出現經濟的強勁成長、文化的復甦，並為這個具有爆炸可能的地區帶來穩定。但是，除非中央歐亞本身發展出一個相對一致的統一性政治體制，否則它不會恢復：這個統一性的政治體制，不是一個在聯邦中壓制地方國家的大一統主權體，而是一個慷慨的宗主體，就像以前的游牧帝國一樣施加慈愛的影響力，幫助大家一起努力改善中央歐亞的經濟和政治狀況。如果獨立的中央歐亞人最終明白了這一點，並設法建立一個像歐盟那樣開明、自由的邦聯，也許他們就可以和中國人互動磋商，爭取東突厥斯坦和西藏民族語言區域的解放。

與此相似地，只有中東各國人民能夠同意合作建立一個像歐盟這樣的和平、繁榮、安全、多文化的邦聯，中東——尤其是伊朗和近東——才會開始復甦和發展。中東國家會這樣做的機會看來非常渺茫。雖然穩定、經濟成長和自由主義——或至少是事實上的政教分離——現在在阿拉伯語世界的一些偏遠國家表現得很明顯，證明這種發展是可能的，但中東大部分地區仍被仇恨和現代原教旨主義民粹主義的狂熱言論支配，包括各種伊斯蘭、猶太和基督宗教的形式。

## 當代中央歐亞的現代主義與藝術

在今日的中央歐亞城市，很容易就會發現現代主義是藝術領域統治力量的證據。事實上，該地已經越來越難找到任何倖存現代主義衝擊的東西。大城市的建築，如塔什干[18]或烏魯木齊，絕大多數都是現代主義的，裝飾在上面的「藝術」也是如此。在曾經擁有許多西藏國內建築中最珍貴瑰寶的拉薩，作為博物館和旅遊景點保存下來的布達拉宮所俯瞰的，是一座現代混凝土構成的中國城市。[19]在中央歐亞，當地傳統文化的古蹟很少，現代建築的規模和咄咄逼人的風格讓傳統建築顯得格格不入。年輕的藝術家在大學和藝術學院學習，他們被教導現代主義，而現代主義總是被呈現為新東西，因此就比任何舊東西更好。

由於中央歐亞在經濟上的徹底蕭條，以及在政治和文化上與世界其他地區的隔絕，現代主義還沒有贏得全面勝利。幾十年來，在共產帝國裡，最極端的現代藝術形式受到禁止，唯一可以接受的藝術是「社會主義現實主義」，這種藝術形式融合了一些現代觀念與西歐前現代菁英文化的元素。因此，藝術中的現代主義在中央歐亞國家裡還是新事物。這是這種病毒最致命的階段，但人們對傳統藝術的興趣仍然較高，宗教信徒尤其如此。如果中央歐亞民族學會珍惜自己的傳統，在傳統中保留**藝術**和**美**的歷史意義，尤其是如果他們能夠理解和認識到現代主義的真面目的話，那麼還能及時拯救藝術。

藝術現代主義的源頭，是歐洲及其在沿海地區和世界各地的文化分支。仍然有必要討論現代主義——它畢竟是長達一世紀的「革命」運動——的事實，帶來了其他一些似乎尚未提出的問題，特別是以下兩個：

為什麼現代藝術家在經歷了整整一世紀的革命和實驗之後，卻沒有產生多少真正的藝術？為什麼現代主義的規則一直沒有改變，但顯然所有人都對它的規則不甚明瞭？

一個世紀以來，每個新一代的現代藝術家都公開宣稱，前一代的藝術——現代藝術——作為藝術是失敗的。因此，現代主義的大多數風格或運動，最多只能在一段短時間內成功地成為一種時尚（即被認為是藝術，或好的藝術），然後就被下一個為取代它們而創造的現代前衛運動變得不時尚（也就是非藝術，或壞的藝術）。到目前為止，還沒有跡象表明藝術界的這種現代主義惡性循環會很快結束。

二十世紀初一位激進的作家和畫家已經談到了現代主義和藝術毀滅的現象，他在一九五四年指出，經過**四十年**的「極端主義」和對前人無休止的排斥，年輕的藝術家有意或無意地只是重複前人所做的事情，認為它是新的、具有挑釁性的原創。藝術家成了「偉大的『進步』之神的奴隸，而這位『進步』之神的確是一個非常嫉妒的神祇」。[20] 此後，到我寫作時**又過了五十三年**，一切還是一樣。

為什麼藝術沒有復甦？為什麼自二十世紀初以來，它們一直處於永久革命的狀態，沒有任何跡象表明它將會恢復到一種和當代世界相對穩定的社會政治秩序相應的穩定狀態？顯然，雖然藝術家對社會和政治的感受會反映在他們的藝術中，而藝術家也依靠社會來養活他們和欣賞他們的藝術，但藝術和社會政治其實是兩個除此之外就不相關的領域。藝術界全心全意地接受了現代主義，現在卻成了永久革命魔鬼的囚徒——必須摒棄所有之前的東西，即便它才剛發生——如此才能保持現

代、最新、前衛。對藝術家來說，除了這種顛覆的惡性循環外，「沒有什麼可行」，[21]而這種顛覆的循環到現在已經幾乎變成全部——也就是說，沒有什麼是「實驗性」的前衛藝術家沒有實驗過的，尤其藝術的本質也沒有什麼剩下了。「理性的極限已經被跨出——沒有什麼可期待了。事實上，已經達到的東西正在固化成典範。」[22]只剩下裝飾性的標籤還留著，這一點在平面藝術中表現得最為明顯，在平面藝術中，除了簽名（唯一不可缺少的元素）、畫框（有時被省略）和標籤（可有可無）之外，再無其他要求。藝術詩是用晦澀的辭藻、標題（常被省略）和不合理的排版湊成的文學作品。藝術音樂是刻意製造的聲響，其中的和聲、旋律（有時省略）、節奏與自然界中的任何事物都有極度的差異，就不用說是「流行」了。「藝術家」的社會定位或行為模板依然存在（雖然不是經濟定位），但他們生產的東西已經不再是字面意義上的藝術、詩歌或音樂，因為這些東西的定義以及重新定義它們的能力已經喪失：平面藝術家不能定義藝術，詩人不能定義詩歌，作曲家不能定義音樂——那些靠現狀吃飯的評論家大軍也是一樣。換句話說，專業人士無法解釋藝術、音樂或詩歌對他們來說是什麼，或者對他們來說代表什麼。[23]他們無法解釋它是什麼，因為他們不知道它是什麼。現代主義不僅拒絕以前所有的藝術形式，甚至拒絕藝術**理性**，即對自然定序原則（或至少是這種原則的存在）的接受。這必然導致可以創造出純粹藝術的傳統藝術形式的毀滅。

穩定、繁榮的實現，甚至是對一些（在商業上獲得成功的）藝術家的支持，已經導致藝術現代主義的制度化：真正的永久性革命。這是場災難。「在相當長的一段時間裡，指出當前現實是件如此不受歡迎的事情，以至於形成一種大家心知肚明卻保持沉默的狀態。每個人都在假裝，包括那群貧困的藝術家、職業評論家、畫商等等，每個人都假裝我們享受著正常的狀態，甚至假裝藝術正在蓬勃發展。」[24]但事實上，我們現在的世界沒有真正的新藝術：永久的革命，實際上意味著停滯。

對現代主義的批評文獻，只是確定了當務之急是**創造**真正的藝術——平面藝術、音樂、詩歌和其他藝術。真正的高級藝術已經很久沒有被創造出來了，而且現在仍然如此。在藝術家、音樂家和詩人意識到這一點，並決定把心思集中在創造新的高級藝術傳統之前，世界將繼續依賴過去的藝術家（包括當今現代主義的過去藝術家），他們已經被學術界神聖化，保存在博物館、音樂廳和圖書館的櫥窗，被研究和智性化，並成為更加智性化、死氣沉沉、學院派反藝術的起點。[25]

有人認為，現代主義是藝術發展的必經階段，是「打破一切」，讓新的東西得以發展。無論是否有必要這麼做，它已經成功了。現代主義明確地拒絕了作為所有偉大藝術基礎的美的理想、自然秩序的理想和其他原則，並在整整一個世紀的時間裡，用乏味和醜陋的理想來加以取代，最終消除了前現代藝術——**在職業藝術家中**——的任何正當性，成為博物館藝術品、鑑賞家珍藏和投資理財對象。

然而，雖然在現代主義（包括其政治訊息，而對許多人來說，政治訊息往往比藝術更重要）的蠱惑下，專業藝術家對藝術的自我毀滅，確實打破了一切，但現代的前衛藝術從未創造出新的秩序。他們不能停止打破一切，只能一直重複地打破一切，直到今日。[26]

現代主義消滅了一切階層，代之以「平等」的觀念，催生了一個無法理解**美**的概念、無法判斷**藝術**與垃圾的「非藝術」的時代。這種惡性運動就這樣繼續折磨世界上大部分地區的藝術，繼續使大部分「藝術」不值得體驗。除非藝術家和其他人意識到他們的生活已經被現代主義者主宰，而現代主義者一直毫不誇張地、明目張膽地致力於剝奪美的世界，那麼，除了偶發狀況，不會再有新的美。這是個可悲的前景。[27]

然而，新菁英藝術滿足感的缺席，卻產生了一個或許意想不到的結果。新的藝術形式已經出

現，取代了舊的藝術形式。除了因技術革新而引入的全新藝術形式，如攝影和電影外，舊藝術的新形式也出現了，最引人注目的是在音樂領域，半個世紀前，有種獨特的流行音樂新形式——搖滾樂——在美國突然爆炸性地出現。在短短的十年內，它就風靡了世界大部分地區。

到二十世紀末時，在蒙古、西藏和其他中央歐亞國家，和世界其他地方一樣，當地的搖滾或「流行搖滾」樂隊都在演奏基本上相同的音樂。它強烈地影響了民俗音樂，並在很大程度上取代了民俗音樂在中央歐亞城市日常生活中的地位。雖然現在還不能稱為「高級」藝術，但至少它確實是音樂，也許有一天它會發展成為一種菁英藝術。[28]

今日的藝術希望，蘊藏在基本上沒有受過專業訓練的大眾新藝術中，這種藝術沒有受到繼續被現代主義及其變異迷惑的職業、學術、前衛菁英的訓練。我們有必要認識和理解這些尚處於原始狀態的新藝術，並從內部開始發展它們，用它們創造新的藝術，而不破壞其中的藝術。也許受過訓練的藝術家自己會採用新藝術，自己開創新的精緻藝術。但必須強調的是，這裡的「新」是形容詞。它不應該掩蓋「藝術」這個名詞的首要地位。也就是說，新藝術不能遵循學院派「藝術家」憑空構建的全新規則，罔顧自然界和既有傳統。偉大的藝術家會生產藝術，但他們需要一些基礎。沒有人可以在真空中創造藝術。一切已被打破得夠徹底了，現在沒有必要再去打破一切了。

此刻正是讓藝術家拒絕現代主義的死亡宰制，再次擁抱他們所熱愛的藝術形式，努力用藝術本身來實現偉大的時候。這樣的情況會不會在中央歐亞的文化新榮景中，再像以前那樣發生？那將會是場真正的革命。如果它真的實現了，那麼世界也許將再次享受到充滿精力的、令人滿足的藝術生活。

考古學已知的最早偉大文明——尼羅河文明、美索不達米亞文明、印度河文明和黃河流域文明——都誕生在歐亞周邊地區肥沃的農業地帶。但現代世界的文化並不是從它們身上衍生出來的。它是來自於中央歐亞充滿挑戰性的邊緣地帶。

勇於開拓、充滿活力的原始印歐人文化就誕生於此，他們遷徙至舊世界，「發現」了舊世界，與當地的民族混合，並最終——在斯基泰人的影響下——創立了希臘人和羅馬人、伊朗人、印度人和中國人的古典文明。在中世紀和文藝復興時期，他們的後裔和其他中央歐亞民族征服、發現、調查和探索了更多的地方，創造了新的世界體系、高級藝術和先進科學，並在接下來的數個世紀中於整個世界傳播他們的文明。中央歐亞人——不是埃及人、蘇美人等等——才是我們的祖先。中央歐亞是我們的故鄉，是我們文明開始的地方。

在二十一世紀、三千紀之始，歐亞正處於一個可能是繁榮、智識和藝術增長的偉大新時代的起點。此刻確實存在著許多嚴重的問題，但也有一些光明，在政治上最有希望的是歐盟，在科技上最有希望的是網際網路（誕生於一個歐洲研究機構歐洲核子研究組織〔CERN〕），它發揮了強大的啟蒙作用。

中央歐亞諸民族，以及歐洲、俄羅斯、中東、印度和中國的民族，是會從過去的錯誤中吸取教訓，還是會繼續重蹈覆轍？他們能否從現代主義、原教旨主義和民族種族主義造成的災難中復元，而不至於毀滅自己和世界其他的地區？而現在主宰中央歐央——我們共同的心臟地帶——的歐洲人、俄羅斯人、伊朗人和中國人，是否會讓這個創造力的源泉再次自由地繁盛？

這取決於他們是否能夠恢復**理性**的統治，拒絕民粹主義煽動的現代主義遺產，並做出堅定的承諾，不是作為狂熱者或暴君，而是作為夥伴和世界其他地區互動。

---

1 這段文字取自烏提庫爾小說《足跡》（*Iz*）的開篇，這首詩最初是在這本小說中發表；它與後來 Rudelson 1997: 174 重新發行的流行版本略有不同。烏提庫爾（一九二三—一九九五年）是最偉大的維吾爾作家之一，這首詩便是證明。

2 鄂溫克人在英語中經常被誤稱為 Evenks，甚至在語言學著作中也會出現這種情況（這些作者其實不該如此），這是因為錯誤地把這個名詞分析成俄語中的複數形式。

3 見第十章。

4 勇敢的蘇聯作家阿馬利克（Andrei Amalrik，一九三八—一九八〇年）曾預測蘇聯的崩潰，他在一九六九年發表了《蘇聯能生存到一九八四年嗎？》（*Will the Soviet Union Survive until 1984?*）。然而，大多數西方的蘇聯學家都無視阿馬利克及其預言，甚至堅持認為，直到實際宣布解體前，蘇聯的經濟狀況良好。這種固執實在不可思議，因為只要是到過蘇聯的人，都能明顯感覺到經濟的匱乏（我在一九七二年拜訪過）。阿馬利克在一九七六年被監禁，然後被迫流亡。他在預言成真前就過世，而蘇聯解體的實際時間，和他的書名只相差了七年。

5 他於一九九一年十二月二十五日辭去總統職務。

6 見注釋4。

7 關於民粹主義一詞，請參考第十一章注釋69。

8 請仔細參考 Bovingdon 2004。

9 一九九一年六月十二日，列寧格勒人民投票決定將城市名稱恢復為聖彼得堡。該市曾於一九二四年為紀念列寧而改名。

10 在英語中，烏克蘭稱為 Ukraine，我在此使用它的本土稱呼 Ukraina 來特指這個新獨立的國家。

11 在英語中，吉爾吉斯的國名 Kyrgyzstan 是從吉爾吉斯西里爾字母 Кыргызстан 轉寫而來。

12 Nichols 2004.

13 前身為歐洲共同體（自一九六七年），一九九三年改名為歐盟。

14 柏林在一九九一年成為統一後的德國首都。

15 McGeveran 2006.

16 McGeveran 2006.

17 中共政權一直在散布中央歐亞自古以來就歸中國統治的新迷思，以此作為它利用軍隊占領和統治外國領土的理由。那麼相對地，因為蒙古人曾經征服中國，所以他們也能宣稱中國領土應該「屬於」蒙古（任何曾經統治現在中國部分地區的民族，都可以提出同樣的主張）。但是在中國，似乎沒有人說過這樣的話。政府說辭顯然是政治宣傳，但它對現代義務教育體系的絕對控制，確保了很少會有中國公民在被洗腦的情況下去思考或質疑這樣的政策，就更不用說是反對了。參見 Bovingdon and Tursun 2004。

18 一九六六年的一場大地震摧毀了這座城市的大部分古老建築。當城市重建時，大部分毀壞的老建築都被依據嚴重反藝術的現代建築規則的現代建物取代。

19 見 Shakya 1999: plate 17 中一九九六年的照片；自照片拍攝以來，情況變得更糟。

20 Lewis 1954: 40。這本書恰如其分地命名為《藝術中的進步惡魔》（*The Demon of Progress in the Arts*）。可惜它完全沒有在藝術界產生影響，半個多世紀過去了，藝術仍然被惡魔控制。除了現代主義帶來的顛覆和變化外，沒有什麼別的變化。

21 Lewis 1954: 40.

22 Lewis 1954: 37.

23 它的「真面目」到底是什麼？這個問題也許除了哲學家外，不會有任何人想要嚴肅地思考這件事，但如果藝術家至少能開始沿著這個思路想一想，提出幾個問題的話，對此刻也無傷大雅。

24 Lewis 1954: 27.

25 在阿多諾的經典現代美學著作中，幾乎每一頁都可以明顯看到學者和學院派藝術家對藝術的過度智性化，但我對此的認識清楚與阿多諾本人不同，見書末注釋102。

26 由於現代主義公開宣稱自己是新的，是對前人的取代，由於它成功地取代了舊事物，由於它持續的時間太長，現代主義本身也不可避免地反過來成為舊事物。雖然現代主義尚未結束，但藝術家和藝術史家開始把現代風格看成是陳舊的、必須更換的。一些人相應地宣布拒絕現代風格，並擁抱後現代主義。但這種超現代主義當然只是現代主義的另一種變異。作為一種時尚，它在建築和文學批評、思想史等藝術附屬領域中最為成功，而不是在藝術本體中。今天受過專業訓練的

藝術家，都是在大學或類似大學的學院裡接受教育，在那裡，現代主義（和後現代主義）已經被經典化，並被不加批判地灌輸到他們的腦子裡。

27 現代主義者理論在藝術史上的延伸，以及隨之而來的將他們的虛假觀念投射到過去的藝術上，迫使藝術史家轉向討論藝術家世界的社會學、心理學、數學或是任何東西——**總之就是除了藝術本身之外的任何東西**，從現代主義者的觀點來看，這些東西仍然沒有被研究，也無法研究，而現代主義本身，作為一種現象，也基本上沒有被研究。關於近代以來現代主義者與反現代主義者之間學術對立的討論，見書末注釋[103]。

28 事實上，全世界各行各業的人，包括藝術家、知識分子以及商人、勞動者，每天都在聽這種音樂。然而，直到音樂家能夠意識到如今的音樂發生了什麼，並決定成為藝術家，而不是反藝術家，並採納源於和發展於搖滾樂的流行音樂新世界語言，逐漸地、小心翼翼地將其發展為藝術之前，世界上就還不會有新的、真正的藝術音樂，只會有一些原始的流行聲響變種作為藝術音樂的替代品。關於一些音樂家對此的努力，以及如何以文藝復興的模式這麼做，請參考書末注釋[104]。

# 尾聲

EPILOGUE

# 蠻族

沒有了蠻族，我們現在該怎麼辦？那些人是一劑解藥。

——卡瓦菲斯，《等待蠻族》

*Και τώρα τι θα γένουμε χωρίς βαρβάρους. Οι άνθρωποι αυτοί ήσαν μιά κάποια λύσις*

—— Κ. Π. Καβάφης,

*Περιμένοντας τους Βαρβάρους*

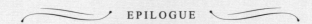

現代文明的起源，可以追溯到距今四千年前始於中央歐亞的印歐人遷徙。原始印歐人生活在一個邊緣地區，他們在該地發展出了一種革命性的敏銳感，這種能力是其他歐亞周邊民族無法比擬的，他們都沒有及時地做出調適來防止印歐人統治自己的領土。印歐人擁有強大的活力，這種活力一般都直接傳遞給其他民族，在很多情況下，這種傳遞是透過直接征服實現的。透過被奴役，中央歐亞之內的被征服民族（甚至是周邊民族，哪怕只是暫時的）習得了「最初故事」，並採用了〈序曲〉中提及的中央歐亞文化綜合體。在這麼做的過程中，印歐人無論遷徙到哪裡，都會與當地民族混合，發展出獨特的當地混合語，即印歐語系各分支的子語言或祖先語言，並在文化特徵中體現原始印歐人及其早期中央歐亞子民族的活力。

中央歐亞文化綜合體的基本特徵之一，是支撐從士團戰士的政治需要，從士團戰士臣服和效忠於統治者或主公，統治者或主公則賞賜他們奢華的禮品。這又產生了一種強大的經濟需求，而這種需求只能透過貿易滿足。隨著游牧民族統治的帝國的建立，一個以貿易為導向，結合放牧游民族、農業民族和中亞城市民族的努力和產品的中央歐亞經濟體便應運而生。雖然流行的「絲路」這個詞具有誤導性，但只要明白推動絲路經濟引擎的，首先是中央歐亞內部的貿易，其基礎不僅是內部對本民族產品的需求，而且是對鄰近中央歐亞國家和周邊國家產品的需求，就仍然可以用「絲路」來指稱這個經濟體的對外貿易部分。與周邊國家的貿易，創造出對中央歐亞國家產品或透過這些國家獲得產品的需求。透過地區間貿易連接這些經濟體的貿易聯繫，產生了一個健康的國際商業。絲路經濟體系的中心，是該地國家的中央歐亞貴族，這些國家的大部分統治者都擁有草原游牧民族的出身背景。

絲路崩潰的原因並不神祕，或者說不該是種神祕。它的崩潰原因甚至有確切的記載。十七世紀

末，俄羅斯人和滿漢人瓜分了中央歐亞。然後，清朝摧毀了準噶爾帝國這個最後的游牧帝國，並奪取其領土，屠殺大部分的準噶爾人。俄羅斯人征服並殖民中央歐亞的大部分剩餘地區，在中央歐亞中間建立封閉的邊界。絲路經濟——歐亞中心地帶的經濟——於是就崩潰了，中央歐亞諸民族，包括曾經偉大的中亞和西藏高級文明，陷入貧困和落後，也就不足為奇了。

曾經主宰中央歐亞史的民族——斯基泰人和匈奴人、匈人、突厥人、藏人、蒙古人、準噶爾人、滿洲人等等——及其後裔，已經在世界歷史意識中消失很久了。現在，他們中的一些人又出現了，有時是以不同的名稱，出現在現代歐式的民族國家中，而且幾乎都不掌握任何實際的權力。人們至少應該要問：「過去的中央歐亞人怎麼了？」或者用錯誤的方式說：「所有的蠻族怎麼了？」[1]

## 蠻族的觀念

自從希羅多德直到今日，關於中央歐亞的歷史書寫一直被一種刻板印象（topoi）主導，它是一種強大的偏見。問題的答案，最終還是要溯源到一個已經得到充分發展的**蠻族**概念，及其把世界畫分為好的民族和文化與壞的民族和文化的觀念。當然，僅僅說明這一點並不足夠，所以本章的內容會專門分析在任何關於中央歐亞的討論——尤其是關於實行游牧生活方式的民族形成和統治的帝國的討論——中，往往會出現的措辭和主要論點。

以游牧民為主的中央歐亞國家與非游牧民為主的周邊國家的本質區別在於，中央歐亞游牧民族生活在草原地帶，該地為馬的原鄉，是歐亞最好的馬場。他們從小與馬相伴，並在馬背上長大，他們的行動力很強，可以在短時間內輕鬆穿越很長的距離。他們還學會如何使用複合弓來保護羊群和

狩獵，所以他們已經具備一些戰爭中的實用技能。這些都是眾所周知、毋庸置疑的事實。然而，在天生的戰士理論中，它又得到更進一步的發展，它立基於古代和中世紀的思想，「把生理和心理特徵與環境特點聯繫在一起」，所以，由於中央歐亞的氣候惡劣，他們不僅善於騎射，而且堅韌、勇敢、無情、善戰，遠「優於定居國家的貴族和農民軍隊」。[2]雖然古代和中世紀的氣候和體液理論已不再被嚴肅視之，人們對這種刻板印象產生懷疑，但這裡有個更嚴重的問題：這種看似無邪的特徵描述，只是對兩千五百年前的**蠻族**觀念進行了清理，是一種去除了貶抑的現代版本。

中央歐亞人經常因為所謂的侵略性、無情殘暴和對暴力的熱愛而受到指責——畢竟，這才是**蠻族**概念的核心。大多數關於中央歐亞的著作都指出，統治者是在殘酷的屠殺、殺戮等情況下才上台掌權的。草原帝國是在「游牧部落形成中的惡性長期鬥爭」[3]中形成的，這就是所謂的「血腥的選長制」。[4]不可否認地，中央歐亞統治者要對這些事例和許多其他事例中發生的許多人命損失負責。但是，這件事也必須要用正確的眼光來看待。歷史上的中國、波斯和希臘—羅馬帝國或王朝也是以同樣的方式建立——經過長期血腥、惡毒的內戰。而在帝國建立後，這兩種類型帝國的「最偉大」統治者，幾乎都是征服的英雄。首先，他們殺死對手和敵人，有時還親自動手；其次，他們是優秀的治國者。羅馬人是最著名的歐洲帝國建設者，「就其在政治上的冷酷和無情，或是對外國人和自己奴隸經常採取的非人道行為而言，他們在道德上並不優於蠻族，甚至比他們更壞」。[5]所有「偉大」帝國在過去和現在都是建立在同樣的原則上，這種原則也和「先進」靈長類動物社會的原則相同，也就是男性首領階層制。因此，在這方面單單把中央歐亞人拿出來做文章並沒有道理。

然而，當阿提拉、成吉思汗或帖木兒的血腥勝利仍然受到責難的時候，過去和現在的史學家卻仍然熱衷於敘述希臘—羅馬、波斯和中國皇帝同樣血腥的勝利。從古代到現在，非中央歐亞民

族的史學家對自己祖先野蠻和無情的侵略總是視而不見。最著名的例子——羅馬人——之所以受到責難，並不是因為他們對待奴隸如此殘忍，以如此惡毒的方式折磨和殺害那麼多人以供公眾娛樂，而是因為被他們折磨和殺害的人中，有一些是基督徒。[6]古代和中世紀的史料揭示了古代「有文明」的文化的侵略、背叛和制度化殘暴的程度，但現代史學家卻繼續讚揚這些民族在對付中央歐亞人時取得的成功，並轉而指責後者的暴力和殘忍。當然，很多事例表明，中央歐亞人對彼此或周邊民族的非人道行為，但就純粹的殘忍和無情的侵略而言，他們無法與羅馬人、波斯人、中國人及其繼承者相比，直到現在也仍然如此。

近年有兩本關於斯基泰人的考古學專著，它們的審稿人在評論了斯基泰人墓葬中發現的、以其美麗而聞名的黃金器物後說：

> 讓菁英階層擁有這種購買力的，不是組織化的乳酪和羊毛生產。**這是一個崇尚暴力並使用暴力來支付它們的社會**。可能是由於大量的文獻和豐富的考古發現蒙蔽了我們，讓我們無法了解到斯基泰現象的本質。希臘語史料（尤其是希羅多德和希波克拉底〔Hippocrates〕）[7]和考古紀錄某些方面之間驚人的一致性可能表明，**根本就不存在什麼大問題需要解決**。[8]

這種說法重複了傳統的觀點，即斯基泰人和其他游牧民族的大部分財富，是依靠他們對暴力的出奇嫻熟使用而獲得的，他還聲稱我們對他們的理解沒有什麼錯誤。然而，即便是從古希臘史料，也可知道斯基泰人的大部分財富是透過貿易和稅收穫得的，而不是透過戰爭。在希羅多德後的大約四個世紀，斯特拉波（Strabo）用了不少篇幅討論游牧民的農業出口，然後就他們對戰爭的避免發表

評論：

> 現在，游牧民雖然是戰士而不是土匪，但他們只是為了他們應得的貢品而去打仗；因為他們把自己的土地交給任何願意耕種的人，如果他們能從土地中得到回報，他們就會感到滿意，他們估定的貢品額度是適中的……但如果佃戶不交，游牧民就會和他們開戰……如果定期繳納貢賦的話，他們就絕不會訴諸戰爭。[9]

今天對斯基泰人和其他草原地區民族的誤解，一般都是建立在「貧困的游牧民族」這個廣為流傳的理論基礎上，根據這個理論，草原地區的中央歐亞民族自己並沒有能力生產足夠的生活必需品，而是要依賴他們周邊鄰居的農產品、紡織品和其他商品，他們覬覦鄰居的財富。[10]當中央歐亞人無法透過與「先進」的周邊帝國——它們既不需要、也不想要游牧民族可憐的野蠻產品——進行牲畜和其他商品的交易，來獲得他們需要或想要的東西時，中央歐亞民族就會以武力入侵來奪取它們。狄宇宙（Nicola Di Cosmo）對這種理論進行大量批駁，他指出，無論是歷史資料還是考古發現，都無法支持這種理論。現在已經確定的是，中央歐亞民族自己也從事農業，而且對於他們需要或想要但無法自行生產的物品，他們也會向能夠生產這些產品的其他民族和平地進行徵稅和貿易。當游牧民族出於某種原因進攻周邊地區時，他們總是帶走牲畜和人，而不是帶走農產品。[11]這裡需要強調的是，中央歐亞民族，尤其是游牧民族，他們實際上生產出來的糧食已經足夠滿足自己的需求了。因此，他們的體型普遍比周邊的農業民族更魁梧、更健康。

他們還自己生產日常的衣服、首飾、工具、馬車、住房、馬具和武器，並且是技藝嫻熟的金屬

匠人。這裡的問題在於錯誤地把一種生產方式（如農業、金屬冶煉、商業或游牧）等同於一個國家（民族），也就是把一個社會中一個群體的主要生活工具等同於整個民族或國家。如果按照這種說法，國家其實在任何地方都不可能形成，包括農耕者為數眾多的社會，因為統治者必然要把所有的時間都用在統治上，而不是用在耕地上，而諸如生產武器的人，也不能把寶貴的時間用在做他們不擅長的事情上。簡而言之，這個錯誤如下：以中央歐亞草原地帶為基礎的國家，一定只由「純粹」的游牧民族組成，因此它們是「簡單」的。如果這種情況是真的，那麼前述的理論就會是正確的，但是沒有任何一種已知的實際生產方式，足以生產一個完全運作的社會所需要的一切，所以事實並非如此。**我們知道的所有以游牧為主的國家，從斯基泰人到準噶爾人，都是複雜的。**光是希羅多德的文字，就比較詳細地討論了生活在斯基泰的不同種類斯基泰人，這就足以證明「非經濟獨立」或「貧困游牧民族」的理論及其更有害的分支是錯誤的。斯基泰人不僅實行非常多不同的生產方式，而且實行與周邊民族相同的生產方式，因為這兩個區域的國家經常以武力擴張到對方的領土，在這兩種國家中，都有從事農業和牧業的民族。

中央歐亞國家也是多族群的，也許正是它們的多族群、多文化的性質才造成很多麻煩，因為它與由一個民族語言群體主導的理想型現代民族國家截然不同，後者是從相對精實（不具帝國規模）的前現代、典型的多族群歐洲國家發展而來。[12] 隨著周邊大國將這種國家類型強加於整個中央歐亞，與中央歐亞整個前現代歷史上的地位相比，它已經被改變得面目全非了。但是，將現代的情況和觀念投射在過去，並不是史學家的正確方向。

中央歐亞人，包括放牧的游牧民，確實渴望從鄰近國家獲得異國情調的奢侈品，但沒有證據表明，他們對異國情調奢侈品的渴望，與周邊民族有任何不同，[13] 唯一的不同之處，可能是中央歐亞

民族願意和渴望交易自己的剩餘物品，或是交易他們從別處交易來的物品，從而獲得自己想要的東西，即使是在戰爭期間也不例外。[14]

中世紀時的阿拉伯地理學家，對於自己書寫的地方的產品生產、購買和銷售有著相當濃厚的興趣。他們記載中亞各大貿易中心城市的商品清單，包括各種原物料以及本地生產或遠近進口的加工和製造品。所有的清單中都包含很多草原民族生產的物品。例如，一份關於十世紀時中亞出口商品的描述就包括：

> 來自花剌子模的紫貂、白鼬皮、白鼬，以及草原狐皮、貂皮、狐狸、水獺、斑點野兔和山羊的毛皮；還有蠟、箭、樺樹皮、高毛皮帽、魚膠、魚牙、海狸香、琥珀、加工馬皮、蜂蜜、榛果、獵鷹、劍、盔甲、哈蘭吉木、斯拉夫奴隸、[15]綿羊和牛。所有這些都來自保加爾，但花剌子模還出口葡萄、大量葡萄乾、杏仁點心、芝麻、條紋紡織品、地毯、毯子布料、用於皇家禮物的緞子、用穆勒哈姆（mulḥam）織的布、鎖、阿蘭芝（Āranj）紡織品、只有最強壯的人才能彎曲的弓、rakhbīn（一種乳酪）、酵母、魚、船（後者也從鐵爾米茲〔Tirmidh〕出口）。從撒馬爾罕出口的銀色織物（sīmgūn）和撒馬爾罕布、大銅器、工藝高腳杯、帳篷、馬鐙、馬轡頭和韁繩；從迪扎克（Dīzak）出口的各種精美羊毛和毛料衣服；從巴納卡斯（Banākath）出口的突厥織物。從赭石（塔什干）來的馬皮高鞍、箭筒、帳篷、皮革（從突厥人處進口並鞣製）、斗篷、禮拜毯、皮斗篷、亞麻籽、細弓、劣質的針、出口給突厥人的棉花和剪刀。又是從撒馬爾罕運來，出口給突厥人的綢緞，以及名叫 mumarjal 的紅色織物、希尼茲布（Sīnīzī）、許多絲綢和絲織品、榛果和其他堅果；從費爾干納和塞蘭（Isfījāb）運來的突厥奴隸、[16]白色紡織品、武

器、劍、銅、鐵；從怛羅斯來的山羊皮；沙爾吉（Shalji）的銀子；突厥斯坦的馬和騾會被趕到這些地方，另外還有骨咄祿（Khuttal）的馬和騾。[17]

巴托爾德（Vasily Bartold）指出：「在和游牧民的貿易中，花剌子模人獲得巨大的利益，根據伊斯塔赫里（Iṣṭakhrī）的記載，他們的繁榮完全是因為和突厥人的貿易關係。」[18]

上述清單中的貿易貨物與草原民族（即上文中的突厥人）的關係非常密切，這直接反映了一個事實，即中央歐亞諸民族——理論上他們生活在三個不同的生態文化區、實行三種不同的生活模式——之間不僅相互貿易，而且也在**一個單一的經濟體**中有著緊密相關的相互聯繫。傳統的絲路概念，只注意到達周邊國家的國際貿易部分並臆測——除了貧窮的游牧民族和一些「綠洲」城市外，中央歐亞沒有任何有價值的東西——出現在絲路兩端的貴重商品，一定是透過長途貿易商隊而來，就像輸油管線一樣。[19]甚至對中央歐亞有更平衡看法的人，也認為它在本質上是一條貿易路線或諸多路線的集合。例如，克里斯蒂安（David Christian）將「絲路」（Silk Roads）定義為「商品、觀念、人們在非洲—歐亞主要區域之間交流的遠距和中距陸路」，接著，再做出一些限定後，他繼續把「絲路」稱為「一個交流系統」（a system of exchanges），他指出，「這裡使用複數形式（Roads而不是Road）的原因十分重要，因為絲路由一個持續變動的通道網絡構成，裡面進行著各種不同類型的交流」。[20]這種描繪雖然可能比之前的許多定性有所改進，但仍需修正。絲路**並不是**一個貿易路線的網絡，甚至不是一個文化交流體系。絲路是中央歐亞的整個地方政治—經濟—文化體系，在這個體系中，無論是對內還是對外的商業，都受到高度重視和大力追求。在這個意義上，「絲路」和「中央歐亞」在本質上就是一體兩面。在更狹義的經濟意義上，絲路就是中央歐亞經濟。

漢語、希臘語、阿拉伯語史料都認為，草原民族對貿易尤其感興趣。中央歐亞民族在進行征服時一般都很謹慎，這一點很能說明問題。他們試圖避免衝突，試圖讓目標城市和平服從。只有當該城市抵抗，或是投降後又再反叛時，他們才會根據當時的慣例施行報復懲罰，古代的歐洲也有同樣的規矩。[21]但即使是在這樣的報復事例中，中央歐亞民族通常並不會殺死所有人：他們會放過商人、工匠和任何其他有特定生產能力的人，把女人和兒童變成奴隸。這一點清楚表明，至少在這件事上，史料是準確的：中央歐亞人進行的征服，是為了獲得貿易路線或貿易城市。但是獲取這些地方的原因，是為了確保他們可以在占領的領土上徵稅，以支撐統治者的社會政治基礎結構。如果說所有的這些事情聽起來就和定居的周邊國家所做的事情一模一樣的話，那就是因為它們本來就是同一回事。[22]

舊有的掠奪、寄生的游牧民族模式，仍然得到一些學者的支持，他們引用最多的是作者是巴爾菲德（Barfield），比方說，他聲稱：

> 突厥人的崛起和匈奴人一樣，都是依靠他們的軍事力量。當突厥人剛一站住腳，就開始向中國北方的兩個敵對朝廷北周和北齊勒索貢品。不需入侵中國，突厥人就能給他們施壓。這兩個朝廷都因之前柔然（阿瓦爾）的崩潰和草原征服而感到恐懼。突厥人從這兩個朝廷獲得奢華的貢禮……。突厥人以馬匹換取絲綢，令貿易得以繁榮。五五三年，突厥人將五萬匹馬帶到邊疆。木杆可汗（Mukan）在位期間（五五三—五七二年），北周朝廷每年向可汗贈送十萬疋縑帛貢禮，並被迫在首都大方接待突厥賓客，以示友好。北齊也很快就提供貢禮……。東突厥人從中國得到絲綢，西突厥人則是將絲綢販售到伊朗和拜占庭。[23]

這個例子中的刻板印象，是基於對中國史料最偏頗的內容所做的曲解。它沒有考慮到這些史料的偏見和內在矛盾，也沒有考慮到同一文獻中其他更可靠的描述和這種觀點明確抵觸的問題。研究中央歐亞史的專家學者，已經對這個問題進行過很好的批評了。[24]

但是，有人可能會提出抗議，如果游牧民族並不真的是具有強大侵略性的**蠻族**，如果他們真的只是想與愛好和平的「定居」民族進行貿易，那麼後者為什麼要被迫修築城牆和其他防禦工事來抵禦中央歐亞人？

在古代，確實有很多邊疆的城牆是由周邊地區國家修建的。在戰國時代的中國，當時的不同政權並非全部都是「中國的」政權，它們都修建了不少這樣的城牆。城牆主要是為了守住從鄰國征服的領土，防止人口流失到鄰國（多少有點像現代時期的柏林圍牆）。北方的城牆被合併延伸成長城，這是秦始皇的成就，一點都不足為奇，他這麼做的目的也是一樣：為了守住從匈奴征服的廣大領土，[25]防止中國人口向匈奴流失。在漢武帝「背棄」和約後，匈奴頻繁地「突襲」中國領土，這一點也不足為奇：漢武帝單方面毀約，這對匈奴而言無異於宣戰。[26]因此，突襲不是有暴力傾向的匈奴人的隨意行為，而是針對一個更強大、有暴力傾向的擴張主義民族中國人的宣戰，所做出的絕望軍事行動。

薩拉斯（Sophia-Karin Psarras）指出，[27]雙方都出現違反條約的行為，通常是出於內部政治原因。然而，由於我們沒有匈奴的史料，因此無法確定匈奴的情況，必須試圖從字裡行間的背景中重新詮釋中國的史料。正如在其他地方所指出的，當中國史料夠多時，它們幾乎總是足以讓我們知道，匈奴的行動是防禦性的，或者是對中國咄咄逼人的政治行動做出的反應。[28]

當然，和其他形成大國的中央歐亞民族一樣（也和形成大國的中國人和其他周邊民族一樣），

匈奴人在國家的形成階段對其鄰國都具有侵略性，人們應該可以想見這種侵略性包括對周邊國家的攻擊。然而，在史上更為人熟知的日後事例，例如準噶爾人，則明顯表明，草原地區民族幾乎只在彼此之間相互攻伐，而且大多不惜一切代價避免與危險的周邊國家發生衝突。[29]準噶爾人似乎從來沒有入侵過中國領土，但清帝國則是入侵了準噶爾。在滿漢人所有自以為是的憤怒說辭中，以及在對準噶爾人以及部分藏人和維吾爾人所犯的各種罪行的指控中，[30]凸顯了一個事實：在滿漢人的朝代，沒有任何準噶爾人軍隊入侵過中國，也沒有任何藏人或東突厥斯坦人軍隊入侵過中國。這些民族對滿漢人的唯一冒犯，就是他們堅定地不「臣服」，仍然是自己在中央歐亞土地的獨立統治者。儘管如此，滿漢人仍被描繪成正義、開明、文明的民族，被說成是是中央歐亞蠻族的無辜受害者。

在西方，哥德人帝國形成的一系列戰爭，最終造成匈人對東羅馬帝國的入侵，這樣的觀點似乎不證自明。很顯然，哥德人的確攻擊過匈人，但他們被打敗了。匈人把沒有投降的哥德人追趕至羅馬帝國，哥德人於是在該地與羅馬人發生衝突，羅馬人想把哥德人留下來作為傭傭兵。羅馬自己的史學家告訴我們羅馬人是如何虐待哥德人，後來又虐待匈人，並使受害者對羅馬人進行報復的。

人們常常認為，中央歐亞人對周邊民族的攻擊是出於貧窮和貪婪。[31]然而，薩拉斯在評論巴爾菲德的說法時指出：「儘管巴爾菲德認為和親[32]是匈奴人發明用來勒索漢朝的手段，但還是證明了和漢朝維持邊防等的費用相比，它付出的實際成本其實要低得多。既然如此，我們不禁要問，為什麼巴爾菲德會想像匈奴人會為了如此少的回報來從事『勒索』？」[33]匈人強迫羅馬人向他們進貢的可笑小數額也是如此：它們是象徵性的，不是實質性的，而且一般來說是完全正當的。如果中央歐亞人真的極度貧困，需要金錢、糧食等等，他們大可向羅馬人索取這些東西。

而且，如果草原生活真的如此艱苦，人民如此貧窮，周邊國家的農民為什麼要去投奔他們？原

因是大多數游牧民族可能很窮，但大多數農民要比他們還窮得多，[34]而且為了避免餓死，他們得工作到無比辛苦。這一點不僅在邏輯上很清楚，而且也完全符合中國歷史文獻的明確陳述（羅馬帝國史料也有完全相同的類似陳述）。真正令人驚訝的，是一些投奔者的身分：

在漢朝初年，投奔匈奴的中國人包括韓信（韓王，編按：韓王信，非跨下之辱的韓信）、盧綰（燕王）、陳豨（代國相，編按：後僭稱代王）等重要人物……。另外需要指出的是，一些漢朝的邊疆將領以前是商人，因此他們可能仍然與匈奴保持著貿易關係。[35]

中國早期對匈奴的記載，就像後來希臘文史料中對匈人的記載一樣，揭示了一些周邊民族——特別是生活在邊疆地區的民族——充分明白，游牧民族統治的國家的生活比周邊農業國家的生活更容易、更自由，因為在周邊國家裡，農民的待遇比奴隸好不了多少。[36]塔西佗曾提及日耳曼人享有的相對自由，古代的西方史學家也都指出農業人口的絕望。

托蒂拉（Totila，東哥德國王，五四一—五五二年在位）不僅接受奴隸和 coloni（佃農）加入哥德軍隊——顯然他們人數眾多——甚至答應給他們自由和土地所有權，從而策動他們反對自己的元老院主人。透過這樣的作法，他允許並提供了一個藉口，讓羅馬下層階級可以做自三世紀以來就一直願意做的事情：出於對經濟狀況的絕望而「變成哥德人」。[37]

中國的朝代史也充滿類似的評論。毫無疑問，中國和羅馬的一些史學家，都有意借外國人之口

表達自己對帝國政府的批評。但同樣的話語一直反覆出現，而且留存下來的中央歐亞民族早期史料（例如古突厥文碑文）也陳述同樣的情勢。這說明這種批評是真實的。總之，（修建城牆是為了）邊境防御的理論，並沒有得到史料的支持。

邊塞的目的是為了支持這些目標，同時也是為了防止中國人攻擊無辜的匈奴人，防止中國邊防官員虐待中國人在邊境內僱傭的當地非中國人，以及其他類似目的。為了避免人口、權力和財富流向中央歐亞，唯一的辦法就是修築城牆，限制邊疆城市的貿易，並在必要時經常攻擊草原民族，消滅他們或使他們遠離邊境。只有這樣，才能守住被征服的領土，同化被征服的人民。防禦匈奴人的突襲，其實是中國人最不擔心的事情，漢代一份討論北方邊疆堡壘的官方文件，就對此有明確的記載。[38]資料甚至指出，當真正的攻擊發生時，城牆和邊防要塞的作用很小，甚至沒有作用——也就是說，如果它們的目的是為了防止中央歐亞民族入侵的話，那麼只要真有攻擊發生，這些工程就會失效。如果中央歐亞人真的像所說的那樣具有侵略性和危險，他們就會不斷進行侵略和征服。這樣就不會有中國帝國、波斯帝國、羅馬帝國了，而是只會有由中國、波斯、羅馬等組成的中央歐亞帝國。

還有一個證據。滿洲南部和朝鮮北部的高句麗王國也曾修建城牆，試圖將中國人拒之門外。對高句麗來說，這些城牆並沒有發揮這個作用。中國人並沒有被城牆阻擋。只有高句麗軍隊的全力以赴和出色將軍，才能成功擊退隋唐大規模的反覆入侵，而這些入侵都是無端和無理的。中國人之所以最終成功摧毀高句麗王國，消滅高句麗人，只是依靠這個王國內部的政治分歧和背叛。城牆在防禦上的毫無作用，以及建造城牆的民族對城牆真實用途的明確陳述，[39]摧毀了中央歐亞迷思的另一塊基石。

一種普遍的觀點認為，中央歐亞草原民族對中國、波斯或羅馬帝國是種真正的軍事威脅——也就是說，他們在定義上就是大一統國家的威脅。這個迷思在中國官方的朝代史中一再重複，相應地，在現代史中也是如此。[40]然而，這不是真的。除了在這些龐大、人口眾多、先進的國家處於分裂或內戰時期，沒有任何一個中央歐亞民族真正入侵和征服過它們，就算它們出現分裂和內戰時，中央歐亞民族也很少這麼做。就中國的事例而言，中央歐亞民族在這種時期一般都是應中國的某個派系邀請而來，中國史料中就有一些詳細的記載；最著名的羅馬事例，即關於哥德人和匈人的記載也是如此。這一點在近代的事例中表現得最為清晰，這是因為近代有更廣泛的史料，其中一些史料還是用中央歐亞民族的語言寫成的。順著歷史向前回溯，這一點也十分明顯。

例如，滿洲人是被軟弱、腐敗的明朝邀請進入中國平息叛亂的。他們按照要求行事，從叛軍手中奪回北京城，然而——按照史書的說法——他們被當地人選為新的統治者。最後一點可能是捏造的，但也可能不是捏造的，但可以確信的是，滿洲人長期以來一直是明朝的敵人，彼此間互有攻擊、戰爭和屠殺。滿洲人被招來入關後，完成了他們答應過的事情，隨後便留在中國，在中國建立一個新的、強大的王朝取代明朝。

幾百年前，蒙古人在成吉思汗的英明領導下，以閃電般的速度征服西方而聞名。但成吉思汗主要關注的是中國北方金國的女真人，他們曾扶植蒙古人在蒙古高原的敵人，並使成吉思汗及其人民臣服於他們之下。女真及其草原盟友才是蒙古人的真正危險。然而，儘管蒙古人以速度著稱，但他們還是花了很多年的時間才征服了中國北方和滿洲的女真人。直到很久以後，也就是成吉思汗去世後的幾十年後，蒙古人才終於確立對前女真領土的牢固控制，並決定征服南宋——不可思議的是，南宋在此前曾持續不斷地攻打蒙古人，並虐待他們的外交使節。

在更早的時候，回鶻突厥人是在七五七年進入中國本土（即幾百年來一直屬於中國人的地區）的，他們是受唐朝的請求來平定安祿山的叛亂。他們在該地的破壞——尤其是多次洗劫東都洛陽——得到了財政吃緊的唐朝宮廷的特別授權，以此來作為回鶻人的獎賞或報酬。[41]所有其他有史記載的回鶻人在中國境內的破壞事件，似乎都是對唐朝毀約、欺騙、冒犯和侮辱外交使節的報復。[42]

唐朝的史料，以及現代的史料，都反覆表示游牧民族是危險的，中國需要阻止和防範他們。[43]有人認為，唐朝中國對鄰國的侵略是正當的，因為他們構成了危險，因此幫助中國擴張和保留被征服領土的制度變化是防禦性的：

> 在七世紀最後幾十年和八世紀初遭受重大挫折後，為了維持一個如今已從滿洲南部至帕米爾高原、從內蒙古到越南的遼闊大帝國，發展出一個新的制度架構。這些變化……是為了應對外來軍事壓力的增加，主要是來自新興的東突厥人、契丹人和吐蕃人。面對與這些強大、組織嚴密的鄰國不斷發生的衝突，唐朝政權逐漸漸被迫建立一個長久性、大規模的防禦體系。隨著時間演進，這個體系獲得了重要的進攻能力，但這項事實往往掩蓋了它的防禦性起因……。但批評者經常忽略基本的戰略考慮，這些考慮促使中國軍事力量的擴張遠遠超出中國人可能定居點的範圍。只有依靠定居點，才能防止機動性很強的游牧鄰居向內地迅速進行破壞性的滲透。[44]

事實上，新建立的「制度架構」指的是一種與拜占庭的「軍區」制度驚人相似的節度使制度，這種制度（在唐朝的事例中）是為了守住征服而來的外國領土，並把它作為進一步入侵鄰國的基地。它從一開始的本質就是**完全的攻擊性**，而且得到任命的節度使主要是歸順的中央歐亞人，這不僅

是出於他們擁有的戰爭技能和中國人對他們的恐懼，也是因為他們與漢人相比相對忠誠。[45]

事實是，唐朝中國才是危險的「自走砲」。中國史書裡曾對唐朝的英雄及其軍隊對中央歐亞民族造成的破壞讚譽有加。早期的唐朝人曾經入侵、擊敗、征服除了吐蕃人外的所有周遭民族，吐蕃人只有在其盛期才勉強擊退唐朝人。比起秦朝和漢朝，唐朝的軍隊甚至更加深入擴張至中央歐亞，造成更大的負面影響。即使中央歐亞人的國家正處在強大、統一的時期，羅馬人、波斯人和中國人仍可以且經常入侵和擊敗他們，將他們的土地和人民納入自己的帝國。[46]統一且正處於軍事力量巔峰的蒙古人花了十九年（一二一五—一二三四年）的時間，才征服金朝；又得再花上**四十五年**的時間，才終於在一二七九年由忽必烈汗征服宋朝。這很難稱得上是一次閃電式的入侵和征服。導致蒙古人最終勝利的戰爭前、中、後的複雜情況是不容忽視的。史料毫不含糊地記載，蒙古人一再謀求在不打仗的情況下開展和平的關係和貿易。認為「蒙古人的目標，並不是要占領和治理國家或城市，只是想擊潰任何蠢到覺得自己可以抵抗蒙古軍隊的國家或城市」的錯誤想法，再次把蒙古人說成是野蠻的突擊者。[47]從史料來看，這種觀點是站不住腳的，因為史料文獻強調蒙古人從統治時期之始到末都對貿易和稅收有著壓倒性的興趣——如果可能的話，他們願意以和平的方式達到這個目的。

從西元前一千紀中葉到現代早期，中央歐亞的領土在歷史上不斷持續縮小，甚至幾乎完全消失。即使是強大的中央歐亞國家也有可能且曾被強大的周邊國家擊敗，這一點從秦、漢時期的歷史及唐朝早期的歷史中就可清楚看到；即使是相對較弱的周邊國家，例如漢朝後的晉朝和晚期的西羅馬帝國，也經常能擊敗強大的中央歐亞國家。相比之下，儘管偶爾會有中央歐亞國家成功突襲或占領周邊國家的部分領土，但統一、強大的中央歐亞國家從未征服過統一、強大的周邊國家。

認為中央歐亞游牧民族是天生的戰士，他們堅毅、強悍、無所畏懼、幾乎無從征服的觀點如果是正確的，那麼就等於是說——在所有關於中央歐亞的歷史記載裡就會有這樣的隱義——周邊國家由農民構成的士兵是軟弱、無力、戰鬥力低下的。但是，顯然沒有一個羅馬史學家會認為，羅馬農民，亦即羅馬士兵，是軟弱、無法克服惡劣條件的。為中國秦始皇、漢武帝征服下巨大帝國的士兵，當然也不可能孱弱不堪。羅馬和中國的農民組成軍階等級分明的軍隊，參加龐大帝國的成功戰役，包括周邊國家軍隊戰勝中央歐亞軍隊的許多戰役。如前所述，歐亞傳統農業社會的農民像奴隸一般地工作，不得不依靠很少的資源存活；因此，他們的確相當強韌，儘管體型較小、壽命較短，但他們很能吃苦。一個周邊歐亞帝國訓練有素的士兵，跟一個中央歐亞草原游牧民族的士兵一樣可怕，甚至更可怕。當然，游牧民族的士兵在戰爭中表現得很強悍，他們很早就學會草原戰爭中的實用技能（主要是射箭和騎馬）。他們頌揚自己的武功，讚美自己的戰爭英雄，並試圖用他們手段凶殘的訊息來威嚇周邊民族。但是，從希羅多德開始，親眼見過中央歐亞民族的旅行者所寫下的描述都一再強調，實際上的中央歐亞人看起來十分平凡和不願打仗，和他們可怕的名聲相反。真實的情況，尤其是歷史的長遠趨勢，和人們的成見是相反的：中央歐亞民族贏得了一些戰役，但是最終輸掉了戰爭。整體而論，周邊民族實際上要比中央歐亞民族能夠想像得到的還更強大、危險、無情和殘忍。

與周邊農業帝國相比，由草原游牧民族統治的中央歐亞國家存在著幾個關鍵的弱點。[48]游牧民族人口稀疏地分布在廣闊的區域裡，他們無法儲存畜牧產品，以備在牲畜死亡的壞年景中使用，因此他們甚至比農民更受天災的影響。除了極少數的例外情況，游牧國家控制的城市並不在草原地區本身，而無論如何，在草原游牧民遭受攻擊時，他們都不可能將大量的牲畜蓄養在城牆內。[49]這使得游

牧民族極易受到任何孤注一擲的周邊敵人的攻擊。這些敵人在取得勝利後，通常會帶走數十萬頭羊和牛作為戰利品，讓騎著馬逃亡的中央歐亞人面臨被餓死的境地。

草原地帶的中央歐亞人還必須非常小心，不能依靠自己的力量同時發動許多全面戰役（也就是說，在沒有步兵輔助的情況下），因為如果他們遭受重大挫敗，他們就沒有足夠的兵力再充實隊伍了。他們有必要不戰而屈人之兵，只有在必要時才使用武力。這一點在歷史記載中可以得知，早在關於斯基泰人和匈奴人的記載，直到蒙古時期的記載都是如此。游牧軍隊的突然襲擊是為了達到震懾效果，主要是種心理戰。因為他們的軍隊無法攻克堅固的城市，但那些大城市——總是有堅固的防禦——又是令人垂涎的獎品，那麼，他們是如何攻克抵抗的城市？他們使用了步兵和攻城車，這和周邊民族是完全一樣的。問題在於，作為游牧民族，他們沒有這樣的攻城機械。這意味著他們只有在全面戰爭中才能用武力占領城市，因為在這樣的戰事中，他們能夠動員自己非游牧民族的臣民徒步行軍到目標城市，並為他們攻擊它。這樣一來，「全然出其不意」的可能性就不存在了。「突襲並摧毀」的說法建構出的是一個迷思。而且，在軍事史上，眾所周知，在其他因素大致相同的情況下，步兵軍隊總是比騎兵軍隊（無論是否屬於游牧類型）更強。佯攻和小規模戰鬥的游擊戰術，是一個較弱的民族在其領土內抵抗更強大的敵人的經典手段。[50]這是游牧民族對入侵的步兵軍隊的唯一防禦戰法，他們無力正面攻擊。

中央歐亞人有充分的理由害怕周邊民族，因為周邊民族一次又一次地入侵和擊敗他們，奪走他們的大部分領土。[51]正如東部草原古突厥文碑銘對唐朝征服突厥第一帝國後的突厥人命運的苦澀回顧：「他們貴族的兒子成了中國人的奴隸，他們的淑女成了小妾。」[52]羅馬人征服高盧的歷史，就是一個非常貼切的例子。凱爾特高盧人被擊潰，他們的領土被羅馬

人殖民，倖存的凱爾特人最終變成羅馬人。[53]這是羅馬人對高盧領土擴張的赤裸裸行為。從軍事或政治的角度來看，這與羅馬人在建立其龐大帝國的過程中，用軍隊向離羅馬很遠的許多其他國家擴張沒有什麼不同。但在一個方面，它是不同的。高盧以前是典型的中央歐亞文化，如今被地中海化，被排除出中央歐亞文化區，它不像大多數的日耳曼尼亞，能夠成功抵抗羅馬人，直到中世紀才地中海化（或歐化）。

歐亞周邊文明的任何一部分都沒有被長久性地納入中央歐亞文化—經濟區域。相較之下，數百年來，中央歐亞民族對周邊民族的攻擊做出多種形式的抵抗，但最終的結果都一樣：中央歐亞民族輸了。

如同歷史上經常出現的情況一樣，實情是在兩個極端之間的某處。在這個事例中，有兩個極端的刻板印象，一邊是暴力、貧窮、半飢餓、原始的中央歐亞人，另一邊是溫和、富裕、營養充足、開明的中國、波斯和希臘—羅馬人。這些刻板印象建基於許多錯誤的觀念，我已經在前文中指出一些。其中一個最重要的錯誤觀念，已經在一定程度上得到中央歐亞史專家的認知，但對它的認知還不夠徹底，其影響還沒有被完全理解。這個錯誤觀念就是：中央歐亞民族是游牧的草原戰士，他們的敵人是定居的農民和城市民族。

專家周知的考古學和歷史研究證據表明，草原地帶其實有不少城鎮，甚至有幾個城市。[54]住在這些城鎮和城市裡的民族的文化，以及該地農耕者的文化，與牧放者的文化並無明顯區別。因此，有人很正確地總結，草原地區帝國建造者擁有屬於自己的城市和農業資源，他們不需要向周邊帝國的人民搶奪糧食[55]和其他必需品，而且事實上，也沒有證據表明他們曾經這樣做。[56]儘管這無疑是對通常所接受的觀點的糾正，但對於已知的草原游牧民族統治的帝國的全面性描述來說，它仍然遺漏了

太多的東西。

中央歐亞民族是放牧者、農耕者和城市居民，他們的帝國包括廣闊的非牧場領土。當然，游牧的經濟構成部分，會為了避免耗盡草場而進行大量遷徙。但所有已知的中央歐亞帝國的結構，都包括上述三種社會經濟元素。因為從本質上說，游牧的牧民就是在耕作「有蹄子的莊稼」的農民，[57]中央歐亞帝國的社會經濟結構與周邊文化的社會經濟結構並無顯著差異，它們主要有三個組成部分：城市、農村─近郊（生活在城市或大城鎮附近的農民，他們滿足城鎮居民的需求，並在一定程度上參與非農業的經濟活動）和農村（生活在遠離城鎮的農村中的農民）。中央歐亞的一個顯著區別，是城市人和近郊農民（定居的農民）的民族語言特徵，通常與遠郊農民（游牧的牧民）的民族語言特徵不同。[58]牧民自然也比其他人更具流動性，這與周邊國家的遠郊農民正好相反，後者是其社會中流動性最低的成員。除此之外，中央歐亞城市的精緻成熟城市文化（城市人）和較簡單農村文化（農民和牧民）之間的對比，與周邊國家城市的精緻成熟城市文化和外圍農民（包括近郊和遠郊）的較簡單農村文化之間的對比是完全相同的。換句話說，草原游牧民族帝國的政治經濟結構和農業民族帝國的政治經濟結構並沒有實質上的差異。[59]

史學家把放牧者和他們國家的其他組成部分割裂出來，創造「純粹」游牧民族的迷思，同時卻又無法解釋城市人口和農耕者存在的現實，也無力解釋絲路完全神祕兮兮的存在，把它當成一條從中國到羅馬的輸油管，和它中間經過的地區沒有任何關係——除了絲路商人據信經常受到游牧民族的搶劫之外。其實早在希羅多德的描述中，他就已經注意到中央歐亞國家的三個組成部分（不過，他顯然並不自知自己對這方面的描述）。在民族語言上，生活在城市的民族通常與游牧的民族並不一樣，但這個事實並不能改變什麼。重要的是，草原游牧民族統治的帝國**總是**包含對許多城市的控

制（行使一種羈縻統治）。對於黑海沿岸和其他地區的城市，斯基泰人就是行使這樣的羈縻統治，這些地方的大部分居民是希臘人和色雷斯人。匈奴人對絲路城市也施行同樣鬆弛的宗主權統治，甚至在漢朝軍隊和西域都護進駐的情況下，也仍然保持這種宗主權。此後的突厥、蒙古、準噶爾帝國的統治形式也是這樣。周邊國家的遠郊農民生活在遠離城市的農村裡，因此在定義上，他們本來就沒有城市，也不會建立城市；同樣地，游牧民也很少會建立城市，或親身占領自己的城市。在游牧生活的情況下，我們很難想像牧民是如何能既生活在城市裡，又同時能在草原牧場上移動他們的牲畜。這就解釋了為什麼游牧民族在**草原帶**很少會有城市的原因。但是，他們的帝國必須包括城市，而且他們的帝國總是包括城市。簡而言之，在中央歐亞帝國中，城市部分與農村部分（或農村諸部分）是不可分割的，就如同周邊帝國中的兩者是不可分割的一樣。

似乎受到廣泛忽視的一件事情，是單方面建立邊界（總是遠遠超出先前確立的邊界範圍）、修築防禦工事以守住新的邊界（侵略者單方面宣布的「國土」）、關閉邊界並切斷與邊界外的貿易關係的行為，屬於公然的戰爭行為。[60] 這些就是公然的戰爭行為，無須多說。不僅中央歐亞人明白這一點並採取相應的行動，身為侵略者的周邊國家也對這一點心知肚明。雖然在周邊國家的史書記載中很少會公開指出這一點，但是偶爾也會這樣做，或者是在史書記載中保留一段異議者的話（目的通常是譴責異議者是叛徒、敵人的同情者或其他壞人）。

中央歐亞民族敏銳地意識到周邊國家對他們構成的危險，當周邊國家在中央歐亞人的領土上修築城牆、將軍隊調往邊境、切斷貿易關係的時候（這些全都是戰爭行為），他們立即就明白對方的好戰意圖。每當周邊國家沒有因為這些行為而與中央歐亞人處於戰爭狀態時，和平與繁榮就會隨之而來。但和平與繁榮並不是帝國建立者的目標。他們的目標是不受任何挑戰的絕對霸權，以及盡可

能地擴張其治下的領土和人民。當中央歐亞民族建立帝國時，他們也是懷著同樣的目標，但這些目標是暫時性的。中央歐亞帝國的目的，不僅是為了建立安全的邊界和穩定的內部政治體制——換句話說，就是和平——也是為了支持和擴大地方和國際經濟，透過這種方式增加每個人的財富。

中央歐亞人堅持與周邊帝國的城市保持貿易關係，以及他們對任何地方的城市所持有的明確、審慎政策（即使在戰爭時期也是如此）表明對他們而言，城市和貿易關係是多麼重要。這也解釋了邊疆衝突的主要原因之一。當游牧民族有需要時，他們要能親身直接參與貿易活動，就如同周邊國家的農耕者需要進入市場城鎮一樣。而且，至少是從前古典時期開始，中國、羅馬與中央歐亞邊境的正常狀態，就是游牧民族在邊境的市場城鎮上與中國人或羅馬人進行貿易。當周邊國家正式向游牧民族關閉邊境城市的時候，或是使得該地的貿易幾乎不可能進行的時候，以及在游牧民族試圖談判，但周邊國家卻虐待他們的交涉者的時候，中央歐亞民族便會認定這些行為是為了挑起戰爭。除了攻打肇事者之外，他們別無其他選擇。這種故意製造衝突的事例，一直延續到中央歐亞在十七和十八世紀被瓜分為止。[61]

上千年來，中央歐亞人不分民族語言身分，恆常堅持在整個中央歐亞的邊境市場上進行自由貿易，這是非常了不起的事情。讓我們了解這一點的周邊國家史料，其中充滿了反中央歐亞的排外情緒和強烈的反商業偏見——這並不奇怪，因為史書作者幾乎都是出身自土地貴族的文人，而不是出身自商人階級——同時又把商業活動的混亂歸咎於中央歐亞人，並以此作為入侵中央歐亞人領土的藉口。現代史學家則是繼承了周邊國家史料對中央歐亞人的負面觀點。

在提及十六世紀初明朝與蒙古人的衝突時，濮德培（Peter Perdue）說：「強硬派認為，與無可救藥的暴力蒙古人進行貿易或談判是絕無可能的。」[62]但在下頁他又指出，「一五五一年，（明朝）

皇帝禁絕與蒙古人的一切貿易，違者處斬」[63]，他還補充說：

巴圖（Batu，達延汗）之孫俺答汗（Altan Khan，一五〇七—一五八二年）在十六世紀中葉掌權，成為下一個突襲中國帝國的蒙古人。他從來沒有統一過蒙古各部，但他率領他手下陝西和山西以北的十二個土默特（Tümed，萬戶）不斷地在邊疆發動進攻，起因是蒙古人朝貢貿易的請求受到明朝的拒絕——這樣的要求幾乎總是遭到中國的回絕。這種反覆發生的「請求、拒絕、突襲」模式循環持續了四十年，一直持續到一五七〇年。[64]

在當時，明朝朝廷內部也對與蒙古人貿易或戰爭的相對利弊展開大量爭論。「只有到下一任皇帝（隆慶，一五六七—一五七二年）時，明朝才做出英明的外交決策，在邊境和蒙古人展開和談。」[65]蒙古人在過去幾十年的時間裡反覆告訴中國人，他們希望對方開放市場讓他們貿易，但直到這個時候，明朝才恍然大悟到，「俺答汗希望建立和平的貿易關係；只有在拒絕進貢的情況下，他才會進行突襲。」[66]在最終決定再次允許貿易活動後，「商人湧向邊疆，向蒙古人出售絲綢、毛皮、糧食和炊具；政府對貿易徵稅，用所得的收入向牧民高價購買劣馬。」[67]不管是基於什麼史料，最後的那一句「高價購買劣馬」都很難令人信服；因為濮德培在前文才剛剛提及：「明朝已經加固了城牆防禦，主要是依靠來自蒙古的馬匹來提高邊防的機動性。」[68]

上文的論述可以總結為以下幾點：中國人占領了中央歐亞的大片領土，並試圖透過拒絕讓中央歐亞民族進入他們的市場城鎮，使得他們陷入貧困。再加上中國人對他們採取具有攻擊性的強硬態度，其結果毫不奇怪，就是引發戰爭，包括中央歐亞人對中國人的攻擊。但是中央歐亞人想要的

不是戰爭，而是貿易，並一再尋求與中國保持和平的貿易關係。在中國人厭倦了戰爭的開銷和痛苦後，他們會重新開放與中央歐亞民族的貿易關係。邊境雙方會因此獲得和平與繁榮。

因此，蒙古人和明朝中國之間衝突的根源，是中國刻意禁止貿易。這早就不是什麼祕密。中國朝廷公開討論這個問題，在中國試圖用軍事手段解決（消滅蒙古人）失敗後，禁貿令被解除，和平也隨之而來。[69]

與之相似的，準噶爾人與清朝之間唯一真正的問題，應當就是清朝對貿易的定期限制，甚至禁止，因為只要這些限制被取消，就會帶來和平。[70]雖然近年來在滿漢史研究出現了很多優秀的成果，但幾乎所有關於準噶爾與清朝衝突的大背景及其所謂的根源，都具有誤導性。衝突的真正根源是滿漢中國想要進一步向中央歐亞擴張。由於當時統治中央歐亞的準噶爾人試圖阻止他們實現這個目標，所以清廷就竭盡所能地要消滅他們。每當他們用軍事手段解決問題的嘗試失敗時，他們就與準噶爾人講和，允許貿易。一旦清廷有機會在軍事上消滅準噶爾人時，他們就會立即再度出擊，衝突隨之又起。最後的結果是滿漢人成功了，他們屠殺了大部分的準噶爾人口，征服了一直處於準噶爾人保護之下的中央歐亞大部分地區。因此，儘管存在著大部分涉及統治者間個人衝突的各種歷史細節，從而掩蓋了事情的過程及其原因，但造成準噶爾人滅亡的原因，完全是滿漢人的擴張主義。準噶爾人並沒有攻擊清朝，也沒有涉及「貪婪的蠻族」貿易商。當然了，準噶爾人並不是純潔無瑕的天使，他們有時也會犯錯，但從整體來看，正確理解歐亞史這段關鍵歷程的角度，很顯然是依照如上所述的觀點。[71]

周邊國家對草原民族關閉邊境城市，完全等同於對本國內陸的農民關閉內部市集：這是蓄意破壞地區經濟的作法。這種能力使得周邊國家政權能夠把開放邊境城市貿易作為一種政治—經濟武

器，迫使中央歐亞民族為他們賴以生存的空氣和水進行談判。正如余英時也許是無意間指出的（因為在同一篇文章中，他也提及漢朝與匈奴之間在邊境上的廣泛商業關係）：「雖然漢朝與匈奴之間的私人貿易可能已經在邊境上持續了很長的一段時間，但直到漢文帝在位時（西元前一八〇—前一五七年）才出現大規模**由政府支持**的市場體系。」[72]不該忘記的是，兩個帝國的邊境地區都位於中央歐亞的深入腹地，因此，中央歐亞民族為了在該地貿易而發動「入侵」的論點，純屬無稽之談，除非這麼說的人持有親中國的偏見。

此外，還有觀點認為，游牧民族無端地攻擊邊境市場的原因，只是因為崇尚暴力，或是貪圖戰利品；這種想法不僅沒有得到史料的支持，而且和史料矛盾。儘管湯普森（Thompson）和多數研究匈人的學者一樣，都持有反匈人的偏見，他對匈人的經濟、社會和政治動機有著根本性的誤解，但他曾正確地指出，匈人領袖的一個首要關注，就是確保羅馬市場城鎮可以「對匈人開放……並且持續如此；在該地通商的條件是公平的；匈人進入市場不會遭遇危險」。[73]

在這方面，有人疑惑不解地指出，希羅多德說斯基泰人是可怕的戰士，但在他的其他描述中，斯基泰人卻顯得相當和善。同樣地，一位在第一次世界大戰後在蒙古的美國間諜表示，蒙古人「生活的條件，和他們十三世紀時的祖先沒有什麼實質上的不同」，還把他們視為「不喜歡打仗的民族」。在這兩個事例中，注意到這些差異的學者提出了一個看似合乎邏輯的結論，**如果**說那些關於中央歐亞人的公認觀點是正確的話，那麼斯基泰人一定是一個完全不同於中央歐亞人的民族，[74]而蒙古人一定是由於長期的和平，或可能是由於受到佛教或中國統治的影響，隨著時間的推移發生了改變。[75]同樣的論述也被套用在吐蕃帝國後的西藏人還有其他民族身上。然而，這些被認為是例外的（和平的）中央歐亞民族的描述，卻與對中央歐亞歷史上最讓人心生畏懼的兩位戰士——匈人阿

提拉和帖木兒——的實際目擊者描述驚人地相似。在第一手的史料描述中，他們兩人都被描述為聰明、謙和、清醒、慷慨、公正的統治者。

一個相關的傳統關於中央歐亞人的說法，是所謂「曾經堅韌的游牧民，在受到周邊文化城市的奢華和閒逸生活的誘惑後，在道德和體魄上都趨於衰敗」，因為他們放棄了「草原上的艱苦生活，這削弱了他們的尚武精神，並導致他們被當地的人民或某股其他未被腐蝕的游牧勢力推翻」。[76]愛好奢侈、懶惰、散漫的中央歐亞人不符合「真正」的中央歐亞人的公認印象，這一定是發生了什麼變化。人類學家和其他學者在近代訪問和研究中央歐亞牧區的游牧民族後發現，他們的生活確實相當輕鬆，普遍比較懶散。他們的飲食和穿著也比周邊農業國家的農民更好。這其實不是什麼新鮮事。在前現代時，周邊國家外交使節的記載中曾經提及，中央歐亞人在談判時不願意下馬，而是喜歡舒服地待在馬背上。塔西佗對古代日耳曼人的評價是：「當不參加戰爭時，他們會花一定的時間打獵，但更多的時間是在閒散放鬆，只想著睡覺和吃飯。」因此，他們「表現出一種奇怪的不一致——喜歡閒散放鬆，卻討厭和平。」[77]同樣地，近代的旅人也評論說，中央歐亞的游牧民喜歡騎馬，哪怕是同一居住區的兩個氈房之間的短距離，也不喜歡步行前往。儘管中央歐亞地區的游牧民族在社會經濟上存在著脆弱性，然而，我們也沒有理由走到另一個極端，認為他們在任何時候都特別羸弱，或是只要有機會，他們會比其他社會中的人類更慵懶、更放縱。

在傳統對中央歐亞民族的歷史記載中，很大一部分的注意力集中在他們的領袖和其他人物的個性。他們聽起來常常做出十分衝動的決定，任性地向鄰國開戰，無論對方是中央歐亞國家或周邊國家。在我們的眼裡，他們的決定往往缺乏足夠的理由。這是因為我們對中央歐亞的了解要比對周邊的了解少得多，而我們所了解的大部分資訊都是由周邊的歷史學家書寫的，因此，中央歐亞人的

行動常被描繪成不講道理、衝動、暴力、貪婪[78]等等，他們做出的那些和周邊國家的領袖別無二致的平衡、謹慎、深思熟慮的決定，往往被避而不談。一般來說，我們對於相關的中央歐亞人歷史和心理，或是可能影響他們決策的背景條件，根本沒有足夠的了解，我們無從判斷他們行動的正確與否。但當我們有夠多的可用史料的時候，便可以看出他們的行動通常是可以理解的，也是合理的。這樣說，並不是認為他們的所作所為永遠都是可以原諒的；只是說，在這一點上，中央歐亞國家和周邊國家並沒有什麼區別。開戰的決定往往是由領導人個人做出的，往往是出於個人原因，或者乾脆說是錯誤的決定。[79]也許心中持有一定立場是不可避免的——畢竟歷史學家也是人——但歷史書寫的立場不應扭曲最終的圖像，以至於它不再是近似真相的描述。但這就是發生在中央歐亞史上的事情，無論中央歐亞民族是入侵者或受害者，他們都被妖魔化了。當他們明顯看來不是具有侵略性的**蠻族**時，書寫的人就會做出結論說，他們必定不是中央歐亞民族，而是其他什麼民族。

與這些誤解有關的，還有一種普遍存在的迷思：匈人和蒙古人之類的中央歐亞民族，是出乎意料地在沒有挑釁和理由的情況下，就無端攻擊周邊有文化的無辜民族。這個迷思裡存在著幾個問題。其中主要的謬誤，是只有中央歐亞民族才會試圖以犧牲鄰國為代價來擴張自己的疆域，而鄰國則是無辜、愛好和平的受害者。中國人、波斯人和希臘—羅馬人等征服者的無端侵略可以當作沒這回事，只有中央歐亞人有罪，因為他們遵循人類建立國家的自然衝動，必然會企圖征服他們的鄰居。史學家對中央歐亞國家形成的過度沉迷，不該讓大家忽視這樣的事實：從史前時代開始，周邊民族也形成了國家；該地的國家形成也必然涉及對鄰居的征服。沒有任何證據可以表明，在任何一個帝國形成的過程中，其建國者不曾對鄰居發動暴力征服，也有大量的證據表明，各地的王朝建立者都會果斷消滅國內的對手，而且常常是用非常殘忍的方式，所以我們不禁要問，為什麼偏偏中央

歐亞民族的相同歷史會成為學者如此困惑的課題？此外，就如前文所述，即便真的有中央歐亞人在完全未受**周邊**國家挑釁的情況下就發動攻擊的例子，其實也是屈指可數。

人們也常指責中央歐亞人是特定衝突的罪魁禍首，因為他們在衝突發生時已經形成了帝國，與周邊鄰國之間的關係已經變成了敵對關係。在這種情況下，由於缺乏關於衝突原因的原始資料，而且無論存在著什麼樣的歷史文獻，偏見通常是在所難免的，因此我們很少能夠有信心地確定衝突爆發的原因。在大多數情況下，根本就沒有任何關於中央歐亞民族早期歷史及其與周邊民族接觸的資料，這種情況促使人們繼續相信假象和迷思。然而，在確實有關於衝突的詳細紀錄史料保存下來的事例中，即使這些史料並非由中央歐亞人書寫，它們通常也能夠表明，中央歐亞人是在自衛，或是在對敵人的背信棄義做出報復，而且衝突一般都是由於周邊民族稍早的攻擊或公然入侵。羅馬人在自己的史料中反覆敘述，與中央歐亞人（包括日耳曼人）的戰爭是如何由羅馬人自己引起的，他們雇用中央歐亞人攻擊自己的敵人，然後再欺騙中央歐亞人，或以其他方式虐待他們，以致他們別無選擇，只能起身反抗。這並不是說中央歐亞人從來沒有背信棄義。問題的關鍵在於，我們無法從歷史斷定中央歐亞人是唯一犯下這種罪行的民族，甚至是慣性累犯，就像周邊民族或許也不是如此。無論是中央歐亞民族，還是周邊民族，都有想要擴大自己疆土的惡念。

這一切都不是為了要提供藉口，讓中央歐亞民族或周邊民族得以開脫所有殺戮的責任。雙方都有責任，因此不能簡單地接受那些通常是親周邊民族的觀點和論述。沒有匈人的資料能夠告訴我們匈人一方的觀點，但羅馬人自己最佳的目擊證人，普利斯庫斯就曾用不會被誤解的直白語言，清楚地描述了在他跟隨羅馬官方使團前往匈人宮廷的第一人稱記載所涵蓋的極短時間內，羅馬人對匈人的屢次背叛、謀殺未遂和其他罪行。關於大多數其他中央歐亞民族的歷史也是如此，這種情況一直

延續到中央歐亞在現代早期被周邊勢力分割和征服為止。對現有史料呈現的通常偏袒周邊國家觀點產生懷疑的原因，在於當有詳細的原始資料時——通常是在周邊民族的同一篇史料——它總是會在不經意間揭示，爆發衝突的原因是複雜的，但是，應該要受到指責的，終究還是周邊帝國，因為它們企圖向草原地帶和城邦地區發動軍事擴張，中央歐亞民族是在自衛，或是試圖重新奪回先前被周邊國家奪走的領土。

在關於唐朝末期中國北方邊疆的歷史記載中，充斥著各種群體對另一個群體的突襲、攻擊、掠奪等，受害者通常都是被描繪成無辜的中國人。但在他們的苦難中，有些細節卻洩露畫面的另一面。

> 無數事件表明，部落有關牲畜的財富不斷增加，引起中國邊疆官員的貪欲，他們透過不公平的市場行為或直接沒收牲畜的方式剝削他們。為了報復，通常是在吐蕃人的協助下，党項人突襲了夏州、銀州地區的邊疆。唐朝人和靈州的交通線變得越來越不穩定，在大約相同的期間，對中國及其軍隊至關重要的牲畜生產和馬匹供應控制權，也落入党項人手中。[80]

無可否認的是，中央歐亞民族經常相互攻擊，而且也攻擊周邊民族，但是正如前文所述，箇中緣故通常不會是史料提供的那些原因。同樣地，周邊民族也經常互相攻擊，而且也經常攻擊中央歐亞民族。羅馬人就曾誇耀他們在默西亞納城（Marcianopolis）周圍戰勝了哥德人：[81]

> 許多王公被俘虜，也有各部落的貴族婦女變成俘虜，羅馬各省都充斥著蠻族奴隸和斯基泰農

夫。哥德人變成蠻族邊境的耕田者，沒有一個區裡看不到為勝利者提供勞役的哥德奴隸。我們的先人曾經見識過多少從蠻族人手中奪來的牛、羊和聞名遐邇的凱爾特母馬？[82]

衝突的雙方都是人，直到非常晚近為止，戰爭都是生活中公認的、正常的一部分。和平也會降臨，但只有在局部地區，以整個歐亞大陸的角度來看，和平即便真的存在過，也是極其罕見。[83] 對於自從原始印歐人的時代開始的中央歐亞人來說，攻擊一個用不公手段偷牛的鄰居——無論是近期還是過去——都被認定是英雄行為，而周邊民族也都持有同樣的看法，這在東方和西方都有史可循。

在每個歐亞社會的歷史上，戰功都是定義英雄人物的要素，只有極少數的例外。如果說一個希臘人會因為殺死敵人而成為英雄，為什麼一個中央歐亞人就不能因為同樣的原因成為英雄？或者，更準確地說，他們能夠成為英雄，還有什麼其他的原因？此外，在大多數歐亞文化裡存在的仇殺，讓諸民族永遠不怕會找不到可以毫無愧疚地突襲的敵人。在漫長的歷史中，中央歐亞民族與周邊民族之間的相互攻伐，其實大多數都是發生在後者從前者手中奪走的前中央歐亞民族領土上，因此我們很難不去設身處地地站在中央歐亞人的立場上看問題。對於中央歐亞人在受到攻擊時進行的反擊，周邊民族的憤怒也是可以理解的，就像他們會使用貶義的名稱來稱呼中央歐亞人那樣。在使用希臘─羅馬語的地方，這個貶義名稱是 βάϱβαϱοι 或 barbari（蠻族；野蠻人），[84] 而在使用漢語的地方，這個貶義名稱是「虜」或其他概括性的貶義詞，「虜」既可用於中國人，也可用於外國人。[85] 但是這些詞彙都不該誤導今日的我們。

毋庸置疑的是，斯基泰人和其他中央歐亞人在戰場上一定極為驍勇善戰，他們也希望周邊民族

對他們懷有恐懼感，古代的日耳曼人和匈人，以及中世紀的蒙古人都是如此。塔西佗在談及東北方的一個蘇維匯人（Suebi）時曾寫道：

阿累人（Harii）的強壯不但超越上述我提及的其他民族，而且還長於利用他們野人的天性，使用詭計、把握時機。他們會把盾牌塗成黑色，也會把身體染成其他顏色，他們專挑在黑夜裡發動攻擊。這支陰魂不散般的軍隊有著令人害怕的外表，造成致命的恐慌；因為沒有敵人能夠忍受這樣怪異又令人毛骨悚然的軍隊。他們在戰場上一露臉，勝負就大勢底定了。[86]

然而，還是不得不問，為什麼周邊民族似乎受到忽略，尤其是希臘—羅馬人、波斯人和中國人？他們也凶猛異常，而且，他們對付彼此和外族的殘忍和野蠻程度，要遠遠超過被他們稱為蠻族的外族，比方說，即使是粗略瀏覽一下羅馬帝國令人難以置信的可怕歷史，就可以明白這一點了，而且不要忘記波斯人和中國人直到今日的可怕歷史。此外，周邊帝國在戰爭中的成功率通常要比中央歐亞帝國還高得多，雖然中央歐亞人偶爾會取得驚人的成功，但周邊民族一定會讓他們的中央歐亞敵人對他們心懷恐懼。中央歐亞民族的凶狠面貌，並不是他們的歷史真實。很難想像，漢人會允許一個已經公然暴露身分的匈奴間諜，在中國生活、結婚、生子，而不被直接殺掉；然而，匈奴人卻兩次允許一個已知的中國間諜張騫進入匈奴境內，而且還以這種方式繼續居留。除了少數例外，只有當一個已經臣服的政體反叛，並謀殺新統治者的代理人時，或者是當一個城市在戰時被圍困而拒絕和平繳械投降時，中央歐亞人才會真正地變得凶猛。[87]

然而，羅馬人的征服仍然被廣為傳頌，而匈人的征服則受到譴責。羅馬人對匈奴人的勝利是好

的，但匈人對羅馬人的勝利是壞的。在匈人的事例中，就像其他中央歐亞民族一樣，自從我們有了關於他們的詳細歷史記載，而不是依靠那種虛無縹緲、充滿刻板印象的描述開始，我們便可明確地知道，幾乎所有對羅馬人的攻擊，無論是從東邊還是西邊，都是對羅馬人入侵、毀約或其他罪行的報復。當匈人獲勝時，羅馬人有時候會被迫求和，並支付賠償金。在歐亞東部的匈奴人和中國人之間，也發生了完全相同的事情。但是，這不應該誤導今日的人們相信所有的人，不管是羅馬人、波斯人或中國人，都只是蠻族的無辜受害者。

認為中央歐亞人是與生俱來的驍勇善戰、異常暴力或特別長於戰鬥——這些都是**蠻族**（**野蠻人**）的特徵——的民族，這種觀念無法得到歷史、考古學或人類學的支持。中央歐亞民族有城市和農村，有人強壯，有人弱小，有人凶猛，有人溫柔，有禁欲者，有酒鬼，有心中充滿愛的人、有心中充滿恨的人，有好人，有壞人，以及介於兩端之間的各種人，[88]這完全和地球上所有其他的已知人類一樣。

## 歐亞東部不存在 barbarians

很明顯地，在古代和中世紀歐洲人的觀念裡，有些人被歸屬於 barbarians，其故鄉在中央歐亞，這樣的觀念，無論是明顯或隱晦的，仍持續被現代史學家接受。但是，在現代時期，barbarians 這個詞的意涵已經發生了些許變化。同時，這個詞也成為翻譯古典漢語中指稱外族（外國人）的大量名詞中，傳播最廣的一個誤譯，而那些漢語名詞本身都與 barbarians 的概念沒有關係。很驚人的是，barbarians 這個因為古希臘人與外族（尤其是波斯人，儘管他們與波斯人多次發生戰爭，但他們對波

斯人還是十分崇拜，並樂於模仿波斯人）[89]相遇而產生的遺物，一直主導著史學家對中央歐亞民族的看法，並一直延續到今日。

對於 barbarian 這個詞及其相關詞彙所含有的明顯冒犯性語義，一些當代史學家感到尷尬，於是在使用時會給這個詞加上引號。但是加引號的作法，並不能修正錯誤。古代、中世紀或現代作者對這個詞的使用，只能告訴我們是誰使用了這個詞，不能告訴我們別的有用資訊。因此，情況似乎已經很糟，但實際上的情況還要更糟。尤其東亞學家對使用「barbarian」這個詞——現在幾乎都會加上引號——已經有了感情，而且非常多的人不願放棄它。

必須要理解的是，無論是 barbarian 這個名稱還是其背後的觀念，都不適用於在歷史或現代被應用的民族。歐美流行的小說和電影的處理方式，例如《蠻王柯南》（*Conan the Barbarian*），恰好可以最佳地概括整個 barbarian 的建構。實際上，從來沒有一個已知的民族會將自己的人視為 barbarians。這甚至包括西羅馬帝國滅亡後的西歐諸王國。但現代歷史學家至今仍普遍將那些新國家被稱為 **barbarian kingdoms**。儘管當時的作家有時把**其他**族群稱為 barbarians，但他們從未用這個詞來指稱自己。光是這一點，就足以澄清一切。然而，儘管人們普遍認識到 barbarians 是一個貶義詞，而且不該使用，但大多數東亞史專家仍在使用這個詞。這是個比乍看之下更嚴重的問題，需要我們再仔細地加以討論。

沒有人會否認，前現代的中國人明顯普遍不喜歡外族（外國人），他們看不起外族，認為他們的文化低劣。因此，中國人經常使用帶有否定意義的字詞，來書寫他們所知道的許多外國民族和外國人類別的一些名字，這並不出乎意料。但必須強調的是，據我們所知，所有的名字實際上都是外國名字在原生地的音譯。這些都不成問題。問題是在於以下方面。

中國人用來指稱許多外國民族和民族類別的詞彙很多——在中國歷史上常用的，大概有二十多個。其中沒有一個詞是完全的通用統稱。雖然可以對其中的一些字詞進行詞源解釋，但大多數名稱的本義，其實就完全單純是「對外國人名字的讀音轉寫」（從一些「外國名字」可以有不同的寫法，就足以部分證明這一點）。中國人不喜歡某種外國人，不時會挑一個具有否定意義的轉音字（漢語）來書寫其族名的音，這一點和現在我們討論的問題是無關的。[90]此外，如上所述，大多數中央歐亞民族，或者至少是我們得到的資訊足以了解他們想法的中央歐亞民族，也都強烈地厭惡中國人，鄙視中國人的文化。也就是說，匈奴人、突厥人、蒙古人等民族也普遍看不起中國人，就如同中國人看不起他們一樣。這一點在歷史文獻中得到充分的證明。

我們討論的歐洲文化字詞的英文形式是 barbarian。形容詞形式是 barbaric，以及其他的衍生形式。誠然，早期希臘語原詞 βάρβαρος（bárbaros）的原本意思，據信只是不會（或不能正確地）說希臘語的人，[91]由此我們得到了衍生詞 barbarism。但大約在兩千五百年前，希臘人捲入與波斯人的戰爭，βάρβαρος 這個詞的含義發生了變化。希臘人認為，不僅那些特定的外族（波斯人）不但不會說希臘語，而且還擁有強大的軍事技能，他們是勇猛、有時甚至殘酷的敵人，他們擁有自己的文化，但在希臘人的眼中，其文化不及希臘文化一樣精緻。這種特定的觀念綜合體最終融合成這種特定的語言形式，即詞根 barbar-，以至於後來為了表達同樣的觀念，每種歐洲語言都不得不借用這個詞，並將它本土化。這個字詞和概念的傳播從羅馬人開始，羅馬人把它應用於不會說希臘語或拉丁語、擅長軍事、對敵人凶狠或殘忍、具有非希臘—羅馬文化的人。這種觀念綜合體的傳播一直延續到現代。

然而，中國人並沒有借用希臘語的詞根 barbar-。漢語本身的詞彙中也沒有一個單一用以表示

「外族（外國人）」的字詞。無論多麼具有貶義，都沒有一個漢語字詞能夠包括如下的觀念綜合體：「不會說漢語」、「擅長軍事」、「對敵人凶狠或殘忍」、「不屬於漢文化」的人。即使在今日的漢語中，也沒有任何一個與之相近的字詞。除非是中國人也借用 barbarian 這個詞或它的一個親屬字詞，或是編造一個新字詞，明確地包含同樣的基本觀念，若非如此，中國人便無法用漢語表達（和歐洲語言內涵相同的）barbarian 的概念。現代標準漢語對 barbarian 通常的譯法是「野蠻人」，其實就是 wild man、savage 的意思。[92] 這和 barbarian 非常不一樣。英語中的 wild man、savage 和 barbarian 各有非常不同的含義。簡而言之，我們不可能把 barbarian 這個詞翻譯成漢語，因為漢語中不存在這個概念。還應該指出的是，至少從羅馬人開始，西方稱為 barbarian 的外國人常常被美化，尤其是戰敗的英雄外國人。在今日這個詞的含義中，這方面的美化仍然延續著，就像它在小說和電影中的使用方式一樣。「蠻王柯南」這個虛構角色，其實相當近似於概括了什麼是 barbarian 的概念。至少直到近期，漢語中仍然完全沒有這樣的概念。

從另一個方向來看，結果也幾乎相同。如果在漢英詞典中查找中國史上稱呼各種外族的那二十多個字詞，就會發現它們大多數在詞典中的英語翻譯定義實際上是「a kind of barbarian」（一種野蠻人、蠻族）。就連著名的詞典編纂著高本漢（Karlgren）的作品也是如此。這就很像是你要翻開詞典，查找指稱某些特定植物和鳥類的名詞，得到的定義卻是「一種草」或「一種鳥」。這些字詞其實並不是指「一種草」或「草」的統稱，而是指某一品種或某一種類的草，如「野黑麥」，或者是指草的某個特定型態，如「乾草」；因此編纂詞典的人要麼是無法知道它指的是什麼，要麼就是懶得給它下一個準確的定義。只有漢語中的統稱「草」能很好地對等英語中的統稱「grass」（而且「草」不是「一種草」）。這與 barbarian 的情況相當，但處理難度更大，因為漢語中沒有與

barbarian 相當的統稱，甚至沒有與之接近的詞，而英語中也沒有一個詞可以用來形容某個古典漢語字詞所指的許多外族，如胡、夷、蠻等等。[93]

這可以進一步證明，中國人對外族（外國人）並沒有一個純粹概念上的 barbarian 觀念綜合體。古代的中國作者有時會對持有外族文化的人表示欽佩，他們通常是居住在城市裡的人，是有書面文學之類的人：也就是說，從技術上而言，是有文明的人。文本中會說，他們在其他「異族」中「最似中國」者——這裡用的是指稱一般該地外族人的常用名詞之一，**包括住在城市裡的人、游牧民族和任何其他人**。中國作者會將外族文化的特定方面與中國文化中的相應方面相提並論。如果那些文化是**野蠻的**，他們為什麼要這樣做？在書寫這些文本的中國人眼中，他們當然**不是**野蠻的。不過，用來指稱這些受到欽佩的外族人及其文化的漢語詞彙，正是那些用來稱呼匈奴人等不受中國人喜歡的中央歐亞民族的詞彙。比方說「胡」，這個字既用來稱呼西域的城市文明民族，也用來稱呼匈奴人和同一地區以及更北方的其他游牧民族。「胡」不能被正確翻譯成英語的「barbarian」。

在唐朝時期，有個指稱「外族」與「外國」的概括統稱「番」。[94]和現代詞典裡的定義「外國的；野蠻的」不同，「番」這個詞本身在唐代文本中是沒有貶義的，這在大量的唐代文獻來源中都很明顯。在唐朝的脈絡中，這個字詞的意思就如同今日的 abroad（國外的），而不是指稱任何具體地方。和其他的貶抑性詞彙不同，這個字詞也被使用在雙語的外交行文中，在八二一年至八二二年唐朝和吐蕃簽訂的條約文書中就可看到。條約的碑文內容在八二三年豎立於拉薩，它的語言極為禮貌、審慎，而且注意細節。換句話說，這個用來描述外國人的特定統稱，可能是任何時期的中國文本中唯一真正的統稱，而且它的意思完全和 barbarian 相反，只是指「外族的；外族人」，不帶有任何的侮辱意味。

在回鶻人屢次洗劫洛陽城後，唐朝作者當然有理由討厭回鶻人，但回鶻人協助唐朝恢復了在中國的統治，而且很少有人注意到這個事實，[95]即回鶻人的洗劫受到唐朝政府的授權，是報答回鶻人的方式。唐朝作者對回鶻人的這種仇恨，確實是從那時開始，一直延續到回鶻帝國的滅亡，並以許多明確和隱晦的方式表現了出來，但即便如此，唐朝作者在很多時候仍然稱他們為「番」。對於回鶻人或其他給中國人帶來麻煩的外族人，通常的憤怒字詞是「虜」，字面意思是「囚徒；奴隸；俘虜」，[96]即使是在提及的外族人明顯從未成為任何人的奴隸或俘虜的情況下，中國作者也會使用這個字。從文本中，它表達的意思，是「該被關起來的壞人」或類似的意思。為避免有人會以為「虜」就是漢語中表示 barbarian 的字詞，必須要指出一點，在出現「虜」這個字的同一篇文章中，它其實更常用來指稱國內的**中國**土匪、叛匪等，或就只是指「該被關起來的壞人」。[97]「虜」的意思甚至根本不是 foreigner，就更不用說是 barbarian 了。

總而言之，barbarian 這個詞體現了一種複雜的**歐洲**文化建構，是一個貶義的統稱，指的是「強大的外族，具有粗野、不文明、非城市文化的特點，他們善用軍事技能，有英雄氣概，但傾向暴力和殘忍」——但又不是 savage（野蠻人）或 wild man（野人）。barbarian 的概念在中國根本完全不存在，而且在漢語裡也沒有完全等同的字詞。在閱讀中國史書時會發現，漢語有很多指稱外族的詞彙，而其中用來指稱中央歐亞民族的字詞，會包括文明的、生活在城市的民族（中國人有時對他們讚譽有加）、游牧民、漁民（在滿洲、南海等等）、在鄉村耕田的農人等等。在這些詞彙中，沒有任何一個字詞能夠表述出能征善戰、非城市非農耕生活方式、文化粗鄙的意涵，而這三個意涵恰恰是 barbarian 在歐洲語言中的基本意涵。因此，不能用古漢語和中古漢語中指稱外族（包括中央歐亞民族）的諸多詞彙中的任何一個單一字詞來等同為 barbarian 這個詞。

許多人，也許是所有使用了中國史料研究中央歐亞民族的學者，都曾用英文的 barbarian 一詞來形容中央歐亞民族，所以不必再為過去的這種錯誤而歸咎任何個人。[98] 現在它的問題已經指明了。前文已經解釋了這個詞為什麼不適合作為漢文史料中涉及中央歐亞的名詞翻譯，但這個原則是普世性的。詹姆斯（Edward James）曾說：「近兩個世紀以來，許多史學家相當莫名其妙地欣賞衣冠一統、戰事觀念強調紀律和無情的羅馬人，而不是去崇尚凱爾特戰士的個人英雄主義。在一個後殖民世界裡，反而更難持有後法西斯意識。」[99] 然而，無論是東方還是西方，關於 barbarian 的學術書籍仍然層出不窮。

barbarian 這個詞的意義和意涵是明確的。使用這個詞——即使僅是些許引用——來翻譯漢語詞彙，都是在把一種強大、獨特的歐洲概念強加在漢語史料，會給人一種錯誤的印象，即中國人對中央歐亞人的觀念和歐洲人一樣。然而，那些漢語詞彙本身多少全都只是對外族名稱的發音轉寫，本身並沒有貶義。除了對使用這個詞或同源詞的西方文本的翻譯，或是對歐洲語言的史料、對使用這個詞的早期學術著作的直接引用，barbarian 這個語詞都不該再被任何作者當作術語來使用。

## 中央歐亞民族的命運

那麼，那些許多人稱為「蠻族」的民族後來怎麼了？在很多狀況下，他們並沒有消失。一些人設法保留了自己的大部分傳統文化和生活方式，以抵禦周邊民族及其文化的衝擊。有些人已經再次獲得獨立，並正在積極努力重建其遭到破壞的國家。但是，還有許多人仍然被外來的壓迫政權統治，慢慢地被逼入絕境。他們的語言和文化，以及在某些情況下，甚至是他們自己的存在，都受到

嚴重的威脅。

最突出的例子是西藏（以及被中國人瓜分至周邊各省藏區）的藏人和東突厥斯坦的維吾爾人。這兩個民族都被中國人貼上「少數民族」的標籤，雖然他們生活在自己的土地上，但他們遭受中國政治、軍事、經濟、人口、語言和文化的嚴重壓制。其他的一些人口較少、較不知名的民族所受到的威脅則更直接。阿爾泰地區的突厥系圖瓦人和北高加索草原的蒙古系卡爾梅克人，還有其他如仍受俄羅斯統治的西伯利亞鄂溫克人，他們的土地面積和人口都減少了，而且對自己的政治命運沒有任何實際的影響，他們的文化也同樣受到嚴重的威脅。

就此而論，滿漢人和俄羅斯人對中央歐亞進行的災難性征服和瓜分所帶來的後續影響，至今尚未完全逆轉，至於中亞南部（大部分位於今日阿富汗境內）則是被和原教旨主義有關的幾乎持續不斷的內戰蹂躪了三十年，而原教旨主義是一種現代主義的極端形式，它已經在部分地區扎根了。

中央歐亞很可能會繼續處於貧困的狀態，也可能變得越來越絕望和危險，除非，周邊勢力允許中央歐亞再次承擔它在歷史上曾經擁有的應得地位——歐亞的心臟。

1 關於本章漢語專有名詞和術語的討論背景，請參考書末注釋105。

2 Di Cosmo 2002b: 4。這種對中央歐亞民族的看法受眾很廣，幾乎所有的專家和普通讀者都持有這種觀點。

3 Di Cosmo 2002b: 7；見注釋2。

4 Joseph Fletcher，引自 Di Cosmo 2002a: 185。

5 James 2001: 19.

6 這種親羅馬的偏見不一定適用於所有史學家（如吉朋）。不過，近來大多數古典學家都傾向於反基督教（包括吉朋）、

但親羅馬，或至少可以說是親西塞羅（Cicero）。

7 關於偽希波克拉底文本，見 Rolle 1989 公正的評注。

8 Taylor 2003.

9 Jones 1924: 242-245.

10 關於對 Khazanov 1984 被人們廣為接受的觀點的批評，請參考書末注釋[106]。

11 Di Cosmo 2002a: 168-171。他指出：「雖然邊疆游牧者與農耕者之間的關係史，的確是一部大多為突襲和戰事的歷史，但雙方都傾向於吸納對方的部分人民、經濟資源（如土地和牲畜）或領土。」兩者之間的區域「既不是純粹的游牧民族，也不是純粹的定居民族，而是兩者的結合」。另參考 Psarras 1994: 5 的相似內容。

12 參照 Tilly 1975, 1990 和 Hui 2005。

13 Di Cosmo 2002a: 170 正確地指出，游牧的中亞國家本身存在「農業生產中心和其他經濟活動中心，包括手工業和貿易中心」，這就「使基於以下前提的理論歷史有效性受到質疑：游牧民族之所以建立內亞帝國，目的是透過純粹的軍事力量（或軍事力量的威脅），迫使農耕者交出游牧者需要或想要的產品，即穀物和奢侈品」。狄宇宙的論證有效地否定了上述的理論。

14 Allsen 1989: 92 指出：「根據李志常《長春真人西遊記》的記載……其一行人在興都庫什山遇到出售珊瑚的商人，隨行的蒙古官員以交易手段購買他們的商品，絕沒有搶奪的意思。」

15 穆卡達西（Maqdisî）的文本（de Goeje 1877/1967: 325, line 3）提及 al-raqîq（奴隸）這個詞特指的是「私人奴隸」（chattel slaves），不是指從士團戰士。以英語中的內涵來看，從士團戰士並不屬於奴隸。中世紀阿拉伯語裡指稱各種非自由民的術語，是個非常迫切需要加以研究的領域；許多這樣的阿拉伯語詞都被英語翻譯成 slave，但它們在中世紀伊斯蘭社會的意思和當今意義的「奴隸」是不同的。

16 穆卡達西文本（de Goeje 1877/1967: 325, line 15）提及 al-raqîq。

17 轉引自 Barthold 1977: 235-236 對穆卡達西（de Goeje 1967: 323-326）原文的翻譯；請參考 Christian 1998: 320-321。巴托爾德指出，這裡說的「魚牙」明顯是指海象牙。

18 Barthold 1977: 237，轉引自 Iṣṭakhrī（de Goeje 1870/1967: 305）。

19 關於 Allsen 對此的進一步評論，見書末注釋[107]。

20 Christian 2000: 2-3。絲路這個詞就已經會造成誤導。而且更應避免使用複數形式 Roads，因為它強化了中央歐亞只是一個貿易路線系統的誤解。同樣地，Franck and Brownstone 1986: 7-9 也談到草原地帶民族與「絲路」及相關「路線」民族之間的貿易和其他交流，他們表示：「橫向路線並非附加在主幹線上。它們的出現比主幹線更早，且始終是絲路運作的整全部分。」

21 例如，亞歷山大大帝的軍隊在攻占一座抵抗他們的城市時，有條不紊地處決了所有倖存的男子。

22 Di Cosmo 2002a: 170 正確地指出，在內部經濟或政治組織上，「游牧民族和定居民族之間並沒有大大的分界」。

23 Barfield 1989: 133。所引段落純屬隨意選擇。另一段見書末注釋(108)。

24 見 Psarras 2003、Di Cosmo 2002a 和 Noonan 1997 的相關研究。關於中世紀早期突厥馬匹和中國絲綢貿易經濟的詳細研究，見 Beckwith 1991。

25 位於內蒙古地區，該地區在中共的統治下幾乎已完全漢化。

26 Psarras 2003: 141 et seq

27 Psarras 2003: 141.

28 中國侵略的原因是多方面的，但其入侵行動在整個中國史上相當一致。「我發現，自漢朝以來，匈奴人之所以值得關注，不是因為他們對中國構成任何威脅，而是因為他們和中國的地位是平等的。正是這種平等，構成了對中國的所謂威脅。」（Psarras 2003: 60）

29 中央歐亞人的軍事優勢論幾乎被所有人接受，包括專家（例如 Drompp 2005: 11-12）。

30 維吾爾是東突厥斯坦現代城市農業突厥穆斯林的現代名稱。Uighur [uy:γur] 這個詞在發音時初始母音為 u 而非 w，如 [wi.gə] 等。他們的語言維吾爾語和烏茲別克語互為彼此的方言。在前現代，回鶻語指的是另一種突厥語。

31 繼 Khazanov 1984 之後，Barfield 1989 也把論述焦點置於中央歐亞民族的生活模式建立在向周邊農業民族「勒索」的基礎上。關於這種論述，詳見書末注釋(109)。

32 和親是透過王朝之間的聯姻來確認和平條約的常見作法。

33 Psarras 2003: 300，引用 Barfield 1989: 46-47。

34 打個比方：大多數的美國人其實是貧窮的，或至少不能算是富有，但這並不妨礙更窮的人想移民美國，希望過更好的生活。

35 Yü 1986: 385。無疑地，有些將領是為了避免因為打了敗仗或在宮廷政治中失勢而被處死，於是逃往匈奴。

36 這似乎提供了中國和希臘—羅馬官員宣稱他們的文化優於中央歐亞非中國人和非希臘—羅馬人文化的動機。由於中國的政府是由儒家士大夫管理，他們筆下的官方正史往往是我們唯一的史料，因此史實已被弄得模糊不清。儒家士大夫堅持認為，中國人是高高在上的存在，不需要屈尊進行商業等不光彩的活動。羅馬菁英對商業的看法也完全相同。在羅馬，商人不能成為元老。

37 Wolfram 1988: 8.

38 *HS* 94b: 3803-3804。同樣的顧慮在唐朝時期也存在，當然在不太為人所知的時期也存在。它們存在於整個中國與中央歐亞民族關係的歷史中，一直延續到現代。

39 對大多數建築者而言，建造這種城牆的主要目的，顯然是為了加固和守住征服而來的領土和相伴的臣民，以及將征服者的軍隊、殖民者和其他臣民控制在邊界內（參見 Di Cosmo 2002a）。因此，它們主要是攻擊性的，而不是防禦性的。除了已經提及的例子，拜占庭人、薩珊波斯人和羅斯人也修建了城牆。

40 例如 Sinor 1990a、Barfield 1989 和 Drompp 2005。Di Cosmo 2002b: 7 簡明扼要地介紹了這種廣為流傳的成見：「他們的襲擊對邊境安全、貿易和周邊地區的定居構成相當嚴重的威脅——在大規模移民的情況下，可能會擴大到關鍵的臨界比例。」

41 在唐朝及其回鶻盟友重新奪回西都長安的戰役之前，唐朝人給了回鶻人允諾「如果奪回首都，則有掠奪權」（Mackerras 1972: 18-20）。由於東都洛陽仍在叛軍手中，中國人要求延後對回鶻人的報償，直到洛陽城被奪回為止。七六二年，在回鶻人的協助下，再次落入叛軍手中的洛陽再次被奪回，回鶻人獲得唐朝的報償。Mackerras 1972 對中國人的同情和對回鶻人的反感，反映出中國史料中的情感，但根據我們從同樣的史料中了解到的實際事件，便可知道這種偏向性是沒有道理的。

42 這一切都在 Mackerras 1972: 14 et seq. 對唐朝和回鶻之間發生的各種事件的總結中表現得十分清楚，雖然它重複了史料中的強烈親中國、反回鶻情緒（儘管這些情緒有時其實是為了批評中國人的行為和態度，有些甚至幾乎是公開同情回鶻人的），但該書就唐朝史書對回鶻的記載提供了十分寶貴的翻譯和介紹。對 Mackerras 1972 的文本進行校勘分析，將會為〈尾聲〉討論到的幾乎所有觀點提供極好的例子。

43 Peterson 1979: 467。大多數其他中國史學家也都有這種誤解，但在文獻中卻很少或根本沒有受到質疑。

44 Peterson 1979: 464-465.

45 實際上，唐朝中國人的這種判斷，與九世紀初以來阿拉伯人對中央歐亞人和阿拉伯人的判斷是一樣的。

46 其他學者也注意到周邊國家對中央歐亞人的侵略；參照 Golden 1987-1991, 1991。

47 Mote 1994: 622。然而，總的來說，該書對蒙古在中國的歷史的處理是比較平衡的，對於資料來源也比較敏銳。

48 關於類似問題的討論，見 Di Cosmo 2002b: 5-7。

49 儘管游牧國家的大多數城市都位於草原地區本身之外，但有些城市確實存在於草原地區——在某些地區和時期比其他地區和時期更多——其中一些已受到考古學的研究。最著名的是一個斯基泰城市，請見 Rolle 1989，亦參考注釋58。

50 見第二章關於波斯人入侵斯基泰的記載。參照 Arreguín-Toft 2005。

51 在中國，這很早就開始了。「中央國家（即中國）對北方地區的逐漸蠶食，及其對狄和其他邊疆民族的征服和收編，最終使中國與游牧民族有了直接的接觸，主要是鄂爾多斯地區的游牧民族。」（Di Cosmo 1999a: 950-951）

52 闕特勤碑，東面，第七行（Tekin 1968: 233, 264）。

53 這個過程與英—美人征服北美、奪取印第安人土地的過程完全相同，見 Drinnon 1987.

54 Di Cosmo 2002a; Nagrodzka-Majchrzyk 1978.

55 不過，中央歐亞諸民族對外國食品相當感興趣，願意為其進行貿易，如下文所述。他們使用穀物的主要方式之一是製麵，似乎是透過與中國人的接觸而培養出這種喜好。見 Golden 1995。

56 Di Cosmo 2002a: 169-170 表示：「歷史資料反覆表明，游牧民族的突襲團隊，有時像軍隊一樣龐大，他們帶走的是牲口和人，而不是農產品。」關於游牧民族的「突襲」，見書末注釋110。

57 請注意人類學家 Robert Ekvall 1968 關於西藏游牧民族的著作 *Fields on the Hoof*（有蹄子的莊稼），這是一個非常好的書名。

58 請參考 Noonan 1997 對可薩經濟的詳盡分析，並注意塔米姆·伊本·巴赫爾（Tamîm ibn Baḥr）對回鶻帝國草原地帶本身（而不僅是首都周圍）廣泛農業的描述（Minorsky 1942），這是草原地帶或附近中央歐亞城市的典型自然特徵，不同於 Barfield 1989: 157 et seq. 的說法。Noonan 1997 對可薩經濟的研究和一定程度的 Pletneva 1958, 1967 研究指出，可薩人的經濟是相當複雜的混合經濟，其中有農業元素，有些明顯來自前游牧民族或半游牧民族。

59 Bosworth 1968: 4-5 很早就指出這一點。他提出，傳統上認為存在著「兩個天然對立的群體」，即「游牧牧民」和「河中

地區的農村農民、甚至城鎮居民」，但是「阿拉伯地理學家正確地指出了經濟事實」，他們說「來自草原的游牧突厥人經濟，與伊朗塔吉克人農業綠洲和城鎮經濟是相輔相成、相互依存的」。他接著說（這部分有點不太準確）：「定居地區向游牧民族提供穀物、製造品和武器，而游牧民飼養牲畜，並把乳製品、獸皮和皮草帶給農民。」這裡列出的雙方生產和交換的物品並不完全正確。例如，草原民族生產武器和其他金屬製品，他們廣泛參與商業活動，超出了自己需求的範圍，而且很少人提及他們對食用穀物製品的興趣。不過，他清楚地表達了基本的重點。

60 在中國以這種方式向中央歐亞擴張的同時，俄羅斯也透過草原地帶向中亞擴張。

61 我的分析不同意 Di Cosmo 1999b: 11 n. 32 所總結的「貿易或突襲」理論：根據這個理論，「中國與游牧民族之間的定期衝突，應歸因於中國不願允許貿易或用貢品補貼游牧經濟，這迫使游牧民族組織突襲隊，利用他們的軍事優勢來完成貿易的經濟功能。這個理論雖然處理了一些據信導致和平與戰爭周期性交替的原因，但並沒有解釋游牧帝國興起的問題，反而將這種現象視為異例」。

62 Perdue 2005: 63.

63 Perdue 2005: 64.

64 Perdue 2005: 64.

65 Perdue 2005: 65.

66 Perdue 2005: 65。原文在這裡使用的 tribute（朝貢；貢品）是種字面翻譯，指稱的是受到官方認可的貿易活動。

67 Perdue 2005: 66.

68 Perdue 2005: 65。這件事大概可以解釋為什麼政策出現變化。

69 Perdue 2005: 63-66.

70 Perdue 2005: 256-265.

71 因此，很難認同那些感嘆中國在面對歐洲人時表現軟弱的漢學家。滿漢人也使用同樣的政策和偏見對付歐洲人。

72 Yü 1986: 388。黑體字非原文所有。

73 Thompson 1996: 195。他在這方面也敏銳地指出：「很難抗拒的印象是，匈人帝國的繼續存在，一定被許多羅馬臣民認為是他們繁榮的關鍵。」（Thompson 1996: 194）

74 根據 Drews 2004: 122 的說法，希羅多德說：「黑海—裏海草原的當地人自稱 Skolotoi，只有希臘人稱他們為

Skythians……。然而，在黑海以北的游牧 Skolotoi 和伊朗西部的 Skythians 之間有個非常重要的區別：Skolotoi 似乎是牧民，而不是突襲的強盜。黑海以北熱情好客、和藹可親的 Skythians 與曾在近東大部分地區恐嚇了一代人的真正斯基泰人是同一個民族，這是最不可能的想法。」這個結論很奇怪，即使是常見的中央歐亞游牧民族錯誤觀念，也會把「游牧的牧民」等同於「恐怖的突襲者」。希羅多德的敘述在這裡唯一不可能的想法，是斯基泰人會在沒有充分理由的情況下恐嚇任何人（斯特拉波明確指出了這一點）；事實上，大多數時候，我們根本不知道他們出征的原因是什麼。無論如何，可以肯定的是，這兩個名字只是同一個名字的不同讀音，實際上指的是同一個民族（Szemerényi 1980）；參見附錄二。

75 Di Cosmo 2002b: 9；不過，他對天生戰士理論的正確性表示了一些懷疑。

76 Di Cosmo 2002b: 8-9.

77 Mattingly 1970: 114.

78 關於「野蠻人的貪婪」這一歷史慣用語，請參考 Sinor 1978。

79 現在仍然如此，當代的許多武裝衝突就是證明。

80 Dunnell 1994: 161.

81 默西亞納城是羅馬下默西亞省（Lower Moesia）的首府，下默西亞省沿著多瑙河南岸向東延伸至黑海（Vailhé 1910）；也就是今日的代夫尼亞（Devnya），離保加利亞的瓦爾納（Varna）不遠。

82 Burns 1980: 17-18，引用 *Scriptores Historiae Augustae*。

83 Bryce 2002: 98 評論說：「自有史以來，沒有發生重大戰爭的年歲幾乎不超過三百年時間。換句話來說，如果我們在過去五千年的歷史隨意抽取任何一段一百年的時期，我們都可以預期，在全世界，平均有九十四年都在進行一個或多個地區性的大規模衝突。」

84 βάρβαρος 這個詞原本沒有貶義。它只是指不會說希臘語的人。儘管希羅多德會講一些聳動的故事，但他對斯基泰人並無偏見，也沒有在貶義上使用這個詞。導致其現代意義的負面內涵，主要來自希臘人後來對波斯人（他們也稱他們為 βάρβαρος）在希臘波斯戰爭後的感受（Liddell et al. 1968: 306）。例如，亞里斯多德（Aristotle）在《尼各馬可倫理學》（*Nicomachean Ethics*）第七卷中說：「獸性在人類中是罕見的；在野蠻人中最常見（ἐν τοῖς βαρβάροις）。」（Rackham 1934: 376-377）。關於野蠻人有文化（雖然是一種「粗鄙」的文化——既然有文化，那麼就不是 savages 或 wild men）的觀念，顯然也來自波斯人的關聯。

85 在漢語中，無論過去或現在，都沒有與西方的 barbarian 一詞和概念相對應的詞語或表述，下文會對此進行解釋。

86 *Germania* xliii (Mattingly 1970: 137).

87 幾乎每個歐亞民族都曾犯下這種大屠殺行為，而且一直延續到前現代時期。對於這種作為，以及戰爭的恆久性和承平的稀有性，還有戰爭作為生死的正常組成部分，Bryce 2002: 98 et seq. 曾做出評論，他的評論不僅適用於古代，而且適用於大部分歷史時期。這並不是要給任何民族提供屠殺他人的藉口，真正的重點在於，似乎沒有哪個民族的品格特別高尚。

88 相似地，Allsen 1997: 4-5 也說：「所有的前現代帝國，包括蒙古帝國，都擁有『多重人格』」，「它們依次是，破壞性和建設性的，殘暴和博愛的，剝削和恩惠的，壓迫和誘人的，保守和創新的」。我只會刪去這個描述中的「前現代」一詞。

89 Miller 1999.

90 許多國家的人對特定民族的人持有偏見，甚至連提到他們的名字都感到厭惡。但這是否意味著**名字本身**就是貶義的——也就是說，這些名詞有貶義，而不是用來表示其發音的字母或漢字有貶義？只有當某個外國民族的人鄙視自己，或認為自己不如鄙視他們的人有德行或文化時，才會據此給自己起一個貶義的名字，上述的情況才有可能出現。但這幾乎是完全不可能的。

91 Liddell et al. 1968: 306.

92 從詞源上來看，這個詞的字面意思就是「野的蠻人」，而「蠻」這個字，常常和「南」一起用，組成「南蠻」，這通常是用來稱呼生活在中國腹地以南的外族。北方的中國人通常看不起南方人，而不僅僅是南方的外族人。在古漢語中，「蠻」的讀音是 *mal 或 *bal。

93 參考 Michael Drompp 2005: 172-175 對這些和其他術語的仔細討論。

94 也寫成「蕃」。

95 記載在對回鶻人表示憎恨的相同中國史料中。

96 這個字常常被荒謬地翻譯成 caitiff，這是一個古代的英語語詞，詞源的意思是 captive（俘虜），但在當下的使用上，這個詞的意思是「膽小鬼」或「卑鄙」，這和漢字「虜」的意思大相徑庭。

97 許多現代漢學家仍然強烈地堅持用 barbarian 這個詞作為描述外族人的二十幾個常用漢字的翻譯，而這些漢字都不能證明有任何類似於 barbarian 的意思。這樣的譯法並不忠於漢語的意思，因為漢語裡從來沒有 barbarian 這個詞，也沒有

barbarian 這個概念，而且至今也仍然沒有。毫無疑問，我們應該要用盡可能準確的詞來代表中國及其鄰近民族的文化。

98 我在我的第一本書（Beckwith 1987a/1993: 153）和其他一些地方曾把「虜」翻譯成「barbarians」，我對此感到十分後悔。我在這個問題上受到的啟發（Beckwith 1987c）似乎是在該書已經出版後（一九八六年）。在平裝版準備出版時，我沒有注意到這個錯誤。關於「虜」和其他貶義詞同樣頻繁地用來形容中國人（尤其是反叛者）和外族，以及大多數語詞對外國人的語義中立性，見 Drompp 2005: 172-175。

99 James 2001: 19。還要注意的是，在純歐洲脈絡中，barbarian 一詞通常並不具有顯著的「種族主義」含義（儘管在一些關注中央歐亞的舊作中，它具有這種含義）。然而，在關於前現代和早期現代東亞脈絡的歐洲語言文獻（等於是關於東亞文獻的絕大多數）中，barbarian 這個歐洲語詞經常被明確地、多少作為專門用來指稱高加索種族歐洲人的貶義詞。這使它完全成為種族主義語詞。

# 附錄一

APPENDIX A

# 原始印歐人及其遷徙

關於印歐人的遷移和各種印歐語子語言的發展，有著大量的研究文獻，它們最根本的基礎全都是基於對祖先語言——原始印歐語——的重構。[1]由於在傳統的原始印歐語語音系統重構中，存在著一個根本性的錯誤——在格拉斯曼（Hermann Grassmann）於一八六三年發表的一篇出色文章中首次得到含蓄的承認——因此，學者在試圖確定原始印歐語的性質，及其演變成各種子語言（例如日耳曼語、義大利語、斯拉夫語、印度語等）的過程時，所有的這些工作最主要所依賴的，都是歷史語音學，於是這些研究在許多情況下都得出錯誤的結論。儘管格拉斯曼做出了貢獻，[2]但他並不能解決印歐語重構的根本問題，主要是因為在他寫作之際，音素（phoneme）還沒有被發現或是被創造出來。[3]

這個問題如今已經被所有的印歐學家承認，傳統的原始印歐語塞子音的重構有一個不發聲不吸氣的系列（如 *p、*t、*k）、一個發聲不送氣的系列（[*b]、*d、*g），以及一個發聲送氣的系列（*bh、*dh、*gh）。當學者普遍認識到這樣的系統在類型學上是不可能的，甚至是一種不可能的語音系統，其實它還存在著其他的重大問題。其中最重要的是，初始的 *b 不能在這個原始印歐語的理論中被重構。因此學者一致認為，必須對重構進行修正。為了解決這個問題，學者做了諸多嘗試，而這也確實是印歐語系語言學的一個重要課題。例如，除了塞梅萊涅（Oswald Szemerényi）的嘗試外，卡姆克列利澤（Tamaz Gamkrelidze）和伊凡諾夫（Vyacheslav Ivanov）也出版了一部關於聲門音理論（glottalic theory）的不朽著作。[4]然而，這些嘗試都沒有發揮作用，也沒有一個能獲得普遍的認可，因為它們實際上並沒有解決這個問題。雖然一些著名的語言學家接受卡姆克列利澤和伊凡諾夫的建議，但它不僅沒有解決眼前的問題，實際上還使問題變得更糟。

問題的解決方法如下：[5]從涉及的音位狀態來看，傳統上的三組對立塞音是種錯誤的重構。超

過一世紀的時間以來，甚至在比這還要長的時間裡，學者都知道，[6]上面提及的假定音素，並不是在所有的位置上都能自由出現。透過對公認的限制條件進行分析，可以看出兩個濁音系列（[*b]：*bh、*d：*dh、*g：*gh）是以互補分布的方式出現，因此這是一組濁音（*b、*d、*g）的音位變體（allophones）。它們反映了一種暫時的音位變體區別的歷史，這種區別後來在一些子語言中變成了音位，儘管在所有已證實的語言中，這種不自然的系統已經改變為自然的雙向或四向的對立塞音。因此，這些區別只能為一個暫時的、趨同的群體所重構，這個群體的語言都有一個共同的特點，就是在塞音處有著可以重構的三組對立。因此，三組塞音不能被重構到原始印歐語的階段，因為原始印歐語只有雙向音位對立的塞音——即*p：*b、*t：*d、*k：*g，而沒有缺失的*b。由於其他印歐語系子語言要麼是有兩組塞音，要麼是只有一組塞音（即只有音位*p、*t、*k），並有早期兩組塞音的殘餘痕跡，所以原始印歐語的塞音只會有著兩組音位對立。

很明顯地，所有已知的印歐語系語言都屬於三個類似於語言聯盟（Sprachbund）的語族之一，其成員依據是由每個子語族經證實或內部重構的塞音系統中的類別數決定。A組，也就是第一波語言（只有不送氣塞音音素，儘管有證據表明以前曾經存在過清塞音和濁塞音），包括安納托利亞語和吐火羅語。B組，也就是第二波語言（具有清、濁、送氣濁音三組塞音），包括日耳曼語、義大利語、希臘語、印度語和亞美尼亞語。C組，即第三波語言（具有清、濁兩組塞音），包括凱爾特語、斯拉夫語、波羅的語、阿爾巴尼亞語和伊朗語。[7]

誠然，「安納托利亞語裡仍然區分清塞音和濁塞音，但詞首除外」，[8]而且安納托利亞語的這些區分可能是可以重構的，能夠追溯到它的原始語言，但「詞首除外」這句話是關鍵。與安納托利亞語同為A組另一成員的吐火羅語，也有一些變體反射（reflexes）顯示兩組塞音的對立，但是就如

同安納托利亞語一樣，在詞首是沒有濁塞音的。換句話說，這兩種**已證實**屬於同時代的語言在清、濁塞音之間沒有音位區別，在詞中（word-internally）所保留的區別只是同位變音。所以，基於具有根本重要性的語言學現象（相同的塞音分布）和考古發現（兩個子語族似乎都是在西元前二〇〇〇年左右從印歐原鄉遷出），這兩個子語族被畫入同一組。然而，保存在安納托利亞語和吐火羅語中的區別，確實支持了C組中比較明顯的塞音雙向對立，從而支持了原始印歐語的同一雙極音系的重構。

## 阿維斯陀語和吠陀語：一個問題的不同面向

學者經常注意到，阿維斯陀語（據信是「最早受到證實」的伊朗語言形式）與吠陀語（據信是「最早受到證實」的梵語形式）在語音、形態、句法和詞彙上都驚人地接近。除了這些語言學特徵外，這些語言中的文字內容和宗教目的在一些方面也都非常相似，當然，這兩種語言的文獻在外在的宗教教義內容上完全不一樣。因此，根據這種相似性提供的證據，不僅可以重構一種原始印度－伊朗語言，還可以重構一種原始印度－伊朗文化。更具體地說，據信阿維斯陀語和吠陀語文獻所保存的語言，非常接近於被認為是更早的原始印度－伊朗語，它代表了原始印歐語和原始印度語及原始伊朗語之間的一個過渡階段。因此，阿維斯陀語和吠陀語文本被認為忠實地保存了這些語言，並在很大程度上保存了晚期原始各伊朗民族和晚期原始各印度民族的文化（即使它不是假定的原始印度－伊朗人本身的話）。現在的學者普遍認為，這些文本本身是在大約三千五百年前以口頭方式流傳下來的，只有極少數的內容是後來添加的。[9]

然而，這些觀點中存在著幾個問題。首先，阿維斯陀語和吠陀語文本經過考證，其時間實際上不足一千年。[10]將它們作為文本的年代定在三、四千年前的想法太過浪漫，很難得到太多證據的支持。因此，將阿維斯陀語和吠陀語文本稱為其各自語言的最早考證形式的慣用作法是種嚴重歪曲。最早被證實的阿維斯陀語手稿，實際上是在十三世紀完成的，而且它所根據的原型也只能向前回溯大約三個世紀。[11]相較之下，古波斯語是從西元前一千紀中期就開始有文字記載傳世的。然而，根據印度—伊朗語理論，阿維斯陀語被認為是伊朗語的一種更古老的形式，從年代上看，它被認為要比古波斯語文本古老得多。[12]因為《阿維斯陀》（*Avesta*）是瑣羅亞斯德教的聖典，它據信保存了有關印度—伊朗神譜和其他原始印度—伊朗人信仰和文化習俗的資訊。然而，關於伊朗人宗教信仰的最早考證文獻（包括早期的古波斯文銘文），並沒有關於瑣羅亞斯德教本身的記載。早期阿維斯陀文字中記載的信仰體系得到證實的年代，是古代晚期。

其次，最早真正有證據的伊朗語形式，是亞述語和希臘語文獻中的北（或「東」）伊朗語和南（或「西」）伊朗語的詞彙和句子；目前確定的最早用伊朗語書寫的文本，是西元前六世紀至前五世紀的古波斯語文本（銘文、泥板和印章）。這些伊朗語與阿維斯陀語有很大的不同。

第三，阿維斯陀語被稱為是一種東伊朗語，但認為中亞是其使用地區和瑣羅亞斯德故鄉的普遍說法，則是荒唐的。阿維斯陀語的明顯「東伊朗語」特徵，是由於在文本的流傳過程中受到東伊朗語的影響。[13]現在還很難確定阿維斯陀語在已知的伊朗語世界中的使用地區，也不能確定它的使用**時代**；可以確定的，只有在它被用中古波斯文記錄下來以後的事情。

第四，有個令人十分好奇又不解的現象，就是除了阿維斯陀語外，從語音上來看，全體的伊朗語（包括古波斯語和其他早期形式、中古伊朗語，以及現代的各伊朗語言）都是毫無疑問的C組第

三波語言，它們有明顯的兩組對立塞音。只有阿維斯陀語偶爾存在一些變體，呈現出三組塞音的存在，這與在吠陀梵語基礎上重構的三組塞音系統一致，但吠陀梵語卻是屬於B組語言。

最後，到目前為止，阿維斯陀語中存在的一個重大問題很顯然遭到忽視，這似乎會推翻（或至少是嚴重質疑）傳統的語言關係觀點和由此產生的理論。如上所述，有人說「阿維斯陀語與梵語的關係非常密切」，事實上，密切的程度簡直令人吃驚，「我們能應用特定的語音規律，把任何一個詞從一種語言轉變成另一種語言」。[14]阿維斯陀語廣泛的變格系統和動詞變位系統，已經不僅僅是和吠陀梵語相似，而是幾乎與之完全**相同**。這一點極為奇怪。為了解釋這兩種語言的相似性，印度－伊朗語專家將《阿維斯陀》中的段落翻譯成吠陀梵語（或「古印度語」）。比方說，以下的句子出自《阿維斯陀》的〈亞什特：十・六〉（Yašt 10.6）：[15]

| | |
|---|---|
| 阿維斯陀語 | *təm amanvantəm yazatəm* |
| 古印度語 | *tám ámanvantam yajatám* |
| 原始印度－伊朗語 | **tám ámanvantam yaǰatám* |
| 中文翻譯 | 這有強力的神祇 |

| | |
|---|---|
| 阿維斯陀語 | *sūrəm dāmōhu səvištəm* |
| 古印度語 | *śū́ram dhā́masu śáviṣṭham* |
| 原始印度－伊朗語 | **ćū́ram dhā́masu ćávištham* |
| 中文翻譯 | 強大的，在眾生中最強大 |

| | | |
|---|---|---|
| 阿維斯陀語 | *miθrəm yazāi zaoθrābyō* |
| 古印度語 | *mitrám yajāi hótrābhyaḥ* |
| 原始印度—伊朗語 | **mitrám yaǰāi jháutrābhyas* |
| 中文翻譯 | 密特拉，我以鬯酒敬之 |

由於這種不可思議、前所未見的接近性，印歐學家認為：「印度—伊朗語顯然來自一個介於原始印歐語與最早的個別伊朗語和印度—亞利安語之間的共同祖先，也就是說，它可以被重構為一種原始印度—伊朗語。」[16]

然而，阿維斯陀語和吠陀梵語驚人的接近性，再加上上面提到的其他觀點，允許（或要求）我們提出一個非常不同的結論。阿維斯陀語看來不像是一種伊朗語言，而更像是一種在語音上被伊朗化了的印度語。[17]阿維斯陀語的諸多難解問題，以及被認為在《阿維斯陀》文本中體現的文化，可以被解釋為是伊朗人從古印度方言中習得了一種口傳的宗教文本——與《吠陀本集》相比，它顯然是一種異端文本。按照印度宗教的實踐要求，伊朗信徒要能準確地背誦它，但在這個過程之中或之後，它在使用伊朗語的口誦者口中發生了特定的伊朗語音變。正如前文指出的，阿維斯陀語完全是因為作為瑣羅亞斯德教的經文用語而為人所知——我們不知道它曾經在哪裡被使用，甚至不知道它是否曾經被使用過（儘管似乎不太可能未曾使用）——而且它的文獻直到十分晚近才被證實。[18]若假設簡單的語音變化，是因為伊朗人試圖在很長的一段時期以口頭流傳的方式保存古印度語方言的文本，那麼就可以解釋關於阿維斯陀語的幾乎所有疑問。如果說阿維斯陀語仍然可以毫無疑問地被證

明是一種真正的伊朗語言（這似乎不太可能），那麼它就必須要獨立構成一個伊朗語分支。如果它不是伊朗語的話，而且被完全從伊朗語的族譜中剔除的話，那麼伊朗語族作為印歐語系的內部子系就可以在語言學上講得通了。阿維斯陀語作為一種原始印度—伊朗語的理論就必須被推翻。如果不算上原始印度—伊朗語這個非常突兀的例外的話，印歐語系子語族的譜系樹（Stammbaum）是一個完全發散式（radial）、沒有節點（non-nodal）的型態。如今看來，原始印度—伊朗語理論及其衍生的種種理論都可以被一併推翻了。尤其重要的是，關於假定的原始印度—伊朗人文化的理論，以及關於原始印度民族和原始伊朗民族的遷移運動的年代學理論就需要被徹底重修，但因此也需要徹底重新修訂早期的印度學和伊朗學研究中的幾乎其他所有內容。

## 印歐混合語

每一種印歐語的子語言——現代印歐語的祖先——都保留了大部分印歐語的基本詞彙和大量的印歐語形態（morphology），但它也有一些地方性的借詞（外來詞〔loanwords〕），尤其是一些特定的語音。這種特徵正是混合語的特點。我們必須要理解的是，「混合語」這個詞並不是以具體的特徵來精確畫分的。它用以形容的語言，從含有借詞的語言（所有已知的語言都含有借詞），到由於與其他語言融合而發生重大結構變化的各種語言。

在本書中，「混合語」指的是，由於與其他語言融合而發生重大變化的語言，但不會刻板地認定混合語的特點是結構的徹底簡化，通常的（如果不是唯一的話）例子是海地克里奧爾語（Haitian Creole），它是一種法語的混合形式。正如許多人注意到的，現代的印度英語（其母語使用者[19]擁有

完整的英語語法和辭彙，只有極少量的印度借詞）的語音結構更類似於印度語言，而不是英語或其他的日耳曼語系語言。雖然有些人聲稱這是英國殖民政策的獨特產物，[20]但這令人不禁要問，為什麼同樣（實際上更糟糕）的政策在北美沒有產生另一種混合語。撇開這種判斷涉及的政治面向不談，很明顯地，在前一種情況（印度）下，使用英語者在一定程度上成功地將自己的語言強加於人，但並沒有像後一種情況（北美）那樣消滅被統治者的語言。前者的結果，就是現在它也是一種混合語。不管是世界何處，只要英語在該地乃是外入性語言，則其使用的現代英語也大體都會發生相同的情形，只是有些地區的「混合化」程度會高於其他地區。

我們從觀察和記錄下來的現代接觸情況可以知道，混合語是在很短的時間內產生的，而不是幾百年或幾千年。語言不是幾千年不變的，也不是歷經幾千年才會發生重大變化的東西。也就是說，印歐語的子語言並不是透過幾千年的冰川式緩慢變化發展而出的，所以完全不像過去對印歐語的觀念，也不像大多數印歐語學者仍然抱持的想法。現代證據以及現代對語言發生變化的研究表明，傳統的理論在類型上（typologically）沒有先例，因此，它基本上是不可能的。語言確實會隨著時間的推移而發生一些非常緩慢的內部變化，但由於這些變化永遠不可能脫離外部影響，所以甚至無法證明緩慢的時間變化，其實是在沒有外部刺激的情況下純粹自行發生的。[21]然而，撇開後一種變化的可能事實不談，語言的主要轉變是由於接觸而發生的，這點毋庸置疑。因此，印歐語的各種子語言多少都屬於混合語，包括很早就留下紀錄的西臺語、古印度語和邁錫尼希臘語。這根本不足為奇，其實已經有人說過，「所有成熟的語言都是混合語」。[22]

讓人覺得很突兀的觀點是說，印歐語在全世界的各種語言中是獨一無二的，它的祖先形式（原始印歐語）應該保存了數千年，然後在數千年的時間裡純粹透過內部的年代變化而分裂，最後發展

成已被證實的各種子語言，而且這一切都沒有發生任何的混合化。作為印歐語子語發展的因素，混合化被完全排除。[23]但是這種觀點罔顧了一個事實：各種子語言被證實的地區，大多都離其他子語首先被證實的地區相當遙遠，而且沒有一種子語言是在其他地方被證實後，才在原始印歐語的原鄉被證實的。也就是說：使用印歐語的人口在已經有其他人類居住的地方定居下來，和當地居民發生融合，在其原有語言的基礎上形成一種混合語。目前我們獲得的各種子語言的語料，都是在這種融合發生後留下的。

此外，（對於傳統理論來說的）一個驚人事實，是沒有一種印歐語系的子語言在它們被首次記錄下來的區域之外被人們使用過，這個事實不該忽略。早期的義大利語在義大利地區以外是不為人知的，希臘語在希臘地區以外是不為人知的，吐火羅語在東突厥斯坦的吐火羅地區以外是不為人知的，如此等等。[24]此外，根據等語線資訊（isogloss information），各子語言的空間排列與它們在地理上的空間排列（即它們被證實的最早位置）是符應的。[25]傳統理論不僅在類型學上找不到先例，而且和現有證據也不符。

因此，每一種印歐語的子語言（即印歐語系各語族語言的原始語言）都是一種混合語，是移民與使用不同語言的當地人融合的結果。使用印歐語的移民在當地娶妻生子，他們的妻小說他們的印歐語，但加入當地口音和一些語法變化，產生一種方言或混合語，這種方言或混合語其實就是印歐語主語言在當地的改變版本。

傳統上的比較研究認為，各支印歐語之間存在的驚人保守性，奠定了重構原始印歐語型態的基礎。但是，存在著相當明顯的證據可以反對這種印歐語不可思議的保守性（或者更準確地說，是難以置信的保守性），以及認為印歐語的語音變化在幾千年來極為緩慢的觀點。這個證據就是西

臺語和其他的諸安納托利亞語言。一種經常被反覆引用的理論認為，安納托利亞語言在被首次記錄下來之前，已經在安納托利亞地區使用了數千年，其論據基礎是緩慢的歷時變化的舊觀念。然而，安納托利亞的語言和文化充滿當地的、非印歐語系的因素，很難找到印歐人宗教信仰和社會政治實踐的遺跡。這就帶來一個問題：為什麼他們從非印歐人吸收了那麼多的東西，卻又以某種方式神奇地保留了一種高度陳舊的「純正」印歐語，或者像有些人所說的「印度—西臺語」或「前原始印歐語」？因為被重構為原始印歐語的一些複雜形態音位學特徵，已經被證明只見於B組語言，[26] 而原始印歐語的重構主要就是依賴這組語言的早期形式（希臘語、拉丁語、日耳曼諸語言和梵語），所以這些特徵不見於安納托利亞語族也就不足為奇。原始印歐語形態音位的所謂保守性，實際上是子語言分化得很晚的證據。它們可能是在使用原始安納托利亞語的人離開後才分化的，但使用原始安納托利亞語的人在安納托利亞出現的時間仍然不可能早於西元前十九世紀。重大的語音和詞彙變化，發生在印歐語族侵入當地語言不同地區的時間點（一代之內，或最多兩代），或者是當一個印歐語在語言上受到一個非印歐語的嚴重影響時（如B組的形成）。因此，區分各種子語言彼此之間以及和原始印歐語之間的主要結構改變，並沒有花上數世紀的時間才發展出來。當然，有些變化一旦被引發後，確實需要幾個世紀的時間才能定型，但那是另一回事。觀察子語言的語音在現代的發展方式表明（印度英語就是許多著名的例子之一），混合化是主要的推動力，就像上文呈現的情境。[27] 印歐語變化的複雜性似乎可以用遷移的階段來解釋，對於大多數子語言（也許是所有的印歐語子語言）來說，至少是有兩個階段：首先是從共同的原鄉遷移到一些中間的地方（這在B組的情況下最明顯），然後再遷移到這些語言被首次記錄下來的最終目的地。

印歐人，尤其是人口中的戰士階層，是一個極度父權、由男性主導的社會。在許多情況下，

原始居民在數量上大大超過他們和他們的混血後裔，使得他們最終消失了，只留下一些語言上的痕跡，像是他們的國王和神祇名字以及一些其他文化詞彙（例如米坦尼王國和古代近東其他地方），甚至是一些簡短的銘文（例如曾在南歐使用的許多語言）。在其他情況下，印歐人將他們的語言強加於人，並維持了夠長的時間，以至於它可以得到比較好的紀錄。這兩種情況都一再上演。對語言學史而言，這兩個過程中最重要的是第二個過程，因為它為仔細重構古代語言提供了充分的資料。[28]

這和中央歐亞史的關聯十分清楚。印歐人從他們在中央歐亞的原鄉展開遷徙，前往中央歐亞其他地方以及歐亞周邊。他們接受了與他們融合的當地文化元素，同時也傳播了自己文化中的重要面向。在這個過程中，他們廣泛傳播了最早形式的中央歐亞文化綜合體，以至於它在原史時期（prctohistorical times）和早期歷史時期（early historic times）倖存下來，並成為中央歐亞民族的主導文化，這一點已經在本書〈序曲〉和其他地方闡釋了。

---

1 請參考 Mallory 1989 出色又兼具可讀性的探索。關於相關的競爭理論，見 Mallory and Adams 1997, 2006。

2 Grassmann 1863 的貢獻之一，是證明他討論的現象只適用於希臘語和梵語。嚴格意義上的格拉斯曼定律（Grassmann's Law）所描述的現象（印歐語系語言學最重要的一個單一發現之一），不能被重構到原始印歐語上。於是，他闡明在初級分化發生後，趨同現象影響了印歐語的非遺傳亞群。終極而言，我對印歐語分流的三個群體或「波」的表述（Beckwith 2007c），是以他的研究為基礎。

3 音素是一個有意義的語言聲音單位，由對比音素的對立來定義。例如，英語單詞 pat、bat 和 fat 是由它們的首字母子音來區分；因此說，英語中的 /p/（清唇音塞音）、/b/（濁唇音塞音）和 /f/（清唇擦音）之間存在音位上的區別，它們都是語言中的音素。音位變體（allophones）表示公認的亞音位區別，例如，用字母 p 寫成的 pot 和 spot 的音在語音上是不一樣的。pot 中的 p 是送氣的 [ph]，而 spot 中的 p 是不送氣的 [p]；但這兩個音位變體之間的區別，在英語中並沒有意義（或

音位），所以只需要一個字母就可以寫出音素 /p/。

4 Szemerényi 1996; Gamkrelidze and Ivanov 1995.

5 本附錄是對 Beckwith 2007c 提出的論點和數據加以高度簡化的摘要，詳情請見該書。

6 Szemerényi 1996.

7 阿維斯陀語除外；不過，見下文關於伊朗語屬於B組語言的所推定的阿維斯坦語證據。未經有效證實的語言不在討論範圍內。

8 該書手稿的一位匿名審稿人提出該評論。

9 在過去一世紀裡，個別學者的意見有很大的不同，有的學者認為年代比這早一千年，有的學者則認為年代比這早好幾千年。關於這些觀點的討論，包括受印度民族主義影響的觀點，見 Bryant 2001。

10 *EIEC* 306-307。兩者也都被證明含有一些「晚期」的外入元素。Bryant 2001: 138 引用伊里扎倫科瓦（T. Y. Elizarenkova）的論證，認為一些中古印度—亞利安特徵「在吠陀語中存在，但在梵語中不存在」，這表明口頭傳統在傳播過程中受到後來方言形式的影響。遺憾的是，這些外入元素並不能提供一個準確的方法來決定這些文字的創作年代，也不能決定這些文字最早被背誦或記錄的日期。

11 *EIEC* 307。即使是中古波斯語和其他中古伊朗語言也都被證明比阿維斯陀語早得多，其中許多出現在大量的文學文本。關於傳說中的阿維斯陀文和中古波斯文的消失，見書末注釋[111]。

12 如果印度—伊朗理論被接受的話，阿維斯陀語一定是比古波斯語更「古老」的伊朗語形式，但在波斯人接受瑣羅亞斯德教和阿維斯陀語文本大體上在伊朗語世界為人所知之前，阿維斯陀語可能在一個孤立的地區被使用了很長一段時間，並因此保留了許多古老的「原始印度—伊朗語」結構。然而，其實從一開始，我們就無法確定阿維斯陀語是否真的是一種伊朗語言。

13 Schmitt 1989: 28；請參考 Kellens 1989 在同冊做出的精闢評論。

14 早在 Remy 1907 就已注意到這點，之後也被廣泛重複；請參考 Bryant 2001: 131。

15 *EIEC* 304；參見 Mallory 1989: 35；參見 Schmitt 1989: 26-27 的評論。

16 *EIEC* 303-304.

17 早期的印歐學家認為阿維斯陀語是古印度語方言，見第一章的討論及其注釋。阿維斯陀語或許可能是古印度語方言的伊

朗化混合語，也就是說，是一種曾經使用過的實際語言，但這種可能性相較之下似乎小得多。還有一種可能性，即它是一種印度化的伊朗語言，但由於難以解釋為什麼它有許多元素在任何其他伊朗語言中都找不到，而只能在典型的古印度語中找到，因此這種可能性就被排除了。

18 在文中我沿用了這樣的觀點，即認為《阿維斯陀》對吠陀宗教元素表現出的敵意，表明早期印度人和伊朗人之間的民族語言敵意，但有人認為，對吠陀元素的明顯妖魔化並不前後一致。這一點的解決也取決於對《阿維斯陀》和阿維斯陀語的重新審視結果。

19 許多使用印度英語的印度人已經把印度英語作為一種第二語言習得了，因此講得更不熟練。

20 參見 Hock 1999b: 149 的評論和參考資料。還應該指出的是，對印度北部的印度—亞利安化和英國人統治下的印度英國化的比較，一般都包含著非歷史性的先入為主觀念。英國人也許是從遙遠的地方來到印度，但他們並沒有「征服」印度，至少不是通常意義上的征服，當然也不是突然之間的征服。他們花了幾個世紀的時間才逐漸在印度確立統治地位，最後才終於占領印度。

21 進一步的討論和參考文獻，見 Beckwith 2006a。

22 Haiman 1994: 1636.

23 關於印歐語系年代的爭論，多少都還是以緩慢的年代變化理論為基礎，就像關於子語言及其使用者年代的高度爭議一樣。撇開非學術性的動機不談，印度—亞利安人遷徙的大部分爭論，都是建立在對語言學的不了解之上（例如 Bryant 1999, 2001）。

24 如上所述，古印度語最早出現在上美索不達米亞和黎凡特地區，後來才出現在印度，但這顯然是由於遷徙的伊朗語使用者分隔了遷徙的印度語使用者。

25 Hock 1999a: 13-16.

26 Grassmann 1863;, Beckwith 2007c.

27 Cf. Lefebvre et al. 2006.

28 今天也可以觀察到同樣的過程，因為印歐語系語言，尤其是英語、西班牙語和俄語，繼續在世界大部分地區以犧牲本土語言為代價傳播。今天，印歐語在除非洲以外的每一個大陸的領土上都占主導地位；從人口統計上看，主要的例外是東亞和東南亞。

附錄二

APPENDIX B

# 中央歐亞古代民族的族名

對許多中央歐亞古代民族族名的解讀或解釋常常具有爭議，因此對這些民族本身的認定也經常引起爭議。這個問題既影響那些鮮為人知的民族，也影響一些十分著名的帝國。本附錄將專門討論其中一些尚有疑問的名字。

## 羌 ~ *Klānk-：戰車夫

羌人是商代中國人的主要外敵，有人認為其族名「羌」是對外族名稱的轉寫，也有人說它是中國本土字詞，意思是「牧羊人」。後一種解釋[1]不符合漢語用法，因為「羌」這個字從來沒有被拿來當作表示「牧羊人」的普通名詞使用；它總是被拿來指稱一個多少特定的外族。因此，根據他們入侵的年代和使用戰車的技巧，以及藏緬語族中關於「馬」的語詞大多是較晚借自漢語的語詞，[2]早期的羌人似乎是印歐語使用者，而不是過去一般認為的藏緬語族族群。[3]其名「羌」來自中古漢語 *kʰiaŋ（Pul. 251），而後者來自古漢語的 *klaŋ。[4]它也可能有印歐語的詞源：Klānk- 在吐火羅語中是動詞「騎、乘馬車去」，[5]如「登上戰車去打獵」，所以「羌」實際上可能是「戰車夫」的意思。

而「姜」（來自古漢語 *klaŋ），則通常認為和「羌」同源，或者就只是「羌」的變體。後者可能是周朝時期的忌諱，因為姜氏是周朝王室的母系，所以「羌」改成女部的「姜」。[6]

## 烏孫 ~ *Aśvin：騎士

Wu-sun 是「烏孫」的現代漢語發音，根據目前通行的古漢語語音重構方法，它是來自中古漢語 ☆ɔswən（Pul. 325, 297），它的上古漢語語音可以重構為 *âswin。然而，古漢語音節的首音 *s- 似乎變成了中古漢語的 ☆χ-（Beckwith 2006c）。如果這樣的重構是正確的，那麼這個詞裡的 s 也應該成

為中古漢語 ☆χ-。那麼，現代讀法 wu-sun 的 s 的來源可能是什麼？在漢語中，不少詞彙都來自同一個詞根，比如「三」，來自中古漢語 ☆sam（Pul. 271）以及許多表示和三有關的事物的字詞（或寫成漢字時，其構成的字與「三」押韻）。正如沙加爾（Sagart 1999: 150）指出的：其詞根似乎不可能是以 s-開頭。「三」的早期上古讀音不是以 *s 開頭，最有可能是以（子音）組合 *tr- 或一個塞擦音的開頭（Sagart 1999: 148-152）。烏孫的 s 音應該是來自類似於 *s 的東西，但又有某種不同。由於必須考慮許多其他因素，本例中的可能性可以縮小到幾個，其中 *ś [ɕ] 的可能性最大。這樣一來，「烏孫」的名稱可以重構為 *Aświn，就成為古印度語 aśvin（騎士）的完美轉寫，這是一個騎馬的雙胞胎神祇的名字。烏孫人在外觀上有明顯的歐羅巴人特徵，[7]很可能是古印度語使用者。

「昆莫」這個名稱來自中古漢語 ☆kwənmɔ 或 ☆kwənmak（Pul. 179, 220, 218），顯然是 *Aświn 王的字或稱號，而不是個人的名字，這一點從《漢書・西域傳》中關於烏孫國的記載中可以清楚看出，[8]在記載中它也寫成「昆彌」，來自中古漢語 ☆kwənmji（Pul. 179, 212）。儘管傳統的讀法是 kun-mo，第二個讀音「莫」是取自中古漢語的 ☆mak，但第二種讀法顯然更符合另一個稱呼「昆彌」，因此更常使用。第一個音在漢代的古漢語中應該是 *kʷin（或可能是 *kʷil ~ *kʷir 或 *kʷēr 等），它可能是轉錄了外來的 *kin/*kēn（可能是 *kil/*kēl ~ *kir/*kēr）或 *kon（可能是 *kol ~ *kor）。至於第二個音節「莫」，來自中古漢語 ☆mɔ 或 ☆mak（Pul. 220），它的聲旁是「日」，「日」在晚期古漢語的方言中可以重構為 *ñ(r)ēk ~ *mīk（中原方言音 *ñīč，成為 *ñīt），來自早期古漢語 *mē(r)(e)k。根據目前的重構方法，中古漢語的讀音 ☆mɔ 必定來自晚期古漢語的 *mâh 或 *meh，來自 *meks。另一種形式「彌」，來自中古漢語 ☆mjiă/mji（Pul.212），反映了晚期古漢語的 *mē。然而，於漢代，在理論上的早期中古漢語裡，☆m- 常常發 *ᵐb- 的音，並用來轉寫外來的 *b- 音，在已經證實的（「晚期」）

中古漢語裡也是如此。因此，漢語轉寫代表外來音節 *mē～*bē 或可能是 *meh～*beh。有鑑於 *Aśvin 的古印度語詞源，國王頭銜「昆莫」的詞源也應該在古印度語。

## 塞～*Sak～Saka～Śaka～粟特人～斯基泰人：射手（弓箭手）

正如塞梅萊涅指出的，斯基泰（Scyth(ian)）的希臘文 Σκύθας（後來寫成 Σκύθης），一定要重構為北伊朗語的 *Skuδa，來自原始印度—伊朗語的 *Skuda，而它又來自原始印歐語的 *skud-o，也就是「射手：弓箭手」。[9] 在希羅多德關於斯基泰人傳奇起源的描述中（見〈序曲〉），文本中的第三子，即後來斯基泰人祖先的名字有兩個變體，一個是 Κολάξαϊς/Coláxaïs，這應該是 *Σκολάξαϊς/*Skoláxaïs 的文字錯誤，阿比希特（Abicht）已經指出這一點（但他用不同的方式修正文本）。[10] 而林格蘭（Legrand）[11] 沒有參考阿比希特的研究，因此對這個版本的神話裡的文字感到不解，因為據說斯基泰人以他們國王的名字（也就是前面提及的 Κολάξαϊς/*Skoláxaïs，即 *Σκολάξαϊς/*Skoláxaïs 而自稱 Σκολόται/Scoloti）。Scoloti 只是 Σκύθης/Scythês 的晚期形式，早先由希斯亞德（Hesiod，約西元前七〇〇年）轉寫為 Σκύθας/Scythas。[12] 正如塞梅萊涅所證明的，這與 swγδa～sγwδa/Sugda～Sguda（在古波斯語中增音為 *Suguda）是同一個名稱，粟特、Sogdiana 和 Sogdians 都來自這個名稱。此外，希羅多德表示，波斯人稱斯基泰人為 Saka，這一點也得到古波斯語碑文的證實。漢文文獻把這個最著名的北伊朗人的名稱寫作「塞」，來自中古漢語的 ☆sək，應是來自 *sak/Saka，這顯示印度—伊朗名稱中最後一個短母音 -a 常常脫落的特徵。它通常缺少其他名稱中由 -δ- 演化來的 -l-。但同一名稱也出現在其他形式的早期抄本中，包括塞人城市的名稱 So-chü/ 莎車 /suôjü/*Saylâ/Yarkand[13] 和高句麗起源傳說中的扶餘—高句麗人發源的北方古國 So-li/ 索離 /*Saklai。[14] 這兩種漢文轉寫都明顯來自 *Sakla。

這個名稱顯然與在希羅多德作品中證實的斯基泰名稱形式 *Skula 有關。塞梅萊涅指出，這是這個名稱在北伊朗語中一個有規律的後期語音發展。[15] 如同 *Skula 一樣，Sakla 中的軟顎音發清音，*d 已成為 l，[16] 但在這種情況下，就像 *Sugda/Sogd 一樣，一個外音母音（epenthetic vowel）已被插入原來的初始集群 *sk 的子音之間。與 *Sugda/Sogd 不同的是，同一名稱還有另一個常規發展（但其中的軟顎音已經變聲，而齒音還沒有轉移到 l），在這種情況下，外音母音顯然是 a，而不是 u。因此，*Sakla 的子音與斯基泰統治者的名字 Σκύλης/Skulēs 的子音相同，其根部 *Skula 又與名字 Σκολόται/Scolótai 的根部 *Skula 相同，希羅多德將其作為斯基泰人的自稱。[17] 塞梅萊涅討論的波斯形式 Skudra，[18] 是同一名稱 *Skuδa 的另一種形式。遺憾的是，他沿用舊的觀念（可能是民俗詞源學），認為 Saka 是波斯人對斯基泰人的稱呼，源於波斯語動詞 sak-，意思是「走；流；跑」，因此應該是指「漫遊者；流浪者；流浪游牧者」。[19] 然而，他關於 Skudra 這個名稱的結論卻說它是「Skuδa 的衍生詞，是斯基泰人的族名」。[20] 這意味著，由於古波斯語其實保留了這個地方性名稱的較早形式 *Skuδa，所以波斯人通常用來稱呼斯基泰人的名稱在某個時候從 *Skuδa- 變成 Saka。然而，從 *Sayla~*Saklai 這個形式來看，Saka 並不像塞梅萊涅所認為的那樣是一個全新的詞，很清楚的是，正如史料所說的，Saka 是指稱所有斯基泰人的「波斯」名字，[21] 是同一形式的命名法 *Skuδa，透過已知的中間形式 *Skula 形成的。這種變化顯然是透過插入外音母音 a 來打破最初的群集 sk 而發生的，就像在其他情況下一樣。外來的（非波斯語）名字 *Sakula 因此成為波斯語中的 Saka，可能是透過中間形式 *Sakla，或是 *Sak(u)δa~*Sak(u)ra。[22] 重要的是，所有的史料都明確把薩卡人（Saka people）等同於斯基泰人（Scythians，而 Scythians 又明確等同於 *Skula）。雖然動詞 sak-（去；漫遊）的存在，很可能幫助甚至推動 Saka 這個名稱在波斯語中的發展，但它的起源顯然不可能是一個波斯語的描述性語詞，用來指稱該民族

的習慣。在希臘語和波斯語史料中，這個名稱都是一個特定的族名（ethnonym），不是一個通用名詞（generic term），而且當然是一個外來民族的名字，不是波斯民族的名字。最遠的東部方言保留了較早的形式 *Sakla，這一點支持了北伊朗人（即「斯基泰人」）在青銅時代晚期或鐵器時代早期征服整個草原地區的歷史，這一點已受到考古學證明，也在第二章中進行了討論；從古代到中世紀早期，對於整個東部草原地區北部以及更南邊的準噶爾和塔里木盆地的各個民族，漢文文獻都有所記載，其中有幾個是歷史上的民族，他們的名稱都是 Saka（通常轉寫為 *Sak）。正如塞梅萊涅所言：「起初草原地區的所有北伊朗部落都有一個共同的本土名稱，即 Skuδa（弓箭手）。」[23] 漢語轉寫似乎反映出古漢語 *s 轉變成中古漢語 χ 以及古漢語的 *ś [ɕ] 轉變成中古漢語 s 後恢復成 *s 的時期。[24]

## 月氏 ~ *Toᵏwar / *Togʷar：吐火羅人

學者已對今日英語和其他歐洲語言中的 Tokharian 或 Tocharian（吐火羅）進行大量討論。但對於專門研究早期中央歐亞和中國的文獻學家而言，雖然主要問題已經有了共識，卻仍然存在一些尚未解決的問題。然而，由於資料來源的性質——主要是依賴漢語歷史和地理文獻，其中的名稱必須透過漢語歷史音韻學這個極為艱澀的領域來詮釋——相關的研究仍是個備受爭議的主題，對於不熟悉漢語語言學和音韻學的學者來說，它基本上是晦澀難懂的。因此，吐火羅人名稱問題的複雜性，可以說是超過了中央歐亞前現代史中任何其他的民族名稱。

吐火羅（Tokharoi）和月氏人這兩者的等同是相當確定的，至少半個世紀以來一直是如此，儘管這一點在極少數從事早期中央歐亞和中國歷史、語言學研究的文獻學家外還沒有廣為人知。[25] 人們知道的是，Tokharoi 和 Tokharians 是同一個民族，因為曾經活躍於在巴克特里亞的 Tokharoi/Tokhwar/

月氏/Tukhâr 人和生活在塔里木盆地的 Tukhâr/Toχar/Toγar/ 月氏人在每一個提到他們的史料中都被認定為同一個民族。原則性的事實可以歸納如下：[26]

・在東突厥斯坦和鄰近地區的幾種語言中，摩尼教文獻中出現了「四吐火羅之地」（The Land of the Four Toghar ~ Tokhar/Toγar ~ Toχar，寫作 twγr）的表述，[27]作為「從龜茲（庫車）和焉耆到高昌和北庭（別失八里）」地區的名稱。[28]這正是中世紀早期仍在使用今日稱為「吐火羅語」的地區。回鶻人從這種語言譯出許多佛教典籍，稱這種語言為 twγry tyly（吐火羅語），意為「Toχari ~ Toγari 的語言」。繆勒（F. W. K. Müller）將其讀為 Toχrï tili，並將它翻譯為 Tocharisch，也就是 Tokharian。[29]雖然在古突厥語中應該讀作 Toχarï tili 或 Toγarï tili，[30]但繆勒的辨認在文獻學上是無可挑剔的。然而，有些人因為以下的原因對它提出質疑：「吐火羅斯坦」（Tokhâristân，意為「吐火羅之地〔巴克特里亞〕」〔the land of the Tokhâr (Bactria)〕）這個名稱的存在、Tokhâristân 與 Τόχαροι 的關連，還有後來被證實居住在 Tokhâristân 的人，用以寫作的是一種今日稱為巴克特里亞語的伊朗語言。然而，眾所周知的是，所有其他在語言上已經得到認定的巴克特里亞早期征服者，包括希臘人、土耳其人和阿拉伯人，在他們入侵後不久就轉而使用當地的伊朗語，即巴克特里亞語，這就使得上述質疑無法成立。有鑑於這項事實，以及在征服巴克特里亞的邦聯中，吐火羅人（只有三部落中的一部）的數量很少，他們非常不可能保留自己的語言；可能在進入該地區之前，他們就已經轉用伊朗語了。

・$To\chi^{w}ar$ ~ Toχâr 及其變體，與來自中古漢語的「月」（Tak. 372-373 ɦgwar [$^{ŋ}g^{w}ar$]; Pul. 388 ☆ŋuat，即漢語名稱「月氏」〔或「月支」〕的第一部分）讀音的明顯不相關性，一直是接受

專家提供的解答的主要障礙之一。[31]在中古漢語時期已經有所區別的「月」和「夕」，在甲骨文階段仍是同形同音字，其早期古漢語讀音可以獨立重構為*nokwet。[32]然而，早期古漢語的首字母*n後來經歷了一次無例外的音變，在古漢語中期末成為*d、*t或*l。最遲在中古漢語早期時，在中原音中，重建的古漢語末尾音*t已經變成*r，但在西北方言中（靠近古月氏故鄉的方言），末尾音*t顯然已經與末尾音*r和*n合併（或成為其子音變體）；[33]而在「月」字中，聲母間的*k最終變成了*g（然後是*ŋ）。因此，在古代漢語[34]的一種十分古老的邊疆方言中，「月」字應該讀作*tokwar或*togwar。這個古老的名稱（即月氏名的第一部分「月」，現在讀作Yüeh）與巴克特里亞名Τοχοαρ（Toχwar ~ Tuχwar）和中世紀名Toχar ~ Toχâr的讀音相通不可能是巧合。

在上古漢語方言中，這個字的聲母*n變成*t，它的韻母*-t變成*-r，「月」的古漢語讀音*nok$^w$et ~ *nok$^w$at（Beckwith 2008）發音為*tok$^w$er ~ *tok$^w$ar~*tuk$^w$ar等，這獲得來自當時（約西元前三世紀）生活在漢語使用區北方邊境的人們資料的證實。他們生活的地方，和當時處於月氏控制的部分中央歐亞接壤。這個字後來被證實為中古漢語的ɦgwar[$^N$g$^w$ar]（Takata 1988: 372-373），它是現代漢語「月」的祖先。

1. 這種中國邊疆方言的使用者，使得外來語詞「月」*tok$^w$er ~ *tuk$^w$ar進入原始日本人的倭語使用者（他們生活在遼西，位於今日內蒙古東南部），在他們的語言裡，這個語詞最終成為現代日語的tsuki，透過古日語☆tukï ~ *tukwi，寫成「都紀」或「都奇」（*JDB* 461），而中古

漢語的「紀」的讀音重構為☆kɨ$^2$（Pul. 141），「奇」則是☆kiǎ(Pul. 137)～☆giǎ(Pul. 245)；「紀」是用來音寫古日語☆kɨ(*kwi)（意為「城」）的方式之一，它和古高句麗語的☆kuər（來自已經證實的上古高句麗語☆kuru，意為「城」）是同源詞。它的韻尾 *-r 已經在數個古高句麗和上古高句麗同源詞中得到證實，這一點已在我的著作中詳述（Beckwith 2007a: 41 n.32, 170-171）；我也同樣詳述（Beckwith 2008），在中古漢語中，上聲（二聲）通常會還原為古漢語的 *-ʁ（不是 *-ʔ），所以「紀」在晚期古漢語的發音可以根據證據發成類似於 *kuəʁ(ə) 的音。古日語☆tukï 因此可以完全規範地進行內部重構，就像先期古日語 *tukwiy [tuk$^w$ij] ~ *tukwəy（參照 Martin 1987: 554 "*tukiy < *tuku-Ci"）來自原始日語 *tukwer ~ *tokwer。（在這裡，以及在大體上看，古高句麗語在語音上比古日語更保守。）有鑑於內部重構的日語表示「月」的語詞和重構的古漢語「月」之間的相似性，日語中的這個語詞要麼是在古漢語的短 *e 變成 *a（也就是在早期古漢語 *nokwet ~ *tokwer 中的 *e 變成 *tokwar 中的 *a）之前就從古漢語中借入日語的，要麼就是它是借自一個沒有發生這種改變的方言。

2. 相同漢語方言的使用者，把主導東部草原的民族的名稱記錄為月 *tok$^w$ar+ 氏 *kē（意為「國王」，參見 Beckwith 2007a 及下文），意為「月王」（*Tok$^w$ar Kings）。當月氏統治者被他們的匈奴封臣推翻和取代之後，如同漢語史料提及的，月氏發生了眾所周知的西遷，他們及其盟友或受其統治的民族最終征服了巴克特里亞（大夏），並在該地定居。這個經過分別記載在漢語和希臘語文獻，而且內容多少等同，因此無懈可擊地確認族名「月氏」是以 Τοχαϱ/Tokh($^w$)ar- 的方式音寫於希臘語，後來又在巴克特里亞語（以希臘字母書寫）記為 Τοχοαρα/Tokhwara ~ Tukhwara [tʊχ$^w$ara]。

至於轉寫的第二個字「氏」或「支」，常重構為古漢語的 *ke（Sta. 567）。這種後綴或結尾的複合成分可以在匈奴貴族的名字中看到，同樣也被漢語音寫成「氏」（*ke）。[35] 匈奴人推翻了他們以前的統治者月氏，[36] 因此很合理地，匈奴人使用月氏的「貴族」後綴 *ke 來稱呼統治者為 Yüeh-chih 或 *Tok$^{w}$ar-ke，並在推翻月氏後，沿用 *ke 來稱呼自己的貴族。無論如何，「氏」顯然不是族名的一部分，所以他們的族名只有「月」（*Tok$^{w}$ar），這一點在非漢字的標音中表現得非常清楚。

・漢文史料明確而一致地將「小月氏」的名稱——也用來指小月氏位於東突厥斯坦東南部的領土，以及月氏在該區域的故地——等同為梵語的 Tukhâra，而 Tukhâra 則是印度語中 Tokharian 和 Tokhâristân 的名稱。做出這種等同的人包括鳩摩羅什（三四四—四一三年），他是龜茲人，為龜茲公主之子，母語應為西吐火羅語（West Tokharian〔Tokharian B〕），他是曾經旅行至印度和中國的著名學者，因此他的說法可謂毋庸置疑。

・樓蘭中古印度俗語文書中的吐火羅語元素[37]——例如，樓蘭吐火羅語（Krorainian〔Tokharian C〕）中的 kilme（區）符應於東吐火羅語（Tokharian A）的 kälyme（方向）——因其型態變化符合吐火羅語的規則而得到進一步的確認。[38] 這些證據可以證明，包括樓蘭地區在內的地方是月氏人的故地，也是吐火羅語在歐亞東部的發源地。

綜上所述，現在讀做「月氏」的名稱顯然是 *Tok$^{w}$arke 的轉寫，它是來自塔里木地區北部和東南部的民族的名稱，他們使用一種獨特的印歐語——吐火羅語——繆勒在一個世紀前就闡釋了這一點。

因此，他為這種語言命名的現代名稱 Tocharisch/Tokharian，確實代表了吐火羅人和語言的地方名稱，不過，「吐火羅」這個詞本身的詞義不明，也無從得知這個名稱是否為外來命名（exonym）。

---

1 例如 Beckwith 1993: 5。

2 見 Beckwith 2002a: 129-133; 2007a: 145-146。

3 這個觀點是基於漢代和後來中國人的用法，「羌」這個字詞在此指的確實是今日甘肅和安多（西藏東北部）地區的早期藏緬人。但是，這並不能說明早期古漢語的用法，因為中國人和許多其他古代民族一樣，經常把早期居住在一個地方的人的名稱應用於後來居住在大致相同地方的人，不管他們之間是否有實際上的關係。

4 在中古漢語中，不僅在這個詞中，而且在許多其他詞中，停頓音和聲母中的送氣—不送氣區別的來源仍然沒有得到解釋。至少在某些情況下，它是由於在後商代（Beckwith 2006c）的一些詞根中加入一個預設的 *s(V)-（見 Sagart 1999）。

5 Adams 1999: 220.

6 關於一個經過充分論證的先例，請參見書末注釋㊹。

7 *HS* 96b: 3901.

8 *HS* 96b: 3901-3910.

9 Szemerényi 1980: 16-21。這個名字是透過雅典的斯基泰警察部隊名稱 οἱ Τοξόται（弓箭手）一詞混入希臘語，它可以與「斯基泰人」互換（Szemerényi 1980: 19）。

10 Abicht（1886: 8；參見 Macan 1895: 4-5 n. 6。

11 Legrand 1949: 50-51 n. 5.

12 Szemerényi 1980: 16 et seq.

13 見 Hill forthcoming。

14 和「索」相關的文字問題，請參考書末注釋⓭。關於突厥人也被說成是塞人後裔，見書末注釋㊿。

15 Szemerényi 1980.

16 這個 d 在粟特語裡也是後來才出現變化。參考名稱「粟弋」（來自中古漢語 ☆suawkjik〔Pul. 295, 369〕，這又來自上古漢語 *soklik ~ *soglik/Sogdiana）。

17 Szemerényi 1980: 22 n. 47，他指出：「Skolotai 中的 -ta 是否是複數形並不重要。」

18 Szemerényi 1980: 23 et seq.

19 Szemerényi 1980: 45.

20 Szemerényi 1980: 46.

21 Szemerényi 1980: 23.

22 *-l- 或 *-ul- 明顯刪去的問題，需要由伊朗學專家處理。

23 Szemerényi 1980: 46.

24 雖然這些音變相當清楚，但仍需進行很多工作，才能建立更牢固的基礎。

25 例如，一部重要的印歐學家著作就曾聲稱：「將 Tokharoi 與『Tocharians』等同的證據不足，雖然並不是完全沒有證據，但這種等同通常不會被拒絕。不過，由於沒有更好的名稱，只好繼續沿用。」（*EIEC* 590）

26 本附錄是對這個問題的一些主要面向的簡要總結；我希望在不久後將完成的一項研究中更詳細地處理這個問題。關於早期文獻的廣泛討論和引用，見 Hill forthcoming。

27 自從繆勒開始，這個名稱的通常讀法是 Toχrï，或者偶爾是 Toγrï。然而，在該地區的粟特語或粟特語派生的文字中，有非常多的語詞（如回鶻語）省略了一個或多個母音，這是眾所周知的。在東突厥斯坦粟特語派生的文字中，用舌顎音的字母是含糊的（可以讀作 γ 或 χ）。雖然在早期古漢語或原始漢語中，月的發音（至少在「夜」的意思中）是 *-k-（Beckwith 2006b），但後來在某些詞源中變成 *-g- ~ *-ŋ-；因此，古漢語的轉寫可能反映了潛在的 *g ~ *γ，而不是 *k ~ *χ，這表明這個名稱在中世紀早期東突厥斯坦的形式可能有 -γ-。

28 Clark 2000。同一群城市稱為「四貴霜」（Tört Küsän/Four Kuchas/Four Kushans）；Kucha 這個名稱在當地的形式是 Küsän，是 Kushan 這個名稱的一種形式，關於這個名字的變體，在二十世紀初的學術期刊上有大量的文獻。

29 Müller 1907。在英語的學術著作中，這個名字有兩種拼法，即 Tokharian 和 Tocharian。英語著作中普遍偏用德式拼法 Tocharian，這著實令人費解。這個名字中的 kh 或 ch 的音是 χ[x]，德文通常用 ch 表示，英文則用 kh 表示。

30 現代學者追隨繆勒的作法，將它念成 Toχrï tili。

31 對於第二個音節，人們提出了許多似乎合理的解答，所以不成問題。

32 Beckwith 2006b。「獨立」一詞，是因為當我寫這本書時，從來沒有考慮過這個字在吐火羅的名稱轉寫中的使用。

33 Arsak（Arsacid，安息）和 Alexandria 名稱的同時期早期轉寫，在漢語中都使用相同的韻母（中古漢語和現代漢語的 -n）來轉寫外來的 -r 和外來的 -n，這清楚地顯示（至少）這些韻母的舌尖音已經混同了（參見 Beckwith 2005b）。還有許多其他例子，比如 *Tumen 和 Mo-tun（*Baγtur）的漢語轉寫「頭曼」和「冒頓」都使用「相同」的的古漢語韻母來轉寫不同的外來舌尖音。

34 有個很好的例子可以說明漢語北方方言所體現的古老性質：一個匈奴投降者的漢語名字裡有「日」這個字，它正常讀成 ri，來自中古漢語的 ☆ñit（Pul. 266），但這個人名字中的「日」讀成 mì，來自中古漢語的 ☆mɛjk（Pul. 213），這和傳統重構的古漢語形式「日」*mīk 是相符應的（Beckwith 2002a: 142-143），很明顯是來自早期古漢語的 *mērk ~ *wērk ~ *bērk。

35 這完全符應已經證實的中古西吐火羅語中「民族的」（-ian、-ish 等）後綴的 -ike，例如 Kaṣake 中的 -ke（喀什的，Kashgarian，Adams 1999: 148），但這種現象主要（如果不是完全的話）發生在印度—伊朗語借詞；另請參考 Adams 1999: 141。

36 他們這樣做完全符合「最初故事」，見〈序曲〉的概述。

37 Burrow 1935, 1937.

38 Mallory and Mair 2000: 278-279.

# 書末注釋

❶ 雖然研究古代和中世紀的專家習慣把近乎同時代的主要歷史著作說成「原始」資料，但事實上，它們幾乎都是古代或中世紀作者所寫的二手資料、彙編或文學創作，因而已經受到作者自己看法和動機的形塑；它們是最初的資料，只是因為它們是相關主題的最早（有時是唯一）資料。即使是漢文的「實錄」、古突厥語的碑文等也是如此。當然，現代時期的現代史研究也有相同的情況，不過在現代，歷史學家手頭確實有大量的原始資料。為了寫這本書，我不得不在很大程度上依賴二手著作，不管哪個時期都是一樣。比起其他人，這一點在現代主義者眼中可能更為明顯，但事實上，我對資料的處理方式並沒有年代差別，這是由作品的龐大規模所決定的。不過，我對一些問題進行了詳細的探討。例如，古代族名與現代藝術，在這種情況下，我在必要或可能的範圍內參考了原始資料，前者包括碑文、手稿或引用這些資料的研究，後者包括藝術作品和藝術理論著作。

❷ 我不建議任何人接受已經廣為流傳的觀點，但一部以評論—書目（editorial-bibliographic）方式撰寫、提供每篇重要相關文章和書籍引文的中央歐亞史，將是對該領域的一大貢獻。Sinor 1963 就是這樣的例子，儘管它的地理、年代、民族語言和專題範圍比較有限。我強烈鼓勵任何有興趣的人撰寫這樣一部作品。當然，這必須是一系列的百科全書式分冊，可能需要很多年或幾十年才能完成。聯合國教科文組織主編的《中亞文明史》（*History of Civilizations of Central Asia*〔Dani et al. 1992-2005〕）本應成為這樣的一部著作，遺憾的是，其中文章的品質和客觀性參差不齊，而且沒有中央歐亞的概念（它用的是「中亞」），而且其參考書目的覆蓋面很有限。

❸ 對於「中央歐亞」、「內亞」、「中亞」（Inner Asia）以及其他用於描述該地區整體或各分區的術語在定義和使用上的眾多衝突，許多作者都曾加以討論，如果要針對這個議題進行完整的學術討論，必定會是個長篇累牘。我在這裡必須指出，中央歐亞**包括**中亞。在蘇聯時期遺留下來的當代術語中，哈薩克被認為是中亞國家，但事實上，即使是現在，它在**文化上**或**生態上**都不是中亞國家，土庫曼的大部分地區和吉爾吉斯的大部分地區也不是。（不過，在第十一章和第十二章中，為了避免混淆，我還是沿用了現有的用法。）這些地區，加上蒙古以及蘇聯解體後保留在俄羅斯聯邦之內的一些國家，尤其是卡爾梅克共和國和圖瓦共和國，一同構成了前現代游牧草原區的現代延續。雖然這些地方仍然實行牧業，

但傳統的游牧似乎已基本消失。

❹ 早先有人聲稱，西臺神話在本質上完全不是印歐神話（是從其他地方借來的，不是繼承自原始印歐人）。然而，Mazoyer 2003 已經表明，西臺人採納哈梯人（Hatti）鐵列平（Telipinu）的神祇名字和崇拜，並將其植入自己原有的中央歐亞風暴神神話，並賦予祂建國者的地位。根據 Mazoyer 2003: 27，H. Gonnet 1990「最早注意到鐵列平建國者的地位」。鐵列平從其家鄉城市（不是哈圖薩〔Hattuša〕）的神廟出逃，因為哈梯的最後統治者忽視了敬拜，哈梯人是非印歐人，他們的王國後來被西臺人占領（Mazoyer 2003: 27, 111-120, 149-150, 193-196）。祂的建國生涯與阿波羅、卡德摩斯（Cadmus）、羅慕路斯的建國故事相似（Mazoyer 2003: 156-158）。它也與中國的周朝創始者、五穀之神后稷的故事，以及滿洲南部和朝鮮的扶餘、高句麗、百濟王國的創始者穀神朱蒙的故事很接近。

❺ 開國英雄似乎往往也是農耕豐產之神（參見扶餘—高句麗的開國故事）。一般認為，英雄和豐產神在開國者身上的結合，反映了兩個不同民族的歷史結合，但值得注意的是，「神聖」的法蘭克國王也體現了同樣的結合，但這種結合被認為是古代的遺留。

❻ 此處的故事合併了希羅多德提供的數種起源神話（Godley 1972: 202-213）。在一個版本中，天神之子是赫拉克勒斯，是宙斯的兒子。在另一個版本中，他的父親叫塔吉塔歐斯，是宙斯和聶伯河河神之女所生。在涉及盜馬的版本中，主角是赫拉克勒斯，和他共寢的是半女（上身）半蛇（下身）的生物。這個女祖先看起來必定是赫斯提亞（Hestia），也就是斯基泰的主神塔比提（Tabiti）。當波斯入侵斯基泰時，在斯基泰統治者對大流士的答覆中，斯基泰人說：「至於我的主，我認為祂們是我的祖先宙斯和斯基泰人的赫斯提亞女王，除此之外，別無其他。」（Godley 1972: 328-329；見 Rawlinson 1992: 347）。在他處，希羅多德評論：「他們崇拜的神只有這些。特別是赫斯提亞，其次是宙斯和大地之神，他們認為後者是宙斯之妻；之後是阿波羅，還有天上的阿芙蘿狄忒、赫拉克勒斯和阿瑞斯。所有的斯基泰人都把這些當作神來崇拜；斯基泰人也為波塞冬舉行皇家祭祀。在斯基泰人的語言中，赫斯提亞稱為塔比提；宙斯（據我判斷最正確的稱呼）稱為 Papaeus（萬物之父，Godley 1972: 257 n.3）；大地之神稱為 Api，阿波羅稱為 Goetosyrus，天上的阿芙蘿狄忒稱為 Argimpasa，波塞冬稱為 Thagimasadas。」（Godley 1972: 256-259；見 Legrand 1949: 82）；Rawlinson 1992: 347 把波塞冬的斯基泰名字寫為 Thamimasadas，這顯然是依據 Abicht 1886: 54 n. 5，「因為 Teme 就是 mare（海），mazdâo 就是 deus（神）」。

❼ 他的匈奴頭銜用漢字表示是「單于」，這個頭銜在現代漢語中的傳統讀法是 shàn yú 或 chán yú（Pul. 48）。兩種現代讀

音都與古代漢語的發音沒有太大關聯，其古漢語的發音應該是*Dar-ɣa（早期）或*Dan-ɣa（後期）。前者令人想起中世紀突厥語和蒙古語的一個著名稱謂Daruɣači（達魯花赤），是一個具有各種職能的高級官員。它很可能可以追溯至匈奴，不過匈奴自己當然也可能是從其他民族借來這個稱號。

❽ 冒頓這個名字（現代漢語讀音為mò dùn）在中古漢語讀成☆mək（Pul. 217-218）-☆twən³（Pul. 84）。雖然還沒有確定，但正如有人建議的，這個詞的古代漢語發音似乎代表一個外來的詞*baɣtur，它和後來得到證實的中央歐亞文化詞baɣatur（英雄）有關。這個詞的詞源不詳，不過第一個音節很可能是伊朗語的*baɣ（神；主），這也是後來許多中央歐亞文化頭銜的一個元素。漢文史料描述冒頓為創始英雄，但他實際上是創始人頭曼的兒子。他善於騎馬和弓箭，國王頭曼幺子企圖用計謀害他，王子及時得到警告，並奇蹟般地逃脫，他獲得由勇猛戰士組成的貼身保鏢，最後他攻殺了邪惡的國王，建立一個正義而繁榮的王國。

❾ 根據《史記》的版本（Watson 1961, II: 161；參照沒有引用原始中文來源的Di Cosmo 2002a: 176），他被派往烏孫，這應該非常不可能，因為史料一般表示，匈奴在那個方向的敵人是月氏，而正是由於匈奴打敗月氏，月氏人才遷往烏孫以西，烏孫統治者後來為了報復月氏殺害他父親的行為而攻擊，這記載在下一個故事。

❿ 古突厥語tümen（萬；萬戶）有時與*Tumen（書末注釋㉑）這個名字相同。無論是舊突厥帝國的建立者*Tumïn的名字，還是tümen這個詞，都必定借自另一種語言，因為從形式上看，它們不可能傳承自突厥本土詞。古突厥語的數字tümen與西吐火羅語t(u)māne（萬；萬戶）、東吐火羅語tmām（萬；萬戶）以及來源未知的現代波斯語tumân（萬）有共同來源（Adams 1999: 301）。一般不為人知的是，現代漢語的「萬」（讀音wàn）的中古漢語讀音應該是☆man（Pul. 318 ☆muan³），經考證為ɦban（Tak. 370-371），來自*man。所有這些詞的起源和借自何方仍不確定。這個漢字出現在周代碑文中，但這不一定是它的終極來源。漢字的「萬」是個假借字，字形表示的是蠱。它的聲旁還出現在「邁」（*mrāć〔Sta. 574〕~*mrats〔Bax. 775〕）、「蠆」（古漢語讀音有可能是*srhāć〔Sta. 574〕~*hrjats〔Bax. 749〕）和「勵」（來自古漢語*rać〔Sta. 573〕~*C-rjats〔Bax. 773〕）。後三個系列的音節韻尾的重構尤其值得懷疑，而聲母重構的情形也沒有更好。

⓫ Di Cosmo 2002a: 176, 176 n. 50 指出，冒頓創造了「一支絕對忠誠的衛隊」，並總結說：「儘管司馬遷的記敘有著傳奇和浪漫的成分，不過在採信冒頓的歷史存在時，我們還是不能排除他之所以能崛起，是透過創立一個高效的衛隊和犯下弒父之舉而實現。」此外，還可考慮《史記》對單于墓葬的評論。「當單于死後，受他寵愛的大臣和嬪妃等一起陪葬者，

往往有幾百人甚至上千人。」（Watson 1961, II: 164）這段記載可能是把從士團的陪葬和其他人（妻子、奴隸等）的陪葬混為一談——這並不奇怪，因為當時中國的觀察者無疑對從士團並不熟悉——也有可能是匈奴在皇家陪葬中確實將兩者混為一談。關於冒頓釋和他對從士團的心理制約訓練，請參考 Krueger 1961b。

⓬ 在羅馬的故事中，那種鳥是啄木鳥，但烏孫故事中的鳥被特別說成是烏鴉。這可能是中國人的發明，目的是為了解釋其名稱「烏孫」，因為它的漢字字面意思是「烏鴉的孫子」；這一定是起源的音譯解釋。另一方面，在羅慕路斯和雷穆斯的故事中，啄木鳥的意義十分重大，因為它是戰神馬爾斯的聖物，而在普魯塔克的版本中，馬爾斯是男孩的父親。與烏鴉相比，啄木鳥的可能性似乎不高，而烏鴉似乎常常與天堂有聯繫。無論如何，基本主題必定是鳥；至於能否確定是哪種鳥還不清楚。

⓭ *Saklai（索離）來自晚期古代漢語的 *saklai，它是 Scythians、Sogdians 和 Sakas 原名的後來形式，詳見附錄二。在之前的著作（Beckwith 2004a: 31-32），我遺憾地遵循了其他學者對文本的錯誤修正。大多數文獻的第一個漢字是「索」（中古漢語讀音為 ☆sak——有些文獻則是「橐」（中古漢語讀音為 ☆tak）——這是個音譯，不過，它和一般推定的「正確」音譯 *Ko（漢—韓讀法）毫無關聯，因為若這麼做，會把索離還原成 *Koryŏ，而且無法解釋高句麗和扶餘的神話。雖然是我的錯，因為我相信了自己使用的「版本」，但遺憾的是，據我所知，除了一個例外（Thompson 1979），沒有一個真正（利用批判性的校勘方式等）的校勘本，甚至也沒有任何漢字版的校勘本。自十九世紀以來，希臘文、拉丁文以及阿拉伯文和其他中世紀西方語言文字的文獻，都已經都陸續有了校勘本，但正如 Thompson 1979: xvii 指出的，漢學家，無論是中國人還是非中國人，大多連校勘本是什麼都不知道，而那些自以為是的人則堅決反對校勘本。在這種令人遺憾的狀況沒有改變之前，漢文文本將繼續是不可靠的，漢學在這方面仍將是個落後的領域。

⓮ 在一些版本中，王子是人類所生。在其他版本中，他是從蛋裡出生，國王試圖摧毀那個蛋，但沒有成功，於是就放棄了。王子隨後從蛋中孵化出來。我以前曾表示，我相信蛋的版本是較早的版本（Beckwith 2004a: 29），但我現在認為兩個故事已經混合在一起了。無論如何，基本的故事都源於中央歐亞——王子是天神的戰士英雄後裔。這個故事與其他幾個版本非常接近，尤其是與中國神話的后稷非常接近，他的故事說他是人類所生。蛋生的細節似乎是一個外入性的東亞或東北亞主題。在日本民間故事中，英雄桃太郎從漂浮在河中的大桃子裡出生，這在許多方面都與朱蒙的故事很接近。在顯然基於口述傳統的日後中世紀朝鮮版本中，壞國王是隻姓金的青蛙。雖然在古代的簡單版本中找不到這個細節，但它似乎很可能是真實的。可能是這個出生的故事不僅代表了兩個不同故事的融合結果，其中一個故事更「南方」，而且是兩

個不同民族的混合，其中一個民族的故事中，有一個青蛙的祖先，有一個英雄的兒子，出生時是顆蛋。不過，在早期的各種版本中，都沒有提到青蛙。

⓯ 文獻說，這個名字在高句麗語中是「射術高超」的意思。第二個音節（「好；優秀」）的詞義正確性得到其他高句麗語料的證實，也支持了另一個音節的正確性，但考慮到同一歷史功能的同一名稱的反覆出現，很明顯，在民族起源故事中擁有這個名稱的民族中，至少有兩個民族（匈奴人和突厥人）是從其他民族借來此詞的。這裡的詞義表明，這可能是為了解釋一個有問題的名字而設計的民間詞源學，因此，*Tümen 這個名字有可能不是源自扶餘—高句麗語。另一方面，現在已普遍接受斯基泰（Scythian）這個名稱的詞源是從北伊朗語 *Skuδa（射手；弓箭手）發展而來，而扶餘—高句麗人已經確認的原始故鄉是「在北方」，至於 *Saklai 則是斯基泰人名稱的一種形式（見附錄二），所以這表明「射術高超」這個名稱可能是扶餘—高句麗人對 *Sakla-（弓箭手）的翻譯。這個問題值得進一步關注。

⓰ 今天，揚子鱷是種極度瀕危的珍稀動物，只發現於安徽省的長江下游地區，但在古代，黃河流域就有揚子鱷的蹤跡（Ho 1999）。山東新石器時代大汶口文化（約西元前四三〇〇—前二五〇〇年）的十號墓中出土了八十四具鱷魚骨，是該墓中絕大部分的骨頭，其他骨頭包括兩顆鹿牙、兩個豬頭和十五根豬骨（http://depts.washington.edu/chinaciv/archae/2dwkmain.htm）。一九五九年在山西石樓縣發現一件長四十一．五公分的鱷魚造型青銅器，是商代晚期的作品（Gyllensvärd 1974: 48-49）。

⓱「土門」的中古漢語讀音是☆thumən（Pul. 312, 211☆t$^{h}$ɔ$^{2}$-mən$^{1}$），在鄂爾渾古突厥碑文上是寫為 Bumïn。現代學者幾乎都認為這是正確的形式。例如，Rybatzki 2000: 206-208, 218 認為 Bumïn 借自印度—伊朗語：古波斯語 bûmi（大地；土地）、粟特語 βwm（世界）、古印度語 bhûmi（大地；地面；土壤；土地）。這意味著 T'u-men 的漢字形式一定是個半音譯、半意譯式的翻譯，但這似乎完全不可能。Klyashtornyi and Livshits 1972 主張在來自布古特碑（Bugut，約五八二年，使其成為突厥帝國歷史上最早的文字史料）的粟特文銘文中讀到了 Bumïn 這個名稱，但這與吉田豐和森安孝夫（Yoshida and Moriyasu 1999）對銘文的最新研究成果矛盾，他們並沒有看到這個名稱。在這一點上，我自己對銘文的考察與吉田豐和森安孝夫的觀點是一致的。應考慮到漢字形式的年代更早，而且漢字轉寫名字時使用的是簡單明瞭的日常文字；在轉寫突厥文時，漢字形式會迴避名諱的可能性不大（即 Tumïn 是作為原始 Bumïn 的避諱形式）；一個中央歐亞帝國創始人的名字，極不可能是「大地；世界」或類似的意思（而且，若突厥語在上述印度—伊朗語表示土地、世界的詞加入末尾 -n 的發音，會是件十分怪異的事）；尤其是，在與突厥人共享其他文化元素的匈奴和高句麗人建國故事中，也同

樣出現相同的帝國創始人名字，特別引人注目的是，三個神話都提及祖先居住的山洞，這些都表明，古突厥語的人名是Tumïn，而不是 *Bumïn。至於古突厥語碑文為何會出現 Bumïn 這個錯誤的形式，原因尚不明瞭。這可能是對創始人名字的避諱，也可能是從一個銘文複製到另一個銘文時出現的文字錯誤，這一點非常可能，因為在很大程度上，這些文字是逐字重複的。另見 Beckwith 2005b。

⑱ 阿瓦爾人的漢語名稱有多種寫法，如「柔然」、「蠕蠕」、「芮芮」等，至今還沒有其他已知的族名被認定為和他們是同族，他們使用的語言也尚未確定。至於將「柔然」與「阿瓦爾」等同的爭議，我們可以看到，拜占庭希臘人自第一次與這些從東方新遷來的人有接觸時起，就稱呼他們為 ʼΑβαοι（Avars），而突厥人知道他們就是曾經奴役自己的部族，而且對他們的首領在突厥人獲勝後仍保留 kaghan（可汗；皇帝）的稱號感到深惡痛絕。Pohl 1988: 34 正確地在「偽阿瓦爾人」問題的討論中指出，阿瓦爾人當然包含了屬於幾個不同民族語言群體的民族，因此，試圖將他們與某個特定東方民族等同會造成誤導。然而，一個重要性似乎尚未得到充分認識的關鍵問題，就是阿瓦爾人使用「可汗」的稱號。在突厥人擊敗阿瓦爾人並追擊他們橫越歐亞之前，「可汗」這個頭銜只出現於東部草原和中國北方，所以阿瓦爾人的統治家族必定可以等同於柔然的可汗家族，或者是一個或多個具有正當性的繼承者。由於他們是在潘諾尼亞定居的人們的領袖，並在西方史料以阿瓦爾人而聞名，所以我通篇都稱他們為阿瓦爾人。關於爭議，見 Dobrovits 2004。仔細研究漢文史料的「柔然」名稱，有助於確定柔然的民族語言親屬關係；在這項工作完成之前，對該問題的推測都言之過早。

⑲ 薩珊王朝的從士團及其成員有一些稱呼，其中最重要的是 gyânawspâr（新波斯語為 jânsipâr），意思是「那些犧牲自己生命的人」，以及 adiyârân（或 adyâwarân 或 yârân；新波斯語為 ayyârân），意思是「朋友；幫手；助手」。他們是一支由凶猛的騎兵組成的精英軍團，他們是技藝高超的弓箭手和劍士，他們的特點是與統治者關係密切，並以金質的裝飾品——尤其是手鐲、腰帶和耳環——來標誌他們的等級。這些強壯、英勇、善戰的人是他們主公的朋友，在宴會和接見場合上，他們坐在王室大廳裡靠近主公的位置。波斯的從士團是「一個自由人戰士的團體，他們透過儀式性的宣誓，自願對一個主公保持忠誠，成為他的下屬和追隨者。成為這個群體的一員是種光榮，可以帶來威望和尊嚴；另一方面，人數的增加會提高主公的威望。形成這樣一個團體的必要條件，是主公作為一個戰無不勝的戰士的名聲，也可能是因為他的貴族血統，以及富裕的物質基礎。在一大群能夠攜帶武器的自由人戰士中，主公及其部下形成了一個裝備精良、隨時準備作戰的精英群體」（Zakeri 1995: 87）。事實上，這種描述就是古典的從士團定義。然而，De la Vaissière 2005a: 143-144 曾明確指出，薩珊王朝沒有 châkars 或 ghulâms。從字面上看，他是對的——對於以**上述兩種名稱**所指稱的從士

團在薩珊時代的存在，Zakeri 1995 用來支持論證的引文在年代上是錯置的，而且論述本身也有不足之處。然而，薩珊時代當時的史料和之前阿契美尼德時代的史料，確實表明波斯人已經有了從士團。一些晚期的史料雖然在這方面不太精準，甚至使用後來的非波斯語詞彙如 châkars 或 ghulâm 來指稱薩珊時代的從士團**成員**，而不是使用 gyânawspâr、adiyâr 等中古波斯語詞彙，但從士團這種制度確實是存在的。

⑳ 早期契丹人（一個蒙古系民族）的從士團可從安史之亂的記載中得知。關於後來遼代契丹人的詳細論述，包括對其御前衛隊的討論，可參見 Wittfogel and Fêng 1949 傑出的早期研究。「每個（契丹遼）皇帝都有一個獨立的斡耳朵（ordo）或營帳，有一萬到兩萬戶的『心腹衛隊』……。這支衛隊的成員是皇帝的私奴，尤其是當中的非契丹人，但他們與皇帝的親近使他們有很高的地位。在皇帝死後，他們守衛著他的陵墓，而他的繼任者則招募新的斡耳朵和衛隊。」（Atwood 2004: 297）遼朝的五京制，理論上似乎是圍繞著「可汗和四伯克制」（khan and four bey system）的理想而展開。克烈部可汗是鐵木真在崛起過程中的敵人，他擁有一支由巴禿兒（Ba'atur〔英雄〕）組成的精銳部隊和一支千人衛隊。成吉思汗後來也模仿了這種制度（Atwood 2004: 296），以及與之相連的營帳（斡耳朵）。

㉑ 文中說，獻祭的人也被殺死，「這樣就不知道（二十個墓室中）哪個是他的墳墓了」。曾經目睹阿提拉下葬的羅馬人也說過類似的話。聲稱那些被處決的人被殺是為了掩蓋陵墓的位置，這種說法很難讓人相信——如果連外國人都目睹了葬禮（他們描述得很詳細），那麼陵墓的位置就不是祕密了。從確鑿的歷史記載中可以肯定，受從士團制度誓言約束的中央歐亞人，確實是自盡的（他們甚至渴望自盡），或是被儀式性地處決的，以便與他們的主公合葬（Beckwith 1984a）。

㉒ 在八四〇年左右創建的拜占庭皇家從士團稱為 Hetaireia，「由三個小團體組成，其中一個小團體主要由可薩人和費爾干納人（Farghânian/Φαργάνοι）傭兵組成」（Golden 2004: 283-284）。參見 Constantin Zuckerman 1997，轉引自 De la Vaissière 2005a: 285 n. 82 和 Dunlop 1954: 219。唐太宗打敗了東突厥人，並採用天可汗（Tängri Kaghan）的稱號，他把許多突厥武士收編為御前侍衛。這些人不是簡單的中國式普通衛兵，至少在他們自己的心目中是這樣看的，這一點從唐太宗過世時，他的兩個主要突厥將領請求允許自盡、與他合葬就可看出（Beckwith 1984a: 33-34）。

㉓ 在提及「成吉思汗自己的住所時，特別是在他有關衛隊（kešik）職責的條例中，ordo ger 一詞被譯為『宮殿—營帳』……。這個詞是突厥語的一個重要術語，它從突厥語傳入契丹語、蒙古語等。在起源上，ordo 指的是可汗精銳騎兵衛隊（也就是從士團）的營地，可汗的營帳就位於最中央的位置」（De Rachewiltz 2004: 453-454）。

㉔ 基輔羅斯語的 družinniki（朋友，參見 Christian 1998: 390）源自 družina，也就是斯拉夫語中的「從士團」，這個詞又與共同日耳曼語（Common Germanic）的 *druhtiz（從士團）同源，來自（傳統）原始印歐語的 *dhereugh（Lindow 1976: 17-18），即原始印歐語的 *dereug。古英語的 gedryht 一詞，也是《表沃夫》中用來表示從士團的常用詞（它也被廣泛地稱為 weored ~ weorod ~ werod），在後來的古英語中發展出一般意義上的 army（軍隊），然後又變成單純的 group of men、band（一群人）（Lindow 1975: 24-26）。

㉕ 這支從士團在他過世後仍然存在（*TCTC* 220: 7047），稱為「曳落河」。「曳落河者，胡言壯士也。」（*TCTC* 216: 6905）這個詞在中古漢語古老北方方言中的讀音是 *yerlak χa，對應的是蒙古語的 erlik qaghan（地下世界的統治者），這是一個借自突厥語的詞；可參照古突厥語的 ärklig khan，字面意思是「強大的主」，這是一個專門指稱地下世界統治者的尊號（Clauson 1967: 224）。至於用「河」（*χa，參考 Takata 1988: 304）來轉寫 *qa（Khan），可能是為了對應一種契丹語（蒙古系語言）形式；請參考已經得到完全證實的中古蒙古語形式的 qa（De Rachewiltz 2004: 457, 521 及其參考文獻）。雖然在唐朝的漢文脈絡中，「胡」常常用來指稱「印歐人」——不過，它並不是像多數學者所認為的（例如 Pulleyblank 1991: 126–127），僅指「來自中亞的伊朗人」，或甚至只指「印度的印度人」——但它也用來指稱回鶻人、蒙古人，以及其他北方邊境的民族（還有更早時期的匈奴，和他們東邊遠至滿洲的鄰族），因此「胡言」可以指稱契丹語、古突厥語、粟特語或另一種在當時當地使用的語言。Moribe 2005: 244 似乎忽略了前人的研究，以為「曳落河」是族名，不然他對安史之亂中國地區柘羯的討論將會更有價值。安史叛軍也稱為柘羯，也就是 châkar（De la Vaissière 2003），請參考 De la Vaissière 2005c 關於中國地區粟特柘羯軍隊的文章。De la Vaissière 2007 還用了很大的篇幅指出，粟特人以外的中央歐亞民族的從士團制度分成兩種，要麼是和粟特人有關，要麼就是與粟特柘羯制度無關。就像粟特人的制度一定不會和同時代突厥人、日耳曼人或吐蕃人的制度在實踐和目的上**完全相同**，即使是在同一個語族之內，我們也不該期待會找到完全相同的文化因素。法蘭克、吐蕃、蒙古等民族的制度和粟特的柘羯都不相同，但它們都屬於從士團制度，只不過是不同的變種，是中央歐亞文化綜合體的核心要素。很遺憾的是，在我這本書已經付梓之際，我才得知他的待出版專題著作已經問世了，因此我只是匆匆瀏覽後，在這裡和另一處加上簡要的評述。我希望我沒有誤解他的觀點。

㉖ 漢文的官方正史聲稱，在唐玄宗的黃金時代，一匹馬的價格只是一匹絲綢。當時的中國史學家和此後的學者都按照字面意思照單全收。官方史書似乎滌除了與這種說法矛盾的實際商業交易數據，也就是說，它們壓低了實際的價格，藉以對玄宗歌功頌德，並維持官方營造的假象：自從唐玄宗朝開始，游牧民的馬匹已經羸弱不堪，他們強迫唐朝購買馬匹，而

唐朝則是用優質絲綢換取劣等馬。儘管如此，還是有一些數據留存下來，見 Beckwith 1991。相較之下，中國人付給突厥人的許多（雖然絕對不是全部）絲綢似乎都是劣質絲綢，而且中國人確實壟斷了多種絲綢的生產。

㉗ Allsen 1997 及其他人舉出的擄掠工匠和有價值的財富作為戰利品的行為，是發生在古代和中世紀整個歐亞的各種戰爭的慣例，會這麼做的民族，並不只有中央歐亞人。雖然在邊境市場的實際貿易過程中，似乎並沒有採取任何重大的強制手段，但貿易**權利**的獲得往往是個外交問題，並涉及戰爭威脅，就像今日的狀況一樣。此外，所有國家，無論是游牧民族統治的國家還是其他國家，都會利用武力或是施暴、牢獄威脅的手段，確保自己可以從被統治者得到稅收和貢賦，就和今日的情形一樣。

㉘ De la Vaissière 2005a: 283 n. 73 正確地指出，我們找不到證據可以證明，該宮殿的平面圖受到具體的**佛教**建築影響。從阿拉伯文、波斯文和漢文史料可知，瑙巴哈爾最初是要建為伊朗式的宮殿——城市，我在一篇論文的末尾指出了這一點（Beckwith 1984b: 150-151）；該篇論文的補錄部分提及佛教可能直接影響了瑙巴哈爾（從而間接影響了和平之城）設計的內容並未刪除，這是因為當我看到先前被我忽略的《世界境域志》（*Hudūd al-ʿĀlam*）時，論文已經在出版排程中了，當時的內文主題已經無法更改（但所幸編輯能夠讓我加入補錄部分）。關於瑙巴哈爾的佛教細節，我先前曾把伊本·法基赫（Ibn al-Faqîh）在手抄本中記載的高大、有圓頂的中央建築的名字解讀為 al-Ašbat（Beckwith 1984b: 148），這是錯誤的，應予糾正。該名稱絕對是窣堵坡（stûpa）的當地形式轉寫，正如 Herzfeld 1921 指出的（Beckwith 1984b: 159 n. 64）；因此它應當讀作 al-Istub（the stupa）之類的音。儘管有些窣堵坡很大，而且正如這個例子一樣，裡面存有佛像，但是，這些窣堵坡以及所在的建築群，可能原本就是伊朗式的宮殿建築，和佛教並沒有關係。

㉙ 實際上，在每一次中國成功進入中央歐亞的戰爭記載裡，都包含所獲戰利品的資料，但現代史學家一般都忽略這一點，無論他們同情哪一方，他們一般都只列舉中央歐亞人對中國人的「掠奪性突襲」的次數，例如 Hayashi1984: 86-92。他認為，匈奴的突襲是草原帝國獲得農業人力的主要來源。他在文章中提出的原始史料，以及在一定程度上他自己的論點，都表明，逃出中國的中國人，要麼是自己逃跑的，要麼是在匈奴劫掠時趁機逃跑的。可參考 Di Cosmo 2002a: 202, 204。

㉚ 重要的是要認識到，在電信通訊出現之前，一種單一的語言**唯一**的維繫方式，是其使用者之間持續、直接的交流。有些人提出，各種印歐語的子語言，只是它們最早被證實的地區的原生本土語言。例如，Van de Mieroop 2004: 112-113 曾說：

> 一種十九世紀的過時觀念認為，在印度北部某處有個印歐人的原鄉，人們把大量注意力放在尋找印歐人進入安納托利

> 亞的時間和地點，以及尋找他們入侵安納托利亞的證據。然而，這麼做是徒勞無益的。認為使用印歐語的人群並非一直都是安納托利亞原住民的觀點是沒有理由的，而且也不能說，到西元前兩千紀時他們已是一個特徵清晰的群體了。

無論在語言上，還是在歷史上，上述的說法都是無稽之談。

31 文中提出的設想場景接受了傳統的印度—伊朗語的觀點，這種觀點的基礎是將阿維斯陀語理解為伊朗語的最古老形式。然而，在現在，此觀點在我看來是不正確的。有趣的是，一些早期的印歐語學家並不認為阿維斯陀語是一種伊朗語。「這兩種語言之間的相似性非常大，以至於有些人認為阿維斯陀語只是梵語的一種方言。」（Mallory and Adams 2006: 6-7）如果阿維斯陀語的傳統語言地位確實是個錯誤，那麼就不可能支持印度—伊朗語族的高度特殊性、瑣羅亞斯德的早期年代、共同的早期印度—伊朗人宗教信仰和實踐的假說，以及其他的推論了。如果說目前的理論是錯誤的，那麼，上述的現象都是屬於印度語族本身的。但是，由於音系問題才剛剛被發現，在語言學家尚未仔細研究這個問題之前，對傳統觀點的批評一定會引發爭議，所以我沒有對文本進行修改。詳見附錄一。

32 目前的共識是原始印歐人的故鄉，位於北至烏拉爾南部和伏爾加河中游、南至北高加索和黑海之間的某地。然而，*mori（湖；海）在印歐語諸子語言中的分布（Mallory and Adams 1997: 503-504; 2006: 127）表明，這個詞是在原始印歐人最初擴張期間習得的，正如此處的假設，這意味著在最初時，他們應該是生活在靠近烏拉爾山和伏爾加河中游一帶；很多學者認為這個地區是印歐人的原鄉。

33 在文獻中，它一般稱為巴克特里亞—馬爾吉亞納考古群（Bactria-Margiana Archaeological Complex 或 BMAC）。見 Witzel 2003，其中討論了「在最古老的印度和伊朗文本中各自獨立保存的借詞，反映了在伊朗北部和阿富汗北部邊境地區（也就是巴克特里亞—馬爾吉亞納考古群所在地）使用的前印度—伊朗語言。這些借詞包括農業、村鎮生活、動植物、儀式和宗教等方面的詞彙」。如上所述，這裡提出的設想場景在很大程度上取決於對印度—伊朗人的公認觀點，特別是對阿維斯陀語和瑣羅亞斯德教年代的看法。尤其是基於曾廣被接受的觀點的結論，瑣羅亞斯德教中許多惡魔化的內容被認為是屬於印度（Indic）的東西，這個看法現在看來非常值得懷疑。如果廣被接受的觀點是不正確的，那麼，這種設想場景就必須加以修正。

34 在前中國人地區（pre-Chinese area）早期遺址中缺乏馴化馬的骨骼，以及野生東歐亞馬（普氏野馬〔Przewalski's horse〕）並不包含在馴化馬基因構成的研究表明，按照現在公認的觀點，馴化馬是由印歐人引入早期中國西部地區的。

如下一則注釋所述，原始吐火羅人很可能引進馬，不過他們飼養馬似乎主要是為了食用。引進戰車馬匹以及戰車本身和其他一些文化革新的，似乎是第二波的印歐人。

35 比這些文本早了好多個世紀的古代近東語言的紀錄，都完全沒有任何印歐人的記載，直到這個時間點，印歐語詞才出現。考慮到上述的情形，從西元前二〇〇〇年左右開始，埋葬在塔里木盆地東部地區的人，一定是印歐語的原始吐火羅方言使用者，而原始安納托利亞方言和原始吐火羅方言一樣，是屬於印歐語的 A 組語言，這兩組語言似乎是在差不多同一時間遷徙的。他們是第一波語言的使用者，他們的語言存活了夠長的時間而足以被記錄。必須強調的是，這三種印歐語組別分屬並不意味著任何基因分組。例如，傳統認為印度語（B 組）和伊朗語（C 組）屬於同一個基因亞組，即印度—伊朗語；至於更多的討論，請參考附錄一。

36 現存最早的西臺人名稱是內西利（Nesili，寫成 Nešili），這是他們的西臺語自稱，但該名是來自亞述人殖民城市卡內什（Kaneš 或 Kanes）的名稱，其意思只是「（卡）內什的人」（man of (Ka)nesh）。Melchert 1995 曾正確指出，「西臺語在各方面都是一種無可置疑的印歐語」。然而，他又說：「先前的觀點認為，西臺語曾經受到非印歐語嚴重的底層影響（"substrate" or "adstrate" effects），此觀點有誇大之嫌。」（Melchert 1995: 2152）問題在於，原始印歐語本身沒有得到考證，**所有**的子語（或分支）不僅與原始印歐語有很大差異，而且它們彼此之間也有很大的差異。這些語言之間的巨大差異，可以透過假設它們是由原來多少單一的語言經過個別化過程而形成的（即使這不是唯一的解釋，也是最佳的解釋）。這種解釋符合從古代到現代歷史紀錄中關於語言變化的已知情況。參見 Garrett 1999, 2006 和 Beckwith 2006a 以及附錄一。

37 米坦尼的古印度語戰車戰士——馬里顏努（寫作 ma-ri-ia-an-nu），來自古印度語 márya（年輕戰士，加上胡里安語的複數詞尾 -nnu）——和古印度語 marut（戰車戰士）都與馬和戰車有特定的聯繫（*EIEC* 277）。這些表示戰士的詞在古波斯語有個同源詞 marīka（來自原始印度—伊朗語 *mariyaka，意為「隨從中的一員」，*EIEC* 630），即從屬於一個主公的一隊戰士。「古印度語的 márya（年輕人，參見阿維斯陀語的 mairyō〔惡棍；無賴〕）被用來描述《吠陀》中圍繞因陀羅或樓陀羅（Rudra）的領導而集結的具有狂熱侵略性的摩錄多。雖然這個詞的印度—伊朗語形式通常來自第一音節母音為 e 的語詞 *meri̯o- 與其他印歐語系的同源詞（例如 Mayrhofer 1986-2000: 329-330），但麥孔（McCone）認為，基本形式很可能是以 o 為第一音節母音（*mori̯os），與古愛爾蘭語的 muire（領袖；主管人）有著精準的同源。」（*EIEC* 31）這些形式之間的符應意味著，指稱「年輕戰士」的詞彙——來自原始印歐語零母音詞根 *mr̥- 和 o 母音詞根 *mor，

表示「死；死亡；青年」等等（*EIEC* 150; Pok. 735: *mer-, *moro-s; Wat. 42: *mer）——和指稱「馬」的詞彙 *marko 有關（*EIEC* 274 *márkos; Pok. 700 *marko-; Wat. 38 *marko-）。*marko 這個指稱「馬」的詞只見於凱爾特語和日耳曼語，它是現代英語 mare 這個詞的詞源，其本義應當是指「戰車戰士的馬」。

38 由於該地區第一批古印度人的出現時間，仍然沒有任何明確的考古學定年能夠加以確定，因此問題依然存在，我們無法確定古印度的戰車戰士是否如一些人所認為的，就確實是如《梨俱吠陀》所言，導致印度河谷文明的崩潰。Barbieri-Low 2000: 7 表示：「在約西元前一五五〇年哈拉帕文明崩潰的同時，從北方湧入了稱為亞利安人的人群。這個使用印歐語的群體將他們的儀式和文化體現在一部稱為《梨俱吠陀》的史詩。在《梨俱吠陀》中，亞利安人使用幾種類型的輪式車輛，但他們最重視的是馬拉戰車。」如果這種說法不正確——而且到目前為止，對印度河谷文明的崩潰時代或原因還沒有出現共識——那麼，在印度西北部還有什麼非印歐城市文明，其城鎮可以像《吠陀》所描述的，在西元前二千紀中期被非城市的古印度戰車戰士所推翻？儘管現在一般都會擱置和迴避這個問題，但這種情形不能再繼續下去。關於這個問題以及古印度人進入印度的許多其他問題的爭論（很大一部分都出自政治動機），可參考 Bryant 2001、Bryant and Patton 2005，特別是 Hock 1999a, 1999b；此外，近期關於印歐人的通論著作（Mallory 1989; Gamkrelidze and Ivanov 1995; Mallory and Adams 1997, 2006），包含了與爭論相關的重要材料。

39 邁錫尼出土的一枚印章戒指的圖案（Drews 1988: 161）展現的是一個狩獵場景，戰車上有個弓箭手。大多數邁錫尼人的繪畫描繪，比豎穴式墓葬晚了幾個世紀或更長時間，它們顯示的是一個手持長矛的戰士，而不是一個弓箭手。關於邁錫尼戰車還有很多其他材料。在過去幾十年裡，一些學者出版了許多論著，例如 Littauer and Crouwel 2002、Raulwing 2000，不懈地反駁以下的觀點：邁錫尼人是使用印歐語的入侵者，他們帶來了雙輪戰車，將其用於作戰。就他們看來，豎穴式墓葬文化所具有的明顯外入性，並不是任何新來民族的證據，只是「充滿活力的當地酋長的崛起」，由於「目前尚未完全了解」的原因而神祕地發展出來（Littauer and Crouwel 2002: 70）。他們還認為，戰車主要是用於「顯眼的展示」和「作為更大軍隊的附屬品」，而不是作為當時軍隊的關鍵武器。然而根據文字和圖像的證據，戰車在安納托利亞和近東鄰近地區的用途，一定是作為關鍵的武器。此外，他們還認為，雖然戰車「不是由征服者引入邁錫尼的」，但它可能是後來才引入的——他們認為是古代近東外國皇室的「禮物」。他們認為近東發展出最早的輪型車，而且戰車的前身也是在該地出土。面對直接證據（如上述邁錫尼的印章戒指顯示了一輛有御車者和弓箭手的戰車），他們仍然辯稱「在希臘，沒有證據表明軍用戰車和弓箭之間有關聯，這與有明確文字記載的近東和埃及等地的情況不同。相反地，戰

車在此地的功能是戰士的運輸工具，他們不是在車上作戰，而是在地面上使用近距離武器作戰」（Littauer and Crouwel 2002: 70-71）。然而，在戰車上打獵與利用戰車打仗難道不是同一類用途？他們還忽略了「盤形轡頭頰飾的證據，這大約在西元前一六〇〇年出現於邁錫尼，在草原地帶則出現得更早」（*EIEC* 245），而這與豎穴式墓葬和北高加索草原墓葬之間的其他相關性也是一致的。這些學者的論點在歷史上根本站不住腳。他們的論點與自己和其他人呈現的資料也不一致，根據這些資料，戰車最早的考古證據出土於伏爾加—烏拉爾地區，年代是西元前二十世紀，並在近東的卡內什（Littauer and Crouwel 2002: 45-46, figure 1）的卡內什卡魯姆二世遺址（Kanesh Karum II site）中有所描繪（*EIEC* 245），其年代約為西元前一九五〇—前一八五〇年。在同一遺址中，發現了一種印歐語—西臺語——的最早證據，而西臺人也是已知最早在戰爭中使用戰車的民族（西元前十七世紀）。邁錫尼希臘人可能沒有發明戰車，他們可能也沒有乘坐戰車從草原到希臘，但邁錫尼人遷徙進入希臘的必經之道（也就是高加索地區）已經很早就有戰車了，他們應該是在該地習得駕馭戰車的技能，就算他們本身並沒有戰車。這些學者所說的獨特邁錫尼文化是本地自發的觀點，在考古學上站不住腳。就像 Drews 1988: 176 指出的，邁錫尼豎穴式墓葬在希臘是沒有先例的，「把豎穴式墓葬解釋為當地民族統治階級發展出來的結果，是一種循環論證：當地統治階級發展的唯一證據，就是豎穴式墓葬本身」。亦見 Drews 2004 對自己先前在戰爭中如何使用戰車的觀點的修正。關於馬和戰車的起源、傳播和使用，多數近東中心論的觀點都和實際證據不符，應該被拒斥。

40 學者經常指出，用「中國」（China）來指稱西元前二二一年由秦始皇開創的秦王朝（China 就是由此得名）統一六國之前的東亞任何政體，都是時間錯亂的用法。至少在西元前一千紀，那些被擴張的漢人征服的其他文化的人們仍然保有獨特的語言，而且還有學者提出，我們甚至無法確定商代或周代的統治階層是不是使用漢語。不過，雖然「中國」這個**名稱**一定不會比秦國更早——此處的「秦國」概念是個統一的國家，由之前未曾統一過的相關民族語言地區構成——但是說在中國人故地華北平原黃河流域地區在這之前沒有過統一國家的說法並不正確。秦帝國和漢帝國的祖先，是以該地區為中心的商朝和周朝國家。主張商人和周人的語言不是漢語，也是不正確的。西元前一〇四六年或前一〇四五年建立的周朝，以及所取代的商朝，都是以漢語為唯一書面語言的統一國家。誠然，商朝和周朝的征服者在建立各自的國家時，他們的**母語**是否與他們征服的地區的當地語言不同，我們不得而知，但奧坎剃刀原理（Ockham's razer）告訴我們一定是如此。語言上的重要意義在於，在商朝和周朝的銘文，基本上只記錄了一種語言——雖然由於方言和時代的變化，該語言在某些方面略有不同——而這種語言是現代漢語的祖先。因此，「中國」可以用來指稱在歷史上任何一個時期被以

漢語為母語的人所占據的地區，從商代到當代（但要牢記的是，商王國覆蓋的領土非常之小）。不過，漢語的來源至今仍然不明，從類型學的角度來看，它在其「故地」明顯是種外入性的語言，儘管它至少在一定程度上無疑是印歐人入侵該地區的產物。也就是說，我們無法確定漢語究竟是一種維持最低限度的印歐語，還是一種受到印歐語影響的當地語言。這個至今仍大體被忽視的問題值得仔細加以處理，相關嘗試請參考 Beckwith 2002a, 2004b, 2006a。

41 Barbieri-Low 2000: 8-9 et seq. 對目前的共識提出質疑，他指出：「沒有任何一個社會能夠在沒有廣泛的輪式車輛經驗的情況下，如此順利地接受和適應馬車這樣一個複雜的機械組合。」然而，在中國本土卻從未發現過任何一種早期的輪式車輛。「事實上，在安陽除了戰車之外，還沒有發掘出其他車輛的實際遺迹。」（Barbieri-Low 2000: 48）此外，汽車和飛機的現代史表明，要在一個沒有任何相關先導的社會中引進一種先進的科技，只需要一個入侵民族引進科技，使用它，並讓當地民族學會如何使用它。毫無疑問，這就是西元前二千紀，包括中國的中央歐亞之外地區的每個發現或提及戰車的地方，戰車科技和文化的傳播方式。Barbieri-Low 2000: 14-17 引用的考古學和其他證據的可疑性質只會進一步削弱他的理論。Barbieri-Low 2000: 37 自己也同意，完全成型的戰車，是在商代相當突然地從外部傳入中國，「大約是在商朝武丁統治時期，也就是西元前一二〇〇年左右」。在其他地方，他提出更有可能的時間點，是在武丁的一個世紀之前，因為本土化製造戰車部件的技術和工藝在當時已經出現了（Barbieri-Low 2000: 19 n. 40），而且商人當時正在與擁有戰車的外族作戰。早期的一篇漢字銘文上記錄了「從敵方繳獲兩輛戰車以及其他武器和俘虜」（Barbieri-Low 2000: 47）。Piggott 1992: 65 說：「中式戰車是中國人在黃河從基本的馬車科技前提創造出來的『一套東西』，這種科技是偶然獲得的，和閃族語或印歐語系統沒有關係。」這種驚人的觀點，罔顧了一個廣為人知、就連 Piggott 1992: 45-48 自己也注意到的事實，亦即獲得一種科技需要廣泛、長期的訓練，而訓練者必然是使用另一種語言的人——而在中國的例子裡，一定是種西方語言。正如 Piggott 1992: 45-47 也說過的，習得戰車「涉及習得一個技術綜合體，是一個一整套的東西……不僅涉及物品，而且也涉及人」。

42 值得注意的是，這些兵器包含大量的青銅箭頭（這樣就推翻了一般說法，認為戰車是用矛或戟作戰，但這在實際上是不可能的）。這些兵器中還有一種「半月形的刀，上面有環或完整雕刻的動物形象。與商代主流的青銅器裝飾圖案相比，這些刀顯得非常陌生。然而，在安陽以北、以西的北部地區，其動物造型藝術卻非常普遍。以科技而言，其中一些刀的形狀和質地表明，它們是用失蠟鑄造法鑄造的。而商代器皿一般採用片模鑄造法。因此，這些刀似乎也是商代戰車使用的器物組合的一部分，源自草原地區，而不是中原（即古代中國本土）」（Barbieri-Low 2000: 42-43）。事實上，這種

刀在中國以北和更遠的西部草原地帶無處不在，是十分典型的器物，並作為中國著名的北方外入元素而受到廣泛關注和討論（Bagley 1999: 222-226；參見 Di Cosmo 1999a: 893-894）。

43 值得注意的是，作為中國最早的文字形式，甲骨文的結構與當時古代近東最典型的文字形式完全相同——它們主要由衍生的象形文字（或稱為 zodiographic）、假借、形聲等元素的組合而成，而不是單純的象形字。更精確的術語和分析，可以參考 Boltz 1994。人們可能會認為，毫無關聯的文字系統應該在結構上是完全不同的，但是根據 Boltz 1994 的研究，甲骨文書寫系統並非如此，不過他認為，中國人是在沒有受到任何外來影響的情況下，自行發明出這種書寫系統。他寫道：「目前沒有任何實際的證據表明……中國的文字是來自中國以外的任何一種刺激和影響的結果，無論這種刺激和影響有多麼間接。」（Boltz 1994: 34）然而，中國的文字系統是在西元前十三世紀才完全形成的，這比西方發明文字的時間晚了兩千年，而且它與完全成型戰車的時間重合，而戰車也是在西方很早以前就發明的。人類行為中的模仿性，要多於創造性。中國人在這段時期之前還沒有輪式車輛。他們採用的戰車是外國人從西北方帶來的完全成型器物。因此，更有可能的是，漢字系統的觀念——雖然也許不是漢字系統本身——最終也是來自於同一個方向。Boltz 1994: 35 et seq. 基本上否定了他自己的理論，即認為在新石器時代陶器上發現的各種紋樣，是中國文字系統的前身。

44 在商代和早期周代的實踐中，提到婦女的文字常常加上表示女性的偏旁，有時代替表示男人或人的偏旁。有關「婦子」或「婦好」的討論就是一個很好的例子和闡述，相關內容可參考 Elizabeth Childs-Johnson 2003。在本例中，姜有「女」，而羌有「兒」。在這種情況下，「姜」很可能只是一種避諱的辦法。也就是說，實際的氏族名稱是「羌」，但在周朝不能寫，因為周人的母系就是出自這個氏族。因為這種異例似乎只存在於周代時期，所以兩個族名（姜和羌）的實際身分似乎很明確。這兩個詞有時被認為是漢語，意思是「牧羊人（男人∫女人）」；然而，這似乎不太可能，因為這兩個詞從來沒有被用來表示「牧羊人」的意思，而只是作為族名。關於這個名字的一個可能印歐語詞源，可參考附錄二。

45 「馬」字有兩種已被證實的古漢語方言形式，一種是古漢語 *mraγ，來自更早的 *mraga，是現代漢語「馬」的讀音的祖先；另一種是古漢語 *mraŋ，來自更早的 *mraŋa，是借詞古緬甸語 mraŋ、古藏語 rmaŋ 的祖先，以及原始日本—琉球語 *$^{m}$maŋ 的祖先（Beckwith 2007a: 145-146）。後者的方言發音在漢語中也是透過「馮」（依靠；憑藉）字的音譯得到證明，來自中古漢語 ☆biŋ（Pul. 240），這又來自古漢語方言 *$^{m}$brəŋ（Sta. 589: *brəŋ）和 *mraŋ。這兩種方言形式都有規律地從早期的 *mraga 衍生而來，如 Beckwith 2002a 所示，來自早期古漢語或原始漢語的 *marka。需要注意的是，這個詞的末位母音不詳，但不可能是高位母音，可能是 *a。關於古漢語和中古漢語中鼻音開頭（nasal onsets）向前鼻化口腔音開頭

（prenasalized oral onsets）的方言轉變，見 Beckwith 2002a: 121-127; 2006c: 186-188。

46 漢字的「車」本是象形字。它在中古漢語中有兩種讀法，☆ʧa 和 ☆kü，第二種讀法在古漢語可以重建為 *klâ 或 *krâ，來自理論上的早期古漢語 *kelé ~ *kolé ~ *karé ~ *kore ~ 等。因為假設早期古漢語的 *o 和 *we~*wa 後來在漢語中合併，所以 *kolé 的形式與 *kwelé 無法區分，而 *kwelé 本身顯然是印歐語「輪子」的一種形式。輪子是作為戰車的一部分傳入中國——在早期的古漢語中，一個字有兩個意思——所以 *kolé ~ *kwelé 似乎是正確的形式。然而，古藏語的 ɦkorlo（輪；圈），應該是源自於前古藏語 *kwerlwe ~ *kewrlew ~ *kwerlo ~ *korlew（等），而前古藏語也有同樣的問題，即早期的 *o 和 *we ~ *wa 是無法區分的。在這些形式中，原始藏語形式 *kwerlo 與原始印歐語 *kweklo（輪子）完全符應，例外的是藏語有 r，而不是原始印歐語的第二個 *k。這個有趣的異例可能是由於古漢語的中間音節末尾 *ɣ，在古漢語的某個階段明顯地在語音上接近 [ʁ]（標準的法語和德語發音 /r/），因為它被普通日語——高句麗語系的人認為是 /r/，他們借用古漢語「鳥」作為 *tewr（Beckwith 2007a: 138，該處的 *tawr 應該更正為 *tewr），此外還有其他的例子。因此，古藏語形式預設了一個它所依據的古漢語來源形式 *kweʁlo，來自 *kweɣlo，來自早期古漢語 *kweklo（輪子；戰車）。「車」的兩個漢語讀音都是平聲，而不是上聲（古漢語音節末尾 *ɣ 的正常反射），這說明在中古漢語中，兩個音節都繼續被分析為開放的音節，所以 *ɣ 仍然被認為是第二個音節（*ɣlo）的開始，而不是第一個音節的尾聲（即不作為 *kweɣ）。但在來源方言中，*ɣ 被認為是第一音節的尾音（*kweɣ），因而轉為 *kweʁ，被原始藏人聽成 *kwer。也有可能藏人直接從早期印歐語系使用者借來這個詞，並在藏語動詞根 √kor（轉；旋轉，及其使役動詞 √skor〔轉；包圍〕）的基礎上重塑了第一個音節，這可能對應於原始印歐語 *(s)ker（轉；彎）的 o 音變形式（Wat. 78）。無論如何，「輪子；戰車」的原始漢字一定是印歐語系的借詞，似乎可以重建為 *kweɣlwe ~ *kweɣlo，來自原始印歐語 *kweklo。不過，這個問題還需要更多的研究。

47 根據目前漢學語言學家（有別於考古學家，後者已經不再如此偏狹）的觀點，中國文化基本上是在一個孤島環境中獨立發展出來的，它的周遭是片蠻荒，居住著野獸和**野蠻人**。唯一被承認的外來影響來自南方：許多討論集中在苗族和原始苗瑤族對早期中國人的假定貢獻。但無論語言文字如何，中國文化一定是當時東亞地區最先進的。若是如此，從苗—瑤語言向漢語輸入借詞就不太可能。這一點似乎一直沒有引起注意。除了蒲立本（E. G. Pulleyblank）之外，當代漢學語言學家只接受古漢語中存在一個印歐語系的詞（借詞）：來自吐火羅語的「蜜」。漢學語言學家罔顧現在已經無可爭議的考古學證據，也拒絕嘗試將其與語言學證據聯繫起來，這實在令人困惑。

㊽ 融合語（Mischsprache 或 mixed language）是一種高度混合以至於無法清楚分析其系譜的語言，其遺傳祖先是不清楚的，它不像混合語，因為混合語的祖先是清楚的。融合語理論已經再次被推翻了（Beckwith 2007a: 195-213、Mous 1996）。世界上唯一的推定融合語例子是馬阿語（Ma'a）或姆布古語（Mbugu），Thomason and Kaufman 1988 對此加以論證，而 Mous 2003 現在在這個問題上搖擺不定，他指出，講姆布古語的人並不只是簡單地使用馬阿「語言」作為一種代碼——就完全像是說英語的羅姆人（English Romani）那樣，羅姆人說英語，而且為了保密和種族團結，還說一種帶有大量羅姆語的英語，正如 Thomason and Kaufman 1988 清楚表明的——他們實際上說的是兩種語言，姆布古語和馬阿語，它們共用一種語法。他如今的這種說法是一種退步。Mous 1996 曾明確指出，關於姆布古語和馬阿語的事實仍然是簡單的、無需掩飾的，馬阿語不能被看作是一種語言，而是注記姆布古語的一種方式。

㊾ 有人認為，由於辛塔什塔—彼得羅夫卡文化的戰車似乎是一個用於祭典的模型，如果實際駕駛它的話，很可能會十分不穩定，因此，它是中央歐亞人對近東戰車的「模仿」，從而證明馬拉戰車是在古代近東發明的，而不是在中央歐亞。但這個觀點的立論是基於兩個十分值得商榷的問題上：其一，認為早期戰車之所以這樣發展和傳播，是因為它的「聲望價值」，而不是因為它在軍事上的實際用途；其二，這個說法認為由無法辨識的動物牽引的兩輪車的古代近東粗糙畫像，就是戰車（Littauer and Crouwel 2002: 45-52）。對於辛塔什塔—彼得羅夫卡戰車，相反的情況似乎更有可能：墓葬中使用的儀式化物品，似乎是基於一種文化中長期使用的實用物品，無論其是否來自當地；而被放置在墓葬中的尚未充分理解的舶來品，則可能會是實物（如安陽的戰車），而不是它們的儀式化版本。不過，這個問題應該由考古學家來解決。

㊿ 希羅多德曾說：「居住在亞洲的游牧斯基泰人，在戰爭中受到馬薩革泰人的壓力而渡過阿拉斯河（Araxes），逃至辛梅里安人的國家（因為斯基泰人現在居住的國家，據說以前就屬於辛梅里安人）……。迄今為止，在斯基泰還有辛梅里安人的城牆，有辛梅里安人的渡口，有一個國家叫辛梅利亞，還有一個海峽叫辛梅里安海峽。此外，我們可以清楚地看到，辛梅里安人在斯基泰人的壓力下逃入亞細亞的過程中，確實也在半島上建立了殖民地，現在希臘的西諾普城（Sinope）就建立在該地；而且很明顯，斯基泰人追趕他們，入侵米底亞後迷失了方向；因為辛梅里安人曾經沿著海岸逃亡，而斯基泰人則在他們的右邊與高加索人一起追趕，直到他們進入米底亞，此後轉向了內陸。」（Godley 1972: 210-213；參照 Rawlinson 1992: 299-300）。Godley 1972: 213, n.1 在對辛梅利亞進行評論時說：「這個名字仍然存在於『克里米亞』（Crimea）這個名字中；他所說的名為辛梅里安的海峽（字面意思）是『辛梅里安博斯普魯斯』（Cimmerian Bosphoros）。」雖然這段記載中的有些內容似乎是來自較晚的波斯傳聞，但考古紀錄基本上支持希羅多德的說法。

51 這裡提出的觀點是在我知曉並閱讀了魏義天（De la Vaissière 2005d）的文章之前寫的，他斷然拒斥中央歐亞學家的共識，即匈人與匈奴是沒有關係的。匈奴曾被認為是使用伊朗語（Bailey 1985: 25 et seq.）、凱特語（Kets，Pulleyblank 2000; Vovin 2000）等等的民族。當然，他們至少在文化上受到塞迦人（Sakas，塞人，北伊朗人的東部分支）的強烈影響，而且「匈奴」這個名稱很有可能實際上是北伊朗族名 *skuδa（弓箭手）的一種轉寫形式，但要證實或否定這個假設，還需要進一步的古漢語重構工作。儘管魏義天提出了迄今為止最有力、最令人信服的例子來支持匈人和匈奴的聯繫，但不幸的是，他仍有許多問題沒有解決。最重要的是，他沒有討論漢字轉寫的語音學問題。畢竟，這才是關鍵的問題所在。這方面的證據表明，古漢語形式的名字是以子音音簇開始的，此外還有其他與中古漢語形式的重大差異。然而，由於魏義天引入了一些以前的爭論中沒有利用過的資料，因此有必要深入研究他的論文。另請參考書末注釋52。

52 學者普遍認為，至少一些以子音組合 *sC(C)- 開頭的音節至遲在早期中古漢語的時候已經簡化成以 ☆χ- 開頭。可能在中原方言中，所有的 *sC(C)- 開頭音節都簡化成 ☆χ- 開頭，甚至以單子音 *s- 開頭的音節也變成以 ☆χ- 開頭（有些例子一定是這種情況）。這種變化在中古漢語階段已經出現在漢語詞彙的一些位置中，這在漢語轉寫印度語術語的時候可以看到，Pulleyblank 1984 和其他學者都曾指出過。因此，古代漢語的 *s 音仍然保留到西漢早期。從「匈奴」這個名字的發音來看，它的起首子音應該是 *s；第一個音節的開頭因此應當是有 *sV- 或 *sCV- 的型態。因為西漢的首都位於長安，當時的漢語的官方方言可能帶有口腔化的鼻音（oralized nasal），例如「冒頓」呈現為 *Baytur，而不是 *Maytur。與之相應的，今日的「匈奴」在過去的發音應該是 *Soydâ、*Soylâ、*Sak(a) dâ，甚至是 *Skla(C)da 等等。另請參考附錄二之內容。

53 Saka 這個名稱在漢語中最常見的轉寫是「塞」，中古漢語讀音是 ☆sək（Pul. 271）。考慮到這個字的語音還可能有其他的念法（這件事被高本漢忽略或視而不見），所以根據其中古印度俗語讀音 Śak（源自 Śaka ~ Saka），這個詞也可以重構為有 *ś- 音開頭的讀音。族名 Sakas ~ Scythians 也保存在葉爾羌（Yarkand）的地名：So-chü ~ Sha-ch'e 莎車 *Saklâ ~ *Śaklâ。然而，因為它的時間較晚，這個轉寫反映的首子音可能是 *s-，而不是 *ś-。是 *s- 或 *ś- 的問題，還需要更進一步的研究。關於葉爾羌的古地名「莎車」，請參考 Hill forthcoming。關於匈奴與塞人之間可能的關聯，我們應該注意《周書》對突厥人起源的紀錄。《周書》記載了兩個版本的起源傳說：一種說突厥是匈奴之別種；另一種說法是稱突厥人之祖先處於索國（中古漢語 ☆sak；Pul. 1990: 298），位於匈奴之北（CS 50: 907-908; cf. Sinor 1990a: 287-288）。儘管學術界還提出了關於「索國」含義的一些相當新奇的解釋，但「索」最有可能的含義，就是對族名「塞」的發音轉寫。同樣的記載還可以在米南德（Menander）的希臘文著作（Blockley 1985: 116-117）看到：「突厥人，之前曾經稱為塞人

（Sacae，即 Sakas）……」鑑於它們是完全各自獨立的史料，因此這項資訊的意義相當重要。

54 達契亞（Dacia）的意思是「達契人（Daci）或蓋塔人（Getae）之地」，他們是一個色雷斯或弗里吉亞（Phrygian）民族，在西元前一世紀初時是個強大的區域性國家，位於今日羅馬尼亞和摩爾多瓦一帶。達契亞人的勢力向東延伸至黑海草原，凱撒大帝（西元前四四年卒）打算攻擊他們，據說是因為他們被認為是羅馬的威脅，但更可能是因為他們的金礦（位於今日外西凡尼亞）。羅馬人和達契亞人之間的周期性衝突持續不斷，直到最後圖拉真（九八－一一七年在位）於一〇一年至一〇七年間征服了這個國家，並將其納入羅馬帝國，將大量羅馬人遷入該地。現代羅馬尼亞語是羅馬殖民者使用的拉丁語的直接後裔。該行省後來被放棄給哥德人。參照 Tacitus, *Germania*, x, xliii, xlvi (Mattingly 1970: 101, 136-137, 140)。

55 這半行內容在手稿中就有，而不是如 Dobbie 1953 所言是其校勘的結果。本書引用的這段文字，在他的版本中是 81b 到 90a 行，這是根據 Beckwith 2003 提供的解釋來翻譯的，該文討論了其他的解決方式，並指出這半行文字的通行校勘和解讀是錯的。此處提供的翻譯，是要呈現我對文本最初想要說的意思的猜測。至於要怎樣重構古英語，那是另外一件事。

56 史學家有時將西部草原和東歐一帶的匈人等同於中亞的嚈噠人或「白匈人」，嚈噠人曾在一世紀擊敗薩珊人，占領巴克特里亞和河中地區的大片地區。嚈噠人顯然不是匈人，將匈人用在他們身上似乎是個錯誤的名稱或通用用法。最近發現的巴克特里亞時期文獻提及的是嚈噠人（ηβοδαλο），不是匈奴人（De la Vaissière 2005d: 19）。匈尼特人是個鮮為人知的民族，活躍在沙普爾二世（三〇九－三七九年在位）時期的薩珊帝國東部邊境，他在三五六年至三五七年對他們發動戰爭。這個民族有時被一些學者說成是匈人，或與他們有關（例如 Frye 1983: 137、Bivar 1983: 211-212），但這顯然也是錯誤的。有人認為，匈尼特人是伊朗語族，依據的是他們在中古波斯語的名稱 Hyon，衍生自阿維斯陀語的 Hyaona（Felix 1992: 485 及其他著作），但這種觀點已經被令人信服地否定了（De la Vaissière 2005d: 5-10），這使得他們的民族語言身分仍屬未知。

57 普利斯庫斯（Priscus）在其他地方提及貿易市場或市場（Blockley 1983 II: 230, 243）。在一個記載中，匈人在一個市場襲擊了羅馬人。當羅馬人派使者來投訴時，匈人解釋說，他們的攻擊，是為了要報復對他們的一次嚴重進攻：羅馬的馬爾古斯（Margus，今日塞爾維亞的波札雷瓦次〔Požarevac〕）主教曾經進入匈人領土，搶劫和盜掘他們的皇家陵墓。雖然普里斯庫斯以及在他之後的大多數評論家都否定匈人的說法，但主教後來為了保住自己的性命而向匈人投降的事實表明（也許是反直覺地），匈人確實是這次事件的受害者。這個結論符合羅馬帝國邊境官員對待中央歐亞民族的一貫作風，

也符合整個中央歐亞邊境從西到東經常發生的事情。

58 阿瓦爾人（柔然人）並不是鮮卑邦聯——所有使用蒙古系語言的民族，包括拓拔人——的成員，但在漢文史料中提供的起源故事裡，阿瓦爾人與他們有關，是他們的下屬。雖然這個故事對阿瓦爾人有偏見，而且有各種跡象表明這個故事是由阿瓦爾人的敵人所編纂，但它強烈地表明，阿瓦爾人是一個不同於鮮卑的民族，使用不同的語言。雖然有些阿瓦爾人的名字和頭銜確實「聽起來」是蒙古語，但名字和頭銜往往是借詞（著名例子如匈人的很多名字是哥德語，早期突厥人的很多名字是伊朗或印度語）。最後一個阿瓦爾可汗的名字阿那瓌或*Anagai（*CS* 50: 908），也出現在西邊的米南德（Menander）記載中（Blockley 1985: 172-173, 178-179），他的名字被證實為 *Ανάγαιος* 或 Anagai，是突厥系兀惕鶻（Utigurs）統治者的名字（參見 Chavannes 1903: 240）。大多數阿瓦爾人的名字和頭銜在語音上似乎明顯不是蒙古語。目前關於阿瓦爾人的主要問題，與其說是原始資料相對匱乏，倒不如說是學術界對他們的研究極度匱乏；這個主題已經被忽視太久。請注意在利用中古漢語的發音來還原外來語名稱（例如「阿那瓌」）的時候，它的發音常常和同一個名字的外語「原始」形式完全不同。

59 早期朝鮮和日本民族語言史的爭議，部分是由於現代政治，包括朝鮮民族主義（關於這一點，見 Pai 2000）；部分是由於韓國、日本和外國學者對其主要資料和研究的忽視；還有部分是因為對於科學的歷史語言學和文獻學方法，整個東亞研究領域普遍存在著深刻誤解或斷然拒絕。相關材料和問題在 Beckwith 2005a, 2006e, 2007a; cf. Kiyose and Beckwith 2006 進行了研究。

60 這段時期被認定為「日本」文化在日本的開始，一般認為始於西元前四世紀至前三世紀。近年來，一些學者依靠碳元素定年法，認為這段時期的時間要早得多。問題是，對於這段歷史時期，碳元素定年法的不可靠是眾所周知的。在為朝鮮和日本建立西元前一千紀和西元前一千紀的前五百年的仔細年代學序列之前，仍然無法準確地確定彌生時代的年代。見 Kiyose and Beckwith 2008。

61 民族大遷徙對歐亞周邊文明的表面影響，一直是世界史學界的關注重點，探討其對西羅馬帝國的影響的關注尤其多。雖然通常會提到一些可能的原因，但提出的基本解釋仍然是一樣的：中央歐亞人貧窮、挨餓受凍，但他們也很具侵略性、精力充沛，天生就為戰爭做好準備。他們虎視眈眈地趁機掠奪南方弱小的農耕民族，取得了意想不到的成功，以至於他們能夠在該地區建立自己的國家。這種對這段時期歷史的定性，充其量是種誤導。這種觀點多少是建立在一種錯誤觀念的基礎上，即認為中央歐亞人（當然不包括戰爭中的難民）在自己的故鄉裡確實是飢餓、貧窮的等等，而且把沒有任何

證據的動機推到他們身上。（見〈尾聲〉的討論。）作為人類，中央歐亞人無疑確實攻擊過他們的敵人——就像是他們的鄰居攻擊他們一樣。但再簡單不過的事實，是我們不知道為什麼會發生民族大遷徙。儘管如此，我們對周邊文化中的事件本身已經有足夠的了解，或許可以藉此進一步探究民族大遷徙發生的原因。

62 阿拉伯半島內部和對外貿易、穆罕默德和早期伊斯蘭擴張的歷史，是一個常常引起爭論的領域。關於這些內容的不同論述可以參考 Shaban 1970, 1971, 1976、Crone 1987 以及 Peters 1994。本文的論述大體沿用 Shaban 1970, 1971, 1976 的觀點，部分沿用了 Crone 1987 的觀點，尤其是她關於向阿拉伯半島之外擴張的主要推動力的結論。透過排除法，她認為一般設想中的阿拉伯人的自然交戰狀態（參考書末注釋63），不能解釋伊斯蘭建立的獨特歷史和隨後的征服，因此留下來的唯一解釋是對阿拉伯半島的「外來滲透」（foreign penetration，Crone 1987: 245-250）。「因此，穆罕默德時期的阿拉伯半島從屬於外來統治，甚至和現代相比，其規模也是空前的。」（Crone 1987: 246）關於早期的征服，另見 Donner 1981。

63 Crone 1987: 243-245 及其他人宣稱，阿拉伯人是貪婪、掠奪成性的征服者：「部落國家必須要靠征服才能生存，而且構成部落國家的攻擊性部落民通常更傾向於出擊，而不是克制。」（Crone 1987: 243）在她看來，穆斯林也是如此：「穆罕默德必須征服，他的追隨者喜歡征服，他的神告訴他要征服：我們還需要說更多嗎？」（Crone 1987: 244）這些說法看起來都沒有獲得科學的證成。它們與〈尾聲〉討論的關於中央歐亞民族的公認觀念的顯著相似性，並不是偶然的巧合，請參考 Beckwith 1984a 關於伊斯蘭從士團類似觀點的討論。

64 常有人主張，中古波斯語或新波斯語之前的任何波斯語書籍如此之少，是因為阿拉伯人摧毀了「位於泰西封的大圖書館」。事實上，早期波斯語的書籍之所以存世如此之少，是因為波斯人在接受伊斯蘭教並向阿拉伯人學習寫作習慣之前，根本就很少寫書，至少是很少用波斯語寫書。當阿拉伯帝國在九世紀初開始解體後，發展出了一種高度阿拉伯化的文學語言——新波斯語。從此，波斯人和阿拉伯人一樣大量書寫。上述說法的出現，似乎是為了解釋中古波斯語書籍數量匱乏，並與阿拉伯語寫成的大量書籍形成對比的原因。這個迷思與聲稱阿拉伯人摧毀了亞歷山卓圖書館一樣，都是屬於歷史垃圾堆的無稽之談，實際上，亞歷山卓圖書館早在阿拉伯人征服的幾個世紀前就已經消失了。

65 在有文字記載的歷史中，中亞的西部和南部次級區域曾多次被波斯帝國征服，但它們從未被波斯帝國長期直接統治。從文化和語言上看，當地民族都不是波斯人。事實上，他們使用的是完全不同的語言（巴克特里亞語、粟特語等）。雖然這些語言在伊朗語系中與波斯語相關，但它們屬於不同的分支。大部分的混淆是由於 Iranian（伊朗語）這個名稱，然而，這個名稱與現代伊朗（之前的波斯）沒有具體的關係，它是對語言家族和使用這些語言的民族的學術術語。和波斯人一

樣，阿拉伯人很快就占領了中亞西部和南部，但他們也從來沒有牢牢地控制過中亞，而且他們很早就失去對中亞的控制權。中國人也同樣難以建立對中亞東部次區域的牢固控制。

66 玄奘曾在巴爾赫的瑙巴哈爾（納縛僧伽藍）花了一個月的時間研究《大毘婆沙論》（*Mahāvibhāṣaśāstra*），這是一部重要的說一切有部文本（*TSFC* 2: 33），它是「一部佛教哲學的百科全書；仔細地記載和討論了古代和當代不同學派的幾種哲學意見」（Ch'en 1992: 95 n. 9）。幸運的是，玄奘帶了一本回國並把它翻譯成漢語。如今《大毘婆沙論》的其他語言版本已經亡佚，只有漢文版流傳下來。近年來湧現了一些優秀的相關研究成果（Takeda and Cox forthcoming; Willemen et al. 1998）。

67 當第三位哈里發奧斯曼（'Uthmân，六四四—六五六年在位）被刺殺身亡，新萌生的阿拉伯帝國爆發了內戰。雖然先知穆罕默德的堂弟阿里（六五六—六六一年在位）繼位哈里發，但由於對奧斯曼政策的持續不滿，以及身為奧斯曼堂侄的敘利亞總督穆阿維亞想要為奧斯曼復仇的欲望，導致國家陷入內戰。阿里長子哈桑（al-Hasan）繼位後，很快就把哈里發的位子讓與穆阿維亞。呼羅珊地區的起義實際上是在阿拉伯人首次征服該地後不久爆發的，儘管阿拉伯人進行幾次遠征來鎮壓他們，但幾乎沒有成功，直到內戰之後，阿拉伯人才在該地建立了穩定的統治（Shaban 1970: 26-27）。

68 「悉勃野」（Spurgyal）這個頭銜通常被解釋為「悉勃（Spu）之主」（Beckwith 1993）。然而，這可能是一種誤譯，事實上，我們並不知道它的意思，不過Spu似乎**可能**是西藏早期的王朝名稱，而且這個稱號確實曾出現在吐蕃帝國時期的文獻中。近來一些藏人和藏學家開始用「悉勃野國」這個稱呼來表示「吐蕃帝國」。這似乎不符歷史，它與雙語（古藏文和漢文）的史料是矛盾的，這些史料稱該國為Bod chen（Great Tibet，大蕃），正好對應（無疑是仿照）漢文「大唐」的用法。這個問題需要學者的注意。

69 根據西藏後來的記載，有人說文成公主（在《吐蕃大事紀年》中寫作Mun caŋ koŋco）要嫁給皇帝松贊干布本人。這一點被《吐蕃大事紀年》開頭的記載以及八世紀與中國簽訂的另一份和親條約的歷史記載否定。這件事有兩種可能性。一是文成公主嫁的可能是太子貢松貢贊（Gung Srong Gung Brtsan）。他在登基六年後去世，於是松贊干布再次登基，並按照中央歐亞的收繼婚制度娶文成公主為妻。這種說法的證據是《吐蕃大事紀年》殘存的開頭部分，該處明確記載了松贊干布在過世前曾經「和文成公主共居三年」。但是，同一文獻兩次把松贊干布稱為「贊普皇兄」（btsanpo gcen），與皇弟（gcung）贊松（Btsan Srong）並列。雖然貢松貢贊仍然有可能在現已亡佚的部分中被提及，但是基於殘存的內容來看，這種可能性並不大。那麼，松贊干布之弟贊松則是文成公主可能的丈夫。《吐蕃大事紀年》同樣也提及了這種雙王制（dual

kingship），該制度在松贊干布之父在位時便已施行。同一文獻還記載，在八世紀初與唐朝和親的金城公主是嫁給被叫做「贊普皇兄邏」（btsanpo gcen lha）的贊普，而絕對不是要嫁給赤德祖贊（Khri Lde Gtsug Brtsan），因為在商議和親時，赤德祖贊還不是一個可能的人選；見 Beckwith 1993: 69-70。在中央歐亞各地廣泛存在的雙王制，值得更深入的研究。

70 法蘭克人在八〇〇年的聖誕節採用拉丁語稱謂 imperator（皇帝），這似乎是他們和教宗交惡的真正根源，這一點體現在法蘭克人的史料中。法蘭克人對其帝國的最高統治者已經有了兩個獨特的稱謂，拉丁文的 rex，以及與英語 king 同源的法蘭克語詞。兩者都明顯不同於鄰近拜占庭和阿拉伯帝國的稱謂，而到了查理曼時代，「皇帝」的頭銜已不再專屬於「帝國」。阿瓦爾小王國的統治者保留了早期在東部草原史上的 kaghan（可汗／皇帝）稱號，但他們的國家在七九一年遭到查理曼軍隊的攻擊，阿瓦爾人的首都在七九六年被攻占。

71 突厥王族在米南德的記載中被命名為 ’Ασσίλας/Arsilas（Blockley 1985: 172-173）。在漢文資料中，這個名字記載為「阿史那」，來自中古漢語方言的發音 ☆Aşinas，這顯然代表一個外來的 *Aršinas ~ *Aršilaš 發音。尾音 *s 在標準的中古漢語中演變成去聲，從其他早期抄本中可以知道，這個音一直存在至中古漢語早期（Pulleyblank 1984）；現代漢語發音的 n 在同一時期讀作 n、l 或 d。希臘文字沒有漢語的上述混亂，反而是不區分 s 和 ś，但漢文轉寫對這兩個音有所區別。因此，漢文轉寫本和米南德的希臘文轉寫本非常一致；基本形式是 *Aršilaš。雖然這個名稱的詞源仍然不詳，但它不可能像某些人希望的那樣（見書末注釋 72）和銘文中的古突厥語語詞 kök（天青色）有關，kök 這個詞確定是指「藍天」、「天堂」、「天神騰格里的居所」，即傳說中突厥人統治者降生的地方。銘文中說（Sinor 1990a: 297 的翻譯）：「當高高在上的藍天和低低在下的褐色大地被創造出來時，在兩者之間，創造出了人的兒子。」天神騰格里和大地女神烏馬伊，很顯然就是作者心目中的神。因此，Kök Türk 很可能是指「天青色的突厥人」，學者一直相信這一點。雖然 De la Vaissière 2007: 199-200 曾指出，「我們知道，突厥王室的名字是用粟特語『’šn’s』轉寫的……也就是說，它很準確地是 Ashinās」，但正如 Beckwith 2005b 指出的，在據說出現這種形式的兩塊碑銘中，實際上並沒有出現這兩種情況。魏義天無視希臘文的轉寫和我在標題為〈論突厥王族〉（Beckwith 1987a/1993: 206-208）的附錄中對突厥王族名稱的大部分討論，他只是說：「就像白桂思所說的，這不是頭銜，而是部族的名稱。」他顯然是指我在那篇文章提出的一個吐火羅語頭銜，表示它是突厥氏族名稱的「或許來源」。因此我詳細地闡釋我最初的想法實際上是正確的（Beckwith 2016）。請看下面的書末注釋 72。

72 Klyashtornyi 1994：445-448 及其他人認為，「阿史那」這個名稱是于闐語（Khotanese）裡的 āṣṣeiṇa（意思是「藍色的」，

參見 Rastorgueva and Ėdel'man 2000, I: 285）或吐火羅語的 âśna，對應於古突厥語的 kök，而在傳統上，學者認為在來自鄂爾渾的古突厥銘文中，kök Türk（the Blue Türk）這個名稱是個尊號。雖然 Klyashtornyi et al. 1972 的觀點在突厥學家中得到一定的認可，但也存在著難以克服的問題。將 kök 認作是「阿史那」的話，就等於是忽略了 kök 這個詞的形容詞性，而它必須用來修飾 türk，而王族的名稱當然必須是名詞。如果把 kök **看作名詞**的話，那麼 kök Türk 的意思就會變成「藍色和突厥」之類的意思，這在碑文和突厥史的脈絡中是說不通的。把「阿史那」和 kök 等同的想法，歸根結底是基於**現代標準漢語讀音** A-shih-na，而忽略了這個名稱的轉寫時期是中古漢語時期，距今已經超過一千五百年了，當時的讀音和今天的讀音完全不同。此觀點還忽略了非常清晰而明白的同時期希臘文轉寫 Ἀρσῖλας/Arsilas，它與中古漢語讀音完全吻合；這種觀點還忽視了同為貴族的「阿史德」（Toñukuk）氏族名稱。正如我（Beckwith 2005b）顯示的，在古突厥語或粟特語文獻中發現「阿史那」這個名稱的聲稱，是完全沒有根據的。最後，試圖將 Aršilas 與突厥語、阿拉伯語或其他來源中發音相似的名稱等同的作法，也該受到極大的質疑。不管怎樣，這個名稱在語音上與突厥語非常陌生，就跟其他大多數的早期突厥語名稱和頭銜一樣。「在漢文史料中記載突厥統治者的五十個彆腳怪名字中，只有少數人的名字對應於突厥語，其中真正的突厥語名字就更少了。」（Sinor 1990a: 290）漢語和希臘語轉寫的相似性也同樣出現在一個 A 類吐火羅語詞 ārśilañci，這是一個組合形容詞——已證實為 ārśilañcinaṃ，意思是「在 ārśi 的氛圍／韻律中」——這在一八八七年時就已經提出了（Beckwith 1987/1993: 206-208）。當時 ārśi 這個詞的意思受到爭論。在那之後，這個詞被證明是一個吐火羅語化的梵語頭銜 ārya，意思是「高貴的（一個）」（Adams 1999: 53）。最近，我在一個 A 類吐火羅語文本中遇到一個詞 laś。這個詞是 A 類吐火羅語 wäl（國王）一詞的**兩個**已經證實的主格複數名詞形式的其中之一。因此，A 類吐火羅語的 ārśilaś（the noble kings，高貴的國王），是相對於已經證實的形容詞 ārśilañci 的陽性主格複數名詞形式。這個論斷可以支持在六世紀時轉寫成漢語和希臘語形式的詞，乃古突厥語的 Aršilaš，這個詞的每個構成部分都能和吐火羅語詞 ārśilaś 對應。（請注意，ā 在吐火羅語裡只是存粹的排版規範，而不是長母音）。這也可以解決「阿史德」的問題：因為阿史德是另一個貴族氏族的名稱，所以 ārśi 這個詞素顯然指稱未被辨別的第二字（在漢語轉寫為「德」）的貴族性質；它也可能是一個 A 類吐火羅語詞。關於這個問題的詳盡討論，請參考我的論文（Beckwith 2016a）。

73 與七五五年吐蕃帝國發生的叛亂有關的史料大多是晚期的，而且充滿對吐蕃帝國歷史的誤解，但它們反映出吐蕃官方編修的《吐蕃大事紀年》中似乎掩蓋的東西。唐朝的金城公主是遭到刺殺的贊普的妃子之一，在叛亂發生時，她早已過世。在遇刺贊普的祖父的后妃中，有位出身於阿史那氏族的西突厥公主。我們只知道她的古突厥語稱號是可敦（khatun，即

qatun，皇后）。皇帝幼年時曾在赤瑪類的協助下繼承皇位，而赤瑪類可能是推翻被稱為「皇兄」的贊普邏的主謀。關於叛亂的更多資訊，見 Beckwith 1983。

74 常常有記載表示，某個經師或譯者從某個外國來到吐蕃。雖然這種情況確實發生過，但在大多數情況下，有關的個人在當時似乎是住在吐蕃帝國的疆域之內，因為吐蕃帝國不斷擴張，把疆域擴大至他們的家園。因此，著名的蓮花生大師（Padmasambhava）大抵（若非完全）是虛構的，他應該是從烏萇國（Udyâna）前往吐蕃中部，而烏萇國在當時是吐蕃帝國的朝貢國。至於「中亞或大食（Tazig，阿拉伯）佛教傳到西藏西部的前象雄王國，後來在該地被稱為苯教（Bon）」的假設（一種可能但似乎違背歷史的情況），見 Beckwith forthcoming-c。如果這不僅是可能的，而且實際上還是歷史事實的話，那麼它肯定會以同樣的方式發生——也就是說，當時吐蕃帝國的勢力擴張至東吐火羅斯坦（今日阿富汗東部、烏茲別克南部和塔吉克），而這個國家在當時是個徹頭徹尾的佛教國家。

75 七四〇年是猶大・哈勒維（Jehuda Halevi，一一四〇年在穆斯林西班牙寫作）希伯來文作品中明確的日期。然而，這個日期仍有很多爭議。也可能發生於同一世紀的晚些時候——馬斯歐迪（al-Masʿûdî）在《黃金牧場》（*Murûj al-dhahab*）中說可薩人是在哈倫・拉施德（Hârûn al-Rashîd）在位時期（七八六－八〇九年）皈依猶太教。根據「摩西錢幣」（Moses coins，年分為八三七－八三八年）來看，他們皈依的時間甚至也可能是發生在下一個世紀。「摩西錢幣」是在哈倫・拉施德過世後約三十年出現，但他們也可能是在八三七／八三八年**之前**的任何時候皈依猶太教（Kovalev 2005）。此外，可薩人皈依猶太教是個非常重大的事件，這似乎需要一個非凡的原因。正如其他人所認為的（Dunlop 1954: 86），這個原因一定是七三〇年代可薩人在阿拉伯人統治下所遭受的身體摧殘、宗教壓迫和屈辱。如前文所述，歐亞主要國家出於尚不明確的原因，幾乎相繼在八世紀中葉接受了某種世界性宗教。因此，認為可薩人在此時皈依猶太教也是有道理的。關於史料來源和主張的詳細、有根據的討論，可參考 Golden 2007，他傾向於認為他們是在九世紀初皈依的。

76 「伊斯蘭教的印度半世紀」（Indian Half-Century of Islam）這個說法是由一位最早研究伊斯蘭文化史的學者提出的。遺憾的是，我記不起這位異常敏銳的學者是誰，儘管經過多方查找，也未能發現他就這個問題所寫的著作。（我也曾詢問過**許多**我認識或見過的早期伊斯蘭研究著名專家，但沒有人知道其出處。）據我所知，這位學者是唯一一位把阿拔斯王朝的前半個世紀（在許多方面都算是伊斯蘭智識文化的形塑期）看作是受到強烈印度影響的特殊觀點的人。他的觀點很顯然已經被完全忽視或遺忘了，再加上對於任何有關中亞或印度深刻影響伊斯蘭文明形成期的想法，伊斯蘭學家都會強

烈加以反對的態度，這樣的事實都可以證明他是走在正確的道路上。可以相提並論的是，古代近東專家和漢學家在其各自專業領域裡遇到外來勢力影響說時，也做出了類似的激烈反彈，正如前述。

77 Fakhry 1983: 34 說：「佛教的兩個教派毘婆沙宗（Vaibhashika）和經量部（Saut-rantika），婆羅門的兩個教派正理（Nyaya）和勝論（Vaishashika）〔原文如此，應為 Nyāya 和 Vaiśeṣika〕，以及耆那教派，到五世紀時已經發展出一種物質的原子論，顯然獨立於希臘人，這種理論提出物質、時間和空間的原子特性，並強調它們的構成所導致的世界的易消亡性。」儘管 Fakhry 1983 正確地將佛教各教派納入討論範圍，但一般來說，關於這些主題的學術研究仍然集中在印度教上，從而忽略了這樣的事實：阿拉伯人在七世紀末入侵並征服中亞的大部分地區，從而與該地區的盛期佛教文化進行了密集、緊切的接觸，而中國高僧玄奘曾在二十年前前往印度的途中行經此處，對該地的佛教文化進行了詳細的描述。同樣的評論似乎也可適用在阿布·亞濟德·比斯塔米（Abû Yazîd al- Bisṭâmî，八七五年卒），他是一個來自呼羅珊西部的中亞人。他的導師是非穆斯林阿布·阿里·信迪（Abû 'Alî al-Sindî），後者的名字表明他或他的家庭最初來自信德（Fakhry 1983: 241, 243-244）。

78 對於印度人對早期阿拉伯語法學家的影響程度，學者的意見存在分歧。最著名的專家在其眾多著作之一（Carter 1997），認為阿拉伯語法學家僅僅受到敘利亞的影響。然而，這種觀點似乎主要是基於從阿拉伯文借用了敘利亞文標示母音的方法，這一點不容置疑，但這是正字法（orthography）層面的，似乎與伊斯蘭教經典中印度式的語音處理方式本身沒有任何關係。在早期的伊斯蘭語法學家中並沒有敘利亞人，這一點值得注意；而出身地已知的學者幾乎都不是阿拉伯人，此外，如前所述，該文本的實際作者來自中亞佛教學術中心巴爾赫。這個問題需要兼通印度、阿拉伯語法傳統的學者再進行深入研究。

79 在苯教（Bon）文獻中，bon 這個詞與 chos（梵語的 'dharma〔佛法，達摩〕）完全等同。在這個意義上，它在藏文中顯然是無法找到詞源的。它的來源尚未確定。還應注意的是，儘管在吐蕃帝國時期，據信有個名為 Bon 的非佛教宗教存在，但沒有一點證據能夠支持這個觀點。苯教及其追隨者苯波（Bonpo）存在的第一個文獻證據，是在吐蕃帝國之後。雖然在某些方面與其他教派不同，但它已經非常確定是一種佛教形式了。見 Beckwith forthcoming-c。

80 Twitchett and Tietze 1994: 45-46 曾表示無法確定契丹人的語言歸屬，但學術界早已明確認定契丹語是種蒙古語。他們的文字破解工作的進展，也進一步證實了這一點。最近，一個非語言學的新術語「準蒙古語」（Para-Mongolic，Janhunen 2003: 391-402）被用來指稱契丹語和其他一些早期蒙古語，同時也出現類似的新術語用以指稱附近其他語言，這顯示學

界對這些語言之間關係的不確定，這是整個歐亞東部語言學研究的一個主要問題。我曾在論文中論證過，不存在所謂的「Mischsprache」或「融合語」（Beckwith 2007a: 195-213），所以契丹語要麼是一種蒙古語，要麼就不是一種蒙古語。

81 最近有人說，伊斯蘭文明的黃金時代，包括哲學思想，從來沒有結束或衰落，而是一直延續到現在。請注意 Nasr 2006 中關於伊斯蘭世界壓抑 falsafa（哲學）的辯護性主張，以及他呈現的壓抑證據與他的論點的直接矛盾之處。他自始至終都強調，哲學的某些方面在什葉派的諸學派、神學家（他們致力於闡釋教義）和其他宗教保守主義堡壘中得到了部分保留——這反倒更有力地證實伊斯蘭世界直到現代幾乎是完全喪失了思想自由，而被他批評的西方影響（他所謂的「現代思想」）則是恢復了一些自由（Nasr 2006: 259 et seq.）。

82 奇怪的是，儘管党項人的語言（西夏語）與藏語有關，但他們並沒有採用或改編簡單的藏文字母書寫系統，儘管他們或其他人偶爾也會用它來轉寫西夏語的語音。也許出於政治上的考慮，他們選擇發展一種全新的、中國式的系統，但值得注意的是，他們也是從漢文翻譯佛經的，而不是藏文。無論如何，党項語的語音學因此仍然是一個問題重重的主題。從 Nevsky 1926 開始，關於這個主題的大部分學術研究，都拒絕了在字裡行間夾雜的藏文音所提供的證據，而傾向於對在漢語模式基礎上創造的複雜韻書系統進行具有高度爭議的解釋，並且不斷有人宣稱，西夏語和漢語的韻書傳統，優於分段轉寫（segmental transcriptions）和普通語言學。

83 「成吉思汗」這個稱號據信是「大洋（普世）統治者」的意思，這與蘭司鐵和伯希和（Ramstedt and Pelliot，轉引自 De Rachewiltz 2004: 460）的說法一致。蘭司鐵和伯希和認為 Chinggis [čiŋgis]（成吉思）是突厥語 teŋiz（海；洋）或其方言形式的借詞（《蒙古祕史》的中古蒙古語 tengis〔海〕）。開頭音節的母音反映了蒙古方言中突厥語的 -e- 轉為 -i-，就像突厥語的 *tigin（「特勤」；王子）被蒙古語借為 čigin 一樣；或者，čiŋgis 的形式來自第一音節已經有 -i- 的突厥語方言。這個稱號的選擇一定是考慮到過去和現在的其他競爭統治者。近來有人認為「成吉思」是形容詞，意思是「凶猛；堅硬；強悍」，而鐵木真的稱號是「凶猛的統治者」。一些著名的學者採納了這個觀點，參見 De Rachewiltz 2004: 460 的討論和參考文獻。然而，我很難接受這個觀點。傳統的中央歐亞頭銜本來就會提到起源、天命、普世統治等等；成吉思汗及其繼任者以明確信仰這些觀念而著稱。如前所述，鐵木真的對手札木合被賦予的頭銜「古兒汗」是「普世統治者」的意思，鐵木真的對手屈出律在中亞奪取了西遼政權時，也採用了同樣的頭銜（Biran 2005 各處），該地自建國以來，這個頭銜就一直是統治者的稱號。鐵木真確實是或打算成為比札木合或屈出律更偉大的中亞統治者，因此不可能屈就一個遜於他們的稱號。將「海洋」與「普世」畫上等號，似乎可以從蒙古人後來將「達賴喇嘛」（意思是「海洋喇嘛」），即「世

界喇嘛」）的頭銜授予他們剛剛皈依藏傳佛教格魯派的領導人的事實得到支持。此外，眾所周知的蒙古人傳說表示，其蒼狼和白鹿祖先穿越 Tengis（海洋）到達安全的新大陸，並在該地生下第一批蒙古人。因此，「成吉思」這個稱號連結了鐵木真與蒙古民族的起源。

84 幾代學者都致力於證明馬可·波羅從未到過中國或歐亞東部的其他地方，但他們所依據的，是一個絕對錯誤的假設，即出版的《馬可·波羅遊記》代表了馬可·波羅本人真實和正確的陳述。實際上，馬可·波羅並沒有寫下這本書，而且他很可能對最終出版的記敘也沒有發言權。此外，已經確定的是，實際寫下這本書的人是比薩的魯斯蒂謙，此人是一位流行浪漫小說的作家。因此，我們可以認定，魯斯蒂謙會想要衝高自己作品的銷量；關於該書的很多內容都出自魯斯蒂謙自己的手筆，甚至有「整段敘述」取自他寫的另一部虛構作品，這一點已經被詳盡地加以證明（Latham 1958: 17）；一般來說，我們今天無法知道哪些內容來自馬可·波羅，哪些內容來自魯斯蒂謙，或者在很多情況下，錯誤的資訊究竟從哪裡來。此外，我們每個人都知道，或者說，從我們個人經驗來看應該都能明白，和任何人的口述有關的東西，幾乎都不太可能被準確地報導出來，事實上，更有可能被歪曲得不成樣子。鑑於這些問題，還能有這麼多準確的材料在魯斯蒂謙手中留存下來，這不僅令人驚訝，而且無可置疑地表明，（我們看不到的）馬可·波羅自己的記載在基本上是真實準確的。《馬可·波羅遊記》關於中國和東方的細節，在當時的深度和準確性都是前所未有的：直到該書出版後很久，才出現關於中國和特定歷史人物和地點的詳盡西方書面資料，得以讓馬可·波羅和魯斯蒂謙進行運用；而且在該書出版後的幾個世紀內，它的地位都沒有被取代。Cleaves 1976 以及後來的楊志玖在一九八五年出版的《元史三論》（Rossabi 1994: 463 n. 83）的研究，已經確鑿地表明馬可·波羅在忽必烈統治時期就在蒙古大汗國。

85 世界史上存在著許多學者都承認的不同歷史分期（雖然很少有人對分期的界線有共識），這表明各時期之間存在著分水嶺或分界線，但由於歷史的變化主要是一個累加的過程，所以它並不是以均勻的速度發生。在一些短時期內，會發生許多重要的相連事件序列。最好的例子之一是八世紀中葉，歐亞各地都發生了重大叛亂、革命等。這樣的時期可以被認為是分水嶺，當然它們本身也是一個歷史時期。因此，有些歷史時期比其他時期的時間更短、重大變化更密集。蒙古人征服本身就是一個重要的時期，它本身就值得研究，但除了知識從東方傳到西方，以及在較小程度上從西方傳到東方的重要例外，蒙古人征服並沒有對歐亞帶來什麼根本性的變化。

86 Pearson 1987: 14 曾說：

人們不能把葡萄牙人看作是歐洲人在十八世紀稱雄世界的必然先導，拜工業革命和相關的科學和科技發展所賜，這些成就的確讓西歐人獲得主導權，至少在一段時間裡是這樣。但是，葡萄牙人在這之前約兩個半世紀繞過好望角的事實，對這個結果並沒有必然的影響。葡萄牙人在十六世紀的航海勝利，必須被視作僅是一次壯舉。

這是不正確的。在十八世紀「工業革命」發生之前，歐洲人就已經主宰了全球，正是因為葡萄牙人、西班牙人和其他國家的人在世界各地航行，並在任何可能的地方建立了貿易站和殖民地。在很大程度上，他們的成功，是因為他們已經擁有了先進的武器和船隻，他們以實踐為導向的科學傳統，使他們能夠在機會出現時牢牢抓住，此外，他們對世界有著永不滿足的好奇心。歐洲勢力在全球的傳播，始於哥倫布、達伽馬和其他探險家的航行。問題或許應該是，如果探險家沒有出海，十八世紀的歐洲「工業革命」會不會發生？一四〇五年至一四三三年，明朝派出他們的穆斯林官員鄭和進行海上探險，最遠曾到達非洲東海岸，但一四三四年鄭和過世後，他們就再也沒有派出任何海上探險。兩百年後，明朝衰落，淪為滿洲人的囊中之物。儘管中國的文化和技術水準很先進，但直到二十世紀才發生了「工業革命」，而且是在非常大的西方影響下才發生的。

87 單位成本或數量成本較高的物品，會被認為是奢侈品。奢侈品貿易會被拿來與大宗商品（如穀物、木材或普通棉布，它們的單位或數量成本相對較低）貿易對比（例如 Pearson 1987: 24-25）。定義「奢侈品」的標準依據如下：它們不是日常生活必需品，因此奢侈品貿易不能說明「真實商業」的狀況。這種定義的隱蔽基礎是，奢侈品在某種程度上是不道德的。即使在今天，電腦、手機、汽車、小型噴射機等奢侈品在國際貿易和金融中占據了主導地位，但這並不妨礙經濟史學家重複那些似乎可以追溯到古代的道德主義舊觀念。以 Pearson 1987: 25 討論的「粗布」貿易為例，他說：「正是這些粗布支付了許多東南亞的香料。事實上，在十六世紀葡萄牙人與供應者之間的一些協議中，香料的價格是以布疋、而非貨幣來確定。」從這段話看來，大部分的這種布疋實際上很可能是一種標準化商品，被當作一種貨幣，這種作法在中國早已是習慣（Beckwith 1991）。

88 十七世紀西方的天文學和數學傳入中國只是一個開始。亞洲人花了很長時間，才認識到自己在科技上已經落後歐洲，但事實上到了十九世紀末時，不僅是在科技上，他們幾乎在所有的學術領域都落後了。即使在今天，許多人也沒有意識到，在人文學術上，亞洲在許多方面仍然遠遠落後。從歐洲越往東走，情況似乎越是嚴重。在中東和西方的中東研究中，對前現代文本進行科學的考證校訂（校勘本）的概念，不僅早已被這類文獻的專家所熟知和接受，而且也是被期待的研

究方法。在印度和外國的印度學家中，考證校訂概念是已知的，也是被接受的，但其形式較早，發展程度較低。在東亞和國外的東亞學家中，科學的考證校訂概念幾乎沒有人知道。（另見書末注釋⓭。）在二十世紀末時，以記者薩依德（Edward Said）為首的一些亞洲作家指責西方學者**以研究亞洲民族文化為名**，「竊取」了他們的文化。這種極端的反智主義受到了批評（Lewis 1982）。不幸的是，許多東方學家不知不覺地接受了薩依德的觀點，並拋棄了「**東方學家**」這個古老的詞，認為它隱約在某種程度上是不好的。從這個角度看，所有真正的學者都是壞的，因為他們追求真理，並有助於啟蒙世界。

89 到努爾哈赤的兒子皇太極（一六二七—一六四三年在位，先是後金王朝的汗或「皇帝」，一六三六年起為滿清王朝皇帝）時，滿洲人已皈依藏傳佛教，主要是因為在蒙古帝國時期的蒙古人和畏兀兒（Uighurs）的努力（他們自己也皈依了藏傳佛教）。滿洲人信奉的是改革後的藏傳格魯派。格魯派的領袖是達賴喇嘛。在東、西蒙古人的協助下，達賴喇嘛的轉世具有了重要的政治意義。這個王朝的國號「清」顯然是和山西的聖山清涼山（五台山）有關。滿洲、蒙古、畏兀兒、藏傳和漢傳佛教徒都認為文殊菩薩曾經住在這裡。被宣布為佛教的轉輪王或法王，會賦予清朝君主統治的正當性，讓他們可以獲得非中國人各族的大力支持。見 Grupper 1980 和 Farquhar 1978。關於「滿洲」這個名稱的詞源，還有其他一些論證充分的理論（如 Stary 1990），而且很可能滿族人曾刻意在組成其帝國的不同民族中提供不一樣的解釋，但對於滿洲人自己而言，很難想像他們中的大多數人，作為狂熱的佛教新信徒，會把這個名字看作是除了文殊菩薩的名字「Mañju」之外的其他名字。

90 近年來，有些學者認為，絲路並沒有真正衰落。他們指出，貿易路線從來沒有完全關閉——這並不奇怪，因為這類的重大現象很少完全消失——發生的是重新定位；例如 Levi 2002, 2007c。這批重要的新學術研究的焦點，是十六世紀到十九世紀之間貿易路線的成長和商人從印度到中亞和俄羅斯的流動，這為歐亞史研究開闢了一個值得關注的新向度。然而，正如本書所論證的，貿易路線本身以及隨之而來的商人並不是真正的關鍵。此外，關於中亞在帖木兒時期後並未衰落的論點，支持者所引用的中亞專家並不認同這個觀點（例如 Levi 2007a: 3-4、Markovits 2007: 124-125），而且也被以下的事實駁斥：城市和人口的萎縮（Levi 2007b: 110；雖然正如該書指出的，人口波動確實發生了，一些城市的重心搬到了附近的他處）；科學、科技、藝術、文學和哲學革新的停滯（這些革新已經被偏執取代；見前文）；中亞在科技和幾乎所有其他領域都沒有跟上世界的步伐。當然，中亞各汗國在十九世紀對俄羅斯帝國的擴張進行了很有效的抵抗，但由於該地區已經明顯落後和貧困，他們在軍事上和其他各方面都被擊敗了。俄羅斯人對中亞西部的最終徹底征服，以及滿漢

人對中亞東部的征服和殖民，對中亞和中央歐亞其他地區的經濟和文化絕對是災難一場，該地從此陡然陷入「嚴重的衰退」（Markovits 2007: 144），導致從十九世紀末到二十世紀末眾所周知的災難性局面。也有人用了一些篇幅來反對傳統的觀念，即大陸貿易的衰落，是由於西歐人開闢了歐洲和亞洲之間的直接海路（例如 Levi 2007a、Gommans 2007）；關於這個問題，請參考正文的討論。

91 如前所述，本書試圖糾正關於中央歐亞和歐亞相關毗連地區的公認史觀。第十一章的焦點，是我所認為的現代時期主要**議題**。我在行文裡只包含了少量的事實細節（相較於能夠取得的量其實多到令人咋舌），是為了使書中簡略的歷史敘述多少落到實處，並為提出的一些論點提供具體的證據。在所有歷史著作中，近代史研究往往占有主導地位，部分原因是關於現代史的詳細資料十分豐富（至少在我這樣一個研究前現代歷史的專家眼中是如此，因為我在做研究時，已經習於面對明確、大抵無爭議的事實相對較少的處境）。為了避免被淹沒在現代史著作的細節中，更為了避免被淹沒在現代史著作的資料來源中，我主要依靠了一些標準參考書來講清事實。例如，關於第二次世界大戰，我主要依靠的是 Sandler 2001、Dear and Foot 1995、Dunnigan and Nofi 1998、Goralski 1981 和 Mowat 1968，但除非是在我逐字逐句地加以引用，或是在基於他們的研究做論證的時候，我才會提供注釋和出處。在必要時（主要是為了找到別人似乎沒有提到的事實，或者至少是為了便於索引），除了書目中引用的專門著作外，我還使用了 Stearns 2002、Alexander et al. 1998 和 Cook and Stevenson 1998。關於後現代主義者拒絕事實、放棄批判性思維的問題，請參考〈序曲〉。

92 幾乎所有的世界史作家，無論來自哪個國家，都對歐洲情有獨鍾，也許是因為編寫統一的「世界史」的觀念是從歐洲開始的，而且是以歐洲為中心的。偉大的伊兒汗王朝學者和維齊爾（宰相）拉施德·丁（Rashîd al-Dîn）編纂的《史集》（*Jâmi' al-tawârîkh*）正如其名所示，是一部「歷史集合」，而不是一部世界史。但是，不管許多歷史作家的觀點存在怎樣的偏差，任何人都不該被誤導：無論其破壞性有多大，我們都不該錯認第一次世界大戰是一場「世界」大戰，儘管今日的人們通常如此稱呼。它的確是一場歐洲戰爭（Vyvyan 1968: 140; Teed 1992: 506），它蔓延至鄰近的鄂圖曼帝國近東地區和歐洲殖民地。因此，按照曾經的通常作法，稱其為「大戰」（Great War）會更準確，或許也更清楚，或者更該稱其為「大歐戰」（Great European War）。至於第二次世界大戰，則是名副其實的「世界」大戰。但是為了明瞭，我還是遵循現存的叫法。

93 幾個世紀以來，這座城市的希臘語名字 Constantinopolis 在日常言語中被短化和扭曲，產生了各種不同的口語發音，包括一些類似於 Istanbul 的發音。一些學者認為 Istanbul 這個名稱來自希臘語中一個不相關的表達，意思是「進入城市」

（Inalcik 1997: 224），這是不正確的。希臘語的表達方式顯然是個民間詞源，旨在解釋這個名字的口語發音。

94 關於美國領導層事先知道襲擊珍珠港一事的陰謀論，以及「重要的間接證據」（Heidenreich 2003: 579-582），對它的反駁不是說它的證據受到曲解，或是有相反的證據，而是說，美國領導層跟本就不可能聰慧到足以去一步步地策畫和執行如此複雜的任務。遠比陰謀論簡單，而且也更和美國在史上的行為一致的看法，就是：珍珠港事件當天發生的一系列災難性錯誤，主要是因為美國各級領導層的愚蠢、無知和自大，包括民政、軍隊、地方和中央的領導層，而當天美國人員之所以沒有全部殉難，則是可以歸功於基層指揮官和海陸空三軍戰士的純正英雄之舉。似乎受到廣泛忽視的是，當時美國檯面下的盟國已經在歐洲與軸心國開戰了。當這些盟國宣布對日本實施包括石油——現代國家的命脈（而且日本本土不產石油）——的貿易禁運後，這麼做就等於是宣戰了。（請注意，一九九〇年至一九九一年的第一次波斯灣戰爭，就是伊拉克奪取科威特及其油田引起的。）雖然日本對珍珠港的攻擊是不可原諒的，但事情的原委應該從這個角度來看。日本對美國開戰只是時間問題，美國政治領袖應該完全不會對此感到驚訝，而他們似乎也確實如此。

95 儘管現代主義可能是世界史上最未受到理解的現象之一，但如果不理解現代主義，就不可能理解**作為歷史**的現代時期。本節是一篇論文，試圖解釋二十世紀發生了什麼，以及為什麼還在發生。我的目標是激發人們對我認為的一個延續至今的歷史問題的思考，從而可以處理它，或許甚至可以找到解決之道。總體上而言，史學家對現代主義非常寬容，他們強調人類在征服自然上的技術勝利，對科學進步普遍持積極態度等等。但這種對科技的積極態度，絕對不適用於作為一種現代社會趨力的現代主義——它的影響大多是負面的。對於進步、哲學實證論等等的信念，當然有時也是突出的元素，思想史家已經常注意到這一點，但現代主義公開的負面性質，很難與大多數思想史家對它持有的基本讚許立場協調。Scott 1988: 4-5 對通常的現代主義觀念做出了出色、有見地的探訪，他稱之為「高度現代主義者意識形態」（high-modernist ideology）。他指出：「最好把它看作是一種強大的、甚至過分膨脹的自信。這種自信展現在科技進步、擴大生產、滿足人類無休止的需求、征服自然（和人性），以及最重要的——根據對自然法則的科學理解，設計一套與之相應的社會秩序。」他連結這種意識形態與政治權力，因為現代主義者必須得到國家支持才能實施他們的計畫，特別是那些「巨大的水壩、集中的通訊和交通樞紐、大型工廠和農場以及電網城市」，這「正好符合高度現代主義者的觀點，也符合他們作為國家官員的政治利益」。這種「高度現代主義」的核心人物是「規畫師、工程師、建築師、科學家和技術人員，它頌揚他們的技能和地位，視他們為新秩序的設計者。高度現代主義的信仰，無視於傳統的政治界線，從左派到右派的政治光譜中都能找到它的身影，尤其常見於那些希望利用國家力量在人民的生產習慣、生活方式、道德行為和世

界觀上帶來巨大的、烏托邦式的改變的人們」。最後，他指出：「這種烏托邦的願景本身並不是危險的。如果是在自由的議會制社會中，在規畫者必須要和組織化的公民進行協商的社會中，這種願景可以激發變革。」然而，如果一個威權國家採用了「高度現代主義」的意識形態，並且「願意且有能力使用其全部的強制力來使這些高度現代主義設計成為現實」的話，那麼，「這種組合就會成為潛在的致命危險」。

96 在中央歐亞東部，「被強迫還俗是大多數喇嘛的命運，但在蒙古，透過對萬人坑、史料等紀錄的調查顯示，也曾發生過對喇嘛的集體處決。在布里亞特和卡爾梅克可能也發生過這種情況，但我對這兩個地區並不那麼熟悉。當地的有形基礎設施在一九三〇年代遭到嚴重破壞（由於重大的抵抗運動），但其實是在接下來的幾十年裡，有形基礎設施才幾乎被清除殆盡」（Christopher Atwood, per. comm., 2007）。

97 Adorno 1997: 29 曾說：「激進主義本身必須付出它不再被視作激進的代價……。藝術越是驅逐既定的東西，就只能越依賴它企圖拋棄的東西，無法再汲取已變成遙遠陌生之物的養分。」但要緊的不是失去了時尚性，也不是依賴先前的藝術傳統所具有的危險，因為偉大的藝術家可以在任何傳統中創造出偉大的藝術，無論是抽象主義、表現主義，還是其他什麼傳統。但隨著**藝術本身**被消滅，無論藝術家的風格如何、時尚如何，都無法再進行藝術創作了。

98 當代絕大多數用歐化傳統寫作的非歐洲詩人，已經放棄了在他們自己的文化中仍然存在的詩歌和音樂的傳統聯繫。例如，現在聽到中文現代詩如同散文一樣被讀出來，是件很稀鬆平常的事——這是一種名副其實的無美感體驗。過去真正的中國詩歌是吟唱出來的，現在仍然有少數的傳統主義者會如此吟唱。波斯和日本詩歌也是如此，但儘管在這些文化中，**古典**詩歌的吟唱傳統仍然非常活躍，但當讀起現代詩歌時，通常聽起來就像英語現代詩一樣貧乏。把大多數的**現代**詩句讀得像散文一樣，這在邏輯上很合理——因為大部分的現代詩其實就是散文——但是這樣做就完全掏空了我們當今真正詩歌的世界。把詩讀（而不是吟唱）出來的作法，也被延伸到前現代的詩歌作品上，因此，甚至在那些仍存在傳統藝術的文化中，詩歌也同樣遭到破壞。如果有些詩人喜歡寫散文偽裝成的詩歌，那也無妨，但希望其他的一些詩人能夠注意到此事，並再次開始創作、甚至吟唱真正的詩歌，以填補這個空白。一些現代作家如龐德和桑德堡（Carl Sandburg），主張唱詩或吟詩，或者實際如此嘗試卻造成尷尬的結果，那是另一回事，與此處的重點無關。現代詩歌已經完全脫離了公認的音樂傳統，無論是他們還是其他人都無法重新聯繫兩者。

99 在史特勞斯從邁向無調性音樂的道路上回頭是岸後，他創作了他最偉大的歌劇作品《玫瑰騎士》（*Der Rosenkavalier*）。Szegedy-Maszák 2001: 250 正確地指出：「顛覆性或保守性是一個角度的問題。《埃萊克特拉》的作曲家是個前衛的音

樂家；《最後四首歌》（*Vier letzte Lieder*）的作曲家是個保守的藝術家。」然而從「大局」的角度來看，說《埃萊克特拉》是進步的，或是說《玫瑰騎士》是保守的，這其實無關緊要，畢竟這兩部歌劇都有相當大的音樂創新和史特勞斯獨特的耀眼聲音。重要的是，他承認並拒絕了現代主義本身，這場運動在史特勞斯在世時摧毀了西方藝術音樂傳統，並到達了頂峰。所以，史特勞斯對現代主義的抵制，是他成為二十世紀少數能夠成功創作偉大藝術音樂的作曲家之一的原因。

100 「相對於現代主義在大眾領域獲得的成功，現代主義在音樂領域的失敗，就二十世紀現代主義的總體而言，也許是獨一無二的現象。與建築、繪畫和文學中的現代主義不同，音樂現代主義由於未能贏得任何傳統高級文化受眾的效忠，因此也沒有在大眾文化中經歷任何形式的普及或模仿。」Botstein 1998: 259 的說法並不真正適用於私人住宅建築，在私人住家中，公眾經常可以對其視覺環境進行一些選擇。一般來說，在私人住宅中只能看到風格的簡化和對舊有形式日益呆板的模仿。另外，就現代主義在繪畫和文學方面的成功而言，上述引言提到的「普及或模仿」是相當膚淺的，只有少數早期作品在創作後不久就被奉為圭臬，比方說艾略特的《荒原》。

101 值得注意的是，《春之祭》在音樂和設計上似乎部分模仿了巴洛克作曲家雷貝爾（Jean-Féry Rebel，一六六六——一七四七年）當時被遺忘的芭蕾舞劇《元素》（*The Elements*），該劇以高度不和諧的多和弦為主的場景〈混沌〉（Chaos）開始。這部芭蕾舞劇在雷貝爾的時代曾在俄羅斯演出過。斯特拉溫斯基對巴洛克音樂文學有著濃厚的興趣，很可能知道這部作品。諷刺的是，二十世紀後半葉的藝術音樂最顯著的發展之一，就是巴洛克音樂的大受歡迎。

102 儘管阿多諾的書中包含許多精彩灼見，但它也包含諸如這樣的說法：「現代藝術如果要主張尊嚴，那麼它就得是意識形態的。為了表現出尊嚴，它將不得不裝腔作勢，擺出姿態，偽裝它是自己根本辦不到的東西。但正是自從華格納藝術宗教（Wagnerian art religion）無望地削弱現代藝術的嚴肅性後，它就不能再偽裝了。威嚴肅穆的口吻會將藝術作品譴責為荒誕，就像是宏偉威嚴的姿態一樣……。激進藝術在今日已經和暗黑藝術成為同義詞；它主要的顏色是黑色的。大多的當代藝術產品和藝術無關，因為它們根本不知道此事，而且在顏色上幼稚地鮮豔……。所有歡快藝術的不義，尤其是娛樂產業造成的不義，可能都是對逝者的不義；是對日積月累、無言的痛苦的不義」（Adorno 1997: 39-40）。阿多諾的意圖——翻轉藝術，然後從內裡製造一種美學——相當偉大，就如同他對藝術的熱情一樣，但這與藝術本身的產物沒有和關係。基本的問題在於現代主義，而且現代主義仍然原封不動地待在那裡。

103 迄今為止，對現代主義的考察只是從內部進行的——也就是說，只有現代主義者或隱性現代主義者對現代主義的的分析，這幾乎沒有什麼意義。至於所謂的後現代主義批評和理論（其實不過就是超現代主義），就更沒人研究了。我在這

裡提出的觀點，與「古典」與「現代」之間的傳統衝突有所不同，這樣的衝突可以追溯到數世紀前的文學作品和批評作品。「當然，奧坎（William Ockham）的著作只是中世紀思想和文化危機的一個因素，在思想面表現為現代路線（via moderna）面對托瑪斯派（Thomist）、司各脫派（Scotist）等共同代表的古代路線（via antiqua）的全面勝利。」（Fairweather 1970: 372）同樣地，「斯威夫特（Swift）將古典派比喻成蜜蜂，將現代派比喻成蜘蛛。以蜜蜂的創造性和蜘蛛的寄生性，來展現兩者在創意原創性和衍生性上的差別。他甚至在一七〇四年的著作中說，『在兩者之中，現代派反而更古老些』。該著作題為《上週五聖詹姆士圖書館古典書和現代書之間的戰鬥詳述》（*A Full and True Account of the Battel Fought last Friday, Between the Ancient and the Modern Books in St. James's Library*）」（Szegedy-Maszák 2001: 61）。上述引文中提到的兩種傾向之間的緊張關係，總體上對藝術創作是有益的。藝術家在**藝術**的目標和**美**的理想（無論如何定義）上達成了共識；只是在如何實現這兩個目標上存在分歧。

104 一些搖滾樂手為提高音樂的藝術水準做出了值得稱道的嘗試，但復甦舊的前現代模式或試圖轉化負面的現代模式為正面模式的努力並沒有成功。扎帕（Frank Zappa）也許是將現代元素引入音樂的最著名藝術家。許多訓練有素的音樂家對他的作品有很高的評價，但儘管扎帕的作品充滿幽默和智慧，他現代主義的和聲和旋律線實際上疏遠了許多聽眾。如果他在這個方向走得更遠一些，他多少會失去所有的聽眾，就像現代藝術作曲家一樣，其中的原因是相同的。接受新的音樂，必須從內部努力改進，如果想把它變成別的東西，就會使它失去本質，就像古典藝術音樂一樣。對藝術家創作關注的對象，必須溫柔對待、精心呵護、仔細提升，以便培育精緻和品味。既要提高搖滾樂或流行音樂的藝術水準，又要在本質上遵循其自身的規則和傳統。文藝復興時期的音樂家就是這樣做的，他們接受流行舞蹈和曲調，將它們更加藝術化，運用文藝復興時期的複調等等，把好的東西變得更好，直到古典音樂應運而生。

105 〈尾聲〉關於漢文術語的部分，基本上是重複了一篇我在一九八七年的波士頓亞洲學會（Association for Asian Studies）會議上發表的論文的觀點，那篇論文的題目是〈中國史學和西方漢學中的「蠻夷」概念〉（The Concept of the 'Barbarian' in Chinese Historiography and Western Sinology: Rhetoric and the Creation of Fourth World Nations in Inner Asia）。那次會議承諾已久的研討會論文集一直沒有出版，當後來終於確定不會出版的時候，我的興趣已經轉移到別的主題上了。不幸的是，這篇論文是在一台「青銅時代」的古舊電腦上寫的，在寫作當時我自己沒有留副本，儘管很明顯，其他人有我的論文副本。（此後，它一直在地下出版物中流傳，儘管上面印有「未經作者許可不得引用」的警告，但我的論文還是被私下傳播了。）我在此把那篇論文的論點完全重新寫了一遍。

106 Khazanov 1984 的理論已被許多人接受，包括專家（例如 Drompp 2005: 10-12、Di Cosmo 1999a），而一些非專家，尤其是 Barfield 1989，則將其邏輯推向極端。Allsen 1989: 83 沿用 Khazanov 1984 的理論，說「游牧民族的經濟是『非自給自足』的，也就是說，專化於牧業生產，以至於缺乏許多必需品」。更具體地說，他聲稱「游牧民族既沒有、也無法用國內資源來供應他們的所有需求……。他們經常從定居世界獲得必要的經濟資源，並將定居文化的諸多面向據為己有」（Allsen 1997：101）。Khazanov 1984 在選擇一種生產方式（游牧民放牧）時，堅持認為這種生產方式的專家，也應該要是另一種生產方式的專家，否則就「無法自給自足」。按照這個標準，幾乎每個社會的每個人都是非自給自足的，包括羅馬或中國的農耕者、城市居民等等。除了狩獵採集者之外（也許連他們也沒有），任何地方的任何一個人在任何時候都沒有真正的「自給自足」，這顯然是值得懷疑的看法。Barfield 1989: 83 還更進一步認為，「匈奴中央政府的主要目的，是以戰利品和貢品的形式從中國獲取資源，或以有利條件迫使中國貿易」。

107 Allsen 1997: 106 正確地評論：「草原民族並不是前現代時期的快遞公司，無私地在文明中心之間來回運送商品。如果我們要理解東西方之間的這些重要接觸，就必須把他們的歷史和他們的優先考量更充分地納入討論。」他在書中總結：「許多商品和思想之所以能夠成功地度過從古代到近現代早期橫跨歐亞的漫長旅程，是因為有中間人，即『那些住在氈帳的人』，以及在最好的時代穿著金色錦緞的人，他們在自己的文化傳統脈絡中，發現了這些商品和思想的價值和意義。」

108 再隨機選取巴爾菲德提出的另一個例子：他指出，唐高祖之子李世民「親手殺死他的兩個兄弟，因為他們曾試圖毒死他。他又把自己的父親從王位上逼了下來」（Barfield 1989: 142）這看起來似乎會是正確的論述，但往下閱讀就會發現，巴爾菲德並**不是**要說中國人和突厥人一樣血腥，甚至比突厥人更血腥，而是話鋒一轉，總結道：「唐朝為後世津津樂道的宮廷文化也無法掩蓋這樣的一個事實，即在很多方面，西北邊疆地帶的早期唐朝菁英都與突厥人很接近，所以李世民大可以毫不費力地成為突厥人的可汗。」藏在字裡行間背後的誤解請參考正文。

109 「只有在能與中國維持經濟聯繫的時期，游牧帝國邦聯才能出現。游牧民族採用勒索的策略，從中國獲得貿易權和補貼。他們掠奪邊境，然後與中國朝廷談判簽訂和約。中國的中原王朝願意向游牧民族支付費用，因為這比與游牧民族開戰要便宜得多，後者來無影去無蹤，可以躲避報復的代價。」（Barfield 1989: 9）Sinor 1978, 1990b: 4 et seq. 著重討論了貪婪的問題。可參考 Biran 2005: 14、Drompp 2005: 10 et seq. 及其他人的著作。Barfield 1989: 11 指出，蒙古人是個例外，使得以下的有趣差別出現：「蒙古游牧民族建立了草原帝國，並成功地與中國並駕齊驅了幾個世紀，而來自滿洲的游牧民族在中國境內建立了王朝，但從未在草原建立強大的帝國。」但是，所謂的「滿洲人」，大多不是游牧民。

110 在大多數（如果不是全部）的情況下，若存在著足夠的資料來源，可以揭示攻擊動機時（也就是說，除了所謂的對某地進行了「襲擾、突襲」這種乾巴巴的陳述之外），它們其實**就是**軍事行動。Di Cosmo 1999b: 23 et seq. 先前的觀點認為，游牧帝國儘管資源嚴重有限，卻擁有強大的軍事力量，游牧民族用突襲和強迫進貢的方式向周邊國家勒索財富；這樣的觀點顯然來自 Khazanov 1984。在戰爭中被中央歐亞或周邊民族俘虜的人，最後一般都會在遠離故土的奴隸市場上被出售，不過也有一些人會被當作家奴留在當地。至於中央歐亞的奴隸制歷史，目前的學術研究尚不充足。

111 值得注意的是，如同伊朗傳說故事的許多其他內容，據說曾經存在過幾千卷或幾百萬句的瑣羅亞斯德教經文，它們應該是以阿維斯陀語書寫的，但由於某次外族入侵的惡行，波斯列王的偉大圖書館被毀，所有的書都丟失了。文本的斷代，是個高度爭議性的主題，但是從文本的角度而言，任何一個定年日期，若早於有實物證據的文本，或是早於文本內部或外部（比如被有記年的其他文本引用過）的證據的話，那麼這個定年日期都只能是個假說。

# 參考書目


Abicht, Karl Ernst 1886. *Herodotos, für den Schulgebrauch*. Zweiter Band. Zweites Heft: Buch IV. Dritte verbesserte Auflage. Leipzig: Teubner.

Adams, Douglas Q. 1999. *A Dictionary of Tocharian B*. Amsterdam: Rodopi.

Adorno, Theodor, et al., 1997. *Aesthetic Theory*. Trans. Robert Hullot-Kentor. Min-neapolis: University of Minnesota Press.

Ahmad, Zahiruddin 1970. *Sino-Tibetan Relations in the Seventeenth Century*. Rome: Istituto Italiano per il Medio ed Estremo Oriente.

Alexander, Fran, et al., eds. 1998. *Encyclopedia of World History*. Oxford: Oxford University Press.

Allsen, Thomas T. 1987. *Mongol Imperialism: The Policies of the Grand Qan Möngke in Cqhina, Russia, and the Islamic Lands, 1251–1259*. Berkeley: University of Cali-fornia Press.

——— 1989. Mongolian Princes and Their Merchant Partners, 1200–1260. *Asia Ma-jor*, 3rd ser., 2.2: 83–126.

——— 1994. The Rise of the Mongolian Empire and Mongolian Rule in North China. In Herbert Franke and Denis Twitchett, eds., *The Cambridge History of China,* vol. 6: *Alien Regimes and Border States, 907–1368*, 321–413. Cambridge: Cambridge University Press.

——— 1997. *Commodity and Exchange in the Mongol Empire: A Cultural History of Islamic Textiles*. Cambridge: Cambridge University Press.

——— 2006. *The Royal Hunt in Eurasian History*. Philadelphia: University of Penn-sylvania Press.

Anderson, Graham 2004. *King Arthur in Antiquity*. London: Routledge.

Anonymous 1990. Жаңhр: хальмг баатрлг эпос (=Джангар: калмыцкий героический эпос). Moscow: Glavnaja redakcija vostočnoj literatury.

Arkenberg, J. S., ed. 1998. *The* Karnamik-i-Ardashir, *or* The Records of Ardashir. Fordham University. http://www.fordham.edu/halsall/ancient/ardashir.html. Arreguín-Toft, Ivan 2005. *How the Weak Win Wars: A Theory of Asymmetric Con-flict*. New York: Cambridge University Press.

Asao, Naohiro 1991. The Sixteenth-Century Unification. Trans. Bernard Susser. In John W. Hall, ed., *The Cambridge History of Japan,* vol. 4: *Early Modern Japan,* 40–95. Cambridge: Cambridge University Press.

Atwood, Christopher P. 2004. *Encyclopedia of Mongolia and the Mongol Empire*. New York: Facts on File.

Audi, Robert, ed. 1999. *The Cambridge Dictionary of Philosophy*. 2nd ed. Cambridge: Cambridge University Press.

Babcock, Michael A. 2005. *The Night Attila Died: Solving the Murder of Attila the Hun.* New York: Berkley Books.

Bachrach, Bernard S. 1973. *A History of the Alans in the West: From Their First Ap-pearance in the Sources of Classical Antiquity through the Early Middle Ages.* Minneapolis: University of Minnesota Press.

——— 1977. *Early Medieval Jewish Policy in Western Europe*. Minneapolis: University of Minnesota Press.

Bagley, Robert 1999. Shang Archaeology. In Michael Loewe and Edward L. Shaugh-nessy, eds., *The Cambridge History of Ancient China: From the Origins of Civi-lization to 221 B.C.*, 124–231. Cambridge: Cambridge University Press.

Bailey, H. W. 1985. *Indo-Scythian Studies, Being Khotanese Texts, VII.* Cambridge: Cambridge University Press.

Barber, Elizabeth Wayland 1999. *The Mummies of Ürümchi*. New York: W. W. Norton.

Barbieri-Low, Anthony J. 2000. *Wheeled Vehicles in the Chinese Bronze Age (c. 2000–741 B.C.)*. Sino-Platonic Papers No. 99. Philadelphia: Department of Asian and Middle Eastern Studies, University of Pennsylvania.

Barfield, Thomas J. 1989. *The Perilous Frontier: Nomadic Empires and China.* Cam-bridge, Mass.: Basil Blackwell.

Barthold, W. W. 1977. *Turkestan down to the Mongol Invasion*. Trans. T. Minorsky. 4th ed. London: E.J.W. Gibb Memorial Trust.

Baxter, William H. 1992. *A Handbook of Old Chinese Phonology*. Berlin: Mouton de Gruyter.

Beasley, W. G. 1989. The Foreign Threat and the Opening of the Ports. In Marius B. Jansen, ed., *The Cambridge History of Japan,* vol. 5: *The Nineteenth Century*, 259–307. Cambridge: Cambridge University Press.

Bečka, Jan 1995. *Historical Dictionary of Myanmar*. London: Scarecrow Press.

Beckwith, Christopher I. 1983. The Revolt of 755 in Tibet. *Wiener Studien zur Tibetolo-gie und Buddhismuskunde* 10: 1–16.

——— 1984a. Aspects of the Early History of the Central Asian Guard Corps in Islam. *Archivum Eurasiae Medii Aevi* 4: 29–43.

——— 1984b. The Plan of the Cit y of Peace: Centra l Asian Iranian Factors in Early ʻAbbâsid Design. *Acta Orientalia Academiae Scientiarum Hungaricae* 38: 143–164.

——— 1987a. *The Tibetan Empire in Central Asia: A History of the Struggle for Great Power among Tibetans, Turks, Arabs, and Chinese during the Early Middle Ages*. Princeton: Princeton University Press (= Beckwith 1987a/1993).

——— 1987b. The Tibetans in the Ordos and North China: Considerations on the Role of the Tibetan Empire in World History. In C. I. Beckwith, ed., *Silver on Lapis*, 3–11. Bloomington: Tibet Society.

——— 1987c. The Concept of the 'Barbarian' in Chinese Historiography and Western Sinology: Rhetoric and the Creation of Fourth World Nations in Inner Asia. Paper presented at the Association for Asian Studies annual meeting, Boston.

———, ed. 1987d. *Silver on Lapis*. Bloomington: Tibet Society.

——— 1989. The Location and Population of Tibet According to Early Islamic Sources. *Acta Orientalia Academiae Scientiarum Hungaricae* 43: 163–170.

——— 1991. The Impact of the Horse and Silk Trade on the Economies of T'ang China and the Uighur Empire: On the Importance of International Commerce in the Early Middle Ages. *Journal of the Economic and Social History of the Ori- ent* 34: 183–198.

——— 1993. *The Tibetan Empire in Central Asia: A History of the Struggle for Great Power among Tibetans, Turks, Arabs, and Chinese during the Early Middle Ages*. Paperback edition, slightly revised, with a new afterword. Princeton: Princeton University Press (= Beckwith 1987a/1993).

——— 1996. The Morphological Argument for the Existence of Sino-Tibetan. *Pan-Asiatic Linguistics,* vol. 3, 812–826. Proceedings of the Fourth International Symposium on Languages and Linguistics, January 8–10. Bangkok: Mahidol University at Salaya.

——— 2002a. The Sino-Tibetan Problem. In C. I. Beckwith, ed., *Medieval Tibeto-Burman Languages,* 113–157. Leiden: Brill.

———, ed. 2002b. *Medieval Tibeto-Burman Languages*. Leiden: Brill.

——— 2003. Introducing Grendel. In R. Aczel and P. Nemes, eds., *The Finer Grain: Essays in Honor of Mihály Szegedy-Maszák*, 301–311. Uralic and Altaic Series, vol. 169. Bloomington: Indiana University.

——— 2004a. *Koguryo, the Language of Japan's Continental Relatives: An Introduc-tion to the Historical-Comparative Study of the Japanese-Koguryoic Languages, with a Preliminary Description of Archaic Northeastern Middle Chinese*. Lei-den: Brill. (2nd ed., Leiden: Brill, 2007.)

——— 2004b. Old Chinese. In Philipp Strazny, ed., *Encyclopedia of Linguistics*, vol. 2, 771–774. New York: Fitzroy Dearborn.

——— 2005a. The Ethnolinguistic History of the Early Korean Peninsula Region: Japanese-Koguryoic and Other Languages in the Koguryo, Paekche, and Silla Kingdoms. *Journal of Inner and East Asian Studies* 2.2: 34–64.

——— 2005b. On the Chinese Names for Tibet, Tabghatch, and the Turks. *Archivum Eurasiae Medii Aevi* 14: 7–22.

——— 2006a. Introduction: Toward a Tibeto-Burman Theory. In C. I. Beckwith, ed., *Medieval Tibeto-Burman Languages II*, 1–38. Leiden: Brill, 2006.

——— 2006b. The Sonority Sequencing Principle and Old Tibetan Syllable Margins. In C. I. Beckwith, ed., *Medieval Tibeto-Burman Languages II*, 45–55. Leiden: Brill, 2006.

——— 2006c. Old Tibetan and the Dialects and Periodization of Old Chinese. In C. I. Beckwith, ed., *Medieval Tibeto-Burman Languages II*, 179–200. Leiden: Brill, 2006.

——— 2006d. Comparative Morphology and Japanese-Koguryoic History: Toward an Ethnolinguistic Solution of the Altaic Problem. In Motoki Nakajima, ed., *Arutaigo kenkyû—Altaistic Studies*, 121–137. Tokyo: Daito Bunka University.

——— 2006e. Methodological Observations on Some Recent Studies of the Early Ethnolinguistic History of Korea and Vicinity. *Altai Hakpo* 16: 199–234.

———, ed. 2006f. *Medieval Tibeto-Burman Languages II*. Leiden: Brill.

——— 2007a. *Koguryo, the Language of Japan's Continental Relatives: An Introduc-tion to the Historical-Comparative Study of the Japanese-Koguryoic Languages, with a Preliminary Description of Archaic Northeastern Middle Chinese*. 2nd ed. Leiden: Brill. (1st edition, Leiden: Brill, 2004.)

——— 2007b. *Phoronyms: Classifiers, Class Nouns, and the Pseudopartitive Con-struction*. New York: Peter Lang.

——— 2007c. On the Proto-Indo-European Obstruent System. *Historische Sprach-forschung* 120: 1–19.

——— 2007d. A Note on the Name and Identity of the Junghars. *Mongolian Studies* 27: 41-46.

——— 2006/7. The Frankish Name of the King of the Turks. *Archivum Eurasiae Medii Aevi* 15: 5-11.

——— 2008. Old Chinese Loans in Tibetan and the Non-uniqueness of 'Sino-Tibetan'. In C.I. Beckwith, ed., *Medieval Tibeto-Burman Languages III*, 161-201. Halle: IITBS GmbH, 2008.

——— 2011. On Zhangzhung and Bon. In Henk Blezer, ed., *Emerging Bon*, 164-184. Halle: IITBS GmbH.

——— 2012. *Warriors of the Cloisters: The Central Asian Origins of Science in the Medieval World*. Princeton: Princeton University Press.

——— 2015. *Greek Buddha: Pyrrho's encounter with Early Buddhism in Central Asia*. Princeton: Princeton University Press.

——— 2016a. The pronunciation, origin, and meaning of *A-shih-na* in early Old Turkic. In István Zimonyi and Osman Karatay, eds., *Central Eurasia in the Middle Ages. Studies in Honour of Peter B. Golden*, 39-46. Turcologica 104. Wiesbaden:

Harrassowitz.

——— 2016b. The earliest Chinese words for 'the Chinese': the phonology, meaning, and origin of the epithet Ḥarya ~ Ārya in East Asia. *Journal Asiatique* 304.2: 231-248.

——— 2016c. The Scythians, the Medes, and Cyrus the Great. The Richard N. Frye Memorial Lecture, April 18, 2016, Harvard University.

——— forthcoming-a. Vihāras in the Kushan Empire.

——— forthcoming-b. On the Ethnolinguistic Identity of the Hsiung-nu.

——— forthcoming-c. On Zhangzhung and Bon. In Henk Blezer, ed., *Emerging Bon*. Halle: IITBS GmbH.

——— 2018 Beckwith, Christopher I. and Gisaburo N. Kiyose. Apocope of Late Old Chinese Short *ă: Early Central Asian loanword and Old Japanese Evidence for Old Chinese Disyllabic Morphemes. *Acta Orientalia Academiae Scientiarum Hungaricae* 17. In press.

Benedict, Paul 1972. *Sino-Tibetan: A Conspectus*. Cambridge: Cambridge University Press.

Benjamin, Craig 2003. The Yuezhi Migration and Sogdia. In Matteo Compareti, Paola Raffetta, and Gianroberto Scarcia, eds., *Erān ud Anērān: Studies Pre-sented to Boris Ilich Marshak on the Occasion of His 70th Birthday*. http://www.trans-oxiana.org/Eran/ (= *Erān ud Anērān. Studies Presented to Boris Il'ic Marsak on the Occasion of His 70th Birthday*. Venice: Libreria Editrice Cafos-carina, 2006).

Bergh, Simon van den, trans. 1954. Averroës, *Tahâfut al-Tahâfut* (*The Incoherence of the Incoherence*). London: Luzac. http://www.muslimphilosophy.com/ir/tt/index.html.

Bergholz, Fred W. 1993. *The Partition of the Steppe: The Struggle of the Russians, Manchus, and the Zunghar Mongols for Empire in Central Asia,* 1619–*1758*. New York: Peter Lang.

Bilimoria, Purushottama 1998. Kaut.ilya (*fl. c*. 321–*c*. 296 bc). In Edward Craig, ed., *Routledge Encyclopedia of Philosophy*, 220–222. London: Routledge.

Biran, Michal 2005. *The Empire of the Qara Khitai in Eurasian History: Between China and the Islamic World.* Cambridge: Cambridge University Press.

Bivar, A.D.H. 1983a. The Political History of Iran under the Arsacids. In Ehsan Yar-shater, ed., *Cambridge History of Iran,* vol. 3: *The Seleucid, Parthian and Sasa-nian Periods*, *Part 1,* 21–99. Cambridge: Cambridge University Press.

——— 1983b. The History of Eastern Iran. In Ehsan Yarshater, ed., *Cambridge His-tory of Iran,* vol. 3: *The Seleucid, Parthian and Sasanian Periods*, *Part 1,* 181–231.Cambridge: Cambridge University Press.

Blair, Peter Hunter 2003. *An Introduction to Anglo-Saxon England.* 3rd ed. Cam-bridge: Cambridge University Press.

Blockley, R. C., trans. 1983. *The Fragmentary Classicising Historians of the Later Ro-man Empire: Eunapius, Olympiodorus, Priscus and Malchus*. 2 vols. Liverpool: Cairns.

———, ed. and transl. 1985. *The History of Menander the Guardsman*. Liverpool: Fran-cis Cairns.

Boltz, William G. 1994. *The Origin and Early Development of the Chinese Writing Sys-tem.* New Haven: American Oriental Society.

Bosworth, C. E. 1968. The Political and Dynastic History of the Iranian World (a.d. 1000–1217). In John A. Boyle, ed., *Cambridge History of Iran,* vol. 5: *The Saljuq and Mongol Periods*, 1–202. Cambridge: Cambridge University Press.

——— 1994. Abū H. afs. 'Umar al-Kirmānī and the Rise of the Barmakids. *Bulletin of the School of Oriental and African Studies* 57.2: 262–282.

——— 1997. Kh$^{w}$ārazm. *E.I.*$_{2}$ IV: 1060–1065.

——— 2007. Ḳarā Khiṭāy. In P. Bearman, Th. Bianquis, C. E. Bosworth, E. van Donzel, and W. P. Heinrichs, eds., *Encyclopaedia of Islam*. Online edition. Leiden: Brill.

Bosworth, Clifford Edmund, et al. 1995. 'Othmānlī. *The Encyclopaedia of Islam, New Edition,* vol. 8, 120–231. Leiden: Brill.

Botstein, Leon 1998. Modern Music. In Michael Kelly, ed., *Encyclopedia of Aesthet-ics*, vol. 3, 254–259. New York: Oxford University Press.

Bovingdon, Gardner 2004. *Autonomy in Xinjiang: Han Nationalist Imperatives and Uyghur Discontent.* Washington, D.C.: East-West Center Washington.

Bovingdon, Gardner, and Nebijan Tursun 2004. Contested Histories. In S. F. Starr, ed., *Xinjiang: China's Muslim Frontier*, 353–374. Armonk: M. E. Sharpe.

Boyle, John Andrew 1968. Dynastic and Political History of the Il-Khans. In John An-drew Boyle, ed., *The Cambridge History of Iran,* vol. 5: *The Saljuq and Mongol pe-riods*, 303–421. Cambridge: Cambridge University Press.

Brooks, E. Bruce 1999. *Alexandrian Motifs in Chinese Texts*. Sino-Platonic Papers, No. 96. Philadelphia: University of Pennsylvania.

Brulet, Raymond 1997. La tombe de Childéric et la topographie funéraire de Tournai à la fin du V^e^ siècle. In Michel Rouche, ed., *Clovis: histoire & mémoire*, 59–78. Paris: Presses de l'Université de Paris-Sorbonne.

Brune, Lester H. 2003. *Chronological History of U.S. Foreign Relations*. New York: Routledge.

Bryant, Edwin F. 1999. Linguistic Substrata and the Indigenous Aryan Debate. In Johannes Bronkhorst and Madhav M. Deshpande, eds., *Aryan and Non-Aryan in South Asia: Evidence, Interpretation and Ideology*, 59–83. Proceedings of the International Seminar on Aryan and Non-Aryan in South Asia, University of Michigan, Ann Arbor, 25–27 October 1996. Cambridge, Mass.: Harvard Uni-versity Department of Sanskrit and Indian Studies.

——— 2001. *The Quest for the Origins of Vedic Culture: The Indo-Aryan Migration Debate*. Oxford: Oxford University Press.

Bryant, Edwin F., and Laurie L. Patton 2005. *The Indo-Aryan Controversy: Evidence and Inference in Indian History*. London: Routledge.

Bryce, Trevor 2002. *Life and Society in the Hittite World*. Oxford: Oxford University Press.

——— 2005. *The Kingdom of the Hittites*. New ed. Oxford: Oxford University Press.

Buck, David D. 2002. Chinese Civil War of 1945–1949. In David Levinson and Karen Christensen, eds., *Encyclopedia of Modern Asia*, 29–31. New York: Charles Scribner's Sons.

Buell, Paul 2002. Chinese Communist Party. In David Levinson and Karen Chris-tensen, eds., *Encyclopedia of Modern Asia*, 31–32. New York: Charles Scribner's Sons.

Burney, Charles 2004. *Historical Dictionary of the Hittites*. Lanham, Md.: Scare-crow Press.

Burns, Thomas S. 1980. *The Ostrogoths: Kingship and Society*. Wiesbaden: F. Steiner.

Burrow, Thomas 1935. Tokharian Elements in the Kharosthi Documents from Chi-nese Turkestan. *Journal of the Royal Asiatic Society* 1935: 665–675.

——— 1937. *The Language of the Kharos. t.hī Documents from Chinese Turkestan*. Cambridge: Cambridge University Press.

Byington, Mark E. 2003. A History of the Puyo State, Its People, and Its Legacy. Ph.D. dissertation, Harvard University.

Calmard, J. 1993. Mudjtahid. *E.I.*$_2$ VII: 295–304.

Cancik, Hubert, and Helmuth Schneider, eds. 1996. *Der Neue Pauly: Enzyklopädie der Antike. Altertum. Band I*. Stuttgart: Metzler.

Carter, M.G. 1997. Sībawayhi. *E.I.*$_2$ IX: 524–531.

Chadwick, John 1958. *The Decipherment of Linear B*. Cambridge: Cambridge Uni-versity Press.

Chavannes, Édouard 1903. *Documents sur les Tou-kiue (Turcs) occidentaux*. St. Pe-tersburg: Commissionnaires de l'Académie impériale des sciences; repr. Taipei: Ch'eng-wen, 1969.

Ch'en, Mei-Chin 1992. The Eminent Chinese Monk Hsuan-Tsang: His Contribu-tions to Buddhist Scripture Translation and to the Propagation of Buddhism in China. Ph.D. dissertation, University of Wisconsin, Madison.

Childs, Geoff. 2001. Old-Age Security, Religious Celibacy, and Aggregate Fertility in a Tibetan Population. *Journal of Population Research* 18.1: 52-66.

—— 2008. *Tibetan Transitions: Historical and Contemporary Perspectives on Fertility, Family Planning, and Demographic Change*. Leiden: Brill.

Childs, Geoff and Namgyal Choedup. 2015. From Servant (g.yog mo) to Disciple (slob ma): Modernity, Migration, and Evolving Life Course Options for Buddhist Nuns. In: Hanna Havnevik and Charles Ramble, eds. *From Bhakti to Bon: Festschrift for Per Kværne*. Oslo: Novus Forlag.

Childs-Johnson, Elizabeth 2003. Fu zi 婦子 (好) the Shang 商 Woman Warrior. Paper presented at the Fourth International Conference on Chinese Paleogra-phy, Chinese University of Hong Kong, October 15–17.

Christian, David 1998. *A History of Russia, Central Asia and Mongolia*, vol. 1: *Inner Eurasia from Prehistory to the Mongol Empire*. Oxford: Blackwell.

——— 2000. Silk Roads or Steppe Roads? The Silk Roads in World History. *Journal of World History* 2.1: 1–26.

Clark, Larry V. 1998a. Chuvash. In Lars Johanson and Éva Á. Csató, eds., *The Turkic Languages*, 434–452. London: Routledge.

——— 1998b. *Turkmen Reference Grammar*. Wiesbaden: Harrassowitz.

——— 2000. The Conversion of Bügü Khan to Manichaeism. In Ronald E. Emmer-ick, Werner Sundermann, and Peter Zieme, eds., *Studia Manichaica. IV. Internationaler Kongress zum Manichäismus, Berlin, 14.–18. Juli 1997*, 83–123. Berlin: Akademie Verlag.

Clauson, Gerard 1967. *An Etymological Dictionary of Pre-Thirteenth Century Turk-ish*. Oxford: Clarendon Press.

Cleaves, Francis Woodman 1976. A Chinese Source Bearing on Marco Polo's Depar-ture from China and His Arrival in Persia. *Harvard Journal of Asiatic Studies* 36: 181–203.

Coblin, W. South 2006. *A Handbook of 'Phags-pa Chinese*. Honolulu: University of Hawai'i Press.

Colarusso, John 2002. *Nart Sagas from the Caucasus: Myths and Legends from the Circassians, Abazas, Abkhaz, and Ubykhs.*

Princeton: Princeton University Press.

Combs, Kristie 2006. A Study of Merit and Power in Tibetan Thangka Painting. M.A. thesis, Indiana University, Bloomington.

Conlon, Frank F. 1985. Caste, Community and Colonialism: Elements of Population Recruitment and Rule in British Bombay, 1665–1830. *Journal of Urban History* 11: 181–208.

Conquest, Robert 1968. *The Great Terror: Stalin's Purge of the Thirties*. New York: Macmillan.

——— 1986. *The Harvest of Sorrow: Soviet Collectivization and the Terror-Famine*. New York: Oxford University Press.

——— 1990. *The Great Terror: A Reassessment.* New York: Oxford University Press.

Cook, Chris, and John Stevenson 1998. *The Longman Handbook of Modern Euro-pean History, 1763–1997*. 3rd ed. London: Longman.

Coward, Harold G., and K. Kunjunni Raja 1990. *Encyclopedia of Indian Philoso-phies: The Philosophy of the Grammarians*. Delhi: Motilal Banarsidass.

Crone, Patricia 1987. *Meccan Trade and the Rise of Islam*. Princeton: Princeton Uni-versity Press.

Čunakovskij, O. M., ed. and trans. 1987. Книга еяний Ар ашира сына Папака. Moscow: Nauka.

Czeglédy, K. 1983. From East to West: The Age of Nomadic Migrations in Eurasia. Trans. P. Golden. *Archivum Eurasiae Medii Aevi* 3: 25–125.

Dalby, Michael T. 1979. Court Politics in Late T'ang Times. In Denis Twitchett, ed., *The Cambridge History of China*, vol. 3: *Sui and T'ang China, 589–906, Part 1*, 561–681. Cambridge: Cambridge University Press.

Dani, Ahmad Hasan, et al., eds. 1992–2005. *History of Civilizations of Central Asia*. Paris: Unesco.

Daniel, Elton L. 1979. *The Political and Social History of Khurasan under Abbasid Rule, 747–820*. Minneapolis: Bibliotheca Islamica.

Danto, Arthur C. 2003. *The Abuse of Beauty: Aesthetics and the Concept of Art*. Chi-cago: Open Court.

Dawson, Christopher, ed. 1955. *The Mongol Mission: Narratives and Letters of the Franciscan Missionaries in Mongolia and China in the Thirteenth and Four-teenth Centuries*. London: Sheed and Ward.

Dear, I.C.B., and M.R.D. Foot, eds. 1995. *The Oxford Companion to World War II*. Oxford: Oxford University Press.

de Goeje, M. J. ed. 1870. Abû Ish. âq al-Fârisî al Is. t.akhrî, كتاب مسالك المالك (*Kitâb masâlik al-mamâlik*). Repr., Leiden: Brill, 1967.

——— 1877. Muh. ammad b. Ah. mad al-Maqdisî, كتاب احسن التقاسيم فى معرفة الاقاليم (*Kitâb 'aḥsan al-taqâsîm, fî ma'rifat al-'aqâlîm*). Repr., Leiden: Brill, 1967.

de la Vaissière, Étienne 2003. Sogdians in China: A Short History and Some New Discoveries. *The Silk Road Foundation Newsletter* 1.2. http://www.silk-road.com/newsletter/december/new_discoveries.htm.

——— 2005a. *Sogdian Traders: A History*. Trans. James Ward. Leiden: Brill.

——— 2005b. Châkars d'Asie centrale: à propos d'ouvrages récents. *Studia Iranica* 34: 139–149.

——— 2005c. Čākar sogdiens en Chine. In Étienne de la Vaissière and Éric Trom-bert, eds., *Les Sogdiens en Chine*, 255–256. Paris: École française d'Extrême-Orient.

——— 2005d. Huns et Xiongnu. *Central Asiatic Journal* 49.1: 3–26.

——— 2007. *Samarcande et Samarra: Élites d'Asie centrale dans l'empire abbasside*. Paris: Association pour l'avancement des études iraniennes.

de la Vaissière, Étienne, and Éric Trombert, eds. 2005. *Les Sogdiens en Chine*. Paris: École française d'Extrême-Orient.

Demiéville, Paul 1952. *Le concile de Lhasa: une controverse sur le quiétisme entre boud-dhistes de l'Inde et de la Chine au VIIIe siècle de l'ère chrétienne*. Bibliothèque de l'Institut des Hautes études Chinoises, vol. 7. Paris: Imprimerie nationale de France.

Denifle, Henricus 1899. *Chartularium Universitatis Parisiensis*. Paris; repr., Brus-sels: Culture et Civilisation, 1964.

de Rachewiltz, Igor 2004. *The Secret History of the Mongols: A Mongolian Epic Chron-icle of the Thirteenth Century, Translated with a Historical and Philological Com-mentary*. Leiden: Brill.

Des Rotours, Robert 1962. *Histoire de Ngan Lou-chan (Ngan Lou-chan che tsi)*. Paris: Presses Universitaires de France.

Dewing, H. B., ed. and trans. 1954. *Procopius: History of the Wars*. Cambridge, Mass.: Harvard University Press.

Di Cosmo, Nicola 1999a. The Northern Frontier in Pre-imperial China. In Michael Loewe and Edward L. Shaughnessy, eds., *The Cambridge History of Ancient China: From the Origins of Civilization to 221 B.C.*, 885–966. Cambridge: Cam-bridge University Press.

——— 1999b. State Formation and Periodization in Inner Asian History. *Journal of World History* 10.1:1–40.

——— 2002a. *Ancient China and Its Enemies: The Rise of Nomadic Power in East Asian History*. Cambridge: Cambridge University Press.

——— ed. 2002b. *Warfare in Inner Asian History (500–1800)*. Leiden: Brill.

Di Cosmo, Nicola, and Dalizhabu Bao 2003. *Manchu-Mongol Relations on the Eve of the Qing Conquest: A Documentary History*. Leiden: Brill.

Dillon, Michael, ed. 1998. *China: A Historical and Cultural Dictionary*. Richmond, Surrey: Curzon.

Dobbie, Elliot van Kirk, ed. 1953. *Beowulf and Judith*. New York: Columbia University Press.

Dobrovits, Mihály 2004. "They called themselves Avar"—Considering the Pseudo-Avar Question in the Work of Theophylaktos. In Matteo Compareti, Paola Raffetta, Gianroberto Scarcia, eds., *E¯rān ud Anērān: Webfestschrift Marshak 2003. Studies Presented to Boris Ilich Marshak on the Occasion of His 70th Birthday.* http://www.transoxiana.org/Eran/Articles/dobrovits.html (= *Erān ud Anērān. Studies Presented to Boris Il' ic Marsak on the Occasion of His 70th Birthday*. Venice: Libreria Editrice Cafoscarina, 2006).

Donner, F. 1981. *The Early Islamic Conquests*. Princeton: Princeton University Press.

Drabble, Margaret, ed. 2006. *The Oxford Companion to English Literature*. 6th ed., rev. Oxford: Oxford University Press.

Drews, Robert 1988. *The Coming of the Greeks: Indo-European Conquests in the Aegean and the Ancient Near East*. Princeton: Princeton University Press.

——— 1993. *The End of the Bronze Age: Changes in Warfare and the Catastrophe, ca. 1200* b.c. Princeton: Princeton University Press.

——— 2004. *Early Riders: The Beginnings of Mounted Warfare in Asia and Europe*. London: Routledge.

Drinnon, Richard 1987. *Keeper of Concentration Camps: Dillon S. Myer and Ameri-can Racism*. Berkeley: University of California Press.

Drompp, Michael R. 2005. *Tang China and the Collapse of the Uighur Empire: A Documentary History*. Leiden: Brill.

Dunlop, D. M. 1954. *The History of the Jewish Khazars*. Princeton: Princeton Uni-versity Press.

Dunnell, Ruth 1994. The Hsi Hsia. In Herbert Franke and Denis Twitchett, eds., *Cambridge History of China*, vol. 6: *Alien Regimes and Border States, 907–1368*, 154–214. Cambridge: Cambridge University Press.

——— 1996. *The Great State of White and High: Buddhism and State Formation in Eleventh-Century Xia*. Honolulu: University of Hawai'i Press.

Dunnigan, James F., and Albert A. Nofi 1998. *The Pacific War Encyclopedia*. New York: Facts on File.

Dyson, A. E. 1968. Literature, 1895–1939. In C. L. Mowat, ed., *The New Cambridge Mod-ern History*, vol. XII: *The Shifting*

*Balance of World Forces, 1898–1945*; 2nd ed., vol. XII: *The Era of Violence*, 613–643. Cambridge: Cambridge University Press.

Eastman, Lloyd E. 1986. Nationalist China during the Nanking Decade, 1927–1937. In John K. Fairbank and Albert Feuerwerker, eds., *Cambridge History of China*, vol. 13: *Republican China, 1912–1942, Part 2*, 116–167. Cambridge: Cambridge University Press.

Ebrey, Patricia Buckley 2001. *A Visual Sourcebook of Chinese Civilization*. http://depts.washington.edu/chinaciv/tindex.htm.

Edwards, I.E.S., C. J. Gadd, and N.G.L. Hammond, eds. 1971. *The Cambridge An-cient History*, vol. I, part 2: *Early History of the Middle East*. 3rd ed. Cambridge: Cambridge University Press.

Edwards, I.E.S., C. J. Gadd, N.G.L. Hammond, and E. Sollberger, eds. 1973. *The Cam-bridge Ancient History*, vol. II, part 1: *History of the Middle East and the Aegean Region, c. 1800–1380* b.c. 3rd ed. Cambridge: Cambridge University Press.

Egami, Namio 1964. The Formation of the People and the Origin of the State in Ja-pan. *Memoirs of the Research Department of the Toyo Bunko* 23: 35–70.

Eide, Elling O. 1973. On Li Po. In: Arthur F. Wright and Denis Twitchett, ed., *Perspectives on the T'ang*. New Haven: Yale University Press, 367-403.

Ekvall, Robert B. 1968. *Fields on the Hoof: Nexus of Tibetan Nomadic Pastoralism*. New York: Holt, Rinehart and Winston.

Elisonas, Jurgis 1991. Christianity and the Daimyo. In John Whitney Hall, ed., *The Cambridge History of Japan*, vol. 4: *Early Modern Japan*, 301–372. Cambridge: Cambridge University Press.

Ellis, Eric 2007. Iran's Cola War. *Fortune*, February 6, 2007. http://money.cnn.com/magazines/fortune/fortune_archive/2007/02/19/8400167/index.htm.

Endicott-West, Elizabeth 1989. Merchant Associations in Yüan China: The *Ortoγ*. *Asia Major*, 3rd ser., 2.2: 127–154.

Enoki, K., G. A. Koshelenko, and Z. Haidary 1994. The Yüeh-chih and Their Migra-tions. In János Harmatta, ed., *History of Civilizations of Central Asia*, vol. II: *The Development of Sedentary and Nomadic Civilizations, 700 b.c. to a.d. 250*, 171–189. Paris: Unesco.

Ewig, Eugen 1997. Le myth troyen et l'histoire des Francs. In Michel Rouche, ed., *Clovis: histoire & mémoire,* 817–847. Paris: Presses de l'Université de Paris-Sorbonne.

Fairbank, John K. 1978. The Creation of the Treaty System. In John K. Fairbank, ed., *The Cambridge History of China*, vol. 10:

*Late Ch'ing, 1800–1911, Part 1*, 213–263 Cambridge: Cambridge University Press.

Fairweather, Eugene R. 1970. *A Scholastic Miscellany: Anselm to Ockham*. New York: Macmillan.

Fakhry, Majid 1983. *A History of Islamic Philosophy*. 2nd ed. New York: Columbia University Press.

Fan Yeh 1965. 後漢書 *(Hou Han shu)*. Peking: Chung-hua shu-chü.

Farquhar, David 1978. Emperor as Bodhisattva in the Governance of the Ch'ing Empire. *Harvard Journal of Asiatic Studies* 38.1: 5–34.

Farris, William Wayne *1995. Heavenly Warriors: The Evolution of Japan's Military*, 500–1300. Cambridge, Mass.: Harvard University, Council on East Asian Studies.

Felix, Wolfgang 1992. Chionites. In Ehsan Yarshater, ed., *Encyclopaedia Iranica, 5*. Costa Mesa: Mazda Publishers.

Fletcher, Joseph 1978. Sino-Russian Relations, 1800–62. In John K. Fairbank, ed., *Cambridge History of China*, vol. 10: *Late Ch'ing, 1800–1911, Part 1*, 318–350. Cambridge: Cambridge University Press.

Florinsky, Michael T., ed. 1961. *The McGraw-Hill Encyclopedia of Russia and the So-viet Union*. New York: McGraw-Hill.

Foster, B. O., trans. 1988. *Livy. Vol. 1: Books I and II*. Cambridge, Mass.: Harvard University Press.

Fowler, H. W. and F. G. Fowler 1905. *The Works of Lucian of Samosata*. Oxford: Clarendon Press.

Franck, I. M., and D. M. Brownstone 1986. *The Silk Road: A History*. New York: Facts on File.

Franke, Herbert 1994. The Chin Dynasty. In Herbert Franke and Denis Twitchett, eds., *Cambridge History of China*, vol. 6: *Alien Regimes and Border States, 907–1368,* 215–320. Cambridge: Cambridge University Press.

Franke, Herbert, and Denis Twitchett 1994. Introduction. In Herbert Franke and Denis Twitchett, eds., *Cambridge History of China*, vol. 6*: Alien Regimes and Border States, 907–1368,* 1–42. Cambridge: Cambridge University Press.

Frédéric, Louis 2002. *Japan Encyclopedia.* Trans. Käthe Roth. Cambridge: Cam-bridge University Press.

Frendo, Joseph D. 1975. *Agathias: The Histories*. Berlin: Walter de Gruyter.

Freu, Jacques 2003. *Histoire du Mitanni*. Paris: L'Harmattan.

Frye, R. N. 1983. *The Political History of Iran under the Sasanians*. In Ehsan Yar-shater, ed., *The Cambridge History of Iran*, vol. 3: *The Seleucid, Parthian and Sasanian Periods, Part 1,* 116–180. Cambridge: Cambridge University Press.

——— 2005. *Ibn Fadlan's Journey to Russia*. Princeton: Markus Wiener.

Gamkrelidze, Thomas V., and Vjaceslav V. Ivanov 1995. *Indo-European and the Indo-Europeans: A Reconstruction and Historical*

*Analysis of a Proto-Language and a Proto-Culture*. Trans. Johanna Nichols. Berlin: Mouton de Gruyter.

Garrett, Andrew 1999. A New Model of Indo-European Subgrouping and Dispersal. In Steve S. Chang, Lily Liaw, and Josef Ruppenhofer, eds., *Proceedings of the Twenty-Fifth Annual Meeting of the Berkeley Linguistics Society, February 12–15, 1999,* 146–156 (=http://socrates.berkeley.edu/~garrett/BLS1999.pdf ).

——— 2006. Convergence in the Formation of Indo-European Subgroups: Phylog-eny and Chronology. In Peter Forster and Colin Renfrew, eds., *Phylogenetic Methods and the Prehistory of Languages*, 139–151. Cambridge: McDonald Insti-tute for Archaeological Research.

Gerberding, Richard A. 1987. *The Rise of the Carolingians and the Liber Historiae Francorum*. Oxford: Clarendon.

Gernet, Jacques 1996. *A History of Chinese Civilization*. Trans. J. R. Foster and Charles Hartman. 2nd ed. Cambridge: Cambridge University Press.

Gershevitch, Ilya, ed. 1985. *The Cambridge History of Iran*, vol. 2: *The Median and Achaemenian Periods*. Cambridge: Cambridge University Press.

Gibb, H.A.R., et al., eds. 1960–2002. *The Encyclopaedia of Islam*. New ed. Leiden: Brill.

Godley, A. D., trans. 1972. *Herodotus*. Cambridge, Mass.: Harvard University Press.

Golden, Peter 1980. *Khazar Studies*. Budapest: Akadémiai Kiadó.

——— 1982. The Question of the Rus' Qağanate. *Archivum Eurasiae Medii Aevi* 2: 77–97.

——— 1987–1991. Nomads and Their Sedentary Neighbors in Pre-Činggisid Eurasia. *Archivum Eurasiae Medii Aevi* 7: 41–81.

——— 1991. Aspects of the Nomadic Factor in the Economic Development of Ki-evan Rus. In I. S. Koropeckyj, ed., *Ukrainian Economic History: Interpreta-tive Essays*, 58–101. Cambridge, Mass. Harvard Ukrainian Research Insti-tute.

——— 1992. *An Introduction to the History of the Turkic Peoples: Ethnogenesis and State-Formation in Medieval and Early Modern Eurasia and the Middle East*. Wiesbaden: Harrassowitz.

——— 1995. Chopsticks and Pasta in Medieval Turkic Cuisine. *Rocznik Orientalisty-czny* 49.2: 73–82.

——— 2001. Some Notes on the Comitatus in Medieval Eurasia with Special Refer-ence to the Khazars. *Russian History/Histoire Russe* 28.1–4: 153–170.

——— 2002. War and Warfare in the Pre-Chinggisid Western Steppes of Eurasia. In Nicola di Cosmo, ed., *Warfare in Inner Asian History (500–1800)*, 105–172. Lei-den: Brill.

——— 2002–2003. Khazar Turkic ghulâms in Caliphal Service: Onomastic Notes. *Archivum Eurasiae Medii Aevi* 12: 15–27.

——— 2004. Khazar Turkic ghulâms in Caliphal Service. *Journal Asiatique* 292.1–2: 279–309.

——— 2006. Some Thoughts on the Origins of the Turks and the Shaping of the Turkic Peoples. In Victor H Mair, ed., *Contact and Exchange in the Ancient World*, 136–157. Honolulu: University of Hawai'i Press.

——— 2007. The Conversion of the Khazars to Judaism. In Peter B. Golden, H. Ben-Shammai, and A. Róna-Tas, eds., *The World of the Khazars: New Perspec-tives*, 123–162. Leiden: Brill.

Gommans, Jos 2007. Mughal India and Central Asia in the Eighteenth Century: An Introduction to a Wider Perspective. In Scott C. Levi, ed., *India and Cen-tral Asia. Commerce and Culture, 1500–1800*, 39–63. New Delhi: Oxford Uni-versity Press.

Gonnet, H. 1990. Telibinu et l'organisation de l'espace chez les Hittites. In *Tracés de fondation*, *Bib. EPHE* XCIII: 51–57. (Cited in Mazoyer 2003: 27.)

Goralski, Robert 1981. *World War II Almanac: 1931–1945; A Political and Military Record*. New York: G. P. Putnam's Sons.

Gowing, Lawrence, ed. 1983. *A Biographical Dictionary of Artists*. New York: Facts on File.

Grant, Edward, ed. 1974. *A Source Book in Medieval Science*. Cambridge, Mass.: Harvard University Press.

Grassmann, Hermann 1863. Ueber die Aspiraten und ihr gleichzeitiges Vorhanden-sein im An-und Auslaute der Wurzeln. *Zeitschrift für vergleichende Sprach-forschung auf dem Gebiete des Deutschen, Griechischen und Lateinischen* 12.2: 81–138. (Partial translation, "Concerning the Aspirates and Their Simultaneous Presence in the Initial and Final of Roots," in Lehmann 1967: 109–131.) Grenet, Frantz 2003. *La geste d'Ardashir fils de Pâbag*. Die: Editions A Die.

——— 2005. The Self-Image of the Sogdians. In Étienne de la Vaissière and Éric Trombert, eds., *Les Sogdiens en Chine*, 123–140. Paris: École française d'Extrême-Orient.

Grupper, Samuel M. 1980. The Manchu Imperial Cult of the Early Ch'ing Dynasty: Texts and Studies on the Tantric Sanctuary of Mahākāla at Mukden. Ph.D. dis-sertation, Indiana University, Bloomington.

Guterbock, Hans G., and Theo P. J. van den Hout 1991. *The Hittite Instruction for the Royal Bodyguard*. Assyriological Studies No. 24. Chicago: Oriental Institute of the University of Chicago.

Gyllensvärd, Bo, ed. 1974. *Arkeologiska Fynd från Folkrepubliken Kina*. Katalog 19. Stockholm: Östasiatiska Museet.

Haiman, J. 1994. Iconicity and Syntactic Change. In R. E. Asher, ed., *The Encyclope-dia of Language and Linguistics*, 1633–1637. Oxford: Pergamon.

Hall, John Whitney 1991. Introduction. In John Whitney Hall, ed., *The Cambridge History of Japan,* vol. 4: *Early Modern Japan,* 1–39. Cambridge: Cambridge University Press, 1991.

Hambly, Gavin R. G. 1991. Āghā Muh. ammad Khān and the Establishment of the Qājār Dynasty. In Peter Avery et al., eds., *The Cambridge History of Iran*, vol. 7: *From Nadir Shah to the Islamic Republic*, 104–143. Cambridge: Cambridge Uni-versity Press.

Harrison, John R. 1966. *The Reactionaries: A Study of the Anti-democratic Intelli-gentsia*. New York: Schocken.

Hayashi, Toshio 1984. Agriculture and Settlements in the Hsiung-nu. *Bulletin of the Ancient Orient Museum* 6: 51–92.

Heidenreich, Donald E., Jr. 2003. Pearl Harbor. In Peter Knight, ed., *Conspiracy Theories in American History*, 579–582. Santa Barbara: ABC-CLIO.

Hicks, Robert Drew, trans. 1980. *Diogenes Laertius: Lives of Eminent Philosophers*. Cambridge, Mass.: Harvard University Press.

Hildinger, Erik 2001. *Warriors of the Steppe: A Military History of Central Asia, 500 B.C. to 1700 a.d.* Cambridge, Mass.: Da Capo.

Hill, John E. 2003. The Western Regions according to the *Hou Hanshu*: The *Xiyu juan* "Chapter on the Western Regions" from *Hou Hanshu* 88, 2nd ed. http://depts.washington.edu/uwch/silkroad/texts/hhshu/hou_han_shu.html#sec8.

——— forthcoming. *Through the Jade Gate to Rome: A Study of the Silk Routes dur-ing the Later Han Dynasty, 1st to 2nd Centuries* ce. *An Annotated Translation of The Chapter on the "Western Regions" from the* Hou Hanshu.

Ho, Yeh-huan 1999. 揚子鱷在黃河中下游的地理分布及其南移的原因 (Yang-tzu o tsai Huang Ho chung-hsia you-te ti-li fen-pu chi ch'i nan-i-te yüan-yin). *Li-shih ti-li* 15: 125–131.

Hock, Hans Heinrich 1999a. Out of India? The Linguistic Evidence. In Johannes Bronkhorst and Madhav M. Deshpande, eds., *Aryan and Non-Aryan in South Asia: Evidence, Interpretation and Ideology*, 1–18. Proceedings of the Interna-tional Seminar on Aryan and Non-Aryan in South Asia, University of Michi-gan, Ann Arbor, 25–27 October 1996. Cambridge, Mass.: Harvard University Department of Sanskrit and Indian Studies.

——— 1999b. Through a Glass Darkly: Modern "Racial" Interpretations vs. Textual and General Prehistoric Evidence on *ārya* and *dāsa/dasyu* in Vedic Society. In Johannes Bronkhorst and Madhav M. Deshpande, eds., *Aryan and Non-Aryan in South Asia: Evidence, Interpretation and Ideology*, 145–174. Proceedings of the International Seminar on Aryan and Non-Aryan in South Asia, University of Michigan, Ann Arbor, 25–27 October 1996. Cambridge, Mass.: Harvard Uni-versity Department of Sanskrit and Indian Studies.

Hoffmann, Helmut 1961. *The Religions of Tibet*. New York: Macmillan.

Holmes, Richard, ed. 2001. *The Oxford Companion to Military History*. Oxford: Ox-ford University Press.

Hornblower, Simon, and Antony Spawforth, eds. 2003. *The Oxford Classical Dic-tionary*. 3rd ed., rev. Oxford: Oxford University Press.

Horne, Charles F., ed. 1917. *The Sacred Books and Early Literature of the East*, vol. VII: *Ancient Persia*. New York: Parke, Austin, & Lipscomb.

Hosking, Geoffrey 2001. *Russia and the Russians: A History*. Cambridge, Mass.: Belknap Press of Harvard University Press.

Howarth, Patrick 1994. *Attila, King of the Huns: Man and Myth*. London: Con-stable.

Hsu, Immanuel C. Y. 1980. Late Ch'ing Foreign Relations, 1866–1905. In John K. Fairbank and Kwang-ching Liu, eds., *Cambridge History of China*, vol. 11: *Late Ch'ing, 1800–1911*, *Part 2*, 70–141. Cambridge: Cambridge University Press.

Hudson, Mark J. 1999. *Ruins of Identity: Ethnogenesis in the Japanese Islands*. Hono-lulu: University of Hawai'i Press.

Hui Li 2000. 大慈恩寺三藏法師傳 (*Ta tz'u en ssu San Tsang fa shih chuan*). Ed. Sun Yü-t'ang and Hsieh Fang. Peking: Chung-hua shu-chü.

Hui, Victoria Tin-bor 2005. *War and State Formation in Ancient China and Early Modern Europe*. New York: Cambridge University Press.

Hutton, M. 1970. Tacitus. In M. Hutton et al., *Tacitus: Agricola*, *Germania*, *Dialo-gus*, 127–215. Cambridge, Mass.: Harvard University Press.

Hyman, Anthony 1996. Volga Germans. In Graham Smith, ed., *The Nationalities Question in the Post-Soviet States*, 462–476. London: Longman.

İnalcik, H. 1997. Istanbul. *E.I.2* IV: 224–248.

Issawi, Charles Philip 1971. *The Economic History of Iran, 1800–1914*. Chicago: Uni-versity of Chicago Press.

Jagchid, Sechin, and Van Jay Symons 1989. *Peace, War, and Trade along the Great Wall: Nomadic-Chinese Interaction through Two Millennia*. Bloomington: In-diana University Press.

James, Edward 2001. *Britain in the First Millennium*. New York: Oxford University Press.

Janhunen, Juha, ed. 2003. *The Mongolic Languages*. London: Routledge.

Jansen, Marius B. 1989. The Meiji Restoration. In Marius B. Jansen, ed., *The Cam-bridge History of Japan*, vol 5: *The Nineteenth*

*Century*, 308–366. Cambridge: Cambridge University Press.

Jansen, Thomas, Peter Forster, Marsha A. Levine, Hardy Oelke, Matthew Hurles, Colin Renfrew, Jurgen Weber, and Klaus Olek 2002. Mitochondrial DNA and the Origins of the Domestic Horse. *Proceedings of the National Academy of Sci-ences* 99.16: 10905–10910.

Johanson, Lars, and Éva Á. Csató, eds. 1998. *The Turkic Languages*. London: Rout-ledge.

Jones, Horace Leonard 1924. *The Geography of Strabo*. Vol. 3. London: William Hei-nemann.

Joo-Jock, Arthur Lim 1991. Geographical Setting. In Ernest C. T. Chew and Edwin Lee, eds. *A History of Singapore*, 3–14. Oxford: Oxford University Press.

Kafadar, Cemal 1995. *Between Two Worlds: The Construction of the Ottoman State*. Berkeley: University of California Press.

Kazanski, Michel 2000. L'or des princes barbares. *Archéologia*, No. 371 (October): 20–31.

Keightley, David N. 1999. The Shang: China's First Historical Dynasty. In Michael Loewe and Edward L. Shaughnessy, eds., *The Cambridge History of Ancient China: From the Origins of Civilization to 221 B.C.*, 232–291. Cambridge: Cam-bridge University Press.

Kellens, Jean 1989. Avestique. In Rüdiger Schmitt, ed., *Compendium Linguarum Iranicarum*, 32–55. Wiesbaden: Dr. Ludwig Reichert Verlag.

Keydell, Rudolf, ed. 1967. *Agathiae Myrinaei historiarum libri quinque*. Corpus fon-tium historiae Byzantinae, vol. II. Berlin: Walter de Gruyter.

Khalid, Adeeb 2007. *Islam after Communism: Religion and Politics in Central Asia*. Berkeley: University of California Press.

Khazanov, Anatoly M. 1984. *Nomads and the Outside World*. Cambridge: Cam-bridge University Press.

King, Anya H. 2007. The Musk Trade and the Near East in the Early Medieval Pe-riod. Ph.D. dissertation. Indiana University, Bloomington.

Kiyose, Gisaburo N. 1977. *A Study of the Jurchen Language and Script: Reconstruc-tion and Decipherment*. Kyoto: Horitsubunka-sha.

Kiyose, Gisaburo N., and Christopher I. Beckwith 2006. The Silla Word for 'Walled City' and the Ancestor of Modern Korean. *Arutaigo kenkyû—Altaistic Studies* 1: 1–10.

——— 2008. The Origin of the Old Japanese Twelve Animal Cycle. *Arutaigo kenkyû—Altaistic Studies* 2: 1–18.

Klyashtornyi, S.G. 1994. The Royal Clan of the Turks and the Problem of Early Turkic-Iranian Contacts. *Acta Orientalia Academiae Scientiarum Hungaricae* 47.3: 445–448.

Klyashtornyi, S. G., and B. A. Livshits 1972. The Sogdian Inscription of Bugut Re-vised. *Acta Orientalia Academiae Scientiarum Hungaricae* 26: 69–102.

Kochnev, B. D. 1996. The Origins of the Karakhanids: A Reconsideration. *Der Islam* 73: 352–357.

Kohl, Philip L. 1995. Central Asia and the Caucasus in the Bronze Age. In Jack M. Sasson, ed., *Civilizations of the Ancient Near East*, 2: 1051–1065. New York: Charles Scribner's Sons.

Kovalev, R. K. 2005. Creating Khazar Identity through Coins: The Special Issue Dirhams of 837/8. In F. Curta, ed., *East Central Europe in the Early Middle Ages*, 220–253. Ann Arbor: University of Michigan Press. Kramers, J. H., and M. Morony 1991. Marzpān. *E.I.*$_2$ VI: 633–634.

Krause, Wolfgang, and Werner Thomas 1960–1964. *Tocharisches Elementarbuch*. Heidelberg: C. Winter.

Krueger, John R. 1961a. *Chuvash Manual*. Uralic and Altaic Series, vol. 7. Blooming-ton: Indiana University.

——— 1961b. An Early Instance of Conditioning from the Chinese Dynastic Histo-ries. *Psychological Reports* 9: 117.

Kyzlasov, I. L. 1994. Рунические письменности евразийских степей. Moscow: Vostočnaja literatura.

Labov, William 1982. *The Social Stratification of English in New York City*. Washing-ton, D.C.: Center for Applied Linguistics.

Langlois, John D., Jr. 1981. Introduction. In John D. Langlois Jr., ed., *China under Mongol Rule*. Princeton: Princeton University Press.

Latham, Ronald, trans. 1958. *The Travels of Marco Polo*. Harmondsworth: Penguin.

Lattimore, Steven, trans. 1998. *Thucydides: The Peloponnesian War*. Indianapolis: Hackett.

Layton, Ronald V., Jr. 1999. Cryptography. In David T. Zabecki et al., eds., *World War II in Europe: An Encyclopedia*, 1192–1194. New York: Garland.

Lazzerini, Edward J. 1996. Crimean Tatars. In Graham Smith, ed., *The Nationalities Question in the Post-Soviet States*, 412–435. London: Longman.

Ledyard, Gari 1975. Galloping Along with the Horseriders: Looking for the Found-ers of Japan. *Journal of Japanese Studies* 1.2: 217–254.

Lefebvre, Claire, Lydia White, and Christine Jourdan, eds. 2006. *L2 Acquisition and Creole Genesis: Dialogues*. Amsterdam:

Benjamins.

Legge, James, ed. and trans. 1935. *The Chinese Classics, with a Translation, Critical and Exegetical Notes, Prolegomena, and Copious Indexes*, vol. IV: *The She King*. Second edition with minor text corrections and a table of concordances. Shang-hai; repr., Taipei: Wen-hsing shu-tien, 1966.

Legrand, Ph.-E., ed. and trans. 1949. *Hérodote: histoires, livre IV, Melpomène*. Paris: Société d'édition "les belles lettres".

Lehmann, Clayton M. 2006. Dacia. http://www.usd.edu/~clehmann/pir/dacia.htm. Lehmann, Winfred P., ed. 1967. *A Reader in Nineteenth Century Historical Indo-European Linguistics*. Bloomington: Indiana University Press.

——— 1973. *Historical Linguistics: An Introduction*. 2nd ed. New York: Holt, Rine-hart and Winston.

——— 1993. *Theoretical Bases of Indo-European Linguistics*. London: Routledge.

Levi, Scott C. 2002. *The Indian Diaspora in Central Asia and Its Trade, 1550–1900*.

Leiden: Brill.

———, ed. 2007a. Introduction. In Scott C. Levi, ed., *India and Central Asia: Com-merce and Culture, 1500–1800*, 1–36. New Delhi: Oxford University Press.

———, ed. 2007b. India, Russia, and the Eighteenth-Century Transformation of the Central Asian Caravan Trade. In Scott C. Levi, ed., *India and Central Asia: Commerce and Culture, 1500–1800*, 93–122. New Delhi: Oxford University Press.

———, ed. 2007c. *India and Central Asia: Commerce and Culture, 1500–1800*. New Delhi: Oxford University Press.

Levin, Nora 1988. *The Jews in the Soviet Union since 1917: Paradox of Survival*. New York: New York University Press.

Lewis, Bernard 1982. The Question of Orientalism. *New York Review of Books* 29.11 (June 24): 49–56.

Lewis, Wyndham 1954. *The Demon of Progress in the Arts*. London: Methuen.

Li, Rongxi, trans. 1995. *A Biography of the Tripit.aka Master of the Great Ci'en Mon-astery of the Great Tang Dynasty*. Berkeley: Numata Center for Buddhist Trans-lation and Research.

Liddell, Henry George, Robert Scott, and Henry Stuart Jones 1968. *A Greek-English Lexicon*. Oxford: Clarendon Press.

Lincoln, Bruce 1991. *Death, War, and Sacrifice: Studies in Ideology and Practice*. Chicago: University of Chicago Press.

Lindner, Rudi Paul 1981. Nomadism, Horses and Huns. *Past and Present* 92: 3–19.

——— 1982. What Was a Nomadic Tribe? *Comparative Studies in Society and His-tory* 24.4: 689–711.

——— 2005. *Explorations in Ottoman Prehistory*. Ann Arbor: University of Michi-gan Press.

Lindow, John 1976. *Comitatus, Individual and Honor: Studies in North Germanic Institutional Vocabulary*. Berkeley: University of California Press.

Ling-hu Te-fen 1971. 周書 (*Chou shu*). Peking: Chung-hua shu-chü.

Littauer, Mary Aiken, and Joost H. Crouwel 2002. *Selected Writings on Chariots and Other Early Vehicles, Riding and Harness*. Ed. Peter Raulwing. Leiden: Brill.

Littleton, C. Scott, and Linda A. Malcor 1994. *From Scythia to Camelot: A Radical Reassessment of the Legends of King Arthur, the Knights of the Round Table, and the Holy Grail*. New York: Garland.

Litvinsky, Boris A., and Tamara I. Zeimal 1971. А жина-Тепа. Moscow: Iskusstvo. Liu Hsü et al. 1975. 舊唐書 (*Chiu T'ang shu*). Peking: Chung-hua shu-chü.

Liu Kwang-ching and Richard J. Smith 1980. The Military Challenge: The North-west and the Coast. In John K. Fairbank and Kwang-ching Liu, eds., *The Cambridge History of China*, vol. 11: *Late Ch'ing, 1800–1911, Part 2*, 202–273. Cambridge: Cambridge University Press.

Liu Yingsheng 1989. Zur Urheimat und Umsiedlung der Toba. *Central Asiatic Jour-nal* 33.1–2: 86–107.

Loewe, Michael 1986. The Former Han Dynasty. In Denis Crispin Twitchett and Michael Loewe, eds., *The Cambridge History of China*, vol. 1: *The Ch'in and Han Empires, 221 B.C .–A.D. 220*, 103–222. Cambridge: Cambridge University Press.

Lowry, Heath W. 2003. *The Nature of the Early Ottoman State*. Albany: State Uni-versity of New York Press.

Lyon, Bryce D. 1972. *The Origins of the Middle Ages: Pirenne's Challenge to Gibbon*. New York: Norton.

Macan, Reginald Walter 1895. *Herodotus. The Fourth, Fifth, and Sixth Books*. Vol. I, *Introduction, Text with Notes*. London: Macmillan.

Mackerras, Colin 1972. *The Uighur Empire According to the T'ang Dynastic Histories: A Study in Sino-Uighur Relations, 744–840*. Columbia: University of South Carolina Press.

——— 1990. The Uighurs. In Denis Sinor, ed., *The Cambridge History of Early Inner Asia*, 317–342. Cambridge: Cambridge University Press.

Mair, Victor, ed. 1998. *The Bronze Age and Early Iron Age Peoples of Eastern Central Asia*. Philadelphia: Institute for the Study of Man.

Makdisi, George 1981. *The Rise of Colleges: Institutions of Learning in Islam and the West*. Edinburgh: Edinburgh University

Press.

Mallory, J. P. 1989. *In Search of the Indo-Europeans: Language, Archaeology and Myth*. London: Thames & Hudson.

Mallory, J. P., and D. Q. Adams, eds. 1997. *Encyclopedia of Indo-European Culture*. London: Fitzroy Dearborn.

——— 2006. *The Oxford Introduction to Proto-Indo-European and the Proto-Indo-European World*. Oxford: Oxford University Press.

Mallory, J. P., and Victor Mair 2000. *The Tarim Mummies: Ancient China and the Mystery of the Earliest Peoples from the West*. New York: Thames & Hudson.

Manz, Beatrice Forbes 1989. *The Rise and Rule of Tamerlane*. Cambridge: Cam-bridge University Press.

——— 2000. Tīmūr Lang. *E.I.*$_2$ X: 510–513.

Markovits, Claude 2007. Indian Merchants in Central Asia: The Debate. In Scott C. Levi, ed., *India and Central Asia: Commerce and Culture, 1500–1800*, 123–151. New Delhi: Oxford University Press.

Mathews, R. H. 1943. *Mathews' Chinese-English Dictionary*. Rev. American ed. Cambridge, Mass.: Harvard University Press.

Matthee, Rudoloph P. 1999. *The Politics of Trade in Safavid Iran: Silk for Silver, 1600–1730*. Cambridge: Cambridge University Press.

Mattingly, H., trans. 1970. *Tacitus: The Agricola and the Germania*. Rev. S. A. Hand-ford. Harmondsworth: Penguin.

Mayrhofer, M. 1986–2000. *Etymologisches Wörterbuch des Altindoarischen*. Heidel-berg: Carl Winter.

Mazoyer, Michel 2003. *Télipinu, le dieu au marécage: Essai sur les mythes fondateurs du royaume hittite*. Paris: L'Harmattan, Association Kubaba.

McGeveran, William A., Jr. 2006. *The World Almanac and Book of Facts, 2006*. New York: World Almanac Books.

McNeill, William H. 1977. *Plagues and Peoples*. New York: Anchor Books.

Melchert, H. Craig 1995. Indo-European Languages of Anatolia. In Jack M. Sasson, ed., *Civilizations of the Ancient Near East*, 4: 2151–2159. New York: Charles Scribner's Sons.

Melyukova, A.I. 1990. The Scythians and Sarmatians. In Denis Sinor, ed., *The Cam-bridge History of Early Inner Asia*, 97–117. Cambridge: Cambridge UniversitymPress.

Millar, James R., ed. 2003. *Encyclopedia of Russian History*. Indianapolis: Mac-millan USA.

Miller, Margaret C. 1999. *Athens and Persia in the Fifth Century bc: A Study in Cul-tural Receptivity*. Cambridge: Cambridge

University Press.

Millward, James A. 2004. *Violent Separatism in Xinjiang: A Critical Assessment.* Washington, D.C.: East-West Center Washington.

——— 2007. *Eurasian Crossroads: A History of Xinjiang.* New York: Columbia Uni-versity Press.

Minorsky, Vladimir 1942. *Sharaf al-Zamān T. āhir Marvazī on China, the Turks and India: Arabic Text (circa* a.d. *1120).* London: Royal Asiatic Society.

——— 1948. Tamīm ibn Bah. r's Journey to the Uyghurs. *Bulletin of the School of Ori-ental and African Studies, University of London* 12.2: 275–305.

Molè, Gabriella 1970. *The T'u-yü-hun from the Northern Wei to the Time of the Five Dynasties.* Serie Orientale Roma, vol. 41. Rome: Istituto Italiano per il Medio ed Estremo Oriente.

Moribe, Yutaka 2005. Military Officers of Sogdian Origin from the Late T'ang Dynasty to the Period of the Five Dynasties. In Étienne de la Vaissière and Éric Trombert, eds., *Les Sogdiens en Chine*, 243–254. Paris: École française d'Extrême-Orient.

Mote, Frederick W. 1994. Chinese Society under Mongol Rule, 1215–1388. In Herbert Franke and Denis Twitchett, eds., *The Cambridge History of China*, vol. 6: *Alien Regimes and Border States, 907–1368,* 616–664. Cambridge: Cambridge University Press.

Moule, A. C., and Paul Pelliot 1938. *Marco Polo: The Description of the World.* Lon-don: Routledge.

Mous, Maarten 1996. Was There Ever a Southern Cushitic Language (Pre-) Ma'a? In Catherine Griefenow-Mewis and Rainer M. Voigt, eds., *Cushitic and Omotic Languages*, 201–211. Proceedings of the Third International Symposium. Ber-lin, March 17–19, 1994. Cologne: Rüdiger Köppe.

——— 2003. *The Making of a Mixed Language: The Case of Ma'a/Mbugu.* Amster-dam: Benjamins.

Mowat, C. L., ed. 1968. *The New Cambridge Modern History*, vol. XII: *The Shifting Balance of World Forces, 1898–1945; 2nd ed.*, vol. XII: *The Era of Violence.* Cam-bridge: Cambridge University Press.

Müller, F. Max 1891. *Vedic Hymns.* Vol. 1. Oxford: Clarendon Press.

Müller, F.W.K. 1907. Beitrag zur genaueren Bestimmung der unbekannten Sprachen Mittelasiens. *Sitzunsberichte der Preussischen Akademie der Wissenschaften, philosophisch-historische Klasse* 19: 958–960.

Nagrodzka-Majchrzyk, Teresa. 1978. *Geneza miast u dawnych ludów tureckich (VII– XII w.).* Wrocław: Zaklad Narodowy im. Ossolinskich.

Nasr, Seyyed Hossein 2006. *Islamic Philosophy from Its Origin to the Present: Phi-losophy in the Land of Prophecy*. Albany: State University of New York Press.

Nevsky, Nicolas 1926. *A Brief Manual of the Si-hia Characters with Tibetan Tran-scriptions*. Osaka: Osaka Oriental Society.

Newitt, M. D. D. 2005. *A History of Portuguese Overseas Expansion, 1400–1668*. Lon-don: Routledge.

Nichols, Johanna 1997a. The Epicentre of the Indo-European Linguistic Spread. In Roger Blench and Matthew Spriggs, eds., *Archaeology and Language I: Theo-retical and Methodological Orientations*, 122–148. London: Routledge.

——— 1997b. Modeling Ancient Population Structures and Movement in Linguis-tics. *Annual Review of Anthropology* 26: 359–384.

——— 2004. Chechnya and Chechens. In James R. Millar, ed., *Encyclopedia of Rus-sian History*, 232–235. New York: Macmillan Reference.

Noonan, Thomas S. 1981. Ninth-Century Dirham Hoards from European Russia: A Preliminary Analysis. In M. A. S. Blackburn and D. M. Metcalf, eds., *Viking Age Coinage in the Northern Lands*, 47–117. The Sixth Oxford Symposium on Coinage and Monetary History. British Archaeological Reports, International Series 122. Oxford: B.A.R. (Reprinted in Noonan 1998.)

——— 1997. The Khazar Economy. *Archivum Eurasiae Medii Aevi* 9: 253–318.

——— 1998. *The Islamic World, Russia and the Vikings, 750–900*. Aldershot, Hamp-shire: Ashgate Variorum.

Northedge, A. 1995. Sāmarrā'. *E.I.*$_2$ VIII: 1039–1041.

Oren, Eliezer D., ed. 2000. *The Sea Peoples and Their World: A Reassessment*. Phila-delphia: University Museum, University of Pennsylvania.

Ostrogorsky, George 1968. *History of the Byzantine state*. Translated by Joan Hussey. 2nd edition. Oxford: Blackwell.

Ötkur, Abdurehim 1985. ئىز (*Iz*). Ürümchi: Shinjang Khälq Näshriyati. (3rd print-ing, 1986.)

Ou-yang Hsiu and Sung Ch'i 1975. 新唐書 (*Hsin T'ang shu*). Peking: Chung-hua shu-chü.

Owen, Stephen 1981. *The Great Age of Chinese Poetry: The High T'ang*. New Haven: Yale University Press.

Pai, Hyung Il 2000. *Constructing "Korean" Origins. A Critical Review of Archaeol-ogy, Historiography, and Racial Myth in Korean State-Formation Theories*. Cambridge, Mass.: Harvard University Asia Center.

Pan Ku et al. 1962. 漢書 (*Han shu*). Peking: Chung-hua shu-chü.

Pearson, M. N. 1987. *The New Cambridge History of India*, I, 1: *The Portuguese in India*. Cambridge: Cambridge University Press.

Pedersen, J., George Makdisi, Munibur Rahman, and R. Hillenbrand 1986. Ma-drasa. *E.I.*$_2$ V: 1123–1154.

Pegolctti, Francesco Balducci 1936. *La pratica della mercatura*. Ed. Allan Evans. Cambridge: Medieval Academy of America.

Pelliot, Paul 1961. *Histoire ancienne du Tibet*. Paris: Maisonneuve.

——— 1959–1963. *Notes on Marco Polo*. Paris: Maisonneuve.

Perdue, Peter C. 2005. *China Marches West: The Qing Conquest of Central Eurasia*. vCambridge, Mass.: Belknap Press of Harvard University Press.

Perrin, Bernadotte, trans. 1998. *Plutarch's Lives*. Vol.1. Cambridge, Mass.: Harvard University Press.

Petech, Luciano 1952. *I missionari italiani nel Tibet e nel Nepal*. Parte II. Rome: Li-breria dello Stato.

——— 1954. *I missionari italiani nel Tibet e nel Nepal*. Parte V. Rome: Libreria dello Stato.

——— 1955. *I missionari italiani nel Tibet e nel Nepal*. Parte VI. Rome: Libreria dello Stato.

——— 1983. Tibetan Relations with Sung China and with the Mongols. In Morris Rossabi, ed., *China among Equals: The Middle Kingdom and its Neighbors, 10th–14th Centuries, 173–203*. Berkeley: University of California Press.

Peters, F. E. 1994. *Muhammad and the Origins of Islam*. Albany: State University of New York Press.

Peterson, C. A. 1979. Court and Province in Mid-and Late T'ang. In Denis Twitch-ett, ed., *The Cambridge History of China*, vol. 3: *Sui and T'ang China, 589–906, Part 1*, 464–560. Cambridge: Cambridge University Press.

Picken, Laurence, et al. 1981. *Music from the Tang Court*. Vol. 1. London: Oxford University Press.

——— 1985–2000. *Music from the T'ang Court*. Vols. 2–7. Cambridge: Cambridge University Press.

Piggott, Stuart 1992. *Wagon, Chariot and Carriage: Symbol and Status in the History of Transport*. London: Thames and Hudson.

Pirenre, Henri 1939. *Mohammed and Charlemagne*. London: Allen & Unwin.

Pletneva, S.A. 1958. Печенеги, Торки и По овцы в южнорусских степях. *Trudy Volgo-Donskoi Arkheologicheskoi Ekspeditsii, Materialy i issledovaniia po arkheo-logii SSSR* 62: 151–226.

——— 1967. От кочевии к горо ам; са тово-маяцкая ку ьтура. Moscow: Nauka. Pohl, Walter 1988. *Die Awaren: Ein Steppenvolk im Mitteleuropa, 567–822 n. Chr*. Munich: Beck.

Pokorny, Julius 1959. *Indogermanisches etymologisches Wörterbuch*. I. Band. Bern: Francke Verlag.

Psarras, Sophia-Karin 1994. Exploring the North: Non-Chinese Cultures of the Late Warring States and Han. *Monumenta Serica* 42: 1–125.

——— 2003. Han and Xiongnu: A Reexamination of Cultural and Political Rela-tions (I). *Monumenta Serica* 51: 55–236.

——— 2004. Han and Xiongnu: A Reexamination of Cultural and Political Rela-tions (II). *Monumenta Serica* 52: 95–112.

Pulleyblank, Edwin G. 1955. *The Background of the Rebellion of An Lu-shan*. Oxford: Oxford University Press.

——— 1984. *Middle Chinese: A Study in Historical Phonology*. Vancouver: University of British Columbia Press.

——— 1991. *Lexicon of Reconstructed Pronunciation in Early Middle Chinese, Late Middle Chinese, and Early Mandarin*. Vancouver: UBC Press.

——— 1995. The Historical and Prehistorical Relationships of Chinese. In William S. Y. Wang, ed., *Languages and Dialects of China*, 145–194. Journal of Chinese Linguistics Monograph Series, No. 8.

——— 1996. Early Contacts between Indo-Europeans and Chinese. *International Review of Chinese Linguistics* 1.1: 1–25.

——— 2000. The Hsiung-nu. In Hans Robert Roemer, ed., *Philologiae et Historiae Turcicae Fundamenta*, vol. 3, 52–75. Berlin: Klaus Schwartz Verlag.

Rackham, H., ed. and trans. 1934. *Aristotle: The Nicomachean Ethics*. Cambridge, Mass.: Harvard University Press.

Ramet, Sabrina Petra 1993. Religious Policy in the Era of Gorbachev. In Sabrina P. Ramet, ed., *Religious Policy in the Soviet Union*, 31–52. Cambridge: Cambridge University Press.

Rastorgueva, V. S., and D. I. E˙ del'man 2000. Этимо огический с оварь иранских языков, I–II. Moscow: Vostočnaja literatura.

Raulwing, Peter 2000. *Horses, Chariots, and Indo-Europeans: Foundations and Methods of Chariotry Research from the Viewpoint of Comparative Indo-European Linguistics*. Budapest: Archaeolingua.

Rawlinson, George, trans. 1992. *Herodotus: The Histories*. London: J. M. Dent & Sons.

Remy, Arthur F. J. 1907. The Avesta. *The Catholic Encyclopedia*, vol. II. New York: Robert Appleton. Online edition, http://w ww.newadvent.org/cathen/02151b.htm.

Richards, John F. 1993. *The New Cambridge History of India*, I, 5: *The Mughal Em-pire*. Cambridge: Cambridge University Press.

Rolle, Renate 1989. *The World of the Scythians*. Trans. F. G. Walls. Berkeley: Univer-sity of California Press.

Róna-Tas, András, and S. Fodor 1973. *Epigraphica Bulgarica*. Szeged: Studia Uralo-Altaica.

Rossa, Jesse 2006. *Ezra Pound in His Time and Beyond: The Influence of Ezra Pound on Twentieth-Century Poetry*. Newark: University of Delaware Library.

Rossabi, Morris 1981. The Muslims in the Early Yüan Dynasty. In John D. Langlois Jr., ed., *China under Mongol Rule*, 257–295.

Princeton: Princeton University Press.

——— ed. 1983. *China among Equals: The Middle Kingdom and Its Neighbors, 10th–14th Centuries*. Berkeley: University of California Press.

——— 1988. *Khubilai Khan: His Life and Times*. Berkeley: University of California Press.

——— 1994. The Reign of Khubilai Khan. In Herbert Franke and Denis Twitchett, eds., *Cambridge History of China,* vol. 6: *Alien Regimes and Border States, 907–1368*, 414–489. Cambridge: Cambridge University Press.

Rothenberg, Joshua 1978. Jewish Religion in the Soviet Union. In Lionel Kochan, ed., *The Jews in Soviet Russia since 1917*, 168–196. Oxford: Oxford University Press.

Rudelson, Justin J. 1997. *Oasis Identities: Uyghur Nationalism along China's Silk Road*. New York: Columbia University Press.

Russell-Wood, A.J.R. 1998. *The Portuguese Empire, 1415–1808: A World on the Move*. Baltimore: Johns Hopkins Press.

Rybatzki, Volker 2000. Titles of Türk and Uigur Rulers in the Old Turkic Inscrip-tions. *Central Asiatic Journal* 44.2: 205–292.

Sadie, Stanley, and John Tyrell, eds. 2001. *The New Grove Dictionary of Music and Musicians*. 2nd ed. London: Macmillan.

Sagart, Laurent 1999. *The Roots of Old Chinese*. Amsterdam: John Benjamins.

Said, Edward 1978. *Orientalism*. New York: Pantheon Books.

Sandler, Stanley, ed. 2001. *World War II in the Pacific: An Encyclopedia*. New York: Garland.

Sasson, Jack M., ed. 1995. *Civilizations of the Ancient Near East*. New York: Charles Scribner's Sons.

Savory, R. M., et al. 1995. S. afawids. *E.I.*$_2$ VIII: 765–793.

Schamiloglu, Uli 1984a. The *Qaraçi* Beys of the Later Golden Horde: Notes on the Organization of the Mongol World Empire. *Archivum Eurasiae Medii Aevi* 4: 283–297.

——— 1984b. The Name of the Pechenegs in Ibn H. ayyân's *Al-Muqtabas*. *Journal of Turkish Studies* 8: 215–222.

——— 1991. The End of Volga Bulgarian. In *Varia Eurasiatica: Festschrift für Profes-sor András Róna-Tas*, 157–163. Szeged: Department of Altaic Studies.

Scherman, Katharine 1987. *The Birth of France: Warriors, Bishops, and Long-Haired Kings*. New York: Random House.

Schmitt, Rüdiger 1989. *Altiranische Sprachen im Überblick*. In Rüdiger Schmitt, ed., *Compendium Linguarum Iranicarum*, 25–31. Wiesbaden: Dr. Ludwig Reichert Verlag.

Shcherbak, A. M. 2001. Тюркская руника. St. Petersburg: Nauka.

Scott, James C. 1998. *Seeing Like a State: How Certain Schemes to Improve the Hu-man Condition Have Failed.* New Haven: Yale University Press.

Sezgin, Fuat 1978. *Geschichte des Arabischen Schrifttums, Band VI. Astronomie, bis ca. 430 H.* Leiden: Brill.

——— 1984. *Geschichte des Arabischen Schrifttums, Band IX. Grammatik, bis ca. 430 H.* Leiden: Brill.

Shaban, M. A. 1970. *The 'Abbāsid Revolution*. Cambridge: Cambridge University Press.

——— 1971. *Islamic History: A New Interpretation, I.* Cambridge: Cambridge Uni-versity Press.

——— 1976. *Islamic History: A New Interpretation, II.* Cambridge: Cambridge Uni-versity Press.

Shaked, Shaul 2004. *Le satrape de Bactriane et son gouverneur: documents araméens du IV e s. avant notre ère provenant de Bactriane*. Paris: De Boccard.

Shakya, Tsering 1999. *The Dragon in the Land of Snows: A History of Modern Tibet since 1947.* New York: Columbia University Press.

Shaughnessy, Edward L. 1988. Historical Perspectives on the Introduction of the Chariot into China. *Harvard Journal of Asiatic Studies* 48.1: 189–237.

Shiba, Yoshinobu 1983. Sung Foreign Trade: Its Scope and Organization. In Morris Rossabi, ed., *China among Equals: The Middle Kingdom and Its Neighbors, 10th–14th Centuries*, 89–115. Berkeley: University of California Press.

Shimunek, Andrew E. 2017. *Languages of Ancient Southern Mongolia and North China*. Tunguso-Sibirica 40. Wiesbaden: Harrassowitz.

Sieg, Emil, Wilhelm Siegling, and Werner Thomas 1953. *Tocharische Sprachreste, Sprache B. Heft 2: Fragmente Nr. 71-633.* Göttingen: Vandenhoeck & Ruprecht.

Sims-Williams, Nicholas 2000-2012. *Bactrian documents from Northern Afghanistan*, 3 vols. London: Nour Foundation.

Sinor, Denis 1959. *History of Hungary*. New York: Praeger.

——— 1963. *Introduction à l'étude de l'Eurasie centrale*. Wiesbaden: Harrassowitz.

——— 1978. The Greed of the Northern Barbarians. In Larry V. Clark and Paul A. Draghi, eds., *Aspects of Altaic Civilizations II*, 171–182. Bloomington: Indiana University.

——— 1982. The Legendary Origin of the Turks. In E. V. Žygas and P. Voorheis, eds., *Folklorica: Festschrift for Felix J. Oinas*, 223–257. Uralic and Altaic Series, vol. 141. Bloomington: Indiana University.

——— 1990a. The Establishment and Dissolution of the Türk Empire. In Denis Sinor, ed., *The Cambridge History of Early Inner Asia*, 285–316. Cambridge: Cambridge University Press.

——— 1990b. Introduction: The Concept of Inner Asia. In Denis Sinor, ed., *The Cambridge History of Early Inner Asia*, 1–18. Cambridge: Cambridge University Press.

———, ed. 1990c. *The Cambridge History of Early Inner Asia*. Cambridge: Cam-bridge University Press.

Somers, Robert M. 1979. The End of the T'ang. In Denis Crispin Twitchett, ed., *The Cambridge History of China*, vol. 3: *Sui and T'ang China, 589–906, Part 1*, 682–789. Cambridge: Cambridge University Press.

Speck, Paul 1981. *Artabasdos, der rechtgläubige Vorkämpfer der göttlichen Lehren: Untersuchungen zur Revolte des Artabasdos und ihrer Darstellung in der byzan-tinischen Historiographie*. Bonn: Habelt.

Spence, Jonathan 2002. The K'ang-hsi Reign. In Willard J. Peterson, ed., *The Cam-bridge History of China*, vol. 9: *The Ch'ing Empire to 1800, Part 1*, 120–182. Cam-bridge: Cambridge University Press.

Ssu-ma Kuang 1956. 資治通鑑 (*Tzu chih t'ung chien*). Hong Kong: Chung-hua shu-chü.

Starostin, Sergei A. 1989. Реконструкция ревнекитайской фоно огической системы. Moscow: Nauka.

Stary, Giovanni 1990. The Meaning of the Word 'Manchu': A New Solution to an Old Problem. *Central Asiatic Journal* 34.1–2: 109–119.

Stearns, Peter N., ed. 2002. *The Encyclopedia of World History: Ancient, Medieval, and Modern, Chronologically Arranged.* Sixth ed. A completely revised and updated edition of the classic reference work originally compiled and edited by William L. Langer. Boston: Houghton Mifflin.

Struve, Lynn A. 1984. *The Southern Ming, 1644–1662*. New Haven: Yale University Press.

——— 1988. The Southern Ming, 1644–1662. In Frederick W. Mote and Denis Twitch-ett, eds., *The Cambridge History of China*, vol. 7: *The Ming Dynasty, 1368–1644, Part 1*, 641–725. Cambridge: Cambridge University Press.

Sullivan, Alan, and Timothy Murphy, trans. 2004. *Beowulf*. New York: Pearson/Longman.

Szádeczky-Kardoss, Samuel 1990. The Avars. In Denis Sinor, ed., *The Cam-bridge History of Early Inner Asia*, 206–228. Cambridge: Cambridge Uni-versit y Press.

Szegedy-Maszák, Mihály 2001. *Literary Canons: National and International*. Buda-pest: Akadémiai Kiado.

Szerb, János 1983. A Note on the Tibetan-Uighur Treaty of 822/823 A.D.. In Ernst Steinkellner and Helmut Tauscher, eds.,

*Proceedings of the Csoma de Ko″rös Memorial Symposium Held at Velm-Vienna, Austria, 13–19 September 1981,* vol. 1, 375–387. Vienna: Arbeitskreis für Tibetische und Buddhistische Studien, Universität Wien.

Szemerényi, Oswald J.L. 1980. *Four Old Iranian Ethnic Names: Scythian—Skudra—Sogdian—Saka.* Österreichischen Akademie der Wissenschaften, Philosophisch-Historische Klasse, Sitzungsberichte, 371 Band. Vienna: Verlag der Österreichischen Akademie der Wissenschaften.

——— 1996. *Introduction to Indo-European Linguistics*. Oxford: Oxford University Press.

Syme, Ronald 1939. *The Roman Revolution*. Oxford: Oxford University Press.

Ṭabarî: Abû Ja'far Muḥammad b. Jarîr al-Ṭabarî 1879–1901. تاريخ الرسل و الملوك (*Ta'rîkh al-rusul wa al-mulûk*). Ed. M. J. de Goeje et al. Repr., Leiden: E. J. Brill, 1964–1965.

Tabatabai, Sassan. 2016. *Father of Persian verse: Rudaki and his poetry*. Baltimore: Project Muse.

Takakusu Junjirô, Ono Genmyô, ed. 1932–1934. 大正新修大藏經 (*Taishô shinshû daizôkyô*). Tokyo: Daizô Shuppan.

Takata, Tokio 1988. 敦煌資料による中國語史の研究・・九・十世紀の河西方言 , (*A Historical Study of the Chinese Language Based on Dunhuang Materials*). Tokyo: Sôbunsha.

Takeda, Hiromichi, and Collett Cox, trans. forthcoming. Existence in the Three

Time Periods **Abhidharmamahāvibhāṣāśāstra* (T.1545 pp. 393a9–396b23). Takeuchi, Tsuguhito 2002. The Old Zhangzhung Manuscript Stein Or 8212/ 188.

In C. I. Beckwith, ed., *Medieval Tibeto-Burman Languages*, 1–11. Leiden: Brill.

Taylor, Timothy 2003. A Platform for Studying the Scythians. *Antiquity* 77. 296: 413–415.

Teed, Peter 1992. *A Dictionary of Twentieth Century History, 1914–1990*. Oxford: Ox-ford University Press.

Tekin, Talat 1968. *A Grammar of Orkhon Turkic*. Uralic and Altaic Series, vol. 69. Bloomington: Indiana University.

Thant Myint-U 2001. *The Making of Modern Burma*. Cambridge: Cambridge Uni-versity Press.

Thomas, F. W. 1948. *Nam: An Ancient Language of the Sino-Tibetan Borderland*. London: Oxford University Press.

Thomason, Sarah Grey, and Terrence Kaufman 1988. *Language Contact, Creoliza-tion, and Genetic Linguistics*. Berkeley: University of California Press.

Thompson, E. A. 1996. *The Huns*. Revised and with an afterword by Peter Heather. Oxford: Blackwell.

Thompson, P. M. 1979. *The* Shen Tzu *Fragments*. Oxford: Oxford University Press.

Tilly, Charles 1975. Reflections on the History of European State-Making. In Charles Tilly, ed., *The Formation of the National States in Western Europe*, 3–83. Prince-ton: Princeton University Press.

——— 1990. *Coercion, Capital, and European States, AD 990–1990*. Cambridge, Mass.: Basil Blackwell.

Treadgold, Warren 1997. *A History of the Byzantine State and Society*. Stanford: Stanford University Press.

Tu Yu 1988. 通典 (*T'ung tien*). Peking: Chung-hua shu-chü.

Turnbull, Stephen R. 2003. *Samurai: The World of the Warrior.* Oxford: Osprey. http://www.ospreysamurai.com/samurai_death02.htm. Turner, Jane, ed. 1996. *The Dictionary of Art*. London: Macmillan.

Twitchett, Denis, and Michael Loewe, eds. 1986. *The Cambridge History of China,* vol. 1: *The Ch'in and Han Empires, 221 b.c.–a.d. 220*. Cambridge: Cambridge University Press.

Twitchett, Denis, and Frederick W. Mote, eds. 1988. *The Cambridge History of China,* vol. 7: *The Ming Dynasty, 1368–1644, Part 1.* Cambridge: Cambridge University Press.

Twitchett, Denis, and Klaus-Peter Tietze 1994. The Liao. In Herbert Franke and Denis Twitchett, eds., *Cambridge History of China*, vol. 6: *Alien Regimes and Border States, 907–1368*, 43–153. Cambridge: Cambridge University Press.

Twitchett, Denis, and Howard J. Wechsler 1979. Kao-tsung (reign 649–83) and the Empress Wu: The Inheritor and the Usurper. In Denis Crispin Twitchett, ed., *The Cambridge History of China*, vol. 3: *Sui and T'ang China, 589–906, Part 1*, 242–289. Cambridge: Cambridge University Press.

Uray, Géza 1960. The Four Horns of Tibet. According to the Royal Annals. *Acta Orientalia Academiae Hungaricae* 10: 31–57.

——— 1961. Notes on a Tibetan Military Document from Tun-huang. *Acta Orienta-lia Academiae Hungaricae* 12: 223–230.

Valentino, Benjamin A. 2004. *Final Solutions: Mass Killing and Genocide in the 20th Century*. Ithaca: Cornell University Press.

Vailhé, S. 1910. Marcianopolis. *The Catholic Encyclopedia*. Vol. IX. New York: Robert Appleton. http://www.newadvent.org/cathen/09645b.htm.

Van de Mieroop, Marc 2004. *A History of the Ancient Near East, ca. 3000–323* bc. Oxford: Blackwell.

Van Walt van Praag, Michael C. 1987. *The Status of Tibet: History, Rights, and Pros-pects in International Law*. Boulder: Westview Press.

Vernet, J. 1997. Al-Khwārazmī. *E.I.*$_2$ IV: 1070–1071.

Vladimirtsov, B. I. 1948. *Le régime social des Mongols: le féodalisme nomade*. Paris: Maisonneuve.

——— 2002. Работы по истории и этнографии монго ьских наро ов. Moscow: Vostočnaja literatura.

Vovin, Alexander 2000. Did the Xiong-nu Speak a Yeniseian Language? *Central Asiatic Journal* 44.1: 87–104.

Vy vyan, J.M.K. 1968. The Approach of the War of 1914. In C. L. Mowat, ed. *The New Cambridge Modern History,* vol. XII: *The Shifting Balance of World Forces, 1898–1945, 2nd ed.*, vol. XII: *The Era of Violence*, 140–170. Cambridge: Cam-bridge University Press.

Wakeman, Frederic, Jr. 1978. The Canton Trade and the Opium War. In John K. Fairbank, ed., *The Cambridge History of China*, vol. 10: *Late Ch'ing, 1800–1911, Part 1*, 163–212. Cambridge: Cambridge University Press.

——— 1985. *The Great Enterprise: The Manchu Reconstruction of Imperial Order in Seventeenth-Century China*. Berkeley: University of California Press.

Walter, Michael L. 2009. *Buddhism and Empire: The Political and Religious Culture of Early Tibet*. Leiden: Brill.

Walters, Philip 1993. A Survey of Soviet Religious Policy. In Sabrina P. Ramet, ed., *Religious Policy in the Soviet Union*, 3–30. Cambridge: Cambridge University Press.

Wang Ch'in-jo et al., eds. 1960. 冊府元龜 (*Ts'e fu yüan kuei*). Hong Kong: Chung-hua shu-chü.

Watkins, Calvert 1995. *How to Kill a Dragon: Aspects of Indo-European Poetics*. Ox-ford: Oxford University Press.

——— 2000. *The American Heritage Dictionary of Indo-European Roots*. 2nd ed. Boston: Houghton Mifflin.

Watson, Burton 1961. *Records of the Grand Historian of China: Translated from the* Shih chi *of Ssu-ma Ch'ien*. 2 vols. New York: Columbia University Press.

Watt, W. Montgomery 1991. Al-Ghazālī. *E.I.*$_2$, II: 1038–1041.

Wechsler, Howard J. 1979a. The Founding of the T'ang Dynasty: Kao-tsu (reign 618–26). In Denis Twitchett, ed., *The Cambridge History of China*, vol. 3: *Sui and T'ang China, 589–906, Part 1*, 150–187. Cambridge: Cambridge University Press.

——— 1979b. T'ai-tsung (reign 626–49) the Consolidator. In Denis Twitchett, ed., *The Cambridge History of China*, vol. 3: *Sui and T'ang China, 589–906, Part 1*, 188–241. Cambridge: Cambridge University Press.

Weinstein, Stanley 1987. *Buddhism under the T'ang*. Cambridge: Cambridge Univer-sity Press.

Weiss, Aharon 2000. The Destruction of European Jewry, 1933–1945. In Robert Rozett and Shmuel Spector, eds., *Encyclopedia of the Holocaust*, 46–55. New York: Facts on File.

Whitman, John W. 2001. Fall of the Philippines. In Stanley Sandler, ed., *World War II in the Pacific: An Encyclopedia*, 478–483.

New York: Garland.

Willemen, Charles, Bart Dessein, and Collett Cox 1998. *Sarvāstivāda Buddhist Scholasticism*. Leiden: Brill.

Wills, John E., Jr. 1998. Relations with Maritime Europeans, 1514–1662. In Denis Twitchett and Frederick W. Mote, eds., *The Cambridge History of China*, vol. 8: *The Ming Dynasty, 1368–1644, Part 2*, 333–375. Cambridge: Cambridge Univer-sity Press.

Wittfogel, Karl, and Chia-shêng Fêng 1949. *History of Chinese Society: Liao, 907–1125*. Philadelphia: American Philosophical Society.

Witzel, Michael 2001. Autochthonous Aryans? The Evidence from Old Indian and Iranian Texts. *Electronic Journal of Vedic Studies* 7.3: 1–115.

——— 2003. *Linguistic Evidence for Cultural Exchange in Prehistoric Western Cen-tral Asia*. Sino-Platonic Papers No. 129. Philadelphia.

Wolfram, Herwig 1988. *History of the Goths*. Trans. Thomas J. Dunlap. Berkeley: University of California Press.

Wood, Ian 1994. *The Merovingian Kingdoms, 450–751*. London: Longman.

Wyatt, David K. 2003. *Thailand: A Short History*. 2nd ed. New Haven: Yale Univer-sity Press.

Wylie, Turrell V. 1964. Mar-pa's Tower: Notes on Local Hegemons in Tibet. *History of Religions* 3: 278–291.

Yakubovskii, A. Y., and C. E. Bosworth 1991. Marw al-Shāhidjān. *E.I.*$_2$ VI: 618–621. Yamada Katsumi, ed. and trans. 1976. 王充．論衡・上 (Wang Ch'ung, '*Lun heng*, Part I') Shinshaku Kanbun taikei 68. Tokyo: Meiji shoin.

Yang Chih-chiu 1985. 元史三論 (*Yüan shih san lun*). Peking: Jen-min ch'u-pan she.

Yang Po-chün, ed. 1990. 春秋左傳注 (*Ch'un ch'iu tso chuan chu*). 2nd rev. ed. Pe-king: Chung-hua shu chü.

Yarshater, Ehsan, ed. 1983. *The Cambridge History of Iran*, vol. 3: *The Seleucid, Par-thian and Sasanian Periods*. 2 vols. Cambridge: Cambridge University Press. Yoshida, Yutaka, and Takao Moriyasu 1999. ブグト碑文 (Bugut Inscription). In T. Moriyasu and A. Ochir, eds., モンゴル国現存遺蹟・碑文調査研究報告 (*Provisional Report of Researches on Historical Sites and Inscriptions in Mongo-lia from 1996 to 1998*), 122–125. Osaka: Society of Central Eurasian Studies.

Yü Ying-shih 1967. *Trade and Expansion in Han China: A Study in the Structure of Sino-Barbarian Relations*. Berkeley: University of California Press.

——— 1990. The Hsiung-nu. In Denis Sinor, ed., *The Cambridge History of Early In-ner Asia*, 118–149. Cambridge: Cambridge

University Press.

——— 1986. Han Foreign Relations. In Denis Crispin Twitchett and Michael Loewe, eds., *The Cambridge History of China*, vol. 1: *The Ch'in and Han Empires, 221 b.c.–a.d. 22*0, 377–462. Cambridge: Cambridge University Press.

Zabecki, David T., et al., eds. 1999. *World War II in Europe: An Encyclopedia*. New York: Garland.

Zakeri, Mohsen 1995. *Sāsānid Soldiers in Early Muslim Society: The Origins of 'Ayyārān and Futuwwa*. Wiesbaden: Harrassowitz.

Zlatkin, I. Ja. 1983. История Джунгарского ханства, 1635–1758. Излание второе. Moscow: Nauka.

Zuckerman, Constantine 1997. Two Notes on the Early History of the *Thema* of Cherson. *Byzantine and Modern Greek Studies* 21: 210–222.

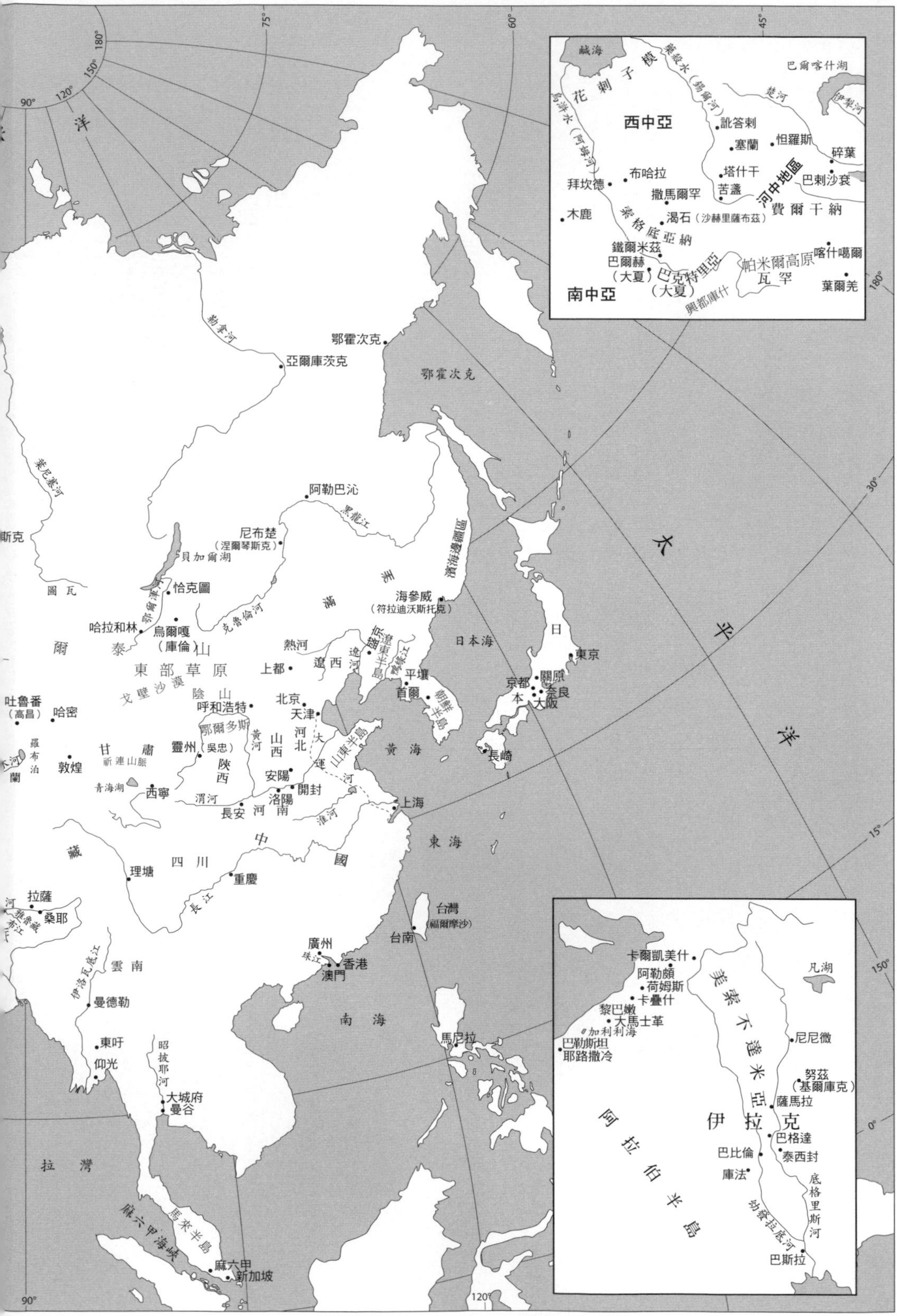

洋
勒拿河
亞爾庫茨克
鄂霍次克
鄂霍次克
葉尼塞河
斯克
阿勒巴沁
黑龍江
尼布楚
（涅爾琴斯克）
貝加爾湖
圖瓦
恰克圖
鄂爾渾河
哈拉和林
烏爾嘎
（庫倫）
克魯倫河
滿
濱海邊疆區
海參威
（符拉迪沃斯托克）
日本海
日
本
東京
關原
京都
奈良
大阪
長崎
太
平
洋
爾
泰
山
東部草原
熱河
上都
遼西
遼河
盛京
遼東半島
鴨綠江
平壤
首爾
朝鮮半島
戈壁沙漠
陰山
吐魯番
（高昌）
哈密
呼和浩特
北京
天津
河北
大運河
山東半島
黃海
鄂爾多斯
黃河
山西
甘肅
靈州
（吳忠）
羅布泊
樓蘭
敦煌
祈連山脈
陝西
安陽
開封
洛陽
青海湖
西寧
渭河
長安
河南
淮河
上海
東海
中
國
藏
四川
理塘
重慶
長江
拉薩
桑耶
雅魯藏布江
台灣
（福爾摩沙）
台南
廣州
珠江
香港
澳門
雲南
伊洛瓦底江
曼德勒
南海
馬尼拉
東吁
仰光
昭披耶河
大城府
曼谷
拉
灣
馬來半島
麻六甲海峽
麻六甲
新加坡
鹹海
藥殺水（錫爾河）
巴爾喀什湖
花剌子模
烏滸水（阿姆河）
楚河
伊犁河
西中亞
訛答剌
塞蘭
怛羅斯
碎葉
布哈拉
拜坎德
塔什干
河中地區
巴剌沙袞
撒馬爾罕
苦盞
木鹿
粟特
索格底亞納
渴石（沙赫里薩布茲）
費爾干納
鐵爾米茲
喀什噶爾
巴爾赫
（大夏）
巴克特里亞
（大夏）
帕米爾高原
瓦罕
南中亞
興都庫什
葉爾羌
卡爾凱美什
阿勒頗
荷姆斯
卡疊什
黎巴嫩
大馬士革
加利利海
巴勒斯坦
耶路撒冷
凡湖
美索不達米亞
尼尼微
努茲
（基爾庫克）
薩馬拉
伊拉克
巴格達
泰西封
巴比倫
庫法
阿拉伯半島
底格里斯河
幼發拉底河
巴斯拉

前現代中央歐亞
0 250 公里
0 250 英里
大西洋
北冰洋
地中海
紅海
黑海
裏海
鹹海
波斯灣
阿拉伯海
印度洋
孟加拉
北海
波羅的海
拉多加湖
巴爾喀什湖
凡湖
愛爾蘭
都柏林
大不列顛
倫敦
英吉利海峽
里斯本
伊比利半島
馬德里
哥多華
格拉納達
庇里牛斯山
波爾多
加龍河
圖爾
奧爾良
巴黎
圖爾奈
亞琛
萊茵河
羅亞爾河
斯特拉斯堡
聖加侖
柏林
奧格斯堡
利格尼茨
維也納
阿爾卑斯山
波河
拉文納
威尼斯
羅馬
迦太基
西西里
溫泉關
勒潘托
邁錫尼
雅典
特洛伊
色雷斯
君士坦丁堡
瓦爾納
多瑙河
喀爾巴阡山脈
聶斯特河
聶伯河
基輔
莫斯科
弗拉基米爾
伏爾加河
喀山
卡馬河
格洛尼
西部草原(黑海草原)
頓河
奧爾比亞
赫爾松
克里米亞
亞速海
博斯普魯斯海峽
卡法
安哥拉(安卡拉)
西臺帝國
安納托利亞
哈圖薩
卡內什
特拉布宗
邁科普
北高加索山脈
外高加索
薩克爾
薩萊
阿斯特拉罕
聖彼得堡
諾夫哥羅德
維斯瓦河
烏拉爾河
烏拉爾山脈
托博爾斯克
西比爾
辛塔什塔
托木斯克
額爾齊斯河
鄂畢河
中央草原
亞美尼亞
烏拉爾圖
葉里溫
魯查申
亞塞拜然
大不里士
米坦尼
敘利亞
大馬士革
耶路撒冷
幼發拉底河
底格里斯河
阿拉穆特
巴格達
泰西封
巴比倫
伊拉克
德黑蘭
厄爾布爾士山脈
卡拉庫沙漠
馬爾吉亞納
巴斯塔姆
尼沙布爾
圖斯
木鹿
呼羅珊
波斯
巴斯拉
伊斯法罕
亞歷山大港
開羅
埃及
尼羅河
阿拉伯半島
麥地那
麥加
設拉子
阿巴斯港
荷莫茲島
葉門
西中亞
布哈拉
撒馬爾罕
塔什干
河中地區
花剌子模
錫爾河
阿姆河
粟格底亞
費爾干納
那
巴爾赫
大夏
瓦罕
帕米爾高原
南中亞
赫拉特
阿富汗
興都庫什山脈
喀布爾
加茲尼
烏萇國
扎博勒
扎蘭季
坎達哈
錫斯坦
天山
伊犁河
楚河
伊塞克湖
準格爾
烏魯木齊
吐魯番
庫車
焉耆
阿克蘇
喀什噶爾
塔里木盆地
葉爾羌(莎車)
和闐
東中亞
(東突厥斯坦)
且末
樓蘭
崑崙山脈
喀什米爾
喜馬拉雅山脈
西藏
布拉馬普特拉河
日喀則
恆河
印度河
旁遮普
帕尼帕特
德里
阿格拉
拉賈斯坦
喀拉蚩
信德
古吉拉特
第烏
孟買
印度
德干
果阿
馬拉巴爾海岸
卡利卡特
馬德拉斯
錫蘭
可倫坡
加爾各答
0°
15°
30°
45°
60°
75°

現代歐亞
0 500 公里
0 500 英里
北冰洋
雅庫特
(自治)
雅庫斯克
鄂霍次克海
羅斯
黑龍江
烏蘇里江
貝加爾湖
諾門坎
(哈拉哈河)
符拉迪沃斯托克
烏蘭巴托
蒙古
內蒙古(被占領)
太平洋
日本海
東京
京都
日本
大阪
廣島
長崎
北韓
南韓
平壤
首爾
釜山
北京
天津
呼和浩特
烏魯木齊
吐魯番
(高昌)
哈密
東突厥斯坦
(占領下的新疆)
敦煌
黃海
西寧
靈州
(吳忠)
南京
上海
東海
西藏
(被占領)
中國
重慶
拉薩
台北
台灣
(福爾摩沙)
泊爾
滿都
辛布
不丹
廣州
香港
澳門
孟加拉
達卡
加爾各答
緬甸
河內
寮國
金邊
菲律賓
馬尼拉
南海
泰國
仰光
曼谷
越南
東埔寨
永珍
西貢
(胡志明市)
孟加拉灣
蘭卡
洋
馬來西亞
吉隆坡
新加坡

大西洋
愛爾蘭
都柏林
英國
倫敦
北海
里斯本
葡萄牙
拉巴特
馬德里
歐
西班牙
摩洛哥
諾曼第
荷蘭
阿姆斯特丹
巴黎
比利時
布魯塞爾
盟
盧森堡
科隆
波昂
法國
德國
丹麥
哥本哈根
挪威
奧斯陸
瑞典
斯德哥爾摩
芬蘭
赫爾辛基
塔林
愛沙尼亞
里加
拉脫維亞
立陶宛
維爾紐斯
聖彼得堡
(列寧格勒)
拉多加湖
摩曼斯克
波羅的海
柏林
伯恩
瑞士
阿爾及爾
阿爾及利亞
布拉格
捷克
義大利
奧地利
維也納
波蘭
華沙
斯洛文尼亞
克羅埃西亞
布拉提斯拉瓦
斯洛伐克
布達佩斯
匈牙利
明斯克
白羅斯
羅馬
突尼斯
突尼西亞
地中海
波士尼亞和
赫塞哥維納
蒙特內哥羅
塞爾維亞
羅馬尼亞
地拉那
阿爾巴尼亞
北馬其頓
布加勒斯特
摩爾多瓦
基希涅夫
基輔
烏克蘭
莫斯科
的黎波里
希臘
索菲亞
保加利亞
喀山
韃靼斯坦(自治)
克里沃羅格
俄羅
雅典
伊斯坦堡
(君士坦丁堡)
黑海
伏爾加格勒
(史達林格勒)
利比亞
安卡拉
土耳其
索契
埃利斯塔卡爾梅克(自治)
阿斯塔納
(已更名為：
努爾蘇丹)
尼科西亞
塞普勒斯
以色列
巴勒斯坦
耶路撒冷
貝魯特
黎巴嫩
格羅茲尼
車臣(自治)
喬治亞
提比里西
亞美尼亞
葉里溫
亞塞拜然
巴庫
裡海
哈薩克
鹹海
巴爾喀什湖
敘利亞
大馬士革
開羅
安曼
約旦
埃及
伊拉克
巴格達
土庫曼
阿什哈巴德
烏茲別克
塔什干
比斯凱克
吉爾吉斯
東
德黑蘭
杜尚別
塔吉克
巴斯拉
科威特
科威特城
伊朗
巴達赫尚
阿富汗
喀布爾
沙烏地阿拉伯
利雅德
麥納麥
卡達
多哈
巴林
波斯灣
伊斯蘭馬巴德
蘇丹
喀土穆
紅海
阿布達比
阿拉伯聯合
大公國
巴基斯坦
德里
新德里
尼泊
加德滿
馬斯喀特
喀拉蚩
薩那
葉門
阿曼
阿拉伯海
印度
阿迪斯阿貝巴
吉布地城
吉布地
衣索比亞
孟買
索馬利亞
肯亞
奈洛比
摩加迪休
馬德拉斯
坦尚尼亞
斯里蘭卡
(錫蘭)
三蘭港
印度洋
斯洛維尼亞
來巴赫
利格雷
克羅埃西亞
波士尼亞和
赫塞哥維納
塞拉耶佛
貝爾格來德
蒙特內哥羅
波德里查
塞爾維亞
地拉那
阿爾巴尼亞
斯科普里
北馬其頓
40°
50°
60°
70°
0°
30°
15°
20°
10°
45°
75°

歷史大講堂
# 絲路上的帝國
## 歐亞大陸的心臟地帶，引領世界文明發展的中亞史

2022年5月初版　　　定價：新臺幣680元


| | |
|---|---|
| 著者 | Christopher I. Beckwith |
| 譯者 | 苑默文 |
| 叢書主編 | 王盈婷 |
| 特約編輯 | 李尚遠 |
| 內文排版 | 林婕瀅 |
| 封面設計 | 許晉維 |

| | |
|---|---|
| 出版者 | 聯經出版事業股份有限公司 |
| 地址 | 新北市汐止區大同路一段369號1樓 |
| 叢書主編電話 | (02)86925588轉5316 |
| 台北聯經書房 | 台北市新生南路三段94號 |
| 電話 | (02)23620308 |
| 台中分公司 | 台中市北區崇德路一段198號 |
| 暨門市電話 | (04)22312023 |
| 台中電子信箱 | e-mail：linking2@ms42.hinet.net |
| 郵政劃撥帳戶第 | 0100559-3號 |
| 郵撥電話 | (02)23620308 |
| 印刷者 | 文聯彩色製版印刷有限公司 |
| 總經銷 | 聯合發行股份有限公司 |
| 發行所 | 新北市新店區寶橋路235巷6弄6號2樓 |
| 電話 | (02)29178022 |

| | |
|---|---|
| 副總編輯 | 陳逸華 |
| 總編輯 | 涂豐恩 |
| 總經理 | 陳芝宇 |
| 社長 | 羅國俊 |
| 發行人 | 林載爵 |

行政院新聞局出版事業登記證局版臺業字第0130號

本書如有缺頁，破損，倒裝請寄回台北聯經書房更換。　ISBN 978-957-08-6265-2 (平裝)
聯經網址：www.linkingbooks.com.tw
電子信箱：linking@udngroup.com

Empires of the Silk Road: A History of Central Eurasia from the Bronze Age to the Present


國家圖書館出版品預行編目資料

絲路上的帝國：歐亞大陸的心臟地帶，引領世界文明發展的中亞史/Christopher I. Beckwith著．苑默文譯．初版．新北市．聯經．2022年5月．552面．17×23公分（歷史大講堂）
ISBN 978-957-08-6265-2（平裝）

1.CST：中亞史

734.01　　　111003999